星级乡镇供电所
建设工作手册

王 晴 ◎编

中国电力出版社
CHINA ELECTRIC POWER PRESS

内 容 提 要

本书结合《五星级乡镇供电所评价标准》，将技术、管理、工作框架进行了系统的梳理，按照各个专业应具备的知识和操作技能，对每项业务进行详细说明和解释，优化流程体系，提供标准模板，列举工作实例，编写典型经验，汇总分析报告，规范记录填写。本书共分为六章，内容包括安全基础牢固、业务执行规范、信息融合贯通、队伍支撑有力、基础设施完备、服务便捷高效。

本书立足实际，总结五星级乡镇供电所建设中的成功经验，提炼各专业管理工作中的有效措施编成具体实例，作为乡镇供电所所长、安全质量员、运检技术员、客户服务员、台区经理、综合柜员专业管理工作参考用书。本书也可以作为县供电公司各专业管理部门指导五星级乡镇供电所建设参考用书。

图书在版编目（CIP）数据

星级乡镇供电所建设工作手册／王晴编 . —北京：中国电力出版社，2022.4
ISBN 978-7-5198-5866-7

Ⅰ．①星… Ⅱ．①王… Ⅲ．①农村配电—供电—中国—手册 Ⅳ．① F426.61-62

中国版本图书馆 CIP 数据核字（2021）第 155034 号

出版发行：中国电力出版社
地　　址：北京市东城区北京站西街 19 号（邮政编码 100005）
网　　址：http://www.cepp.sgcc.com.cn
责任编辑：杨　卓
责任校对：黄　蓓　朱丽芳　常燕昆
装帧设计：王　欢
责任印制：吴　迪

印　　刷：三河市万龙印装有限公司
版　　次：2022 年 4 月第一版
印　　次：2022 年 4 月北京第一次印刷
开　　本：787 毫米 ×1092 毫米　16 开本
印　　张：31
字　　数：600 千字
印　　数：0001—1500 册
定　　价：118.00 元

前　言

随着乡镇供电所管理的设备和客户数量不断增加，乡镇供电所人员数量却相对减少，怎样解决这一日益突出的矛盾，国家电网有限公司（以下简称国网公司）提出了打造"全能型"乡镇供电所，按照"业务协同运行、人员一专多能、服务一次到位"的原则，将供电所配电班、营业班整合为配电营业班，实现了末端业务融合，业务流程进行了重新整合和优化，融合后出现的台区经理使过去安全、营销、配电生产、综合等专业化的条条管理变成了以台区为单位的"全能型"块块管理，为更好地使台区经理贴近客户服务客户，贴近设备管控设备，国网公司出台的《五星级乡镇供电所评价标准》（以下简称《标准》），将技术、管理、工作框架进行了系统的梳理和搭建，每年对公司系统内几万个供电所进行评价，主要评价供电所人员的工作效率和业务素质，由于《标准》具体到每项业务上没有详细的说明和解释，也没有举例和参考，台区经理不知道干到什么程度是合适的、干的标准是什么、怎样干是正确的。只有系统的培训才能达到较好的建设效果，有必要编写一本《星级乡镇供电所建设工作手册》，本书按照各个专业应具备的知识和操作技能，从流程化管理、标准化作业、规范化工作、协同化运作入手，对每项业务进行详细说明和解释，优化流程体系，提供标准模板，列举工作实例，编写典型经验，汇总分析报告，规范记录填写，让台区经理通过本书的学习逐步达到服务全能、素质全能、协同全能。

编者

2022.3

目 录

第一章

安全基础牢固

第一节　安全管理责任制

一、乡镇供电所年度安全工作目标

每年年底，乡镇供电所所长要根据上级下发的下一年度安全工作目标，结合乡镇供电所安全工作实际，组织乡镇供电所人员制定下一年度乡镇供电所年度安全工作目标，乡镇供电所年度安全工作目标一旦确定，乡镇供电所所长要组织乡镇供电所人员熟悉并掌握乡镇供电所年度安全工作目标内容，使乡镇供电所全部人员明确实现乡镇供电所年度安全工作目标人人有责。在制定乡镇供电所年度安全工作目标时，应参照以下几个方面进行。

（一）人身事故

（1）在公司系统各单位工作场所或承包承租的工作场所发生的人身伤亡。

（2）被单位派出到客户工程工作过程中发生的人身伤亡。

（3）乘坐单位组织的交通工具发生的人身伤亡。

（4）单位组织的集体外出活动过程中发生的人身伤亡。

（5）员工因公外出发生的人身伤亡。

根据《国家电网公司安全事故调查规程》（国家电网安监〔2011〕2024号），人身事故共分为八级（见表1-1）。

表 1-1　　　　　　　　　　　人身事故等级

事故等级	死亡人数	重伤人数	轻伤人数
特别重大人身事故（一级人身事故）	30人以上	100人以上	—
重大人身事故（二级人身事故）	10人以上 30人以下	50人以上 100人以下	—
较大人身事故（三级人身事故）	3人以上 10人以下	10人以上 50人以下	—
一般人身事故（四级人身事故）	3人以下	10人以下	—
五级人身事件	无	无	10人以上
六级人身事件	无	无	5人以上10人以下
七级人身事件	无	无	3人以上5人以下
八级人身事件	无	无	1～2人

（二）电网事故

根据《国家电网公司安全事故调查规程》，电网事故共分为八级，由重到轻依次为特别重大事故（一级事件）、重大事故（二级事件）、较大事故（三级事件）、一般事故（四级事件）、五级事件、六级事件、七级事件、八级事件。根据电网等级和工作内容，乡镇供电所需要防范的电网事故一般为七级和八级电网事件，根据实际工作应重点关注八级电网事件。八级电网事件如下：

（1）10kV（含 20、6kV）供电设备（包括母线、直配线）异常运行或被迫停止运行，并造成减供负荷者。

（2）10kV（含 20、6kV）配电站非计划全停。

（三）设备事故

根据《国家电网公司安全事故调查规程》，设备事故共分为八级，依次为特别重大事故（一级事件）、重大事故（二级事件）、较大事故（三级事件）、一般事故（四级事件）、五级事件、六级事件、七级事件、八级事件。其中，乡镇供电所需要重点防范八级设备事件。八级设备事件如下：

（1）造成 5 万元以上 10 万元以下直接经济损失，10kV 以上输变电设备跳闸（10kV 线路跳闸重合成功不计）、被迫停运、非计划检修、停止备用。

（2）10kV 以上输变电设备异常造成限负荷、降负荷运行。

（3）35kV 变电站站用直流全部失电。

（四）信息系统事件

信息系统已成为日常工作的主要工具，信息系统事件根据不同影响可分为八级。其中，乡镇供电所应重点防范八级事件。八级信息系统事件如下：

（1）县供电公司级单位全部用户不能使用计算机终端设备超过 1h，或超过 80％用户影响时间超过 2h；或对超过 50％小于 80％的用户影响时间超过 4h。

（2）县供电公司级单位本地或广域信息网络完全瘫痪，影响时间超过 2h。

（3）除财务、营销、电力交易、安全生产管理等重要业务应用外的其他业务应用数据完全丢失，对业务应用造成一定影响。

（4）一类业务应用服务完全中断，影响时间超过 30min；或二、三类业务应用服务中断，影响时间超过 1h 等。

二、乡镇供电所年度安全工作目标实例参考

这里列举《白云山乡镇供电所年度安全工作目标》以供参考（见［实例 1-1］）。

[实例 1-1]

白云山乡镇供电所 2019 年安全工作目标

1. 不发生八级及以上电网、设备安全事件。

2. 不发生一般及以上火灾事故。

3. 不发生八级及以上信息系统事件。

4. 不发生与乡镇供电所有关的突发事件处置不当、对县供电公司和社会造成一般影响的事件。

5. 不发生突发事件、安全事件迟报、漏报、瞒报情况。

6. 不发生 10 千伏及以下电气设备带负荷误拉（合）隔离开关、带电挂（合）接地线（接地刀闸）、带接地线（接地刀闸）合断路器（隔离开关）的恶性电气误操作事故。

7. 不发生轻伤及以上人身事件。

8. 不发生系统内人员触电伤害和农村人身触电伤亡事故。

9. 不发生员工因公外出发生的人身伤亡。

10. 积极采取各种有效措施，尽量减少和杜绝电力设施失窃事件。

11. 不发生本供电所负同等及以上责任的一般交通事故。

12. 深入开展查禁违章活动，落实以"零违章"确保"零事故"，努力实现"无违章乡镇供电所"的目标。

三、乡镇供电所及岗位员工安全责任

（一）乡镇供电所安全管理责任

（1）编写乡镇供电所年度安全工作目标计划，制定实现年度安全工作目标计划的具体措施，落实乡镇供电所安全工作目标责任制。

（2）认真执行安全生产规章制度和操作规程，落实上级有关安全生产的工作要求，及时传达有关安全工作的文件、通知、事故通报等，开展安全事故警示教育活动，做好安全事故防范措施的落实，防止事故发生。

（3）落实安全工作目标责任制，制定实现年度安全工作目标计划的具体措施，层层落实安全责任，确保安全工作目标的实现。

（4）严格履行乡镇供电所安全责任，做到及时发现异常并进行安全控制。

（5）定期对乡镇供电所人员安全工作开展情况及保证措施落实情况进行监督、检查、纠偏、考核。

（6）召开班前、班后会及乡镇供电所安全日活动并做好记录。

（7）加强交通车辆安全管理，开展定期安全检查、隐患排查、"安全生产月"和专项安全检查活动，及时汇总反馈检查情况，落实上级下达的各项反事故技术措施。

（8）发生事故（事件）违章时开展原因分析，总结教训，落实改进措施。严格执行电力安全事故（事件）报告制度，及时准确汇报安全事故（事件），做好事故现场保护，配合开展事故调查工作。

（9）落实乡镇供电所作业项目的安全技术措施，杜绝各类违章作业。

（10）编制重大（或复杂）作业项目的安全技术措施，规范应用风险辨识、承载力分析等风险管控措施，实施标准化作业，履行到位监督职责或到现场指挥作业，做好各项工作任务的事先"两交底"（即技术交底和安全措施交底），有序组织各项生产活动。

（11）严格检修、施工等工作项目的安全技术措施审查，加强电能计量装置和用电信息采集等设备的装拆、周期轮换、故障处理、设备现场检验等工作安全组织措施和技术措施管理，防止因客户或微电网反送电影响工作安全。严格执行业务委托有关规定，做好安全管理工作。

（12）规范乡镇供电所工作场所的工作环境、安全设施（如消防器材、警示标志、剩余电流动作保护器、通风装置、氧量检测装置、遮拦等）。保障乡镇供电所安全工器具、设备工器具（如绝缘工器具、施工机具、压力容器等）处于良好状态，满足乡镇供电所现场工作需求，监督检查乡镇供电所人员正确使用劳动防护用品。

（13）落实乡镇供电所作业项目的安全技术措施，杜绝各类违章作业。

（14）定期开展设备（设施）质量监督及运行评价、分析，提出更新改造方案和计划，及时编制、提报年度"两措"计划，经审批下达后组织实施。

（15）依法加强对所辖电力设施的保护，开展辖区安全用电检查和安全用电、依法用电知识的宣传普及工作。

（16）负责乡镇供电所安全检查活动，检查指导安全生产工作。

（17）负责开展乡镇供电所安全生产隐患排查治理工作。

（18）负责乡镇供电所事故隐患的闭环整改。

（19）定期召开乡镇供电所安全日活动，并提出改进要求。

（20）负责或配合公司开展各类安全生产宣传活动。

（21）负责乡镇供电所人员的安全考试。

（22）按规定参加安全生产教育和安全技能培训。

（23）开展乡镇供电所新入职员工的安全教育工作。

（24）编制各种应急预案和现场处置方案，为各类事故处理和灾后抢险恢复做好准备。

（25）针对特殊天气、节假日及重要社会活动，落实对重要客户、场所可靠供电的保障措施方案，开展用电安全检查，保证安全可靠供电。

（26）依据电网运行风险预警通知单，分析可能受影响的客户及应该采取的措施。

（27）编制相应安全风险管控措施并组织实施。

（28）按规定向相关部门反馈风险管控信息。

（二）乡镇供电所各岗位员工安全责任

1. 所长

（1）乡镇供电所所长是乡镇供电所安全第一责任人，对乡镇供电所的安全生产负有直接领导责任，对乡镇供电所人员在工作中的安全和健康负责，对所辖设备（设施）的安全运行负责。

（2）组织编写乡镇供电所年度安全工作目标计划，组织制定实现年度安全工作目标计划的具体措施，组织乡镇供电所全员落实乡镇供电所安全工作目标责任制，确保乡镇供电所安全工作目标实现。

（3）落实上级部署的安全生产工作要求，及时传达相关安全工作文件、通知、事故通报等，认真执行安全生产规章制度和规程，组织开展安全事故警示教育活动，做好安全事故防范措施的落实，防止乡镇供电所各类事故发生。

（4）落实上级下达的各项反事故技术措施。定期组织乡镇供电所人员开展安全检查、隐患排查、"安全生产月"活动、专项安全检查活动，及时汇总反馈检查情况。负责督促乡镇供电所人员对事故隐患进行整改，及时消除隐患。组织乡镇供电所人员及时发现、记录、汇报设备异常和缺陷，负责督促乡镇供电所人员对设备异常和缺陷进行消除。定期组织对乡镇供电所人员安全工作开展情况及保证措施落实情况进行监督、检查、纠偏、考核。

（5）负责组织开展安规、安全技术操作、紧急救护等各类安全培训工作。负责组织乡镇供电所人员的安全考试、抽考、调考等。负责组织乡镇供电所人员参加安全生产教育和安全技能培训。组织乡镇供电所新入职员工的安全教育工作。协调各乡镇供电所之间的安全协作配合关系。

（6）负责组织或配合县供电公司开展各类安全生产宣传活动。依法加强对所辖电力设施的保护，组织开展辖区安全用电检查和安全用电、依法用电知识的宣传普及工作。定期参加县供电公司安全生产月度例会，每周亲自主持召开安全日活动，抽查乡镇供电所安全活动记录，并提出改进要求。加强乡镇供电所交通车辆安全管理。

（7）组织召开乡镇供电所现场工作班前、班后会。规范乡镇供电所工作场所的工作环境、安全设施（如消防器材、警示标志、剩余电流动作保护器、通风装置、氧量检测装置、遮栏等）。保障乡镇供电所安全工器具、设备工器具（如绝缘工器具、施工机具、压力容器等）处于良好状态，满足乡镇供电所现场工作需求，组织对乡镇供电所人员正确使用劳动防护用品进行监督检查。

（8）发生事故（事件）违章时组织开展原因分析，总结教训，落实改进措施。严格执行电力安全事故（事件）报告制度，及时准确汇报安全事故（事件），组织做好事故现场保护，配合开展事故调查工作。

（9）组织编制重大（或复杂）作业项目的安全技术措施，规范应用风险辨识、承载力分析等风险管控措施，实施标准化作业，履行到位监督职责或到现场指挥作业，做好各项工作任务的事先"两交底"（即技术交底和安全措施交底），有序组织各项生产活动。组织遵守劳动纪律，不违章指挥、不强令作业人员冒险作业，及时纠正或制止各类违章行为。

（10）严格检修、施工等工作项目的安全技术措施审查，组织加强电能计量装置和用电信息采集等设备的装拆、周期轮换、故障处理、设备现场检验等工作安全组织措施和技术措施管理，防止因客户或微电网反送电影响工作安全，杜绝各类违章作业。严格执行业务委托有关规定，组织做好安全管理工作。

（11）定期组织开展设备（设施）质量监督及运行评价、分析，提出更新改造方案和计划，及时编制、提报年度"两措"计划，经审批下达后组织实施。

2. 副所长

（1）协助编写乡镇供电所年度安全工作目标计划，协助制定实现年度安全工作目标计划的具体措施，落实乡镇供电所安全工作目标责任制，确保乡镇供电所安全工作目标实现。

（2）落实上级部署的安全生产工作要求，及时传达相关安全工作文件、通知、事故通报等，认真执行安全生产规章制度和规程，协助组织开展安全事故警示教育活动，做好安全事故防范措施的落实，防止乡镇供电所各类事故发生。

（3）落实上级下达的各项反事故技术措施。协助组织乡镇供电所人员开展安全检查、隐患排查、"安全生产月"活动、专项安全检查活动，及时汇总反馈检查情况。负责督促乡镇供电所人员对事故隐患进行整改，及时消除隐患。协助组织乡镇供电所人员及时发现、记录、汇报设备异常和缺陷，负责督促乡镇供电所人员对设备异常和缺陷进行消除。协助组织对乡镇供电所人员安全工作开展情况及保证措施落实情况进行监督、检查、纠偏、考核。

（4）协助组织开展安规、安全技术操作、紧急救护等各类安全培训工作。协助组织乡镇供电所人员的安全知识考试、抽考、调考等。协助组织乡镇供电所人员参加安全生产教育和安全技能培训。协助组织乡镇供电所新入职员工的安全教育工作。

（5）协助组织开展各类安全生产宣传活动。依法加强对所辖电力设施的保护，协助组织开展辖区安全用电检查和安全用电、依法用电知识的宣传普及工作。定期参加县供电公司安全生产月度例会，定期参加安全日活动，协助抽查乡镇供电所安全活动记录，并提出改进要求。加强乡镇供电所交通车辆安全管理。

（6）协助组织召开乡镇供电所现场工作班前、班后会。规范乡镇供电所工作场所的工作环境、安全设施（如消防器材、警示标志、剩余电流动作保护器、通风装置、氧量检测装置、遮栏等）。保障乡镇供电所安全工器具、设备工器具（如绝缘工器具、施工机具、压力容器等）处于良好状态，满足乡镇供电所现场工作需求，协助组织对乡镇供电所人员正确使用劳动防护用品进行监督检查。

（7）发生事故（事件）违章时协助组织开展原因分析，总结教训，落实改进措施。严格执行电力安全事故（事件）报告制度，及时准确汇报安全事故（事件），协助组织做好事故现场保护，配合开展事故调查工作。

（8）协助组织编制重大（或复杂）作业项目的安全技术措施，规范应用风险辨识、承载力分析等风险管控措施，实施标准化作业，履行到位监督职责或到现场指挥作业，做好各项工作任务的事先"两交底"（即技术交底和安全措施交底），有序组织各项生产活动。组织遵守劳动纪律，不违章指挥、不强令作业人员冒险作业，及时纠正或制止各类违章行为。

（9）严格检修、施工等工作项目的安全技术措施审查，协助组织加强电能计量装置和用电信息采集等设备的装拆、周期轮换、故障处理、设备现场检验等工作安全组织措施和技术措施管理，防止因客户或微电网反送电影响工作安全，杜绝各类违章作业。严格执行业务委托有关规定，组织做好安全管理工作。

（10）协助组织开展设备（设施）质量监督及运行评价、分析，提出更新改造方案和计划，及时编制、提报年度"两措"计划，经审批下达后组织实施。

3. 安全质量员

（1）负责贯彻执行上级安全管理规章制度、规程等，组织乡镇供电所人员严格执行，督促落实安全责任，做好人身、电网、设备、信息安全事件防范工作。

（2）制定乡镇供电所保证安全的技术措施、组织措施和安全措施，协助所长监督检查现场安全措施是否正确完备、个人安全劳动防护措施是否得当，及时制止各类违章现象。监督乡镇供电所人员遵守劳动纪律，制止违章指挥和强令作业人员冒险作业。

（3）组织开展安全大检查、专项安全检查、隐患排查和安全性评价工作，及时汇报、处理有关问题。针对特殊天气、节假日及重要社会活动，制定对重要客户、场所可靠供电的保障措施方案，协助所长落实方案中的各项措施，督促乡镇供电所人员及时处理事故隐患和设备缺陷。

（4）参加安全网会议。参加相关安全事件分析会，协助开展事故调查工作。参与人身、电网、设备事故（事件）的调查，组织编写相关事故报告。配合编写相关的事故快报、安全情况通报等。对发生安全事故的责任人提出惩处建议。

（5）每周组织召开由所长主持的乡镇供电所安全日活动，按时上报乡镇供电所安全活动总结、各类安全检查总结、安全情况分析等资料。负责乡镇供电所"两票"检查、统计、分析和上报工作。

（6）负责制定乡镇供电所年度安全培训计划，并抓好计划的有效实施。做好新入职人员、变换岗位人员的安全教育培训和安规考试。组织乡镇供电所人员进行定期安规考试，组织乡镇供电所人员做好安规抽考、调考的准备工作。培训乡镇供电所人员正确使用劳动保护用品和安全设施。

（7）负责乡镇供电所安全工器具的保管、定期校验，确保安全防护用品及安全工器具处于完好状态。组织开展安全设施和设备（如安全工器具、安全警示标志牌等）作业工器具、消防器材等的安全检查，并做好记录。

（8）参与乡镇供电所所承担基建、大修、技改等重点工作"三大措施"的制定，做好对重点、特殊工作的危险点分析。定期开展设备（设施）质量监督及运行评价、分析，及时编制、提报年度"两措"计划，经审批下达后组织实施。

（9）依法加强对所辖电力设施的保护，参与辖区安全用电检查和安全用电、依法用电知识的宣传普及工作。组织编制各种应急预案和现场处置方案，为各类事故处理和灾后抢险恢复做好准备。

（10）依据电网运行风险预警通知单，分析可能受影响的客户及应该采取的措施。编制相应安全风险管控措施并组织实施。按规定向相关部门反馈风险管控信息。

4. 运检技术员

（1）对自己的安全负责，认真学习安全生产知识，提高安全生产意识，增强自我保护能力。接受相应的安全生产教育和岗位技能培训，掌握必要的专业安全知识和操作技能。积极开展设备改造和技术创新，不断改善作业环境和劳动条件。

（2）严格遵守安全规章制度、操作规程和劳动纪律，服从管理，坚守岗位，对自己在工作中的行为负责，履行工作安全责任，互相关心工作安全，不违章作业。

（3）参与乡镇供电所安全检查活动，检查指导安全生产工作。掌握安全措施的布置，明确工作中的危险点，并履行安全确认手续。严格执行"两票"并规范开展作业活动。

（4）有权拒绝违章指挥和强令冒险作业，发现异常情况及时处理和报告。在发现直接危及人身、电网和设备安全的紧急情况时，有权停止作业或在采取可能的紧急措施后撤离作业场所，并立即报告。

（5）开展标准化作业，严格检修、施工等工作项目的安全技术措施审查，落实工作安全组织措施和技术措施管理。保证工作场所、设备（设施）工器具的安全整洁，不随意拆除安全防护装置，正确操作机械和设备，正确佩戴和使用劳动防护用品。

（6）制定乡镇供电所年度生产技术目标及保证措施。参与签订安全责任书和员工安全承诺书，落实保证措施。参与拟订乡镇供电所安全生产考核指标及考核办法。

（7）定期开展设备（设施）质量监督及运行评价、分析，提出更新改造方案和计划，及时编制、提报年度"两措"计划，经审批下达后组织实施。依法加强对所辖电力设施的保护，参与辖区安全用电检查和安全用电、依法用电知识的宣传普及工作。

（8）参与乡镇供电所安全生产隐患排查治理工作。参加乡镇供电所安全日活动。参与人身和电网、设备事故（事件）的调查，组织编写相关事故报告。配合编写相关的事故快报、安全情况通报等。对发生安全事故的责任人提出惩处建议。

5. 客户服务员

（1）对自己的安全负责，认真学习安全生产知识，提高安全生产意识，增强自我保护能力。接受相应的安全生产教育和岗位技能培训，掌握必要的专业安全知识和操作技能。积极开展设备改造和技术创新，不断改善作业环境和劳动条件。

（2）严格遵守安全规章制度、操作规程和劳动纪律，服从管理，坚守岗位，对自己在工作中的行为负责，履行工作安全责任，互相关心工作安全，不违章作业。

（3）参加乡镇供电所的安全日活动。参与乡镇供电所营销工作现场安全检查活动，检查指导营销现场工作。掌握营销工作现场安全措施的布置，明确工作中的危险点，并履行安全确认手续。严格执行"两票"并规范开展作业活动。

（4）有权拒绝违章指挥和强令冒险作业，发现异常情况及时处理和报告。在发现直接危及人身、电网和设备安全的紧急情况时，有权停止作业或在采取可能的紧急措施后撤离作业场所，并立即报告。

（5）保证营销工作现场、设备（设施）、工器具的安全整洁，不随意拆除安全防护装置，正确操作设备，正确佩戴和使用劳动防护用品。

（6）参与开展营销事故隐患排查和整改，对隐患进行闭环管理。参与人身和电网、设备事故（事件）的调查，组织编写相关事故报告。配合编写相关的事故快报、安全情况通报等。对发生安全事故的责任人提出惩处建议。

6. 配电营业班班长

（1）认真执行安全生产规章制度和操作规程，落实上级有关安全生产的工作要求，及时传达有关安全工作的文件、通知、事故通报等，开展安全事故警示教育活动，做好安全事故防范措施的落实，防止事故发生。

（2）落实安全目标责任制，制定实现年度安全目标计划的具体措施，层层落实安全责任，确保安全目标的实现。严格履行乡镇供电所安全责任，做到及时发现异常并进行安全控制。定期对乡镇供电所台区经理安全工作开展情况及保证措施落实情况进行监督、检查、纠偏、考核。

（3）组织召开班前、班后会并做好记录。组织开展安规、安全技术操作、紧急救护等各类安全培训工作，确保乡镇供电所全员具备必要的安全知识。

（4）加强交通车辆安全管理，定期组织开展安全检查、隐患排查、"安全生产月"和专项安全检查活动，及时汇总反馈检查情况，落实上级下达的各项反事故技术措施。发生事故（事件）、违章时，组织开展原因分析，总结教训，落实改进措施。严格执行电力安全事故（事件）报告制度，及时准确汇报安全事故（事件），做好事故现场保护，配合开展事故调查工作。

（5）落实乡镇供电所作业项目的安全技术措施，杜绝各类违章作业。组织编制重大（或复杂）作业项目的安全技术措施，规范应用风险辨识、承载力分析等风险管控措施，实施标准化作业，履行到位监督职责或到现场指挥作业，做好各项工作任务的事先"两交底"（即技术交底和安全措施交底），有序组织各项生产活动。

（6）严格组织检修、施工等工作项目的安全技术措施审查，加强电能计量装置和用电信息采集等设备的装拆、周期轮换、故障处理、设备现场检验等工作安全组织措施和技术措施管理，防止因客户或微电网反送电影响工作安全。严格执行业务委托有关规定，组织做好安全管理工作。

（7）规范乡镇供电所工作场所的工作环境、安全设施（如消防器材、警示标志、剩余电流动作保护器、通风装置、氧量检测装置、遮栏等）。保障乡镇供电所安全工器具、设备工器具（如绝缘工器具、施工机具、压力容器等）处于良好状态，满足乡镇供电所现场工作需求，监督检查乡镇供电所人员正确使用劳动防护用品。

（8）依法加强对所辖电力设施的保护，组织开展辖区安全用电检查和安全用电、依法用电知识的宣传普及工作。定期组织开展设备（设施）质量监督及运行评价、分析，提出更新改造方案和计划，根据要求提报年度"两措"计划，经审批下达后组织实施。

（9）定期组织召开乡镇供电所安全日活动，并提出改进要求。负责乡镇供电所安全检查活动，组织检查指导安全生产工作。负责组织开展乡镇供电所安全生产隐患排查治理工作。负责组织台区经理对事故隐患进行整改，对隐患处理实行闭环管理。

（10）负责乡镇供电所人员的安全考试。按规定参加安全生产教育和安全技能培训。开展乡镇供电所新入职员工的安全教育工作。负责或配合县供电公司开展各类安全生产宣传活动。

（11）编制乡镇供电所各种应急预案和现场处置方案，为各类事故处理和灾后抢险恢复做好准备。针对特殊天气、节假日及重要社会活动，落实对重要客户、场所可靠供电的保障措施方案，组织开展用电安全检查，保证安全可靠供电。

7. 综合班班长

（1）严格遵守安全生产规章制度和操作规程，落实乡镇供电所有关安全生产的工作要求，及时传达有关安全工作的文件、通知、事故通报等。

（2）严格履行安全责任，做到及时发现异常并进行安全控制。参与乡镇供电所开展的安全事故警示教育活动，做好安全事故防范措施的落实，防止事故发生。

（3）定期对综合班人员安全工作开展情况及保证措施落实情况进行监督、检查、纠偏、考核。

（4）熟悉工作内容、工作流程，掌握安全措施，明确工作中的危险点，并在工作票上履行交底签名确认手续。

（5）服从工作负责人（监护人）、专责监护人的指挥，严格遵守电力安全工作规程和劳动纪律，在指定的作业范围内工作，对自己在工作中的安全行为负责，工作中互相关心工作安全。

（6）正确使用施工机具、安全工器具和劳动防护用品。

（7）参加消防、交通、危化品、特种设备等培训、演练，掌握其安全知识和技能，遵守消防、交通、危化品和特种设备安全法律法规。

（8）按照要求参加相关安全教育培训，掌握本岗位所需的安全法律法规、规章制度和相关安全生产、应急处置知识，并经考试合格上岗工作。

8. 配电营业班

（1）对自己的安全负责，认真学习安全生产知识，提高安全生产意识，增强自我保护能力。接受相应的安全生产教育和岗位技能培训，掌握必要的专业安全知识和操作技能。积极开展设备改造和技术创新，不断改善作业环境和劳动条件。

（2）严格遵守安全规章制度、操作规程和劳动纪律，服从管理，坚守岗位，对自己在工作中的行为负责，履行工作安全责任，互相关心工作安全，不违章作业。

（3）积极参加班前、班后会及安全日活动，做好安全生产工作。参与配电设备（设施）质量监督及运行评价、分析，落实整改方案。

（4）掌握安全措施布置，明确工作中的危险点，并履行安全确认手续。严格执行"两票"并规范开展作业活动。保证工作场所、设备（设施）、工器具的安全整洁，不随意拆除安全防护装置，正确操作机械和设备，正确佩戴和使用劳动防护用品。

（5）有权拒绝违章指挥和强令冒险作业，发现异常情况及时处理和报告。在发现直接危及人身、电网和设备安全的紧急情况时，有权停止作业或在采取可能的紧急措施后撤离作业场所，并立即报告。

（6）遵守劳动纪律，不违章作业、不冒险作业，及时纠正或制止他人各类违章行为。

开展标准化作业，严格落实工作安全组织措施和技术措施。参与配电营业事故隐患排查和整改，对隐患处理实行闭环管理。

（7）依法加强对所辖电力设施的保护，参与安全生产、安全用电、依法用电知识的宣传普及工作。针对特殊天气、节假日及重要社会活动，落实对重要客户、场所可靠供电的保障措施方案，保证安全可靠供电。

（8）按规定参加安全生产教育和安全技能培训。按照各种应急预案和现场处置方案，做好各类事故处理和灾后抢险恢复准备工作。

9. 综合班

（1）严格遵守安全规章制度、操作规程和劳动纪律，服从管理，坚守岗位，对自己在工作中的安全行为负责，履行工作安全责任，不发生违章作业。

（2）对自己的安全负责，认真学习安全生产知识，提高安全生产意识，增强自我保护能力；接受相应的安全生产教育和岗位技能培训，掌握必要的专业安全知识和操作技能。

（3）积极参加各项安全生产活动，做好安全生产工作。

（4）熟悉工作内容、工作流程，掌握安全措施，明确工作中的危险点，并在工作票（作业票）上履行交底签名确认手续。

（5）服从工作负责人（监护人）、专责监护人的指挥，严格遵守电力安全工作规程，在指定的作业范围内工作，工作中互相关心工作安全。

（6）正确使用施工机具、安全工器具和劳动防护用品。

（7）参加消防、交通、危化品、特种设备等培训、演练，掌握其安全知识和技能，遵守消防、交通、危化品和特种设备安全法律法规。

（8）按照要求参加相关安全教育培训，掌握本岗位所需的安全法律法规、规章制度和相关安全生产、应急处置知识，并经考试合格上岗工作。

第二节　安　全　活　动

一、"安全活动"基本要求

为了夯实基层单位安全生产基础，确保乡镇供电所每月拿出固定时间开展安全活动，有必要对乡镇供电所"安全活动"的活动时间、参加人员、主题与内容、检查等工作内容进行规范，使乡镇供电所安全活动常态化、制度化。乡镇供电所必须每月（或每周）定期组织召开安全活动。乡镇供电所安全活动固定时间可以确定为每周五下午，遇法定节假日，可延至假日后第一个工作日下午。各单位安排工作任务或组织各类活动，不得占用乡镇供电所安全活动时间。遇特殊情况，经上级批准后，可延至周一下午。乡镇供电所安全活动由乡镇供电所所长负责组织开展，乡镇供电所所长请假情况下，由安全质量员组织开展。乡镇供电所所长与安全质量员不得同时请假。乡镇供电所全体人员必须参加乡镇供电所安全活动。对于缺席乡镇供电所安全活动的乡镇供电所人员，在返回工作岗位后，要第一时间按照规定完成自学，相关纸质学习材料经乡镇供电所所长审核同意并签字后在本乡镇供电所永久保存。乡镇供电所安全活动应做好记录，不得随意更改。上级主管部门应不定期监督检查乡镇供电所安全活动开展情况，对活动情况进行通报。乡镇供电所安全活动内容如下：

（1）学习上级下发的文件、通知、事故通报等。

（2）对本乡镇供电所周工作进行安全总结，对下周工作开展安全风险分析，研究制定风险管控措施。

（3）结合工作实际和季节特点，总结本乡镇供电所周隐患排查工作，制定下周隐患排查工作重点。

（4）对本乡镇供电所上周"两票"执行情况进行检查、分析。

（5）组织开展"每周一课"。

（6）乡镇供电所自行安排的其他内容。

二、安全活动记录实例

［实例1-2］

安全活动记录

活动主题	学习电力安全事故通报，杜绝各类事故发生		
活动时间	20××年9月20日14：00-17：00	主持人（所长）	高洪全
活动乡镇供电所	青龙山乡镇供电所	上级参加人员	周向前
本乡镇供电所参加人员	李××、赵××、刘××、钱××、路××、林××、吴××、王××、马××、江××、侯××、郭××、章××、曹××、窦××、姜××、段××、杜××、韩××、柳××、冯××、蒋××、国××、苏××、韦××、董××、陈××、毛××、燕××、夏××、闫××、巩××、黄××、姚××、胡××		
缺席人员	孙晋冰		
缺席原因	休年休假		
活动内容	一、学习上级下发的文件、通知、事故通报 学习一起因电容器事故造成人员伤亡的电力安全事故通报。		

活动内容	以此次事故为教训，举一反三，开展安全生产大讨论、大反思，深入剖析安全生产中的薄弱环节及问题，落实相关防范措施，坚决遏制安全生产事故。加强生产作业现场人身安全管控。坚持问题导向，全面开展生产作业现场人身安全管控工作，找准安全问题症结，制定有效措施，立查立改，严格落实各项防人身安全管控措施。强化各级人员安全责任落实。加强各级领导干部、安全生产管理人员的安全思想认识、责任意识、法律意识，做到敬畏生命、敬畏法律、敬畏规章制度；突出抓好乡镇供电所长、工作负责人、专责监护人等现场关键岗位人员的安全责任落实，强化全员明责、知责、履责、尽责能力。强化作业现场安全管控。严格执行"安规""两票"生产现场作业危险点防范工作要求，严格执行安全技术交底等安全管理规定，严格履行工作许可、工作监护制度，确保作业人员人身安全。加强特殊作业项目、特殊作业环境风险辨识。对电容器、电缆等存在较大剩余电荷的检修项目，开展风险点辨识与分析，从装备配置、技术手段、作业流程等各方面制定针对性防范措施，降低特殊检修作业项目的安全风险。加强作业人员安全技能培训。对现场作业人员要从熟悉设备接线方式、构造原理、运行工况等方面开展有针对性技能培训，突出强化触电急救、设备原理构造等培训，提高一线人员业务技能和安全防护意识。强化各类生产规章制度、标准、作业指导书的监督检查，严格"两票"制度管理执行。加大安全督查力度，杜绝习惯性违章。利用多种技术手段，加强作业现场安全监控，严格作业现场安全管理，加大习惯性违章行为处罚力度。 　　二、对本乡镇供电所周工作进行安全总结，对下周工作开展安全风险分析，研究制定风险管控措施 　　（一）本周主要完成工作 　　（1）清理废旧电杆 42 基。 　　（2）对 10kV 官历线、马企线测温 69 处，全部合格。 　　（3）清理配电线路沿线附近漂浮物 6.3kg。 　　（二）下周主要工作及风险管控措施 　　（1）完成许店村 0.4kV 配电线路废旧电杆的清理工作。废旧杆塔清理时，登杆前，首先检查杆根、杆基是否裂纹，使用吊车前检查吊带、吊绳、钢丝绳、吊钩等吊装工具是否粘贴试验合格证。人员不得站在吊臂下或在吊物下逗留或通行。在吊车旋转半径范围内装设围栏。 　　（2）完成 10kV 金通线、大桥线、耿家线设备测温工作。用红外线测温仪进行测温时，严禁使用测温仪镜头正冲太阳，以免刺伤眼睛。 　　三、结合工作实际和季节特点，总结乡镇供电所本周隐患排查工作，制定隐患排查工作重点 　　（一）本周隐患排查工作完成情况 　　（1）针对 10kV 山城线 18 号杆—19 号杆线下违章建房，危及线路安全运行。乡镇供电所张小雷联系李村村民赵军对线路护区内再建房屋进行了拆除。 　　（2）针对 10kV 宏大线 6 号杆线路防护区内有建筑施工单位使用吊车作业，危及线路安全运行，乡镇供电所刘前已制止建筑施工单位停止启用吊车施工作业，并撤离防护区。 　　（二）下周隐患排查工作重点 　　当前正值秋收季节，根据季节性特点重点做好防止机械作业误碰电杆及拉线，要加强线路巡视力度，做好秋收期间电力设施保护宣传工作，杜绝因外力破坏造成线路跳闸。 　　四、对本乡镇供电所上周"两票"执行情况进行检查、分析 　　对本周"两票"进行检查，发现一张配电倒闸操作票出现操作项目漏项，该操作票操作任务为"10kV 徐家配电台区 1 号变压器调节分头"。在操作票填写过程中，拉开 10kV 徐家配电台区 A 相跌落熔断器后，又拉开 10kV 徐家配电台区 C 相跌落熔断器，应该再拉开 10kV 徐家配电台区 B 相跌落熔断器，但出现漏项，操作票上没有填写拉开 10kV 徐家配电台区 B 相跌落熔断器。对配电倒闸操作票填写人员和审核人员进行考核，对配电倒闸操作票填写人员和审核人员进行"两票"填写培训考试，直至考试合格。编制典型操作票和工作票供填写人员参考。 　　五、组织开展"每周一课" 　　针对台区经理对现场工作哪些工作使用工作票、哪些工作不使用工作票不清楚，乡镇供电所安全质量员组织台区经理明确不使用工作票，但要使用其他书面记录或按口头、电话命令执行的工作，台区经理掌握了不使用工作票的现场工作内容例如：（1）测量接地电阻。（2）砍剪树木。（3）杆塔底部和基础等地面检查、消缺。（4）涂写杆塔号、安装标志牌等工作地点在杆塔最下层导线以下，并能够保持《电力安全工作规程（配电部分）》表 3-1 安全距离的工作。（5）接户、进户计量装置上的不停电工作。（6）单一电源低压分支线的停电工作。（7）不需要高压线路、设备停电或做安全措施的配电运维一体工作。实施此类工作时，可不使用工作票，但应以其他书面形式记录相应的操作和工作等内容。（8）书面记录包括作业指导书（卡）、派工单、任务单、工作记录等。（9）按口头、电话命令执行的工作应留有录音或书面派工记录。记录内容应包含指派人、工作人员（负责人）、工作任务、工作地点、派工时间、工作结束时间、安全措施（注意事项）及完成情况等内容。

活动内容	六、乡镇供电所自行安排的其他内容 安全质量员对江××、侯××、郭××、章××、曹××、窦××、姜××、段××、杜××、韩××、柳××、冯××、蒋××、国××、苏××、韦××、董××、陈××、毛××、燕××、夏××、闫××、巩××、黄××、姚××、胡××开展安全知识考问，考问题目高处作业安全管控措施内容。 孙晋冰9月23日补学本周安全活动学习内容。				
记录类型	按时学习	记录人	米建成	记录时间	17：30

[实例1-3]

安全活动记录

活动主题	学习电力安全事故通报，杜绝各类事故发生		
活动时间	20××年9月27日14：00-16：30	主持人（所长）	高洪全
活动乡镇供电所	青龙山乡镇供电所	上级参加人员	韩守信
本乡镇供电所 参加人员	李××、赵××、刘××、钱××、路××、林××、吴××、王××、马××、江××、侯××、郭××、章××、曹××、窦××、姜××、孙××、杜××、韩××、柳××、冯××、蒋××、国××、苏××、韦××、董××、陈××、毛××、燕××、夏××、闫××、巩××、黄××、姚××、段××		
缺席人员	胡小磊		
缺席原因	外出参加培训班		
活动内容	一、学习上级下发的文件、通知、事故通报 学习一起因拆除铁塔过程中发生倒塔，砸断另一正在施工的线路，造成人员伤亡的电力安全事故通报。 以此次事故为教训，举一反三，一是认真开展专题安全日活动，深刻吸取本次事故教训，全面排查施工现场安全风险隐患，制定落实切实有效的管控措施。二是乡镇供电所要提高安全风险意识，认真做好风险识别和分级管控，严格施工方案编制审批和执行，加强工作票管理，强化到岗到位，落实高空、近电、深基坑、拆除、密闭空间、水上、吊装、跨越等风险作业管控措施。三是针对二季度基建安全管理工作重点，认真开展火灾、防灾避险、疫情防控、安全生产等各类隐患排查，及时发现安全风险管控盲点，消除安全隐患。四是持续健全安全风险管控督查工作机制，确保风险管控措施全面、有效。认真履行乡镇供电所安全管理职责。做好现场查处各类违章行为，督促风险管控措施落实。 二、对本乡镇供电所周工作进行安全总结，对下周工作开展安全风险分析，研究制定风险管控措施 （一）本周主要完成工作 （1）对乡镇供电所安全工器具进行检查，未发现问题，将安全工器具室内的工器具与台账、出入库记录一一对照，做到账卡物相符。 （2）对历家庄、前几村、郝庄村、大宫村、牛家村、凌子村、上田村、朱家庄8个台区设备进行正常设备巡视，发现一般缺陷3处。 （3）对乡镇供电所灭火器进行检查，未发现问题，做好灭火器检查记录。 （二）下周主要工作及风险管控措施 （1）对部分路段施工后的绿化工程加强了巡视力度，积极联系施工方做好交接和防护工作。 （2）完成10kV田齐线、林高线、金玲线3条线路设备正常巡视工作。单人巡线时，为了防止发生人身触电和高处坠落事故，禁止攀登电杆和铁塔。巡视人员应根据不同的作业环境，带对应的防护用具、自救器具和药品。夜间巡视能见度较差，若巡线人员在导线下方及内侧区域行走，遇导线断落地面或悬挂在空中时，将可能触及带电导线或进入导线接地点的危险区内，故夜间巡线时应沿线路外侧进行，必须两人进行巡视。		

活动内容	三、结合工作实际和季节特点，总结本乡镇供电所周隐患排查工作，制定下周隐患排查工作重点 （一）本周隐患排查工作完成情况 （1）针对 10kV 高职线 11 号杆—17 号杆线下部分路段施工后的绿化工程，乡镇供电所组织林××、吴××现场监督，积极联系施工方做好现场安全交底和防护措施。防止施工人员误碰带电设备。 （2）针对 0.4kV 武家台区 9 号杆—10 号杆线下违章建筑，危及线路安全运行。乡镇供电所张××联系武家村村民徐××对线路护区内违章建筑进行了拆除。 （二）下周隐患排查工作重点： 针对 10kV 宝凤线 21 号杆—22 号杆线下水渠建设施工，乡镇供电所组织章××、曹××现场监督，防止施工人员误碰带电设备，造成 10kV 宝凤线跳闸和人员触电伤亡事故发生。 四、对本乡镇供电所上周"两票"执行情况进行检查、分析 对本周"两票"进行检查，发现一份配电第一种工作票中"工作现场所装设接地线××组"没有填写接地线组数。针对这种情况，组织乡镇供电所相关人员学习"两票"填写规定。要求现场工作必须召开收工会和开工会。工作负责人必须手持工作票对照工作现场，确认工作班现场所装设接地线、个人保安线已全部拆除，填写工作票上拆除接地线组数和个人保安线组数再召开收工会。收工会必须在工作现场由工作负责人对工作人员讲明工作班现场所装设接地线共××组、个人保安线共××组已全部拆除，工作班人员已全部撤离现场，材料工具已清理完毕，杆塔、设备上已无遗留物。工作票办理终结后，工作负责人带领工作班人员返回，以此杜绝工作票漏填接地线组数。 五、组织开展"每周一课" 组织台区经理学习装设接地线前如何验电。验电应使用相应电压等级、合格的接触式验电器。验电前，应先在有电设备上进行试验，确认验电器良好；无法在有电设备上进行试验时可用工频高压发生器等确证验电器良好。验电时人体应与被验电设备保持《国家电网公司电力安全工作规程》（以下简称《安规》）中规定的距离，并设专人监护。使用伸缩式验电器时应保证绝缘的有效长度。验电时台区经理应戴绝缘手套。对无法进行直接验电的设备，可以进行间接验电。对同杆塔架设的多层电力线路进行验电时，先验低压、后验高压，先验下层、后验上层，先验近侧、后验远侧。禁止工作人员穿越未经验电、接地的 10kV 及以下线路对上层线路进行验电。线路的验电应逐相进行，检修联络用的断路器、隔离开关或其组合时应在其两侧验电。 六、乡镇供电所自行安排的其他内容。 （1）安全质量员对江××、侯××、郭××、章××、曹××、窦××、姜××、孙××、杜××、韩××、柳××、冯××、蒋××、国××、苏××、韦××、董××、陈××、毛××、燕××、夏××、闫××、巩××、黄××、姚××、段××开展安全知识考问，考问题目为业扩计量作业安全管控措施内容。 （2）胡小磊 9 月 30 日补学本周安全活动学习内容。

记录类型	按时学习	记录人	米建成	记录时间	17：10

［实例 1-4］

安全活动记录

活动主题	学习电力安全事故通报，杜绝各类事故发生		
活动时间	20××年 10 月 11 日 14：00-16：30	主持人（所长）	高洪全
活动乡镇供电所	青龙山乡镇供电所	上级参加人员	吴新民
本乡镇供电所参加人员	李××、赵××、刘××、钱××、路××、林××、吴××、王××、马××、江××、侯××、郭××、章××、曹××、窦××、姜××、孙××、杜××、韩××、柳××、冯××、蒋××、国××、苏××、胡××、董××、陈××、毛××、燕××、夏××、闫××、巩××、黄××、姚××、段××		
缺席人员	韦玉		
缺席原因	外出参加培训班		

活动内容	一、学习上级下发的文件、通知、事故通报 学习一起 35 千伏变电站 10 千伏断路器消缺过程中发生人身触电伤亡事故。 以此次事故为教训，举一反三，一是持续加强《安规》的学习和培训，增强乡镇供电所台区经理的安全意识；加大工作现场安全监护力度，加大反违章力度，全面落实《安规》各项要求。二是全面排查乡镇供电所管辖设备的安全隐患，研究制定消除隐患的具体措施，立即开展专项治理；三是针对电网、设备运行方式状况发生变化，及时开展安全风险分析，强化安全风险防范措施落实情况监督，消除事故隐患。四是严格"两票"规范管理，特别要加强工作监护制度的落实，专责监护人不得兼做其他工作。专责监护人临时离开时，应通知被监护人员停止工作或离开工作现场，待专责监护人回来后方可恢复工作。专责监护人需长时间离开工作现场时，应由工作负责人变更专责监护人，履行变更手续，并告知全体被监护人员。工作许可后，工作负责人、专责监护人应向工作班成员交代工作内容、人员分工、带电部位和现场安全措施，告知危险点，并履行签名确认手续，方可下达开始工作的命令。 二、对本乡镇供电所周工作进行安全总结，对下周工作开展安全风险分析，研究制定风险管控措施 （一）本周主要完成工作 （1）清理废旧电杆 27 基。 （2）对朱家庄、大周村、小周村、宫保村、京家村、马奇村、河边村、赵庄、口子村 9 个台区设备进行正常设备巡视，发现一般缺陷 6 处。 （3）清理配电线路沿线附近漂浮物 6.3 公斤。 （二）下周主要工作及风险管控措施 （1）完成配电线路沿线附近漂浮物的治理工作。乡镇供电所人员现场处理配电线路上的漂浮物时应戴安全帽、绝缘手套，穿绝缘靴。手持绝缘杆进行处理工作。安全工器具使用前必须检查合格，没有损坏，不超过试验周期。现场处理工作必须两人进行，一人监护，一人进行处理工作。 （2）完成小庄村废旧杆塔清理工作。乡镇供电所人员在进行废旧杆塔清理时要注意，登杆前，首先检查杆根、杆基是否裂纹，使用吊车前检查吊带、吊绳、钢丝绳、吊钩等吊装工具是否粘贴试验合格证。人员不得站在吊臂下或在吊装物下逗留或通行。吊车旋转半径范围内应装设围栏。 三、结合工作实际和季节特点，总结本乡镇供电所周隐患排查工作，制定下周隐患排查工作重点 （一）本周隐患排查工作完成情况 （1）针对 10kV 唐寨线 18 号杆至 22 号杆线下树木超高，危及线路安全运行。乡镇供电所组织人员对线下超高树木进行了砍剪，共砍剪树木 31 棵，隐患消除。 （2）针对 10kV 田齐线 11 号杆至 14 号杆线下树木超高，危及线路安全运行。乡镇供电所组织人员对线下超高树木进行了砍剪，共砍剪树木 26 棵，隐患消除。 （二）下周隐患排查工作重点： 10kV 余庆线 9 号杆至 10 号杆线下道路施工，乡镇供电所组织刘伟、张强现场监督，防止施工人员误碰带电设备，造成 10kV 余庆线跳闸和人员触电伤亡事故发生。 四、对本乡镇供电所上周"两票"执行情况进行检查、分析 对本周"两票"进行检查，发现一张低压操作票操作顺序错误，操作人装设接地线时没有按照先接地端，后接导体端顺序进行。监护人现场及时制止并对操作人进行现场讲解，操作人再装设接地线时，按照先接接地端，后接导体端顺序进行。 五、组织开展"每周一课" 组织乡镇供电所台区经理学习砍剪树木安全控制措施。通过学习乡镇供电所台区经理掌握了在砍剪靠近带电线路导线的树木时，为了避免发生树木、绳索接近甚至碰触带电导线而危及人员及运行线路的安全，工作负责人应在工作开始前，拟定绳索绑扎点、倒树方向、拉绳方向，确定拉绳、绑扎、砍剪等人员分工，交代砍剪树木过程中的注意事项，明确要求人员、树木、绳索及各类工具与带电导线应保持足够的安全距离（10kV 及以下为 1m）。当树枝接近高压带电导线时，应采用绝缘工具使树枝远离带电导线到安全距离后，方可进行处理。若采用绝缘工具无法保证树枝与带电导线有足够的安全距离时，应将线路停电后方可进行处理。未采取上述措施前，禁止人体接触树木。如果遇到大风、大雾、雷雨天气禁止砍剪树木。

活动内容	六、乡镇供电所自行安排的其他内容 （1）安全质量员对江××、侯××、郭××、章××、曹××、窦××、姜××、孙××、杜××、韩××、柳××、冯××、蒋××、国××、苏××、胡××、董××、陈××、毛××、燕××、夏××、闫××、巩××、黄××、姚××、段××开展安全知识考问，考问题目为接地线使用和检查内容。 （2）针对设备巡视不到位、不规范等现象，乡镇供电所安全质量员组织台区经理集中学习《国家电网公司电力安全工作规程》（配电部分）中5.1巡视内容，由安全质量员对台区经理进行考试，考试均达到要求，说明台区经理全部掌握巡视内容。 （3）韦玉10月14日补学本周安全活动学习内容。				
记录类型	按时学习	记录人	米建成	记录时间	17：10

[实例1-5]

安全活动记录

活动主题	学习电力安全事故通报，杜绝各类事故发生		
活动时间	20××年10月18日13：30-16：30	主持人（所长）	高洪全
活动乡镇供电所	青龙山乡镇供电所	上级参加人员	马金峰
本乡镇供电所参加人员	李××、赵××、刘××、钱××、路××、林××、吴××、王××、马××、江××、侯××、郭××、章××、曹××、窦××、姜××、孙××、杜××、韩××、柳××、冯××、蒋××、国××、苏××、胡××、董××、陈××、毛××、燕××、闫××、韦××、黄××、姚××、段××		
缺席人员	巩方程、夏进松		
缺席原因	外出参加培训班		
活动内容	一、学习上级下发的文件、通知、事故通报 学习一起因线路基础施工，现场管理混乱造成人身伤亡事故。 以此次事故为教训，举一反三，采取有力措施，抓好安全生产工作。一是现场施工有限空间作业风险加大，工作现场要压紧压实有限空间作业管理责任，强化计划管理、强化方案审核、强化到岗到位，严格现场作业管理和安全监督，规范作业行为，落实防窒息、防坍塌、防触电等安全措施，确保有限空间作业安全。二是切实加强风险作业管控，准确识别风险，作业前认真进行评估，作业条件发生变化的，要对风险级别进行调整，相关人员按要求到岗到位履职。三是加强施工单位安全管控，督促分包单位落实安全技术措施，严禁"以包代管"，对于危险性较大的工程，施工单位要进行交底，作业全过程派员监督。严格落实作业层班组标准化建设要求，配备合格的作业层班组骨干，由作业层班组骨干对作业进行组织、指挥、监护。四是严格落实"四个管住"要求，在承载力范围内制定作业计划，将全部作业内容纳入计划管理；严把队伍准入关，坚决杜绝资质不符、安全资信不满足要求的单位进入现场；加强进场作业人员安全培训和考试，逐人考核确认，确保每一名作业人员安全意识和安全技能满足安全作业条件；强化现场安全管理，加大常态化反违章力度，在作业现场设置布控球，通过各级安全管控中心、风险值班管控平台进行"全覆盖"监控，加强施工现场安全检查，严肃查处各类现场违章，深入追查管理问题。 二、对本乡镇供电所周工作进行安全总结，对下周工作开展安全风险分析，研究制定风险管控措施 （一）本周主要完成工作 （1）清理废旧电杆33基。 （2）对刘家庄、石周村、东林村、宫家村、周家村、马南村、安山村、胡庄、川利村9个台区设备进行正常设备巡视，发现一般缺陷6处。 （3）清理配电线路沿线附近漂浮物5.7kg。		

活动内容	（二）下周主要工作及风险管控措施： （1）完成配电线路沿线附近漂浮物的治理工作。乡镇供电所人员现场处理配电线路上的漂浮物时应戴安全帽、绝缘手套、穿绝缘靴。手持绝缘杆进行处理工作。安全工器具使用前必须检查合格，没有损坏，不超过试验周期。现场处理工作必须两人进行，一人监护，一人进行处理工作。 （2）完成北岭村废旧杆塔清理工作。乡镇供电所人员在进行废旧杆塔清理时要注意，登杆前，首先检查杆根、杆基是否裂纹，使用吊车前检查吊带、吊绳、钢丝绳、吊钩等吊装工具是否粘贴试验合格证。人员不得站在吊臂下或在吊装物下逗留或通行。吊车旋转半径范围内应装设围栏。 三、结合工作实际和季节特点，总结本乡镇供电所周隐患排查工作，制定下周隐患排查工作重点 （一）本周隐患排查工作完成情况 （1）针对 10kV 唐寨线 18 号杆至 22 号杆线下树木超高，危及线路安全运行。乡镇供电所组织人员对线下超高树木进行了砍剪，共砍剪树木 31 棵，隐患消除。 （2）针对 10kV 田齐线 11 号杆至 14 号杆线下树木超高，危及线路安全运行。乡镇供电所组织人员对线下超高树木进行了砍剪，共砍剪树木 26 棵，隐患消除。 （二）下周隐患排查工作重点 10kV 余庆线 9 号杆至 10 号杆线下道路施工，乡镇供电所组织刘伟、张强现场监督，防止施工人员误碰带电设备，造成 10kV 余庆线跳闸和人员触电伤亡事故发生。 四、对本乡镇供电所上周"两票"执行情况进行检查、分析 对本周"两票"进行检查，发现一张低压操作票出现并相操作，三相低压熔断器没有分相取下，而是三相低压熔断器一次取下。 五、组织开展"每周一课" 组织乡镇供电所台区经理学习配电设备巡视。台区经理在进行电缆隧道、偏僻山区、夜间、事故或恶劣天气等巡视工作时，应至少两人一组进行。正常巡视应穿绝缘鞋；雨雪、大风天气或事故巡线，巡视人员应穿绝缘靴或绝缘鞋；汛期、暑天、雪天等恶劣天气和山区巡视应配备必要的防护用具、自救器具和药品；夜间巡线应携带足够的照明用具。大风天气巡线，应沿线路上风侧前进，以免触及断落的导线。事故巡视应始终认为线路带电，保持安全距离。夜间巡线，应沿线路外侧进行。巡线时禁止泅渡。雷电时，禁止巡线。地震、台风、洪水、泥石流等灾害发生时，禁止巡视灾害现场。灾害发生后，若需对配电线路、设备进行巡视，应得到设备运维管理单位批准。单人巡视，禁止攀登杆塔和配电变压器台架。巡视中发现高压配电线路、设备接地或高压导线、电缆断落地面、悬挂空中时，室内人员应距离故障点 4m 以外，室外人员应距离故障点 8m 以外；并迅速报告调度控制中心和上级，等候处理。处理前应防止人员接近接地或断线地点，以免跨步电压伤人。进入上述范围人员应穿绝缘靴，接触设备的金属外壳时，应戴绝缘手套。无论高压配电线路、设备是否带电，巡视人员不得单独移开或越过遮栏；若有必要移开遮栏时，应有人监护，并保持安全距离。进入 SF$_6$ 配电装置室，应先通风。配电站、开闭所、箱式变压器等的钥匙至少应有三把，一把专供紧急时使用，一把乡镇供电所台区经理使用。其他可以借给经批准的配电设备巡视人员和经批准的检修工作负责人使用，但应登记签名，巡视或工作结束后立即交还。低压配电网巡视时，禁止触碰裸露带电部位。 六、乡镇供电所自行安排的其他内容。 安全质量员对江××、侯××、郭××、章××、曹××、窦××、姜××、孙××、杜××、韩××、柳××、冯××、蒋××、国××、苏××、胡××、董××、陈××、毛××、燕××、闫××、韦××、黄××、姚××、段××开展安全知识考问，考问题目绝缘操作杆使用和检查内容。 巩方程、夏进松 10 月 21 日补学本周安全活动学习内容。

记录类型	按时学习	记录人	米建成	记录时间	17：10

三、安全活动缺席人员补学记录实例

[实例 1-6]

安全活动补学记录

补学人	赵军	应学习培训时间	20××年9月10日	补学时间	20××年9月13日
补 学 内 容					

一、学习上级下发的文件、通知、事故通报

通过学习，我们一是深刻吸取××电力施工单位发生的外包人员死亡事故，彻底堵死安全管理存在的漏洞。二是严禁与非法人单位、不能有效代表承包单位的人员签订承包合同。严禁与个人签订承包合同。三是承包单位的人员在入场前必须进行培训、考试、安全交底，指出危险源和存在的安全风险，明确安全防护措施，提供安全作业相关资料信息，并应有完整的记录或资料。

二、对本乡镇供电所周工作进行安全总结，对下周工作开展安全风险分析，研究制定风险管控措施

（一）本周主要完成工作

（1）完成 10kV 英泰线 12 号杆至 27 号杆杆塔基础培土加固。

（2）对刘家村、昭口村、王村、李庄、小房村、孙家庄、河边村、赵庄 8 个台区设备进行正常设备巡视，发现一般缺陷 2 处。

（3）清理 10kV 中远线 12 号杆至 14 号杆附近垃圾场一处。

（二）下周主要工作及风险管控措施

（1）完成配电线路沿线附近漂浮物的治理工作。乡镇供电所人员现场处理配电线路上的漂浮物时应戴安全帽、绝缘手套、穿绝缘靴。手持绝缘杆进行处理工作。安全工器具使用前必须检查合格，没有损坏，不超过试验周期。现场处理工作必须两人进行，一人监护，一人进行处理工作。

（2）完成 10kV 秀水线 1 号杆至 27 号杆接地电阻测量工作。测量工作一般在良好天气时进行，雷电时，禁止测量绝缘电阻。现场工作由两人进行，一人工作，一人监护，工作人员工作时始终保持与带电设备 0.7 米的安全距离。工作前核对线路名称和杆号正确。测量杆塔接地电阻时应注意 10kV 金山线线路和设备带电，解开或恢复杆塔接地引线时，工作人员必须戴绝缘手套。禁止直接接触与地断开的接地线。系统有接地故障时，应立即停止测量接地电阻工作。

三、结合工作实际和季节特点，总结本乡镇供电所周隐患排查工作，制定下周隐患排查工作重点

（一）本周隐患排查工作完成情况

（1）针对 10kV 卢山线 23 号杆至 26 号杆线下，危及线路安全运行。乡镇供电所张小雷联系李村村民赵宝对线路区内再建房屋进行了拆除。

（2）针对宏大线 6 号杆线路防护区内有建筑施工单位使用吊车作业，危及线路安全运行，乡镇供电所刘前已制止建筑施工单位停止吊车施工作业，并撤离防护区。

（二）下周隐患排查工作重点

当前正值秋收季节，根据季节性特点重点做好防止机械作业误碰电杆及拉线，要加强线路巡视力度，做好秋收期间电力设施保护宣传工作，杜绝因外力破坏造成线路跳闸。

（1）清理废旧电杆 38 基。

（2）当前正值秋收，根据季节性特点防止机械作业误碰电杆及拉线，在田间杆塔、拉线上安装红旗 200 余面。

（3）加强线路巡视力度，做好秋收期间电力设施保护宣传工作，杜绝因外力破坏造成线路跳闸。危及电力设施安全运行的垃圾场、废品回收场所，运行维护单位应要求隐患责任单位或个人进行整改，对可能形成漂浮物隐患的，如塑料布、锡箔纸、磁带条、生活垃圾等采取有效的固定措施。必要时，提请政府部门协调处置。

四、对本乡镇供电所上周"两票"执行情况进行检查、分析

对上周"两票"进行检查，发现一张低压操作票中出现操作项目与现场实际内容不符。该操作票实际操作没有装设接地线，但操作票中操作内容却有"×××装设 3 号接地线"。

五、组织开展"每周一课"

组织乡镇供电所台区经理学习动火工作票的填写与签发，动火工作票由动火工作负责人填写。动火工作票应使用黑色或蓝色的钢（水）笔或圆珠笔填写与签发，内容应正确、填写应清楚，不得任意涂改。若有个别错、漏字需要修改、补充时，应使用规范的符号，字迹应清楚。用计算机生成或打印的动火工作票应使用统一的票面格式，由工作票签发人审核无误，并手工或电子签名。动火工作票一般至少一式三份，一份由工作负责人收执、一份由动火执行人收执、一份保存在安监部门（或具有消防管理职责的部门）（指一级动火工作票）或动火的工区（指二级动火工作票）。若动火工作与运维有关，即需要运维人员对设备系统采取隔离、冲洗等防火安全措施者，还应增加一份交运维人员收执。一级动火工作票由动火工作票签发人签发，工区安监负责人、消防管理负责人审核，工区分管生产的领导或技术负责人批准，必要时还应报当地方公安消防部门批准。二级动火工作票由动火工作票签发人签发，工区安监人员、消防人员审核，工区分管生产的领导或技术负责人批准。动火工作票签发人不得兼任动火工作负责人。动火工作票的审批人、消防监护人不得签发动火工作票。外单位到生产区域内动火时，动火工作票由设备运维管理单位签发和审批，也可由外单位和设备运维管理单位实行"双签发"。动火工作票的有效期。一级动火工作票的有效期为 24h，二级动火工作票的有效期为 120h。动火作业超过有效期，应重新办理动火工作票。

续表

六、乡镇供电所自行安排的其他内容

（1）安全质量员对江××、侯××、郭××、章××、曹××、窦××、姜××、孙××、杜××、韩××、柳××、冯××、蒋××、国××、苏××、胡××、董××、陈××、毛××、燕××、闫××、韦××、黄××、姚××、段××开展安全知识考问，考问题目为在有分布式电源接入的低压配电网上停电工作，应采取哪些防止反送电措施。

（2）赵军 9 月 13 日补学本周安全日活动学习内容。

第三节　"两措"管理

一、"两措" 计划制定

县供电公司每年应编制《县供电公司××年度反事故措施计划》和《县供电公司××年度安全技术劳动保护措施计划》。《县供电公司××年度反事故措施计划》应由县供电公司运维检修部门为主，各有关部门及乡镇供电所参加制定。《县供电公司××年度安全技术劳动保护措施计划》应由分管安全工作的领导组织，以安全监督管理部门为主，各有关部门及乡镇供电所参加制定。乡镇供电所应根据《县供电公司××年度反事故措施计划》和《县供电公司××年度安全技术劳动保护措施计划》涉及的本乡镇供电所的内容制定《乡镇供电所××年度反事故措施计划》和《乡镇供电所××年度安全技术劳动保护措施计划》。《县供电公司××年度反事故措施计划》应根据上级颁发的反事故技术措施、需要治理的事故隐患、需要消除的重大缺陷、提高设备可靠性的技术改进措施以及本单位事故防范对策进行编制。《县供电公司××年度反事故措施计划》应纳入检修、技改计划。《县供电公司××年度安全技术劳动保护措施计划》应根据国家、行业、公司颁发的标准，从改善作业环境和劳动条件、防止伤亡事故、预防职业病、加强安全监督管理等方面进行编制。项目安全施工措施应根据施工项目的具体情况，从作业方法、施工机具、工业卫生、作业环境等方面进行编制。安全性评价结果、事故隐患排查结果应作为制定《县供电公司××年度反事故措施计划》和《县供电公司××年度安全技术劳动保护措施计划》的重要依据。防汛、抗震、防台风、防雨雪冰冻灾害等应急预案所需项目，可作为制定和修订《县供电公司××年度反事故措施计划》的依据。县供电公司应优先从成本中据实列支《县供电公司××年度反事故措施计划》和《县供电公司××年度安全技术劳动保护措施计划》所需资金。县供电公司安全监督管理部门负责监督《县供电公司××年度反事故措施计划》和《县供电公司××年度安全技术劳动保护措施计划》的实施，并建立相应的考核机制，对存在的问题应及时向主管领导汇报。乡镇供电所安全质量员负责监督《乡镇供电所××年度反事故措施计划》和《乡镇供电所××年度安全技术劳动保护措施计划》的实施，对存在的问题应及时向所长汇报。县供电公司安全监督管理部门负责监督《县供电公司××年度反事故措施计划》和《县供电公司××年度安全技术劳动保护措施计划》的实施，并保证《县供电公司××年度反事故措施计划》和《县供电公司××年度安全技术劳动保护措施计划》的落实。列入计划的《县供电公司××年度反事故措施计划》和《县供电公司××年度安全技术劳动保护措施计划》若需取消或延期，必须由责任部门提前征得分管领导同意。

二、 "两措" 计划实例

1. 安全技术劳动保护措施计划实例

[实例 1-7]

白云山乡镇供电所××××年度安全技术劳动保护措施计划

序号	项目	重点措施要求	责任人	负责人	完成日期	备注
1	安全教育	（1）乡镇供电所所长、安全质量员、营销服务员、运检技术员、配电营业班台区经理每年进行两次《国家电网公司电力安全工作规程（配电部分）》考试合格	所长、安全质量员、营销服务员、运检技术员、配电营业班台区经理	所长	2月28日 9月30日	
		（2）乡镇供电所所长、安全质量员、营销服务员、运检技术员、配电营业班台区经理离岗时间超过三个月者或转换岗位者必须经《国家电网公司电力安全工作规程（配电部分）》考试合格	所长、安全质量员、营销服务员、运检技术员、配电营业班台区经理	所长	全年	
		（3）乡镇供电所新分配人员必须进行入职前的安全教育，必须经过《国家电网公司电力安全工作规程（配电部分）》考试合格	乡镇供电所新进人员	安全质量员	11月30日	
		（4）结合事故案例开展事故分析大讲堂，开展乡镇供电所全员安全教育	所长、营销服务员、运检技术员、配电营业班台区经理、综合班人员	安全质量员	全年	
		（5）组织乡镇供电所全员学习触电现场急救方法，达到熟练掌握的要求。	所长、营销服务员、运检技术员、配电营业班台区经理、综合班人员	安全质量员	全年	
		（6）开展"我为员工零违章献一计"合理化建议大讨论活动	所长、营销服务员、运检技术员、配电营业班台区经理、综合班人员	安全质量员	全年	
2	体检	完成乡镇供电所新分配人员的体格检查，新分配人员体检必须达到合格要求方可进入乡镇供电所上岗	乡镇供电所新进人员	安全质量员	10月30日	

序号	项目	重点措施要求	责任人	负责人	完成日期	备注
3	安全检查	（1）按照上级统一要求和部署，认真开展各类专项安全检查，改善工作现场作业环境和劳动条件	所长、安全质量员、营销服务员、运检技术员、配电营业班台区经理	所长	全年	
		（2）根据季节特点开展季节性安全检查，改善工作现场作业环境和劳动条件	所长、安全质量员、营销服务员、运检技术员、配电营业班台区经理	所长	全年	
		（3）开展节假日的专项检查，改善工作现场作业环境和劳动条件	所长、安全质量员、营销服务员、运检技术员、配电营业班台区经理	所长	全年	
4	施工工器具	（1）现场使用的施工工器具应认真检查，试验不合格的施工工器具不能在工作现场使用	配电营业班台区经理	运检技术员	全年	
		（2）施工工器具应实行定置管理，存放在施工工器具室内，严禁与其他杂物混放，施工工器具必须由专人管理，存放有序，做到账卡物相符，施工工器具试验标签、编号齐全	配电营业班台区经理	运检技术员	全年	
		（3）施工工器具领用、使用、归还要及时填写《施工工器具使用记录》。严禁损坏的施工工器具与正常使用的施工工器具混放	配电营业班台区经理	运检技术员	全年	
		（4）对试验不合格及损坏的施工工器具，应及时提报更换计划进行更换	配电营业班台区经理	运检技术员	全年	
5	劳动保护用品	（1）按规定发放劳动保护用品，按周期发放工作服	所长、安全质量员、营销服务员、运检技术员、配电营业班台区经理	所长	7月31日	
		（2）按周期发放线手套	所长、安全质量员、营销服务员、运检技术员、配电营业班台区经理	所长	7月31日	
		（3）按周期发放绝缘鞋	所长、安全质量员、营销服务员、运检技术员、配电营业班台区经理	所长	7月31日	

序号	项目	重点措施要求	责任人	负责人	完成日期	备注
6	安全工器具	（1）根据县供电公司配置计划补充领取3双脚扣	配电营业班台区经理	安全质量员	2月25日	
		（2）根据县供电公司配置计划补充领取3付安全带	配电营业班台区经理	安全质量员	2月25日	
		（3）根据县供电公司配置计划补充领取3顶安全帽	乡镇供电所新进人员	安全质量员	2月25日	
		（4）根据县供电公司配置计划补充领取3付绝缘手套	配电营业班台区经理	安全质量员	2月25日	
		（5）根据县供电公司配置计划补充领取3付绝缘靴	配电营业班台区经理	安全质量员	2月25日	
		（6）根据县供电公司配置计划补充领取1根10kV验电器	配电营业班台区经理	安全质量员	2月25日	
		（7）根据县供电公司配置计划补充领取1根10kV绝缘操作杆	配电营业班台区经理	安全质量员	2月25日	
		（8）根据县供电公司配置计划补充领取"止步，高压危险！"标示牌20面、"在此工作！"标示牌10面	配电营业班台区经理	安全质量员	2月25日	
		（9）根据县供电公司配置计划补充领取32付配电线路拉线警示护套，完成32付配电线路拉线警示护套的现场安装	配电营业班台区经理	安全质量员	2月25日	
		（10）根据县供电公司配置计划补充领取防撞警示贴30条	配电营业班台区经理	安全质量员	2月25日	
7	改善作业环境	（1）生产场所工作环境（如照明、护栏、盖板等）的改善	配电营业班台区经理	所长、安全质量员	2月20日	
		（2）根据县供电公司配置计划补充领取抢修现场的移动照明设备3件	配电营业班台区经理	所长、安全质量员	2月25日	
		（3）对可能存在有毒有害危险的作业环境进行检测所需设施和设备要配齐，包括对SF$_6$气体监测所需检漏仪器、氧量测试仪器，对电缆隧道（沟）内可燃气体及有毒气体监测所需气体监测仪器等	配电营业班台区经理	所长、安全质量员	2月20日	
		（4）生产场所必需的各种消防器材、工具、报警、火灾隔离等设施和措施配齐	配电营业班台区经理	所长、安全质量员	2月20日	
		（5）危险品储存、使用、运输、销毁所需要的设备、器材和应采取的安全措施	配电营业班台区经理	所长、安全质量员	全年	
		（6）配电线路安装防撞警示贴，防止误碰杆塔	配电营业班台区经理	所长、安全质量员	2月25日	

序号	项目	重点措施要求	责任人	负责人	完成日期	备注
8	安全监督管理	（1）检查操作票、工作票填写执行正确，检查工作现场是否召开开工会	配电营业班台区经理	所长、安全质量员	全年	
		（2）根据工作票内容，现场监督工作人员到位情况，工作人员是否充足、是否符合工作票要求。在重体力劳动条件下，是否采用省力措施，是否完成承载力分析	配电营业班台区经理	所长、安全质量员	全年	
		（3）检查工作现场布置的安全措施是否与工作票相一致，是否出现私自变更现象。工作现场出入口、工作地点安全标志及危险点警示标志是否齐全正确	配电营业班台区经理	所长、安全质量员	全年	
		（4）检查工作现场是否使用作业指导书，作业指导书中的工器具、材料、人员分工、安全措施是否齐全和完备。作业指导书中是否进行危险点分析	配电营业班台区经理	所长、安全质量员	全年	
		（5）现场检查工作负责人是否向工作班成员交代工作任务、安全措施、带电部位和注意事项，全体工作班成员是否清楚，是否逐一在工作票上签名	配电营业班台区经理	所长、安全质量员	全年	
		（6）现场检查工作人员的工作服、安全帽、手套、护目镜等是否完好，穿戴、使用是否正确，劳动保护是否齐全	配电营业班台区经理	所长、安全质量员	全年	
		（7）现场检查工作人员使用的安全工器具与施工工器具外观是否完好，试验标识是否齐全、正确	配电营业班台区经理	所长、安全质量员	全年	
		（8）检查现场安排的专责监护人是否合适并满足要求。工作前是否对被监护人交代安全措施，告知危险点和安全注意事项。是否监督被监护人遵守《安规》和现场安全措施	配电营业班台区经理	所长、安全质量员	全年	
		（9）检查乡镇供电所使用的车辆是否按照交通安全要求进行	配电营业班台区经理	所长、安全质量员	全年	
		（10）工作结束后，现场检查检修设备是否恢复到检修前的状态，工作人员是否全部撤离工作现场，现场设置的安全措施是否全部拆除	配电营业班台区经理	所长、安全质量员	全年	
		（11）工作结束后是否召开收工会，检查工作负责人是否对本次工作和安全情况进行评价	配电营业班台区经理	所长、安全质量员	全年	
		（12）检查现场是否办理工作票结束	配电营业班台区经理	所长、安全质量员	全年	

2. 反事故措施计划实例（见［实例1-8]）

［**实例1-8**]

白云山乡镇供电所××××年反事故措施计划

序号	项目	重点措施要求	责任人	负责人	完成日期	备注
1	防火灾事故	（1）检查注油配电设备是否存在过负荷、接头过热现象	配电营业班台区经理	所长、安全质量员	全年	
		（2）为防止配电设备火灾事故应对各配电室的所有电缆孔洞进行严密封堵	配电营业班台区经理	所长、安全质量员	全年	
		（3）坚持定期对电缆沟道的巡视检查，对电缆特别是电缆中间接头、电缆交叉互联系统应定期进行红外测温，按规定督促试验单位进行预防性试验	配电营业班台区经理	所长、安全质量员	全年	
		（4）风力达5级以上的露天作业禁止进行动火工作	配电营业班台区经理	所长、安全质量员	全年	
		（5）遇有火险异常情况未查明原因和消除前禁止进行动火工作	配电营业班台区经理	所长、安全质量员	全年	
		（6）检查配电室周围有无杂草、杂物、易燃物品堆放	配电营业班台区经理	所长、安全质量员	全年	
		（7）乡镇供电所办公楼及配电室灭火器应配备齐全，并按要求进行检查	配电营业班台区经理	所长、安全质量员	全年	
		（8）根据上级要求组织开展消防安全宣传月活动	配电营业班台区经理	所长、安全质量员	全年	
2	防人身伤亡事故	（1）现场配电设备检修施工前乡镇供电所要开展安全承载力分析，合理控制工作总量和进度，严格限定作业强度和数量，杜绝乡镇供电所满载、减少重载计划数量，保证工作安排与作业力量、管理能力相适应	配电营业班台区经理	所长、安全质量员	全年	
		（2）统计配电设备标示不清晰、褪色设备标志牌、安全警示牌规范安装更换配电设备标志牌、安全警示牌	配电营业班台区经理	安全质量员	2月20日	
		（3）工作现场对可能产生感应电情况，必须加装接地线或使用个人保安线，打开线路必须先在断开点两端挂接地线，确保作业人员在接地线保护范围内	配电营业班台区经理	所长、安全质量员	全年	
		（4）推行计划前、作业前现场勘察制度，全面辨识现场危险因素和作业风险。执行作业前乡镇供电所、配电营业班两级风险辨识分析与管控机制，所有作业都要实施风险辨识、风险评估、风险管控全过程闭环管理，并做好记录	配电营业班台区经理	所长、安全质量员	全年	
		（5）加强外包单位、外来人员准入管理，落实"同进同出"要求	配电营业班台区经理	所长、安全质量员	全年	

序号	项目	重点措施要求	责任人	负责人	完成日期	备注
2	防人身伤亡事故	（6）组织对配电台区剩余电流保护器进行测试，确保配电台区剩余电流保护器正确动作率100％	配电营业班台区经理	安全质量员	每月	
		（7）组织开展对配电设备安全距离不足的隐患排查，发现隐患及时登记汇报，制定计划进行消除	配电营业班台区经理	安全质量员	5月30日	
		（8）组织对辖区内的配网环网柜、电缆分支箱装设明显警示标志，设置隔离遮栏	配电营业班台区经理	安全质量员	2月20日	
3	防止倒杆塔和断线事故	（1）严格执行《架空配电线路及设备运行规程》和《架空配电线路设计技术规程》规定，防止倒杆塔和断线事故发生	配电营业班台区经理	所长、安全质量员	全年	
		（2）对可能遭受洪水、暴雨冲刷的杆塔进行加固，确保配电线路安全可靠运行	配电营业班台区经理	所长、安全质量员	3月30日	
		（3）对易被车辆撞杆的杆塔采取防护措施，必要时进行加固	配电营业班台区经理	所长、安全质量员	全年	
		（4）对配电线路护区内的树木进行修剪或砍伐至安全距离，修剪砍伐时，应注意做好防止触电伤人或高空摔跌安全措施	配电营业班台区经理	所长、安全质量员	全年	
		（5）对线路护区内的机械作业施工，有可能在运转作业时发生触电与导线的施工机械应严令禁止，必需的施工作业要与施工管理单位签订安全协议，并有保证线路安全运行的安全措施	配电营业班台区经理	所长、安全质量员	全年	
4	防止电气误操作事故	（1）严格执行调度命令、操作时不允许改变操作顺序，严禁随意更改操作票	配电营业班台区经理	所长、安全质量员	全年	
		（2）严格执行操作票填写使用管理规定，杜绝没有操作票进行现场操作	配电营业班台区经理	所长、安全质量员	全年	
		（3）倒闸操作中严禁操作未逐项打"√"或不打"√"进行操作。倒闸操作中途随意换人	配电营业班台区经理	所长、安全质量员	全年	
		（4）认真执行操作票控制程序，倒闸操作必须由两人进行，一人操作，一人监护。严禁操作时进行与操作无关的工作，操作时必须核对设备，禁止出现跳项、漏项、倒项和不进行操作后实际位置确认	配电营业班台区经理	所长、安全质量员	全年	
		（5）操作票要实行填写审核制，严禁出现操作任务与操作时间填写错误现象	配电营业班台区经理	所长、安全质量员	全年	
		（6）送电操作前，严禁不检查送电范围内接地线确已拆除。严禁装设、拆除接地线顺序错误	配电营业班台区经理	所长、安全质量员	全年	

序号	项目	重点措施要求	责任人	负责人	完成日期	备注
4	防止电气误操作事故	（7）严禁使用不同电压等级的验电器验电，严禁不验电装设接地线	配电营业班台区经理	所长、安全质量员	全年	
		（8）严禁使用不合格的安全工器具进行倒闸操作	配电营业班台区经理	所长、安全质量员	全年	
5	防雷雨	（1）雷雨天气不准在大树下停留、避雨	配电营业班台区经理	所长、安全质量员	全年	
		（2）雷雨天气不准在野外空旷地带打手机	配电营业班台区经理	所长、安全质量员	全年	
		（3）雷雨天气巡视室外设备时必须穿绝缘靴，不准靠近避雷线和避雷针	配电营业班台区经理	所长、安全质量员	全年	
		（4）雷雨天气不准进行室外倒闸操作	配电营业班台区经理	所长、安全质量员	全年	
		（5）雷雨天气不准带电作业、起重作业	配电营业班台区经理	所长、安全质量员	全年	
		（6）雷雨天气不准砍伐修剪树木	配电营业班台区经理	所长、安全质量员	全年	
		（7）雷雨天气车辆不准停放在河道及低洼处	配电营业班台区经理	所长、安全质量员	全年	
		（8）雷雨天气不准进行高空登杆作业	配电营业班台区经理	所长、安全质量员	全年	
6	防台风	（1）遇有大风天气台区经理巡线时禁止沿下风侧前进	配电营业班台区经理	所长、安全质量员	全年	
		（2）风力超过5级时，禁止进行室外高处作业、带电作业和砍剪超高树木	配电营业班台区经理	所长、安全质量员	全年	
		（3）风力超过6级，禁止露天进行起重工作	配电营业班台区经理	所长、安全质量员	全年	
		（4）台风天气禁止抢修作业，做到"风进人退、风退人进"，防止高空落物伤人	配电营业班台区经理	所长、安全质量员	全年	
7	防汛	（1）遇有洪水时台区经理不得进入地下车库、地下配电室等地下场所	配电营业班台区经理	所长、安全质量员	全年	
		（2）遇有洪水时人员、车辆不得从桥洞、山下以及大坝、河道行走	配电营业班台区经理	所长、安全质量员	全年	
		（3）遇有洪水时台区经理不得靠近水中配电设备	配电营业班台区经理	所长、安全质量员	全年	
8	防止高空坠落	（1）高空作业人员登杆前必须仔细检查登高设施（如脚扣、升降板、安全带、梯子和脚钉、爬梯、防坠装置等）是否完整牢靠。试验合格，对于试验不合格的登高用具严禁使用。必须正确佩戴安全帽	配电营业班台区经理	所长、安全质量员	全年	

续表

序号	项目	重点措施要求	责任人	负责人	完成日期	备注
8	防止高空坠落	（2）冬季高处作业应有防滑、防冻措施	配电营业班台区经理	所长、安全质量员	全年	
		（3）在雷暴雨、浓雾、六级以上大风时严禁进行高处作业	配电营业班台区经理	所长、安全质量员	全年	
		（4）单人操作时，禁止登高或登杆操作	配电营业班台区经理	所长、安全质量员	全年	
		（5）登旧杆前，认真检查杆根基础及杆体老化程度，无可靠措施严禁登杆作业	配电营业班台区经理	所长、安全质量员	全年	
		（6）安全带应系在电杆和牢固的构件上，应防止安全带从杆顶脱出或被锋利物伤害	配电营业班台区经理	所长、安全质量员	全年	
9	防止接地网事故	（1）检查配电线路接地极、接地线是否完整	配电营业班台区经理	安全质量员	4月20日	
		（2）对配电线路避雷器接地装置及引下线进行接地电阻测量，凡不符合要求，在雷雨季节来临前予以整改处理	配电营业班台区经理	安全质量员	4月20日	
		（3）对配电变压器高、低压侧避雷器接地装置及引下线进行接地电阻测量，凡不符合要求的，在雷雨季节来临前予以整改处理	配电营业班台区经理	安全质量员	4月20日	

第四节　应急及保供电工作

一、消防管理

（一）消防检查主要内容

1. 配电设备消防检查

配电室内是否按要求配置干式灭火器、泡沫灭火器等灭火装置。户外终端头、柱上变压器、开关等裸露部位周边树（竹）应满足电气安全距离要求。配电室、配电变压器、环网柜、分支箱等配电设备周边区域是否存在易燃、易爆物品及违章搭建物。配电室是否设置明显的防火标志，是否在出入口位置悬挂标示牌，标示牌的内容是否包括消防安全重点部位的名称、消防管理措施、灭火方案及防火责任人。配电变压器等注油设备是否有渗漏油现象。设在高层建筑内的配电变压器室，应采用耐火极限不低于2h的隔墙、耐火极限不低于1.50h的楼板和甲级防火门与其他部位隔开，配电室的进出口门是否向外开启。在配电室内裸导体正上方，不应布置灯具和明敷线路。配电室设置是否符合 GB 50140—2005《建筑灭火器配置设计规范》要求的适用电气火灾的消防设施、器材，是否定期维护、检查和测试。现场消防设施、器材不应挪作他用，周围不应堆放杂物和其他设备。配电柜内电缆进出线孔洞封堵是否严密，电缆接头有无过热、变色、放电等现象；配电柜电缆沟内是否有污水和积水。临时用电接线应使用绝缘良好、并与负荷匹配的护套软管，敷设符合安全要求，装有总开关控制和剩余电流动作保护装置，每分路应装设与负荷匹配的熔断器，临时用电设备接地可靠。严禁在有爆炸和火灾危险场所设临时线路，不得在刀闸或开关上口使用插头、开关。

2. 施工检修现场消防检查

是否定期开展消防安全巡查，消防安全隐患是否治理或采取防范措施。切割、焊接等动火作业是否执行动火作业工作票制度，动火安全管理措施是否落实。施工用电配电箱、开关箱是否装设剩余电流动作保护器，电动机械或电动工具是否做到"一机一闸一保护"。密闭空间施工作业前是否进行通排风、可燃气体检测。林区、草场地区是否违规使用火源，是否开展防火宣传和消防培训演练。

3. 电缆沟道消防检查

与热力管道、油气管道隔离布设距离是否充足。电缆沟道、竖井是否按要求设置防火分隔，密集区域电缆接头是否采取加装防火槽盒、防火隔板等防火隔离措施，电缆与光缆、各电压等级电缆是否按要求分区分层敷设。电缆沟防火墙墙体有无破损，封堵是否良好，是否设置醒目的防火墙标识。电缆穿过建筑物、沟道进入配电室的孔洞、竖井是否用防火堵料封堵严密。竖井、电缆沟是否堆积杂物，是否存在易燃、易爆物。电缆井内强弱电是否隔离布置，有无设置防火封堵，是否存放杂物。电线绝缘是否破损、线径是否充足。剩余电流动作保护和过载保护安装是否规范，是否定期检测。有无使用"三无"或未经检验合格的电器产品。

4. 输电通道消防检查

是否开展输电通道日常防火宣传、巡查，输电线路与树（竹）电气安全距离是否充足，是否存在引燃树（竹）风险。山火和森林火灾的重点区域、高风险区段逐项建档，并落实责任到人。是否开展输电通道山火和森林火灾隐患排查，对已排查出的隐患点，是否开展治理。未彻底治理整改的，是否采取安全措施确保隐患不失控。是否开展山火和森林火灾预警监测。

5. 员工宿舍消防检查

乡镇供电所员工宿舍有无使用大量易燃可燃材料装饰。台区经理有无将燃油、燃气、油漆、有机溶剂等易燃易爆危险品在宿舍内违规存放。

6. 防火分隔消防检查

建筑地下与地上部分是否按规范进行防火分隔。防火隔墙、防火卷帘、防火门等。防火分隔设施是否缺失或者损坏。楼梯间、前室常闭式防火门是否常开。门窗孔洞、竖向管道井每层楼板处封堵是否严密。

7. 疏散通道消防检查

疏散通道、安全出口数量是否充足或者被封闭、堵塞、占用，安全疏散指示标志、应急照明是否完好，常闭式防火门是否关闭，防火卷帘下是否堆放物品。是否保障疏散通道、安全出口通道畅通，保证防火防烟分区、防火间距符合标准。人员密集场所的门窗无影响逃生和灭火救援的障碍物。过道和楼梯处，是否设逃生指示和应急照明。消防车通道、疏散走道以及灭火器、防火门等是否表明禁止占用、遮挡标志。

8. 仓库消防检查

仓库中有无违规使用、储存易燃易爆危险品。仓库内是否按要求将易燃易爆危险品密封、隔离存放。台区经理有无将燃油、燃气、油漆、有机溶剂等易燃易爆危险品在仓库中违规存放。营业厅等场所违规有无堆放易燃可燃物品。

9. 电动车消防检查

电动车是否停放在办公楼的建筑门厅、楼梯间、地下室、半地下室等室内公共区域。电动车停放位置与周围可燃物是否落实防火措施。有无采取"飞线"入户等方式违规充电。乡镇供电所是否开展机动车电路、油路日常安全检查和机动车定期保养。机动车内是否配备灭火器。

10. 乡镇供电所办公场所消防检查

乡镇供电所办公场所是否制定了电热壶、饮水机、空调、电暖气、复印机等大功率电器的使用规定并落实到位。对计算机、打印机、扫描仪、碎纸机、投影仪等用电设备是否制定了"人走电源关闭"的使用规定并严格落实。用电设施设备是否设置总、分开关并安装分段熔断器。营业厅展示屏幕等设备散热是否符合标准。乡镇供电所食堂是否有脱岗使用炊具，是否及时清洁排烟管道。

11. 消防器材检查

检查消防器材摆放位置、配置类型是否符合电力消防典型规程要求。消防设施周围不得堆放其他物件，检查灭火器外观是否整洁、压力是否合格、是否在有效期内，是否定期检查并试验。配电室内是否配置消防沙箱或沙桶，消防细黄沙是否保持足量和干燥。消防沙箱容积是否达到 $1m^3$，配置的消防铲数量是否超过 3 把。消防沙箱要与带电设备保持足够的安全距离。消防沙箱上部应标有白色的"消防沙箱"字样。箱门正中应标有白色的"火警119"字样。

12. 消防系统用电检查

消防应急照明和灯光疏散指示标志的备用电源的连续供电时间应满足要求。建筑物的消防系统应设置消防专用总电源配电系统，提供消防设备用电，该总电源配电系统应由常用电源和备用电源组成双电源配电系统分开设置。

（二）灭火器

1. 灭火器的设置

乡镇供电所的灭火器需定位，设置点的位置应根据灭火器的最大保护距离确定，应保证最不利点至少在1具灭火器的保护范围内。灭火器应设置在位置明显和便于取用的地点，且不得影响安全疏散。灭火器不得设置在超出其使用温度范围的地点。不易设置在潮湿和强腐蚀的地点，当必须设置时应有相应的保护措施。露天设置的灭火器应有遮阳挡水和保温隔热措施。对有视线障碍的灭火器设置点，应设置指示其位置的发光标志。手提式灭火器宜设置在灭火器箱内或挂钩、托架上，其顶部离地面高度不应大于1.5m，底部离地面高度不宜小于0.08m。灭火器的摆放应稳固，其铭牌应朝外。灭火器箱不得上锁，灭火器箱前部应标注"灭火器箱、火警电话"等信息。箱体正面和灭火器设置点附近的墙面上应设置灭火器位置的固定标志牌，并宜选用发光标志。一个计算单元内配置的灭火器不得少于2具，每个设置点的灭火器不宜多于5具。

2. 灭火器的标志

灭火器筒体外表应采用红色。灭火器上应有发光标志，以便在黑暗中指示灭火器所处的位置。灭火器应有铭牌贴在筒体上或印刷在筒体上，并应包括：灭火器的名称、型号和灭火剂种类，灭火种类和灭火级别，使用温度范围，驱动气体名称和数量或压力，水压试验压力，火器的使用方法，再充装说明和日常维护说明。泡沫灭火器的标志牌应标明"不适用于电气火灾"字样。

（三）消防器材的检查

1. 消防器材的检查管理流程

消防器材的检查管理流程如图1-1所示。

2. 消防器材的检查管理流程图节点说明

节点1：乡镇供电所安全质量员制定乡镇供电所消防器材月度检查计划。

节点2：乡镇供电所所长审查乡镇供电所消防器材月度检查计划没有意见批准，有修改意见返回乡镇供电所安全质量员修改。

节点3：乡镇供电所安全质量员下发乡镇供电所消防器材月度检查计划。

节点4：配电营业班班长根据乡镇供电所消防器材月度检查计划做好人员分工，安排台区经理进行检查。

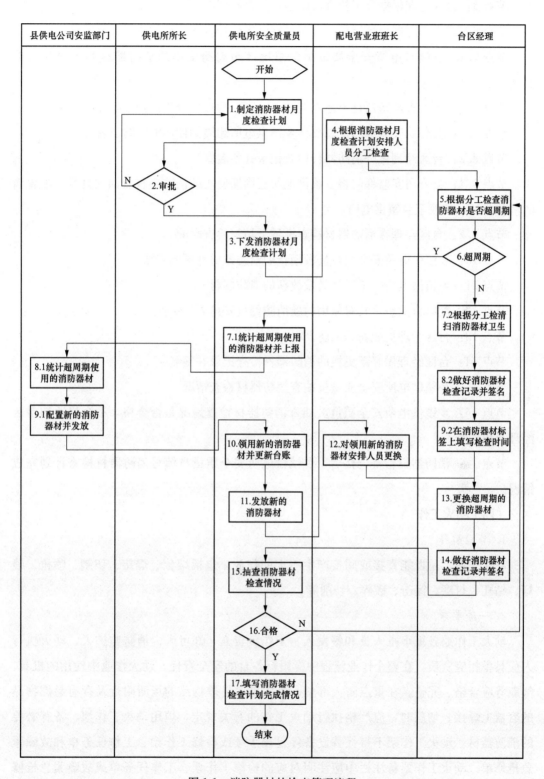

图 1-1 消防器材的检查管理流程

节点 5：台区经理根据分工检查消防器材是否超周期。

节点 6：对于消防器材超周期的台区经理进行统计报送乡镇供电所安全质量员。

节点 7.1：乡镇供电所安全质量员汇总统计超周期使用的消防器材并上报县供电公司。

节点 7.2：经检查消防器材不超周期的，台区经理根据分工清扫消防器材卫生。

节点 8.1：县公司安监部门汇总统计乡镇供电所超周期使用的消防器材。

节点 8.2：台区经理做好消防器材检查记录并签名。

节点 9.1：县公司安监部门将乡镇供电所超周期使用的消防器材收回并处理。配置新的消防器材，发放至乡镇供电所。

节点 9.2：台区经理在消防器材检查标签上填写检查时间。

节点 10：乡镇供电所安全质量员领用新的消防器材并更新台账。

节点 11：乡镇供电所安全质量员发放新的消防器材。

节点 12：配电营业班班长对领用的新消防器材安排人员更换。

节点 13：台区经理更换新的消防器材。

节点 14：台区经理做好新更换的消防器材检查记录并签名。

节点 15：乡镇供电所安全质量员抽查消防器材检查情况。

节点 16：乡镇供电所安全质量员抽查消防器材检查情况是否合格，不合格通知台区经理重新检查。

节点 17：消防器材检查合格后，乡镇供电所安全质量员填写消防器材检查计划完成情况。

（四）动火工作

1. 名词解释

动火作业，是指能直接或间接产生明火的作业，包括熔化、焊接、切割、喷枪、喷灯、钻孔、打磨、锤击、破碎、切削等。

2. 一般要求

动火工作票各级审批人员和签发人、工作负责人、许可人、消防监护人、动火执行人应具备相应资质，在整个作业流程中应履行各自的安全责任。动火作业中使用的机具、气瓶等应合格、完整。在重点防火部位、存放易燃易爆物品的场所附近及存有易燃物品的容器上焊接、切割时，应严格执行动火工作的有关规定，填用动火工作票，备有必要的消防器材。动火工作票不得代替设备停复役手续或检修工作票、工作任务单和故障紧急抢修单。动火工作票备注栏中应注明对应的检修工作票、工作任务单或故障紧急抢修单的编号。

3. 动火管理级别划分

(1) 一级动火区：油区和油库围墙内；油管道及与油系统相连的设备，油箱（除此之外的部位列为二级动火区域）；危险品仓库及汽车加油站、液化气站内；变压器、电压互感器、充油电缆等注油设备、蓄电池室（铅酸）；一旦发生火灾可能严重危及人身、设备和电网安全以及对消防安全有重大影响的部位。

(2) 二级动火区：油管道支架及支架上的其他管道；动火地点有可能火花飞溅落至易燃易爆物体附近；电缆沟道（竖井）内、隧道内、电缆夹层；调度室、控制室、通信机房、电子设备间、计算机房、档案室；一旦发生火灾可能危及人身、设备和电网安全以及对消防安全有影响的部位。

(3) 各单位可参照以上划分和现场情况确定一级和二级动火区，制定需要执行一级和二级动火工作票的工作项目一览表，并经本单位批准后执行。

4. 动火工作票种类

在重点防火部位或场所以及禁止明火区动火作业，应填用动火工作票，其方式有下列两种：

(1) 填用配电一级动火工作票（见表1-2）。

(2) 填用配电二级动火工作票（见表1-3）。

在一级动火区动火作业，应填用一级动火工作票。一级动火区，是指火灾危险性很大，发生火灾时后果很严重的部位、场所或设备。在二级动火区动火作业，应填用二级动火工作票。二级动火区，是指一级动火区以外的所有防火重点部位、场所或设备及禁火区域。

表 1-2　　　　　　　　　　配电一级动火工作票格式

配电一级动火工作票

单位（车间）_____ 编号_____
1. 动火工作负责人_____ 班组_____
2. 动火执行人_____
3. 动火地点及设备名称
_____
4. 动火工作内容（必要时可附页绘图说明）
_____
5. 动火方式*
_____
* 动火方式可填写焊接、切割、打磨、电钻、使用喷灯等。
6. 申请动火时间
自_____年____月____日____时____分
至_____年____月____日____时____分
7. （设备管理方）应采取的安全措施
_____

续表

配电一级动火工作票

8.（动火作业方）应采取的安全措施

_____
_____

动火工作票签发人签名_____
签发日期_____年_____月_____日_____时_____分
（动火作业方）消防管理部门负责人签名_____
（动火作业方）安监部门负责人签名_____
分管生产的领导或技术负责人（总工程师）签名_____
9. 确认上述安全措施已全部执行
动火工作负责人签名_____运维许可人签名_____
许可时间_____年_____月_____日_____时_____分
10. 应配备的消防设施和采取的消防措施、安全措施已符合要求。可燃性、易爆性气体含量或粉尘浓度测定合格。
（动火作业方）消防监护人签名_____
（动火作业方）安监部门负责人签名_____
（动火作业方）消防管理部门负责人签名_____
动火工作负责人签名_____动火执行人签名_____
分管生产的领导或技术负责人（总工程师）签名_____
许可动火时间_____年_____月_____日_____时_____分
11. 动火工作终结
动火工作于_____年_____月_____日_____时_____分结束，材料、工具已清理完毕，现场确无残留火种，参与现场动火工作的有关人员已全部撤离，动火工作已结束。
动火执行人签名_____（动火作业方）消防监护人签名_____
动火工作负责人签名_____运维许可人签名_____
12. 备注
（1）对应的检修工作票、工作任务单和故障紧急抢修单编号_____
（2）其他事项

_____
_____

表 1-3　　　　　　　　　**配电二级动火工作票格式**

配电二级动火工作票

单位（车间）_____编号_____
1. 动火工作负责人_____班组_____
2. 动火执行人_____
3. 动火地点及设备名称

_____
4. 动火工作内容（必要时可附页绘图说明）
_____
_____
5. 动火方式*
_____
* 动火方式可填写焊接、切割、打磨、电钻、使用喷灯等。
6. 申请动火时间
自_____年_____月_____日_____时_____分
至_____年_____月_____日_____时_____分
7.（设备管理方）应采取的安全措施
_____
_____

配电二级动火工作票

8.（动火作业方）应采取的安全措施
_____

动火工作票签发人签名_____
签发时间_____年_____月_____日_____时_____分
消防人员签名_____安监人员签名_____
分管生产的领导或技术负责人（总工程师）签名_____
9. 确认上述安全措施已全部执行
动火工作负责人签名_____运维许可人签名_____
许可时间_____年_____月_____日_____时_____分
10. 应配备的消防设施和采取的消防措施、安全措施已符合要求。可燃性、易爆气体含量或粉尘浓度测定合格。
（动火作业方）消防监护人签名_____
（动火作业方）安监人员签名_____
动火工作负责人签名_____动火执行人签名_____
许可动火时间_____年_____月_____日_____时_____分
11. 动火工作终结
动火工作于_____年_____月_____日_____时_____分结束，材料、工具已清理完毕，现场确无残留火种，参与现场动火工作的有关人员已全部撤离，动火工作已结束。
动火执行人签名_____
（动火作业方）消防监护人签名_____
动火工作负责人签名_____运维许可人签名_____
12. 备注
（1）对应的检修工作票、工作任务单和故障紧急抢修单编号_____
（2）其他事项
_____
_____

5. 动火工作票的填写与签发

（1）动火工作票的填写。

动火工作票由动火工作负责人填写。动火工作票应使用黑色或蓝色的钢（水）笔或圆珠笔填写与签发，内容应正确、填写应清楚，不得任意涂改。若有个别错、漏字需要修改、补充时，应使用规范的符号，字迹应清楚。用计算机生成或打印的动火工作票应使用统一的票面格式，由工作票签发人审核无误，并手工或电子签名。动火工作票一般至少一式三份，一份由工作负责人收执、一份由动火执行人收执、一份保存在安监部门（或具有消防管理职责的部门）（指一级动火工作票）或动火的工区（指二级动火工作票）。若动火工作与运维有关，即需要运维人员对设备系统采取隔离、冲洗等防火安全措施者，还应增加一份交运维人员收执。

（2）动火工作票的签发。

一级动火工作票由动火工作票签发人签发，工区安监负责人、消防管理负责人审核，工区分管生产的领导或技术负责人（总工程师）批准，必要时还应报当地地方公安消防部门批准。二级动火工作票由动火工作票签发人签发，工区安监人员、消防人员审核，工区分管生产的领导或技术负责人（总工程师）批准。动火工作票签发人不得兼任动火工作负责人。动火工作票的审批人、消防监护人不得签发动火工作票。外单位到生产区域内动火时，动火工作票由设备运维管理单位签发和审批，也可由外单位和设备运维管理单位实行"双签发"。

6. 动火工作票的有效期

一级动火工作票的有效期为 24h，二级动火工作票的有效期为 120h。动火作业超过有效期，应重新办理动火工作票。

7. 动火工作票所列人员的基本条件

（1）一、二级动火工作票签发人应是经本单位考试合格，并经本单位批准且公布的有关部门负责人、技术负责人或经本单位批准的其他人员。

（2）动火工作负责人应是具备检修工作负责人资格并经工区考试合格的人员。

（3）动火执行人应具备有关部门颁发的资质证书。

8. 动火工作票所列人员的安全责任

（1）动火工作票各级审批人员和签发人。

（a）工作的必要性；

（b）工作的安全性；

（c）工作票上所填安全措施是否正确完备。

（2）动火工作负责人。

（a）正确安全地组织动火工作；

（b）负责检修应做的安全措施并使其完善；

（c）向有关人员布置动火工作，交代防火安全措施，进行安全教育；

（d）始终监督现场动火工作；

（e）负责办理动火工作票开工和终结手续；

（f）动火工作间断、终结时检查现场有无残留火种。

（3）运维许可人。

（a）工作票所列安全措施是否正确完备，是否符合现场条件；

（b）动火设备与运行设备是否确已隔绝；

（c）向工作负责人现场交代运维所做的安全措施是否完善；

（4）消防监护人。

（a）负责动火现场配备必要的、足够的消防设施；

（b）负责检查现场消防安全措施的完善和正确；

（c）测定或指定专人测定动火部位（现场）可燃气体、易燃液体的可燃蒸汽含量是否合格；

（d）始终监视现场动火作业的动态，发现失火及时扑救；

（e）动火工作间断、终结时检查现场有无残留火种。

（5）动火执行人。

（a）动火前应收到经审核批准且允许动火的动火工作票；

（b）按本工种规定的防火安全要求做好安全措施；

（c）全面了解动火工作任务和要求，并在规定的范围内执行动火；

（d）动火工作间断、终结时清理现场并检查有无残留火种。

9. 动火作业防火安全要求

有条件拆下的构件，如油管、阀门等应拆下来移至安全场所。可以采用不动火的方法替代而同样能够达到效果时，尽量采用替代的方法处理。尽可能地把动火时间和范围压缩到最低限度。凡盛有或盛过易燃易爆等化学危险物品的容器、设备、管道等生产、储存装置，在动火作业前应将其与生产系统彻底隔离，并进行清洗置换，检测可燃气体、易燃液体的可燃蒸汽含量合格后，方可动火作业。动火作业应有专人监护，动火作业前应清除动火现场及周围的易燃物品，或采取其他有效的防火安全措施，配备足够适用的消防器材。动火作业现场的通排风应良好，以保证泄漏的气体能顺畅排走。动火作业间断或终结后，应清理现场，确认无残留火种后，方可离开。

10. 禁止动火要求

（1）压力容器或管道未泄压前。

（2）存放易燃易爆物品的容器未清洗干净前或未进行有效置换前。

（3）风力达 5 级以上的露天作业。

（4）喷漆现场。

（5）遇有火险异常情况未查明原因和消除前。

11. 动火作业的现场监护

一级动火在首次动火时，各级审批人和动火工作票签发人均应到现场检查防火安全措施是否正确完备，测定可燃气体、易燃液体的可燃蒸汽含量是否合格，并在监护下做明火试验，确无问题后方可动火。二级动火时，工区分管生产的领导或技术负责人（总工程师）可不到现场。一级动火时，工区分管生产的领导或技术负责人（总工程师）、消防（专职）人员应始终在现场监护。二级动火时，工区应指定人员，并和消防（专职）人员或指定的义务消防员始终在现场监护。一、二级动火工作在次日动火前应重新检查防火安全措施，并测定可燃气体、易燃液体的可燃蒸汽含量，合格方可重新动火。一级动火工作过程中，应每隔 2～4h 测定一次现场可燃气体、易燃液体的可燃蒸汽含量是否合格，当发现不合格或异常升高时应立即停止动火，在未查明原因或未排除险情前不得重新动火。动火执行人、监护人同时离开作业现场，间断时间超过 30min，继续动火前，动火执行人、监护人应重新确认安全条件。一级动火作业，间断时间超过 2.0h，继续动火前，应重新测定可燃气体、易燃液体的可燃蒸汽含量，合格后方可重新动火。

12. 动火工作结束

动火工作完毕后，动火执行人、消防监护人、动火工作负责人和运维许可人应检查现场有无残留火种，是否清洁等。确认无问题后，在动火工作票上填明动火工作结束时间，经四方签名后（若动火工作与运维无关，则三方签名即可），盖上"已终结"印章，动火工作方告终结。动火工作终结后，工作负责人、动火执行人的动火工作票应交给动火工作票签发人，签发人将其中的一份交工区。动火工作票至少应保存 1 年。

二、迎峰度夏

为确保迎峰度夏期间人身安全、电网设备安全稳定运行和电力可靠供应，乡镇供电所应根据上级下发的《县供电公司 20××年迎峰度夏安全检查工作方案》编制《乡镇供电所 20××年迎峰度夏安全检查工作方案》，乡镇供电所应依据方案结合工作现场实际重点从组织部署、值班制度、应急保障、应知应会、防配电设备过负荷、防绝缘击穿、防接头缺陷、防汛及防火灾等方面进行检查，发行问题和隐患应及时汇报，做好记录，能消除的尽快组织力量消除。

（一）组织保障

1. 组织部署

乡镇供电所要组织台区经理专题研究迎峰度夏工作，逐级压实责任，认真梳理乡镇供电所管辖配电网运行维护、优质服务等工作重点、难点、风险点，提前制定具有针对性的措施和方案。成立迎峰度夏工作小组，所长任组长。

2. 值班制度

落实迎峰度夏值班制度，执行县供电公司应急指挥中心值班人员的统一调度，根据乡镇供电所制定的迎峰度夏应急值班表，乡镇供电所值班人员和车辆按时到岗到位，加强抢修车辆及车载工器具日常维护检查，确保车辆及工器具安全可靠，满足全天候抢修工作需要。迎峰度夏期间要实行 24 小时值班状态，所有值班人员要认真遵守值班纪律，坚守岗位，发生险情要及时组织抢修、抢险，并及时向带班领导汇报情况。口径一致，及时、准确向县供电公司应急指挥中心报送电网应急信息。遇有大风、雷雨等紧急情况，所有台区经理要主动到达工作岗位，随时做好故障巡视和抢修工作。遇有大量降雨时，值班人员要及时向当地防汛指挥部了解汛情，同时组织人员对重要供电线路进行特巡，主动与重要电力客户的人员联系，询问供电情况，及时排除设备故障。各值班人员要及时记录值班情况，做好交接班工作。乡镇供电所值班人员在值班期间严禁发生脱岗、漏岗现象。

3. 应急保障

乡镇供电所在迎峰度夏期间确保抢修队伍、车辆、工器具、材料、通讯方式明细表与实际相符。乡镇供电所认真开展应急物资日常巡视检查、维护保养、整理和清洁，积极配合专业管理部门开展电气和机械性能保养维护做好县供电公司应急服务队应急值班和调度。在汛期到来之前迎峰度夏工作小组要对故障抢修、防汛物资、备品备件等进行一次全面的检查，数量是否充足、存放地点是否安全等方面进行检查，发现问题及时补充完善，以确保抢修物资、备品配件、工器具随时投入使用。各抢修队要按配电线路倒杆断线、电缆故障、低压电气设备故障、计量故障等分类进行材料、工器具的准备，并将所备材料、工器具登记造册，定点存放，做好记录并有专人管理。乡镇供电所要安排好防汛用车，每天下班前加足油、充满电，及时检查并消除车辆隐患，确保所有车辆在接到命令后能立即出车。工作小组要做好通信设备的检查和维护工作，确保迎峰度夏期间乡镇供电所应急队伍必须保持 24 小时通信畅通，工作小组成员、值班人员、备班人员也要保证通信工具 24 小时畅通。乡镇供电所照明设施也要进行检查，数量不足的进行补充，存在缺陷的要及时消除，做到照明设施电量充足好用。

4. 抢修现场管理

各抢修队赶到事故现场后要服从现场统一指挥，全体抢修人员将物资、材料、工具全部卸车等待命令。按照事故抢修工作内容，办理相应的工作票、操作票、抢修单。使用工作票、抢修单时，应注明危险点、老虎口以及安全注意事项、专责监护人姓名等内容。根据现场工作范围，设置警示装置，做好相应的安全措施，达到开工条件。全体抢修人员列队，有工作负责人宣读工作票、操作票、抢修单，使全体抢修人员明白后签字确认。不需要办理工作票时，按照安全规程相关要求，履行工作许可手续后方可开工。各抢修队按照工作票、抢修单所列工作内容、工作范围和安全措施要求进行抢修。

（二）隐患检查内容

1. 配电变压器运行异常

配电变压器油位不正常，有渗、漏油现象；上层油温超过 85℃；三相负荷不平衡率超过 15％，零线电流大于额定电流的 25％。

2. 绝缘击穿

避雷器合成绝缘介质层有破损、开裂，有闪络痕迹，表面脏污，超试验周期。瓷质绝缘子有损伤、裂纹和闪络痕迹，合成绝缘子绝缘介质有龟裂、破损、脱落。电缆头硅橡胶伞裙套有脏污、损伤、裂纹和闪络痕迹。

3. 接头缺陷

电缆连接头有过热现象，电缆终端有放电痕迹，存在鼓肚、破损情况。隔离开关电气连接点连接不可靠，动静触头接触不良，铜铝连接未采用铜铝过渡措施，接点有锈蚀、过热和烧损现象；弓子线线夹有锈蚀、过热和烧损现象。开关铜铝连接未采取铜铝过渡措施，接头有过热、烧损情况。

4. 防汛及防火灾

配电室的防雨、防洪设施是否完善。杆塔、拉线基础易被冲刷地段是否采取防护措施。电缆沟存在渗漏情况，未采取排水和防倒灌措施。是否制定配电室火灾应急处置预案。配电室、箱式变压器、环网柜、分支箱周围是否堆积有易燃易爆物品。电缆及电缆通道（电缆隧道、电缆沟、电缆井）与热力、燃气管道是否满足间距要求，电缆通道是否堆积有易燃易爆物品，电缆密集区电缆接头是否采取防火阻燃措施，重要二次电（光）缆同沟敷设是否采取有效隔离措施。处于易冲刷地段配电线路的杆塔基础、拉线、护坡是否牢固、完好，排水畅通。配电室有渗漏、配电线路防汛设施有缺陷、防汛设施无法使用等，未列整改计划。排水设施损坏，排水口堵塞，电缆沟积水，配电室内积水。防汛物资储备是否充足、可用，台账是否明晰，是否专项保管。

三、春节保供电

为确保春节期间配电网安全稳定运行，根据《县供电公司春节保供电工作管控计划》，乡镇供电所于春节前两个月制定《乡镇供电所春节保供电工作管控计划》，开展节前安全检查和隐患排查治理、节日期间的负荷监测和应急值班、抢修工作，落实春节保供电各项措施，保证农村居民电力客户度过一个亮堂温暖的春节。

（一）春节保供电计划

乡镇供电所要根据上级要求编制《乡镇供电所春节保供电工作管控计划》，计划内容包括制定春节保供电方案、开展配网负荷预测、分析线路故障、运检投诉、抢修工单、建立非"四到户"和弃管小区电力客户档案、开展春节保供电专项隐患排查治理、完成供电服务指挥系统春节保供电模块建设及应用、完善配网抢修梯队，做好应急抢修物资储备、开展小年夜配网负荷普测和应急演练、春节保供电应急值班、实时监测配网运行情况、保供电信息报送制度、春节保供电工作总结等。

（二）制定春节保供电方案

乡镇供电所首先要建立健全保供电组织体系，完善保障机制，成立乡镇供电所春节保供电领导小组和工作小组，明确人员职责分工。做好乡镇供电所保供电人员包村的包保分工。根据乡镇供电所管辖的用电电力客户，建立重点区域、重要设备和重要电力客户包保档案，制定专项保障措施。明确乡镇供电所保供电各阶段工作任务、时间进度、人员责任，落实应急抢修队伍、人员、备品备件、检测用仪器仪表等到岗到位。《乡镇供电所春节保供电工作方案》示例如［实例1-9］。

［**实例1-9**］

<h3 style="text-align:center">××年××乡镇供电所春节保供电工作方案</h3>

为切实做好××年××乡镇供电所春节保供电工作，确保实现春节配电线路和配电台区"零停电"的工作目标，特制定工作方案。

一、工作目标

乡镇供电所通过加强电网运维管理，集中消除供电设施"卡脖子"问题，进一步夯实标准化抢修质量，不断加强安全检查和隐患排查治理力度，切实提高供电保障水平和优质服务能力，确保春节期间实现配电台区及以上设备"零停电"的工作目标。

二、组织保障

成立乡镇供电所"春节保供电"工作小组，明确小组成员的工作职责。

三、工作措施

（一）制定春节保供电计划

（二）编制春节保供电方案

（三）分析10kV线路故障、台区报修情况

（四）开展春节保供电专项隐患排查治理

（五）开展小年夜配网负荷普测和应急演练

（六）实时监测配网运行情况

（七）春节保供电应急值班

（八）春节保供电工作总结

四、工作要求

（三）分析10kV线路故障、台区报修情况

对照乡镇供电所管辖的10kV线路台账和配电台区台账，乡镇供电所长组织台区经理逐条分析乡镇供电所全年线路故障、台区报修情况，重点排查曾发生频繁停电、重复报修的线路和台区，制定防范措施，由乡镇供电所运检技术员填写《线路故障分类统计表》（见表1-4）。乡镇供电所长应组织台区经理针对故障原因，深入分析，列出树障、外力破坏等运维管理短板造成的故障，开展通道清理、防外破治理、棚膜清理等专项行动，彻底消除运行隐患。综合分析台区报修情况，针对运维故障、重过载、低电压等问题，采取加强运维管控的具体措施。

（四）开展春节保供电专项隐患排查治理

乡镇供电所要明确配电设备巡视责任人，对照巡视重点要求，在小年夜前开展春节保供电专项隐患排查治理工作。对保供电涉及的架空线路、配电变压器等配电设备进行

表 1-4 线路故障分类统计表

序号	故障原因分类	故障原因	20××年全年数据	同比
1	外力因素	盗窃		
2		建设施工		
3		车辆		
4		外部火灾		
5		外部异物（如漂浮物等）		
6		合计		
7	自然因素	雷击		
8		飓风、台风、强风		
9		洪水		
10		地震		
11		山体滑坡（包括地质塌方）		
12		雨雪冰冻		
13		合计		
14	运行维护不当	树障		
15		鸟害等小动物		
16		消缺不及时		
17		巡检不到位		
18		过负荷		
19		过电压		
20		其他		
21		合计		
22	安装不当	安装工艺质量不良		
23	设备本体	设备质量问题		
24		设备老化		
25	用户原因	外力因素		
26		自然因素		
27		运行维护不当		
28		设计安装不当		
29		设备本体		
30		合计		
31	其他			
		总计		

　　第一轮全面排查，对线路耐张压接管、接续管等接点进行红外测温。重点对火车站、汽车站、机场等春运涉及的公用配电设备进行第二轮排查，对相关线路、台区进行重点测温。重点对居住区、医院、敬老院、电视台等春节重要供电设备进行第三轮排查，对曾经发生重过载的线路、台区进行重点测温。配电设备巡视责任人实行全过程跟踪治理，按要求逐项建立隐患档案，填写隐患排查治理档案表（见表 1-5）。深入查找问题根源，根据缺陷、隐患严重程度制定消缺计划。排查发现的缺陷、隐患，全部处理完毕。对于乡镇供电所不能处理的缺陷、隐患应及时汇报县供电公司，由县供电公司组织力量尽快

消除。乡镇供电所应每天通过信息化专业管理系统，对配网线路和配电变压器重过载、低电压、台区三相不平衡等异常情况进行监测，对发现问题，采用调整线路联络开关分合、调节配电变压器分接头、调整台区三相负荷等方式解决，上述工作应优先安排"零点作业"。乡镇供电所要根据县供电公司隐患排查治理工作质量和进度通报落实好整改。乡镇供电所要组织梳理专变电力客户安全隐患，重点排查用户老旧设备、电线、电缆、电气设备等，切实分清供用电双方安全责任，书面下达整改通知单，做到"通知、报告、服务、督办"四到位。

表 1-5 隐患排查治理档案表

序号	单位名称	隐患分类	隐患内容	整改方案	消除单位	责任人	整改时间
1							
2							
3							
4							
5							
6							
7							

（五）开展小年夜配网负荷普测和应急演练

农历小年夜晚间高峰时段，乡镇供电所组织台区经理进行配网负荷及电压普测，并与县供电公司供电服务指挥中心实时系统监测数据相结合，修正检验春节配网负荷预测模拟春节和除夕保电实况，检验处理突发停电事件的响应速度、协同能力、抢修效率、舆情控制水平。总结分析普测和演练发现问题，及时完成整改。

（六）实时监测配网运行情况

乡镇供电所值班人员每天利用配电信息化管理系统，对线路和台区负载情况通过设定预警、预测规则提前管控。线路、台区负载预警阈值分别是 65%、70%，线路、台区开始启动预测的阈值均为 60%，计算出近三天负荷增长率和同期（农历）负荷增长率，选取其中最大值，预测出未来两个小时的负荷值判定是否重过载，乡镇供电所要根据可能发生重过载的线路和设备安排台区经理重点巡视检查，并通过系统监测及现场测量等方式，指导电力客户错峰用电。乡镇供电所值班人员利用配电信息化管理系统春节保电模块，实时监视配网线路和台区负荷及停电信息，统计分析低（过）电压、重过载及三相不平衡情况，实行差异化巡视，及时发布告警信息。乡镇供电所值班人员根据应急保障措施随时做好处置各类故障的准备。

（七）春节保供电应急值班

根据春节应急值班表，乡镇供电所值班人员和车辆按时到岗到位，加强抢修车辆及车载工器具日常维护检查，确保车辆及工器具安全可靠，满足全天候抢修工作需要。乡镇供电所长要不定期检查值班室运转情况，要求台区经理熟悉各类预案，严格实行 24 小时值班制度，全天候响应故障现场抢修，承担快速恢复供电的应急类故障抢修业务，及时快速处置各类突发情况。乡镇供电所应配合县供电公司针对短时间难以恢复供电的故障，采用发电车、移动箱变车等临时供电措施，保障居民和重要电力客户、重要场所正常用电。及时做好舆情控制，统一对外发布相关信息。以下是××乡镇供电所春节保供电应急值班表（见表 1-6）。

表 1-6　　　　　　　　　××年××乡镇供电所春节保供电应急值班表

日期	"一长三员"及班长	配电营业班	综合班
1 月 24 日	孙××、章××、朱××、段××电话：135××××2168	杜××、柳××、汪××、杨××、赵××、杜××、崔××、郭××电话：139××××2356	王×、田××电话：137××××2783
1 月 25 日	孙××、章××、段××、朱××电话：135××××2168	杜××、柳××、汪××、蔡××、杨××、杜××、崔××、郭××电话：139××××2356	毛××、霍××电话：159××××1289
1 月 26 日	章××、段××、牛××、厉××电话：156××××6238	杜××、孙××、汪××、蔡××、杨××、赵××、崔××、曹××电话：139××××2356	王×、田××电话：137××××2783
1 月 27 日	章××、朱××、牛××、厉××电话：156××××6238	杜××、孙××、蔡××、杨××、杜××、郭××、曹××、徐××电话：139××××2356	田××、霍××电话：188××××7629
1 月 28 日	章××、朱××、牛××、厉××电话：156××××6238	孙××、徐××、柳××、蔡××、杨××、赵××、杜××、曹××电话：184××××8763	王×、毛××电话：137××××2783
1 月 29 日	章××、段××、牛××、厉××电话：156××××6238	孙××、柳××、汪××、蔡××、杨××、赵××、郭××、徐××电话：184××××8763	毛××、田××电话：159××××1289
1 月 30 日	孙××、段××、牛××、厉××电话：135××××2168	孙××、柳××、汪××、杨××、赵××、徐××、郭××、曹××电话：184××××8763	毛××、霍××电话：159××××1289

（八）春节保供电工作总结

春节保供电工作结束后，乡镇供电所要编写春节保供电工作总结，对保供电期间发现的薄弱环节及设备网架、运行和抢修服务等方面存在的问题，制定配网建设改造、服务优化提升等整改措施列出计划，总结出本乡镇供电所在春节保供电工作中的典型经验。

（九）春节保供电工作重点检查项目

1. 过负荷配电设备检查

检查变压器油位是否正常，有无渗、漏油现象；油温是否正常，上层油温不应超过85℃；三相负荷是否平衡，不平衡率不超过15%，零线电流应小于额定电流的25%，变压器至配电盘电缆是否与变压器容量相匹配。检查变压器在今年春节期间是否存在过负荷。检查跌落熔断器熔丝规格是否与变压器容量相匹配。检查刀闸容量是否满足线路容量需求，触头间接触是否良好。检查开关容量是否满足线路负荷需求，设备外壳是否存在发热，配电盘盘间连线是否满足负荷要求。对设备接头进行测温，检查是否有过热现象。

2. 配电设备绝缘检查

检查避雷器合成绝缘介质层有无破损、开裂，有无闪络痕迹，表面是否脏污。检查套管有无裂纹、表面是否积尘，有无闪络痕迹。检查支持绝缘子有无损伤、裂纹和闪络痕迹，合成绝缘子的绝缘介质是否龟裂、破损、脱落。检查电缆头硅橡胶伞裙套有无脏污、损伤、裂纹和闪络痕迹。

3. 配电设备参数检查

检查开关定值设置是否合理，是否满足所带负荷需求。检查跌落式熔断器熔丝规格是否与配备容量相匹配。100kVA 变压器选 10A 熔丝，160kVA 变压器选 15A 熔丝，200kVA 变压器选 20A 熔丝，315kVA 变压器选 30A 熔丝，400kVA 变压器选 40A 熔丝。检查低压出线开关额定容量是否满足变压器额定容量需求。检查 RTO 熔断器额定电流值是否合适。

4. 配电设备过热检查

检查线有无断股、损伤，线路 T 接部位、耐张段连接部位是否存在虚接，有无过热现象，如：接头变色，融化痕迹。检查电缆连接头有无过热现象，电缆终端有无放电痕迹，是否存在鼓肚、破损情况。检查刀闸电气连接点是否可靠，动静触头接触是否良好，是否采用铜铝过渡措施，接点有无锈蚀、过热和烧损现象。检查开关连接点的铜铝过渡措施是否完备，接头有无过热、烧损情况。对导线连接点及设备接头进行测温，检查是否有过热现象。

5. 其他检查

检查配电室防小动物措施是否完备，孔洞是否封堵；室内是否清洁，门窗密封是否严密；是否配置防鼠挡板，捕鼠器是否完好。检查配电盘、电缆沟、电缆保护管等是否注沙，电缆沟盖板是否完好，沟内有无杂物、积水等。检查电杆防外力破坏措施是否完备，在道路两旁、路口的混凝土杆要涂刷防撞警示，必要时垒砌防护墩。

四、高考保电

根据上级《关于切实做好高考期间电力供应和供电服务工作的通知》要求，保障各类学校及相关用户的电力供应，为广大学生创造一个良好的学习环境，乡镇供电所要制定高考保供电工作方案，从电力客户简介、保电任务、供电电源、电力客户设备、运行方式、应急电源、保障队伍、保障模式、现场保电、应急预案等方面制定具体的工作要求，标注基础信息，明确工作流程、工作分工，提出职责要求，做好应急预案落实。以《××学校高考保供电工作方案》为例进一步说明。

（一）电力客户简介

电力客户简介要注明重要电力客户名称、用电地址、电力客户编号，供电电压等级应根据实际填写，例如：10kV。用电容量根据实际填写，例如：共计3500kVA、重要性等级：根据实际填写，例如：临时一级。用电性质：根据实际填写，例如：城镇中小学教育。重要负荷要写明空调、照明、计算机等。

（二）保电任务

任务中应写明××学校××配电室主要承担××年高考保供电工作任务。写明高考保供电时间为××年×月×日×月×日。

（三）供电电源

正常运行方式要根据现场供电情况填写，例如：可以由两路供电，一条10kV主供线路，一条10kV备用线路，联络方式为配电室10kV母线侧联络。上级电源分别来自110kV五寨变电站、110kV泰和变电站。写明110kV五寨变电站为10kV主供线路，写明主供线路名称及出线断路器名称编号。写明110kV泰和变电站为10kV备用线路，写明备用线路名称及出线断路器名称编号。写明供电公司与电力客户的产权分界点，并画出图纸明确。

（四）电力客户设备

要写明电力客户设备共有配电室×座，建于××××年×月，总接用容量××××kVA，共有×台××型号变压器。教师楼所用负荷其供电电源分别引自×号变压器0.4kV母线和×号变压器0.4kV母线，来自不同变压器，两路可通过×号变压器与×号变压器联络开关互带。

（五）运行方式

1.10kV正常运行方式

10kV主供电源为110kV五寨变电站10kV北城线，10kV备用电源为110kV泰和变电站10kV学院线，双电源供电，单母线分段运行，4台变压器，2台1250kVA的变压器，2 台 500kVA 的变压器分列运行，共计变压器容量 3500kVA。当 10kV 主供电源北城线停运时，10kV 备用电源 10kV 学院线自动投入。

2. 0.4kV 正常运行方式

1 号、2 号变压器互为备用。3 号、4 号变压器互为备用。0.4kV 低压断路器无失压脱扣功能，低压重要负荷部分为双电源自动投切方式。

（六）应急电源

1. 车辆

发电车数量：×辆。

发电车车牌号：×××1234、×××5678。

发电车电缆：截面积 185mm²，长度××米。

连接方式：用传统方式（螺栓）连接。

敷设方式：通过行车通道、连接点、电缆通道敷设并加以防护。

发电车行进路线及停靠位置：×××1234 发电车停放在南校区配电室西侧，×××5678 发电车停放在北校区箱变西侧。

2. 应急供电原则

电力客户失去任意一路外电源时，全部负荷通过另一回路带出，发电机转为热备用状态，此时，启动车载发电机但不带负荷。如果电力客户两路供电电源同时停电，在确保安全的前提下，发电机带重要电力客户应急负荷运行。带负荷运行时，原则上不超过发电机容量的 80%。

3. 应急电源接入与断开

（1）发电车电缆连接操作。

电力客户电气运行人员确定发电车停放位置、发电车电缆敷设路线及压接点发电车工作人员敷设电缆并压接到正确位置，进行现场核相正确。发电车工作人员负责操作发电机启动与停止开关，负责操作发电车侧负荷开关的连接与断开。电力客户电工负责操作电缆电力客户侧负荷开关合闸送电与分闸断电工作。现场所有工作均在发电车负责人徐××（电话：159×××××××）的指令下操作，收到指令操作前均需复述指令并操作，严禁任何人在没有指令前提下做任何操作。

（2）应急电源负荷分配。

发电车应急电源送电到 0.4kV Ⅰ 母线。发电车应急电源供电应优先保证南配电室 2 号变压器进线柜 0.4kV 母线所带教学楼照明开关、空调开关，计算机电源开关，北箱变 4 号变压器进线柜母线所带教学楼照明开关、空调开关，计算机电源开关负荷。

（3）倒电源操作。

当 10kV 主供线路城北线失压失流情况下的倒电源顺序为自动断开 10kV 城北线进线
01 断路器，备用电源自投装置自动合上 10kV 学院线进线 02 断路器同时使发电车处于热
备用状态，人工合上发电车电源接入箱断路器。备用电源学院线失压时倒电源顺序（1号
发电车带主供线路电源）自动断开 1 号发电车发电机电源断路器，（2 号发电车带备用线
路电源）自动合上 2 号发电车发电机电源断路器。

（4）应急供电期间运行监控。

发电车操作人员监控内容：发电车电压、电流、负荷、温度、油量、运转情况、运
转异常报告等。

电力客户电工监控内容：电力客户设备的电压、电流、负荷、温度等。

（5）应急电源断开。

应急电源保障工作结束后，电力客户电工负责操作电力客户侧断路器分闸断电。发
电车工作人员负责关闭动发电机、拆除发电车和电力客户侧电缆连接并撤除电缆。将重
要电力客户故障处理情况和重要活动进行总结上报，经同意后停止应急发电车供电，恢
复电力客户正常运行方式。

（七）保障队伍

乡镇供电所要成立××学校配电室应急供电服务保障队伍，由××人组成，其中队
长×人，由乡镇供电所所长担任，队员××人，由乡镇供电所台区经理和电力客户电工
组成，通过现场驻守方式提供供电服务保障。

1. 队长（乡镇供电所所长）职责

负责保障队伍的全面领导和指挥协调工作。牵头负责与重要客户对接、沟通，负责
检查、督导重要客户用电工作，督促开展内部设备修、校、试等工作，协助重要客户开
展内部设备隐患排查，对重要负荷供用电情况提供技术指导、预案编制，指导客户值班
人员开展日常运维和事故应急处置等工作，组织配电、发电车等专业人员开展事故应急
处置等工作，发现异常情况及时开展信息报送。完成上级交办的临时任务。

2. 队员（台区经理）职责

协助重要客户开展内部设备隐患排查，指导客户巡视巡查高低压配电设备，开展红外测
温等工作，对内部重要负荷供用电情况提供技术指导、预案编制，指导客户值班人员开展日
常运维和事故应急处置等工作，发现异常情况及时汇报队长，完成上级交办的临时任务。

3. 队员（电力客户）职责

全面开展用电安全自查，并配合供电方开展用电安全检查，针对检查中发现的安全
隐患和缺陷，及时整改和消缺。值班人员 24 小时值班，开展不间断设备巡视，重点巡视
设备运行状况、重要负荷（消防设备、风机及电梯、应急照明、会议室音响及照明、空

调设备）变化情况、自备电源运行情况。负责配备足够、合格的备品备件和安全工器具，应急照明设施状态良好。根据活动日程安排，确定不同时段的重要用电负荷，编排突发情况下重要负荷投切顺序，审核临时增加负荷。负责编制突发停电应急预案并开展应急处置培训和应急演练。负责突发状况的应急处置工作。

（八）电力客户设备巡视项目

电气设备是否运行正常、运行方式是否正常、负荷水平是否正常、电气运行人员是否在岗、自备电源运行是否正常、防小动物措施是否落实、门禁制度是否落实、内部是否存在施工、应急发电设备是否准备就绪等巡视发现的问题。

（九）发电车发电前准备工作

将应急发电车停放在合适位置（地面平整且通风良好）放下液压支腿，保持车体平衡。检查发电机组外观无异常，车厢及周围无杂物。检查发电机组内机油油位（机油油位在标尺的最大和最小刻度之间）。检查燃油表，确保发电机组柴油充足。检查发电机组蓄电池电压是否大于 24V，否则应及时充电。检查水箱内冷却液位是否正常，冷却液不够时应及时补充冷却液。检查控制箱内接线是否松动，打开电缆绞盘取出电缆，将电缆一端通过快速 MC 插头连接到发电机组，另一端连接到负载侧（连接时需要注意断开机组电瓶开关、断开输出开关，确定负载侧不带电。并且按照黄、绿、红、蓝正相序连接电缆两端），打开车厢体的百叶窗，保持发电机组通风状态良好，空气流畅。将接地线连接到发电机组侧，另一侧用接地棒打入地下，使车辆和大地保持良好的接触。在发电车及线路周围安放隔离围栏，并贴"带电勿动"标识。

（十）应急预案

1. 事故处理的一般原则

电气事故上报和处理根据调度协议划分归属原则，按调度规程执行。恢复供电时应按重要负荷保电序位进行。异常方式运行时应监控负荷，防止发生过负荷引起的事故。恢复供电时应加强与有关各方的联系，防止发生人身、设备事故。

2. 事故处理工作流程

发生事故时，运行值班人员首先记录事故时间、恢复告警，记录现场事故信息，应包括继电保护及自动装置动作情况、表计指示情况和弧光、烟雾、火苗等直观现象。恢复各类光字牌、警示灯、音响等信号至正常位置。根据保护动作、告警指示、表计指示情况，检查配电室设备情况、正确判断事故范围和性质。隔离配电室故障设备。装有自动装置而未动作者，可以手动执行。调整未直接受到损害的设备的运行方式。按照试送要求进行试送。对配电室设备进行全面检查，详细记录事故发生的现象及处理过程，填写各种相关记录。发生事故时运行值班人员要根据配电室设备出现事故或异常情况时，及时向县供电公司汇报。汇报内容包括：本区域位置、汇报人姓名、事故发生时间、开关动作情况、保护动作情况、设备检查情况。如果此时有特别重要负荷需要尽快送电，应说明情况。增加对重要负荷的电流、开关温度等检查和记录次数，确保重要负荷不因应急供电设备限制而发生二次供电中断现象。待故障处理完毕恢复供电后，及时调整运行方式至正常方式。

（十一）应急保供电演练

1. 电力客户正常运行方式

（1）10kV正常运行方式：10kV主供电源为110kV五寨变电站10kV北城线，10kV备用电源为110kV泰和变电站10kV学院线，双电源供电，单母线分段运行，4台变压器，2台1250kVA的变压器，2台500kVA的变压器分列运行，共计变压器容量3500kVA。当10kV主供电源北城线停运时，10kV备用电源10kV学院线自动投入。

（2）0.4kV正常运行方式：1号、2号变压器互为备用。3号、4号变压器互为备用。0.4kV低压断路器无失压脱扣功能，低压重要负荷部分为双电源自动投切方式。

2. 主供电源失压演练

（1）20××年7月6日10：35人工断开分110kV北城变电站10kV北城线线路失压时，配电室内ATS自投开关至110kV泰和变电站10kV学院线，10：36恢复供电。

（2）发电车预热电压频率正常后，合上发电车开关，20××年7月6日10：42断开110kV泰和变电站10kV学院线实验中学进线电源，配电室内ATS开关自投至发电车电源，10：45重要负荷全部恢复供电。

3. 配电变压器一次侧故障演练

（1）10：52手动断开1号配电变压器后，人工断开10kV3号出线柜内的11开关并退至分位位置。断开低压4号进线柜内401开关并退至分开位置，取下开关钥匙。用开关钥匙打开低压8号分段柜内的400开关，调整8号分段柜电源取向旋转开关。闭合低压8号分段柜内的400开关。两台1250kVA的配电变压器可以联络。

（2）10：58手动断开10kV3号变压器出线柜内的12号开关并退至分位位置。断开低压3号变压器进线柜内401开关并退至分开位置，调整低压联络柜电源取向旋转开关。闭合低压联络柜内的400开关。两台500kVA的配电变压器可以联络。

（3）预设当配电室1号变压器和2号变压器、箱式3号变压器和4号变压器同时发生故障。第一步启动发电车预热；第二步手动断开市电ATS低压开关；第三部发电车预热电压频率正常后，手动合上发电车ATS低压开关，由发电车带全部重要负荷。

（4）预设当2号、4号配电变压器任意一台发生故障后，断开10kV2号、4号变压器出线柜22开关、21号开关，因不带重要负荷暂不处理。

第五节　现场风险管控

一、现场作业各级人员职责

（一）乡镇供电所职责

负责落实生产作业现场勘察、风险评估、"两票"执行、班前会、班后会、安全交底、生产作业监护等安全管控措施和要求。

（二）"三种人"职责

"三种人"即工作票签发人、工作许可人、工作负责人，"三种人"具体负责生产作业现场安全管控措施的组织制定、审核把关、执行落实，严格履行《电力安全工作规程》规定的安全职责。

（三）作业人员职责

负责生产作业现场安全管控措施的执行，严格执行"两票"，对自己的工作行为负责，互相关心安全。

（四）到岗到位人员职责

作为现场生产作业到岗到位人员的县供电公司领导干部、生产管理人员负责督导落实生产作业安全管控工作，检查"两票"执行及现场安全措施落实情况，针对发现的各类问题和不安全行为责令整改。到岗到位人员禁止违章指挥，禁止参与作业。

二、作业计划

（一）生产作业定义

生产区域内输电、变电、配电等专业的设备检修、试验、维护及改（扩）建项目施工等工作（简称"作业"）。

（二）作业计划管理的组成

作业计划管理包括计划编制、计划发布、计划管控。

（三）计划编制

1.计划编制原则

应贯彻状态检修、综合检修的基本要求，按照人身风险隐患优先处理、配电线路隐患优先处理、严重设备缺陷优先处理、重要用户设备缺陷优先处理、新设备及重大生产改造工程优先安排。计划编制要遵循生产检修与基建、技改、用户工程相结合、线路检修与变电检修相结合、两个及以上单位维护的线路检修相结合；同一停电范围内有关设备检修相结合、低电压等级设备检修与高电压等级设备检修相结合、用户检修与电网检修相结合。

2. 月度作业计划编制

乡镇供电所应根据设备状态、反事故措施、用户工程、保供电、气候特点、承载力等因素制定月度作业计划。主要指 10kV 配电线路及设备停（带）电作业计划。

3. 周作业计划编制

乡镇供电所应根据月度作业计划，结合保供电、气候条件、日常运维需求、承载力分析结果等情况统筹编制周作业计划。周作业计划宜分级审核上报，实现省、地市、县公司级单位信息共享。

4. 日作业安排

乡镇供电所应根据周作业计划，结合临时性工作，合理安排工作任务。

（四）计划发布

1. 月度作业计划发布

月度作业计划由县供电公司专业管理部门统一发布，乡镇供电所根据月度作业计划提前准备，抓好落实。

2. 周作业计划发布

周作业计划应明确发布流程和方式，可利用周安全生产例会、信息系统平台等发布。信息发布应包括作业时间、电压等级、停电范围、作业内容、作业单位等内容。周作业计划信息发布中还应注明作业地段、专业类型、作业性质、工作票种类、工作负责人及联系方式、现场地址（道路、标志性建筑或村庄名称）、到岗到位人员、作业人数、作业车辆等内容。

（五）计划管控

1. 周作业计划管控

所有计划性作业应全部纳入周作业计划管控，禁止乡镇供电所无计划作业。

2. 作业计划刚性管理

作业计划实行刚性管理，禁止随意更改和增减作业计划，确属特殊情况需追加或者变更作业计划，应履行审批手续，并经分管领导批准后方可实施。

3. 违章作业考核

县供电公司安监部门应加强对计划管控工作的全过程安全监督，对无计划作业、随意变更作业计划等问题按照管理违章实施考核。

三、作业准备

（一）作业准备的组成

作业准备包括现场勘察、风险评估、承载力分析、"三措"编制、"两票"填写、班前会。

（二）现场勘察

1. 需要现场勘察的作业项目

配电线路杆塔组立、导线架设、电缆敷设等检修、改造项目施工作业。新装（更换）配电箱式变电站、开闭所、环网单元、电缆分支箱、变压器、柱上开关等设备作业。低压带电作业。工作票签发人或工作负责人认为有必要现场勘察的其他作业项目。

2. 现场勘察组织

现场勘察应在编制"三措"及填写工作票前完成。现场勘察由工作票签发人或工作负责人组织。现场勘察一般由乡镇供电所工作负责人、台区经理参加。承发包工程作业应由项目主管部门、单位组织，乡镇供电所共同参与。开工前，工作负责人或工作票签发人应重新核对现场勘察情况，发现与原勘察情况有变化时，应及时修正、完善相应的安全措施。

3. 现场勘察主要内容

（1）需要停电的范围：作业中直接触及的电气设备，作业中机具、人员及材料可能触及或接近导致安全距离不能满足《电力安全工作规程》规定距离的电气设备。

（2）保留的带电部位：邻近、交叉、跨越等不需停电的线路及设备，双电源、自备电源、分布式电源等可能反送电的设备。

（3）作业现场的条件：装设接地线的位置，人员进出通道，设备、机械搬运通道及摆放地点，地下管沟、隧道、工井等有限空间，地下管线设施走向等。

（4）作业现场的环境：施工线路跨越铁路、电力线路、公路、河流等环境，作业对周边构筑物、易燃易爆设施、通信设施、交通设施产生的影响，作业可能对城区、人口密集区、交通道口、通行道路上人员产生的人身伤害风险等。

（5）需要落实的"反措"及设备遗留缺陷。

4. 现场勘察记录

现场勘察应填写现场勘察记录，其格式（见表1-7）。现场勘察记录宜采用文字、图示或影像相结合的方式。记录内容包括：工作地点需停电的范围，保留的带电部位，作业现场的条件、环境及其他危险点，应采取的安全措施，附图与说明。现场勘察记录应作为工作票签发人、工作负责人及相关各方编制"三措"和填写、签发工作票的依据。现场勘察记录由工作负责人收执。勘察记录应同工作票一起保存一年。现场勘察记录实例（见［实例 1-10]）。

表 1-7 现场勘察记录

勘察单位：＿＿＿＿＿＿＿＿＿＿部门（或班组）：＿＿＿＿＿＿＿＿＿编号：＿＿＿＿＿＿＿＿＿

勘察负责人：＿＿＿＿＿＿＿＿勘察人员：＿＿＿＿＿＿＿＿＿＿＿

勘察的线路名称或设备双重名称（多回应注明双重称号及方位）：＿＿＿＿＿＿＿＿＿＿

工作任务（工作地点和工作内容）：＿＿＿＿＿＿＿＿＿＿

现场勘察内容：

1. 工作地点需要停电的范围：＿＿＿＿＿＿＿＿＿＿＿＿＿＿＿＿＿＿＿＿＿＿＿＿＿

＿＿＿＿＿＿＿＿＿＿＿＿＿＿＿＿＿＿＿＿＿＿＿＿＿＿＿＿＿＿＿＿＿＿＿＿＿＿＿

2. 保留的带电部位：＿＿＿＿＿＿＿＿＿＿＿＿＿＿＿＿＿＿＿＿＿＿＿＿＿＿＿＿＿＿

＿＿＿＿＿＿＿＿＿＿＿＿＿＿＿＿＿＿＿＿＿＿＿＿＿＿＿＿＿＿＿＿＿＿＿＿＿＿＿

3. 作业现场的条件、环境及其他危险点：（应注明：交叉、邻近电力线路；多电源、自发电情况；地下管网沟道及其他影响施工作业的设施情况）＿＿＿＿＿＿＿＿＿＿＿＿＿＿＿＿＿＿

＿＿＿＿＿＿＿＿＿＿＿＿＿＿＿＿＿＿＿＿＿＿＿＿＿＿＿＿＿＿＿＿＿＿＿＿＿＿＿

4. 应采取的安全措施：（应注明：接地线、绝缘隔板、遮栏、围栏、标示牌等装设位置）

＿＿＿＿＿＿＿＿＿＿＿＿＿＿＿＿＿＿＿＿＿＿＿＿＿＿＿＿＿＿＿＿＿＿＿＿＿＿＿

＿＿＿＿＿＿＿＿＿＿＿＿＿＿＿＿＿＿＿＿＿＿＿＿＿＿＿＿＿＿＿＿＿＿＿＿＿＿＿

5. 附图与说明

记录人：＿＿＿＿＿＿＿ 勘察日期：＿＿＿＿年＿＿月＿＿日＿＿时

［实例 1-10]

现场勘察记录实例

勘察单位 ××乡镇供电所 班组 配电营业班 编号 003756251

勘察负责人：章钟 勘察人员：金泰、宋涛

勘察的线路名称或设备双重名称（多回应注明双重名称及方位）：

220kV 周家河变电站 10kV 周林线

工作任务（工作地点或地段以及工作内容）：10kV 周林线安定路 102K 分支箱更换为新环网柜，新环网柜重新命名为 10kV 周林线安定路 101A 环网柜，箱内电缆头制作，对电缆进行试验，压接电缆头，新环网柜 11 间隔金汉支出线电缆头制作，对电缆进行试验，压接电缆头。

现场勘察内容：

1. 工作地点需要停电的范围

220kV 周家河变电站 10kV 周林线 63 断路器至 10kV 周林线双山路 101 环网柜 01 断路器由运行转检修。

2. 保留的带电部位

无

3. 作业现场的条件、环境及其他危险点

（1）工作现场位于安定路人行道上，现场使用吊车；

（2）10kV 周林线安定路 102K 分支箱与 10kV 祥瑞线 T01K 分支箱、10kV 政务线安定路 102K 分支箱、10kV 公寓线安定路 101K 分支箱、10kV 新体线安定路 101A 环网柜临近。

4. 应采取的安全措施（应注明：接地线、绝缘隔板、遮栏、围栏、标示牌等装设位置）

（1）道路两侧设置标示牌，派人持旗看守，工作现场使用安全围栏。

（2）应将带电环网柜、分支箱上锁，悬挂红幔布，派周立仁看守，防止工作人员误入带电环网柜、分支箱工作。

（3）应拉开 10kV 周林线安定路 101K 分支箱断路器，合上 101K-D3 接地刀闸，在断路器操作把手上装设"禁止合闸，线路有人工作！"标示牌。

续表

（4）应拉开 10kV 周林线双山路 101 环网柜 01 间隔 01 断路器，合上 01-D3 接地刀闸，在断路器操作把手上装设"禁止合闸，线路有人工作！"标示牌。

（5）拉开金汉贵府 10kV 配电室周林线进线 01 高压柜断路器，合上 01-D3 接地刀闸，在断路器操作把手上装设"禁止合闸，线路有人工作！"标示牌。

（6）应拉开 10kV 周林线安定路 101K 分支箱路灯箱式变压器 01 高压柜断路器，合上 01-D3 接地刀闸，在断路器操作把手上装设"禁止合闸，线路有人工作！"标示牌。

5. 附图与说明

记录人：章钟　　　　　　　　　　　勘察日期：××××年××月××日××时××分

（三）风险评估

现场勘察结束后，编制"三措"、填写"两票"前，应针对作业开展风险评估工作。风险评估一般由工作票签发人或工作负责人组织。设备改进、革新、试验、科研项目作业，应由作业单位组织开展风险评估。涉及多专业、多单位共同参与的大型复杂作业，应由作业项目主管部门、单位组织开展风险评估。风险评估应针对误入、误登带电设备、误碰带电设备、操作时触电、运行维护工作触电、电动工器具类触电、交流低压触电、登杆（塔）作业、使用梯子攀登或站在梯子上工作、物体打击、特殊环境作业等方面存在的危险因素，全面开展评估（见表 1-8）。风险评估出的危险点及预控措施应在"两票""三措"等中予以明确。

表 1-8　　　　　　　　　　　　　　风险评估危险因素

评估类别	危险因素
1. 误入、误登带电设备	（1）设备检修时，工作人员与带电部位的安全距离小于规定值，造成人员触电
	（2）悬挂标示牌和装设遮（围）栏不规范，造成人员触电。如：标示牌缺少、数量不足或朝向不正确，装设遮（围）栏满足不了现场安全的实际要求等
	（3）高压设备的隔离措施不规范，造成误入带电设备触电。如：遮栏不稳固，高度不足，未加锁等
	（4）对难以做到与电源完全断开的检修设备未采取有效措施，造成人员触电。如：检修母线侧隔离开关时未将隔离开关母线侧引线带电拆除等
	（5）高压开关柜易误碰有电设备的孔洞，隔离措施不规范，造成人员触电。如：手车开关的隔离挡板缺失、损坏、封闭不严，封闭式组合电器引出电缆备用孔或母线的终端备用孔未采取隔离措施等
	（6）工作票上安全措施不正确完备，造成人员触电。如：应拉开断路器、隔离开关等未拉开，有来电可能的地点没有装设接地线等
	（7）检修设备停电，未能把各方面的电源完全断开，造成人员触电。如：星形接线设备的中性点隔离开关未拉开，检修设备没有明显断开点，有反送电可能的设备与检修设备之间未断开等
	（8）高压设备名称、编号标志设置不规范、不齐全造成误入、误登带电设备触电。如：设备标牌脱落、字迹不清、更换名称标牌不及时等

评估类别	危险因素
1. 误入、误登带电设备	（9）现场安全交底内容不清楚，造成人员触电。如：工作负责人布置工作任务时未向工作班成员交代杆塔双重名称及编号，工作班成员登杆前未核对双重称号和标志导致误登带电杆塔触电
	（10）忽视对外协工作人员、临时工的安全交底，造成人员触电。如：使用少量的外协工作人员、临时工时，未进行安全交底
	（11）工作人员擅自工作或不在规定的工作范围内工作，误入、误登带电间隔，造成人员触电。如：无票工作、未经许可工作、擅自扩大工作范围、在安全遮（围）栏外工作等
	（12）杆塔上传递材料时的安全距离不符合要求，造成人员触电。如：同杆架设多回路单回停电、平行、邻近、交叉带电杆塔上工作传递工器具材料
	（13）平行、邻近、同杆架设电力线路附近停电作业，接触导线、架空地线时感应电，造成人员触电。如：未使用个人保安线
	（14）穿越未经接地同杆架设低电压等级电力线路，造成人员触电
	（15）电力检修（施工）作业，未能准确判断电缆运行状态、盲目作业，造成人员触电
	（16）电缆接入（拆除）架空线路或开关柜间隔时，误登带电杆塔或误入带电间隔，造成人员触电
2. 误碰带电设备	（1）现场使用吊车、斗臂车时，对吊车、斗臂车司机现场危险点告知及检查不规范，造成人员触电。如：未告知现场工作范围及带电部位，致使吊臂对带电导体放电等
	（2）现场临时电源管理不规范，造成人员触电。如：乱拉电源线，电源线敷设不规范，使用的工具、金属型材、线材误将临时电源线轧破磨伤等
	（3）仪器的摆放位置不合理，造成人员触电。如：仪器摆错位置或摆放离带电设备太近等
	（4）容性设备进行试验工作放电不规范，造成人员触电。如：电力电缆未充分放电等
	（5）绝缘工器具不合格或使用不规范，造成人员触电。如：受潮、破损、超周期使用，绝缘杆未完全拉开等
	（6）拖拽电缆时未做防护措施，导致与带电设备距离不够，造成人员触电
3. 倒闸操作时触电	（1）不具备操作条件进行倒闸操作，造成人员触电。如：设备未接地或接地不可靠，防误装置功能不全、雷电时进行台式变压器倒闸操作、安全工器具不合格等
	（2）倒闸操作过程中接触周围带电部位，造成人员触电。如：操作时误碰带电设备、操作未保证足够的安全距离等
	（3）操作过程中发生设备异常，擅自进行处理，误碰带电设备触电
	（4）操作人未按照顺序逐项操作，漏项、跳项操作导致触电
	（5）工作人员操作时未认真执行"三核对"，走错位置，误入带电间隔，误拉跌落式熔断器，导致触电或电弧灼伤
	（6）工作人员操作电缆分支箱、箱式变压器时触碰相邻的带电设备，造成人员触电
	（7）工作人员对环网柜、电缆分支箱、箱式变压器操作时，不执行停电、验电制度，直接接触设备导电部分，造成人员触电
	（8）工作人员现场使用的验电器、绝缘操作杆受潮，造成人员触电。如：雨天操作没有防雨罩，存放或使用不当等
	（9）工作人员装地线前不验电、不放电。装、拆接地线时，方法不正确或安全距离不够，造成人员触电。如：装、拆接地线碰到有电设备，操作人与带电部位小于安全距离，攀爬设备构架等
	（10）工作人员装拆临时接地线操作不当，造成人员触电。如：装拆接地线时接地线触及操作人员身体、装拆接地线时误碰带电设备、装拆接地操作顺序颠倒

评估类别	危险因素
3. 倒闸操作时触电	(11) 一份操作票填写两个及以上操作任务，操作任务与操作项目不符，操作任务填写不明确或设备名称、编号不正确。操作时未逐项打"√"，不打"√"进行操作，全部操作完毕后补打"√"，未填写操作开始及终了时间或操作开始及终了时间填错
	(12) 操作票中有错字、别字、漏字。操作项目中出现漏项、并项、添项、顺序号任意涂改，操作顺序颠倒。已装设、拆除的接地线没写编号，悬挂标志牌错误
	(13) 10kV配电室模拟图板与现场实际设备不符，操作票与现场实际设备接线不符。送电操作前，未检查送电范围内接地线确已拆除
	(14) 操作人、监护人在操作过程中做与操作无关的事情
4. 运行维护工作触电	(1) 工作人员测试剩余电流动作保护器等工作失去监护，工作人员误碰带电设备，造成人员触电
	(2) 工作人员更换配电盘低压熔断器、低压设备清扫等工作，工器具选择不当，未与带电设备保持安全距离，造成人员触电。如：清扫设备时安全距离小于规定值、没有使用安全工器具、工具的金属部分未用绝缘物包扎等
	(3) 高压设备发生接地时，工作人员查找故障点与接地点之间小于安全距离没有采取防范措施，造成人员触电
	(4) 雷雨天工作人员巡视设备时，靠近避雷针、避雷器，遇雷击，造成人员触电
	(5) 夜间工作人员巡视设备时，巡视人员因光线不足，误入带电区域，造成人员触电
	(6) 汛期工作人员巡视设备时，安全用品、设备失效，造成人员触电
5. 电动工器具类触电	(1) 电动工器具的使用不规范，造成工作人员触电。如：手握导线部分或与带电设备安全距离不够等
	(2) 电动工器具绝缘不合格，造成工作人员触电。如：外绝缘破损、超周期使用等
	(3) 电动工器具金属外壳无保护，造成工作人员触电。如：外壳未接地或用缠绕方式接地
6. 交流低压触电	(1) 带电收放临时电源线（保护用接地线），造成工作人员触电。如：未断开临时电源，线碰带电部位等
	(2) 绝缘电阻表输出误碰他人和自己，造成人员触电。如：试验线有裸露部分、有其他人员在摇测绝缘的回路上工作、摇测绝缘时作业人员触及输出端子等
	(3) 工作中误触相邻运行设备带电部位。如：同柜布置的低压设备检修时，相邻带电运行设备未做安全隔离措施等
7. 登塔、登杆作业	(1) 高处作业时防止高处坠落的安全控制措施不充分、高处作业时失去监护或监护不到位，造成人员高处坠落
	(2) 个人安全防护用品使用不当，造成人员高处坠落。如：使用不合格的安全帽或安全帽佩戴不正确、高处作业使用不合格的安全带或使用方法不正确，在登杆、登塔中不能起到防护作用等
8. 使用梯子攀登或站在梯子上工作	(1) 梯子本身不符合要求，造成人员高处坠落。如：构件连接松动、严重腐（锈）蚀、变形；防滑装置（金属尖角、橡胶套）损坏或缺失、无限高标志或不清晰、绝缘梯绝缘材料老化、劈裂；升降梯控制爪损坏、人字梯铰链损坏、限制开度拉链损坏或缺失
	(2) 梯子放置不符合要求，造成人员高处坠落。如：角度不符合要求、不稳固；梯子架设在滑动的物体上、人字梯限制开度拉链未完全张开；升降梯控制爪未卡牢、靠在软母线上的梯子上端未固定等
	(3) 上、下梯子防护措施不当造成坠落。如：无人扶梯、未穿工作鞋、脚未踩稳、手未抓牢、面部朝向不正确等
	(4) 站在梯上工作时，梯子使用不当或在可能被误碰的场所使用梯子未采取措施，造成坠落。如：站位超高、总质量超载、梯子上有人时移动梯子、在通道、门（窗）前使用梯子时被误碰等

评估类别	危险因素
9. 物体打击	（1）在高处作业时现场高空落物伤人。如：不正确佩戴安全帽高空落物伤人、围栏设置和传递工具材料方法不正确造成高空落物伤人
	（2）上下传递物体时，安全工器具掉落伤人。如：绝缘罩、绝缘板或地线板等掉落
	（3）搬运设备及物品，重物失去控制伤人。如：搬运各种配电柜、低压电容器柜、设备等
	（4）装运水泥杆、变压器、线盘时，水泥杆、变压器、线盘砸伤人。如：抬水泥杆时，水泥杆突然掉落、堆放水泥杆时，水泥杆突然滚动等
	（5）电力线路拆线时发生倒塔和断线伤人。如：电力线路倒杆（塔）、断杆砸伤人，电力线路断线时跑线抽伤人
	（6）工作现场立、撤杆塔，杆塔失去控制伤人。如：揽风绳、叉杆失控引起倒杆塔等
	（7）现场放、紧线及撤线工作，导线失控伤人。如：导线抽出伤人，手被导线挤伤、压伤等
	（8）水泥杆底、拉盘施工、铁塔水泥基础施工起吊或放置重物措施不当伤人。如：安放杆塔或拉线底盘时杆坑内有人工作等
	（9）敷设电缆人员绊伤、摔伤、传动挤伤。挖掘电缆沟时安全措施不当，导致伤人。电缆头制作操作不规范、措施不当，导致物体打击。如：坑、洞内作业未设置安全围栏等
	（10）砍剪树木，树木失去控制伤人。砍剪树木时使用的工器具质量不合格、操作不当或失控，造成人员伤害。如：被倒下的树木或朽树枝砸伤等。油锯金属碎片飞出、锯掉的木屑、卡涩引起的转动异常、碰金属物、用力过猛误伤等
10. 特殊环境作业	（1）夜晚高处作业，工作场所照明不足，导致事故发生
	（2）恶劣气候条件下，工作人员在杆塔上作业或未采取有效的保障措施，导致事故发生。如：雨、雾、冰雪、大风、雷电、高温、高寒等天气
	（3）未做到"先通风、再检测、后作业"的措施要求，或者通风、检测不合格，照明设施不完善就盲目作业，导致人身伤害
	（4）未配备防中毒窒息防护设备、安全警示标示，在无防护监护措施的情况下，工作人员盲目作业，导致人身伤害
	（5）未严格实行作业审批制度，工作人员擅自进入有限空间作业，导致人身伤害

（四）承载力分析

1. 承载力分析分级管理

县供电公司、乡镇供电所、配电营业班、台区经理应积极推进承载力量化分析工作，提升作业计划和工作安排的科学化、规范化管理水平。县供电公司级应利用月度计划平衡会、周安全生产例会统筹开展乡镇供电所承载力分析工作。乡镇供电所应利用周安全日活动，开展作业承载力分析工作，保证作业安排在承载力范围内。

2. 乡镇供电所承载力分析内容

（1）可同时派出的网格化管理服务小组数量。

（2）派出的网格化管理服务小组人员作业能力是否满足作业要求。

（3）多专业、多小组、多现场间工作协调是否满足作业需求。

3. 配电营业班承载力分析内容

（1）可同时派出的工作组和工作负责人数量。

（2）每个作业小组同时开工的作业现场数量，不得超过工作负责人数量。作业任务难易水平、工作量大小。

（3）安全防护用品、安全工器具、施工工器具、备品备件、车辆等是否满足作业需求。

（4）作业环境因素（地形地貌、天气等）对工作进度、人员配备及工作状态造成的影响等。

4. 作业人员承载力分析内容

（1）作业人员身体状况、精神状态以及有无妨碍工作的特殊病症。

（2）作业人员技能水平、安全能力。技能水平可根据其岗位角色、是否担任工作负责人、本专业工作年限等综合评定。

（3）安全能力应结合《电力安全工作规程》考试成绩、人员违章情况等综合评定。

（五）"三措"编制

乡镇供电所应根据现场勘察结果和风险评估内容编制"三措"（组织措施、技术措施、安全措施）。对涉及多专业、多单位的大型复杂作业项目，应由项目主管部门、单位组织相关人员编制"三措"。"三措"内容包括任务类别、概况、时间、进度、需停电的范围、保留的带电部位及组织措施、技术措施和安全措施，"三措"范本（见表1-9）。"三措"应分级管理，经作业单位、设备运维管理单位、相关专业管理部门、分管领导逐级审批（见表1-10），严禁现场执行未经审批的"三措"。

表1-9　　　　　　　　　　　　　　"三措"范本

工程项目（作业）名称：＿＿＿＿＿＿＿＿＿＿＿＿＿＿＿

组织技术安全措施

一、工程概况及施工作业特点
二、施工作业计划工期、开（竣）工时间
三、停电范围
四、作业主要内容
五、组织措施
六、技术措施
七、安全措施
八、应急处置措施
九、施工作业工艺标准及验收
十、现场作业示意图

表 1-10 组织技术安全措施审批表

	会签部门	签名	意见	日期
县供电公司	主管领导			
	安质部			
	运检部			
	调控中心			
	运维单位			
乡镇供电所	所长			
	安全质量员			
	运检技术员			
	编写人			

(表头居中)组织技术安全措施审批表

（六）"两票"要求

乡镇供电所台区经理在电气设备上及相关场所的工作，应填用工作票、倒闸操作票。现场作业要严格执行《"两票"填写与执行规定》，使用正确的《"两票"填写与执行规定》中要求的内容、流程、术语。乡镇供电所应根据现场勘察、风险评估结果，由工作负责人或工作票签发人填写工作票。乡镇供电所每月应对所执行的"两票"进行整理汇总，按编号统计、分析。县供电公司每季度至少对已执行的"两票"进行检查并填写检查意见。乡镇供电所应分析"两票"存在问题，及时反馈，制定整改措施，建立定期通报制度。

（七）班前会

班前会由乡镇供电所工作负责人组织现场工作的全体班组人员召开。班前会应结合当时配电运行方式、工作任务，开展安全风险评估，布置风险预控措施，组织交代工作任务、作业风险和安全措施，检查个人安全工器具、个人劳动防护用品和人员精神状况。班前会实例见（见［实例 1-11］、［实例 1-12］）。

［实例 1-11］

班前会实例 1

班前会

一、参加人员：
1. 工作负责人：梁兵。
2. 工作班全体人员：赵××、柳××、张××、吴××、薛××、贾××、关××、曹××、施××、蒲××、金××、宋××、何××。
二、交代工作任务
在 1 个工作地点安排 1 个工作组完成工作任务。
1. 工作负责人：梁兵。
2. 成员：赵××、柳××、张××、吴××、薛××、贾××、关××、曹××、施××、蒲××、金××、宋××、何××。
3. 工作任务：更换 10kV 金龙线和平路 101 环网柜、制作 400mm² 电缆头 2 个、120mm² 电缆头 1 个，T 接电缆、电缆试验、核实相位工作。

续表

三、作业风险和安全措施

1. 危险点

（1）10kV 金龙线和平路 101 环网柜东临 220kV 周龙线 28-29 号杆塔、110kV 林郊线 27-28 号杆塔，距离为西边相水平距离八米左右，吊车应保持安全距离，并防止感应伤人。

（2）10kV 金龙线和平路 101 环网柜西临 10kV 神华 2 线与煤井线环网柜、10kV 煤井线和平路 101K 分支箱、10kV 金叶线大桥路 101K 分支箱、10kV 西寨线 102 环网柜，应防止误入带电间隔和误操作。

2. 危险点管控措施

（1）使用吊车作业，车辆必须检验合格，吊车驾驶员必须持证上岗，精心操作，吊车车体必须采用不小于 16 平方毫米多股软铜线可靠接地，吊车作业过程中，吊臂或吊装物下禁止人员逗留，严禁车辆熄火以及驾驶员离开操作室。必须采取防倾倒措施。并设专人监护。

（2）吊车作业现场必须使用大小围栏，大围栏的设置必须超出吊车的最大作业半径 2 米及以上并设进出口，进出口处悬挂"由此出入"标示牌。防止其他人员靠近。

（3）在 10kV 神华 2 线与煤井线环网柜、10kV 煤井线和平路 101K 分支箱、10kV 金叶线大桥路 101K 分支箱、10kV 西寨线 102 环网柜遮栏入口装设红幔布，遮栏四周向外装设"止步，高压危险！"标示牌。

（4）开启电缆井井盖、应注意站立位置，装设防坠落井篦，以免坠落，开启电缆井井盖应使用专用工具。开启后使用防坠落电缆井盖，设置遮栏（围栏），围栏上悬挂"在此工作"标示牌，并派专人看守。作业人员撤离后，应立即恢复。

（5）严格执行有限空间作业安全防范措施，先通风再检测确认有限空间内有害物质浓度，作业前 30 分钟，应再次对有限空间有害物质浓度采样，分析合格后方可进入有限空间。

（6）电缆试验时，设专人监护，禁止人员进入电缆对侧工作现场。电缆井应有充足的照明，并有防火、防水及通风措施。

四、个人安全工器具

在工作开始前，工作负责人要现场讲解正确使用个人安全工器具的方法，要求工作人员严格执行操作规定，严禁使用不合格或超试验周期的个人安全工器具。要求工作人员严禁将个人安全工器具他用，要求工作人员使用个人安全工器具前应进行外观、试验时间有效性等检查。工作负责人再对所需的安全工器具进行全面检查，确保试验合格标签齐全、名称编号正确、状态良好、安全可靠。

五、个人劳动防护用品

工作负责人应监督现场作业人员正确使用个人劳动防护用品，作业人员使用的个人劳动防护用品应合格齐全。

六、人员精神状况

赵××、柳××、张××、吴××、薛××、贾××、关××、曹××、施××、蒲××、金××、宋××、何××现场精神状况良好。

[实例 1-12]

班前会实例 2

班前会

一、参加人员

1. 工作负责人：燕钢。

2. 工作班全体人员：毛××、冯××、柴××、马××、吴××、赵××、付×、薛××、石××、王××、宗××、单××、郭××、韩××、刘×、章××、毕××、张××、伊××、沈××、逯××、杨××、陈××、焦××、隽××、杜××、苗××、庞××、谷×、战××、孟××、曹××、蔡××、路××、纪×、胡××、国××、董××、苏××、岳××、耿××、邢××、于××、田×、辛××、秦××、岳××、甘××、黄××、关××、林××、贾××、荆××、傅××、曲××、薛××、庄××、任××、鲁××、商××、邹××、明××、都××、金×、魏××、陶××、亓××。

二、交代工作任务

在 9 个工作地点分别安排 9 个工作小组完成各自工作任务。

1. 第一工作小组（5 人）

（1）小组负责人：毛××。

（2）成员：冯××、柴××、马××、吴××。

（3）工作任务：10kV 西城线 01 号杆电缆头更换。

2. 第二工作小组（5 人）

（1）小组负责人：王××。

（2）成员：赵××、付×、薛××、石××。

（3）工作任务：10kV 西城线 03 号杆赵庄 10kV 配电室电缆头更换、10kV 西城线 04 号杆利发公司 10kV 配电室电缆头更换、10kV 西城线 11 号杆韩村 10kV 配电室电缆头更换。

3. 第三工作小组（5 人）

（1）小组负责人：刘××。

（2）成员：宗××、单××、郭××、韩××。

（3）工作任务：10kV 西城线 14 号杆韩家铸造厂东 10kV 配电室电缆头更换；10kV 西城线 14 号杆韩家铸造厂西 10kV 配电室电缆头更换；10kV 西城线 17 号杆鹏鑫铸造厂 10kV 配电室甲变电缆头更换；10kV 西城线 17 号杆鹏鑫铸造厂 10kV 配电室乙变电缆头更换。

4. 第四工作小组（8 人）

（1）小组负责人：陈××。

（2）成员：章××、毕××、张××、伊××、沈××、逯××、杨××。

（3）工作任务：10kV 西城线韩家村 7 号杆 T 接李村支线 12 号杆电缆头更换；10kV 西城线 10 号杆 T 接孟集支线 01 号杆电缆头更换。

5. 第五工作小组（7 人）

（1）小组负责人：隽××。

（2）成员：苗××、杜××、庞××、谷××、战××、孟××。

（3）工作任务：10kV 西城线 15 号杆柳家村 8 号井井通电缆头更换；10kV 西城线 39 号杆同源支线 22 号 10kV 配电室电缆头更换。

6. 第六工作小组（7 人）

小组负责人：焦××。

成员：曹××、蔡××、路××、纪××、胡××、国××。

工作任务：10kV 西城线 25 号杆石家北支线红光塑业 10kV 配电室电缆头更换；10kV 西城线环网支 10 号杆电缆头更换。

7. 第七工作小组（10 人）

（1）小组负责人：卢××。

（2）成员：董××、苏××、岳××、耿××、邢××、于××、田×、辛××、秦××。

（3）工作任务：10kV 西城线 27 号杆周家 10kV 配电室电缆头更换；10kV 西城线 23 号杆 10kV 石家南配电台区 01 号电缆头更换。

8. 第八工作小组（13 人）

（1）小组负责人：鲁×。

（2）成员：岳××、甘××、黄××、关××、林××、贾××、荆××、傅××、曲××、薛××、庄××、任××。

（3）工作任务：10kV 西城线 35 号杆调整导线及弓子线；10kV 西城线 36 号杆景家村 3 号井井通支 36-01 号杆电缆头更换；10kV 西城线 3 号井井通支 36-01 号杆电缆头更换；10kV 西城线逯家 3 号井井通支 34-03 号杆农业大学 10kV 配电室电缆头更换；10kV 西城线西城村东支线 001 号杆电缆头更换；10kV 西城线西城东支线 005 号杆电缆头更换。

9. 第九工作小组（7 人）

（1）小组负责人：亓××。

（2）成员：商××、邹××、明××、都××、金××、魏××、陶××。

（3）工作任务：10kV 西城线 45 号杆更换弓子线；10kV 西城线 43 号杆调整导线及弓子线。

三、作业风险和安全措施

（一）带电交叉跨越

1. 危险点：35kV 田水线 51 号-52 号塔跨越 10kV 西城线 25 号-26 号杆之间线路，35kV 田水线线路带电。

2. 危险点管控措施：验明确无电压，拉开 10kV 西城线 24 号杆隔离刀闸，在 10kV 西城线 25 号杆小号侧装设 14 号接地线，在 10kV 西城线号 26 杆大号侧装设 15 号接地线。

（二）工作人员登高作业

1. 危险点：易出现高空摔跌、落物伤人。

2. 危险点管控措施：

（1）攀登杆塔作业前，应先检查杆根、基础、拉线是否牢固。

（2）登杆前检查登高工具合格，如脚扣、安全带、脚钉等。

（3）杆上有人作业时，必须设置内外围栏。作业点下方坠落半径外延 1 米设置内围栏，内外围栏间距离不得小于 1.5m，人员及工具材料在内外围栏间，需要进入内围栏时必须"喊停"。

（4）高空作业应使用工具袋，上下传递材料、工器具用使用绳索。不宜将工具、材料放置在横担上，确需在横担上放置时，应用铁丝拴牢，以防坠落。

（5）严格执行登杆作业三要点：登杆作业必须全程扎安全带；登杆过程碰到障碍物时，不能脱离安全带移动；杆上拆下安全带时要搭在肩上，不能落在底下。

（三）放、紧、撤线，更换拉线
1. 危险点：倒断杆、跑线伤人。
2. 危险点管控措施：
（1）严禁采用突然剪断导线的方式松线。
（2）作业前检查拉线、杆塔、桩锚合格，必要时加装临时拉线。
（3）撤线前检查横担锈蚀情况，必要时加强横担。
（4）更换拉线前，必须做好临时拉线。
（四）在机动车辆道路上施工
1. 危险点：交通事故。
2. 危险点管控措施：
（1）在通行道路上施工时，工作场所必须设置安全围栏，人员、车辆、材料及工具，必须全部处于安全围栏内。
（2）道路口施工，应设置"前方施工、减速慢行！"交通提示牌。
（五）大件吊装作业
1. 危险点：吊臂或吊装物坠落伤人。
2. 危险点管控措施：
（1）检查吊带、吊绳、钢丝绳、吊钩等吊装工具是否粘贴试验合格证。
（2）起吊重物稍一离地，应检查悬吊及捆绑，认为可靠后方准继续起吊。
（3）人员不得站在吊臂下或在吊装物下逗留或通行。
（4）吊车旋转半径设围栏。
四、个人安全工器具
在工作开始前，工作负责人要现场讲解正确使用个人安全工器具的方法，要求工作人员严格执行操作规定，严禁使用不合格或超试验周期的个人安全工器具。要求工作人员严禁将个人安全工器具它用，要求工作人员使用个人安全工器具前应进行外观、试验时间有效性等检查。工作负责人再对所需的安全工器具进行全面检查，确保试验合格标签齐全、名称编号正确、状态良好、安全可靠。
五、个人劳动防护用品
工作负责人应监管现场作业人员正确使用个人劳动防护用品，作业人员使用的个人劳动防护用品应合格齐全。
六、人员精神状况
毛××、冯××、柴××、马××、吴××、赵××、付×、薛××、石××、王××、宗××、单××、郭××、韩××、刘××、章××、毕××、张××、伊××、沈××、逯××、杨××、陈××、焦××、曹××、隽××、杜××、苗××、庞××、谷××、战××、孟××、蔡××、路××、纪××、胡××、国××、董××、苏××、岳××、耿××、邢××、于××、田××、辛××、秦××、岳××、甘××、黄××、关××、林××、贾××、荆××、傅××、曲××、薛××、庄××、任××、鲁××、商××、邹××、明××、都××、金××、魏××、陶××、亓××现场精神状况良好。

四、作业实施

作业实施包括倒闸操作、安全措施布置、许可开工、安全交底（开工会）、现场作业、作业监护、到岗到位、验收及工作终结、班后会。

1. 倒闸操作

乡镇供电所操作人和监护人应经《电力安全工作规程》考试合格，由县供电公司安全管理部门审核、批准并公布。台区经理应根据工作任务、设备状况及 10kV 与 0.4kV 配电网运行方式，分析倒闸操作过程中的危险点并制定防控措施。台区经理要严格执行倒闸操作制度，严格执行防误操作安全管理规定，不准擅自更改操作票，不准无票作业。

2. 安全措施布置

配电专业工作许可人所做安全措施由其负责布置，乡镇供电所所做安全措施由工作负责人负责布置。安全措施布置完成前，禁止台区经理现场进行任何作业。工作许可人应审查工作票所列安全措施正确完备性，检查工作现场布置的安全措施是否完善（必要时予以补充）和检修设备有无突然来电的危险。对工作票所列内容即使发生很小疑问，也应向工作票签发人询问清楚，必要时应要求作详细补充。10kV 及以上双电源用户或备有大型发电机用户配合布置和解除安全措施时，作业人员应现场检查确认。现场为防止感应电或完善安全措施需加装接地线时，应明确装、拆人员，每次装、拆后应立即向工作负责人或小组负责人汇报，并在工作票中注明接地线的编号，装、拆的时间和位置。

3. 许可开工

许可开工前，作业班组应提前做好作业所需工器具、材料等准备工作。现场履行工作许可前，工作许可人会同工作负责人检查现场安全措施布置情况，指明实际的隔离措施、带电设备的位置和注意事项，证明检修设备确无电压，并在工作票上分别确认签字。电话许可时由工作许可人和工作负责人分别记录双方姓名，并复诵核对无误。所有许可手续（工作许可人姓名、许可方式、许可时间等）均应记录在工作票上。若需其他单位配合停电的作业应履行书面许可手续。

4. 安全交底

工作许可手续完成后，工作负责人组织全体作业人员整理着装，统一进入作业现场，进行安全交底，列队宣读工作票，交代工作内容、人员分工、带电部位、安全措施和技术措施，进行危险点及安全防范措施告知，抽取作业人员提问无误后，全体作业人员确认签字。执行总、分工作票或小组工作任务单的作业，由总工作票负责人（工作负责人）和分工作票（小组）负责人分别进行安全交底。现场安全交底宜采用录音或影像方式，作业后由作业班组留存一年。

5. 现场作业

（1）现场作业人员安全要求。

作业人员应正确佩戴安全帽，统一穿全棉长袖工作服、绝缘鞋。特种作业人员及特种设备操作人员应持证上岗。开工前，工作负责人对特种作业人员及特种设备操作人员交代安全注意事项，指定专人监护。特种作业人员及特种设备操作人员不得单独作业。外来工作人员须经过安全知识和《电力安全工作规程》培训考试合格，佩戴有效证件，配置必要的劳动防护用品和安全工器具后，方可进场作业。

（2）安全工器具和施工机具安全要求。

作业人员应正确使用施工机具、安全工器具，严禁使用损坏、变形、有故障或未经检验合格的施工机具、安全工器具。特种车辆及特种设备应经具有专业资质的检测检验机构检测、检验合格，取得安全使用证或者安全标志后，方可投入使用。工作负责人需携带工作票、现场勘察记录、"三措"等资料到作业现场。涉及多专业、多单位的大型复杂作业，应明确专人负责工作总体协调。

6. 作业监护

工作票签发人或工作负责人对有触电危险、施工复杂容易发生事故等作业，应增设专责监护人，确定被监护的人员和监护范围，专责监护人应佩戴明显标识，始终在工作现场，及时纠正不安全的行为。专责监护人不得兼做其他工作。专责监护人临时离开时，应通知被监护人员停止工作或离开工作现场，待专责监护人回来后方可恢复工作。若专责监护人必须长时间离开工作现场时，应由工作负责人变更专责监护人，履行变更手续，并告知全体被监护人员。

7. 到岗到位

各级单位应建立健全作业现场到岗到位制度，按照"管业务必须管安全"的原则，明确到岗到位人员责任和工作要求。各级单位应严格按照《生产作业现场到岗到位标准》（见表1-11），落实到岗到位要求，到岗到位人员对发现的问题应立即责令整改，并向工作负责人反馈检查结果。到岗到位工作重点应检查作业现场"两票""三措"执行情况、现场安全措施落实情况。检查安全工器具、个人防护用品使用情况。检查大型机械安全措施落实情况。检查作业人员不安全行为。检查现场作业文明生产等。

表 1-11 生产作业现场到岗到位标准

项目	工作任务	到岗到位人员
配电检修作业	10kV跨越铁路、高速公路、交通要道、电力线路或邻近带电线路组立（拆除）杆塔、架设（拆除）导地线、光缆等作业	县供电公司级单位领导、管理人员；二级机构管理人员
	10kV带电立（撤）杆、高压电缆旁路等带电作业	县供电公司级单位领导、管理人员；二级机构管理人员
	10kV带电断接引线、带电短接设备；10kV新装（更换）跌落式熔断器、隔离开关、绝缘子等常规带电作业	二级机构管理人员
	新装（更换）箱式变压器、开闭所、环网单元、电缆分支箱等设备作业	县供电公司级单位管理人员；二级机构管理人员
	10kV及以上配电线路电杆组立（拆除）、导线架设、电缆敷设作业	县供电公司级单位管理人员；二级机构管理人员
	新装（更换）变压器、柱上断路器（开关）等设备作业	二级机构管理人员
	0.4kV及以上配电线路和设备检修作业	二级机构管理人员

8. 验收及工作终结

验收工作由主管部门组织，乡镇供电所参与验收工作。验收人员应掌握验收现场存在的危险点及预控措施，禁止擅自解锁和操作设备。已完工的设备均视为带电设备，任何人禁止在安全措施拆除后处理验收发现的缺陷和隐患。工作结束后，工作班应清扫、整理现场，工作负责人应先周密检查，待全体作业人员撤离工作地点后，方可履行工作终结手续。执行总、分票或多个小组工作时，总工作票负责人（工作负责人）应得到所有分工作票（小组）负责人工作结束的汇报后，方可与工作许可人履行工作终结手续。

9. 班后会

班后会一般在工作结束后由班组长组织全体班组人员召开。班后会应对作业现场安全管控措施落实及"两票""三措"执行情况总结评价，分析不足，表扬遵章守纪行为，批评忽视安全、违章作业等不良现象。

五、监督考核

县供电公司各级单位应加强作业现场安全监督检查，制定检查标准，明确检查内容，规范检查流程。县供电公司安监部门应会同各专业管理部门，加强作业现场的安全监督检查工作。县供电公司各级领导应带头深入作业现场，检查指导作业现场安全管控工作。

（一）作业现场安全监督检查重点

作业现场"两票""三措"、现场勘察记录等资料是否齐全、正确、完备。现场作业内容是否和作业计划一致，工作票所列安全措施是否满足作业要求并与现场一致。现场作业人员与工作票所列人员是否相符，人员精神状态是否良好。工作许可人对工作负责人，工作负责人对工作班成员是否进行安全交底。现场使用的机具、安全工器具和劳动防护用品是否良好，是否按周期试验并正确使用。高处作业、邻近带电作业、起重作业等高风险作业是否指派专责监护人进行监护，专责监护人在工作前是否知晓危险点和安全注意事项等。现场是否存在可能导致触电、物体打击、高处坠落、设备倾覆、电杆倒杆等风险和违章行为。各级到岗到位人员是否按照要求履行职责有无不安全情况。

（二）考核

为贯彻"安全第一、预防为主、综合治理"的方针，深入推进安全风险管理，加强生产作业安全全过程管控，构建预防为主的安全管理体系，提升现场安全风险管控能力，确保人身、电网和设备安全，县供电公司各级单位应开展作业现场违章稽查工作，一旦发现违章现象应立即加以制止、纠正，做好违章记录，对违章单位和个人给予批评和考核。县供电公司各级单位应建立完善反违章工作机制，组织开展"无违章现场""无违章员工"等创建活动，鼓励自查自纠，对及时发现纠正违章、避免安全事故的单位和个人给予表扬和奖励。县供电公司各级单位应加强生产作业安全管控工作的检查指导与评价，定期分析评估安全管控工作执行情况，督促落实安全管控工作标准和措施，持续改进和提高生产作业安全管控工作水平。

六、现场标准化作业指导书（卡）

（一）现场标准化作业指导书（卡）的编制

现场标准化作业指导书（卡）的具体要求：

（1）指导书（卡）的编写要坚持"安全可靠、简便易行、实用实效"的原则，要根据工作计划在工作之前编制，不能生搬硬套，要灵活运用范本，格式内容要简便实用。

（2）现场标准化作业指导书（卡）要按照模块化的方式进行编写，一般由策划准备、危险点分析和安全措施、现场实施及总结验收四个模块组成。

（3）要注重现场标准化作业指导书（卡）的实用性、可操作性和针对性，要根据现场作业条件、环境的差异以及风险的大小，制定安全控制措施，优化工序，确定作业过程中的关键环节和流程。

（4）要进一步优化作业指导书（卡），将检修派工与风险分析卡、反违章措施票、三级验收等内容纳入作业指导书（卡）中，尽量避免出现资料重复。

（5）要围绕安全、质量两条主线，实现安全与质量的综合控制，优化作业方案，提高工作效率、降低生产成本。

（6）应将危险点及控制措施具体细化到作业过程的各个阶段，并明确劳动力组织和各级作业人员的职责。

（7）安全措施必须与现场实际相结合，保证安全措施正确、完整、可靠。

（8）材料准备与工作任务相结合，保证材料准备齐全、无遗漏且不浪费。

（9）工器具放置与现场位置相结合，现场工器具应定置管理。

（10）作业人员与工作任务相结合，保证作业人员技术素质和工作状态能够胜任工作。

（11）指导书（卡）应体现责任到人，编写人、审核人、批准人和执行人应签字齐全。

（12）标准化作业指导书（卡）必须履行审批手续，实行责任跟踪制度。

（13）设备巡视标准化作业指导书（卡）由供运检技术部门专工编写，运检技术部门负责人审核，县供电公司分管领导负责批准。

（14）10kV及以上设备常规检修、预试或检验的现场作业指导书（卡）运检技术部门专工编写，运检技术部门负责人审核，县供电公司分管领导负责批准。

（15）未经审批签字的作业指导书不得使用。作业指导书一经确定，不得随意更改，若更改须履行审批手续。一旦作业指导书发生变动，必须保证工作可控，要有检查考核，杜绝非标准工作。

（二）现场标准化作业指导书（卡）的执行

作业人员作业前，必须学习《现场标准化作业指导书》并履行交底签字确认手续，熟悉掌握作业程序和各项安全、质量要求。现场检修作业前的相关准备工作（含危险点分析与预控，材料、施工电源与工器具准备、设备定位管理等）必须在作业前完成，并按要求签字确认。实施检修作业时只需使用作业程序及标准（检修内容及工艺要求）表格栏，并在工作现场逐项实施、签字。现场作业时，如发现现场实际与作业指导书不符时（如图纸不符、设备缺陷等），应立即停止现场工作，并由工作负责人根据现场实际情况在规定工作日内修订现场标准化作业指导书，经原审批人认可后方可继续作业。且作业完毕，审批人要补办签字手续。工作竣工时，各设备检修负责人应分别进行自检，自检合格后，应将各自的作业流程卡交总负责人（大型技术改造或检修工作，应由单位职能部门组织验收）。整体工作由工作总负责人会同工作许可人验收并签字。不经过验收合格，不能办理工作终结手续。作业过程中的作业内容、危险点预控的复诵以及逐项打钩、签字工作由该作业点工作监护人完成，一个作业指导书项目内容工作完毕，参与该项工作班成员签字认可。配电设备的标准化巡视，按照标准化作业巡视书（卡）执行。

第六节　安全工器具管理

一、安全工器具配置

乡镇供电所安全工器具配置可根据台区经理人数和实际生产任务量适当调整。乡镇供电所可依据管辖设备电压等级对验电器和接地线配置数量进行调整。乡镇供电所安全质量员要定期检查乡镇供电所配置的安全工器具是否按标准配齐、配足，如果配备不齐全或者有损坏的应汇报上级主管部门进行补充，直至按标准配齐。乡镇供电所安全工器具参考配置（见表1-12）。

表 1-12　　　　　　　　　　乡镇供电所安全工器具参考配置表

序号	安全工器具名称	单位	（乡镇供电所台区经理每10人配置数量）
1	辅助型绝缘手套	双	2
2	辅助型绝缘靴	双	2
3	绝缘操作杆	套	2
4	辅助型绝缘垫	块	4
5	验电器	支	10kV4支，低压验电器每人1支
6	接地线	组	10kV8组，低压8组
7	工具柜	个	2

序号	安全工器具名称	单位	（乡镇供电所台区经理每10人配置数量）
8	安全带	付	每人1付
9	安全帽	顶	乡镇供电所全员每人1顶
10	梯子	架	6
11	登高板或脚扣	付	每人1付
12	速差自控器	只	8
13	个人保安线	组	每人1组
14	安全警示带（围栏绳）	根	10
15	标示牌"禁止合闸，有人工作！"	块	10
16	标示牌"禁止合闸，线路有人工作！"	块	10
17	标示牌"止步，高压危险！"	块	10
18	标示牌"在此工作！""从此上下！""禁止分闸！"	块	10
19	护目镜	付	每人1付
20	防毒面具	套	4
21	红布幔	块	—

二、安全工器具台账管理

乡镇供电所应按照《国家电网公司电力安全工器具管理规定》〔国网（安监/4）289-2014〕将乡镇供电所使用的所有安全工器具统一纳入台账管理，并在安监一体化平台系统安全工器具管理模块施行在线编号、登记、试验、报废信息实时管理。安全工器具应存放在专用的安全工器具室内，不得与施工工器具、备品备件、电能计量装置混放在一起。安全工器具室应满足温度和湿度要求，温度一般控制在−15～35℃，湿度一般控制在80％以下。安全工器具应满足存储条件，按照定置图定置存放，安全工器具统一分类编号，编号与存放位置在安全工器具台账中填写清楚。安全工器具室内的安全工器具应满足账、卡、物相符要求。乡镇供电所应留存有效安全工器具试验报告并在安全工器具适当位置张贴"合格证"。安全工器具台账（见表1-13）。

表1-13　　　　　　　　　　××乡镇供电所安全工器具台账

名称	电压等级或规格型号	编号	存放位置	检验日期	检验周期	下次检验日期	保管人
安全帽	TZLD	001	6号架一层1号位	2017年6月12日	2.5年	2019年12月11日	许凯
安全帽	TZLD	002	6号架一层2号位	2017年6月12日	2.5年	2019年12月11日	许凯
安全帽	TZLD	003	6号架一层3号位	2017年6月12日	2.5年	2019年12月11日	许凯
安全帽	TZLD	004	6号架一层4号位	2017年6月12日	2.5年	2019年12月11日	许凯
安全帽	TZLD	005	6号架一层5号位	2017年6月12日	2.5年	2019年12月11日	许凯
安全帽	TZLD	006	6号架一层6号位	2017年6月12日	2.5年	2019年12月11日	许凯

名称	电压等级或规格型号	编号	存放位置	检验日期	检验周期	下次检验日期	保管人
安全帽	TZLD	007	6号架二层1号位	2017年6月12日	2.5年	2019年12月11日	许凯
安全帽	TZLD	008	6号架二层2号位	2017年6月12日	2.5年	2019年12月11日	许凯
安全帽	TZLD	009	6号架二层3号位	2017年6月12日	2.5年	2019年12月11日	许凯
安全帽	TZLD	010	6号架二层4号位	2017年6月12日	2.5年	2019年12月11日	许凯
安全帽	TZLD	011	6号架二层5号位	2017年6月12日	2.5年	2019年12月11日	许凯
安全帽	TZLD	012	6号架二层6号位	2017年6月12日	2.5年	2019年12月11日	许凯
安全帽	TZLD	013	6号架三层1号位	2017年6月12日	2.5年	2019年12月11日	许凯
安全帽	TZLD	014	6号架三层2号位	2017年6月12日	2.5年	2019年12月11日	许凯
安全帽	TZLD	015	6号架三层3号位	2017年6月12日	2.5年	2019年12月11日	许凯
安全帽	TZLD	016	6号架三层4号位	2017年6月12日	2.5年	2019年12月11日	许凯
安全帽	TZLD	017	6号架三层5号位	2017年6月12日	2.5年	2019年12月11日	许凯
安全帽	TZLD	018	6号架三层6号位	2017年6月12日	2.5年	2019年12月11日	许凯
安全帽	TZLD	019	6号架四层1号位	2017年6月12日	2.5年	2019年12月11日	许凯
安全帽	TZLD	020	6号架四层2号位	2017年6月12日	2.5年	2019年12月11日	许凯
安全帽	TZLD	021	6号架四层3号位	2017年6月12日	2.5年	2019年12月11日	许凯
安全帽	TZLD	022	6号架四层4号位	2017年6月12日	2.5年	2019年12月11日	许凯
安全帽	TZLD	023	6号架四层5号位	2017年6月12日	2.5年	2019年12月11日	许凯
安全帽	TZLD	024	6号架四层6号位	2017年6月12日	2.5年	2019年12月11日	许凯
绝缘手套	12kV	001	2号柜二层1号位	2019年2月27日	六个月	2019年8月26日	许凯
绝缘手套	12kV	002	2号柜二层2号位	2019年2月27日	六个月	2019年8月26日	许凯
绝缘手套	12kV	003	2号柜二层3号位	2019年2月27日	六个月	2019年8月26日	许凯
绝缘手套	12kV	004	2号柜二层4号位	2019年2月27日	六个月	2019年8月26日	许凯
绝缘手套	12kV	005	2号柜二层5号位	2019年2月27日	六个月	2019年8月26日	许凯
绝缘手套	12kV	006	2号柜二层6号位	2019年2月27日	六个月	2019年8月26日	许凯
绝缘手套	12kV	007	2号柜二层7号位	2019年2月27日	六个月	2019年8月26日	许凯
绝缘手套	12kV	008	2号柜二层8号位	2019年2月27日	六个月	2019年8月26日	许凯
绝缘靴	35kV	001	2号柜二层1号位	2019年2月27日	六个月	2019年8月26日	许凯
绝缘靴	35kV	002	2号柜二层2号位	2019年2月27日	六个月	2019年8月26日	许凯
绝缘靴	35kV	003	2号柜二层3号位	2019年2月27日	六个月	2019年8月26日	许凯
绝缘靴	35kV	004	2号柜二层4号位	2019年2月27日	六个月	2019年8月26日	许凯
绝缘靴	35kV	005	2号柜二层5号位	2019年2月27日	六个月	2019年8月26日	许凯
绝缘靴	35kV	006	2号柜二层6号位	2019年2月27日	六个月	2019年8月26日	许凯
绝缘靴	35kV	007	2号柜二层7号位	2019年2月27日	六个月	2019年8月26日	许凯
绝缘靴	35kV	008	2号柜二层8号位	2019年2月27日	六个月	2019年8月26日	许凯
验电器	GDY-2(10kV)	001	1号柜一层1号位	2019年2月27日	一年	2020年2月26日	许凯
验电器	GDY-2(10kV)	002	1号柜一层2号位	2019年2月27日	一年	2020年2月26日	许凯
验电器	GDY-2(10kV)	003	1号柜一层3号位	2019年2月27日	一年	2020年2月26日	许凯
验电器	GDY-2(10kV)	004	1号柜一层4号位	2019年2月27日	一年	2020年2月26日	许凯
验电器	GDY-2(10kV)	005	1号柜一层5号位	2019年2月27日	一年	2020年2月26日	许凯

续表

名称	电压等级或规格型号	编号	存放位置	检验日期	检验周期	下次检验日期	保管人
验电器	GDY-2(10kV)	006	1号柜一层6号位	2019年2月27日	一年	2020年2月26日	许凯
验电器	GDY-2(10kV)	007	2号柜一层7号位	2019年2月27日	一年	2020年2月26日	许凯
验电器	GDY-2(10kV)	008	2号柜一层8号位	2019年2月27日	一年	2020年2月26日	许凯
验电器	GDY-2(10kV)	009	2号柜一层9号位	2019年2月27日	一年	2020年2月26日	许凯
验电器	GDY-2(10kV)	010	2号柜一层10号位	2019年2月27日	一年	2020年2月26日	许凯
验电器	GDY-2(10kV)	011	2号柜一层11号位	2019年2月27日	一年	2020年2月26日	许凯
绝缘杆	2节3.6m	001	3号架三层1号位	2019年2月27日	一年	2020年2月26日	许凯
绝缘杆	2节3.6m	002	3号架三层1号位	2019年2月27日	一年	2020年2月26日	许凯
绝缘杆	3节4.5m	003	3号架三层1号位	2019年2月27日	一年	2020年2月26日	许凯
绝缘杆	3节4.5m	004	3号架三层1号位	2019年2月27日	一年	2020年2月26日	许凯
绝缘杆	3节4.5m	005	3号架三层1号位	2019年2月27日	一年	2020年2月26日	许凯
绝缘操作杆	ZGC-10	001	3号架三层1号位	2019年2月27日	一年	2020年2月26日	许凯
接地线	10kV	001	1号柜二层1号位	2019年2月27日	五年	2024年2月26日	许凯
接地线	10kV	002	1号柜二层2号位	2019年2月27日	五年	2024年2月26日	许凯
接地线	10kV	003	1号柜二层3号位	2019年2月27日	五年	2024年2月26日	许凯
接地线	10kV	004	1号柜二层4号位	2019年2月27日	五年	2024年2月26日	许凯
接地线	10kV	005	1号柜二层5号位	2019年2月27日	五年	2024年2月26日	许凯
接地线	10kV	006	1号柜二层6号位	2019年2月27日	五年	2024年2月26日	许凯
接地线	10kV	007	4号架二层1-7号位	2019年2月27日	五年	2024年2月26日	许凯
接地线	10kV	008	4号架二层1-8号位	2019年2月27日	五年	2024年2月26日	许凯
接地线	10kV	009	4号架二层1-9号位	2019年2月27日	五年	2024年2月26日	许凯
接地线	10kV	010	4号架二层1-10号位	2019年2月27日	五年	2024年2月26日	许凯
接地线	10kV	011	4号架二层1-11号位	2019年2月27日	五年	2024年2月26日	许凯
接地线	10kV	012	4号架二层1-12号位	2019年2月27日	五年	2024年2月26日	许凯
接地线	10kV	013	4号架二层1-13号位	2019年2月27日	五年	2024年2月26日	许凯
接地线	10kV	014	4号架二层1-14号位	2019年2月27日	五年	2024年2月26日	许凯
低压接地线	0.4kV	001	1号架二层2-1号位	2019年2月27日	五年	2024年2月26日	许凯
低压接地线	0.4kV	002	1号架二层2-2号位	2019年2月27日	五年	2024年2月26日	许凯
低压接地线	0.4kV	003	1号架二层2-3号位	2019年2月27日	五年	2024年2月26日	许凯
低压接地线	0.4kV	004	1号架二层2-4号位	2019年2月27日	五年	2024年2月26日	许凯
低压接地线	0.4kV	005	1号架二层2-5号位	2019年2月27日	五年	2024年2月26日	许凯
低压接地线	0.4kV	006	1号架二层2-6号位	2019年2月27日	五年	2024年2月26日	许凯
低压接地线	0.4kV	007	1号架三层2-7号位	2019年2月27日	五年	2024年2月26日	许凯
低压接地线	0.4kV	008	1号架三层2-8号位	2019年2月27日	五年	2024年2月26日	许凯
低压接地线	0.4kV	009	1号架三层2-9号位	2019年2月27日	五年	2024年2月26日	许凯
低压接地线	0.4kV	010	1号架四层2-10号位	2019年2月27日	五年	2024年2月26日	许凯
低压接地线	0.4kV	011	1号架四层2-11号位	2019年2月27日	五年	2024年2月26日	许凯
低压接地线	0.4kV	012	1号架四层2-12号位	2019年2月27日	五年	2024年2月26日	许凯
低压接地线	0.4kV	013	1号架四层2-13号位	2019年2月27日	五年	2024年2月26日	许凯

续表

名称	电压等级或规格型号	编号	存放位置	检验日期	检验周期	下次检验日期	保管人
低压接地线	0.4kV	014	1号架四层 2-14 号位	2019 年 2 月 27 日	五年	2024 年 2 月 26 日	许凯
个人保安线	10kV	001	4 号架二层 2-1 号位	2019 年 2 月 27 日	五年	2024 年 2 月 26 日	许凯
个人保安线	10kV	002	4 号架二层 2-2 号位	2019 年 2 月 27 日	五年	2024 年 2 月 26 日	许凯
个人保安线	10kV	003	4 号架三层 2-3 号位	2019 年 2 月 27 日	五年	2024 年 2 月 26 日	许凯
个人保安线	10kV	004	4 号架三层 2-4 号位	2019 年 2 月 27 日	五年	2024 年 2 月 26 日	许凯
个人保安线	10kV	005	4 号架三层 2-5 号位	2019 年 2 月 27 日	五年	2024 年 2 月 26 日	许凯
个人保安线	10kV	006	4 号架四层 2-6 号位	2019 年 2 月 27 日	五年	2024 年 2 月 26 日	许凯
个人保安线	10kV	007	4 号架四层 2-7 号位	2019 年 2 月 27 日	五年	2024 年 2 月 26 日	许凯
个人保安线	10kV	008	4 号架四层 2-8 号位	2019 年 2 月 27 日	五年	2024 年 2 月 26 日	许凯
个人保安线	10kV	009	4 号架四层 1-9 号位	2019 年 2 月 27 日	五年	2024 年 2 月 26 日	许凯
个人保安线	10kV	0010	4 号架四层 1-10 号位	2019 年 2 月 27 日	五年	2024 年 2 月 26 日	许凯
个人保安线	10kV	0011	4 号架四层 1-11 号位	2019 年 2 月 27 日	五年	2024 年 2 月 26 日	许凯
个人保安线	10kV	0012	1 号架三层 1-12 号位	2019 年 2 月 27 日	五年	2024 年 2 月 26 日	许凯
个人保安线	10kV	0013	1 号架三层 1-13 号位	2019 年 2 月 27 日	五年	2024 年 2 月 26 日	许凯
个人保安线	10kV	0014	1 号架三层 1-14 号位	2019 年 2 月 27 日	五年	2024 年 2 月 26 日	许凯
个人保安线	10kV	0015	1 号架三层 1-15 号位	2019 年 2 月 27 日	五年	2024 年 2 月 26 日	许凯
个人保安线	10kV	0016	1 号架五层 1-16 号位	2019 年 2 月 27 日	五年	2024 年 2 月 26 日	许凯
个人保安线	10kV	0017	1 号架五层 1-17 号位	2019 年 2 月 27 日	五年	2024 年 2 月 26 日	许凯
个人保安线	10kV	0018	1 号架五层 1-18 号位	2019 年 2 月 27 日	五年	2024 年 2 月 26 日	许凯
个人保安线	10kV	0019	1 号架五层 1-19 号位	2019 年 2 月 27 日	五年	2024 年 2 月 26 日	许凯
个人保安线	10kV	0020	1 号架五层 1-20 号位	2019 年 2 月 27 日	五年	2024 年 2 月 26 日	许凯
环网箱接地线	10kV	15	3 号架二层 1 号位	2019 年 2 月 27 日	五年	2024 年 2 月 26 日	许凯
环网箱接地线	10kV	16	3 号架二层 2 号位	2019 年 2 月 27 日	五年	2024 年 2 月 26 日	许凯
环网箱接地线	10kV	17	3 号架二层 3 号位	2019 年 2 月 27 日	五年	2024 年 2 月 26 日	许凯
环网箱接地线	10kV	18	3 号架二层 4 号位	2019 年 2 月 27 日	五年	2024 年 2 月 26 日	许凯
脚扣	JK-T-400	001	2 号架四层 1 号位	2019 年 2 月 27 日	一年	2020 年 2 月 26 日	许凯
脚扣	JK-T-400	002	2 号架四层 2 号位	2019 年 2 月 27 日	一年	2020 年 2 月 26 日	许凯
脚扣	JK-T-400	003	2 号架四层 3 号位	2019 年 2 月 27 日	一年	2020 年 2 月 26 日	许凯
脚扣	JK-T-400	004	2 号架四层 4 号位	2019 年 2 月 27 日	一年	2020 年 2 月 26 日	许凯
脚扣	JK-T-400	005	2 号架四层 5 号位	2019 年 2 月 27 日	一年	2020 年 2 月 26 日	许凯
脚扣	JK-T-400	006	2 号架四层 6 号位	2019 年 2 月 27 日	一年	2020 年 2 月 26 日	许凯
脚扣	JK-T-400	007	2 号架四层 7 号位	2019 年 2 月 27 日	一年	2020 年 2 月 26 日	许凯
脚扣	JK-T-400	008	2 号架四层 8 号位	2019 年 2 月 27 日	一年	2020 年 2 月 26 日	许凯
脚扣	JK-T-400	009	3 号架四层 1 号位	2019 年 2 月 27 日	一年	2020 年 2 月 26 日	许凯
脚扣	JK-T-400	010	3 号架四层 2 号位	2019 年 2 月 27 日	一年	2020 年 2 月 26 日	许凯
脚扣	JK-T-400	011	3 号架四层 3 号位	2019 年 2 月 27 日	一年	2020 年 2 月 26 日	许凯
脚扣	JK-T-400	012	3 号架四层 4 号位	2019 年 2 月 27 日	一年	2020 年 2 月 26 日	许凯
脚扣	JK-T-400	013	3 号架四层 5 号位	2019 年 2 月 27 日	一年	2020 年 2 月 26 日	许凯
脚扣	JK-T-400	014	3 号架四层 6 号位	2019 年 2 月 27 日	一年	2020 年 2 月 26 日	许凯

名称	电压等级或规格型号	编号	存放位置	检验日期	检验周期	下次检验日期	保管人
脚扣	JK-T-400	015	3号架四层7号位	2019年2月27日	一年	2020年2月26日	许凯
安全带	JN-AQD-S	001	2号架二层1号	2019年2月27日	一年	2020年2月26日	许凯
安全带	JN-AQD-S	002	2号架二层2号	2019年2月27日	一年	2020年2月26日	许凯
安全带	JN-AQD-S	003	2号架二层3号	2019年2月27日	一年	2020年2月26日	许凯
安全带	JN-AQD-S	004	2号架二层4号	2019年2月27日	一年	2020年2月26日	许凯
安全带	JN-AQD-S	005	2号架二层5号	2019年2月27日	一年	2020年2月26日	许凯
安全带	JN-AQD-S	006	2号架二层6号	2019年2月27日	一年	2020年2月26日	许凯
安全带	JN-AQD-S	007	2号架二层7号	2019年2月27日	一年	2020年2月26日	许凯
安全带	JN-AQD-S	008	2号架二层8号	2019年2月27日	一年	2020年2月26日	许凯
安全带	JN-AQD-S	009	2号架三层9号	2019年2月27日	一年	2020年2月26日	许凯
安全带	JN-AQD-S	010	2号架三层10号	2019年2月27日	一年	2020年2月26日	许凯
安全带	JN-AQD-S	011	2号架三层11号	2019年2月27日	一年	2020年2月26日	许凯
安全带	JN-AQD-S	012	2号架三层12号	2019年2月27日	一年	2020年2月26日	许凯
安全带	JN-AQD-S	013	2号架三层13号	2019年2月27日	一年	2020年2月26日	许凯
安全带	JN-AQD-S	014	2号架三层14号	2019年2月27日	一年	2020年2月26日	许凯
安全带	JN-AQD-S	015	2号架三层15号	2019年2月27日	一年	2020年2月26日	许凯
绝缘梯	9898	001	5号架1号位	2019年2月27日	一年	2020年2月26日	许凯
绝缘梯	9898	002	5号架2号位	2019年2月27日	一年	2020年2月26日	许凯
绝缘梯	9898	003	5号架3号位	2019年2月27日	一年	2020年2月26日	许凯
绝缘梯	9898	004	5号架4号位	2019年2月27日	一年	2020年2月26日	许凯
绝缘梯	9898	005	5号架5号位	2019年2月27日	一年	2020年2月26日	许凯
绝缘梯	9898	006	5号架6号位	2019年2月27日	一年	2020年2月26日	许凯
绝缘梯	9898	007	5号架7号位	2019年2月27日	一年	2020年2月26日	许凯
绝缘梯	9898	008	5号架8号位	2019年2月27日	一年	2020年2月26日	许凯
绝缘梯	9898	009	5号架9号位	2019年2月27日	一年	2020年2月26日	许凯
绝缘梯	9898	010	5号架10号位	2019年2月27日	一年	2020年2月26日	许凯
红布幔	10（2.8×0.8）	1-2	3号柜三层1号位				许凯
防毒面具	TF1型P-K-3	001	3号柜一层1号位	2015年2月4日	五年	2020年2月3日	许凯
防毒面具	TF1型P-K-3	002	3号柜一层2号位	2015年2月4日	五年	2020年2月3日	许凯
防毒面具	TF1型P-K-3	002	3号柜一层3号位	2015年2月4日	五年	2020年2月3日	许凯
防毒面具	TF1型P-K-3	003	3号柜二层4号位	2015年2月4日	五年	2020年2月3日	许凯
防毒面具	TF1型P-K-3	004	3号柜二层5号位	2015年2月4日	五年	2020年2月3日	许凯
防毒面具	TF1型P-K-3	005	3号柜二层6号位	2015年2月4日	五年	2020年2月3日	许凯
工具柜（个）	CAGJ-A	1	安全工器具室				许凯
工具柜（个）	CAGJ-A	2	安全工器具室				许凯
工具柜（个）	CAGJ-A	3	安全工器具室				许凯
防坠器（只）	3m	1	3号架二层1号位	2019年2月27日	一年	2020年2月26日	许凯
防坠器（只）	3m	2	3号架二层2号位	2019年2月27日	一年	2020年2月26日	许凯
防坠器（只）	3m	3	3号架二层3号位	2019年2月27日	一年	2020年2月26日	许凯

名称	电压等级或规格型号	编号	存放位置	检验日期	检验周期	下次检验日期	保管人
防坠器（只）	3m	4	3号架二层4号位	2019年2月27日	一年	2020年2月26日	许凯
防坠器（只）	3m	5	3号架二层5号位	2019年2月27日	一年	2020年2月26日	许凯
防坠器（只）	3m	6	3号架二层6号位	2019年2月27日	一年	2020年2月26日	许凯
防坠器（只）	3m	7	3号架二层7号位	2019年2月27日	一年	2020年2月26日	许凯
防坠器（只）	3m	8	3号架二层8号位	2019年2月27日	一年	2020年2月26日	许凯
防坠器（只）	3m	9	3号架二层9号位	2019年2月27日	一年	2020年2月26日	许凯
防坠器（只）	3m	10	3号架二层10号位	2019年2月27日	一年	2020年2月26日	许凯
防坠器（只）	3m	11	3号架二层11号位	2019年2月27日	一年	2020年2月26日	许凯
防坠器（只）	3m	12	3号架二层12号位	2019年2月27日	一年	2020年2月26日	许凯
标示牌"禁止合闸，有人工作！"（块）	200×160	1-20	3号柜三层2号位				许凯
标示牌"禁止合闸，线路有人工作！"（块）	160×200	1-20	3号柜二层1号位				许凯
标示牌"止步，高压危险！"（块）	200×160	1-20	3号柜二层3号位				许凯
标示牌"禁止分闸！"（块）	200×160	1-20	3号柜二层2号位				许凯
标示牌"在此工作！"（块）	250×250	1-20	3号柜二层4号位				许凯
标示牌"从此上下！"（块）	250×250	1-20	3号柜二层7号位				许凯
标示牌"从此进出！"（块）	200×250	1-20	3号柜二层8号位				许凯
标示牌"禁止攀登，高压危险！"（块）	200×160	1-20	3号柜二层9号位				许凯
安全警示带（围栏绳）（根）		1-25	3号柜四层1号位				许凯
负责人马甲		1-4	3号柜四层2号位				许凯
监护人马甲		1-10	3号柜四层3号位				许凯
警示牌	550×700	1-25	1号架二层1号位				许凯
绝缘垫	0.4kV	001-004	1号架四层1号位	2019年2月27日	6个月	2019年8月26日	许凯
绝缘垫	0.4kV	005	1号架四层4号位	2019年2月27日	6个月	2019年8月26日	许凯
工频信号放声器	0.4kV-10kV	01	2号柜一层1号位	2019年2月27日	一年	2020年2月26日	许凯

名称	电压等级或规格型号	编号	存放位置	检验日期	检验周期	下次检验日期	保管人
硬质栅栏	4m	001-003	1号架一层1号位	2019年2月27日	一年	2020年2月26日	许凯
硬质栅栏	4m	004-006	2号架一层1号位	2019年2月27日	一年	2020年2月26日	许凯
硬质栅栏	4m	007	3号架一层1号位	2019年2月27日	一年	2020年2月26日	许凯

三、安全工器具应具备的标志

（一）安全帽应具备的标志

（1）安全帽生产许可证编号；

（2）安全帽生产检验证；

（3）安全帽生产合格证；

（4）安全帽制造厂名称；

（5）安全帽制造的商标；

（6）安全帽制造的型号；

（7）安全帽制造的年、月时间。

（二）安全带、绳应具备的标志

（1）安全带金属配件上应打上制造厂的代号；

（2）安全带带体上应缝上永久字样的商标；

（3）安全带带体上应缝上永久字样的检验证；

（4）安全带带体上应缝上永久字样的合格证；

（5）安全带合格证上应注明：安全带产品名称、安全带制造厂家名称、安全带生产日期（年、月）、安全带的拉力试验、安全带检验员姓名等内容。

（三）接地线应具备的标志

（1）产品许可证；

（2）出厂试验合格证；

（3）产品鉴定合格证书；

（4）使用说明书。

（四）验电器应具备的标志

（1）产品许可证；

（2）出厂试验合格证；

（3）产品鉴定合格证书；

（4）使用说明书。

（五）脚扣应具备的标志

（1）产品许可证；

（2）出厂试验合格证；

（3）产品鉴定合格证书；

（4）使用说明书。

四、安全工器具使用检查

（一）安全帽检查及使用要求

1. 检查要求

（1）永久标志和产品说明等标识清晰完整，安全帽的帽壳、帽衬（帽箍、吸汗带、缓冲垫及衬带）、帽箍扣、下颏带等组件完好无缺失。

（2）帽壳内外表面应平整光滑，无划痕、裂缝和孔洞，无灼伤、冲击痕迹。

（3）帽衬与帽壳连接牢固，后箍、锁紧卡等开闭调节灵活，卡位牢固。

（4）使用期从产品制造完成之日起计算：植物枝条编织帽不得超过两年，塑料和纸胶帽不得超过两年半；玻璃钢（维纶钢）橡胶帽不超过三年半，超期的安全帽应抽查检验合格后方可使用，以后每年抽检一次。每批从最严酷使用场合中抽取，每项试验试样不少于2项，有1项不合格，则该批安全帽报废。

2. 使用要求

（1）任何人员进入生产、施工现场必须正确佩戴安全帽。针对不同的生产场所，根据安全帽产品说明选择适用的安全帽。

（2）安全帽戴好后，应将帽箍扣调整到合适的位置，锁紧下颏带，防止工作中前倾后仰或其他原因造成滑落。

（3）受过一次强冲击或做过试验的安全帽不能继续使用，应予以报废。

（4）高压近电报警安全帽使用前应检查其音响部分是否良好，但不得作为无电的依据。

（二）防护眼镜检查及使用要求

1. 检查要求

（1）防护眼镜的标识清晰完整，并位于透镜表面不影响使用功能处。

（2）防护眼镜表面光滑，无气泡、杂质，以免影响工作人员的视线。

（3）镜架平滑，不可造成擦伤或有压迫感；同时，镜片与镜架衔接要牢固。

2. 使用要求

（1）防护眼镜的选择要正确。要根据工作性质、工作场合选择相应的防护眼镜。如在装卸高压熔断器或进行气焊时，应戴防辐射防护眼镜；在室外阳光暴晒的地方工作时，应戴变色镜（防辐射线防护眼镜的一种）；在进行车、铣、刨及用砂轮磨工件时，应戴防打击防护眼镜等；在向蓄电池内注入电解液时，应戴防有害液体防护眼镜或戴防毒气封闭式无色防护眼镜。

（2）防护眼镜的宽窄和大小要恰好适合使用者的要求。如果大小不合适，防护眼镜滑落到鼻尖上，结果就起不到防护作用。

（3）防护眼镜应按出厂时标明的遮光编号或使用说明书使用。

（4）透明防护眼镜佩戴前应用干净的布擦拭镜片，以保证足够的透光度。

（5）戴好防护眼镜后应收紧防护眼镜镜腿（带），避免造成滑落。

（三）自吸过滤式防毒面具检查及使用要求

1. 检查要求

（1）标识清晰完整，无破损。

（2）使用前应检查面具的完整性和气密性，面罩密合框应与佩戴者颜面密合，无明显压痛感。

2. 使用要求

（1）使用防毒面具时，空气中氧气浓度不得低于18%，温度为（-30～+45）℃，不能用于槽、罐等密闭容器环境。

（2）使用者应根据其面型尺寸选配适宜的面罩号码。

（3）使用中应注意有无泄漏和滤毒罐失效。防毒面具的过滤剂有一定的使用时间，一般为（30～100）min。过滤剂失去过滤作用（面具内有特殊气味）时，应及时更换。

（四）正压式消防空气呼吸器检查及使用要求

1. 检查要求

（1）标识清晰完整，无破损。

（2）使用前应检查正压式呼吸器气罐表计压力在合格范围内。检查面具的完整性和气密性，面罩密合框应与佩戴者颜面密合，无明显压痛感。

2. 使用要求

（1）使用者应根据其面型尺寸选配适宜的面罩号码。

（2）使用中应注意有无泄漏。

（五）安全带检查及使用要求

1. 检查要求

（1）商标、合格证和检验证等标识清晰完整，各部件完整无缺失、无伤残破损。

（2）腰带、围杆带、肩带、腿带等带体无灼伤、脆裂及霉变，表面不应有明显磨损及切口；围杆绳、安全绳无灼伤、脆裂、断股及霉变，各股松紧一致，绳子应无扭结；护腰带接触腰的部分应垫有柔软材料，边缘圆滑无角。

（3）织带折头连接应使用缝线，不应使用铆钉、胶粘、热合等工艺，缝线颜色与织带应有区分。

（4）金属配件表面光洁，无裂纹、无严重锈蚀和目测可见的变形，配件边缘应呈圆弧形；金属环类零件不允许使用焊接，不应留有开口。

（5）金属挂钩等连接器应有保险装置，应在两个及以上明确的动作下才能打开，且操作灵活。钩体和钩舌的咬口必须完整，两者不得偏斜。各调节装置应灵活可靠。

2. 使用要求

（1）围杆作业安全带一般使用期限为3年，区域限制安全带和坠落悬挂安全带使用期限为5年，如发生坠落事故，则应由专人进行检查，如有影响性能的损伤，则应立即更换。

（2）应正确选用安全带，其功能应符合现场作业要求，如需多种条件下使用，在保证安全提前下，可选用组合式安全带（区域限制安全带、围杆作业安全带、坠落悬挂安全带等的组合）。

（3）安全带穿戴好后应仔细检查连接扣或调节扣，确保各处绳扣连接牢固。

（4）2m及以上的高处作业应使用安全带。

（5）在坝顶、陡坡、屋顶、悬崖、杆塔、吊桥以及其他危险的边沿进行工作，临空一面应装设安全网或防护栏杆，否则，作业人员应使用安全带。

（6）在没有脚手架或者在没有栏杆的脚手架上工作，高度超过1.5m时，应使用安全带。

（7）在电焊作业或其他有火花、熔融源等场所使用的安全带或安全绳应有隔热防磨套。

（8）安全带的挂钩或绳子应挂在结实牢固的构件或专为挂安全带用的钢丝绳上，并应采用高挂低用的方式。

（9）高处作业人员在转移作业位置时不准失去安全保护。

（10）禁止将安全带系在移动或不牢固的物件上〔如隔离开关（刀闸）支持绝缘子、瓷横担、未经固定的转动横担、线路支柱绝缘子、避雷器支柱绝缘子等〕。

（11）登杆前，应进行围杆带和后备绳的试拉，无异常方可继续使用。

（六）安全绳检查及使用要求

1. 检查要求

（1）安全绳的产品名称、标准号、制造厂名及厂址、生产日期（年、月）及有效期、总长度、产品作业类别（围杆作业、区域限制或坠落悬挂）、产品合格标志、法律法规要求标注的其他内容等永久标识清晰完整。

（2）安全绳应光滑、干燥，无霉变、断股、磨损、灼伤、缺口等缺陷。所有部件应顺滑，无材料或制造缺陷，无尖角或锋利边缘。护套（如有）完整不应破损。

（3）织带式安全绳的织带应加锁边线，末端无散丝；纤维绳式安全绳绳头无散丝；钢丝绳式安全绳的钢丝应捻制均匀、紧密、不松散，中间无接头；链式安全绳下端环、连接环和中间环的各环间转动灵活，链条形状一致。

2.使用要求

（1）安全绳应是整根，不应私自接长使用。

（2）在具有高温、腐蚀等场合使用的安全绳，应穿入整根具有耐高温、抗腐蚀的保护套或采用钢丝绳式安全绳。

（3）安全绳的连接应通过连接扣连接，在使用过程中不应打结。

（七）速差自控器检查及使用要求

1.检查要求

（1）产品名称及标记、标准号、制造厂名、生产日期（年、月）及有效期、法律法规要求标注的其他内容等永久标识清晰完整。

（2）速差自控器的各部件完整无缺失、无伤残破损，外观应平滑，无材料和制造缺陷，无毛刺和锋利边缘。

（3）钢丝绳速差器的钢丝应均匀绞合紧密，不得有叠痕、突起、折断、压伤、锈蚀及错乱交叉的钢丝；织带速差器的织带表面、边缘、软环处应无擦破、切口或灼烧等损伤，缝合部位无崩裂现象。

（4）速差自控器的安全识别保险装置-坠落指示器（如有）应未动作。

（5）用手将速差自控器的安全绳（带）进行快速拉出，速差自控器应能有效制动并完全回收。

2.使用要求

（1）使用时应认真查看速差自控器防护范围及悬挂要求。

（2）速差自控器应系在牢固的物体上，禁止系挂在移动或不牢固的物件上。不得系在棱角锋利处。速差自控器悬挂时严禁低挂高用。

（3）速差自控器应连接在人体前胸或后背的安全带挂点上，移动时应缓慢，禁止跳跃。

（4）禁止将速差自控器锁止后悬挂在安全绳（带）上作业。

（八）安全网检查及使用要求

1.检查要求

（1）标准号、产品合格证、产品名称及分类标记、制造商名称及地址、生产日期等永久标识清晰完整。网体、边绳、系绳、筋绳无灼伤、断纱、破洞、变形及有碍使用的编织缺陷。所有节点固定。

（2）平网和立网的网目边长不大于 0.08m，系绳与网体连接牢固，沿网边均匀分布，相邻两系绳间距不大于 0.75m，系绳长度不小于 0.8m；平网相邻两筋绳间距不大于 0.3m。

（3）密目式安全立网的网眼孔径不大于12mm；各边缘部位的开眼环扣牢固可靠，开眼环扣孔径不小于 0.008m。

2. 使用要求

（1）立网或密目网拴挂好后，人员不应倚靠在网上或将物品堆积靠压立网或密目网。

（2）平网不应用作堆放物品的场所，也不应作为人员通道，作业人员不应在平网上站立或行走。

（3）不应将安全网在粗糙或有锐边（角）的表面拖拉。

（4）焊接作业应尽量远离安全网，应避免焊接火花落入网中。

（5）应及时清理安全网上的落物，当安全网受到巨大冲击后应及时更换。

（6）平网下方的安全区域内不应堆放物品，平网上方有人工作时，人员、车辆、机械不应进入此区域。

（九）SF_6 防护服检查及使用要求

1. 检查要求

（1）SF_6 防护服的制造厂名或商标、型号名称、制造年月等标识清晰完整。

（2）整套服装（包括连体防护服、SF_6 专用防毒面具、SF_6 专用滤毒缸、工作手套和工作鞋）内、外表面均应完好无损，不存在破坏其均匀性、损坏表面光滑轮廓的缺陷，如明显孔洞、裂缝等；防毒面具的呼、吸气活门片应能自由活动。

（3）整套服装气密性应良好。

2. 使用要求

（1）使用 SF_6 防护服的人员应进行体格检查，尤其是心脏和肺功能检查，功能不正常者不应使用。

（2）工作人员佩戴 SF_6 防毒面具进行工作时，要有专人在现场监护，以防出现意外事故。

（3）SF_6 防毒面具应在空气含氧量不低于18%、环境温度为 $-30\sim+45℃$、有毒气体积浓度不高于 0.5% 的环境中使用。

（十）辅助型绝缘手套检查及使用要求

1. 检查要求

（1）辅助型绝缘手套的电压等级、制造厂名、制造年月等标识清晰完整。

（2）手套应质地柔软良好，内外表面均应平滑、完好无损，无划痕、裂缝、折缝和孔洞。

（3）用卷曲法或充气法检查手套有无漏气现象。

2. 使用要求

（1）辅助型绝缘手套应根据使用电压的高低、不同防护条件来选择。

（2）作业时，应将上衣袖口套入绝缘手套筒口内。

（3）按照《安规》有关要求进行设备验电、倒闸操作、装拆接地线等工作时应戴绝缘手套。

（十一）辅助型绝缘靴（鞋）检查及使用要求

1. 检查要求

（1）辅助型绝缘靴（鞋）的鞋帮或鞋底上的鞋号、生产年月、标准号、电绝缘字样（或英文 EH）、闪电标记、耐电压数值、制造商名称、产品名称、电绝缘性能出厂检验合格印章等标识清晰完整。

（2）绝缘靴（鞋）应无破损，宜采用平跟，鞋底应有防滑花纹，鞋底（跟）磨损不超过 1/2。鞋底不应出现防滑齿磨平、外底磨露出绝缘层等现象。

2. 使用要求

（1）辅助型绝缘鞋应根据使用电压的高低、不同防护条件来选择。

（2）穿用电绝缘皮鞋和电绝缘布面胶鞋时，其工作环境应能保持鞋面干燥。在各类高压电气设备上工作时，使用电绝缘鞋，可配合基本安全用具（如绝缘棒、绝缘夹钳）触及带电部分，并要防护跨步电压所引起的电击伤害。在潮湿、有蒸汽、冷凝液体、导电灰尘或易发生危险的场所，尤其应注意配备合适的电绝缘鞋，应按标准规定的使用范围正确使用。

（3）使用绝缘靴时，应将裤管套入靴筒内。

（4）穿绝缘鞋应避免接触锐器、高温、腐蚀性和酸碱油类物质，防止鞋受到损伤而影响电绝缘性能。防穿刺型、耐油型及防砸型绝缘鞋除外。

（十二）辅助型绝缘胶垫检查及使用要求

1. 检查要求

（1）辅助型绝缘胶垫的等级和制造厂名等标识清晰完整。

（2）上下表面应不存在有害的不规则性。有害的不规则性是指下列特征之一，即破坏均匀性、损坏表面光滑轮廓的缺陷，如小孔、裂缝、局部隆起、切口、夹杂导电异物、折缝、空隙、凹凸波纹及铸造标志等。

2. 使用要求

（1）辅助型绝缘胶垫应根据使用电压的高低等条件来选择。

（2）操作时，绝缘胶垫应避免不必要地暴露在高温、阳光下，也要尽量避免和机油、油脂、变压器油、工业乙醇以及强酸接触，应避免尖锐物体刺、划。

（十三）个人保安线检查及使用要求

1. 检查要求

（1）个人保安线的厂家名称或商标、产品的型号或类别、横截面积（mm^2）、生产年份等标识清晰完整。

（2）个人保安线应用多股软铜线，其截面不得小于 $16mm^2$；个人保安线的绝缘护套材料应柔韧透明，护层厚度大于 1mm。护套应无孔洞、撞伤、擦伤、裂缝、龟裂等现象，导线无裸露、无松股、中间无接头、断股和发黑腐蚀。汇流夹应由 T3 或 T2 铜制成，压接后应无裂纹，与个人保安线连接牢固。

（3）个人保安线的线夹完整、无损坏，线夹与电力设备及接地体的接触面无毛刺。

（4）个人保安线应采用线鼻与线夹相连接，线鼻与线夹连接牢固，接触良好，无松动、腐蚀及灼伤痕迹。

2. 使用要求

（1）个人保安线仅作为预防感应电使用，不得以此代替《安规》规定的工作接地线。只有在工作接地线挂好后，方可在工作相上挂个人保安线。

（2）工作地段如有邻近、平行、交叉跨越及同杆塔架设线路，为防止停电检修线路上感应电压伤人，在需要接触或接近导线工作时，应使用个人保安线。

（3）个人保安线应在杆塔上接触或接近导线的作业开始前挂接，作业结束脱离导线后拆除。

（4）装设时，应先接接地端，后接导线端，且接触良好，连接可靠。拆除个人保安线的顺序与此相反。个人保安线由作业人员负责自行装、拆。

（5）在杆塔或横担接地通道良好的条件下，个人保安线接地端允许接在杆塔或横担上。

（十四）SF$_6$ 气体检漏仪检查及使用要求

1. 检查要求

（1）外观良好，仪器完整，仪器名称、型号、制造厂名称、出厂时间、编号等应齐全、清晰。附件齐全。

（2）仪器连接可靠，各旋钮应能正常调节。

（3）通电检查时，外露的可动部件应能正常动作；显示部分应有相应指示；对有真空要求的仪器，真空系统应能正常工作。

2. 使用要求

（1）在开机前，操作者要首先熟悉操作说明，严格按照仪器的开机和关机步骤进行操作。

（2）严禁将探枪放在地上，探枪孔不得被灰尘污染，以免影响仪器的性能。

（3）探枪和主机不得拆卸，以免影响仪器正常工作。

（4）仪器是否正常以自校格数为准。仪器探头已调好，勿自行调节。

（5）注意真空泵的维护保养，注意电磁阀是否正常动作，并检查电磁阀的密封性。

（6）给真空泵换油时，仪器不得带电（要拔掉电源线），以免发生触电事故。

（7）仪器在运输过程中严禁倒置，不可剧烈振动。

（十五）脚扣检查及使用要求

1. 检查要求

（1）标识清晰完整，金属母材及焊缝无任何裂纹和目测可见的变形，表面光洁，边缘呈圆弧形。

（2）围杆钩在扣体内滑动灵活、可靠、无卡阻现象；保险装置可靠，防止围杆钩在扣体内脱落。

（3）小爪连接牢固，活动灵活。

（4）橡胶防滑块与小爪钢板、围杆钩连接牢固，覆盖完整，无破损。

（5）脚带完好，止脱扣良好，无霉变、裂缝或严重变形。

2. 使用要求

（1）登杆前，应在杆根处进行一次冲击试验，无异常方可继续使用。

（2）应将脚扣脚带系牢，登杆过程中应根据杆径粗细随时调整脚扣尺寸。

（3）特殊天气使用脚扣时，应采取防滑措施。

（4）严禁从高处往下扔摔脚扣。

（十六）梯子检查及使用要求

1. 检查要求

（1）型号或名称及额定载荷、梯子长度、最高站立平面高度、制造者或销售者名称（或标识）、制造年月、执行标准及基本危险警示标志（复合材料梯的电压等级）应清晰明显。

（2）踏棍（板）与梯梁连接牢固，整梯无松散，各部件无变形，梯脚防滑良好，梯子竖立后平稳，无目测可见的侧向倾斜。

（3）升降梯升降灵活，锁紧装置可靠。铝合金折梯铰链牢固，开闭灵活，无松动。

（4）折梯限制开度装置完整牢固。延伸式梯子操作用绳无断股、打结等现象，升降灵活，锁位准确可靠。

（5）竹木梯无虫蛀、腐蚀等现象。木梯梯梁的窄面不应有节子，宽面上允许有实心的或不透的、直径小于 13mm 的节子，节子外缘距梯梁边缘应大于 13mm，两相邻节子外缘距离不应小于 0.9m。踏板窄面上不应有节子，踏板宽面上节子的直径不应大于 6mm，踏棍上不应有直径大于 3mm 的节子。干燥细裂纹长不应大于 150mm，深不应大于 10mm。梯梁和踏棍（板）连接的受剪切面及其附近不应有裂缝，其他部位的裂缝长不应大于 50mm。

2. 使用要求

（1）梯子应能承受作业人员及所携带的工具、材料攀登时的总重量。

（2）梯子不得接长或垫高使用。如需接长时，应用铁卡子或绳索切实卡住或绑牢并加设支撑。

（3）梯子应放置稳固，梯脚要有防滑装置。使用前，应先进行试登，确认可靠后方可使用。有人员在梯子上工作时，梯子应有人扶持和监护。

（4）梯子与地面的夹角应为 60°左右，工作人员必须在距梯顶 1m 以下的梯蹬上工作。

（5）人字梯应具有坚固的铰链和限制开度的拉链。

（6）靠在管子上、导线上使用梯子时，其上端需用挂钩挂住或用绳索绑牢。

（7）在通道上使用梯子时，应设监护人或设置临时围栏。梯子不准放在门前使用，必要时采取防止门突然开启的措施。

（8）严禁人在梯子上时移动梯子，严禁上下抛递工具、材料。

（9）在 10kV 配电室内应使用绝缘材料的梯子，禁止使用金属梯子。搬动梯时，应放倒两人搬运，并与带电部分保持安全距离。

五、安全工器具试验

乡镇供电所安全质量员按照《国家电网公司电力安全工作规程（配电部分）》规定的安全工器具试验周期和项目要求进行送检和试验。安全质量员依据每月对乡镇供电所安全工器具检查和使用情况编制"安全工器具试验计划"，在安全工器具试验有效期满前 10 个工作日，将安全工器具送修试单位进行安全监测试验。乡镇供电所根据"试验报告"识别安全工器具合格与否。对于试验判定不合格的安全工器具，应进行报废处理。对于"试验报告"中合格的安全工器具由乡镇供电所领回并按照定置管理要求摆放在安全工器具室内相关的柜架上，将合格证黏贴在相对应的安全工器具上，将领回的安全工器具预防性试验报告整理后在乡镇供电所存档。填写《安全工器具出入库记录》，修改《安全工器具台账》，做到、卡、物相符。

（一）绝缘安全工器具预防性试验项目、周期和要求（见表 1-14）

表 1-14　　　　　　　绝缘安全工器具预防性试验项目、周期和要求

序号	名称	项目	周期	要求				说明
1	电容型验电器	启动电压试验	1年	启动电压不高于额定电压的40%，不低于额定电压的15%				依据《国家电网公司电力安全工作规程》
		工频耐压试验	1年	额定电压(kV)	试验长度(m)	工频电压(kV)		依据《国家电网公司电力安全工作规程》、DL/T 976—2005《带电作业工具、装置和设备预防性试验规程》
						1min	5min	
				10	0.7	45	—	
				35	0.9	95	—	
2	携带型短路接地线	成组直流电阻试验	不超过5年	在各接线鼻之间测量直流电阻，对于25mm²、35mm²、50mm²、70mm²、95mm²、120mm²的各种截面，平均每米的电阻值应分别不大于 0.79mΩ、0.56mΩ、0.40mΩ、0.28mΩ、0.21mΩ、0.16mΩ				依据国家电网《国家电网公司电力安全工作规程》
		绝缘杆工频耐压试验	5年	额定电压(kV)	试验长度(m)	工频电压(kV)		依据《国家电网公司电力安全工作规程》、DL/T 976—2005《带电作业工具、装置和设备预防性试验规程》；a表示直流耐压试验的加压值
						1min	5min	
				10	—	45	—	
				35	—	95	—	
				66	0.7	175	—	
3	绝缘杆	工频耐压试验	1年	额定电压(kV)	试验长度(m)	工频电压(kV)		依据《国家电网公司电力安全工作规程》
						1min	3min	5min
				10	0.7	45		
				35	0.9	95		
4	核相器	连接导线绝缘强度试验	必要时	额定电压(kV)	工频耐压(kV)	持续时间(min)		依据《国家电网公司电力安全工作规程》
				10	8	5		
				35	28	5		
		绝缘部分工频耐压试验	1年	额定电压(kV)	试验长度(m)	工频耐压(kV)	持续时间(min)	
				10	0.7	45	1	
				35	0.9	95	1	
		电阻管泄漏电流试验	半年	额定电压(kV)	工频耐压(kV)	持续时间(min)	泄漏电流(mA)	
				10	10	1	≤2	
				35	35	1	≤2	
		动作电压试验	1年	最低动作电压应达0.25倍额定电压				

续表

序号	名称	项目	周期	要求				说明
5	绝缘罩	工频耐压试验	1年	额定电压(kV)	工频电压(kV)	持续时间(min)		依据《国家电网公司电力安全工作规程》
				10kV及以下	30	1		
				35	80	1		
6	绝缘隔板	表面工频耐压试验	1年	额定电压(kV)	工频耐压(kV)	持续时间(min)	电极间距(mm)	依据《国家电网公司电力安全工作规程》
				6～35	60	1	300	
		工频耐压试验		额定电压(kV)	工频耐压(kV)	持续时间(min)		
				10kV以下	30	1		
				35	80	1		
7	绝缘绳	高压	半年	0.5m施加105kV				
8	绝缘夹钳	工频耐压试验	1年	额定电压(kV)	试验长度(m)	工频耐压(kV)	持续时间(min)	依据《国家电网公司电力安全工作规程》
				10	0.7	45	1	
				35	0.9	95	1	
9	带电作业用绝缘安全帽	工频耐压试验	半年	施加20kV,持续1min				
10	绝缘服装	工频耐压试验	半年	额定电压(kV)	工频耐压(kV)	持续时间(min)		依据DL/T 976—2005《带电作业工具、装置和设备预防性试验规程》
				0.4	5	1		
				3	10	1		
				10	20	1		

序号	名称	项目	周期	成衣电阻试验		屏蔽效率试验(dB)	说明
11	屏蔽服装	成衣电阻试验和整套服装的屏蔽效率试验	半年	部位	电阻(Ω)		
				上衣	≤15	≥30	
				裤子	≤15		
				袜子	≤15		
				手套	≤15		
				鞋子	≤500		
				整套屏蔽服装	≤20		

序号	名称	项目	周期	额定电压(kV)	工频耐压(kV)	泄漏电流(mA),≤				说明
						手套长度				
						280	360	410	≥460	
12	带电作业用绝缘手套	工频耐压及泄漏电流试验	半年	0.4	5	10	12	14	16	依据GB/T 17622—2008《带电作业用绝缘手套》
				3	10	—	14	16	18	
				10	20	—	16	18	20	

序号	名称	项目	周期	要求					说明
13	带电作业用绝缘靴（鞋）	工频耐压及泄漏电流试验	半年	分类	额定电压（kV）	工频耐压（kV）	持续时间（min）	泄漏电流（mA），≤	依据 DL/T 676—2012《带电作业绝缘鞋（靴）通用技术条件》
				鞋	0.4	5	1	1.5	
					3	10	1	3	
					10（6）	20	1	6	
				靴	3	10	1	18	
					10（6）	20	1	20	
					20	30	1	22	
					35	40	1	24	

序号	名称	项目	周期	要求			说明
14	带电作业用绝缘垫（毯）	工频耐压试验	半年	额定电压（kV）	工频耐压（kV）	持续时间（min）	依据 DL/T 976—2005《带电作业工具、装置和设备预防性试验规程》
				0.4	5	1	
				3	10	1	
				10（6）	20	1	

序号	名称	项目	周期	要求				说明
15	带电作业用绝缘硬梯	工频耐压试验	1年	额定电压（kV）	试验长度（m）	工频电压（kV） 1min	5min	依据 DL/T 976—2005《带电作业工具、装置和设备预防性试验规程》；参照《国家电网公司电力安全工作规程》
				10	0.4	45	—	
				20	0.5	70	—	
				35	0.6	95	—	
		静负荷试验	2年	施加压力1000N，保持5min				依据 GB/T 17620—2008《带电作业用绝缘硬梯》

序号	名称	项目	周期	要求				说明
16	绝缘托瓶架	工频耐压试验	1年	额定电压（kV）	试验长度（m）	工频电压（kV） 1min	5min	依据 DL/T 976—2005《带电作业工具、装置和设备预防性试验规程》；参照《国家电网公司电力安全工作规程》
				110	1.0	220	—	
				220	1.8	440	—	
				330	2.8	—	380	
				500	3.7	—	580	
				750	4.7	—	780	
				1000	6.3	—	1150	
				±500	3.2	—	680[a]	
				±800	6.6	—	895[a]	
		静抗弯负荷	2年	额定电压（kV）	试验长度（m）	静抗弯负荷 kN	持续时间（min）	依据 DL/T 976—2005《带电作业工具、装置和设备预防性试验规程》
				110	1.17	0.72	1	
				220	2.05	1.44	1	
				330	2.95	2.16	1	
				500	4.70	3.60	1	
				750	5.90	4.08	1	
				±500	5.20	3.84	1	

序号	名称	项目	周期	要求				说明
17	带电作业用绝缘绳（绳索类工具）	工频耐压试验	1年	额定电压（kV）	试验长度（m）	工频电压(kV)		依据 DL/T 976—2005《带电作业工具、装置和设备预防性试验规程》；参照《国家电网公司电力安全工作规程》
						1min	5min	
				10	0.4	45	—	
				20	0.5	70	—	
				35	0.6	95	—	
		静负荷试验	2年	名称		力值（kN）	试验时间（min）	依据 DL/T 976—2005《带电作业工具、装置和设备预防性试验规程》
				人身绝缘保险绳		4.4	5	
				240mm² 及以下单导线绝缘保险绳		20	5	
				400mm² 及以下单双分裂导线绝缘保险绳		30	5	
				2×300mm² 及以下双分裂导线绝缘保险绳		60	5	
				2×630mm² 及以下双分裂导线绝缘保险绳		60	5	
				4×400mm² 及以下四分裂导线绝缘保险绳		60	5	
				4×720mm² 及以下四分裂导线绝缘保险绳		110	5	
18	绝缘软梯	工频耐压试验	1年	额定电压（kV）	试验长度（m）	工频电压(kV)		依据 DL/T 976—2005《带电作业工具、装置和设备预防性试验规程》；参照《国家电网公司电力安全工作规程》
						1min	5min	
				10	0.4	45	—	
				20	0.5	70	—	
				35	0.6	95	—	
		静负荷试验	2年	分类		力值（kN）	试验时间（min）	依据 DL/T 976—2005《带电作业工具、装置和设备预防性试验规程》
				两边绳上下端绳索套扣		4.9	5	
				两边绳上端绳索套扣至横登中心点		2.4	5	
				软梯头		2.4	5	
19	带电作业用绝缘滑车	工频耐压试验	1年	各种型号的绝缘滑车施加工频电压25kV·1min，绝缘钩型滑车施加工频电压37kV·1min				依据 DL/T 976—2005《带电作业工具、装置和设备预防性试验规程》
		静负荷试验	1年	施加压力1.25倍额定拉力，保持5min				依据《国家电网公司电力安全工作规程》

续表

序号	名称	项目	周期	要求				说明
20	带电作业用提线工具	工频耐压试验	1年	额定电压(kV)	试验长度(m)	工频电压(kV)		依据 GB/T 15632—2008《带电作业用提线工具通用技术条件》；《国家电网公司电力安全工作规程》
						1min	5min	
				10	—	45	—	
				20	—	70	—	
				35	—	95	—	
		静负荷试验	1年	施加压力 1.25 倍额定拉力，保持 10min				依据《国家电网公司电力安全工作规程》
21	辅助型绝缘手套	工频耐压试验	半年	额定电压(kV)	工频耐压(kV)	持续时间(min)	泄漏电流(mA)	依据《国家电网公司电力安全工作规程》要求
				低压	2.5	1	≤2.5	
				高压	8	1	≤9	
22	辅助型绝缘靴（鞋）	工频耐压试验	半年	分类	额定电压(kV)	工频耐压(kV)	持续时间(min)	泄漏电流(mA)	依据《国家电网公司电力安全工作规程》
				绝缘靴	10	15	1	≤7.5	
23	辅助型绝缘胶垫	工频耐压试验	1年	额定电压(kV)	工频耐压(kV)	持续时间(min)		依据《国家电网公司电力安全工作规程》
				低压	3.5	1		
				高压	15	1		

（二）登高工器具预防性试验项目、周期和要求（见表 1-15）

表 1-15　　　　　　登高工器具预防性试验项目、周期和要求

序号	名称	项目	周期	要求			说明
1	安全带	静负荷试验	1年	种类	试验静拉力（N）	载荷时间（min）	牛皮带试验周期为半年
				围杆带	2205	5	
				围杆绳	2205	5	
				护腰带	1470	5	
				安全绳	2205	5	
2	安全帽	A. 冲击性能试验	按规定期限	受冲击力小于 4900N			使用期限：从制造之日起，塑料帽≤2.5年，玻璃钢帽≤3.5年
		B. 耐穿刺性能试验	按规定期限	钢锥不接触头模表面			
3	脚扣	静负荷试验	1年	施加 1176N 静压力，持续时间 5min			
4	升降板	静负荷试验	半年	施加 2205N 静压力，持续时间 5min			
5	梯子	静负荷试验	半年	施加 1765N 静压力，持续时间 5min			

续表

序号	名称	项目	周期	要求	说明
6	缓冲器	静荷试验	1年	1. 悬垂状态下末端挂 5kN 重物，测量缓冲器端点长度。 2. 两端受力点之间加载 2kN 保持 2min，卸载 5 min 后检查缓冲器是否打开，并在保持测量两端点之间长度，悬垂状态下末端挂 5kN 重物，测量缓冲器端点长度	标准来自 GB 6096—2009《安全带测试方法》4.11.2 条

（三）乡镇供电所安全工器具试验时间一览表（见表 1-16）

表 1-16　　　　　　　　　乡镇供电所安全工器具试验时间一览表

序号	工器具名称	编号	规格型号	出厂日期	上次试验日期	试验周期	下次试验日期
1	脚扣	001	JK-T-400	2018 年 2 月 28 日	2019 年 2 月 27 日	一年	2020 年 2 月 26 日
2	脚扣	002	JK-T-400	2018 年 2 月 28 日	2019 年 2 月 27 日	一年	2020 年 2 月 26 日
3	脚扣	003	JK-T-400	2018 年 2 月 28 日	2019 年 2 月 27 日	一年	2020 年 2 月 26 日
4	脚扣	004	JK-T-400	2018 年 2 月 28 日	2019 年 2 月 27 日	一年	2020 年 2 月 26 日
5	脚扣	005	JK-T-400	2018 年 2 月 28 日	2019 年 2 月 27 日	一年	2020 年 2 月 26 日
6	脚扣	006	JK-T-400	2018 年 2 月 28 日	2019 年 2 月 27 日	一年	2020 年 2 月 26 日
7	安全带	001	JN-AQD-S	2018 年 2 月 28 日	2019 年 2 月 27 日	一年	2020 年 2 月 26 日
8	安全带	002	JN-AQD-S	2018 年 2 月 28 日	2019 年 2 月 27 日	一年	2020 年 2 月 26 日
9	安全带	003	JN-AQD-S	2018 年 2 月 28 日	2019 年 2 月 27 日	一年	2020 年 2 月 26 日
10	安全带	004	JN-AQD-S	2018 年 2 月 28 日	2019 年 2 月 27 日	一年	2020 年 2 月 26 日
11	安全带	005	JN-AQD-S	2018 年 2 月 28 日	2019 年 2 月 27 日	一年	2020 年 2 月 26 日
12	安全带	006	JN-AQD-S	2018 年 2 月 28 日	2019 年 2 月 27 日	一年	2020 年 2 月 26 日
13	安全带	007	JN-AQD-S	2018 年 2 月 28 日	2019 年 2 月 27 日	一年	2020 年 2 月 26 日
14	安全带	008	JN-AQD-S	2018 年 2 月 28 日	2019 年 2 月 27 日	一年	2020 年 2 月 26 日
15	安全带	009	JN-AQD-S	2018 年 2 月 28 日	2019 年 2 月 27 日	一年	2020 年 2 月 26 日
16	安全带	010	JN-AQD-S	2018 年 2 月 28 日	2019 年 2 月 27 日	一年	2020 年 2 月 26 日
17	安全带	011	JN-AQD-S	2018 年 2 月 28 日	2019 年 2 月 27 日	一年	2020 年 2 月 26 日
18	安全带	012	JN-AQD-S	2018 年 2 月 28 日	2019 年 2 月 27 日	一年	2020 年 2 月 26 日
19	安全带	013	JN-AQD-S	2018 年 2 月 28 日	2019 年 2 月 27 日	一年	2020 年 2 月 26 日
20	安全带	014	JN-AQD-S	2018 年 2 月 28 日	2019 年 2 月 27 日	一年	2020 年 2 月 26 日
21	安全帽	001	TN-1	2017 年 8 月 27 日	2017 年 8 月 27 日	两年半	2020 年 2 月 26 日

序号	工器具名称	编号	规格型号	出厂日期	上次试验日期	试验周期	下次试验日期
22	安全帽	002	TN-1	2017 年 8 月 27 日	2017 年 8 月 27 日	两年半	2020 年 2 月 26 日
23	安全帽	003	TN-1	2017 年 8 月 27 日	2017 年 8 月 27 日	两年半	2020 年 2 月 26 日
24	安全帽	004	TN-1	2017 年 8 月 27 日	2017 年 8 月 27 日	两年半	2020 年 2 月 26 日
25	安全帽	005	TN-1	2017 年 8 月 27 日	2017 年 8 月 27 日	两年半	2020 年 2 月 26 日
26	安全帽	006	TN-1	2017 年 8 月 27 日	2017 年 8 月 27 日	两年半	2020 年 2 月 26 日
27	安全帽	007	TN-1	2017 年 8 月 27 日	2017 年 8 月 27 日	两年半	2020 年 2 月 26 日
28	安全帽	008	TN-1	2017 年 8 月 27 日	2017 年 8 月 27 日	两年半	2020 年 2 月 26 日
29	安全帽	009	TN-1	2017 年 8 月 27 日	2017 年 8 月 27 日	两年半	2020 年 2 月 26 日
30	安全帽	010	TN-1	2017 年 8 月 27 日	2017 年 8 月 27 日	两年半	2020 年 2 月 26 日

（四）预防性试验报告

预防性试验报告应清晰、准确，方便报告使用人阅读和理解，数据修约应满足 GB/T 8170—2008《数值修约规则与极限数值的表示和判定》的规定，报告内容应至少包含以下信息：

（1）报告名称和编号；

（2）试验机构名称、地址和联系方式；

（3）收样日期和试验日期；

（4）被试物品的名称、编号、规格型号和状态；

（5）选用的试验标准、试验项目及其结果；

（6）对结果有显著影响的环境条件，如交流耐压时的湿度、海拔高度；

（7）试验员、审核员、批准人的签名及试验机构专用章；

（8）其他需要说明的问题。当批量较大时，还应出具结果汇总表，以方便查阅。

（五）合格证

1. 合格证基本要求

（1）合格证尺寸以不大于 12cm² 为宜，一般采用长方形。

（2）合格证的材料可采用软质材料（纸、聚酯材料等）或硬质材料（薄铝板、薄不锈钢板等）；硬质材料的边缘应圆滑。

（3）合格证上的信息可采用手写、打印或机械刻压的方式，手写或打印时应使用防水油墨，其清晰性和完整性应保持不小于一个预防性试验周期。必要时，合格证表面可覆透明膜保护。

2. 合格证的内容要求

合格证应与试验报告相一致，其形式可参照图 1-2，应包含以下信息：

（1）检验机构名称。

检验机构名称
合格证

试样名称：__________ 规格型号：__________
试样编号：____________________
检验日期：____年____月____日
下次检验日期：____年____月____日
检验员：____________________

图 1-2　合格证形式

（2）试样名称、规格型号和编号。

（3）检验日期和下次检验日期。

（4）检验员。

3. 合格证与试品的连接

应采用合适的方式使合格证与被试品连接。连接时：

（1）若试品有足够的平面、弧面且这些面又不易受到机械、热和化学侵蚀的，宜采用粘贴的方式。

（2）若试品本身具有永久的唯一性编号且有固定存放位置的，宜采用物、证分离的办法，将合格证粘贴于其存放位置，但合格证上应有与试品相对应的编号信息。

（3）若不具备以上条件的工器具，则宜采用硬质合格证挂牌的形式。悬挂处应选择在不易受到机械、热和化学侵蚀处，挂牌用绳索及其结点应具有足够的强度和抗腐蚀性能。

（六）预防性试验（检测）报告格式模板

见表 1-17。

表 1-17　　**××××预防性试验报告**

第　页　　共　页　　　　　　编号：

单位		接收日期		检测日期	
天气		环境温度	℃	环境湿度	%
环境气压	kPa	检测性质		检测数量	
检测设备		检测设备编号			
检测依据					

序号	设备名称、编号	额定电压（kV）	样品符合性	试验项目 1		试验项目 2		试验项目 3		单项结论	有效日期
				U(kV)	t_1(min)	F_1(N)	t_2(min)	F_2(N)	t_3(min)		
1											
2											
3											
4											
5											
6											
7											
8											
9											
10											
备注：											

续表

	名称	额定电压(kV)	试验项目1			试验项目2		试验项目3		试验周期(月)
			试验电压(kV)	试验时间(min)	试验长度(m)	试验负荷(N)	试验时间(min)	试验负荷(N)	试验时间(min)	
检测标准	××	10								
		35								
		110								
		220								
		500								

注：表中试验项目应结合具体安全工器具种类填写。

批准人：　　　　　　　　审核人：　　　　　　　　　试验人：

（七）安全工器具出入库记录

乡镇供电所应建立《安全工器具出入库记录》（见表1-18），详细记录安全工器具出入库、领用和归还时间、状态及发放人、领用人签名信息。安全工器具领用归还应与工作票、派工单、抢修单保持一致。乡镇供电所应建立安全工器具报废管理制度，对在日常检查中发现的安全工器具破损或不满足安全运行使用标准的安全工器具执行报废管理制度。乡镇供电所及个人使用的安全工器具，在使用过程中损坏或月度检查不合格的，由乡镇供电所安全质量员确认后所长签字交安监部安全员确认并填写"安全工器具报废申请单"，交安监部负责人审核后，经县供电公司分管经理进行报废审批。

表1-18　　　　　　　　　　乡镇供电所安全工器具出入库记录

单位：××乡镇供电所

序号	工作票、操作票、派工单编号	工具名称	编号	规格	领用数	项目用途	提取时间	领用人(签名)	保管员(签名)	归还时间	退回数	退回人(签名)	保管员(签名)

六、安全工器具保管及要求

1. 橡胶塑料类安全工器具

橡胶塑料类安全工器具应存放在干燥、通风、避光的环境下，存放时离开地面和墙壁 20cm 以上，离开发热源 1m 以上，避免阳光、灯光或其他光源直射，避免雨雪浸淋，防止挤压、折叠和尖锐物体碰撞，严禁与油、酸、碱或其他腐蚀性物品存放在一起。

（1）防护眼镜保管于干净、不易碰撞的地方。

（2）防毒面具应存放在干燥、通风，无酸、碱、溶剂等物质的库房内，严禁重压。防毒面具的滤毒罐（盒）的贮存期为 5 年（3 年），过期产品应经检验合格后方可使用。

（3）空气呼吸器在贮存时应装入包装箱内，避免长时间曝晒，不能与油、酸、碱或其有害物质共同贮存，严禁重压。

（4）防电弧服贮存前必须洗净、晾干。不得与有腐蚀性物品放在一起，存放处应干燥通风，避免长时间接触地气受潮。防止紫外线长时间照射。长时间保存时，应注意定期晾晒，以免霉变、虫蛀以及滋生细菌。

（5）橡胶和塑料制成的耐酸服存放时应注意避免接触高温，用后清洗晾干，避免暴晒，长期保存应撒上滑石粉以防粘连。合成纤维类耐酸服不宜用热水洗涤、熨烫，避免接触明火。

（6）绝缘手套使用后应擦净、晾干，保持干燥、清洁，最好洒上滑石粉以防粘连。绝缘手套应存放在干燥、阴凉的专用柜内，与其他工具分开放置，其上不得堆压任何物件，以免刺破手套。绝缘手套不允许放在过冷、过热、阳光直射和有酸、碱、药品的地方，以防胶质老化，降低绝缘性能。

（7）橡胶、塑料类等耐酸手套使用后应将表面酸碱液体或污物用清水冲洗、晾干，不得暴晒及烘烤。长期不用可撒涂少量滑石粉，以免发生粘连。

（8）绝缘靴（鞋）应放在干燥通风的仓库中，防止霉变。贮存期限一般为 24 个月（自生产日期起计算），超过 24 个月的产品须逐只进行电性能预防性试验，只有符合标准规定的鞋，方可进行电绝缘鞋销售或使用。电绝缘胶靴不允许放在过冷、过热、阳光直射和有酸、碱、油品、化学药品的地方。应存放在干燥、阴凉的专用柜内或支架上。

（9）耐酸靴穿用后，应立即用水冲洗，存放阴凉处，撒滑石粉，以防粘连，应避免接触油类、有机溶剂和锐利物。

（10）当绝缘垫（毯）脏污时，可在不超过制造厂家推荐的水温下对其用肥皂进行清洗，再用滑石粉让其干燥。如果绝缘垫粘上了焦油和油漆，应该马上用适当的溶剂对受污染的地方进行擦拭，应避免溶剂使用过量。汽油、石蜡和纯酒精可用来清洗焦油和油漆。绝缘垫（毯）贮存在专用箱内，对潮湿的绝缘垫（毯）应进行干燥处理，但干燥处理的温度不能超过 65℃。

（11）防静电鞋和导电鞋应保持清洁。如表面污染尘土、附着油蜡、粘贴绝缘物或因老化形成绝缘层后，对电阻影响很大。刷洗时要用软毛刷、软布蘸酒精或不含酸、碱的中性洗涤剂。

（12）绝缘遮蔽罩使用后应擦拭干净，装入包装袋内，放置于清洁、干燥通风的架子或专用柜内，上面不得堆压任何物件。

2. 环氧树脂类安全工器具

环氧树脂类安全工器具应置于通风良好、清洁干燥、避免阳光直晒和无腐蚀、有害物质的场所保存。

（1）绝缘杆应架在支架上或悬挂起来，不得贴墙放置。

（2）绝缘隔板应统一编号，存放在室内干燥通风、离地面 200mm 以上专用的工具架上或柜内。如果表面有轻度擦伤，应涂绝缘漆处理。

（3）接地线不用时将软铜线盘好，存放在干燥室内，宜存放在专用架上，架上的号码与接地线的号码应一致。

（4）核相器应存放在干燥通风的专用支架上或专用包装盒内。

（5）验电器使用后应存放在防潮盒或绝缘安全工器具存放柜内，置于通风干燥处。

（6）绝缘夹钳应保存在专用的箱子或匣子里以防受潮和磨损。

3. 纤维类安全工器具

纤维类安全工器具应放在干燥、通风、避免阳光直晒、无腐蚀及有害物质的位置，并与热源保持 1m 以上的距离。

（1）安全带不使用时，应由专人保管。存放时，不应接触高温、明火、强酸、强碱或尖锐物体，不应存放在潮湿的地方。储存时，应对安全带定期进行外观检查，发现异常必须立即更换，检查频次应根据安全带的使用频率确定。

（2）安全绳每次使用后应检查，并定期清洗。

（3）安全网不使用时，应由专人保管，储存在通风、避免阳光直射，干燥环境，不应在热源附近储存，避免接触腐蚀性物质或化品，如酸、染色剂、有机溶剂、汽油等。

（4）合成纤维带速差式防坠器，如果纤维带浸过泥水、油污等，应使用清水（勿用化学洗涤剂）和软刷对纤维带进行刷洗，清洗后放在阴凉处自然干燥，并存放在干燥少尘环境下。

（5）静电防护服装应保持清洁，保持防静电性能，使用后用软毛刷、软布蘸中性洗涤剂刷洗，不可损伤服料纤维。

（6）屏蔽服装应避免熨烫和过渡折叠，应包装在一个里面衬有丝绸布的塑料袋里，避免导电织物的导电材料在空气中氧化。整箱包装时，避免屏蔽服装受重压。

4．其他类安全工器具

（1）钢绳索速差式防坠器，如钢丝绳浸过泥水等，应使用涂有少量机油的棉布对钢丝绳进行擦洗，以防锈蚀。

（2）安全围栏（网）应保持完整、清洁无污垢，成捆整齐存放。

（3）标识牌、警告牌等，应外观醒目，无弯折、无锈蚀，摆放整齐。

七、安全工器具定期检查

乡镇供电所安全质量员每月对乡镇供电所安全工器具进行一次全面检查，检查结果填写在《安全工器具定期检查记录》（见表 1-19）中。检查内容有：安全工器具台账内容是否正确，是否及时更新，安全工器具台账内容是否齐全，安全工器具账、卡、物是否相符。安全工器具出入库记录是否与工作票、操作票、派工单内容一致，安全工器具出入库记录内容是否齐全正确，安全工器具出入库记录是否与领用、退还实际一致。安全工器具是否定位放置，定置图是否与安全工器具室内物件摆放一致，个人保管安全工器具是否按照定置管理。安全工器具标识是否与台账、记录相符，安全工器具鉴定标识是否清晰和完好，安全工器具是否超试验周期。安全工器具是否按照工作票、操作票、派工单中要求的型号规格使用，现场检查是否安全工器具使用方法是否正确，现场检查是否使用不合格安全工器具。检查个人保管安全工器具使用中是否有损坏，检查个人保管安全工器具标识是否保持清楚、正确，检查个人保管安全工器具是否超试验周期。检查安全工器具室环境温度要求是否达标，湿度要求是否达标，卫生要求是否达标。

表 1-19   **安全工器具定期检查记录**

序号	检查项目	检查内容和要求	合格	不合格具体内容
1	安全工器具台账	1．安全工器具台账内容是否正确，是否及时更新		
		2．安全工器具台账内容是否齐全		
		3．安全工器具账、卡、物是否相符		
2	安全工器具出入库记录	1．记录是否与工作票、操作票、派工单内容一致		
		2．记录内容是否齐全正确		
		3．记录是否与领用、退还实际一致		

续表

序号	检查项目	检查内容和要求	合格	不合格具体内容
3	安全工器具定置管理	1. 安全工器具是否定位放置		
		2. 定置图是否与安全工器具室内物件摆放一致		
		3. 个人保管安全工器具是否按照定置管理		
4	安全工器具标识管理	1. 鉴定标识是否清晰和完好		
		2. 安全工器具标识是否与台账、记录相符		
		3. 安全工器具是否超试验周期		
5	安全工器具使用检查	1. 安全工器具是否按照工作票、操作票、派工单型号规格使用		
		2. 安全工器具使用方法是否正确（现场检查）		
		3. 是否使用不合格安全工器具		
6	个人保管安全工器具完好性	1. 个人保管安全工器具使用中是否有损坏		
		2. 个人保管安全工器具标识是否保持清楚、正确		
		3. 个人保管安全工器具是否超试验周期		
7	安全工器具室环境情况	1. 温度要求是否达标		
		2. 湿度要求是否达标		
		3. 卫生要求是否达标		

整改要求：

检查人：　　　　　　　　　　　　　　　　　日期：

八、安全工器具定期检查实例

以下列［实例1-13］为例首先检查《安全工器具出入库记录》中记录的接地线数量与接地线编号是否与工作票［实例1-14］中使用的接地线数量与接地线编号一致。检查《安全工器具出入库记录》中记录的标示牌数量与标示牌名称是否与工作票实例中使用的标示牌数量与标示牌名称一致。检查《安全工器具出入库记录》中记录的围栏数量是否与工作票实例中使用的围栏数量一致。检查《安全工器具出入库记录》中记录的红布幔是否与工作票实例中使用的红布幔一致。对照工作票实例检查安全工器具出入库记录中是否有10kV验电器、绝缘手套、绝缘操作杆、脚扣等的出入库记录。检查《安全工器具出入库记录》中记录的安全工器具出入库时间是否与工作票实例中使用的时间对应。

[实例 1-13]

乡镇供电所安全工器具出入库记录

单位：白云山乡镇供电所

序号	工作票编号	工具名称	编号	规格	领用数	项目用途	提取时间	领用人（签名）	保管员（签名）	归还时间	退回数	退回人（签名）	保管员（签名）
1	18920612368	绝缘手套	JYST01-JYST04	12kV	4	10kV 大成线停电检修	2018.11.18	赵传	文正力	2018.11.18	4	赵传	文正力
2	18920612368	脚扣	JK01-JK04	脚扣 φ500 合金材料	4	10kV 大成线停电检修	2018.11.18	赵传	文正力	2018.11.18	4	赵传	文正力
3	18920612368	绝缘操作杆	JYCZG01-JYCZG04	AC10kV,3×1.5m	4	10kV 大成线停电检修	2018.11.18	赵传	文正力	2018.11.18	4	赵传	文正力
4	18920612368	高压接地线	GYJDX01-GYJDX04	AC10kV	4	10kV 大成线停电检修	2018.11.18	赵传	文正力	2018.11.18	4	赵传	文正力
5	18920612368	高压验电器	GYYDQ01-GYYDQ04	AC10kV,GSY-10kV	4	10kV 大成线停电检修	2018.11.18	赵传	文正力	2018.11.18	4	赵传	文正力
6	18920612368	安全带	JN-AQD-S01-JN-AQD-S04	双背双保险	4	10kV 大成线停电检修	2018.11.18	赵传	文正力	2018.11.18	4	赵传	文正力
7	18920612368	标示牌	BSP5-01	减速慢行！	1	10kV 大成线停电检修	2018.11.18	赵传	文正力	2018.11.18	1	赵传	文正力
8	18920612368	标示牌	BSP3-01 BSP3-02	禁止攀登，高压危险！	2	10kV 大成线停电检修	2018.11.18	赵传	文正力	2018.11.18	2	赵传	文正力
9	18920612368	红布幔			2	10kV 大成线停电检修	2018.11.18	赵传	文正力	2018.11.18	2	赵传	文正力
10	18920612368	围栏			2	10kV 大成线停电检修	2018.11.18	赵传	文正力	2018.11.18	2	赵传	文正力

[实例 1-14]

工作票实例
配电第一种工作票

单位：××县供电公司　　　编号：189206123681

1. 工作负责人　赵传　　　班组：白云山乡镇供电所

2. 工作班人员（不包括工作负责人）

钱××、赵××、徐××、司××、范××、刘××、任×、毕××、寇××、张××、柳××、齐××、宋××、梁××、吴××　　　　　　　　　　　　　　　　　　　　　共15人

3. 工作任务：

工作地点或设备［注明变（配）电站、线路名称、设备双重名称及起止杆号］	工作内容
（1）110kV 北海变电站 10kV 大成线 22 号杆	更换分段断路器一台、避雷器两组
（2）110kV 北海变电站 10kV 大成线 30 号杆	拆除断路器一台
（3）110kV 北海变电站 10kV 大成线钢厂支线 30-01 号杆	加装断路器一台

4. 计划工作时间：自2018 年11 月18 日08 时00 分

　　　　　　　　至2018 年11 月18 日16 时00 分

反馈意见：

5. 安全措施［应改为检修状态的线路、设备名称，应断开的断路器（断路器）、隔离断路器（刀闸）、熔断器，应合上的接地刀闸，应设的接地线、绝缘隔板、遮拦（围栏）和标示牌等，装设的接地线应注明确具体位置，必要时可附页绘图说明］

5.1　调控或运维人员［变（配）电站、发电厂］应采取的安全措施	已执行
（1）拉开 110kV 北海变电站 10kV 大成线 692 断路器。	√
（2）将 110kV 北海变电站 10kV 大成线 692 断路器拉至试验位置。	√
（3）拉开 110kV 北海变电站 10kV 大成线 692-1 隔离开关。	√
（4）拉开 110kV 北海变电站 10kV 大成线 692-3 隔离开关。	√
（5）合上 110kV 北海变电站 10kV 大成线 692-D3 接地刀闸。	√
（6）在 110kV 北海变电站 10kV 大成线 692 断路器操作把手上悬挂"禁止合闸，线路有人工作！"标示牌。	√
5.2 工作班完成的安全措施	已执行
（1）拉开 110kV 北海变电站 10kV 大成线 21 号杆隔离开关，形成明显断开点。	√
（2）拉开 110kV 北海变电站 10kV 大成线塑料厂支线 23-02 号杆 23-02 隔离开关，形成明显断开点。	√
（3）拉开 110kV 北海变电站 10kV 大成线冶金线 23-02 号杆 23-02 断路器。	√
（4）拉开 110kV 北海变电站 10kV 大成线 25 号杆 T 鑫元坤陶瓷配电室室内 10kV 跌落熔断器，形成明显断开点。	√
（5）拉开 110kV 北海变电站 10kV 大成线 29 号杆 T 小庄 7 台区配电室室内 10kV 跌落熔断器，形成明显断开点。	√
（6）拉开 110kV 北海变电站 10kV 大成线 31 号杆 T 大庄 4 台区配电室室内 10kV 跌落熔断器，形成明显断开点。	√
（7）拉开 110kV 北海变电站 10kV 大成线钢厂支 30-04 号杆 T 小庄 4 台区台架变 10kV 跌落熔断器，形成明显断开点。	√
（8）拉开 110kV 北海变电站 10kV 大成线钢厂支 30-05A 号杆 T 小庄 5 台区台架变 10kV 跌落熔断器，形成明显断开点。	√
（9）拉开 110kV 北海变电站 10kV 大成线钢厂支 30-07 号杆隔离开关，形成明显断开点。	√
（10）拉开 110kV 北海变电站 10kV 大成线小梁庄台区支 30-06-04 号杆隔离开关，形成明显断开点。	√

（11）拉开 110kV 北海变电站 10kV 大成线 35 号杆隔离开关，形成明显断开点。	√
（12）验明 110kV 北海变电站 10kV 大成线 21 号杆隔离开关负荷侧验明确无电压后，在 10kV 大成线 21 号杆隔离开关负荷侧装设 G01 号接地线。	√
（13）验明 110kV 北海变电站 10kV 大成线 34A 号杆小号侧验明确无电压后，在 10kV 大成线 34A 号杆小号侧侧装设 G02 号接地线。	√
（14）验明 110kV 北海变电站 10kV 大成线塑料厂支 23-01 号杆小号侧验明确无电压后，在 10kV 大成线塑料厂支 23-01 号杆小号侧装设 G03 号接地线。	√
（15）验明 110kV 北海变电站 10kV 大成线钢厂支 30-02 号杆小号侧验明确无电压后，在 10kV 大成线钢厂支 30-02 号杆小号侧侧装设 G04 号接地线。	√
（16）110kV 北海变电站 10kV 大成线 13 号杆与 110kV 北海变电站 10kV 博大线 13 号杆同杆，在 10kV 大成线 13 号杆装设"红布慢"悬挂"禁止攀登，高压危险！"标识牌，并设专人看守。	√
（17）110kV 北海变电站 10kV 大成线 13-1 号杆与 110kV 桐山变电站 10kV 宏桥 2 线白云支线 22 号杆互联线路，在 110kV 北海变电站 10kV 大成线 13-1 号杆、110kV 桐山变电站 10kV 宏桥 2 线白云支线 22 号杆装设"红布慢"悬挂"禁止攀登，高压危险！"标识牌，并装设封闭围栏。	√
（18）110kV 北海变电站 10kV 大成线钢厂支线 30-01 号杆临近道路施工，工作场所周围应装设双遮栏（围栏），并在明显部位装设"减速慢行！"标示牌。	√

5.3 工作班装设（或拆除）的接地线

线路名称或设备双重名称和装设位置	接地线编号	装设时间	拆除时间
110kV 北海变电站 10kV 大成线 21 号杆隔离开关负荷侧	G01 号	2018 年 11 月 18 日 08 时 43 分	2018 年 11 月 18 日 12 时 10 分
110kV 北海变电站 10kV 大成线 34A 号杆小号侧	G02 号	2018 年 11 月 18 日 08 时 28 分	2018 年 11 月 18 日 12 时 20 分
110kV 北海变电站 10kV 大成线塑料厂支 23-01 号杆小号侧	G03 号	2018 年 11 月 18 日 08 时 30 分	2018 年 11 月 18 日 12 时 17 分
110kV 北海变电站 10kV 大成线钢厂支 30-02 号杆小号侧	G04 号	2018 年 11 月 18 日 08 时 25 分	2018 年 11 月 18 日 12 时 05 分

5.4 配合停电线路应采取的安全措施	已执行
无	

5.5 保留或邻近的带电线路、设备

1.110kV 北海变电站 10kV 博大线 01 号-13 号杆与 10kV 大成线同杆，10kV 博大线带电。

2.110kV 桐山变电站 10kV 宏桥线白云支线 22 号杆带电。

5.6 其他安全措施和注意事项

（1）必须核实设备的双重名称无误后，方可开始工作。

（2）装设、拆除接地线应有人监护。

（3）禁止工作人员擅自移动或拆除遮拦（围栏）、标示牌。

（4）所有施工人员进入工作现场必须正确佩戴安全帽，穿全棉长袖工作服，使用试验合格工器具。

（5）作业人员登杆前应先检查杆塔基础、拉线是否牢固。

（6）作业人员登杆前应先检查安全带、脚扣是否合格。

（7）严格执行登杆作业"三要点"。

（8）在起吊、牵引过程中，受力钢丝绳的周围、上下方、转向滑车内角侧、吊臂和起吊物的下面，禁止有人逗留和通过，吊车旋转半径装设围栏，并可靠接地。

工作票签发人签名　都如松　　　2018 年 11 月 17 日 16 时 22 分

工作负责人签名　赵传　　　　　2018 年 11 月 17 日 16 时 27 分

5.7 其他安全措施和注意事项补充（由工作负责人或工作许可人填写）

无

6. 工作许可

许可的线路或设备	许可方式	工作许可人	工作负责人	许可工作的时间
110kV 北海变电站 10kV 大成线	电话许可	李胜	赵传	2018 年 11 月 18 日 8 时 55 分
				年　月　日　时　分

7. 工作任务单登记

工作任务单编号	工作任务	小组负责人	工作许可时间	工作结束报告时间
			年　月　日　时　分	年　月　日　时　分
			年　月　日　时　分	年　月　日　时　分

8. 现场交底，工作班成员确认工作负责人布置的工作任务、人员分工、安全措施和注意事项并签名：

钱××、赵××、徐××、司××、范××、刘××、任×、毕××、寇××、张××、柳××、齐××、宋××、梁××、吴××

9. 人员变更

9.1　工作负责人变动情况：原工作负责人　　　　　离去，变更　　　　　为工作负责人。

工作票签发人　　　　　　　　　　　　　　年　　月　　日　　时　　分

原工作负责人签名确认　　　　　　　　新工作负责人签名确认　　　　

　　　　　　　　　　　　　　　　　　　　年　　月　　日　　时　　分

9.2 工作人员变动情况

新增人员	姓名					
	变更时间					
离开人员	姓名					
	变更时间					

工作负责人签名

10. 工作票延期

有效期延长到：　　　　　　　年　　　月　　　日　　　时　　　分

工作负责人签名：　　　　　　　年　　　月　　　日　　　时　　　分

工作许可人签名：　　　　　　　年　　　月　　　日　　　时　　　分

11. 每日开工和收工记录（使用一天的工作票不必填写）

收工时间	工作负责人	工作许可人	开工时间	工作许可人	工作负责人

12. 工作终结：

12.1 工作班现场所装设接地线共 __04__ 组、个人保安线共 __00__ 组已全部拆除，工作班人员已全部撤离现场，材料工具已清理完毕，杆塔、设备上已无遗留物。

12.2 工作终结报告

终结的线路或设备	报告方式	工作负责人	工作许可人	终结报告时间				
110kV 北海变电站 10kV 大成线	电话报告	赵传	李胜	2018 年 11 月 18 日 12 时 30 分				
				年	月	日	时	分
				年	月	日	时	分

13. 备注

13.1 指定专责监护人 孙宁连

负责监护 110kV 北海变电站 10kV 大成线 13 号杆、10kV 大成线 13-1 号杆、110kV 桐山变电站 10kV 宏桥 2 线白云支线 22 号杆，防止人员误登带电杆塔。 （地点及具体工作）

13.2 其他事项：

无_____
_____

第七节　施工工器具管理

一、施工工器具

（一）施工工器具室管理

1. 环境要求

施工工器具室应环境清洁、干燥、通风良好，施工工器具室要设置在便于进出的地方。施工工器具室房顶及地面应做好防水、防潮处理。

2. 门窗要求

施工工器具室门应封闭良好，具备防火、保温功能。门口处设置不低于 40cm 的可拆卸挡鼠板。对外不宜设置窗户。如已有窗户，应封闭良好，且满足遮光、防火、保温功能要求。施工工器具室应增设内部观察窗，且满足防火、保温功能要求。施工工器具室门外侧上应装设标识牌，标注"××乡镇供电所施工工器具室"字样，安装于门外侧醒目处。

3. 消防要求

施工工器具室内应配备足够的消防器材，安置在施工工器具室门口附近。消防器材的配置和管理应符合 GB 50140—2005《建筑灭火器配置设计规范》的要求。

4. 照明要求

施工工器具室内应配备足够数量的照明灯具，具备分区、分组的控制措施。照明灯具采用嵌入式格栅灯，照明光源采用能耗低、适用性强、稳定性高的光源。施工工器具室内应设置应急照明设施。

5. 信息管理系统

施工工器具室信息管理系统应对施工工器具入库、存放、领用、归还、试验、报废等信息进行管理，具备与施工工器具全生命周期管理系统数据共享和同步功能。应将施工工器具室环境状态、测控及信息系统运行状况，纳入日常值班工作的监控范围。值班人员发现险情应及时报告和妥善应对处置。

（二）施工工器具台账管理

乡镇供电所应配备满足作业施工要求的各类施工机具，并建立工器具台账，做到账、卡、物相符。施工工器具的配置由县供电公司运维检修部负责组织实施，负责对乡镇供电所施工工器具制定配置标准及补充计划。乡镇供电所运检技术员负责施工工器具的正常管理和每月检查。按照规程试验周期要求，开展周期性试验，确保工器具、仪器仪表试验报告记录齐全。乡镇供电所要对施工工器具室内的所有施工工器具、仪器仪表进行统一编号建档，并在施工工器具、仪器仪表适当位置张贴"合格证"。施工工器具应存放在固定的工器具室内，并实行定置管理。如乡镇供电所办公场所面积受限，可与备品备件同室放置。

（三）施工工器具日常检查维护管理

（1）乡镇供电所运检技术员要对施工工器具每月进行一次外观检查、维护和保养，每年进行一次清查核对，对检查不合格或超试验周期的施工工器具另行封存或隔离存放，做出禁用标识，严禁出库使用。

（2）乡镇供电所要建立检查维护记录，正确反映每件施工工器具、仪器仪表每月检查情况，检查当日填写检查日期，检查人、检查时间和检查结果等信息，填写需逐项填写、逐项签名，不得漏签和省略。

（3）乡镇供电所所长应不定期对施工工器具台账进行复核，提出建议。

（4）乡镇供电所运检技术员每月对仪器、仪表检查记录实例见［实例 1-15］。

（5）乡镇供电所运检技术员每月对施工工器具检查记录实例见［实例 1-16］。

[实例 1-15]

××乡镇供电所仪器、仪表检查记录

名称	电压等级或规格型号	编号	存放位置	检查日期	检查情况	保管人
接地电阻在线测试仪	CR-ER01	01	1号架2层1号位	2019.11.18	合格	李栋
绝缘电阻测试仪	HC-516	01	1号架2层2号位	2019.11.18	合格	李栋
绝缘电阻测试仪	HC-516	02	1号架2层2号位	2019.11.18	合格	李栋
绝缘电阻测试仪	HC-516	03	1号架2层2号位	2019.11.18	合格	李栋
绝缘电阻测试仪	HC-516	04	1号架2层2号位	2019.11.18	合格	李栋
绝缘电阻测试仪	HC-516	05	1号柜5层5号位	2019.11.18	合格	李栋
绝缘电阻测试仪	HC-516	06	1号架2层3号位	2019.11.18	合格	李栋
钳形接地电阻测试仪	UT270	01	1号架2层4号位	2019.11.18	合格	李栋
钳形漏电流表	F319+	01	1号架2层5号位	2019.11.18	合格	李栋
钳形漏电流表	F319+	02	1号柜5层4号位	2019.11.18	合格	李栋
钳形漏电流表	F319+	03	1号架2层5号位	2019.11.18	合格	李栋
钳形漏电流表	F319+	04	1号架2层5号位	2019.11.18	合格	李栋
剩余电流保护器测试仪	KT-5800	01	1号架2层6号位	2019.11.18	合格	李栋
剩余电流保护器测试仪	KT-5800	02	1号架2层6号位	2019.11.18	合格	李栋
剩余电流保护器测试仪	KT-5800	03	1号架2层6号位	2019.11.18	合格	李栋
剩余电流保护器测试仪	KT-5800	04	1号架2层6号位	2019.11.18	合格	李栋
钳形电流表	FA05/312	01	1号架3层1号位	2019.11.18	合格	李栋
钳形电流表	FA05/312	02	1号架3层1号位	2019.11.18	合格	李栋
钳形电流表	LCM-01	03	1号架3层1号位	2019.11.18	合格	李栋
钳形电流表	LCM-01	04	1号架3层1号位	2019.11.18	合格	李栋
测高仪	S1R600E	01	1号架3层2号位	2019.11.18	合格	李栋
测距仪	CJ-1000	01	1号架3层3号位	2019.11.18	合格	李栋
测温仪	AR872D	01	1号架3层4号位	2019.11.18	合格	李栋
测温仪	62MAX	02	1号架3层4号位	2019.11.18	合格	李栋
测温仪	AR872D	03	1号柜5层2号位	2019.11.18	合格	李栋
红外热成像仪	DL-770A	01	1号架3层5号位	2019.11.18	合格	李栋
红外热成像仪	SEELAND	02	1号架3层5号位	2019.11.18	合格	李栋
毒气测试仪	RAE	01	1号柜5层3号位	2019.11.18	合格	李栋

[实例 1-16]

施工工器具检查记录

名称	电压等级或规格型号	编号	存放位置	检查日期	检查情况	保管人
防爆强光工作灯	FW6101	01	1号架1层1号位	2019.11.18	合格	李栋
发电机	EF2600	01	1号架1层2号位	2019.11.18	合格	李栋
潜水泵	QW15-10	01	1号架1层3号位	2019.11.18	合格	李栋
移动电缆盘	LBD	01	2号架1层1号位	2019.11.18	合格	李栋
油泵压线钳	SYB-1	01	2号架1层2号位	2019.11.18	合格	李栋
手拉葫芦	1T	01	2号架1层3号位	2019.11.18	合格	李栋
手拉葫芦	3T	02	2号架1层3号位	2019.11.18	合格	李栋
手拉葫芦	3T	03	2号架1层3号位	2019.11.18	合格	李栋
磨光机	MOD1A-100	01	2号架2层1号位	2019.11.18	合格	李栋

续表

名称	电压等级或规格型号	编号	存放位置	检查日期	检查情况	保管人
手电钻	J12-FF02-13	01	2号架2层2号位	2019.11.18	合格	李栋
切割机	Z1E-FF02-110	01	2号架2层3号位	2019.11.18	合格	李栋
遥控探照灯（车载）	YFW6211	01	2号架2层4号位	2019.11.18	合格	李栋
遥控探照灯（车载）	YFW6211	02	2号架2层4号位	2019.11.18	合格	李栋
绝缘电缆钳剪	注塑型双色600mm	01	2号架3层1号位	2019.11.18	合格	李栋
绝缘电缆钳剪	注塑型双色600mm	02	2号架3层1号位	2019.11.18	合格	李栋
油锯	GS51	01	2号架3层2号位	2019.11.18	合格	李栋
断线钳	XLJ-E-300	01	2号架3层3号位	2019.11.18	合格	李栋
断线钳	XLJ-E-300	02	2号架3层3号位	2019.11.18	合格	李栋
断线钳	XLJ-E-300	03	4号架4层1号位	2019.11.18	合格	李栋
高枝油锯	SY-PSZ261	01	2号架4层1号位	2019.11.18	合格	李栋
直流电钻	DV14DSEV	01	3号架1层1号位	2019.11.18	合格	李栋
直流电钻	DV14DSEV	02	3号架1层1号位	2019.11.18	合格	李栋
直流电钻	DV14DSEV	03	3号架1层1号位	2019.11.18	合格	李栋
直流电钻	TSR1080-2	04	3号架1层1号位	2019.11.18	合格	李栋
直流电钻	TSR1080-2	05	3号架1层1号位	2019.11.18	合格	李栋
直流电钻	J02-FF10	06	3号架1层1号位	2019.11.18	合格	李栋
手动压线钳	YQK-240	01	3号架1层2号位	2019.11.18	合格	李栋
手动压线钳	YQK-240	02	3号架1层2号位	2019.11.18	合格	李栋
应急组合工具	0.4kV	01	3号架1层3号位	2019.11.18	合格	李栋
应急组合工具	0.4kV	02	3号架1层3号位	2019.11.18	合格	李栋
组合工具（套筒）	24件	01	3号架1层4号位	2019.11.18	合格	李栋
组合工具（套筒）	24件	02	3号架1层4号位	2019.11.18	合格	李栋
组合工具（套筒）	24件	03	3号架1层4号位	2019.11.18	合格	李栋
组合工具（套筒）	24件	04	3号架1层4号位	2019.11.18	合格	李栋
组合工具（套筒）	24件	05	3号架1层4号位	2019.11.18	合格	李栋
组合工具（套筒）	24件	06	3号架1层4号位	2019.11.18	合格	李栋
钢锯	E7054	01	3号架2层1号位	2019.11.18	合格	李栋
钢锯	TSR1080-2	02	3号架2层1号位	2019.11.18	合格	李栋
钢锯	TSR1080-2	03	3号架2层1号位	2019.11.18	合格	李栋
钢锯	TSR1080-2	04	3号架2层1号位	2019.11.18	合格	李栋
钢锯	TSR1080-2	05	3号架2层1号位	2019.11.18	合格	李栋
剥线钳	BXQ-2	01	3号架2层2号位	2019.11.18	合格	李栋
剥线钳	BXQ-2	02	3号架2层2号位	2019.11.18	合格	李栋
剥线钳	BXQ-2	03	3号架2层2号位	2019.11.18	合格	李栋
剥线钳	BXQ-2	04	3号架2层2号位	2019.11.18	合格	李栋
剥线钳	BXQ-2	05	3号架2层2号位	2019.11.18	合格	李栋
卡线器	35-50	01	3号架2层3号位	2019.11.18	合格	李栋
卡线器	35-50	02	3号架2层3号位	2019.11.18	合格	李栋
卡线器	70-95	03	3号架2层3号位	2019.11.18	合格	李栋

续表

名称	电压等级或规格型号	编号	存放位置	检查日期	检查情况	保管人
卡线器	70-95	04	3号架2层3号位	2019.11.18	合格	李栋
卡线器	120-150	05	3号架2层3号位	2019.11.18	合格	李栋
卡线器	120-150	06	3号架2层3号位	2019.11.18	合格	李栋
滑轮	1T	01	3号架2层4号位	2019.11.18	合格	李栋
滑轮	1T	02	3号架2层4号位	2019.11.18	合格	李栋
滑轮	1T	03	3号架2层4号位	2019.11.18	合格	李栋
滑轮	1T	04	3号架2层4号位	2019.11.18	合格	李栋
滑轮	1T	05	3号架2层4号位	2019.11.18	合格	李栋
长纤维卷尺	50m	01	3号架3层1号位	2019.11.18	合格	李栋
长纤维卷尺	50m	02	3号架3层1号位	2019.11.18	合格	李栋
手锤	0.5kg	01	3号架3层2号位	2019.11.18	合格	李栋
手锤	0.5kg	02	3号架3层2号位	2019.11.18	合格	李栋
手锤	0.5kg	03	3号架3层2号位	2019.11.18	合格	李栋
刀锯	LRL-215	01	3号架3层3号位	2019.11.18	合格	李栋
刀锯	LRL-215	02	3号架3层3号位	2019.11.18	合格	李栋
刀锯	LRL-215	03	3号架3层3号位	2019.11.18	合格	李栋
刀锯	LRL-215	04	3号架3层3号位	2019.11.18	合格	李栋
砍刀	40×400	01	3号架3层4号位	2019.11.18	合格	李栋
砍刀	40×400	02	3号架3层4号位	2019.11.18	合格	李栋
砍刀	40×400	03	3号架3层4号位	2019.11.18	合格	李栋
砍刀	40×400	04	3号架3层4号位	2019.11.18	合格	李栋
传递绳	$\Phi20×15m$	01	3号架3层5号位	2019.11.18	合格	李栋
传递绳	$\Phi20×15m$	02	4号架4层2号位	2019.11.18	合格	李栋
消防锨	100	01	3号架4层1号位	2019.11.18	合格	李栋
消防锨	100	02	3号架4层1号位	2019.11.18	合格	李栋
消防锨	100	03	3号架4层1号位	2019.11.18	合格	李栋
消防锨	100	04	3号架4层1号位	2019.11.18	合格	李栋
消防锨	100	05	3号架4层1号位	2019.11.18	合格	李栋
测距仪	700LBAG	01	1号柜1层1号位	2019.11.18	合格	李栋
工具包	700LBAG	01	1号柜2层1号位	2019.11.18	合格	李栋
工具包	700LBAG	02	1号柜2层1号位	2019.11.18	合格	李栋
工具包	700LBAG	03	1号柜2层1号位	2019.11.18	合格	李栋
工具包	700LBAG	04	1号柜2层1号位	2019.11.18	合格	李栋
工具包	700LBAG	05	1号柜2层1号位	2019.11.18	合格	李栋
望远镜	A211	01	1号柜3层2号位	2019.11.18	合格	李栋
望远镜	A211	02	1号柜3层2号位	2019.11.18	合格	李栋
望远镜	8×42WA	03	1号柜3层2号位	2019.11.18	合格	李栋
望远镜	8×42WA	04	1号柜3层2号位	2019.11.18	合格	李栋
防爆LED棒灯	SWZ180	01	1号柜4层1号位	2019.11.18	合格	李栋
防爆LED棒灯	SWZ180	02	1号柜4层1号位	2019.11.18	合格	李栋
防爆LED棒灯	SWZ180	03	1号柜4层1号位	2019.11.18	合格	李栋
防爆LED棒灯	SWZ180	04	1号柜4层1号位	2019.11.18	合格	李栋

名称	电压等级或规格型号	编号	存放位置	检查日期	检查情况	保管人
多功能袖珍信号灯	MSL4710	01	1号柜4层2号位	2019.11.18	合格	李栋
多功能袖珍信号灯	MSL4710	02	1号柜4层2号位	2019.11.18	合格	李栋
防爆手电筒	HY-1108	01	1号柜4层3号位	2019.11.18	合格	李栋
防爆手电筒	HY-1108	02	1号柜4层3号位	2019.11.18	合格	李栋
防爆手电筒	HY-1108	03	1号柜4层3号位	2019.11.18	合格	李栋
手提式防爆探照灯	RJW7101	01	1号柜4层4号位	2019.11.18	合格	李栋
手提式防爆探照灯	RJW7101	02	1号柜4层4号位	2019.11.18	合格	李栋
对讲机	A66	01	1号柜5层1号位	2019.11.18	合格	李栋
对讲机	A66	02	1号柜5层1号位	2019.11.18	合格	李栋
对讲机	A66	03	1号柜5层1号位	2019.11.18	合格	李栋
对讲机	A66	04	4号架4层3号位	2019.11.18	合格	李栋
对讲机	A66	05	4号架3层1号位	2019.11.18	合格	李栋
低压个人抢修工具	0.4kV	01	2号柜1层1号位	2019.11.18	合格	李栋
低压个人抢修工具	0.4kV	02	2号柜1层2号位	2019.11.18	合格	李栋
低压个人抢修工具	0.4kV	03	2号柜1层3号位	2019.11.18	合格	李栋
低压个人抢修工具	0.4kV	04	2号柜1层4号位	2019.11.18	合格	李栋
低压个人抢修工具	0.4kV	05	2号柜2层1号位	2019.11.18	合格	李栋
低压个人抢修工具	0.4kV	06	2号柜2层2号位	2019.11.18	合格	李栋
低压个人抢修工具	0.4kV	07	2号柜2层3号位	2019.11.18	合格	李栋
手机箱	200×200×400	01	2号柜3层1号位	2019.11.18	合格	李栋
药品箱	200×200×400	01	2号柜4层1号位	2019.11.18	合格	李栋
药品箱	200×200×400	02	2号柜4层2号位	2019.11.18	合格	李栋
扩音器	E180	01	2号柜5层1号位	2019.11.18	合格	李栋
扩音器	V-311	02	2号柜5层1号位	2019.11.18	合格	李栋

（四）施工工器具出库管理

乡镇供电所要建立出施工工器具出库领用记录，正确填写每次施工工器具出库领用的实际情况。综合班负责日常发放。工器具使用完后要及时交回，保管人对交回的工器具进行核对和检查，如实记录。乡镇供电所工作负责人（许可人）根据乡镇供电所检修（施工）计划，提出施工工器具领用申请。综合事务员（施工工器具管理人员）根据施工工器具需求申请单，进行施工工器具出库登记及工作。综合事务员（施工工器具管理人员）和工作负责人（许可人）在施工工器具出库前共同对施工工器具的外观和试验标签进行检查，对于施工工器具检查不合格的，拒绝施工工器具出库使用，只有确认合格后，方可出库。严禁工作现场使用不合格的施工工器具。

（五）施工工器具退库管理

乡镇供电所工作负责人（许可人）应在现场检修（施工）工作实施完毕后，第一时间归还施工工器具。在施工工器具室，综合事务员（施工工器具管理人员）和工作负责人（许可人）对归还的施工工器具，共同进行清洁整理和检查确认，检查合格施工工器具进行返库存放，并据实登记施工工器具退还数量。对于不合格的施工工器具应单独存放，做出"禁用"标识，停止使用。

（六）施工工器具报废管理

乡镇供电所要对在日常检查中发现的施工工器具破损或试验不合格的执行报废管理。报废的施工工器具应及时清理，不得与合格的施工工器具存放在一起，严禁使用报废的施工工器具。

（七）乡镇供电所仪器仪表配置要求

乡镇供电所仪器仪表配置参考（见表1-20）。

表 1-20　　　　　　　　　　乡镇供电所仪器仪表配置表

序号	仪器仪表名称	配置要求	选择要求
1	剩余电流动作保护器测试仪	5套	必选
2	绝缘电阻测试仪	2套	必选
3	接地电阻摇表	1套	必选
4	钳形万用表	5只	必选
5	红外点温仪	5台	必选
6	测高仪（或测高杆）	2台	必选
7	电缆故障测试仪		可选
8	电缆路径测试仪		可选
9	红外成像测试仪		可选
10	多功能钳形接地电阻仪		可选
11	电缆识别仪		可选
12	有害气体检测仪		可选
13	三相电流记录平衡仪		可选
14	变压器直流电阻测试仪		可选
15	多功能电能表测试仪		可选
16	台区识别仪		可选

（八）乡镇供电所施工工器具配置要求

乡镇供电所施工工器具配置参考（见表1-21）。

表 1-21　　　　　　　　　　乡镇供电所施工工器具配置表

序号	施工工器具名称	配置要求	选择要求
1	断线钳	2把	必选
2	手电钻	2把	必选
3	高枝剪	2把	必选
4	油锯	2把	必选
5	移动式电缆盘	2个	必选

续表

序号	施工工器具名称	配置要求	选择要求
6	绝缘导线剥削器	4把	必选
7	钢丝锯	2把	必选
8	应急灯（带磁吸功能）	2台	必选
9	传递绳	3根	必选
10	卡片照相机（带录像）	2台	必选
11	视（音）频记录仪	2只	必选
12	电缆断线钳	1把	必选
13	棘轮收紧器	0.5T、1T各4个	必选
14	卡线器	25-70、95-120、150-240各2个	必选
15	4.5m泛光灯（带发电机）	1台	必选
16	对讲机	配电营业班每人1只	必选
17	手电筒	配电营业班每人1只	必选
18	望远镜	配电营业班每人1只	必选
19	移动终端（PAD）	配电营业班每人1台	必选
20	电工工具	配电营业班每人1套	必选
21	微型防爆头灯	配电营业班每人1只	必选
22	螺丝破碎机		可选
23	液压冲孔机		可选
24	切割机		可选
25	发电机		可选
26	电焊机		可选
27	焊帽		可选
28	台钳		可选
29	液压钳		可选
30	电缆剥削器		可选
31	手拉葫芦	1T、2T各2个	可选

二、乡镇供电所施工工器具记录

（一）乡镇供电所施工工器具试验记录 （见表1-22）

表 1-22　　　　　　　　　　乡镇供电所施工工器具试验记录

序号	工器具名称	编号	规格型号	试验项目	试验周期	试验日期	是否合格	试验部门/班组	试验人	备注

（二）乡镇供电所施工工器具检查、 保养记录 （见表 1-23）

表 1-23 乡镇供电所施工工器具检查、保养记录

序号	名称	型号	单位	数量	检查情况	保养内容	检查、保养人	日期	备注

（三）乡镇供电所施工工器具出入库记录 （见表 1-24）

表 1-24 乡镇供电所施工工器具出入库记录

序号	工作票、操作票、派工单编号	工具名称	编号	规格	领用数	项目用途	提取时间	领用人（签名）	保管员（签名）	归还时间	退回数	退回人（签名）	保管员（签名）

第二章

业务执行规范

第一节　巡视及隐患缺陷管理

一、设备巡视管理

（一）乡镇供电所台区经理设备巡视职责

乡镇供电所应执行上级配网运维管理制度、技术标准、反事故措施等管理规定，承担所辖配网设备运行维护、缺陷隐患排查治理、状态检（监）测、状态评价、重要活动保电、验收及生产准备等工作。实施所辖配网设备的运行安全措施落实工作。开展所辖区域配网运维工作分析总结，掌握配网运维情况。开展运检管理系统、GIS等信息系统数据维护工作。承担所辖区域电力设施通道防护、防灾减灾、防外力破坏等相关工作。负责运维资料收集、整理、完善、录入、保管等工作。

（二）设备运行责任分界

乡镇供电所要有明确的设备运行责任分界点，配网与变电站、营销部门、用户管理之间界限应划分清晰，避免出现空白点（区段），原则上按以下进行分界：

（1）10kV 电缆出线。以变电站 10kV 出线电缆到 1 号杆电缆头压接点为分界点，分界点线路侧配电线路及配电设备为乡镇供电所负责设备巡视。

（2）10kV 架空线路出线。以变电站出线 1 号杆为分界点，分界点线路侧配电线路及配电设备为乡镇供电所负责设备巡视。

（3）低压配电线路。对于低压居民用户以电能表为分界点，电能表表后 2cm 之上所辖设备属乡镇供电所管理。对于低压非居民用户按照双方签订的《供用电合同》资产分界点进行各自管理。

（三）设备巡视总体要求

（1）乡镇供电所要建立健全配网巡视岗位责任制，明确巡视责任人，加强巡视检查工作质量的监督、检查与考核。乡镇供电所应按配电网运维规程要求对所辖配网设备、附属设施及通道进行巡视与检查，全面掌握配网设备运行状况，为设备状态评价提供依据。

（2）乡镇供电所应根据季节特点及设备运行状况编制所辖配网设备的巡视检查计划，规范巡视流程和内容，开展标准化巡视工作。台区经理在巡视过程中，在满足《电力安全工作规程》、确保安全的前提下，应进行设备保养、带电检测、异物清除、通道清理等维护工作。例如：清除设备下面生长较高的杂草、蔓藤等工作。

（3）乡镇供电所所长要根据《架空配电线路及设备运行规程》规定要求，参照县供电公司的生产计划安排和工作部署，结合气候条件、季节特点及线路设备运行状况，及时安排巡视任务。台区经理巡视中若发现了危及电力设施安全的隐患，对责任或产权单位，要及时发送书面隐患通知书，对限期不整改的责任者或单位应及时向地方人民法院申请裁决。

（4）台区经理应做好巡视记录，登记气象条件、巡视人、巡视日期、巡视范围、设备名称等，记录发现的缺陷情况、缺陷类别、通道情况、交叉跨越变动情况以及外部因素影响情况等，明确初步处理意见，并及时组织处理或上报。

（5）台区经理在发现紧急（危急）缺陷时应立即向所长汇报，并协助做好消缺工作。发现影响安全的施工作业情况，应立即开展调查，做好现场宣传、劝阻工作，并书面通知施工单位。巡视发现的问题要及时进行记录、分析、汇总，重大问题应及时向有关部门汇报。

（6）每年雷雨季节前对防雷设施进行防雷检查维护，修复损坏的防雷引线和接地装置，检查有无防雷空白和防雷改进措施落实情况等。每年夏季、冬季负荷高峰来临前，对配电线路、设备负荷进行分析预测，检查接头接点运行情况和线路交叉跨越情况，对可能超、过载的线路、变压器采取相应的措施。

（7）每年汛期前对位于地势低洼地带、地下室、电缆通道等公用配电设施进行防汛检查维护，加固易被洪水冲刷的电杆、变压器等设备，修剪影响配电网设备的易被水冲倒树木，检查防汛改进措施落实情况等。

（8）遇有下列情况，应适时增加巡视次数或重点特殊巡视。

1）设备重、过载或负荷有显著增加时。

2）设备检修或改变运行方式后，重新投入系统运行或新安装设备的投运。

3）根据检修或试验情况，有薄弱环节或可能造成缺陷。

4）设备存在严重缺陷或缺陷有所发展时。

5）存在外力破坏或遇大风、雨、雪、雾、冰雹、洪水等恶劣气象条件下可能影响安全运行的情况。

6）用电高峰季节和重要保供电任务期间。

7）其他电网安全稳定有特殊运行要求时。

（9）台区经理在配电线路及配电设备巡视中，应加强线路保护区的管理，对线路通道、周边环境、施工作业等情况进行检查，及时发现和掌握线路通道的动态变化情况，做好电力设施保护工作，严防外力破坏对配电设备造成严重影响。

（10）对于大跨越段线路或位于重污区、重冰区、多雷区、洪水冲刷区、不良地质区、采矿塌陷区、盗窃多发区、导线易舞动区、易受外力破坏区、微气象区、鸟害多发区、跨越树（竹）林区、人口密集区等特殊区段线路或有重要交叉跨越的线路，台区经理应根据季节特点和环境变化适当缩短巡视周期。

（11）对在配电设备保护区内出现的危急、严重隐患，台区经理必须向引发外部隐患的责任单位或责任人递交"影响配电设备安全运行的整改通知书"，必要时应上报当地政府安全监察部门和政府电力职能部门或通过法律程序解决问题。对于短时间内难以处理的隐患，乡镇供电所应派人加强巡视和看护。

（12）当配电设备遭受破坏或配电设备被盗时，台区经理应及时报告当地公安部门并配合其进行侦破，严厉打击危害电力设施的各种不法行为。对保护区内发生的一般性外部隐患，台区经理应向造成隐患的单位或个人进行《电力法》《电力设施保护条例》等法律法规的宣传，发放相关的宣传材料并令其整改，同时做好记录。

（13）台区经理对保护区内有固定场地的施工单位进行现场宣讲《电力法》和《电力设施保护条例》等法律法规的宣传，必要时与之签订保证线路安全运行责任书，同时加强配电线路巡视和看护。

（14）台区经理在巡视过程中，应同时核对配电设备杆塔装设线路和杆塔编号的标示牌，耐张、转角、换位杆塔装设的相序标志，变电站出线密集段或城区线路走廊内有多条同电压平行线路杆塔涂刷的色标。

（15）乡镇供电所每月组织一次运行分析会，分析台区经理巡视维护工作质量及完成计划情况。对配电线路及配电设备运行状况，发现缺陷及隐患进行专题分析，并提出防范措施。

（16）设备巡视工作由配电营业班班长统一组织安排，巡视工作应由台区经理根据网格化管理设备和客户完成，偏远山区、夜间巡视应由两人进行，暑天、大雪天必要时由两人进行。

（17）设备巡视前，配电营业班班长应向台区经理重点交待以下内容。

1）定期巡视：巡视杆基、拉线装置，瓷瓶有无歪斜、松动现象，导线有无断股松弛现象。杆塔周围有无取土、挖坑、采石、放炮、打井等危及线路的现象，线路防护区内有无树木、建筑物、垃圾场等安全距离不足。杆塔根基有无被雨水冲刷及滑坡现象，杆塔上有无鸟巢。

2）特殊巡视：巡视杆基、拉线杆基、瓷瓶有无歪斜、松动现象，导线有无断股松弛现象。线路防护区内的树木、建筑物、电视机天线等是否符合安全距离要求，有无雨水冲刷及滑坡现象。

3）夜间巡视：巡视前应向台区经理交代巡视内容，线路上和变压器台架上的跌落式熔断器有无打火和闪络现象，导线和转角杆、分支杆的弓子线有无过热发红现象，有无树木接触断落的导线。

4）故障巡视：应交代具体故障导线，要向台区经理说明，U、V、W 三相，其中哪一相故障线路和设备。

（四）设备巡视安全注意事项

（1）巡视工作应由有配电工作经验的人员担任。单独巡视人员应经工区批准并公布。电缆隧道、偏僻山区、夜间、事故或恶劣天气等巡视工作，应至少两人一组进行。

（2）正常巡视应穿绝缘鞋。雨雪、大风天气或事故巡线，巡视人员应穿绝缘靴或绝缘鞋。汛期、暑天、雪天等恶劣天气和山区巡线应配备必要的防护用具、自救器具和药品。夜间巡线应携带足够的照明用具。

（3）大风天气巡线，应沿线路上风侧前进，以免触及断落的导线。事故巡视应始终认为线路带电，保持安全距离。夜间巡线，应沿线路外侧进行。巡线时禁止泅渡。

（4）雷电时，禁止巡线。单人巡视，禁止攀登杆塔和配电变压器台架。

（5）地震、台风、洪水、泥石流等灾害发生时，禁止巡视灾害现场。灾害发生后，若需对配电线路、设备进行巡视，应得到设备运维管理单位批准。巡视人员与派出部门之间应保持通信联络。

（6）巡视中发现高压配电线路、设备接地或高压导线、电缆断落地面、悬挂空中时，室内人员应距离故障点 4m 以外，室外人员应距离故障点 8m 以外。并迅速报告调度控制中心和上级领导，等候处理。处理前应防止人员接近接地或断线地点，以免跨步电压伤人。进入上述范围人员应穿绝缘靴，接触设备的金属外壳时，应戴绝缘手套。

（7）无论高压配电线路、设备是否带电，巡视人员不得单独移开或越过遮栏。若有必要移开遮栏时，应有人监护，并保持安全距离。

（8）进入 SF_6 配电装置室，应先通风。

（9）配电站、开闭所、箱式变电站等的钥匙至少应有三把，一把专供紧急时使用，一把专供运维人员使用。其他可以借给经批准的高压设备巡视人员和经批准的检修、施工队伍的工作负责人使用，但应登记签名，巡视或工作结束后立即交还。

（10）低压配电网巡视时，禁止触碰裸露带电部位。

（五）设备巡视分类

设备巡视分为：定期巡视、特殊巡视、故障巡视、夜间巡视、监察巡视。

（六）设备定期巡视

1. 定期巡视定义

定期巡视是指配网设备正常运行且无异常情况下，每月组织乡镇供电所台区经理对配网设备进行的设备巡视检查。

2. 定期巡视周期

架空线路通道市区1个月1次、郊区及农村1季度1次，电缆线路通道1个月1次。架空线路、柱上开关设备、柱上变压器、柱上电容器市区1个月1次、郊区及农村1季度1次，电缆线路1季度1次，中压开关站、环网单元1季度1次，配电室、箱式变电站1季度1次，防雷与接地装置、配电终端、直流电源等巡视周期与主设备相同。

3. 定期巡视项目

10kV配电线路（含电力电缆）、杆塔、横担、拉线、接地装置、设备名称标识、安全警示、安全标示牌、10kV配电设备（包括柱上断路器、隔离开关、避雷器、绝缘子、跌落式熔断器、环网柜、电缆分支箱、接地装置等）。配电变压器、配电室、箱变、配电台区、低压电容器、配电柜、配电盘、低压母线、开关、低压断路器、刀开关、低压熔断器、低压避雷器、一级剩余电流动作保护器、二级剩余电流动作保护器、接户线、0.4kV配电线路（含低压电缆）、杆塔、横担、绝缘子、拉线、接地装置、设备名称标识、安全警示、安全标示牌、集装表箱、配电箱、电能表、采集器、电能表前开关、电能表后开关等。

4. 定期巡视内容

台区经理在巡视配电线路时要检查线路两侧各300m区域内有无放风筝等现象。检查有无人员向线路设施射击、抛掷物体等现象。检查有无人员利用配电线路杆塔作起重牵引地锚。检查有无人员在配电线路杆塔、拉线上拴牲畜、悬挂物件等现象。检查有无人员在配电线路杆塔基础周围取土现象。检查有无人员在配电线路保护区内进行农田水利建设及打桩、钻探、开挖、地下采掘作业等现象。检查有无人员在配电线路保护区内倾倒酸、碱、盐等有害化学物品现象。检查有无人员在配电线路保护区内兴建建筑物、烧窑、烧荒或堆放谷物、草料、垃圾、矿渣、易爆物及其他影响供电安全的物品。检查配电线路有无外力破坏事故发生。检查配电线路的拉线有无被盗窃分子拆除。台区经理在巡视配电线路时要严密监视特殊区段（如污区、冲刷区、滑坡区、多雷区、重冰区等）的异常和变化情况。巡线中对个别丢失的杆塔接地螺栓、拉线螺母应及时补加，检查有无人员在配电线路保护区内种植树木。检查配电线路保护区外无超高树木。检查配电线路保护区内有无穿越保护区的超高机械装置。检查配电线路保护区内有无穿越保护区架设高压电力线、低压配电线路、通信线等设施。检查配电线路保护区附近有无危及线路安全及线路导线风偏摆动时可能引起放电的树木或其他设施。检查在杆塔与杆塔之间有无影响线路安全的在建公路或在建房屋等设施。线路巡视中，如果发现危急缺陷或遭遇外力破坏等情况，台区经理应立即采取有效控制措施并向乡镇供电所所长或有关部门报告，乡镇供电所应及时安排处理。如果情况紧急应在现场立即制止并当面送达电力设施保护通知书。台区经理在巡视配电线路时应认真仔细，保证缺陷能及时发现，对于发现缺陷应及时在《配电线路巡视卡》上填写缺陷内容或附图说明，不得遗漏。单人巡视时，台区经理严禁只身一人攀登杆塔和树木。台区经理在巡视配电线路时如果发现有马蜂窝，尽量不要靠近，先采取防范措施后再处理。

5. 定期巡视工作要求

（1）乡镇供电所台区经理要定期对高、低压配电设备和配电台区设备进行巡视，全面掌握配网设备的运行情况，及时发现设备缺陷和威胁设备安全运行的安全隐患，了解沿线环境变化情况，做好护线宣传工作，同时对违章建筑、树障、取土开采等进行统计记录。

（2）针对配电线路定期巡视和防护工作实际，乡镇供电所应实行专线、专人责任制，明确设备主人，对较长的线路可根据具体情况实行分段专人管理，各运行专责人对所分管的线路及安全运行责任，在线路巡视中要做到不漏查一基杆塔、一段导线、一片绝缘子、一个销子。

（3）台区经理在设备巡视前要准备好《配电线路及设备巡视卡》、通信工具、交通工具、安全帽、安全带、绝缘工具、绝缘手套、望远镜、数码照相机、测高仪、钳子、扳手、手锯、照相机、测温仪、开口销等工器具。台区经理对自己所管辖配电线路及设备进行逐项检查巡视。台区经理巡视前必须携带电力设施保护通知书。

（4）台区经理在巡视配电设备时要看清道路，掌握巡视便道情况，防止踩空。遇到雨、雪天时，台区经理应手持巡视手杖。台区经理在山中巡视或密林从中巡视时要配备一条棍棒，以防狗等动物攻击，避免毒蛇等咬伤。台区经理巡视配电线路及设备时应穿防滑鞋，防滑鞋应能保护到脚踝处，台区经理严禁穿拖鞋、凉鞋巡视配电线路及设备。

（5）台区经理巡视工作中严禁穿过不明深浅的水域。对于偏僻山区的巡视必须由两人进行。暑天巡视配电设备时，必须由两人进行，要准备充足的饮用水并备有必要的劳保用品。台区经理要携带仁丹、藿香正气水等防暑药品。

（6）发现导线断落地面或悬吊空中时，应设法防止行人靠近断线点 8m 以内，并迅速报告上级主管部门，等候处理。巡视时沿线路外侧行走，大风时沿上风侧前进。处理好与沿线村民关系，避免发生直接冲突。

（7）监督司机遵守交通法规。出车前检查车况，严禁车辆带病上路。对于车辆难以通过的道路，严禁强行通过，以免造成车祸，台区经理应下车徒步前行。

（8）乡镇供电所所辖10kV配电线路有完整的图纸、资料、台账及各种记录等技术资料，配齐规程制度。乡镇供电所所辖低压配电台区有完整的图纸、资料、台账及各种记录等技术资料，配齐规程制度。

（七）设备特殊巡视

1. 特殊巡视定义

设备特殊巡视是指在气候剧烈变化、自然灾害、外力破坏、电网故障、设备异常运行和其他特殊情况时，易造成配电线路及配电设备运行异常、部件异常变化或损坏等情况，组织人员进行的设备巡视。特殊巡视由乡镇供电所运检技术员组织台区经理进行。特殊巡视可以是全线、某线段或某部件。

2. 外力破坏特殊巡视

根据外力破坏特点，针对配电线路护区内机械作业、护区内违章建筑施工、市政工程施工、采石放炮、塔材被盗频发地区等情况，由乡镇供电所及时组织台区经理对所辖配电线路及设备进行特殊巡视。台区经理应重点检查在杆塔或拉线基础附近取土、打桩、钻探、开挖等施工或倾倒酸、碱、盐及其他有害化学物品。在杆塔内或杆塔与拉线之间修建车道。在配电线路保护区内有进入或穿越保护区的超高机械。在配电线路附近（500m区域内）放风筝、施工爆破、开山采石。配电线路对地、对交叉跨越设施及对其他物体距离变化。

3. 自然灾害特殊巡视

当遇到冰雹、洪水泛滥、地震、地形塌陷、狂风暴雨等自然灾害发生时，乡镇供电所应及时组织台区经理对受灾配电设备全部或局部地段进行详细勘查，以发现配电线路及设备遭受的变形、损坏及异常现象，台区经理应现场检查杆塔及拉线的基础有无变异，周围土壤有无突起或沉陷，杆塔基础有无裂纹、损坏、下沉或上拔，护基有无沉塌或被冲刷。杆塔有无倾斜，横担有无歪扭，拉线有无松弛，有无抽筋断股、张力分配不均等现象。防洪设施是否坍塌或损坏。跳线与杆塔空气间隙变化，跳线舞动、摆动是否过大。检查绝缘子脏污情况，瓷质裂纹、破碎，钢化玻璃绝缘子爆裂等情况。对处于洪水冲刷区和不良地质区的配电设备，台区经理应根据配电设备所处的环境及季节性灾害发生的规律和特点，加强特殊巡视及时采取相应的防范措施，避免发生倒杆、断线事故发生。

4. 异常天气特殊巡视

在气候剧烈变化时，为及时发现配电线路的异常现象及配电设备各部件的变形损坏情况，乡镇供电所应及时组织台区经理进行异常天气特殊巡视。大风天气进行特殊巡视，应注意检查导地线及杆塔异物悬挂情况，发现异物应及时拍照并汇报。台区经理要注意检查导线弧垂变化情况，检查导线有无舞动现象，弓子线有无距离不足风偏放电现象，如果存在类似情况应及时拍照并汇报。特殊巡视时应及时提醒和帮助群众对条幅、气球、广告、草苫、塑料大棚进行压牢压实或清理，做到防患于未然。雾天、雪天进行特殊巡视，应注意检查绝缘子有无闪络痕迹和局部火花放电现象，如发现沿表面放电现象，应及时拍照并汇报。雷雨天进行特殊巡视，应检查杆塔拉线基础周围土壤是否被冲刷。线路附近河道冲沟的变化。防洪设施是否坍塌或损坏。应重点检查易冲刷杆塔的冲刷情况，如发现杆塔冲刷情况严重时应及时拍照并汇报。

5. 季节性特殊巡视

根据季节特点，针对风刮异物、新栽树木、护区树木、违章建筑、机械施工、采石放炮、开业庆典、放风筝、导线起空、导线舞动、导线风偏、交跨距离不足、市政工程施工、绝缘子放电、盗窃塔材等情况，由乡镇供电所安排台区经理对所辖线路进行特殊巡视。

（八）设备故障巡视

1. 故障巡视定义

在配电线路及配电设备发生故障时，为了尽快查明故障的地点和原因，及时消除故障恢复配电线路及配电设备正常供电，组织人员进行的设备巡视。

2. 故障巡视要求

乡镇供电所接到值班调度员 10kV 配电线路出现故障跳闸通知后，乡镇供电所所长或安全质量员必须立即组织台区经理对 10kV 配电线路进行故障巡视，查找故障点。当10kV 配电线路出现故障跳闸时，值班调度员应立即通知管理线路的乡镇供电所，详细说明故障时间、类型、配电设备保护动作及测距情况。在 10kV 配电线路及配电设备发生故障后，不论断路器重合成功与否，乡镇供电所均应及时组织台区经理对故障配电线路及配电设备进行故障巡视，发现故障点后应立即报告，必要时应保护故障现场。故障巡视的时间在乡镇供电所接到值班调度员的通知后立即执行。乡镇供电所接到值班调度员10kV 配电线路出现故障跳闸通知后，向台区经理部署故障巡视任务，做到巡视分工明确、人员之间分工无遗漏（段）点。同时根据配电设备故障情况进行初步分析、找出原因，确定巡视重点，必要时组织台区经理进行登杆检查。故障线路巡线过程中，台区经理应始终认为配电设备带电，即使明知配电设备已经停电，台区经理亦应认为配电设备有随时恢复送电的可能。台区经理应将所分担的巡线区段全部巡视完成，不得中断或遗漏，发现故障点后应立即汇报调度进行处理，同时汇报县供电公司安全、运行管理部门。为迅速查找出故障点，台区经理应采取先拉开分线、支线或分支线等方法缩小故障点查找范围。查找出故障点后，台区经理应立即采取安全措施，防止行人靠近以防发生人身伤亡事故。重大事故应设法保护现场，发现导线断落地面或悬吊空中，应设法防止行人靠近断线点 8 米以内。故障巡视中，台区经理必须对所分工巡视的区段进行全线巡视，对所发现的可能造成故障的所有物件应搜集带回，对配电设备故障现场情况做好详细记录，利用摄像、拍照等方式取得故障现场录像或照片，尽量收集造成事故的所有物件，作为事故分析的依据和参考，便于正确分析故障发生的原因。因配电设备事故造成断路器跳闸，无论断路器是否重合成功、是否强送断路器合闸成功，只要认为配电设备有可能发生故障，均要组织台区经理对事故跳闸线路进行全线巡视。所有配电设备故障，必须查明原因，进行分析，制定防范措施。如果地面巡视查不出原因，必须进行登杆塔检查，直到查明故障点为止。对重合、强送不成功的配电设备，查不出故障原因不能送电。对于事故配电设备无论断路器重合成功与否，应在故障发生后 24 小时内查出原因，处理完毕后按值班调度员命令恢复送电。

（九）设备夜间巡视

由于配电设备有些缺陷白天很难发现，所以只有通过夜间特殊巡视来发现设备缺陷，夜间巡视应根据天气和负荷情况及时开展，通过检查配电设备是否有异常放电声，是否有异常放电现象来确定和查找设备缺陷，夜间巡视因受到环境条件限制，不可能全面检查出配电设备安全运行的全部情况，夜间特殊巡视的重点应对绝缘子、避雷器、线路接头、架空地线放电间隙等重点检查，导线、地线连接金具发热情况进行检查，金具有无放电现象等进行检查，并做好详细的记录，红外测温资料要统一整理归档。夜间特殊巡视应采取每组两人巡视方式，防止发生意外。应每季度组织一次夜间特殊巡视，具体日期由乡镇供电所确定。在配电线路高峰负荷或雨雾等天气时进行的夜间巡视，台区经理重点应检查导线接点及电气连接部分的接头有无发热打火现象，绝缘子表面有无闪络、放电现象等。对 10kV 线路夜间巡视周期，每季度至少一次。夜间巡视必须有两人及以上进行。

（十）设备监察巡视

县供电公司领导干部和部门技术人员为了解配电设备和配电线路的运行情况，检查指导台区经理的巡视工作。一般每年至少组织一次监察巡视，巡视全线或某线段。

乡镇供电所所长不定期组织技术人员对台区经理的设备巡视情况进行监察性巡视，及时了解配电设备和配电线路的运行状况，指导和改进台区经理的巡视工作。县供电公司不定期对乡镇供电所配电线路设备巡视情况进行监察性巡视，对乡镇供电所线路巡视情况进行检查、考核、通报。乡镇供电所在配电设备巡视中应持续探索采用新技术、新方法，并不断总结经验加以推广。

（十一）设备巡视记录

台区经理应及时做好巡视记录，乡镇供电所应定期抽查台区经理的巡视记录，检查台区经理巡视到位情况及巡视质量。10kV 配电线路及设备巡视记录见［实例 2-1］。

［实例 2-1］

10kV 配电线路及设备巡视记录

乡镇供电所：白云山乡镇供电所

序号	线路（设备）名称	巡视结论	缺陷内容	缺陷类型	巡视人员	巡视日期
1	10kV 合盛线路及设备	正常	无		李丁，吴辛	2019 年 11 月 21 日
2	10kV 广地线路及设备	发现一般缺陷一处其余设备正常	16 号杆标示牌脱落	一般	李丁，吴辛	2019 年 11 月 21 日
3	10kV 轩德线路及设备	正常	无		李丁，吴辛	2019 年 11 月 21 日
4	10kV 云山线路及设备	正常	无		李丁，吴辛	2019 年 11 月 21 日
5	10kV 中达线路及设备	正常	无		徐冰，胡冬	2019 年 11 月 22 日
6	10kV 密山线路及设备	正常	无		徐冰，胡冬	2019 年 11 月 22 日
7	10kV 淮荆线路及设备	正常	无		徐冰，胡冬	2019 年 11 月 22 日
8	10kV 神来线路及设备	发现一般缺陷一处其余设备正常	11 号杆有鸟巢一处	一般	徐冰，胡冬	2019 年 11 月 22 日
9	10kV 高翔线路及设备	正常	无		刘晨，赵午	2019 年 11 月 22 日
10	10kV 临江线路及设备	正常	无		刘晨，赵午	2019 年 11 月 22 日
11	10kV 淮荆线路及设备	正常	无		刘晨，赵午	2019 年 11 月 22 日
12	10kV 元山线路及设备	正常	无		刘晨，赵午	2019 年 11 月 22 日
13	10kV 灯塔线路及设备	发现一般缺陷一处其余设备正常	21 号杆有鸟巢一处	一般	李丁，吴辛	2019 年 11 月 22 日
14	10kV 周梅线路及设备	正常	无		李丁，吴辛	2019 年 11 月 22 日
15	10kV 雅丽线路及设备	正常	无		李丁，吴辛	2019 年 11 月 22 日
16	10kV 泰利线路及设备	正常	无		李丁，吴辛	2019 年 11 月 22 日
17	10kV 宝亚线路及设备	正常	无		徐冰，胡冬	2019 年 11 月 23 日
18	10kV 金煌线路及设备	正常	无		徐冰，胡冬	2019 年 11 月 23 日
19	10kV 和光线路及设备	正常	无		徐冰，胡冬	2019 年 11 月 23 日
20	10kV 农机线路及设备	正常	无		徐冰，胡冬	2019 年 11 月 23 日
21	10kV 北方线路及设备	正常	无		刘晨，赵午	2019 年 11 月 23 日
22	10kV 纺织线路及设备	正常	无		刘晨，赵午	2019 年 11 月 23 日
23	10kV 兴科线路及设备	发现一般缺陷 3 处其余设备正常	5 号杆、7 号杆、8 号杆各有鸟巢一处	一般	刘晨，赵午	2019 年 11 月 23 日
24	10kV 红林线路及设备	正常	无		刘晨，赵午	2019 年 11 月 23 日
25	10kV 方屯线路及设备	正常	无		李丁，吴辛	2019 年 11 月 23 日
26	10kV 南通线路及设备	正常	无		李丁，吴辛	2019 年 11 月 23 日
27	10kV 宫家线路及设备	正常	无		李丁，吴辛	2019 年 11 月 23 日
28	10kV 英豪线路及设备	正常	无		李丁，吴辛	2019 年 11 月 23 日
29	10kV 水泵线路及设备	正常	无		徐冰，胡冬	2019 年 11 月 24 日
30	10kV 铸钢线路及设备	正常	无		徐冰，胡冬	2019 年 11 月 24 日

序号	线路（设备）名称	巡视结论	缺陷内容	缺陷类型	巡视人员	巡视日期
31	10kV化工线线路及设备	正常	无		徐冰，胡冬	2019年11月24日
32	10kV建陶线线路及设备	正常	无		徐冰，胡冬	2019年11月24日

（十二）配电设备巡视标准卡内容

1. 杆塔（基础）巡视检查内容

（1）检查杆塔无倾斜、位移，转角杆不应向内角倾斜，终端杆不向导线侧倾。

（2）检查砼杆无严重裂纹、铁锈蚀，保护层不脱落、疏松、钢筋外露，砼杆无纵向裂纹，横向裂纹不超过1/3周长。检查焊接杆焊接处应无裂纹，无严重锈蚀。检查铁塔（钢杆）无严重锈蚀。

（3）检查杆塔无被水淹、水冲的可能，防洪设施无损坏、坍塌。杆塔位置合适、无被车撞的可能，保护设施完好，警示标志清晰。

（4）检查杆塔标志如杆号牌、相位牌、警告牌等齐全、清晰明显、规范统一、位置合适、安装牢固。

（5）检查杆塔周围无藤蔓类攀沿植物和其他附着物，检查杆塔上无危及安全的鸟巢。检查杆塔及线路上无风筝及杂物等。

（6）检查混凝土基础无裂纹、疏松、露筋。检查基础无损坏、下沉、上拔，周围土壤无挖掘或沉陷，杆塔埋深符合要求。

2. 导线巡视检查内容

（1）检查导线无断股、损伤、烧伤、腐蚀的痕迹，绑扎线无脱落、开裂，连接线夹螺栓应紧固、无跑线现象，三相弛度平衡，无过紧、过松现象，一般档距内弛度相差不超过50mm。

（2）检查导线的线间距离，检查过引线、引下线与邻相的过引线、引下线距离符合安全规定。检查导线之间的净空距离符合安全规定。检查导线与拉线、电杆或构件的距离符合安全规定。

（3）检查导线连接部位良好，无过热变色和严重腐蚀现象，连接线夹完整无缺失。跳（档）线、引线无损伤、断股、弯扭。

（4）检查导线上没有悬挂物。架空绝缘导线无过热、变形、起泡现象。

3. 铁件、金具巡视检查内容

（1）检查铁横担与金具无严重锈蚀、变形、磨损、起皮或出现严重麻点。检查铁横担与金具锈蚀表面积不应超过1/2。

（2）检查横担上下倾斜、左右偏斜不应大于横担长度的2%。检查横担螺栓紧固，检查横担无缺螺帽、销子，开口销及弹簧销无锈蚀、断裂、脱落等现象。

（3）检查线夹、连接器上无锈蚀或过热现象，检查连接线夹弹簧垫齐全，螺栓紧固。

4. 绝缘子巡视检查内容

（1）检查瓷质绝缘子无损伤、裂纹和闪络痕迹。

（2）检查合成绝缘子的绝缘介质无龟裂、破损、脱落。

（3）检查绝缘子钢脚无弯曲，铁件无严重锈蚀，针式绝缘子无歪斜。在同一绝缘等级内，绝缘子装设保持一致。

（4）检查支持绝缘子绑扎线无松弛和开断现象。检查与绝缘导线直接接触的金具绝缘罩齐全、无开裂、无发热变色变形，接地环设置满足要求。

5. 拉线巡视检查内容

（1）检查拉线无断股、松弛、严重锈蚀和张力分配不匀的现象，拉线的受力角度适当，当一基电杆上装设多条拉线时，各条拉线的受力一致。

（2）检查跨越道路的水平拉线，对路边缘的垂直距离不应小于6m，跨越电车行车线的水平拉线，对路面的垂直距离不应小于9m。

（3）检查拉线棒无严重锈蚀、变形、损伤及上拔现象，拉线基础牢固，周围土壤无突起、沉陷、缺土等现象。

（4）检查拉线不应设在妨碍交通（行人、车辆）或易被车撞的地方，无法避免时应设有明显警示标志或采取其他保护措施，无妨碍交通现象。穿越带电导线的拉线应加设拉线绝缘子，对地距离符合要求。

（5）检查拉线的抱箍、拉线棒、UT形线夹、楔形线夹等金具铁件无变形、锈蚀、松动或丢失现象。顶（撑）杆、拉线桩、保护桩（墩）等无损坏、开裂等现象。

6. 接地装置巡视检查内容

（1）检查铁塔、钢管塔及其他需接地的杆塔接地装置良好。

（2）检查接地引下线连接正常，接地装置完整、正常。

7. 附件巡视检查内容

（1）检查防鸟器、防雷金具、故障指示器等工作正常。

（2）检查铝包带、预绞丝无滑动、断股或烧伤，防震锤无移位、脱落、偏斜。

8. 通道巡视检查内容

（1）检查线路保护区内无易燃、易爆物品和腐蚀性液（气）体。无存在可能被风刮起危及线路安全的物体（如金属薄膜、广告牌、风筝等）。

（2）检查防护区内导线与树、竹的距离符合规定，无蔓藤类植物附生威胁安全。

（3）线路巡视、检修时使用的道路、桥梁完好，不存在江河泛滥及山洪、泥石流对线路产生不良影响。

9. 柱上断路器巡视检查内容

（1）检查各个电气连接点连接可靠，铜铝过渡可靠，无锈蚀、过热和烧损现象。熔丝管无弯曲、变形。操作机构无锈蚀现象。

（2）检查外壳无渗、漏油和锈蚀现象。套管无破损、裂纹和严重污染或放电闪络的痕迹。

（3）检查断路器固定牢固，支架无歪斜、松动，引线接点和接地良好，线间和对地距离满足要求。

（4）检查气体绝缘断路器的压力指示在允许范围内，油绝缘开关断路器油位正常。

（5）检查断路器的名称、编号，分、合和储能位置指示完好、正确、清晰。装设的警示标志完好、正确、清晰。

10. 金属氧化物避雷器巡视检查内容

（1）检查金属氧化物避雷器外表面无影响安全运行的异物，无污秽、破损、裂纹和电蚀痕迹。

（2）检查金属氧化物避雷器的高压引线、接地线连接正常。

11. 电力电容器巡视检查内容

（1）检查电力电容器绝缘件无闪络、裂纹、破损和严重脏污。

（2）检查电力电容器无渗、漏油。外壳无膨胀、锈蚀。

（3）检查电力电容器放电回路及各引线接线可靠。

（4）检查电力电容器带电导体与各部的间距满足安全要求。

（5）检查电力电容器熔丝正常。

（6）检查电力电容器标识正确接地装置完整、正常。

12. 配电变压器巡视检查内容

（1）检查配电变压器各部件接点接触良好，无过热变色、烧熔现象。变压器套管清洁，无裂纹、击穿、烧损和严重污秽。

（2）检查配电变压器油温、油色、油面正常，无异声、异味。

（3）检查配电变压器各部位密封圈（垫）无老化、开裂，缝隙无渗、漏油现象。

（4）检查配电变压器外壳（箱式变压器箱体）无脱漆、锈蚀，焊口无裂纹、渗油。

（5）检查有载调压配电变压器分接开关指示位置正确。呼吸器正常、无堵塞，硅胶无变色现象，绝缘罩齐全完好，检查全密封变压器的压力释放装置完好。

（6）检查配电变压器各种标志齐全、清晰，铭牌及其警告牌和编号等其他标识完好。

（7）检查配电变压器台架高度符合规定，无锈蚀、倾斜、下沉。围栏完好，引下线绝缘良好，相间或对构件的距离符合规定，对工作人员无触电危险。

13. 配电柜巡视检查内容

（1）检查配电柜上各种仪表、保护装置、信号装置运行正常。断路器分、合闸位置正确，与实际运行方式相符，控制把手与指示灯位置对应，真空泡表面无裂纹，SF6 断路器气体压力正常。断路器防误闭锁完好，柜门关闭正常，油漆无剥落。

（2）检查配电柜设备的各部件连接点接触良好，无放电声，无过热变色、烧熔现象，检查断路器柜内电缆终端接触良好，电缆终端相间和对地距离符合安全规定要求。

（3）检查配电柜设备无凝露，加热器或除湿装置处于良好状态。检查配电柜接地装置良好，无严重锈蚀、损坏。检查配电柜母线排无变色变形现象，绝缘件无裂纹、损伤、放电痕迹。

（4）检查配电柜上的模拟图板或一次接线图与实际设备运行位置一致。铭牌及各种标志齐全、清晰。

14. 电缆及附件巡视检查内容

（1）电缆终端头。检查电缆终端头连接部位良好，无过热现象，相间和对地距离符合要求。检查电缆终端头和支持绝缘子的瓷件或硅橡胶伞裙套无脏污、损伤、裂纹和闪络痕迹。检查电缆终端无放电现象。检查电缆终端头和避雷器固定牢固。检查电缆上杆部分保护管及其封口完整。检查电缆终端是否完整，有无渗漏油，有无开裂、积灰、电蚀或放电痕迹。检查电缆终端头相色清晰齐全，接地良好。

（2）电缆中间接头。检查电缆中间接头密封良好。检查电缆中间接头标志清晰齐全。检查电缆中间接头连接部位良好，无过热变色、变形等现象。

（3）电力电缆本体。检查电力电缆线路标识、编号齐全、清晰。检查电力电缆线路防火措施完备。检查电力电缆线路排列整齐规范，按电压等级的高低从下向上分层排列。检查通信光缆与电力电缆同沟时应采取有效的隔离措施。

（4）电缆通道。检查电缆通道上方无违章建筑物，无堆置的可燃物、杂物、重物、腐蚀物等。检查电缆工作井盖无丢失、无破损、无被掩埋。检查电缆沟盖板齐全完整并排列紧密。检查隧道进出口设施完好，巡视和检修通道畅通，沿线通风口完好。

15. 电缆分支箱巡视检查内容

（1）检查电缆分支箱基础无损坏、下沉，周围土壤无挖掘或沉陷。检查壳体无锈蚀损坏，电缆分支箱内无进水，无小动物、杂物、灰尘。

（2）检查电缆分支箱内电缆无外露，电缆搭头接触良好，无发热、氧化、变色现象，电缆搭头相间和对壳体、地面距离符合要求。

（3）检查电缆分支箱内无异常声音或气味。检查电缆洞封口严密，箱内底部填沙与基座齐平。

（4）检查电缆分支箱内设备名称、铭牌、警告标识、一次接线图等清晰、正确并与运行设备相对应。

（5）检查电缆分支箱体内电缆进出线牌号与对侧端标牌对应，电缆标示牌齐全、对应，肘头相色齐全。

16.构筑物及外壳巡视检查内容

（1）检查配电设备周围无杂物堆放，无可能威胁配电网安全运行的杂草、藤蔓类植物生长等。

（2）检查配电室的门、窗、钢网无损坏。检查配电室的房屋、设备基础无下沉、开裂，屋顶无漏水、无积水。检查配电室的沿沟无堵塞。

（3）检查配电室的户外环网单元、箱式变压器等设备的箱体无锈蚀、变形。

（4）检查配电室的门锁完好，户外箱体的门锁完好。检查配电室内设备的标示牌和设备命名正确。

（5）检查电缆盖板无破损、缺失，进出管沟封堵良好，防小动物设施完好。

（6）检查配电室内温度正常，无异声、异味，室内消防、照明设备、常用工器具完好齐备，摆放整齐，除湿、通风、排水设施完好。

二、安全隐患排查

（一）安全隐患定义

安全隐患是指安全风险程度较高，可能导致事故发生的作业场所、设备设施、电网运行的不安全状态、人的不安全行为和安全管理方面的缺失。

（二）乡镇供电所的主要职责

根据上级安排开展专项安全隐患排查和治理工作。结合设备运维、监测、试验或检修、施工等日常工作排查安全隐患。负责职责范围内安全隐患的上报、管控和治理工作。

（三）安全隐患分级

根据可能造成的事故后果，安全隐患分为Ⅰ级重大事故隐患、Ⅱ级重大事故隐患、一般事故隐患和安全事件隐患四个等级。"安全隐患"指"Ⅰ级重大事故隐患、Ⅱ级重大事故隐患、一般事故隐患和安全事件隐患"的统称（"Ⅰ级重大事故隐患和Ⅱ级重大事故隐患"合称"重大事故隐患"）。安全隐患分级如下：

1.Ⅰ级重大事故隐患

（1）1～2级人身、电网或设备事件。

（2）水电站大坝溃决事件。

（3）特大交通事故，特大或重大火灾事故。

（4）重大以上环境污染事件。

2．Ⅱ级重大事故隐患

（1）3～4级人身或电网事件。

（2）3级设备事件或4级设备事件中造成100万元以上直接经济损失的设备事件，或造成水电站大坝漫坝、结构物或边坡垮塌、泄洪设施或挡水结构不能正常运行事件。

（3）5级信息系统事件。

（4）重大交通，较大或一般火灾事故。

（5）较大或一般等级环境污染事件。

（6）重大飞行事故。

（7）安全管理隐患。安全监督管理机构未成立，安全责任制未建立，安全管理制度、应急预案严重缺失，安全培训不到位，发电机组并网安全性评价未定期开展，水电站大坝未开展安全注册和定期检查等。

3．一般事故隐患

（1）5～8级人身事件。

（2）其他4级设备事件，5～7级电网或设备事件。

（3）6～7级信息系统事件。

（4）一般交通事故，火灾（7级事件）。

（5）一般飞行事故。

（6）其他对社会造成影响事故的隐患。

4．安全事件隐患

（1）8级电网或设备事件。

（2）8级信息系统事件。

（3）轻微交通事故、火警（8级事件）。

（4）通用航空事故征候，航空器地面事故征候。

（四）安全隐患与设备缺陷的区别

安全隐患与设备缺陷有延续性又有区别。超出设备缺陷管理制度规定的消缺周期仍未消除的设备危急缺陷和严重缺陷，即为安全隐患。对规定的一个消缺周期内的设备缺陷不纳入安全隐患管理，仍由各级单位按照设备缺陷管理规定和工作流程处置。被判定为安全隐患的设备缺陷，应继续按照现有设备缺陷管理规定进行处理，同时纳入安全隐患管理流程进行闭环督办。乡镇供电所发现的安全隐患应按照配电类进行统计，统计时要按照设备、系统、管理和其他隐患进行分类。安全隐患等级实行动态管理。依据隐患的发展趋势和治理进展，隐患的等级可进行相应调整。

（五）安全隐患排查治理

1. 安全隐患排查流程

安全隐患排查治理应纳入乡镇供电所日常工作中，按照"排查（发现）—评估报告—治理（控制）—验收销号"的流程形成闭环管理。乡镇供电所应采取技术、管理措施，结合常规工作、专项工作和监督检查工作排查、发现安全隐患，明确排查的范围和方式方法，专项工作还应制定排查方案。每年要对乡镇供电所上年度安全隐患排查治理完成情况进行总结，见［实例2-2］。

［实例2-2］

2019年度安全隐患排查治理完成情况统计表
2019年01月01日—2019年12月30日

填报单位：卢山乡镇供电所　　　　填报日期：2020年01月08日

序号	隐患编号	安全隐患内容	评估定级	专业分类	治理期限	是否消除	整改情况	备注
1	20190001	因修路造成10kV城东线22号杆拉线处在路中心，危及线路安全运行	一般隐患	配电	2019-01-06至2019-03-30	是	3月6日，10kV城东线22号杆停电，乡镇供电所将22号杆更换为钢管塔，拉线拆除，隐患消除	办理第一种工作票
2	20190002	10kV广田线39—47号杆线下树木超高，危及线路安全运行	一般隐患	配电	2019-01-09至2019-03-30	是	3月8日，乡镇供电所组织对10kV广田线39—47号杆线下超高树木进行了砍伐，共61棵，隐患消除	
3	20190003	10kV江川线23—27号杆护区树木超高，危及线路安全运行	一般隐患	配电	2019-01-12至2019-03-30	是	3月14日，乡镇供电所对10kV江川线23—27号杆护区内超高树木进行了砍伐，共34棵，隐患消除	
4	2019004	10kV省华线8—9号杆线路护区内存在超高树木，危及线路安全运行	一般隐患	配电	2019-03-16至2019-03-30	是	3月22日，乡镇供电所与寨子村村民协调好，砍伐10kV省华线8—9号杆线路护区内树木11棵，隐患消除	
5	20190005	10kV银桥线60—67号杆线路护区内存在超高树木，危急线路安全运行	一般隐患	配电	2019-04-13至2019-04-27	是	4月20日，经与××县××乡镇桥头堡村协调，对银桥线12—17号杆线路护区内树木进行了砍伐，共砍伐树木31棵，隐患消除	

续表

序号	隐患编号	安全隐患内容	评估定级	专业分类	治理期限	是否消除	整改情况	备注
6	2019006	10kV 红山线 19—20 号杆线路护区内建设临时塑料大棚,对导线垂直距离不足,可能造成配电设备事件	一般隐患	配电	2019-05-18 至 2019-05-27	是	5 月 18 日,经与××县××乡镇齐山村户主协商,签订协议,拆除 10kV 红山线 19—20 号杆线路护区内建设的临时塑料大棚,改建其他地方。满足《电力安全工作规程》规定的安全距离要求	需要停电处理
7	2019007	10kV 东岭线 14—15 号杆导线与新建道路照明灯 37 号杆平行距离太近	一般隐患	配电	2019-06-25 至 2019-07-10	是	6 月 27 日,联系市政部门将新建道路照明灯 37 号杆向西水平迁移 3.6m,灯杆与导线水平距离满足《电力安全工作规程》规定的安全距离要求	
8	2019008	10kV 云龙线 15—16 号杆线路上有塑料布一块,危及线路安全运行	一般隐患	配电	2019-07-11 至 2019-07-11	是	7 月 11 日,乡镇供电所组织对 10kV 云龙线 15—16 号杆线路上的塑料布进行了带电清除,隐患消除	办理第二种工作票
9	2019009	10kV 金塔线 26 号杆杆号牌脱落	一般隐患	配电	2019-08-22 至 2019-08-31	是	8 月 30 日,乡镇供电所组织对 10kV 金塔线 26 号杆脱落的杆号牌进行了重新安装	
10	20190010	10kV 齐合线 26 号杆杆基被雨水冲刷后,杆基裸露,危及线路安全运行	一般隐患	配电	2019-08-23 至 2019-08-23	是	8 月 23 日,乡镇供电所组织对 10kV 齐合线 26 号杆杆基进行填土处理,并进行加固处理,隐患消除	需要当日处理
11	20190011	因宏达路加宽,10kV 正通线 29 号杆杆塔及拉线在新修路面上,危机线路安全运行	一般隐患	配电	2019-09-13 至 2019-09-25	是	9 月 16 日对 10kV 正通线 29 号杆及拉线进行迁移改造,隐患消除	需要停电处理
12	20190012	因隆盛路加宽,10kV 前锦线 21 号杆杆塔及拉线在新修路面上,危机线路安全运行	一般隐患	配电	2019-09-13 至 2019-10-12	是	9 月 22 日对 10kV 前锦线 21 号杆及拉线进行迁移改造,隐患消除	需要停电处理

序号	隐患编号	安全隐患内容	评估定级	专业分类	治理期限	是否消除	整改情况	备注
13	20190013	10kV 白塔线 12—16 号杆线路护区内存在超高树木，危及线路安全运行	一般隐患	配电	2019-09-17 至 2019-09-26	是	9 月 21 日，乡镇供电所经与××县××乡镇塔林村协商，对 10kV 白塔线 12—16 号杆线路护区的超高树木进行砍伐，砍伐树木 32 棵，隐患消除	
14	20190014	10kV 鼎新线赵庄配电台区 3 号配电变压器下方安全围栏被破坏	一般隐患	配电	2019-10-14 至 2019-10-30	是	10 月 14 日，组织对 10kV 鼎新线赵庄配电台区 3 号配电变压器下方被破坏的安全围栏进行了更换	
15	20190015	10kV 红山线 17—18 号杆下方旁边有违章建筑，距离 10kV 红山线线路太近，危及线路安全运行	一般隐患	配电	2019-11-05 至 2019-11-18	是	11 月 06 日，乡镇供电所经与××县××乡镇山头村户主协商，对 10kV 红山线 17—18 号杆防护区内新建违章建筑进行拆除，违章消除	
16	20190016	10kV 宏大线 6 号杆线路防护区内有建筑施工单位使用吊车作业，危及线路安全运行	一般隐患	配电	2019-12-15 至 2019-12-15	是	12 月 15 日，乡镇供电所已派台区经理在施工现场制止建筑施工单位停止用吊车施工作业，告知施工单位危险点，容易造成人员触电伤亡，施工单位人员已经撤离防护区	需要当日处理
17	20190017	10kV 城南线 15—16 号杆线下旁边违章建房，危及线路安全运行	一般隐患	配电	2019-12-16 至 2019-12-30	是	12 月 20 日，乡镇供电所联系××乡镇徐家庄村民徐基业对线路护区内房屋进行拆除	
18	20190018	10kV 坤泰线李村配电台区 6 号配电变压器下方安全围栏损坏	一般隐患	配电	2019-12-23 至 2019-12-30	是	12 月 23 日，乡镇供电所组织对 10kV 坤泰线李村配电台区 6 号配电变压器下方损坏的安全围栏进行了更换	
19	20190019	10kV 坤泰线 18 号箱式变压器周围安全围栏损坏	一般隐患	配电	2019-12-23 至 2019-12-30	是	12 月 23 日，乡镇供电所组织对 10kV 坤泰线 18 号箱式变压器周围损坏的安全围栏进行了更换	

2. 安全隐患排查治理内容

乡镇供电所应及时掌握通道内地理环境、特殊气候特点、地下管网等情况，以及线路（电缆）跨（穿）越铁路、公路、河流、电力线等详细分布状况，确保设备运行安全。

乡镇供电所应加强配网通道的准入管理，严禁未经批准擅自搭挂和占用通道资源。乡镇供电所应加强电力设施保护宣传，建立线路、电缆通道安全联防、联控机制，加强对联防护线员的业务培训，建立异常情况汇报及考核制度。乡镇供电所应定期开展树线矛盾、火灾隐患、通道侵占等专项整治工作，主要包括：

（1）定期排查外破多发区、人员密集区、施工场地、鱼塘、跨越重要公路和航道的区段等重点区域的标示牌、警示标识是否齐全，安全告知是否到位。

（2）定期排查重要线路保护区内施工情况，检查安全责任书签订情况，对保护区内的违章建房应及时向政府主管部门报告。

（3）对电缆通道保护范围内存在的违建、挖掘、非开挖施工等进行现场监督，及时采取保护措施，制止可能存在的损害。

（4）结合季节性特点，开展影响线路安全运行的树（竹）修剪工作。

3. 安全隐患排查方式

根据电网年度和临时运行方式分析，乡镇供电所组织开展各类安全性评价或安全标准化查评，各类安全检查。乡镇供电所结合年度、阶段性重点工作和"二十四节气表"组织开展的专项隐患排查，设备日常巡视、检修预试、在线监测和状态评估、季节性（节假日）检查。风险辨识或危险源管理。已发生事故、异常、未遂、违章的原因分析，事故案例或安全隐患范例学习等。

4. 安全隐患预警

乡镇供电所接到隐患预警通告后，涉及电网、人身和设备安全管理的责任单位应立即采取管控、防范或治理措施，做到有效降低隐患风险，保障作业人员和电网及设备运行安全，并将措施落实情况报告相关部门。隐患预警工作结束后，发布单位应及时通告解除预警。

（六）安全隐患排查评估

（1）安全隐患的等级由隐患所在单位按照预评估、评估、认定三个步骤确定。重大事故隐患由省公司级单位或国家电网公司总部相关职能部门认定，一般事故隐患由地市公司级单位认定，安全事件隐患由地市公司级单位的二级机构或县供电公司级单位认定。

（2）地市和县供电公司级单位对于发现的隐患应立即进行预评估。初步判定为一般事故隐患的，1周内报地市公司级单位的专业职能部门，地市公司级单位接报告后1周内完成专业评估、主管领导审定，确定后1周内反馈意见。初步判定为重大事故隐患的，立即报地市公司级单位专业职能部门，经评估仍为重大隐患的，地市公司级单位立即上报省公司级单位专业职能部门核定，省公司级单位应于3天内反馈核定意见，地市公司级单位接核定意见后，应于24小时内通知重大事故隐患所在单位。

（3）地市公司级单位评估判断存在重大事故隐患后应按照管理关系以电话、传真、电子邮件或信息系统等形式立即上报省公司级单位的专业职能部门和安全监察部门，并于24小时内将详细内容报送省公司级单位专业职能部门核定。

（七）安全隐患排查治理方案

安全隐患一经确定，隐患所在乡镇供电所应立即采取防止隐患发展的控制措施，防止事故发生，同时根据隐患具体情况和急迫程度，及时制定治理方案或措施，抓好隐患整改，按计划消除隐患，防范安全风险。安全隐患排查治理方案的编制应依据有关安全生产法律、法规或者设计规范、技术标准以及企业的安全生产目标等，确定排查目的、参加人员、排查内容、排查时间、排查安排、排查记录要求等内容。重大事故隐患治理方案应由省公司级单位专业职能部门负责或其委托地市公司级单位编制，省公司级单位审查批准，在核定隐患后30天内完成编制、审批，并由专业部门定稿后3天内抄送省公司级单位安全监察部门备案，受委托管理设备单位应在定稿后5天内抄送委托单位相关职能部门和安全监察部门备案。

重大事故隐患治理方案应包括：隐患的现状及其产生原因。隐患的危害程度和整改难易程度分析。治理的目标和任务。采取的方法和措施。经费和物资的落实。负责治理的机构和人员。治理的时限和要求。防止隐患进一步发展的安全措施和应急预案。

一般事故隐患治理应制定治理方案或管控（应急）措施，由地市公司级单位负责在审定隐患后15天内完成。安全事件隐患应制定治理措施，由地市公司级单位二级机构或县供电公司级单位在隐患认定后1周内完成，地市公司级单位有关职能部门予以配合。安全隐患治理应结合电网规划和年度电网建设、技改、大修、专项活动、检修维护等进行，做到责任、措施、资金、期限和应急预案"五落实"。对经过治理、危险性确已降低、虽未能彻底消除但重新评估定级降为一般事故隐患的，经省公司级单位核定可划为一般事故隐患进行管理，在重大事故隐患中销号，但省公司级单位要动态跟踪直至彻底消除。未能按期治理消除的一般事故隐患或安全事件隐患，应重新进行评估，依据评估后等级重新填写"重大、一般事故或安全事件隐患排查治理档案表"，重新编号，原有编号销除。

（八）安全隐患排查治理验收销号：

（1）隐患治理完成后，隐患所在单位应及时报告有关情况、申请验收。省公司级单位组织对重大事故隐患治理结果进行验收，地市公司级单位组织对一般事故隐患治理结果进行验收，县供电公司级单位或地市公司级单位二级机构组织对安全事件隐患治理结果进行验收。

（2）事故隐患治理结果验收应在提出申请后 10 天内完成。验收后填写"重大、一般事故或安全事件隐患排查治理档案表"。重大事故隐患治理应有书面验收报告，并由专业部门定稿后 3 天内抄送省公司级单位安全监察部门备案，受委托管理设备单位应在定稿后 5 天内抄送委托单位相关职能部门和安全监察部门备案。

（3）隐患所在单位对已消除并通过验收的应销号，整理相关资料，妥善存档。具备条件的应将书面资料扫描后上传至信息系统存档。

（4）省、地市和县供电公司级单位应开展定期评估，全面梳理、核查各级各类安全隐患，做到准确无误，对隐患排查治理工作进行评估。定期评估周期一般为地市、县供电公司级单位每月一次，省公司级单位至少每季度一次，可结合安委会会议、安全分析会等进行。

（九）与电力客户相关的安全隐患排查治理

（1）由于电网限制或供电能力不足导致的安全隐患，纳入供电企业安全隐患进行闭环管理。

（2）由于乡镇供电所管辖电力客户原因导致电网存在的安全隐患，可以由乡镇供电所负责以安全隐患通知书的形式告知电力客户，同时向政府有关部门报告，督促用户整改，并将安全隐患纳入闭环管理，采取技术或管理措施防止对电网造成影响。

（3）由于乡镇供电所管辖电力客户自身存在供用电安全隐患，可以由乡镇供电所负责以安全隐患通知书的形式告知产权单位，提出整改要求，告知安全责任，做好签收记录，同时向政府有关部门报告，积极督促整改。

（十）安全隐患管理信息

县供电公司及乡镇供电所应运用安全隐患管理信息系统，做到"一患一档"。隐患档案应包括的信息内容：隐患简题、隐患来源、隐患内容、隐患编号、隐患所在单位、专业分类、归属职能部门、评估等级、整改期限、整改完成情况等。隐患排查治理过程中形成的传真、会议纪要、正式文件、治理方案、验收报告等也应归入隐患档案。上述档案的电子文档应及时录入安全隐患管理信息系统。

（十一）安全隐患排查治理实例

（1）安全隐患排查治理专项行动实例《关于排查治理 10kV 及以下配电设备安全隐患的通知》见［实例 2-3］。

［实例 2-3］

关于排查治理 10kV 及以下配电设备安全隐患的通知

县供电公司所属各单位，各乡镇供电所：

为全面排查治理 10kV 及以下配电设备安全隐患及风险点，加大安全用电和电力设施保护法律 法规宣传力度，治理电力设施保护区内违法违规行为，确保不发生人身触电伤害事故和配电设备事故，公司决定对 10kV 及以下配电设备安全隐患进行集中排查治理，有关事项通知如下：

一、隐患排查内容及治理要求

1. 安全距离不足隐患

依据《架空配电线路及设备运行规程》和《农村低压电力技术规程》（DL/T 499—2001）要求，排查治理架空线路安全距离不足隐患：

（1）10kV 架空线对建筑物最小垂直距离 3m，水平距离 1.5m。10kV 绝缘导线对建筑物最小垂直距离 2.5m，水平距离 0.75m。

（2）0.4kV 架空线路对建筑物最小垂直距离 2m，水平距离 0.2m。

（3）接户线、进户线与建筑物的最小安全距离：与下方窗户的垂直距离为 0.3m。与上方阳台或窗户的垂直距离为 0.8m。与窗户或阳台的水平距离为 0.75m。与墙壁、构架的水平距离为 0.05m。

（4）接户线和进户线对公路、街道和人行道的最小垂直距离：公路路面 6m。遇车困难的街道、人行道 3.5m。不通车的人行道、胡同 3m。

治理要求：3 月 31 日排查完成，建立隐患档案。房线矛盾、交跨距离不足等安全隐患按照"谁引起、谁负责"的原则开展治理。由公司原因引起的，结合基建、技改、大修等工程进行整改。非公司原因引起的隐患，各单位要向建筑物业主或相关设施产权单位下发安全隐患通知书，签订安全协议，并向政府相关部门报备。4 月底完成整改任务。

2. 安全警示标识缺失隐患

依据《国家电网公司安全设施标准》（国家电网科〔2010〕362 号），排查治理各类标识缺失隐患：

（1）10kV 及以下配电线路和配电设备名称标识要齐全、字迹清晰。

（2）在村镇、广场、池塘附近的架空线路要设置"高压危险、禁止建房！""高压危险、禁止植树！""高压危险、禁止垂钓！""高压危险、禁止放风筝！"标示牌。

（3）10kV 及以下配电线路和配电设备中带爬梯的杆塔上设置"禁止攀登，高压危险！"标示牌。

（4）10kV 及以下电力电缆路径护区内要设置"高压危险、禁止开挖！"标示牌。

（5）10kV 及以下配电线路和配电设备上要设置"止步，高压危险！"标示牌。

（6）10kV 台架变压器、10kV 箱式变压器、10kV 环网柜、10kV 配电箱门、10kV 电缆分支箱设置的围栏上未安装"止步，高压危险！"标示牌。

治理要求：3 月 31 日排查完成，明确警示标识缺失设备编号名称和具体位置，统计缺失种类及数量，建立隐患档案。结合项目资金补充完善缺失警示标识，8 月底完成制作安装。

3. 安全隔离措施缺失隐患

依据《国家电网公司安全设施标准》（国家电网科〔2010〕362 号）和《国家电网公司电力安全工作规程》，排查治理安全隔离和防护安全隐患：

（1）10kV 配电室门、10kV 箱式变压器、10kV 环网柜、10kV 配电箱门、10kV 电缆分支箱未上锁。10kV 台架变压器、10kV 箱式变压器、10kV 环网柜、10kV 配电箱门、10kV 电缆分支箱未设置围栏或围栏损坏。

（2）10kV 配电室门窗破损，10kV、0.4kV 电力设备柜前后柜门无法关闭或关闭不严，10kV 配电变压器未设置固定围栏，10kV 配电变压器虽设置围栏但围栏门未上锁，10kV 配电变压器设置围栏丢失。

（3）配电室户外穿墙套管、引线裸露点对地距离不足。台架变压器的 JP 柜下沿对地距离不足 2m，台架变压器下未设置固定围栏、虽设置围栏但围栏门未上锁、10kV 台架变压器设置固定围栏丢失。

（4）10kV 及以下电力电缆沟盖板破损、缺失。井盖破损、缺失。10kV 及以下电力电缆沟进出配电室未封堵。

治理要求：3 月 25 日排查完成，明确隐患存在的位置，统计安全隔离措施缺失种类及数量，建立隐患档案。结合大修项目进行消缺整改，10 月底完成。

4. 配电线路及设备本体隐患

依据《农村低压电力技术规程》（DL/T 499—2001）、《配电网运行规程》（Q/GDW 519—2010）和《农村电网剩余电流动作保护器安装运行规程》（DL/T 736—2010）要求，排查治理易造成人身伤害的设备隐患：

（1）水泥电杆裂纹（混凝土电杆有裂缝，其中有纵向裂纹，横向裂纹大于 1/3 周长、且裂纹宽度大于 0.5mm）。电杆倾斜存在倒杆伤人风险。

（2）占据道路的电杆未安装防撞警示标志或防撞警示标志不清晰。占据道路的拉线未安装保护套或保护套损坏。穿越和接近导线的拉线没有安装拉线绝缘子。

（3）10kV 环网柜、10kV 箱式变压器、JP 柜等箱体未接地。配电变压器外壳未接地、10kV 配电变压器中性点接地电阻不合格，10kV 接地装置接地电阻不合格。

（4）一级剩余电流动作保护器配置参数不正确，正确动作率达不到 100%。

（5）电能表表箱内线头裸露。用电客户销户后，其设备仍然接于电网带电运行。

治理要求：3 月 31 日排查完成，建立隐患档案。10 月底前各乡镇供电所结合停电计划进行改造，在此期间要加强巡视，做好防范措施。

5. 配电线路外部安全隐患

（1）配电线路保护区内违章建筑，危及配电线路安全运行。

（2）配电线路保护区植树超高，危及配电线路安全运行。

（3）配电线路保护区堆积杂物，危及配电线路安全运行。

（4）配电线路保护区施工，危及配电线路安全运行。

治理要求：3 月 31 日排查完成，乡镇供电所加大配电线路运行巡视工作力度，明确记录配电线路名称和具体杆位，现场拍照并建立隐患档案，下发安全隐患通知书并向政府有关部门报备，采取防控措施。

二、工作要求

各乡镇供电所要根据隐患排查内容与治理要求，结合乡镇供电所工作实际，明确责任人，责任区，按照"排查、建档、整改、复验"的流程，建立工作流转签字认可制度，"谁签字、谁负责"，严肃责任追溯，提高工作管理质效。按照边查边改、立行立改的要求，抓好专项整治工作。能立即消除的隐患，乡镇供电所要组织台区经理立即消除，不能消除的，制定整改方案，限期消除。县供电公司对隐患治理完成情况进行实时监控，通过月度安全工作会议通报各乡镇供电所整治进度。

2018 年 3 月 1 日

（2）乡镇供电所安全隐患排查治理专项行动完成情况实例《安全隐患排查治理专项行动完成情况统计表》见［实例 2-4］。

[实例 2-4]

2018 年安全隐患排查治理专项行动完成情况统计表

填报单位：双泉乡镇供电所　　　　　　　　　　　　　　　填报日期：2018 年 8 月 10 日

序号	隐患编号	安全隐患内容	评估定级	专业分类	隐患消除日期	是否消除	整改情况	备注
1	20180001	因修路造成 10kV 任腾线 19 号杆拉线处在路中心，危及线路安全运行	一般隐患	配电	2018 年 3 月 26 日	是	3 月 26 日，10kV 任腾线停电，将 10kV 任腾线 19 号杆更换为钢管塔，拉线拆除，隐患消除	
2	20180002	10kV 石井线 8 号杆-9 号杆架空线路对建筑物距离不足，危及线路安全运行	一般隐患	配电	2018 年 3 月 27 日	是	3 月 27 日，乡镇供电所经与××县××乡镇周松村户主协商，对 10kV 石井线 8 号杆-9 号杆防护区内新建违章建筑进行拆除，违章消除	
3	20180003	0.4kV 梁邱线 5 号杆-6 号杆架空线路对违章建房距离不足，危及线路安全运行	一般隐患	配电	2018 年 3 月 28 日	是	3 月 28 日，乡镇供电所对 0.4kV 梁邱线 5 号杆-6 号杆防护区内新建违章建筑进行拆除，隐患消除	
4	20180004	10kV 南径线 11 号杆-12 号杆架空线路下违章建设塑料大棚，危及线路安全运行	一般隐患	配电	2018 年 3 月 30 日	是	3 月 30 日，乡镇供电所与乾家村村民协调好，10kV 南径线 11 号杆-12 号杆架空线路下违章塑料大棚拆除，隐患消除	
5	20180005	10kV 朱田线 6 号台架变压器下围栏上未安装"止步，高压危险！"标示牌	一般隐患	配电	2018 年 4 月 16 日	是	4 月 16 日，乡镇供电所派人对 10kV 朱田线 6 号台架变压器下围栏上安装"止步，高压危险！"标示牌	
6	20180006	10kV 北金线电力电缆路径护区内缺少"高压危险、禁止开挖！"标示牌	一般隐患	配电	2018 年 4 月 17 日	是	4 月 17 日，乡镇供电所派人在 10kV 北金线电力电缆路径护区内装设"高压危险、禁止开挖！"标示牌	
7	20180007	10kV 马兰线 27 号杆爬梯上没有装设"禁止攀登，高压危险！"标示牌	一般隐患	配电	2018 年 4 月 18 日	是	4 月 18 日，乡镇供电所派人在 10kV 马兰线 27 号杆爬梯上装设"禁止攀登，高压危险！"标示牌	
8	20180008	10kV 文化线 15 号杆-18 号杆线路下池塘边没有设置"高压危险、禁止垂钓！"标示牌	一般隐患	配电	2018 年 4 月 20 日	是	4 月 20 日，乡镇供电所组织对 10kV 文化线 15 号杆-18 号杆线路下池塘边设置"高压危险、禁止垂钓！"标示牌	

续表

序号	隐患编号	安全隐患内容	评估定级	专业分类	隐患消除日期	是否消除	整改情况	备注
9	20180009	10kV贾庄线7号杆、16号杆、22杆号、25号杆杆号牌字迹不清晰	一般隐患	配电	2018年4月23日	是	4月23日，乡镇供电所组织对10kV贾庄线7号杆、16号杆、22杆号、25号杆杆号牌进行重新制作更换	
10	20180010	10kV小营线古屯3号台架变压器下方安全围栏被破坏	一般隐患	配电	2018年5月9日	是	5月9日，乡镇供电所组织对10kV小营线古屯3号台架变压器下方破坏的安全围栏进行了更换	
11	20180011	10kV高桥线吴家台3号箱式变压器周围没有安装安全围栏	一般隐患	配电	2018年5月10日	是	5月10日，乡镇供电所组织对10kV高桥线吴家台3号箱式变压器周围装设安全围栏，并在围栏外装设"止步，高压危险！"标示牌。	
12	20180012	10kV白羊线东翰村3号配电室1号变压器周围没有安装安全围栏，装设为临时围栏	一般隐患	配电	2018年5月11日	是	5月11日，乡镇供电所组织对10kV白羊线东翰村3号配电室1号变压器周围更换固定安全围栏，并在围栏外装设"止步，高压危险！"标示牌	
13	20180013	10kV城南线瓷村6号配电室北路线配电柜后柜门关不严	一般隐患	配电	2018年5月15日	是	5月15日，乡镇供电所组织对10kV城南线瓷村6号配电室北路线配电柜后柜门进行处理，隐患消除	
14	20180014	10kV双山线黄家村2号箱式变压器箱门未上锁	一般隐患	配电	2018年5月17日	是	5月17日，乡镇供电所组织对10kV双山线黄家村2号箱式变压器箱门上锁，隐患消除	
15	20180015	10kV双龙峪线11号杆-13号杆线路护区内存在超高树木，危及线路安全运行	一般隐患	配电	2018年5月18日	是	5月18日，乡镇供电所经与××县××乡镇塔林村协商，对10kV双龙峪线11号杆-13号杆线路护区的超高树木进行砍伐，砍伐树木27棵，隐患消除	
16	20180016	东玉村5号配电台区6号、11号、12号、16号、22号、25号电能表表箱内有线头裸露	一般隐患	配电	2018年5月22日	是	5月22日，乡镇供电所派出台区经理两名对东玉村5号配电台区6号、11号、12号、16号、22号、25号电能表表箱内的线头裸露进行现场绝缘包扎，隐患消除	

续表

序号	隐患编号	安全隐患内容	评估定级	专业分类	隐患消除日期	是否消除	整改情况	备注
17	20180017	庐陵村 1 号配电室 0.4kV 电力电缆进出配电室电缆沟未封堵	一般隐患	配电	2018 年 6 月 11 日	是	6 月 11 日，乡镇供电所组织对庐陵村 1 号配电室 0.4kV 电力电缆进出配电室电缆沟进行封堵，隐患消除	
18	20180018	10kV 齐合线 26 号杆杆基被雨水冲刷后，杆基裸露，危及线路安全运行	一般隐患	配电	2018 年 6 月 13 日	是	6 月 13 日，乡镇供电所组织对 10kV 齐合线 26 号杆杆基进行填土处理，并进行加固处理，隐患消除	
19	20180019	10kV 苗岭线 16 号杆-17 号杆线路防护区内有建筑施工单位使用吊车作业，危及线路安全运行	一般隐患	配电	2018 年 6 月 15 日	是	6 月 15 日，乡镇供电所已派台区经理在施工现场制止建筑施工单位停止用吊车施工作业，告知施工单位危险点，容易造成人员触电伤亡，施工单位人员已经撤离防护区	

三、设备缺陷管理

（一）设备缺陷分类及定义

（1）设备缺陷分级：设备缺陷根据其严重程度一般分为紧急缺陷、重大缺陷、一般缺陷三个级别。

（2）设备缺陷：指输、变、配电设备、自动化系统本身任何部件损伤、绝缘不良或处于非正常运行状态。

（3）紧急缺陷：不立即进行处理将威胁人身及设备安全或严重影响设备出力、使用寿命的缺陷。此类缺陷发生后必须立即安排处理。

（4）重大缺陷：对设备出力、使用寿命有影响或能发展成为对人身、设备安全有威胁，但允许尽快安排处理的缺陷。此类缺陷按其严重程度 7 天内必须安排处理。

（5）一般缺陷：对人身、设备安全无威胁，且不致在短时间内发展成为紧急、重大设备缺陷，对设备出力及经济运行无影响的缺陷。按其严重程度 3 个月内安排处理。

（6）设备缺陷分类：设备缺陷按照本体缺陷、附属设施缺陷、外部隐患三大类。

（7）本体缺陷：指组成配电线路本体的构件、附件零部件，包括基础、杆塔、导线、绝缘子、金具、接地装置等发生的缺陷。

（8）附属设施缺陷：指附加在配电线路本体上的各类标示牌、警示牌及各种技术检测设备，例如：防雷装置、防鸟装置等出现的缺陷。

（9）外部隐患：指外部环境变化对配电线路的安全运行已经构成某种潜在威胁的情

况。例如：线路防护区内违章建筑、植树、堆物、取土、线下作业等。

（二）乡镇供电所人员岗位职责

1. 乡镇供电所所长

（1）负责组织台区经理及时消除 0.4kV 配电线路和配电设备紧急、重大设备缺陷。

（2）组织 0.4kV 配电线路和配电设备紧急、重大设备缺陷的验收工作。

（3）组织 0.4kV 配电线路和配电设备设备缺陷分析会。

（4）参加 10kV 配电线路和配电设备紧急、重大设备缺陷的验收工作。

（5）参加 10kV 配电线路和配电设备设备缺陷分析会。

2. 运检技术员

（1）根据台区经理发现的缺陷制定消缺计划，如果缺陷消除需要停电完成，运检技术员应根据相对应的 10kV 停电工作计划，安排低压配电设备的停电消缺工作。

（2）参与 0.4kV 配电线路和配电设备紧急、重大设备缺陷的验收工作。

（3）参与 0.4kV 配电线路和配电设备设备缺陷分析会。

（4）参加 10kV 配电线路和配电设备紧急、重大设备缺陷的验收工作。

（5）参加 10kV 配电线路和配电设备设备缺陷分析会。

（6）参与消除 0.4kV 配电线路和配电设备紧急、重大设备缺陷工作。

（7）负责制定消除 0.4kV 配电线路和配电设备缺陷技术措施。

（8）根据设备缺陷负责制定反事故技术措施，对紧急、重大、一般缺陷按照消缺时间段进行监控和督促消缺。

3. 台区经理

（1）负责 0.4kV 配电线路和配电设备的巡视。

（2）负责 10kV 配电线路和配电设备的巡视。

（3）负责 0.4kV 配电线路和配电设备缺陷的发现、记录、上报。

（4）负责 10kV 配电线路和配电设备的巡视，完成缺陷发现、记录、上报工作。

（5）负责消除 0.4kV 配电线路和配电设备的缺陷。

（6）负责发现缺陷并完成分类工作，按照发现缺陷的严重程度，进行缺陷分类并提出初步处理意见。

（7）负责加强对一般缺陷的监视，针对缺陷发展做出分析和事故预想。

（8）参加 0.4kV 配电线路和配电设备缺陷的验收工作。

（9）参加 10kV、0.4kV 配电线路和配电设备设备缺陷分析会。

（10）对于一般缺陷可能发展成为紧急、重大缺陷的，负责增加设备的巡视力度，时时掌握设备缺陷发展情况，并做好统计汇报工作。

（三）设备缺陷登记

（1）台区经理在巡视 0.4kV 配电线路和配电设备时发现的设备缺陷应记录在《低压配电设备缺陷记录》中，检修或试验中发现的 0.4kV 设备缺陷，不管处理与否，台区经理必须记录在《低压配电设备缺陷记录》中，台区经理应认真上报缺陷内容，缺陷内容要描述准确，特别是缺陷的具体位置、严重程度及缺陷发生时的有关负荷、温度、参数，确保缺陷记录准确，上报及时。紧急、重大缺陷在未消除前应采取限制、监督缺陷发展的措施。对于《低压配电设备缺陷记录》内容不完整、位置不明确、描述不准确等情况，乡镇供电所运检技术员应通知台区经理对此类缺陷重新填写。

（2）台区经理在巡视 10kV 配电线路和配电设备时发现的设备缺陷应录入 PMS2.0 系统-配网运维检修管理-缺陷管理中，检修或试验中发现的 10kV 设备缺陷，不管处理与否，台区经理也要记录在 PMS2.0 系统—配网运维检修管理—缺陷管理中，台区经理应认真上报缺陷内容，缺陷内容要描述准确，特别是缺陷的具体位置、严重程度及缺陷发生时的有关负荷、温度、参数，确保缺陷记录准确，上报及时。紧急、重大缺陷在未消除前应采取限制、监督缺陷发展的措施。台区经理发现 10kV 配电线路和配电设备缺陷并录入 PMS 2.0 系统—配网运维检修管理—缺陷管理时，乡镇供电所运检技术员要事前把关，对于内容不完整、位置不明确、描述不准确等情况，乡镇供电所运检技术员应提示台区经理进行修改，与实际相符后方可上传信息。

（四）设备缺陷处理

1. 设备缺陷消除期限

（1）紧急缺陷应在 24 小时内消除。

（2）重大缺陷视其严重程度在一个周内安排处理。

（3）一般缺陷可列入季度或年度大修计划进行处理或在日常维护工作中消除，通常情况下一般缺陷消除期限不超过半年，尽量要安排在 3 个月内消除一般缺陷。

2. 缺陷处理流程

当发现危急和严重缺陷后，乡镇供电所所长应立即组织台区经理进行消缺。对于一般缺陷，乡镇供电所可以结合工作和停电安排，在时限周期内消缺。如果缺陷消除需要停电完成，运检技术员应根据相对应的 10kV 停电工作计划，安排低压配电设备的停电消缺工作。对于 0.4kV 配电线路和配电设备紧急、重大设备缺陷的消除工作由乡镇供电所所长亲自安排组织，乡镇供电所运检技术员负责现场消除缺陷的质量监督，台区经理负责完成消除缺陷的具体工作，0.4kV 配电线路和配电设备紧急、重大设备缺陷消除工作完成后由所长组织验收，乡镇供电所运检技术员参与。对于 0.4kV 配电线路和配电设备一般设备缺陷的消除工作由乡镇供电所运检技术员组织，乡镇供电所运检技术员负责现场消除缺陷的质量监督，台区经理负责完成消除缺陷的具体工作，0.4kV配电线路和配电设备一般缺陷消除工作完成后由运检技术员组织验收，台区经理参与。0.4kV配电线路和配电设备紧急、重大、一般设备缺陷消除后，台区经理要及时填写《低压配电设备缺陷记录》更新0.4kV配电线路和配电设备紧急、重大、一般设备缺陷消除信息，台区经理在填写《低压配电设备缺陷记录》时要填上消除日期、消缺情况和消缺人员，消缺情况描述尽量详细、准确。缺陷消除要严格执行《配电设备检修规范》的工艺要求，台区经理要认真消缺，保证消缺质量，避免重缺陷复性发生。乡镇供电所安全质量员要加强消缺现场违章检查，严格按照《电力安全工作规程》要求执行好现场安全措施，杜绝现场无票作业，确保消缺工作安全。乡镇供电所在组织消缺过程中要安排足够的人力和物力，保障检修质量，不留设备隐患，力争一次消缺合格。对暂不能立即消除的缺陷，尽量采取补救措施并做好记录。对于暂不能消除的缺陷，乡镇供电所运检技术员要组织制定跟踪防范措施，报乡镇供电所所长批准后实施。

3. 延期处理的缺陷

对于暂态缺陷（指受环境、温度等条件影响所产生的缺陷），可以经县供电公司生产副经理批准由运维检修部门备案延期处理。受湿度、温度等因素影响而时显时消的缺陷，应先记入缺陷记录，当诊断为永久或者是器质性的缺陷时，再进行传递。否则，要反馈至运维检修部门并根据要求继续关注。受季节影响具有时效性的缺陷，在季节发生变化后，某些缺陷就失去了其时效性。对此种缺陷可申请延长其消缺期并在适当时机消缺。但是在其时效性恢复之前，此缺陷必须消除。因制造、安装遗留下来的缺陷，在投运后无法消除、但在运行中能通过采取改进措施就能保障安全生产者，经生产副经理批准，可不用传递和消缺，但要在设备台账中记载。设备大修、预试超周期、试验中的非关键数据偏差而在消缺周期内不能立即停电处理的缺陷，只要短期内对安全运行不会造成影响，经生产副经理批准，可延期消缺。

（五）缺陷的统计与分析

1. 缺陷消除率（消缺率）计算公式

$$消缺率 = \frac{统计期间消除缺陷总数}{统计期间已缺陷消除和未消除的缺陷总和} \times 100\%$$

2. 缺陷的统计与分析

乡镇供电所运检技术员应建立健全低压电网设备缺陷库，掌握缺陷的消除情况，跟踪危急、严重缺陷的消除效果，关注发现率、消除率指标，分析多发性、同类型缺陷的发生与发展，制定有效整改措施，确保设备健康运行。在缺陷未消除前，乡镇供电所运检技术员、台区经理要重点关注低压电网设备运行情况和缺陷发展态势，及时采取有效措施遏制其发生恶化。乡镇供电所要建立设备台账管理制度，乡镇供电所运检技术员对乡镇供电所管辖的配电设备按照电压等级进行分类统计，建立设备台账，根据设备投运、更改情况、缺陷发现和处理情况应及时更新。设备台账登录的设备名称、型号等参数应规范，符合有关技术标准，单位应统一，便于统计汇总，应将设备统一编号，便于管理。设备的产权、投运日期等应正确无误。乡镇供电所台区经理录入的 PMS 系统数据应与实际设备状况保持一致。乡镇供电所进行缺陷统计与分析时可以将 PMS 系统数据导出进行对比分析。缺陷的统计与分析作为低压电网设备运行分析的重要内容之一，每季度要召开一次低压电网设备运行分析会议。

四、设备标识管理

乡镇供电所管辖的配电线路及其设备，应按规定设置相关的标示牌，严禁无标志、无相色、无警示运行。

（一）设备标识管理职责

乡镇供电所运检技术员负责 10kV、0.4kV 配电线路及设备的名称、编号及相色的管理。乡镇供电所安全质量员负责 10kV、0.4kV 配电线路及设备的安全标示牌、安全警示标识管理。乡镇供电所客户服务员负责 0.4kV 计量表计和计量表箱的名称、编号。乡镇供电所台区经理负责 10kV、0.4kV 配电线路及设备的名称、编号及相色牌的巡视检查和安装，负责 10kV、0.4kV 配电线路及设备的安全标示牌、安全警示标识的巡视检查和安装，负责 0.4kV 计量表计和计量表箱名称、编号牌的巡视检查和安装。

（二）设备标识设置要求

（1）应设有名称和编号的配电线路及设备。10kV 架空线路、10kV 电缆线路、0.4kV 架空线路、0.4kV 电缆线路、10kV 配电柜（盘）、10kV 断路器、10kV 隔离开关、10kV 跌落式熔断器、10kV 环网柜、10kV 变压器、10kV 避雷器、0.4kV 电缆、0.4kV 分接箱、开关（低压断路器）、0.4kV 刀开关、0.4kV 熔断器、0.4kV 剩余电流动作保护器、0.4kV 电容器、0.4kV 避雷器、0.4kV 配电柜（盘）、0.4kV 计量装置柜（盘）、0.4kV 计量装置箱、0.4kV 计量表计等。

（2）应设有色标和相位标志的杆塔及线路。每条线路的起始杆塔、线路分支杆、线路转角杆、线路终端杆、换位杆塔及其前后一基杆塔、导线悬挂点的左旁或右旁、配电台区的进、出线。

（3）应设有安全标示牌的配电线路及设备。10kV 台架变压器、10kV 箱式变压器、10kV 配电室内的变压器应设安全标示牌。在 10kV、0.4kV 配电线路设有爬梯的杆塔上，应装设安全标示牌。台架变压器四周围栏上应设安全标示牌、箱式变压器四周围栏上应设安全标示牌、10kV 环网柜四周围栏上应设安全标示牌、配电室内的变压器固定围栏上应设安全标示牌、10kV 电缆分接箱四周围栏上应设安全标示牌、0.4kV 电缆分接箱四周围栏上应设安全标示牌。

（三）设备标识及警示标识安装要求

（1）10kV、0.4kV 线路的出口杆塔、分支杆、耐张杆、转角杆、换相杆、下户杆应设相序标识，在导线挂点附近的横担上安装相序牌或涂刷相序色。线路长度过大时可根据线路长度增加相应数量的相序牌，内容应面向小号侧并根据线路排列方式标明相序。

（2）10kV 线路用黄、绿、红三色表示 U、V、W 相。0.4kV 线路用黄、绿、红、蓝四色分别表示 U、V、W、N 相。

（3）现场悬挂 10kV、0.4kV 线路杆号牌时，其底部距杆根地面垂直距离应为 4～6m。杆号牌安装方向应面向线路小号侧（电源侧）或面向道路、人员活动方向。

（4）变压器台架警示牌安装：在台架正面变压器托担左侧安装"禁止攀登，高压危险"警示牌，上沿与变压器托担上沿对齐，并用钢包带固定在托担上。变压器台架杆号牌安装：将杆号牌用钢包带固定在电杆上，杆号牌的下沿距变压器托担上沿 1m。变压器运行编号牌安装：在台架正面变压器托担右侧安装，距离右侧杆体 100mm，其上沿与变压器托担上沿对齐，并用钢包带固定在托担上。

（5）防撞及埋深标识安装：距道路 1M 以内的杆塔安装防撞警示标识，警示标识颜色为黄黑相间，高度不低于 1200mm，每一色标高度为 200mm，顶部一格有"禁止攀登，高压危险"字样，字体为红色黑体。电杆下部距地面约 500mm 出涂刷或粘贴电杆埋深标识。

（6）台架应根据地形和环境安装围栏，围栏距台架保持足够的安全距离，地面上高度不低于 1800mm，围栏四面应悬挂"止步，高压危险"警示牌。

（7）配电设备接地扁钢除接地链接螺栓外，应刷黄绿相间的斑马漆，其间距为 10cm。

（8）箱式变压器接地要有两个明显断开点不要焊接，接地扁钢应刷黄绿斑马漆，其间距为 20cm。箱式变压器四面分别安装标志牌。名称牌朝向巡视易见侧，警示牌安装在其余两侧。标志牌安装在箱式变压器中部位置。地面安装的配电变压器四周应装设高度不小于 1800mm 的围栏，围栏与变压器外廓距离不小于 1m，围栏四面应悬挂"止步、高压危险"警示牌。

（9）电缆标示牌应安装在电缆终端头、中间头、转弯处。所有工井或电缆通道内，采用塑料扎带、捆绳等非导磁金属材料每隔 5～30m 将电缆标示牌牢牢固定，且要求在电缆敷设或电缆头安装到位后立即安装。应在电缆工井进出口分别绑扎电缆标志牌。爬杆电缆标志牌应绑扎在电缆保护管封堵口上方，同时应距离地面不小于 2500mm。标示牌要安装在明显位置，便于巡视人员、行人发现。电缆终端头标志牌应绑扎在电缆终端头三芯套下方 10mm 处，电缆中间头标志牌应绑扎在电缆中间接头位置。

（10）电缆标识桩、板在埋设时，位于人行道时应与地面齐平，位于草坪时应高出地面不小于 200mm 的位置，以便于巡视检查。

（11）电缆通道为直线段时，按照实际现场情况，电缆标识桩、板建议每隔 5-15m 均匀埋设；为转角处、交叉处时，每隔 5-10m 埋设。电缆进出工井、隧道及建筑物时，应在出口两侧装设标志牌，电缆中间接头处应埋设相应电缆标志桩。

（12）各种高低压盘、柜标志牌应统一安装在柜体顶端中间位置，前后两侧分别安装。

（13）配电线路及设备标示牌具体安装位置见表 2-1。

表 2-1 配电线路及设备标示牌安装位置表

序号	类别	安装位置	内容
1	10kV 线路相序标示牌	分别装在每条线路的出线杆、分支杆、转角杆、换相杆处的横担上，配电室内跌落式熔断器下方	U、V、W（黄、绿、红）
2	0.4kV 线路相序标示牌	分别装在每条线路的出线杆、分支杆、转角杆、换相杆处的横担上，根据线路排列方式注明	U、V、W、N（黄、绿、红、蓝）
3	10kV 线路杆号牌	装设在 10kV 线路小号侧或便于观察侧，应根据线路排列方式表明线路位置。杆号牌底部距地面距离不小于 4m	10kV××线××号
4	0.4kV 线路杆号牌	装设在 0.4kV 线路小号侧或便于观察侧，杆号底部距离不小于 4m	0.4kV××村××线××号
5	开关及熔断器标示牌	装设在分段、分支线杆上的合适位置	10kV××线 01 开关
6	电缆标示牌、电缆标示桩	装设在电缆的起始端或终点端或 1 号杆塔出线电缆便于观察处，要求注明电缆线路名称、起止点、长度、电缆型号、投运日期、用非金属材料扎带固定在电缆头三芯指套上方 10mm 处	电缆标示牌 电缆线路名称： 起止点： 长度： 电缆型号： 投运日期：
7	10kV 环网柜标示牌	装设在环网柜巡视通道正面上部，箱柜距地面 3/5 高度处	10kV××线 ××环网柜
8	10kV 电缆分接箱标示牌	装设在电缆分接箱巡视通道正面上部，箱柜距地面 3/5 高度处	10kV××线 ××电缆分接箱
9	0.4kV 电缆分接箱标示牌	装设在电缆分接箱巡视通道正面上部，箱柜距地面 3/5 高度处	0.4kV××村××台区××线××电缆分接箱
10	台区标示牌	配电室台区标示牌装设在两门中间位置，距地面 1.8m 处，台架装设在变压器横担上，位于变压器正面右侧。箱式变压器装设在低压区门口处，标示牌上沿与低压区上沿处于同一平面	10kV××线××村××台区

序号	类别	安装位置	内容
11	断路器、隔离开关标示牌	装设在断路器、隔离开关上方或一侧。确保整齐美观	××(台区名称及编号)01断路器
12	表箱标示牌	装设在表箱醒目位置，宜安装在表箱二级剩余电流动作保护器上侧	××台区××箱-××(表位号)
13	变压器标示牌	安装固定于变压器身前方中部，不得遮挡变压器铭牌，面向巡视侧，注明名称编号等有关信息	××号变压器
14	防撞警示标示	装设在道路中央或位于道路附近侧的电杆或铁塔下部，（自地面起）涂刷黄黑相间带荧光的防撞警示线（警示线高1.2m，间距0.2m）	
15	跨鱼塘、河流警示标示牌	装设在跨鱼塘、河流线路的适宜位置	禁止在高压线保护区下垂钓
16	杆基固定并涂刷防撞标识	处在公路边沿、地沿或易遭破坏地区的电杆，在电杆底部建高1.2m，半径0.6m的圆柱体（石头、水泥等浇筑）。涂刷黄黑相间带荧光的防撞警示线（警示线高1.2m，间距0.2m）	
17	杆塔警示牌	装设在距杆塔、台架底部2.5m处面向巡视方向	禁止攀登，高压危险！
18	配电室设备标示牌	装设在配电室设备相应位置	禁止合闸，有人工作！ 禁止合闸，线路有人工作！ 止步，高压危险！
19	箱式变压器标示牌	装设在箱式变压器正面上部，箱柜距地面3/5高度处	禁止靠近，高压危险！
20	配电室标示牌	装设在配电室门外侧相应位置	未经许可，不得入内！ 禁止入内，高压危险！

（四）新、改建配网工程对设备标识要求

新架设线路、新安装设备在设计、工程预算时，应有明确的线路及设备标识项目及内容，在线路设备材料订货时，一同订购各类标示牌。新架设线路、新安装设备竣工验收前，应将各类标识设置完毕。各类标识的设置（刷写）情况作为工程竣工验收的主要内容，各类标识未设置和不完善的作为工程不合格处理线路改造、设备更换后标识的设置。对于线路改造增加杆塔的工程，施工前，应先对增加的标示牌种类、数量进行规划、购置，工程竣工送电前设置、调整完毕。对于线路改造减少杆塔，在工程竣工前，应将编号、位置变动的标识进行调整或更换。线路设备更换后，需同时更换标识的，在更换的设备投入运行前应完成配电线路和设备标识的更换工作。配电线路及设备更名，应在更名前将需更换的设备标识准备好，更名通知正式下达后三天内，将不符合要求的原标识拆除，更换新标识。台区经理对配电线路和设备巡视时，如果发现标识被盗、丢失或损毁，应及时向运检技术员或安全质量员汇报，由运检技术员或安全质量员负责处理。

第二节　电力设施保护

一、名称解释

电力设施保护是指为防止输电、变电、配电、水电、通信等设施及有关辅助设施发生外力破坏所开展的工作。保护范围包括处于运行、备用、检修、停用和正在建设的电力设施。

二、隐患排查治理

乡镇供电所应根据上级下发的电力设施外力破坏处置流程，加强备品备件管理，积极参加上级单位组织的事故抢修人员培训。乡镇供电所应制定、并不断完善外力破坏的人防、技防、物防措施。乡镇供电所应组织好人力物力，确保重大节日、重大活动期间和特殊时期重要电力设施运行安全。乡镇供电所应加强对重要配电设备的巡视和监控，必要时设专人值守。根据属地化管理分工县供电公司要求乡镇供电所加强输电线路及随输电线路敷设的通信线缆状态管理和通道隐患排查治理，及时发现和掌握输电线路和通信线缆通道的动态变化情况，根据输电线路和通信线缆重要程度和通道环境状况，合理划定可能发生外力破坏、盗窃等特殊区段，按区域、区段设定设备主人和群众护线人员，明确责任，确保防控措施落实到位。乡镇供电所如果发现电力设施遭受破坏、盗窃，应立即赶赴现场，做好现场证物收取、照相、录像等收资工作，保护好现场。县供电公司应组织乡镇供电所根据治安状况，适时商请公安机关组织开展区域性打击整治行动，挂牌整治盗窃破坏案件高发地区，挂牌督办重、特大电网及设备损害案件，严厉打击盗窃破坏电力设施违法犯罪活动。当电力设施与其他设施相互妨碍时，乡镇供电所应当按照相关法律、法规与相关部门协商处理，维护自身的合法权益，消除电力设施安全隐患，必要时应汇报当地政府相关行政管理部门协调解决。乡镇供电所如果发现任何单位和个人在电力设施保护区内从事危害电力设施安全行为并制止无效时，应及时报告当地政府相关行政管理部门。乡镇供电所如果发现可能危及电力设施安全的行为，应立即加以制止，并向当事单位（人）发送《安全隐患告知书》（见［实例2-5］）并要求其限期整改，同时抄送本单位营销部、安全监察质量部。营销部应配合乡镇供电所与用户沟通，督促用户整改隐患。针对拒不整改的安全隐患，安全监察质量部应报备政府相关部门。乡镇供电所应积极配合政府相关部门严格执行可能危及电力设施安全的建设项目、施工作业的审批制度，预防施工外力损坏电力设施事故的发生。在用电申请阶段，受理用电的单位应组织各有关单位和部门，对用户拟建建筑物、构筑物或拟用施工机具与电力设施的安全距离是否符合要求等进行联合现场勘察，必要时可在送电前与用户签订电力设施保护安全协议（见［实例2-6］），作为供用电合同的附件。安全协议应规定双方在保护电力设施安全方面的责任和义务，以及中断供电条件，包括保护范围、防护措施、应尽义务、违约责任、事故赔偿标准等内容。对于用户设施可能危及供电安全，确需中断供电的情况，应当按照《供电营业规则》《电力供应与使用条例》《供用电合同》及其他有关规定制定内部工作程序，履行必要的手续。属地乡镇供电所应担负其所在地相应的护线责任，组织群众护线人员开展隐患排查，及时发现、报告并协助处理电力设施保护区内的外破隐患。乡镇供电所要根据上级通知要求每年定期开展电力线路、电缆通道和通信线缆附近施工外力、异物挂线、树竹障碍等隐患排查治理专项活动，对排查出的隐患要及时上报。乡镇供电所应组织建立吊车、水泥罐车等特种工程车辆车主、驾驶员及大型工程项目经理、施工员、安全员等相关人员数据库（台账资料），开展电力安全知识培训，定期发送安全提醒短信，充分利用公益广告、媒体宣传等方式推动培训宣传工作常态化。对施工外力隐患（如大型施工项目），乡镇供电所应事先与施工单位（含建设单位、外包单位）沟通，根据签订的《电力设施保护安全协议》，指导施工单位制订详细的《电力设施防护方案》。乡镇供电所应根据《电力设施防护方案》对施工单位项目经理、安全员、工程车辆驾驶员等人员等进行现场交底，包括靠近工地的线路、线路对地的安全距离、地下电缆走向、各施工阶段不同施工机械对线路破坏的危险源及其控制措施、沟通渠道等。特别要加强对混凝土输送泵车清理输送管道环节重大危险源的控制。乡镇供电所应要求施工单位在每个可能危及电力设施安全运行的施工工序开始前，通知乡镇供电所派人前往现场监护。如遇复杂施工项目，乡镇供电所应派人24小时看守监护。乡镇供电所应定期主动与施工单位联系，了解工程进度，必要时参加其组织的工程协调会，分析确定阶段施工中的高危作业，提前预警。

［实例2-5］

安全隐患告知书
（样稿）

＿＿＿＿＿年第＿＿＿号

＿＿＿＿＿＿＿＿＿＿＿＿＿＿＿＿＿＿＿＿＿＿＿＿＿＿＿＿＿＿＿＿＿＿＿：

　　你单位（户）存在以下危害电力设施隐患：＿＿＿＿＿＿＿＿＿＿＿＿＿＿＿＿＿＿＿＿＿＿

＿＿＿＿＿＿＿＿＿＿＿＿＿＿＿＿＿＿＿＿＿＿

　　此隐患已严重危及＿＿＿＿＿＿＿＿＿＿＿＿＿＿＿电力线路的安全运行，并将对你单位（户）人身、财产安全构成威胁。

　　根据《中华人民共和国电力法》、国务院《电力设施保护条例》以及《××省（市）保护电力设施和维护用电秩序规定》等法律法规，请你单位（户）务必在_____日内消除隐患。

若不及时采取相应措施，我公司将根据《中华人民共和国电力法》、国务院《电力设施保护条例》以及《××省（市）保护电力设施和维护用电秩序规定》等法律法规中断你单位（户）供电。如果造成安全生产事故或人员伤亡的，你单位（户）应承担全部赔偿责任和相应法律后果。同时，我公司将报电力管理、安全生产监督管理等政府部门，由其做出相应行政处罚；或向人民法院提起诉讼，追究你单位（户）民事赔偿责任或刑事责任。

签发人：_____

_____年_____月_____日

接受人：_____

抄　送：_____

安全隐患告知书

（回执）

_____：

我单位（户）已接到_____年第_____号

《安全隐患告知书》，并采取措施如下：_____

_____

_____

责任人：_____

_____年____月_____日

（单位盖章）

［实例 2-6］

电力设施保护安全协议

（正式用电　样稿）

甲方：

乙方：

项目名称：　　　　　　　　用电地址：

为确保安全、可靠供用电，切实保障人身、电网、设备安全，根据《中华人民共和国电力法》《电力设施保护条例》《电力设施保护条例实施细则》《××省（市）保护电力设施和维护用电秩序规定》等法律法规，经供用电双方协商一致，就公共电力设施保护相关事宜达成如下协议：

一、公共电力设施及其保护区范围

1. _____

_____

2. _____

_____

3. _____

_____

乙方用电地址毗邻甲方上述电力设施保护区或在甲方上述电力设施保护区内。

二、约定事项

(1) 甲方有向乙方宣传有关保护电力设施法律、法规的义务。

(2) 乙方不得在上述架空线路保护区范围内从事以下任何施工、经营、生产等行为：

a. 堆放谷物、草料、垃圾、矿渣、易燃物、易爆物及其他影响安全供电的物品；

b. 烧窑、烧荒；

c. 兴建建筑物、构筑物；

d. 种植可能危及电力设施安全的植物；

e. 增加被架空电力线路跨越的建筑物、构筑物高度，或者在架空电力线路下堆砌物体，导致安全距离不足的；

f. 攀爬电力杆、塔设施，擅自在架空电力杆、塔上搭挂各类缆线、广告牌等外挂装置；

g. 垂钓活动；

h. 其他危害电力线路设施的行为。

(3) 乙方不得在上述电缆线路保护区范围内从事以下任何施工、经营、生产等行为：

a. 堆放垃圾、矿渣、易燃物、易爆物，倾倒酸、碱、盐及其他有害化学物品；

b. 兴建建筑物、构筑物；

c. 打桩、钻探、开挖、爆破作业；

d. 种植树木、竹子；

e. 在江河电缆保护区内抛锚、拖锚、炸鱼、挖沙；

f. 擅自在电缆沟道中施放各类缆线的；

g. 其他危害电力电缆设施的行为。

(4) 乙方在上述电力设施保护区内进行下列作业或活动，必须经甲方现场勘察确认并经县级以上地方电力管理部门批准：

a. 在架空电力线路保护区内进行农田水利基本建设工程及打桩、钻探、开挖等作业；

b. 起重机械的任何部位进入架空电力线路保护区进行施工；

c. 小于导线距穿越物体之间的安全距离，通过架空电力线路保护区；

d. 在电力电缆线路保护区内进行作业。

(5) 乙方如需在电力设施周围进行爆破作业，必须按照国家有关规定，确保电力设施的安全。

(6) 乙方如需在上述电力设施保护范围内从事本协议第二条第（4）（5）列举的作业或活动，应提出书面安全技术措施并经甲方确认。同时，乙方应接受甲方对电力设施保护的监督，对甲方提出的有关危及电力设施安全的整改要求应及时予以落实。如乙方未按甲方要求及时进行整改，甲方有权按相关规定实施中断供电。

三、违约责任

(1) 在供用电合同有效期内，乙方违反本协议第二条约定导致电力设施发生破坏、损坏事件的，甲方有权依法要求乙方进行经济赔偿。乙方应承担有关法律、法规规定的责任，并依法承担相应的连带经济赔偿责任。

(2) 经济赔偿标准参照《最高人民法院关于审理破坏电力设备刑事案件具体应用法律若干问题的解释》（法释〔2007〕15号），包括电量损失金额、修复费用，以及因停电给第三方用户造成的直接经济损失。

(3) 在供用电合同有效期内，乙方违反本协议第二条约定导致停电故障的，造成的自身损失由乙方自行承担，甲方免责。

四、附则

（1）甲乙双方自本协议签订后都应严格履行协议，在协议执行过程中如有矛盾双方协调解决，协商不成的双方一致同意提请仲裁委员会申请仲裁。

（2）本协议作为供用电合同的附件。

（3）本协议正本一式两份，甲、乙双方各执一份；副本一式两份，甲、乙双方各执一份。

甲方（章）：　　　　　　　　　　　乙方（章）：

　　　　　　　　　　　　　　　　联系人：

　　　　　　　　　　　　　　　　法人代表或代理人：

　　　　　　　　　　　　　　　　联系电话：

　　　　　　　　　　　　　　　　联系电话：

　　　　　　　　　　　　　　　　年　　月　　日

电力设施保护安全协议
（临时用电　样稿）

甲方：

乙方：

项目名称：　　　　　　　　　　用电地址：

为确保安全、可靠供用电，切实保障人身、电网、设备安全，根据《中华人民共和国电力法》《电力设施保护条例》《电力设施保护条例实施细则》《＊＊省（市）保护电力设施和维护用电秩序规定》等法律法规，经供用电双方协商一致，就临时用电施工作业中公共电力设施保护的相关事宜达成如下协议：

一、公共电力设施及其保护区范围

1. ＿＿＿＿＿＿＿＿＿＿＿＿＿＿＿＿＿＿＿＿＿＿＿＿＿＿＿＿＿

2. ＿＿＿＿＿＿＿＿＿＿＿＿＿＿＿＿＿＿＿＿＿＿＿＿＿＿＿＿＿

3. ＿＿＿＿＿＿＿＿＿＿＿＿＿＿＿＿＿＿＿＿＿＿＿＿＿＿＿＿＿

二、施工作业范围：＿＿＿＿＿＿＿＿＿＿＿＿＿＿＿＿＿＿＿＿＿＿＿

三、保护措施

1. ＿＿＿＿＿＿＿＿＿＿＿＿＿＿＿＿＿＿＿＿＿＿＿＿＿＿＿＿＿

2. ＿＿＿＿＿＿＿＿＿＿＿＿＿＿＿＿＿＿＿＿＿＿＿＿＿＿＿＿＿

3. ＿＿＿＿＿＿＿＿＿＿＿＿＿＿＿＿＿＿＿＿＿＿＿＿＿＿＿＿＿

四、约定事项

（1）甲方有向乙方宣传有关保护电力设施法律、法规的义务。

（2）甲方应将施工区域或施工地段内与输、配电电力设施交会处的施工危险点向乙方进行安全交底。

（3）甲方有义务帮助乙方审查乙方书面编制的在电力线路保护区范围内施工作业的安全技术措施。

（4）乙方应负责与承包的各施工单位签订保护电力设施安全运行的"安全协议"，明确施工单位的安全责任。

（5）乙方在电力设施保护范围内施工作业过程中，应派专人进行监护，监督施工队伍认真落实电力设施安全措施，确保电力设施安全。

（6）乙方应接受甲方对电力设施保护的监督，对甲方提出的有关危及电力设施安全的整改要求应及时予以落实。如乙方未按甲方要求及时进行整改，甲方有权按相关规定实施中断供电。

（7）乙方在施工中遇到异常情况应立即停止施工，保护好现场，并立即与甲方联系。

五、赔偿责任

（1）乙方未及时按甲方的整改要求进行整改从而引发事故的，应承担相应的法律责任。

（2）如发生因乙方及其承包方施工原因导致电力设施发生破坏、损坏事件的，甲方有权依法要求乙方和肇事方进行经济赔偿。乙方和肇事方（或肇事者）应承担有关法律、法规规定的责任，并依法承担相应的连带经济赔偿责任。

（3）经济赔偿标准参照《最高人民法院关于审理破坏电力设备刑事案件具体应用法律若干问题的解释》（法释〔2007〕15号），包括电量损失金额、修复费用，以及因停电给第三方用户造成的直接经济损失。

六、附则

（1）本协议作为供用电合同的附件。

（2）本协议正本一式两份，甲、乙双方各执一份；副本一式两份，甲、乙双方各执一份。

甲方（章）：　　　　　　　　　　乙方（章）：

　　　　　　　　　　　　　　　　联系人：

　　　　　　　　　　　　　　　　法人代表或代理人：

　　　　　　　　　　　　　　　　联系电话：

　　　　　　　　　　　　　　　　联系电话：

　　　　　　　　　　　　　　　　年　　月　　日

三、电力设施保护防范措施

（一）电力设施防盗措施

架空线路杆塔应采用防卸螺栓、防攀爬、防撞等措施，必要时，可在盗窃易发区、外力隐患地段安装视频监控系统。电缆、电力光缆通道上方应按要求设置警示标志，防止违章开挖；电缆及电力光缆隧道、沟道井盖应采取有效的防盗措施，防止人员非法进入。

（二）电缆及电缆通道防范措施

电缆、电力光缆通道的设计应符合相关规范要求，直埋敷设电缆通道起止点、转弯处及沿线在地面上应设置明显的电缆标识，警示及掌握电缆路径的实际走向。直埋电缆上方应设置保护盖板，直埋和沟道光缆应加设防外破保护套管。电缆隧道通风口应有防止小动物进入隧道的金属网格及防火、防盗等措施。重要电缆隧道应采用防止人员非法侵入和井盖防盗监控设施。电缆沟盖板间缝隙应采取水泥浆勾缝封堵，防止易燃易爆物品落入。加强电缆通道的巡视维护管理，特别在寒冷恶劣天气时，对重要路段进行重点巡视，制止电缆沟上烤火取暖现象。

（三）防止火灾措施

在山火易发时段及清明节前后等特殊时期，应加强线路巡视，并对重点防火地段派人值守，有条件的地点可加装视频监控等设施，及时发现、处理山火隐患。加强电力线路通道运行维护管理。杆塔周围、线路走廊内的树木及杂草要清理干净，对线路走廊内不满足规程要求的树木，要坚决砍伐。全面清理线路保护区内堆放的易燃易爆物品，对经常在线路下方堆集草堆、谷物、甘蔗叶等的居民宣传火灾对线路的危害及造成的严重后果，并要求搬迁。根据应急预案，确保人员、车辆、设备落实到位。加强与消防、公安、林业部门的联系，山火发生时，立即主动与当地政府、警方、消防部队联系，并及时组织扑灭火灾。

（四）防止树竹放电措施

加大对电力线路保护区内树线矛盾隐患治理力度，及时清理、修剪线路防护区内影响线路安全的树障，加强治理保护区外树竹本身高度大于其与线路之间水平距离的树木安全隐患。注重天气变化前及时清理周边建筑物、道路两侧易被风卷起的树木断枝。乡镇供电所应在每年 11 月底前将树枝修剪工作安排和相关事项要求等书面通知各级园林部门、相应管理部门（如公路管理单位、物业等）和业主，并积极配合做好修剪工作。对未按要求进行树枝修剪的单位和个人应及时向政府电力行政管理部门或政府有关部门汇报。促请地方政府将电力通道以及预留通道规划纳入城市绿化规划。电力线路通道尽量规划在空旷地带，对线下的道路绿化带，保证树木自然生长最终高度和架空线路的距离符合安全距离的要求。

（五）防止风筝挂线措施

传统风筝放飞季节和区域，是防止风筝挂线工作的重点。乡镇供电所应制定巡查方案，按期到重点区域巡查，严防风筝挂线跳闸事件。对夜间放飞电子（LED）风筝区域和相关人员做好排查登记，适时开展夜间现场检查，必要时组织安排人员开展现场蹲守劝导工作。根据本地实际情况，争取获得政府部门的支持，在风筝爱好者相对集中的地区，专门辟出风筝放飞区，让风筝爱好者集中放飞，将一些对电力设施安全影响较大的地区实行风筝禁放。乡镇供电所发现风筝挂线后，应根据风筝挂线的缺陷性质及时进行消除，保障电力设施安全运行。

（六）防止钓鱼碰线措施

乡镇供电所应按照规定在架空电力线路保护区附近的鱼塘岸边设立安全警示标志牌。对存在的大面积鱼塘或鱼塘众多、环境复杂的乡镇，可在村头、路口等必经之处补充设立警示标志，提高警示效果。加强电力线路附近垂钓安全知识的宣传。可采用电视、手机短信等方式，重点对垂钓者、鱼塘主进行宣传。可提请安监、工商部门要求垂钓用具商店在钓竿上粘贴警示标语，并通过垂钓用具商店、垂钓协会发送宣传资料。对于跨越鱼塘的 380V、10kV 线路和鱼塘附近的柱上变压器，可采用更换绝缘导线、安装绝缘罩的方式，从技术上防范钓鱼触电事件的发生。乡镇供电所应与鱼塘主签订安全协议，告知在输电线路下方钓鱼的危害性和相关法律责任，督促鱼塘主加强管理，共同防范钓鱼触电事故的发生。

（七）防止异物短路措施

对电力设施保护区附近的彩钢瓦等临时性建筑物，乡镇供电所应要求管理者或所有者进行拆除或加固。可采取加装防风拉线、采用角钢与地面基础连接等加固方式。危及电力设施安全运行的垃圾场、废品回收场所，乡镇供电所应要求隐患责任单位或个人进行整改，对可能形成漂浮物隐患的，如塑料布、锡箔纸、磁带条、生活垃圾等采取有效的固定措施。必要时，提请政府部门协调处置。架空电力线路保护区内日光温室和塑料大棚顶端与导线之间的垂直距离，在最大计算弧垂情况下，应符合有关设计和运行规范的要求，不符合要求的应进行拆除。商请农林部门（镇政府和村委会等）加强温室、大棚、地膜使用知识宣传，指导农户搭设牢固合格的塑料大棚，敦促农户及时回收清理废旧棚膜，不得随意堆放在线路通道附近的田间地头，不得在线路通道附近焚烧。架空电力线路保护区外两侧各100m内的日光温室和塑料大棚，应要求所有人或管理人采取加固措施。夏季台风来临之前，乡镇供电所应敦促大棚所有者或管理者采取可靠加固措施，严防薄膜吹起危害电力设施。乡镇供电所组织台区经理在巡线过程中，应配合农林部门开展防治地膜污染宣传教育，宣传推广使用液态地膜，提高农民群众对地膜污染危害性的认识。应要求农民群众对回收的残膜要及时清理清运，避免塑料薄膜被风吹起，危及电力设施安全运行。

（八）防止施工车辆（机械）破坏措施

存在外力隐患的线路区段和电缆、电力光缆通道，其保护区的区界、人员机械进入口和电缆路径上设立明显的标识，将电力法、电力设施保护条例等相关条款以及保护区的宽度、安全距离规定等内容，以醒目的字体标注在警示牌上，并告知破坏电力线路可能造成的严重后果，落款注明单位名称及联系电话。杆塔基础外缘15m内有车辆、机械频繁临近通行的线路段，应淘汰拉线塔型，铁塔基础增加连梁补强措施，配套砖砌填沙护墩、消能抗撞桶、橡胶护圈、围墙等减缓冲击的辅助措施。对于易受撞击的拉线，应采取防撞措施，并设立醒目的警告标识。针对固定施工场所，如桥梁道路施工、铁路、高速公路等在防护区内施工或有可能危及电力设施安全等的施工场所推广使用保护桩、限高架（网）、限位设施、视频监视、激光报警装置，积极试用新型防护装置。针对移动（流动）施工场所，如道路植树、栽苗绿化、临时吊装、物流、仓储、取土、挖沙等场所可采取在防护区内临时安插警示牌或警示旗、铺警示带、安装警示护栏等安全保护措施。加装限高装置时应与交通管理部门协商，在道路与电力线路交跨位置前后装置限高装置，一般采取门型架结构，在限高栏醒目位置注明限制高度，以防止超高车辆通行造成碰线；或在固定施工作业点线路保护区位置临时装设限高装置，注明限高高度，防止吊车或水泥泵车车臂进入线路防护区。在线路防护区边界两侧装置护电围栏，通常采用安全围栏或悬挂彩旗的绳索，防止在防护区附近固定作业车辆进入线路防护区。有条件时，可以在吊车等车辆的吊臂顶部安装近电报警装置，提前设定距离高压线的距离，当吊车等车辆顶部靠近高压线时，立即启动声响和灯光报警，提示操作人员立即停止作业操作。针对邻近架空电力线路保护区的施工作业，应采取增设屏障、遮栏、围栏、防护网等进行防护隔离，并悬挂醒目警示牌。应加强与市政建设部门的信息沟通，密切关注电缆通道周边各类施工情况。及时评估老旧通道主体结构的承载能力，发现地面沉降、地下水冲蚀、承重过大等情况时，要检测通道周围土层的稳定性，发现异常应及时加固，必要时对通道进行改造或迁移。

（九）防止化学腐蚀措施

电力线路在污源严重的地区可采用防腐型导线和铝包钢线，钢芯铝绞线中的钢线可采用镀铝来解决铝钢之间的接触腐蚀问题。对导地线严重腐蚀的输电线路，应及时更换导地线。杆塔金属部件的防腐工作要按规程执行，严格工艺标准。电力设施中采用不同金属互相连接时，宜采用铸焊接头。当必须采用螺栓接头时，两种金属应采用保护层彼此隔开，以免接头电化学腐蚀。

（十）防止河道非法采砂措施

梳理跨越河道的线路设计标准是否符合通航水位及河道通航标准，掌握重要跨越河道线路在高温、大负荷情况下的弧垂变化、线下通行的采砂船和大型船舶高度，进行必要的杆塔升高改造工作。加大输电线路通道非法采砂安全隐患摸底排查，与政府相关部门开展整治非法采砂专项联合执法工作，加大打击因非法采砂造成电网事故的违法行为，追究其经济赔偿责任和刑事责任。开展采砂企业和采砂船电力设施保护主题培训及宣传活动，有条件的纳入年度采砂证年审培训中，并在培训中明确相应的处罚措施，起到警示教育作用。综合考虑汛期、丰水季节特点及跨越点安全距离实际情况，设立永久性拦河线、限高架、安全警示标志（牌）等，标明电力线路下穿越物体的限制高度和要求，必要时安装视频监控系统。

（十一）防止爆破作业措施

地方政府已出台电力设施保护区施工许可制度（办法）的地方，应促请政府将爆破作业纳入许可内容。严禁在架空电力线路水平距离500m范围内进行爆破作业，因工作需要必须进行爆破作业的，应要求作业单位按照国家有关法律法规，采取可靠的安全防范措施，并征得县供电公司书面同意，报经政府有关管理部门批准。乡镇供电所应清理辖区内可能影响输电线路的施工爆破作业点，建立台账，加强监控，责任到人。定期开展对爆破作业施工现场的巡视、检查，在重点爆破施工作业地段安装在线视频监测装置，或派员值守，落实实时监控。发现爆破作业安全隐患，乡镇供电所应及时送达书面隐患整改通知书。对不听劝阻、不采取安全措施进行爆破作业的，应将作业情况抄报政府有关部门，提请政府采取行政手段予以制止。爆破施工单位在爆破作业开工前，必须对全体施工人员尤其是爆破操作相关人员进行安全教育，清楚爆破作业附近电力设施情况，并掌握爆破作业过程中的电力设施防护措施。爆破施工单位必须安排专人管理爆破现场。爆破当日开工前，必须将用于爆破时覆盖炮眼的胶皮、铁板等摆放在施工现场。开始爆破前，管理员必须检查爆破数量、炮眼覆盖情况和其他安全措施落实情况，无安全隐患后方可进行爆破施工。在电杆、铁塔、拉线等线路保护区禁止爆破开挖施工，在靠近线路保护区爆破应按照《微差控制爆破技术》，采取浅孔、少药松动爆破措施。在导线下方边导线水平向外延伸 10m 区域内爆破，必须采取浅孔、少药松动爆破措施，每次起炮不超过 4 炮，爆破前应先进行试炮，确对高压线安全不构成威胁后方可进行爆破。在距离边导线 50m 内 10m 外的区域爆破，在采取覆盖的同时每次起炮数量可以适当放宽，但禁止一次性大面积成片起炮。爆破作业中，炮孔的深度和装药量要严格按照要求施工，禁止先装雷管后装炸药。爆破作业时必须采用胶皮、铁板对炮眼、炮线进行有效覆盖后，方可进行爆破施工，防止飞石、炮线破坏电力设施。爆破作业后，应及时清收现场废弃的炮线同时检查导线是否挂有炮线，发现问题应立即向电力企业汇报。

（十二）采空区（煤矿塌陷区）隐患治理措施

乡镇供电所应掌握煤矿开采计划及动态情况，要与各煤矿、矿山企业建立常态沟通机制，及时掌握电力线路在采空区、压煤区、压矿区的实际情况，建立采空区台账，纳入日常运维管理。对于处于采空区的电力设施，要与各煤矿、矿山等企业签订相关协议，要求相关企业及时向乡镇供电所通报开采计划和开采信息，确保乡镇供电所能提前采取防范措施，防止电力设施发生倒杆断线等突发事件。乡镇供电所要加强处于采空区设施的动态监控，通过在线监测装置和人工测量等方式，加强对处在采空区和计采区的杆塔进行监测，并做好详细记录。春季气温回升、夏季雨后要安排特巡，及时掌握采区内地质、环境、杆塔等变化情况。采空区杆塔倾斜度在规程允许范围内的，可采取释放导地线张力、打四方拉线控制铁塔倾斜、下沉基础加垫板、补强等应急处理措施。采空区杆塔倾斜度超出规程最大允许值时，应采取更换可调式塔脚板的措施，及时调整杆塔倾斜度。对于设备区段内已经存在塌陷、滑坡等现象，应立即进行迁址，输电线路可采取改变路径或地下电缆等方式。

四、电力设施保护宣传

为做好电力设施保护工作，避免电力线路保护区植树、起重机械施工等造成电力线路事故，避免和降低外力破坏事故的发生。乡镇供电所每年要根据上级要求开展电力设施保护宣传活动，宣传活动内容如下：

（一）做好植树节期间电力设施保护宣传，避免在电力线路保护区内种植新的高杆树木。加强与政府沟通，乡镇供电所应积极与各区县林业局、农业局、团委、妇联、乡镇（办事处）等有关部门进行联系沟通，详细了解他们的绿化规划和种植树木的地理位置、规模、品种，并为他们当好参谋。在进行沟通联系的同时，宣传在电力线路保护区内种植树木的危害性，让他们选择种植树木的区域远离电力线路或在电力线路保护区内种植低矮树木，避免形成新的事故隐患。乡镇供电所要持续抓好巡视工作，及时消除新的安全隐患。乡镇供电所要根据本地区的实际情况，在城区、乡镇（办事处）、植树绿化现场等地设立宣传站点，充分利用电视、电台、报刊、网络和短信等多种方式开展宣传活动，特殊时期要以采取网上宣传、媒体宣传为主，结合发放电力设施保护宣传材料、张贴宣传画等多种形式，宣传电力设施保护的重要性和在电力线路下种植树木、建设违章建筑和违章施工的危害性，要配备宣传车，到各乡镇（办事处）、集市、小区进行宣传，营造保护电力设施的良好氛围。

（二）为了防止因吊车、挖掘机、自卸车、泵车等特种车辆因违章作业导致电力线路跳闸事件，乡镇供电所要积极做好起重机械驾驶员的宣传，减少外力破坏事故的发生。在重点监控区域，要逐步实施无线远程视频实时监控，发现重大安全隐患及时安排处理。建立健全施工车辆档案，每月都要与起重机械驾驶员进行电话联系并做好电话记录。要通过在施工车辆上张贴温馨提示标志，定期通过发送短信和发放《给起重机械驾驶员的一封信》等形式进行宣传，提高司机在电力线路附近施工的安全意识。要完善技术和安全防范措施。对大规模临近电力线路施工作业的吊车、挖掘机、自卸车要签订施工安全协议，定期进行巡视，根据现场情况进行蹲守、监督。对施工现场达不到安全要求的，要立即下达《隐患整改通知书》，责令限期整改。对于重要电力线路上严重危及线路安全运行的隐患，要加装监控装置，安排专人进行盯守，并制定和落实管控措施。在易遭车辆碰撞的区域，要及时加装防撞墩、防撞桶等装置；在易遭受其他外力破坏的区域，按照有关规定，设置明显的警示标识，避免事故的发生。

（三）做好飘浮物的收集，减少异物短路的事故发生。在大风天气为了防止地膜、塑料大棚、果木防鸟彩带等飘浮物短路事故的发生，要对线路护区100m范围内固定飘浮物隐患点建立台账，包括道路及建筑物养护膜、防尘网、防鸟彩带、塑料大棚、塑料遮阳布、彩钢瓦棚、废品回收站、垃圾场等。定期宣传，督促并帮助户主采取加固与防护，对各类棚膜压牢压实，及时收集销毁废弃飘浮物；建立常态沟通机制，与户主定期电话联系，提醒压牢压实；在大棚入口等明显位置张贴警示贴、悬挂警示牌。及时回收、集中销毁。对线路护区 500m 范围内零星飘浮物进行集中收集、清理、销毁，包括警示带、广告布、锡箔纸、庆典气球等。要结合日常巡视，随时发现随时收集，必要时可有偿回收，减少不可控飘浮物数量，预防异物短路发生。

（四）加强电力线路附近垂钓安全知识的宣传。可采用电视、手机短信等方式，重点对垂钓者、鱼塘主进行宣传。可提请安监、工商部门要求垂钓用具商店在钓竿上粘贴警示标语，并通过垂钓用具商店、垂钓协会发送宣传资料。

（五）开展防爆破作业专项宣传，培训施工单位安全人员、爆破作业人员，在工地现场张贴、发放宣传资料，在施工现场设置安全警示标志。

（六）在传统风筝放飞季节，应在电力设施附近的广场、公园、空地等地定点宣传，宣传重点对象为风筝出售者和风筝放飞者，必要时在风筝出售点设置大型醒目的警示标志。

（七）会同当地政府，向群众宣传《电力法》《森林防火条例》等法律法规，提高群众法律意识，严格控制火源，杜绝因人为火源引起的山火造成电力线故障。开展专项防火宣传，如在有可能发生火灾的地域，装设防止火灾的警示牌、宣传牌，粘贴、发放宣传单等。

五、电力线路通道属地化管理

地市、县供电公司负责专业管理单位承担 35kV-1000kV 通道运维主体责任，开展线路通道属地化防护。负责 220kV 至 1000kV（含直流 660kV 与 800kV）线路巡视、防护、隐患处理，近区线路及重要区段通道一天一巡。负责 35kV、110kV 线路执行状态巡视，隐患点一天一巡（包括监拍巡视和人员巡视），其他通道一月一巡。乡镇供电所负责属地范围内的 35kV 及以上线路巡视。属地范围内近区 220kV 及 500kV 及以上线路每周巡视二次。属地范围内其他 220kV 线路一周巡视一次。35kV、110kV 线路每月巡视一次。负责协助地市、县供电公司负责专业管理单位处理属地通道隐患。发现、处置属地通道隐患后，应立即与地市、县供电公司负责专业管理单位办理移交手续，并双方签字确认。乡镇供电所应做好《电力线路属地化管理分工表》见［实例 2-7］，将电力线路名称、杆号范围分解到乡镇供电所每一位台区经理，管理责任到人。

[实例 2-7]

电力线路属地化管理分工表

序号	电压等级（kV）	线路名称	杆号范围	属地单位	乡镇供电所	专责人	联系方式
1	1000	福泽Ⅰ线	147-186	××县供电公司	××乡镇供电所	柳××、吴××、徐××、赵××	150×××1238
2	1000	福泽Ⅱ线	147-186	××县供电公司	××乡镇供电所	柳××、吴××、徐××、赵××	150×××1238
3	1000	福泽Ⅰ线	191-195	××县供电公司	××乡镇供电所	李××、葛××	139×××6637
4	1000	福泽Ⅱ线	191-195	××县供电公司	××乡镇供电所	李××、葛××	139×××6637
5	1000	福泽Ⅰ线	298-302	××县供电公司	××乡镇供电所	张××、薛××	131×××3219
6	1000	福泽Ⅱ线	298-302	××县供电公司	××乡镇供电所	张××、薛××	139×××3219
7	500	湖蒙Ⅰ线	1-52	××县供电公司	××乡镇供电所	薛××、胡××、章××、翟××、陈××	130×××5638
8	500	湖蒙Ⅱ线	1-35	××县供电公司	××乡镇供电所	陈××、胡××、章××	138×××9927
9	500	林川线	465-489	××县供电公司	××乡镇供电所	陈××、胡××	136×××2218
10	500	宾来线	1-40	××县供电公司	××乡镇供电所	申××、吕××、宋××、杨××	176×××1269
11	500	庆益线	124-208	××县供电公司	××乡镇供电所	荆××、邢××、马××、郑××、文××、岳××、侯××、郝××、许××、白××	137×××7538
12	500	华盛线	272-356	××县供电公司	××乡镇供电所	更××、郭××、姜××、常××、滕××、韦××、高××、沈××、贾××、万××	130×××5319
13	220	周龙线	71-95	××县供电公司	××乡镇供电所	国××、桑××	136×××7521
14	220	城南Ⅰ线	119-128	××县供电公司	××乡镇供电所	周××、左××	135×××3218
15	220	城南Ⅱ线	148-156	××县供电公司	××乡镇供电所	林××、邓××	184×××1939
16	220	高华Ⅱ线	1-19	××县供电公司	××乡镇供电所	乔××、管××	188×××8225
17	220	绍虞Ⅰ线	1-59	××县供电公司	××乡镇供电所	钱××、王××、何××、柴××、高××、关××	159×××6547

续表

序号	电压等级（kV）	线路名称	杆号范围	属地单位	乡镇供电所	专责人	联系方式
18	220	绍虞Ⅱ线	1-59	××县供电公司	××乡镇供电所	钱××、王××、何××、柴××、高××、关××	159×××6547
19	220	绍宁Ⅰ线	1-32	××县供电公司	××乡镇供电所	朱××、路××、石××	139×××2277
20	220	绍宁Ⅱ线	1-32	××县供电公司	××乡镇供电所	朱××、路××、石××	139×××2277
21	220	绍嘉Ⅰ线	1-59	××县供电公司	××乡镇供电所	施××、汪××、邹××、卜××、伊××、宋××	135×××6623
22	220	绍嘉Ⅱ线	1-59	××县供电公司	××乡镇供电所	施××、汪××、邹××、卜××、伊××、宋××	135×××6623
23	220	绍广线	1-44	××县供电公司	××乡镇供电所	任××、尹××、邵××、蒋××	150×××1183
24	220	民山线	1-6	××县供电公司	××乡镇供电所	时××、卫××	138×××2356
25	220	川月线	1-22	××县供电公司	××乡镇供电所	康××、路××	186×××3768
26	220	川宝线	1-44	××县供电公司	××乡镇供电所	黄××、赵××、厉××、金××	184×××7531
27	110	龙头线	1-3	××县供电公司	××乡镇供电所	赵×、吕××	138×××1156
28	110	龙山线	1-19	××县供电公司	××乡镇供电所	吴×、纪××	136×××3188
29	110	河东Ⅰ线	1-14	××县供电公司	××乡镇供电所	王××、姚×	176×××3569
30	110	河东Ⅱ线	1-14	××县供电公司	××乡镇供电所	王××、姚×	176×××3569
31	110	西太线	1-23	××县供电公司	××乡镇供电所	乔××、牛×	130×××3265
32	110	乔尚线	1-35	××县供电公司	××乡镇供电所	舒××、赵××、郝××	136×××1289
33	110	兴隆线	1-27	××县供电公司	××乡镇供电所	任××、安××、杨×	135×××1878
34	110	仁和线	1-39	××县供电公司	××乡镇供电所	邵××、章××、晁××、甄××	184×××7369
35	110	嘉黄线	1-34	××县供电公司	××乡镇供电所	贾××、燕××、鲁××	188×××2587
36	110	嘉和线	1-24	××县供电公司	××乡镇供电所	卢××、苗××	139×××8642

序号	电压等级 （kV）	线路名称	杆号范围	属地单位	乡镇供电所	专责人	联系方式
37	110	兴寨线	1-40	××县供电公司	××乡镇供电所	寇××、林×、石××、丘××	139×××8218
38	110	东大Ⅰ线	51-72	××县供电公司	××乡镇供电所	毕××、阮×	137×××9852
39	110	东大Ⅱ线	51-72	××县供电公司	××乡镇供电所	毕××、阮×	137×××9852
40	35	巴东线	11-30	××县供电公司	××乡镇供电所	闫××、邢×、陶×	139×××6328
41	35	北合线	1-20	××县供电公司	××乡镇供电所	曹××、岑××	156×××2365
42	35	电池线	1-71	××县供电公司	××乡镇供电所	窦××、董×、蒙×、启××、田××	188×××3261
43	35	锦山线	1-43	××县供电公司	××乡镇供电所	翟×、孙×、齐××	176×××7898
44	35	大岭线	1-45	××县供电公司	××乡镇供电所	柳×、方×、姬××	187×××9852
45	35	昆商Ⅰ线	1-65	××县供电公司	××乡镇供电所	郑×、林×、史××、田××、项×	185×××9356
46	35	昆商Ⅱ线	1-65	××县供电公司	××乡镇供电所	郑×、林×、史××、田××、项×	185×××9356
47	35	工贸线	1-18	××县供电公司	××乡镇供电所	武××、宗××	185×××2489
48	35	矿业线	24-43	××县供电公司	××乡镇供电所	韩××、芮××	152×××7123

第三节　抢修值班管理

一、名词解释

配网故障抢修管理遵循"安全第一、快速响应、综合协同、优质服务"的原则。

（1）"安全第一"是指强化抢修关键环节风险管控，按照标准化作业要求，确保作业人员安全及抢修质量。

（2）"快速响应"是指加强配网故障抢修的过程管控，满足抢修服务承诺时限要求，确保抢修工作高效完成。

（3）"综合协同"是指各专业（保障机构）工作协调配合，建立配网故障抢修协同机制，实现"五个一"（一个用户报修、一张服务工单、一支抢修队伍、一次到达现场、一次完成故障处理）标准化抢修要求。

（4）"优质服务"是指抢修服务规范，社会满意度高，品牌形象优良。

（5）中压开关站：是指设有中压配电进出线、对功率进行再分配的配电装置。相当于变电站母线的延伸，可用于解决变电站进出线间隔有限或进出线走廊受限，并在区域中起到电源支撑的作用。

（6）中低压配电网：是指由相关电压等级的架空线路、电缆线路、各类电源站室（包括变电站、开关站、配电室、环网单元、箱式变电站、柱上配电变压器等）组成。

（7）电缆分接箱：是指用于电缆线路的接入和接出，作为电缆线路的多路分支，起输入和分配电能作用的电力设备，亦称分支箱。

（8）配电室：是指户内设有中压进出线、配电变压器和低压配电装置，仅带低压负荷的配电场所及附设有配电变压器的开关站统称为配电室。

（9）环网单元：也称环网柜或开闭器，是指用于中压电缆线路分段、联络及分接负荷。按使用场所可分为户内环网单元和户外环网单元。按结构可分为整体式和间隔式。户外环网单元安装于箱体中时亦称开闭器。

（10）箱式变电站：简称箱变，是指中压开关、配电变压器、低压出线开关、无功补偿装置、保护计量装置等设备共同安装于一个封闭箱体内的户外配电装置。

二、主要职责

1. 县供电公司运检部主要职责

负责组织开展、实施配网设备（表箱前）故障抢修。负责接收调控中心下发的抢修工单，第一时间赶赴现场进行抢修。负责本单位非人为低压表计故障（不含欠费、窃电类情况）换表复电，并与客户确认所换故障表示数。组织开展本单位配网故障现场抢修工作总结、分析，制定改进措施。负责制定本单位配网故障现场抢修方案并组织实施。负责编制本单位备品备件需求计划，并及时补充，确保抢修材料充足。组织本单位故障现场抢修人员技能培训。负责本单位配网故障现场抢修所需的信息通信保障和信息安全。负责本单位配网故障现场抢修装备、设备、物资的储备、调配、供应和报废材料的处置工作。负责进行本单位95598故障现场抢修类投诉、回退等工单的处理、整改工作。

2.县供电公司调控中心主要职责

负责本单位配网调控范围内设备运行控制、操作许可、接收、派发 95598 抢修类工单、故障研判分析、工单合并、开展抢修指挥及统计分析等工作。负责做好本单位本专业管理范围内故障抢修信息及生产类停送电信息编译工作，汇总报送本单位故障抢修信息及生产类停送电信息。负责对本单位故障抢修指挥和抢修效率的监督、检查和考核。

3.县供电公司营销部（客户中心）主要职责

负责跟踪，派出营销计量人员对本单位计量装置更换、进行加封及电费追补等后续工作。负责用户信息录入和维护工作。负责督促、协助、指导本单位服务区域客户设备故障抢修工作。配合开展本单位协同抢修的其他相关工作。负责本单位服务区域客户设备、计量装置故障的统计分析。负责 95598 抢修类工单督办与考核。

4.县供电公司安监部主要职责

负责本单位配网故障抢修的安全监督、安全风险管控、应急预案管理、安全技术、劳动保护等工作。

5.乡镇供电所主要职责

作为辖区内配网 0.4kV 设备故障抢修第一梯队，负责接收调控中心下发工单，第一时间赶赴现场进行抢修。未实现集约的 10kV 农村配网设备故障现场抢修仍由乡镇供电所担任。负责乡镇供电所非人为低压表计故障（不含欠费、窃电类情况）换表复电，并与客户确认所换计量装置表示数。负责编制上报乡镇供电所配网故障现场抢修工作总结、分析，落实改进措施。负责编制乡镇供电所备品备件需求计划并上报。负责跟踪，派出台区经理对乡镇供电所计量装置更换、进行加封及电费追补等后续工作。负责用户信息录入和维护工作。负责督促、协助、指导乡镇供电所服务区域客户设备故障抢修工作。

三、乡镇供电所低压设备抢修流程管理

（一）乡镇供电所低压设备抢修管理流程图 （见图 2 1）

（二）节点说明

节点 1. 开始。

节点 2. 电力客户拨打网格化报修电话或 95598 电话。

节点 3. 乡镇供电所值班人员接收 95598 故障抢修工单或报修电话。

节点 4. 乡镇供电所值班人员在值班记录上登记接收 95598 故障抢修工单或报修电话时间、内容、电力客户姓名、报修内容等。

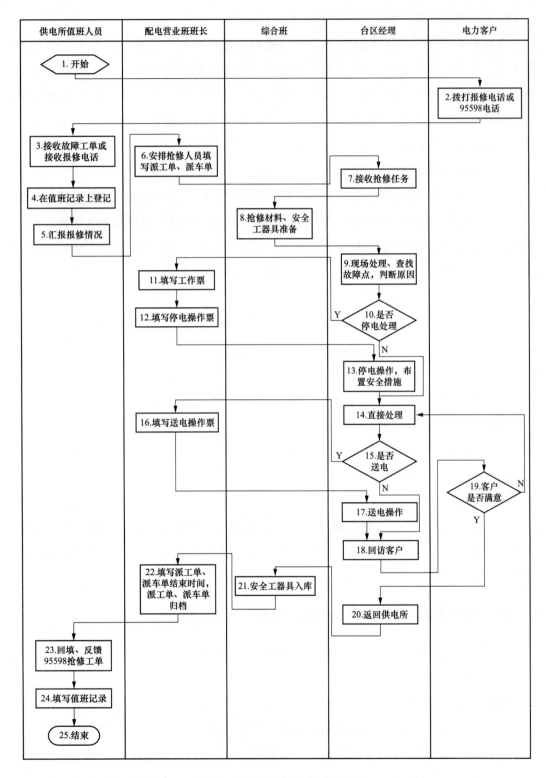

图 2-1　低压设备抢修管理流程图

节点 5. 乡镇供电所值班人员向配电营业班班长汇报报修情况。

节点 6. 配电营业班班长根据报修内容安排抢修人员，立即填写派工单、派车单，并通知台区经理。

节点 7. 现场参加报修的台区经理接收抢修任务，并依据派工单、派传单完成准备工作。

节点 8. 台区经理与综合班人员准备抢修材料、安全工器具，准备抢修车辆。

节点 9. 台区经理依据台区设备接线图达到现场处理、查找故障点，判明原因。

节点 10. 台区经理现场判定故障处理是否将带电设备停电。

节点 11. 如果需要将带电设备停电，配电营业班班长应组织人员填写工作票。

节点 12. 配电营业班班长应组织人员填写停电操作票。

节点 13. 台区经理根据停电操作票进行现场停电操作，根据工作票布置停电现场安全措施。

节点 14. 如果不需要将带电设备停电，台区经理可以进行现场直接处理。

节点 15. 对于设备停电的，台区经理现场处理故障后要进行送电处理。

节点 16. 配电营业班班长要组织人员填写送电操作票。

节点 17. 台区经理根据送电操作票进行送电操作。

节点 18. 台区经理处理故障后回访客户。

节点 19. 如果客户对故障处理不满意，台区经理要现场再次处理。

节点 20. 如果客户对故障处理满意，台区经理返回乡镇供电所。

节点 21. 台区经理会同综合班人员将使用的安全工器具清点无误后入库。

节点 22. 台区经理填写派工单、派车单结束时间，派工单、派车单等资料归档。

节点 23. 乡镇供电所值班人员回填、反馈 95598 抢修工单。

节点 24. 乡镇供电所值班人员填写值班记录。

节点 25. 结束。

四、10kV 电力线路及设备抢修管理

（一）作业前准备

1. 准备工作安排

乡镇供电所按照市区 45min、郊区 90min、边远地区 2h 内要求组织抢修人员到达抢修现场。安排有一定工作经验、熟悉本规程、熟悉工作班成员的工作能力、熟悉工作范围内的设备情况，并经县供电公司生产领导书面批准的人员担任工作负责人。工作负责人要组织现场勘查尽快查明故障原因，控制险情、隔离故障现场。做好现场勘察记录。确定

现场抢修方案。准确报告故障的区域、范围、现场设备的受损情况，便于当值调度员判断抢修工作及时展开。当现场的装备、随车配备的工器具及备品材料不能满足抢修需要时，工作负责人应立即通知物资配送中心或配电运检部门备品备件仓库组织调运抢修所需的装备、工器具及材料。开工前确定现场工器具、线缆、设备等摆放位置。根据本次作业内容和性质确定好抢修人员，并组织学习本指导书。按照《国家电网公司电力安全工作规程》填写事故应急抢修单。若一张电力事故应急抢修单下设多个小组工作时，每个小组应指定工作负责人（监护人），并使用工作任务单。

2. 工作人员职责

（1）工作负责人：对抢修工作全面负责，正确安全地组织工作。在抢修工作中要对作业人员明确分工，保证工作质量。负责检查工作票所列安全措施是否正确完备，安全措施是否符合现场实际条件，必要时予以补充。对抢修作业方案及抢修工作质量负责。

（2）专责监护人：应具有相关工作经验，熟悉设备情况和安全规程的人员担任。明确被监护人员和监护范围。工作前对被监护人员交代安全措施、告知危险点和安全注意事项。监督被监护人员遵守安全规程和现场安全措施，及时纠正不安全行为。

（3）作业人员：熟悉工作内容、工作流程，掌握安全措施，明确工作中的危险点，并履行确认手续。严格遵守安全规章制度、技术规程和劳动纪律，对自己在工作中的行为负责，互相关心工作安全，并监督本规程的执行和现场安全措施的实施。正确使用安全工器具和劳动防护用品。

（4）测量工、起重工、焊接工、压接工：根据工作负责人的安排，安全有效地完成本次抢修工作的测量、起重、焊接、压接任务。

3. 工作人员要求

现场工作人员的身体状况、精神状态良好，穿戴工作服及安全用具齐全。所有作业人员必须具备必要的电气知识，基本掌握本专业作业技能及《国家电网公司电力安全工作规程》的相关知识，并经考试合格。特殊工种（测量工、起重工、焊接工、压接工、电气试验工）必须持相应等级的有效操作合格证上岗。特殊工种人员熟悉相关特殊工作的工艺标准和试验标准。特殊工种人员熟悉本次工作一些特殊作业项目的内容和安全注意事项，以及对本特殊工种使用的仪器仪表设备进行全面检查。作业辅助（外来）人员必须经负责施教的人员，对其进行安全措施、作业范围、安全注意事项等方面施教并考核合格后方可参加指定配合工作。

4. 技术资料

（1）架空线路及附属设备：含 10kV 及以下配电线路图纸（含所有设备的图形位置）及杆塔、导线、柱上（用户）开关、跌落式熔断器、杆上变压器、避雷器、低压开关、高供客户（架空进线）、所涉设备电缆进、出线资料、电缆分接箱资料、箱式变电站（环网箱式变）、电缆分接箱内部接线图、避雷器、高供客户（电缆进线）等相应资料。

（2）中压开关站和配电室及附属设备：含中压开关站、配电室、环网柜及其内部接线图等相应的图纸资料。

（3）相关架空线路、设备、站所出厂说明书、试验报告。

（4）架空线路检修记录、设备检修记录、站所检修记录等。

5.备品备件与材料准备（见表2-2）

表 2-2　　　　　　　　　　　　　备品备件与材料

√	序号	名称	型号及规格	单位	数量
	1	配电变压器（含单相变、干式变、非晶合金变等）	S11、SC9	台	
	2	柱上开关（含断路器、负荷开关等）	ZW、LW	台	
	3	刀闸（含负荷刀闸等）	GW	组	
	4	跌落式熔断器	RW	组	
	5	避雷器	HY5WS	组	
	6	低压开关箱	TM	台	
	7	熔管（含熔丝等）	20、30A	组	
	8	设备线夹（含铜铝设备线夹、压接型、螺栓型线夹等）	SL	只	
	9	绝缘罩		组	
	10	绝缘胶		盘	
	11	扎线	40cm	根	
	12	配变专用线夹	M20、22	组	
	13	铜端子	Φ50	只	
	14	铜对接管	Φ50	只	
	15	环网单元（含中置柜、负荷开关等）电缆分接箱（含高压分支箱、低压分支箱等）		台	
	16	箱式变电站（含终端型、环网型等）	欧式/美式	台	
	17	高低压电缆	YJV22	米	
	18	插拔式终端冷缩密封组件	Φ50	套	
	19	电缆标示牌		块	
	20	开关编号标示牌		块	
	21	熔管	20A	组	
	22	接地编织线		根	
	23	接地扁铁		根	
	24	焊条		根	
	25	电缆终端附件	Φ70、240、400	套	
	26	中间对接头	Φ70、240、400	套	
	27	防锈漆		桶	
	28	毛刷		只	

✓	序号	名称	型号及规格	单位	数量
	29	环氧树脂板		块	
	30	酒精	93#	瓶	
	31	汽油		升	
	32	粗毛巾		条	
	33	棉纱		条	
	34	电力脂膏		盒	
	35	密封油泥		袋	
	36	螺栓		个	
	37	扎线		根	
	38	电杆（含钢管杆、窄基塔、组合电杆等）	Φ190×15	根	
	39	导线（含绝缘导线、裸导线）	JKLYJ	米	
	40	镀锌钢绞线	LGJ	米	
	41	铁横担		根	
	42	绝缘子	棒形、瓷横担、悬式瓷瓶	只	
	43	水泥基桩		块	
	44	水泥拉盘	底盘、卡盘	块	
	45	线夹	耐张、跳线、接续等	只	
	46	接地角铁		只	
	47	抱箍	扁铁、加强型	根	
	48	支架		组	
	49	单联碗头		只	
	50	双联碗头		只	
	51	圆钢拉棒	Φ16	根	
	52	UT 形线夹	UT	只	
	53	楔形线夹	NX	只	
	54	延长环		只	
	55	铝压接管		根	
	56	低压蝶式绝缘子		只	

6. 工器具与仪器仪表准备（见表 2-3）

表 2-3 工器具与仪器仪表

✓	序号	名称	型号及规格	单位	数量	备注
	1	卡车	8T	辆		
	2	电力工程车		辆		
	3	吊车	12T	辆		
	4	带电作业车		辆		
	5	发电机		台		
	6	起重滑车	3T	组		
	7	应急照明车		辆		

续表

√	序号	名称	型号及规格	单位	数量	备注
	8	液压拖车		辆		
	9	铝合金抱杆	550×550×21M	付		
	10	电焊机		台		
	11	机动绞磨	3T	台		
	12	抽水机		台		
	13	压接钳		把		
	14	大剪刀		把		
	15	导线卡线器	KL2-45	只		
	16	地线卡线器	KQ30-1	只		
	17	气割		套		
	18	电动压接钳	30T	台		
	19	手板葫芦	2T	把		
	20	钢丝绳	? 15×100	根		
	21	钢丝绳	? 13×100	根		
	22	个人工具		套		
	23	绝缘剪刀		把		
	24	汽油绞磨机		台		
	25	潜水泵		台		
	26	手动钢锯		把		
	27	手动木锯		把		
	28	登高板		付		
	29	令克棒		根		
	30	接地线		组		
	31	警示护栏		个		
	32	警告牌		块		
	33	安全帽		顶		
	34	验电笔	10kV	支		
	35	验电笔	0.4kV	支		
	36	安全带		根		
	37	胶靴		双		
	38	绝缘绳		根		
	39	小绳		根		
	40	绝缘手套		付		
	41	雨衣		件		
	42	热成像仪（红外线测温仪）		台		
	43	数码相机		只		
	44	对讲机		台		
	45	手电筒		只		
	46	试验变压器		台		
	47	绝缘摇表	5000V	只		

√	序号	名称	型号及规格	单位	数量	备注
	48	双臂电桥	QJ44	只		
	49	单臂电桥	QJ23	只		
	50	接地摇表		只		

（二）作业标准

1. 开工

工作负责人按照《电力安全工作规程》办理好工作票许可手续。专责监护人明确被监护人的工作内容和范围，明确工作地点的带电部位。工作负责人对本班组作业人员进行明确分工，在开工前检查确认所有作业人员是否正确使用劳保、安全防护用品，对该作业所使用的材料、工器具进行清点检查。作业人员在工作负责人带领下进入抢修现场，并由工作负责人向所有作业人员详细交代抢修任务、作业范围、安全措施、安全注意事项和危险点，全体作业人员在明确抢修任务、作业范围、安全措施、安全注意事项和危险点后，在到位人员签字栏上分别签名，安全互保的人员相互之间确定互保关系并签字。测量工、起重工、焊接工、压接工、电气试验工检查相关仪器仪表设备是否齐全，能否正常使用。辅助（外来）人员应检查个人安全工器具，明确工作内容。布置作业前，必须核对图纸，勘查现场，彻底查明可能向作业地点反送电的所有电源，并断开其开关、刀闸。对设备缺陷处理的工作必须在工作前将缺陷发生的原因、处理方式以及处理工作时对现场条件的要求，工作中的安全注意事项等核查清楚。严格遵守规章制度，严格执行工作许可制度，严格执行开收工会制度，杜绝违章。工作票和任务单必须保存在工作地点。专职监护人不得兼做其他工作。工作负责人应及时提醒和制止影响工作的不安全行为。工作负责人应注意观察工作班成员的精神和身体状态，必要时可对作业人员进行适当的调整。严禁酒后工作，工作中严禁打闹、嬉戏。临时遮拦的装设需在保证作业人员不误登带电设备的前提下，方便作业人员进出现场和实施作业。严禁穿越和擅自移动临时遮拦。全部工作完毕，办理工作终结手续前，工作负责人应对全部工作现场进行周密的检查，确保无遗留问题。工作现场已经办理工作终结手续后，抢修人员严禁再触及设备，并全部撤离现场。

2. 检修电源

使用电源应装有剩余电流动作保护器。电动工具外壳应可靠接地。螺丝刀等工具金属裸露部分除刀口外包绝缘。接拆电源工作至少要两人完成，必须在电源开关拉开的情况下开展工作。临时电源必须使用专用电源，禁止从运行设备上取得电源。严禁带电拆、接电源接头。

3. 拆除故障受损线路、设备

起吊前，对吊车或起重机械进行检查，确保性能良好。钢丝绳、千斤顶、拉绳、地锚等应有足够的抗拉强度。吊车支脚或扒杆脚应撑在硬实的地面上，遇到土质松软要加垫承力物。扒杆吊点应垂直于杆洞，吊车的臂头吊点与电杆吊点保持垂直。系好临时拉绳控制电杆移动方向。起吊时统一指挥、统一信号。杆高1.2倍范围内不得有人逗留。电杆离地后检查各点受力，确无问题方能继续起立。起吊中保持电杆平衡移动和上升。避免冲击力。电杆回土夯实后才能攀登。拔电杆前应松动四周回填物，减小上拔阻力。拔杆时的吊点应系在杆身适当位置，防止电杆上重下轻。系好临时小绳控制电杆下落位置。拔杆时不准超过起重机械负荷或电杆受力强度作业。安全情况不明时严禁冒险蛮干。不得借助安全情况不明的物体或徒手攀登杆塔。检查杆根、脚钉、爬梯、拉线应牢固可靠。检查登高工具、安全带应安全完好。梯子要有防滑措施且摆放角度符合规程要求，梯子使用时有人扶持。杆塔上作业人员应系好安全带、戴好安全帽。安全带应高挂低用系在杆塔或牢固的构件上，安全带必须要扣牢扣环。工作人员在杆塔上作业转移时，不得失去安全保护。现场地面工作人员均应戴好安全帽。作业现场要设置围栏，在围栏外侧悬挂警告标志。当杆上作业需要将工具材料下上传递时，必须用绳索下进行传递，对于每一件物件必须扣牢绳结。杆塔上拆装中的构件和摆放的物件要防止滑落。使用滑轮起吊物件，防止滑轮盖板脱落。导线修补时选择合适的压接地点，尽量避开在杆塔下方作业。作业现场必须装设明显的遮拦、警告标志等。

4. 更换线路、设备及附属设施

不得借助安全情况不明的物体或徒手攀登杆塔。检查杆根、脚钉、爬梯、拉线应牢固可靠。检查登高工具、安全带应安全完好。梯子要有防滑措施且摆放角度符合规程要求，梯子使用时有人扶持。杆塔上作业人员应系好安全带、戴好安全帽。安全带应高挂低用系在杆塔或牢固的构件上，扣牢扣环。杆塔上作业转移时，不得失去安全保护。起吊前，对吊车或起重机械进行检查，确保性能良好。钢丝绳、千斤顶、拉绳、地锚等应有足够的抗拉强度。吊车支脚或扒杆脚应撑在硬实的地面上，遇到土质松软加垫承力物。扒杆吊点应垂直于杆洞，吊车的臂头吊点与电杆吊点保持垂直。系好临时拉绳控制电杆移动方向。起吊时统一指挥、统一信号。杆高1.2倍范围内不得有人逗留。电杆离地后检查各点受力，确无问题方能继续起立。起吊中保持电杆平衡移动和上升。避免冲击力。电杆回土夯实后才能攀登。拔电杆前应松动四周回填物，减小上拔阻力。拔杆时的吊点应系在杆身适当位置，防止杆子上重下轻。系好临时小绳控制电杆下落位置。拔杆时不准超过起重机械负荷或电杆受力强度作业。安全情况不明时严禁冒险蛮干。现场地面工作人员均应戴好安全帽。作业现场设置围栏对外悬挂警告标志。工具材料上下传递通用绳索，扣牢绳结。杆塔上拆装中的构件和摆放的物件要防止滑落。使用滑轮起吊物件，防止滑轮盖板脱落。导线修补时选择合适的压接地点，尽量避开在杆塔下方作业。作业现场应装设明显的遮拦、警告标志等。

5. 检测与电气试验

使用电源应装有剩余电流动作保护器。电动工具外壳应可靠接地。螺丝刀等工具金属裸露部分除刀口外包绝缘。接拆电源时至少有两人执行，必须在电源开关拉开的情况下进行。临时电源必须使用专用电源，禁止从运行设备上取得电源。严禁带电拆、接电源接头。

6. 恢复抢修地段的电气连接

选用的工器具应合格、可靠。按规范正确合理操作。恢复抢修地段电气连接时要重点防止工器具失灵，机具意外伤人，抢修中出现倒杆、断杆现象，按照检修规程和抢修先后步骤恢复停电线路、设备及附属设施的一、二次接线。

7. 质量检查

在电缆沟边时要站稳，防止滑落电缆沟。施工现场周围要设围栏，并设专人监护。使用钳形电流表前应进行通电检测。沟内施工当心头碰伤。

8. 竣工

清理工作现场。将工器具清点、整理并全部收拢，废弃物清除要按相关规定处理完毕，材料及备品备件回收清点结束。验收合格后拆除安全措施。办理应急抢修单终结手续。

9. 验收

自验收记录。记录改进和更换的零部件存在问题及处理意见。验收结论。抢修单位验收总结评价。运行单位验收意见及签字。

（三）抢修流程

1. 故障报修受理

国网客户中心受理客户故障报修诉求后，详细询问故障情况并下发县供电公司调控中心进行相应处理。

2. 接单分理

县供电公司调控中心接收故障报修工单后，应分别在 3 分钟内完成接单分理或退单。

3. 故障告知

抢修队伍接收县供电公司调控中心配网抢修指挥人员（以下简称配网抢修指挥人员）抢修指令，获得故障发生信息。

4. 故障查找

抢修队伍到达现场并汇报到达时间，查找到故障点后对故障进行判断，并向配网抢修指挥人员汇报故障原因、停电范围、停电区域及预计恢复时间，抢修指挥人员负责及时将故障相关信息录入系统。

5. 故障隔离

抢修人员查明故障原因后，应尽快隔离故障。属调度管辖的设备，需调度值班员下达指令，抢修人员方可进行倒闸操作，隔离故障。

6. 许可工作

抢修队伍应根据有关规定履行许可手续。

7. 现场抢修

抢修队伍依据有关规定处理故障。要统一配网抢修人员着装，规范用语和行为。简单故障由抢修第一梯队直接进行处理。配网大型故障抢修由配网抢修指挥人员通知抢修第二梯队进行处理。抢修工作应严格执行安规有关规定，强化抢修关键环节、关键点的安全风险控制，使用事故应急抢修处理单或工作票。严格按照有关检修规程标准的工艺、技术要求进行修复，确保抢修质量。对采取临时措施复电的故障，应做好记录、移交及后续故障处理工作。

8. 汇报结果

故障处理完毕后，抢修人员向配网抢修指挥人员汇报，抢修指挥人员负责及时将故障恢复送电时间等信息录入系统并完成流转。

9. 恢复送电

对于调度管辖的设备，需调度下达指令，抢修人员方可进行恢复送电操作。

10. 抢修要求

按照供电服务承诺响应时间要求和合理作业半径，分片设抢修队伍，作为抢修第一梯队，实行24小时值班制度，全天候响应故障现场抢修，承担快速恢复供电的应急类故障抢修业务。县供电公司应合理配置满足配网标准化抢修工作所必备的车辆、工器具及材料，抢修车车载工器具配置表参见［实例2-8］。进一步改善工作条件，减轻劳动强度，提高工作效率。县供电公司应加强抢修车辆及车载工器具日常维护检查，确保车辆及工器具安全可靠，满足全天候抢修工作需要。县供电公司还要加强巡检车车载工器具配置，巡检车车载工器具配置表参见［实例2-9］。

［实例 2-8］

抢修车车载工器具配置表

序号	设备名称	型号规格	单位	数量
工器具				
1	一体化验电笔	0.4～10kV	个	2
2	接地线	0.4kV	组	2
3	接地线	10kV	组	4
4	绝缘操作杆		根	1
5	压接钳		把	1
6	断线钳		把	2
7	绝缘剪刀		把	2
8	绝缘手套		付	2
9	登高工具		付	2
10	安全带		条	2
11	绝缘绳		条	4
12	警示护栏		套	5
13	警告牌		块	6
14	车载照明		套	2
15	对讲机		台	3
16	油锯		台	1
17	组合工具		套	4
18	安全帽		顶	4
19	绝缘梯		付	1
20	钳型电流表		个	2
21	螺帽破碎机		台	1
22	绝缘导线剥皮器		台	1
23	数字式接地电阻测试仪		台	1
24	变压器综合测试仪		台	1
25	核相仪		台	1
26	红外测温仪		台	1
27	电缆识别仪		台	1
28	医疗急救箱		个	1
车载器材				
配置典型故障处理所需：绝缘子、金具、电缆附件、导线等材料				

［实例 2-9］

巡检车车载工器具配置表

序号	设备名称	型号规格	单位	数量
工器具				
1	一体化验电笔	0.4～10kV	支	2
2	接地线	0.4kV	组	2
3	接地线	10kV	组	2
4	绝缘操作杆		根	1

续表

序号	设备名称	型号规格	单位	数量
	工器具			
5	压接钳		把	1
6	断线钳		把	1
7	绝缘剪刀		把	1
8	绝缘手套		付	2
9	登高工具		付	2
10	传递绳		条	2
11	绝缘绳		条	2
12	雨衣		件	4
13	雨鞋		双	4
14	警示护栏		套	1
15	警告牌		块	6
16	对讲机		台	2
17	油锯		把	1
18	组合工具（电工刀、钳子、螺丝刀等）		套	2
19	安全帽		顶	4
20	绝缘梯		付	1
21	钳型电流表		个	1
22	数字万用表		个	1
23	红外测温仪		台	1
24	望远镜		台	1
	辅助装备			
1	大功率照明		套	1
2	GPS定位装置		套	1
3	车载视频装置		套	1
4	车载电源与充电装置	5m	套	1
5	升降梯（选配）		套	1
6	单兵视频装置（选配）		套	1
7	超声波局放检测仪（选配）		套	1
8	管线内窥系统（选配）		套	1
9	干粉灭火器（选配）		个	2
10	医疗急救箱		个	1

五、值班管理

（一）值班要求

乡镇供电所值班室实行 24 小时在岗值班，夜间值班人员不少于 2 人。遇有节假日值班，乡镇供电所所长要参加乡镇供电所值班并带班管理，值班人员要着工作服，举止端正、语言文明。乡镇供电所值班人员在值班期间接到的公务电话、客户投诉、保修内容以及各项事务处理的时间、参加人员、处理结果均应做详细记录。值班期间接到客户报修时，立即通知台区经理，迅速及时处理，重大事故向乡镇供电所所长汇报。交接班时，交班人员要向接班人员介绍当日值班情况，对事故处理要特别详细说明，如事故处理未结束，不能交接班。值班期间严禁脱岗、饮酒、睡觉，严禁酒后值班、从事抢修工作，不准参与打牌等娱乐活动。值班期间如遇特殊情况需离开岗位时，必须向配电营业班班长请假，经批准，替班人员到岗交接完毕后，方可离开。严格值班电话的使用管理，不准因私事乱用或长时间占用电话。电话铃响四声之内及时接听。

（二）乡镇供电所值班管理流程 （见图2-2）

（三）乡镇供电所值班管理流程节点说明

节点1. 开始。

节点2. 乡镇供电所安全质量员编制值班表，报乡镇供电所所长审批。

节点3. 乡镇供电所所长审批

节点4. 乡镇供电所安全质量员下发乡镇供电所值班表，并在值班室悬挂上墙图版。

节点5. 配电营业班班长根据值班表安排台区经理轮流值班。

节点6. 台区经理是否换班，如果有换班告知配电营业班班长。

节点7. 配电营业班班长负责安排调班人员。

节点8. 台区经理实行24小时值班，值班期间值班室内物品要摆放整齐，卫生区要定时清扫，保持清洁。接班人员必须提前5分钟到岗，交班人员做好交接班记录，按照谁当班谁负责的原则，值班室内电话好用畅通，10kV电力线路图和0.4kV台区线路图齐全完整。值班室计算机能够登入营销SG186系统、生产PMS系统查询相关设备参数及数据。

节点9. 值班期间，台区经理负责接听值班电话，遇有重要情况要做好汇报，对值班期间发生的事故、异常、突发事件等紧急情况、上级指示等，值班人员要及时汇报乡镇供电所所长，做好协调监督等工作。不允许误报、漏报或隐瞒不报，同时，并要采取切实可行的措施，组织处理。

节点10. 台区经理负责电力设施故障报修。

节点11. 台区经理填写值班记录。

节点12. 乡镇供电所安全质量员每年调整一次值班表，报乡镇供电所所长审批。

节点13. 乡镇供电所所长审批调整后的值班表。

节点14. 乡镇供电所安全质量员重新下发乡镇供电所值班表，并在值班室墙上悬挂值班表发给安全质量员。

节点15. 乡镇供电所安全质量员对台区经理值班情况进行不定期检查，主要检查有无违犯值班纪律，影响乡镇供电所正常值班工作，电话接听不及时，保修质量出现问题等现象。

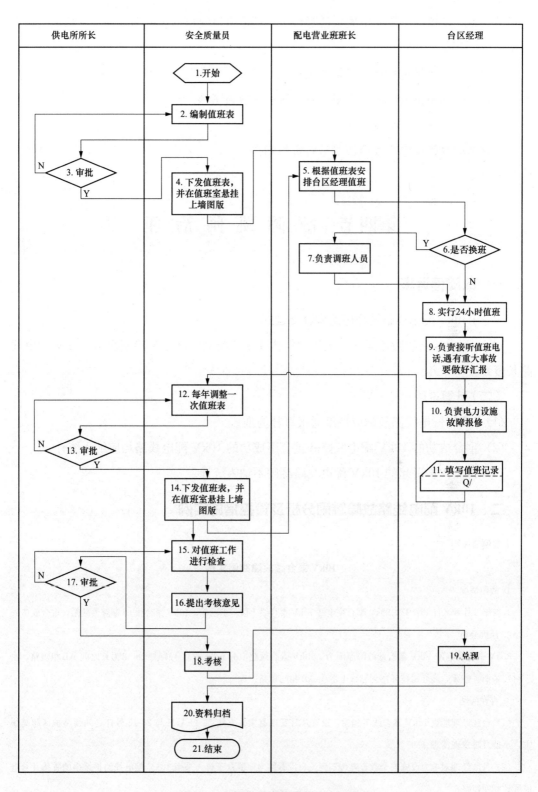

图 2-2 乡镇供电所值班管理流程图

节点 16. 乡镇供电所安全质量员对台区经理值班情况检查出的问题提出考核意见，报乡镇供电所所长。

节点 17. 乡镇供电所所长审批考核意见。

节点 18. 乡镇供电所安全质量员对台区经理进行考核。

节点 19. 台区经理兑现考核。

节点 20. 乡镇供电所安全质量员将资料归档。

节点 21. 结束。

第四节　故障跳闸治理

一、故障停运率

（一）10kV 配电线路故障停运率计算公式

10kV 配电线路故障停运率＝统计周期内 10kV 配电线路故障跳闸次数/10kV 配电线路长度百公里·年

（二）计算说明

（1）10kV 配电线路故障以调度通报口径为准。

（2）重合成功的 10kV 配电线路和重合不成功的 10kV 配电线路均应纳入统计。

（3）自然灾害引起的 10kV 配电线路跳闸不纳入统计。

二、10kV 配电线路故障跳闸分析及管控措施实例

［实例 2-10］

10kV 泰合线故障跳闸实例

1. 故障情况

××年×月××日 15：37，35kV 泰合变电站 10kV 泰合线Ⅰ段保护动作，10kV 泰合线 63 断路器跳闸，重合成功。

2. 原因分析

35kV 泰合变电站 10kV 泰合线故障原因为：10kV 泰合线赵家分支线 28-11 号杆与 28-12 号杆之间 AB 相短路，由于村民采摘香椿芽，高处树枝弹落到导线上造成 AB 相间短路。

3. 存在问题

（1）台区经理巡视 10kV 泰合线不到位，没有及时发现赵家分支线 28-11 号杆与 28-12 号杆之间线路护区超高树木，不能及时发现清理。

（2）台区经理对电力设施安全教育宣传不到位，没有使当地群众了解，采摘 10kV 配电线路护区内的香椿芽会造成线路相间短路。

4. 整改措施

（1）乡镇供电所运检技术员要结合实际制定详细的10kV配电线路巡视检查标准，根据天气状况、线路状况、人员状况、线路护区状况等，制定定期巡视、故障巡视、特殊巡视、夜间巡视、交叉巡视、诊断性巡视等巡视内容，对重点配电线路及隐患多发区域要增加巡视频次，及时处理巡视过程中发现的隐患和缺陷。要求台区经理及时填写巡视记录、拍摄巡视照片及时录入设备巡视管理信息系统中。运检技术员要不定期抽查台区经理巡视情况和巡视记录情况，随机抽查工作人员的巡视照片，检查台区经理对配电线路的巡视质量。

（2）电力设施保护不仅需要电力企业做好自身工作，还需要社会各界的关注与共同努力。乡镇供电所积极开展配电线路防外破宣传工作，通过广播、电视、报纸等媒体，广泛开展护线宣传。深入到学校、市场、企业、施工单位进行配电线路防外破宣传工作，发现问题及时制止并对电力客户进行安全教育。

（3）10kV配电线路护区内禁止私自砍伐、修剪线路附近超高树木。由乡镇供电所及时清理线路护区树木。如果发现在10kV配电线路护区附近植树绿化，乡镇供电所台区经理必须进行制止并要求施工方移除，持续提升配网设备健康水平。

[实例2-11]

10kV韩庄线故障跳闸实例

1. 故障情况

××年×月××日15时18分，110kV桦山变电站10kV韩庄线Ⅰ段保护动作，110kV桦山变电站10kV韩庄线81断路器跳闸，重合成功。

2. 原因分析

110kV桦山变电站10kV韩庄线09号杆龙达公司09J分界断路器负荷侧遭雷击，造成10kV韩庄线线路跳闸重合成功，线路其他电力客户运行正常。10kV韩庄线09J断路器安装自动化设备，当10kV韩庄线09号杆龙达公司分支线09J断路器负荷侧遭雷击后，龙达公司分支线09J断路器自动化判定动作，自动断开09J断路器，动作正确，将故障点隔离，10kV韩庄线81断路器跳闸重合成功。

3. 存在问题

（1）因恶劣天气（雷击）造成10kV韩庄线09号杆龙达公司分支线09J断路器跳闸，防雷设施没有按照试验周期进行定期试验。

（2）电力客户专责人责任心不强，电力客户电工对自己所辖设备巡视不及时、不到位，停电时检修未及时发现自己T接杆分界断路器存在隐患。

（3）乡镇供电所对电力客户管理存在不到位现象，对电力客户电工巡视不及时、不到位没有引起高度重视，致使此类故障发生。

（4）10kV韩庄线与110kV同塔架设，每年的雷雨季节不同程度的存在雷击现象。

4 整改措施

（1）乡镇供电所安全质量员组织全体台区经理开展事故分析大讲堂，认真分析故障原因，找出杜绝电力客户设备原因造成的线路故障跳闸的具体措施引起台区经理在巡视配电设备时高度重视。

（2）加强对电力客户巡视管理，指导电力客户电工对自己所辖的架空线、电缆线路、配电设备进行巡视检查，发现异常情况及时整改，提高电力客户自身的巡视质量，定期对设备进行预防性试验，提前发现问题，把问题消除在萌芽中，防止此类故障出现。要求电力客户按照避雷器试验周期进行定期试验，接地电阻要定期测量，对于试验不合格的设备要及时处理。

（3）利用微信群将类似故障图文发到乡镇供电所台区经理交流群里边，使台区经理以此为鉴，在巡视乡镇供电所管理的配电设备时特别注意，最大限度将问题消除在萌芽中。

[实例 2-12]

10kV 湖中线故障跳闸实例

1. 故障情况

××年×月××日 08 时 20 分，110kV 南湖变电站 10kV 湖中线过流Ⅰ段保护动作，110kV 南湖变电站 10kV 湖中线 66 断路器跳闸，重合成功。

2. 原因分析

10kV 湖中线属于架空与电缆混合线路。故障原因是 10kV 湖中线大众路 103 环网箱 12 间隔 T 接环城公司电力客户，环城公司临时安排施工单位在厂房以东空旷地带临时挖深坑置换好土，施工单位误将环城公司 10kV 电缆挖断，造成 10kV 湖中线大众路 103 环网箱 12 间隔断路器跳闸隔离故障。103 环网箱 12 间隔断路器动作跳闸，造成 103 环网箱 12 间隔接入的环城电力客户停电，由于 103 环网箱 12 间隔断路器只供电环城公司一个电力客户，103 环网箱 12 间隔断路器动作跳闸不影响线路其他电力客户正常运行。发生故障时 103 环网箱 12 间隔断路器与 110kV 南湖变电站 10kV 湖中线 66 断路器跳闸同时跳闸，由于 103 环网箱 12 间隔断路器跳闸后隔离故障点，110kV 南湖变电站 10kV 湖中线 66 断路器重合后已经没有故障，10kV 湖中线 66 断路器故重合成功，10kV 湖中线线路恢复正常运行。

3. 存在问题

（1）乡镇供电所对管辖配电设备巡视不到位，认为大众路升级改造已完工，环城公司电缆不在施工区域，未及时发现施工人员延伸施工，没有采取盯防到位。

（2）施工单位的施工人员临时改变施工区域，施工区域外延伸未提前与供电部门联系核实电缆路径，采取人工找出电缆方式，即用大型挖掘机作业，电力客户电工对自管线路设备不清楚。

4. 整改措施

（1）针对部分电力客户安全用电意识不强，落实《用电检查结果通知书》整改要求不到位等问题，乡镇供电所要积极联合政府职能部门召开"电力客户电工安全会议"，通报近期电力客户原因引起的配电故障，发挥政府监管职能，全面开展电力客户设备防外破宣传，强化电力客户自身安全用电和防外破的意识。

（2）加强对乡镇供电所管辖设备的巡视管理，督促电力客户加强对自管设备的巡视管理，结合电力客户检查对电力客户电工进行安全知识教育相关知识培训，督促电力客户电工对自管设备巡视到位，确保巡视质量。乡镇供电所要组织台区经理对辖区 10kV 电力电缆路径的电力客户逐一进行排查，发现问题，根据设备产权分界，分别进行整改处理，验收合格方可注销缺陷和隐患。

（3）根据夏季高峰用电的特点，为全面完成迎峰度夏工作，乡镇供电所将联合组织对 10kV 电力客户进行一次全面安全用电大检查，摸清设备和外破安全隐患，落实"检查、告知、督导、备案"四到位的管理规定，及时消除各类安全隐患，确保电网安全。

（4）针对查找出的邻近 10kV 电力线路保护区的施工作业，乡镇供电所将组织台区经理采取增设屏障、遮栏、围栏、防护网等进行防护隔离，并悬挂醒目警示牌。

[实例 2-13]

10kV 鲁观线故障跳闸实例

1. 故障情况

××年×月××日 10 时 03 分，110kV 金桥变电站 10kV 鲁观线过流Ⅰ段保护动作跳闸，10kV 鲁观线 82 断路器重合到永久性故障线路再次跳闸，重合不成。

2. 原因分析

110kV金桥变电站10kV鲁观线跳闸，接到通知后，乡镇供电所立即组织台区经理进行现场巡视，发现101环网箱至102环网箱之间的电缆头故障。10kV鲁观线投运于20××年×月××日，101至102环网箱之间电缆长度约1.5km，电缆型号为YJV3×400，共计3个电缆头，其中靠近102环网箱电缆中间头施工工艺质量存在缺陷是导致10kV鲁观线故障跳闸的主要原因。由于故障点在101环网箱至102环网箱之间的电缆中间头，该线路在104环网箱接入创为公司电力客户，因此停电影响到创为公司正常用电，为了使创为公司尽快恢复供电，将鲁观线102环网箱的01进线断路器断开，合上10kV楚天线103环网箱12间隔与10kV鲁观线拉手断路器，所带负荷于12点30分由联络线路10kV楚天线带出。

3. 存在问题

(1) 新建电缆工程项目投运，没有严把验收质量关，导致电缆中间头施工工艺质量存在缺陷运行，致使10kV鲁观线故障跳闸。

(2) 从事电缆头制作工艺的施工人员技术参差不齐，人员在制作电缆头过程中造成施工工艺存在缺陷，电缆头在运行过程中电缆的内外温度差别等方面问题导致电缆头放电短路。

4. 防范措施

(1) 加强对电缆头制作工艺进行要求，对工程公司制作电缆头工作人员进行专业学习，杜绝类似事情的发生。严把质量验收关，送电前必须提交试验报告及断路器设备定值单，相关人员审核无误方可送电。对于新投运的电缆项目验收时提高验收标准，电缆中间头的制作验收，需要经县供电公司、乡镇供电所共同验收签字后，方可投入运行。

(2) 针对每一次的电缆头制作，现场要时时监控把关，利用安全例会对每一次的电缆头制作视频组织台区经理认真学习共同交流探讨，不断提高设备的制作工艺水平、验收标准。

(3) 加大电缆附件安装培训工作，邀请电缆厂家集中培训授课，组织施工人员参加电缆中间头制作专项培训。要求工程公司施工人员全部取得电缆头制作资质。

[实例2-14]

10kV民生线故障跳闸实例

1. 故障情况

20××年×月××日14时52分，110kV桂园变电站10kV民生线过流Ⅰ段保护动作跳闸，10kV民生线65断路器跳闸重合成功。

2. 原因分析

10kV民生线属于架空与电缆混合线路全长5.44km。故障原因是民生线38JT接龙苑公司电力客户的500kVA箱变高压柜绝缘隔板老化造成V相与W相短路，该电力客户箱变高压断路器因UPS电源无电未动作，导致越级跳闸，民生线38J断路器跳闸后隔离故障点，110kV桂园变电站10kV民生线65断路器跳闸重合成功。

3. 存在问题

(1) 乡镇供电所对电力客户管理不到位，电力客户专责人责任心不强，对电力客户设备检查不及时，未发现电力客户高压断路器保护电源故障，没有督促电力客户整改。

(2) 电力客户电工对设备巡视不到位，未及时发现高压柜保护电源电池保险损坏及高压柜母线故障隐患。

(3) 乡镇供电所对电力客户管理不到位，电力客户专责人责任心不强，电力客户专责人对所辖线路及设备巡视检查不到位，没有及时发现 500kVA 箱变高压柜绝缘隔板老化，没有进行及时更换。

4. 整改措施

(1) 乡镇供电所要指导电力客户加强对电力客户资产设备的巡视管理，指导电力客户电工对自己所辖的 T 接点及线路和电缆路径等逐一进行排查，检查是否存在类似问题，并督促电力客户限期整改，防止类似故障发生。

(2) 加强对电力客户巡视管理，指导对电力客户电工对自己所辖的变压器、配电盘等逐一进行排查，检查是否存在类似问题，并督促电力客户限期整改，防止类似故障发生，结合大修技改，将电力客户 T 接自动化负荷断路器更换为断路器，防止越级到变电站。

(3) 加强对电力客户电工管理，结合电力客户检查对电力客户电工进行高压柜操作及保护相关知识指导，督促电力客户电工对自管设备巡视到位，保证巡视质量，定期对设备进行预防性试验，提前发现问题，把问题消除在萌芽状态。

[**实例 2-15**]

10kV 江南线故障跳闸实例

1. 故障情况

××年×月××日 16 时 19 分，110kV 庐岭变电站 10kV 江南线 63 断路器跳闸，过流 I 段保护动作跳闸，10kV 江南线 63 断路器跳闸重合不成功。

2. 原因分析

(1) 故障发生后乡镇供电所立即组织进行现场巡视检查，用望远镜观察发现 10kV 江南线 31 号杆 V 相与 W 相弓子线上有放电断股痕迹。故障时由于恶劣大风天气，风刮起异物引起 V 相与 W 相短路，造成 110kV 庐岭变电站 10kV 江南线 63 断路器跳闸重合不成功。经巡视线路上的 101 分段断路器箱在合闸位置并无断开，由于 10kV 江南线 63 断路器跳闸重合不成功造成线路所带 28 户电力客户停电。

(2) 10kV 江南线 101 分段断路器箱配有自动化设备，10kV 江南线 31 号杆 V 相与 W 相弓子线发生短路故障时，101 分段断路器应该动作跳闸但没有跳闸，造成 110kV 庐岭变电站 10kV 江南线 63 断路器跳闸重合不成。

3. 存在问题

(1) 乡镇供电所对配电设备运行管理不到位，乡镇供电所台区经理责任心不强，对配电运行设备巡视检查不及时，未及时发现配电线路护区内的易飘物，没有认真完成对配电线路护区内树木以及易飘物的清理工作。

(2) 10kV 江南线 101 分段断路器配置的自动化设备存在缺陷，10kV 江南线 31 号杆 V 相与 W 相弓子线发生短路故障时出现拒动现象，设备验收存在不严格、不规范，自动化设备没有按照试验周期进行试验、不检查，造成变电站 10kV 江南线 63 断路器跳闸重合不成，扩大了故障范围，造成停电范围扩大。

4. 整改措施

(1) 乡镇供电所要加强 10kV 配电线路及设备的运行维护，乡镇供电所运检技术员要制定《乡镇供电所月度配电线路及设备巡视计划》，配电营业班班长组织台区经理按照《乡镇供电所月度配电线路及设备巡视计划》开展设备巡视，巡视工作要认真负责，当发现缺陷和异常做好记录，及时处理。

(2) 乡镇供电所在特殊天气后要组织台区经理进行特巡检查。特别是大风天气后要及时组织乡镇供电所台区经理进行特巡。对 10kV 配电线路附近大棚的漂浮物要及时清理，叮嘱电力客户做好防止漂浮物刮到 10kV 配电线路上的措施。按照上级要求，集中开展春季和秋季漂浮物治理活动。

(3) 县供电公司要按照规定对配网自动化设备进行定期检查试验，确保配网自动化设备运行正常，同时结合大修技改，增加线路区段断路器，将电力客户 T 接自动化负荷断路器更换为智能断路器，防止越级跳闸变电站断路器。

[实例 2-16]

10kV 纺织线故障跳闸实例

1. 故障情况

××年×月××日 10 时 28 分，110kV 吴巷变电站 10kV 纺织线过流 Ⅱ 段保护动作跳闸，10kV 纺织线 62 断路器跳闸重合成功。

2. 原因分析

故障发生后，乡镇供电所立即组织台区经理进行现场设备巡视检查，发现 10kV 纺织线 103 环网箱 11 间隔 T 接锦宫纺织公司的 80kVA 变压器内部匝间短路，由于锦宫纺织公司配电室高压断路器保护电源故障，其高压断路器没有动作跳闸，又因 10kV 纺织线 103 环网箱 11 间隔断路器操作机构失灵未动作，导致 102 环网箱 02 间隔与 104 环网箱 01 间隔断路器分别跳闸迅速隔离故障区域，致使 110kV 吴巷变电站 10kV 纺织线 62 断路器跳闸重合成功。由于 103 环网箱 11 间隔接入 1 个用电电力客户，103 环网箱 12 间隔接入 4 个用电电力客户，当 102 环网箱 02 间隔与 104 环网箱 01 间隔断路器分别跳闸后，只影响 103 环网箱接入的 5 个电力客户用电，110kV 吴巷变电站 10kV 纺织线其他电力客户运行正常。

3. 存在问题

(1) 10kV 纺织线 103 环网箱内凝露比较严重，10kV 纺织线 103 环网箱 11 间隔断路器操作机构出现生锈，当 T 接锦宫纺织公司 80kVA 变压器内部发生匝间短路时，保护虽然动作，但 10kV 纺织线 103 环网箱 11 间隔断路器操作机构生锈不能动作跳闸，导致 102 环网箱 02 间隔与 104 环网箱 01 间隔断路器分别跳闸，扩大了故障范围。

(2) 电力客户电工管理不到位，电力客户设备专责人责任心不强，对电力客户设备检查不及时，未发现电力客户高压断路器保护电源故障，说明电力客户电工对设备巡视不到位，未及时发现高压柜保护电源电池保险损坏。

4. 整改措施

(1) 乡镇供电所应指导电力客户利用测温仪对配电设备进行测温、测负荷，利用超声波仪器对配电设备进行局放检测及时发现设备本体故障并尽快处理。乡镇供电所应督促电力客户加强配设备的巡视检查，指导电力客户电工对自己所辖的变压器、配电盘等逐一进行排查，检查是否存在故障隐患，如果配电设备处理存在故障隐患应立即处理，避免类似事故发生。

(2) 乡镇供电所要组织台区经理对环网箱和 T 接箱进行全面细致检查，重点检查操作机构是否发生锈蚀、保护装置是否动作正确、保护电源是否动作可靠等进行排查，对检查出的凝露环网箱、T 接箱进行防凝露处理，对机构锈蚀的操作机构，及时保养打油消缺，确保机构正常工作。对于新投运的环网箱、T 接箱在投入电网验收前，乡镇供电所必须进行防凝露检查，确保间隔进出线封堵严密，不进行防凝露处理的不允许送电。

(3) 乡镇供电所要加强对电力客户电工管理，结合电力客户检查对电力客户电工进行高压断路器柜操作及保护相关知识指导，督促电力客户电工对自管设备巡视检查到位，重点检查操作机构是否发生锈蚀、保护装置是否动作正确、保护电源是否动作可靠进行排查，保证巡视质量，定期对设备进行预防性试验，提前发现问题，把问题消除在事故萌芽状态。

[实例 2-17]

10kV 建达线故障跳闸实例

1. 故障情况

××年×月××日 9 时 25 分，110kV 晋前变电站 10kV 建达线过流 Ⅰ 段保护动作跳闸，建达线 101 环网箱 02 间隔断路器跳闸，110kV 晋前变电站 10kV 建达线 87 断路器跳闸后重合成功。

2. 原因分析

10kV 建达线 25 号杆 T 接中广公司厂区内基建管线施工，野蛮施工将 10kV 电缆挖伤造成短路，因 10kV 建达线

29 号杆分界断路器（非自动化断路器）没有动作跳闸，导致 10kV 建达线 101 环网箱 02 断路器跳闸隔离故障点，110kV 晋前变电站 10kV 建达线 87 断路器跳闸后重合成功。

3. 存在问题

（1）施工基建单位在施工前未与中广公司电工联系核实电缆路径及埋深，就开始挖探沟，在周围电缆标示齐全情况下野蛮使用挖掘机作业，是造成该故障的主要原因。

（2）乡镇供电所对电力客户院内基建施工巡视不到位，未及时发现电力客户院内管线挖掘施工，更没有盯防到位。

4. 整改措施

（1）在配电环网箱、T 接箱、表箱等处张贴服务贴，确保开挖基建顶管等施工人员能看到乡镇供电所服务电话，及时拨打电话告知乡镇供电所勘查现场。

（2）电缆线路电力标示桩必须按规定 30m 设置 1 处标示桩配齐，如果是混凝土路面，地面设置不锈钢电缆标示。

（3）乡镇供电所台区经理发现配电线路护区有人施工，首先要求施工方签订外破安全协议，缴纳保证金后，给施工方指明地下线路方向大体埋深和走径，乡镇供电所和施工方做好标识（插红旗或者混凝土地面喷漆，重要线路或电力客户用围栏围挡保护线路）。

（4）对于乡镇供电所管辖的配电线路护区内有施工时，乡镇供电所台区经理应督促施工单位建立路径图，完善相关标示，乡镇供电所也要派人盯防，要求施工方找出直接填埋的电缆，做好保护标示标志后，方可开展施工。

（5）加强对电力客户线路外破盯防管理，施工区域电缆即使测好电缆路径、也要每日巡视到位，延伸至电力客户院内。同时告知施工人员延伸施工必须电话联系，现场核实确无电缆方可动用机械施工。对野蛮施工者报警处理。

［实例 2-18］
10kV 民安Ⅱ线故障跳闸实例

1. 故障情况

××年×月××日 17 时 14 分，110kV 民东变电站 10kV 民安Ⅱ线过流保护动作跳闸。10kV 民安Ⅱ线 61 断路器动作跳闸，重合成功。

2. 原因分析

民安Ⅱ线民安路 101 环网箱 11 间隔 T 接户通公路建设，该电力客户高压电缆在某立交桥施工区域内，施工单位存在野蛮施工，在整理立交匝道时误将自己的电缆误伤，导致电缆短路造成 110kV 民东变电站 10kV 民安Ⅱ线过流保护动作跳闸。由于电力客户的 101 环网箱 T 接 11 间隔断路器动作跳闸将故障点隔离，才使得 10kV 民安Ⅱ线 61 断路器重合成功。由于 101 环网箱 11 间隔断路器动作跳闸，101 环网箱 11 间隔只接入户通公路建设电力客户用电，断路器动作后只影响户通公路建设一个电力客户正常的用电，线路所带其他电力客户运行正常。

3. 存在问题

（1）乡镇供电所对施工单位防外破坏管理重视程度不够，工作漂浮，对施工单位的管理不到位。巡视人员（台区经理）对施工单位巡视盯防不及时，未及时发现大型机械在电缆护区内施工，未能及时发现电力客户的配电室隐患。

（2）乡镇供电所台区经理落实"检查、告知、督导、备案"四到位措施不力。虽然对该电力客户进行了检查，也告知了电力客户高压电缆的路径走向，但是未能督导电力客户整改到位。工作存在不细致，管理存在不闭环，存在侥幸不出事的心理。

（3）电力客户设备专责人（电工）责任心不强，针对该电力客户的高压电缆标志性不清晰造成该电力客户施工中误伤自己的电缆，针对此故障，要求电力客户电工举一反三，乡镇供电所组织对所辖线路上有可能发生故障的隐患点进行设备巡视检查，杜绝类似事故的发生。

4. 整改措施

(1) 针对移动（流动）施工场所，如道路植树、栽苗绿化、临时吊装、物流、仓储、取土、挖沙等场所乡镇供电所应采取在防护区内临时安插警示牌或警示旗、铺警示带、安装警示护栏等安全保护措施。

(2) 乡镇供电所应安排台区经理在线路防护区边界两侧装置护围栏，通常采用安全围栏或悬挂彩旗的绳索，防止在防护区附近固定作业车辆进入线路防护区。

(3) 有条件时，可以在吊车等车辆的吊臂顶部安装近电报警装置，提前设定距离高压线的距离，当吊车等车辆顶部靠近高压线时，立即启动声响和灯光报警，提示操作人员立即停止作业操作。

(4) 乡镇供电所应加强与市政建设部门的信息沟通，密切关注电缆通道周边各类施工情况。及时评估老旧通道主体结构的承载能力，发现地面沉降、地下水冲蚀、承重过大等情况时，要检测通道周围土层的稳定性，发现异常应及时加固，必要时对通道进行改造或迁移。

[实例 2-19]

10kV 矿山线故障跳闸实例

1. 故障情况

××年×月××日 14 时 20 分，110kV 东楼变电站 10kV 矿山线过流保护动作跳闸，10kV 矿山线 68 断路器跳闸重合成功。

2. 原因分析

故障发生后，乡镇供电所立即组织台区经理进行现场巡线，经巡视检查，没有发现问题，但因当时雷雨天气，并听线路附近居民讲，线路跳闸时看到矿山线 35 号杆-36 号杆有落雷火光情况。所以判断为 10kV 矿山线因落雷造成线路跳闸。

3. 存在问题

10kV 矿山线故障点为每年多雷地区，雷雨天气容易造成线路落雷故障，10kV 矿山线没有进行防雷设施改造。

4. 整改措施

(1) 加大线路巡视检查力度，结合雷雨天气跟踪巡视分析，观测落雷地段，及时采取防雷措施。为了保证防雷设施具有良好的保护性能，每年在雷季到来之前，乡镇供电所应列出防雷工作计划对防雷设施进行检查、测试。及时掌握防雷设施是否处于正常状况，装置运行是否良好，对检查、测试中发现的不合格项应及时处理，杜绝隐患。要加强防雷设施的巡视和定期试验工作，防雷设施的巡视周期与线路的巡视周期相同。避雷器绝缘电阻试验周期为 1~3 年，避雷器工频放电试验周期为 1~3 年。柱上变压器、配电站、柱上断路器设备、电容器设备的接地电阻测量每两年至少一次，其他设备的接地电阻测量每 4 年至少一次。防雷设施必须在雷季到来之前投入运行。

(2) 配电线路可采用三角形排列，最上面的导线可以起到避雷线的作用，在最上面的导线的绝缘子上每隔 6-7 基电杆装设一个接地保护间隙，对于农村配电线路上的所有配电设备，如柱上断路器、负荷开关、隔离开关等，应根据需要在设备的带电侧装设避雷器或保护间隙。

(3) 配电线路安装的避雷器接地装置在投入运行前必须按照要求进行验收，验收资料必须有合格的接地电阻测量报告。10kV 配电线路巡视中应检查接地极是否接触良好，是否有松动锈蚀断股现象，如果有必须按照缺陷进行记录消除。每年春季组织乡镇供电所人员对 10kV 配电设备进行接地电阻测量。

(4) 对雷电频繁区域的 10kV 配电线路安装避雷器。由于山区土壤的电阻率普遍较高，为满足线路耐雷水平的要求，乡镇供电所对新建线路杆塔，必须严格执行施工、验收标准，对运行的线路杆塔，在雷季来临之前，必须进行接地电阻测量，可采用增设接地扁铁，加大接地面积，接地槽换土，敷设降阻剂等措施，有效改善接地电阻值，起到防雷的目的。

[实例 2-20]

10kV 冬平线故障跳闸实例

1. 故障情况

××年×月××日 11 时 21 分，110kV 东固山变电站 10kV 冬平线Ⅰ段保护动作跳闸，10kV 冬平线 61 断路器跳闸重合成功。

2. 原因分析

110kV 东固山变电站 10kV 冬平线 44 号杆 T 接电力客户隔离开关上方鸟叼树枝筑巢，由于连续两天降雨树枝湿透，造成 10kV 冬平线 44 号杆 U 相、V 相相间短路线路跳闸，10kV 冬平线线路重合成功。10kV 冬平线线路跳闸后，乡镇供电所立即安排台区经理现场对故障线路进行巡视，巡视现场发现 10kV 冬平线 44 号杆有鸟筑巢，立即通知电力客户现场清除鸟巢。

3. 存在问题

(1) 电力客户设备巡视管理存在漏洞，企业电工没有及时发现鸟叼树枝筑巢。乡镇供电所台区经理对电力客户安全宣传不到位，没有实施有效的解决办法。

(2) 电力客户用电设备施工工艺不规范，10kV 冬平线 44 号杆 T 接电力客户隔离开关相间距离不足，裸露点没有绝缘包封。

4. 整改措施

(1) 结合 10kV 冬平线停电时，电力客户在 10kV 冬平线 44 号杆 T 接点鸟巢清理处安装防鸟锥。要求电力客户严格按照检修工艺标准，对 10kV 冬平线 44 号杆 T 接电力客户隔离开关实行包封，对裸露点实施绝缘包封，严把施工工艺验收关，确保制作工艺质量。

(2) 通知 10kV 冬平线 44 号杆 T 接电力客户加强巡视。特别是加强配电线路及设备上鸟巢的巡视力度，增加辖区内鸟类频繁筑巢杆段巡视次数，关注天气预报，遇有雨雪天气时要及时发现及时清理，保证线路安全运行。对电力客户进行安全知识宣传，详细说明利害关系，加强安全防护意识，及时发现安全隐患并尽快处理。

(3) 要以电力客户设备鸟巢未及时清理引起的故障为例，加强配电设备巡视质量，乡镇供电所运检技术员要加强配电线路巡视和消缺计划的执行，对消缺情况必须进行现场检查验收。配电营业班班长负责填写派工单，组织台区经理根据配电线路巡视和消缺计划现场巡视。加强乡镇供电所台区经理安全责任教育，正确责任落实，提高业务技术水平和隐患点辨识能力。

[实例 2-21]

10kV 吕厂线故障跳闸实例

1. 故障情况

××年×月××日 04 时 01 分，220kV 森源变电站 10kV 吕厂线Ⅰ段保护动作跳闸，10kV 吕厂线 65 断路器跳闸重合不成。110kV 市北变电站 10kV 岗湖线Ⅰ段保护动作跳闸，10kV 岗湖线 86 断路器跳闸重合不成。

2. 原因分析

220kV 森源变电站 10kV 吕厂线 34 号杆被施工车辆撞断，34 号杆倾斜到 110kV 市北变电站 10kV 岗湖线 35 号杆线路上造成相间短路，10kV 吕厂线 65 断路器与 10kV 岗湖线 86 断路器同时跳闸。影响电力客户 12 户、影响四到户台区 1 个用电。

3. 存在问题

(1) 220kV 森源变电站 10kV 吕厂线 34 号杆与 110kV 市北变电站 10kV 岗湖线 35 号杆都位于人行道中间，且 10kV 吕厂线 34 号杆与 10kV 岗湖线 35 号杆相距很近。两杆未及时迁移出人行道，对潜在隐患没有及时处理，造成故障发生。

（2）220kV 森源变电站 10kV 吕厂线 34 号杆与 110kV 市北变电站 10kV 岗湖线 35 号杆没有装设警示标志，两杆也没有设防撞墩。

4. 整改措施

（1）加强乡镇供电所台区经理安全教育，明确责任，提高台区经理对配电线路及设备巡视质量，提升故障隐患点辨识能力。补充防撞措施，结合 10kV 吕厂线和 10kV 岗湖线停电迁移人行道上的两级电杆。

（2）乡镇供电所组织台区经理对辖区内特种作业车辆进行全面摸底排查，及时了解特种车辆动向并完成联系方式收集，不定期向特种车辆司机发送温馨提示短信，对特种车辆司机进行提醒，确保不发生车辆碰撞线路设备。

（3）乡镇供电所要在固定施工作业点线路保护区位置临时装设限高装置，注明限高高度，防止吊车或水泥泵车车臂进入线路防护区。乡镇供电所要组织台区经理对迁移后的 10kV 吕厂线 34 号杆、10kV 岗湖线 35 号杆进行警示标示、防撞墩安装，有条件时提出计划对 10kV 吕厂线和 10kV 岗湖线线路进行绝缘化改造。

［实例 2-22］
10kV 齐昆线故障跳闸实例

1. 故障情况

××年×月××日 13 时 55 分，110kV 胜利变电站 10kV 齐昆线过流保护动作跳闸，10kV 齐昆线 63 断路器跳闸重合成功。

2. 原因分析

110kV 胜利变电站 10kV 齐昆线 55 号杆 T 接侯庄支线 01 号杆线路下方挖掘机野蛮施工作业，挖臂移动过程中短时碰触 U、V 相线路短路造成 10kV 齐昆线线路跳闸。

3. 存在问题

（1）10kV 齐昆线 55 号杆 T 接侯庄支线 01 号杆只装设隔离开关，未装设跌落式熔断器或智能断路器，当 10kV 齐昆线 55 号杆 T 接侯庄支线 01 号杆线路下方挖掘机挖臂碰触 U、V 相线路短路时，隔离开关不能断开故障，造成 110kV 胜利变电站 10kV 齐昆线 63 断路器跳闸。

（2）台区经理责任心不强，巡视质量不高，检查不到位，缺乏有效的管控措施，没有提前做好电力设施保护宣传工作，未能及时发现线下施工作业，没有提前与施工单位对接告知危险点，没有现场制止施工单位野蛮违章作业。

（3）10kV 齐昆线 55 号杆 T 接侯庄支线线路为裸导线，当 10kV 齐昆线 55 号杆 T 接侯庄支线 01 号杆线路下方挖掘机挖臂碰触 U、V 相线路短路时，如果线路为绝缘导线就可以避免故障发生。

4. 整改措施

（1）乡镇供电所组织台区经理对辖区内的吊车、水泥罐车等特种工程车辆车主、驾驶员及大型工程项目经理、施工员、安全员等相关人员数据进行登记建立台账资料，及时开展电力安全知识培训，定期发送安全提醒短信，充分利用公益广告、媒体宣传等方式推动培训宣传工作常态化。

（2）乡镇供电所加强配电线路及配电设备的巡视力度，重点检查配电线路下是否有即将形成的施工场所，对这些重点场所要进行重点监测。乡镇供电所安全质量员和运检技术员同时检查台区经理的巡视相同线路的记录，同时查看重点线路、隐患易发区域的照片，综合判断巡视中发现的隐患和缺陷及消缺计划完成情况，通过巡视、消缺、检查的闭环管理提升配网设备健康水平，实现配网线路零跳闸。

（3）对类似电力客户进行排查，指导督促电力客户安装跌落式熔断器或智能断路器，有条件的情况下可以将裸导线更换为绝缘导线。

[**实例 2-23**]

10kV 柳庄线故障跳闸实例

1. 故障情况

××年×月××日 10 时 23 分，110kV 大街变电站 10kV 柳庄线Ⅰ段保护动作跳闸，10kV 柳庄线 61 断路器跳闸重合不成。

2. 原因分析

110kV 大街变电站 10kV 柳庄线虞村支线 11 杆分界断路器爆炸，造成 110kV 大街变电站 10kV 柳庄线Ⅰ段保护动作跳闸，10kV 柳庄线 61 断路器重合不成。

3. 存在问题

(1) 分界断路器为内置 TV，使用年限较长，且存在质量问题和安全隐患。

(2) 台区经理责任心不强，巡视质量不高，检查不到位，没有发现 110kV 大街变电站 10kV 柳庄线虞村支线 11 杆周围有可燃物堆积，可燃物燃烧时火焰直至 10kV 柳庄线虞村支线 11 杆分界断路器。

4. 整改措施

(1) 严格控制引发火灾发生的可燃物，如果巡视发现在配电设施附近堆放易燃物及可燃物应立即制止，认真做好电气设备的防火、短路和过负荷等措施。搞好防火安全宣传，增强防火意识。

(2) 乡镇供电所要加强配电线路及设备的巡视力度，对此类断路器进行巡视测温，及时发现设备缺陷立即处理。对在配电设备附近堆积易燃物的，必须进行移除。对不能进行移除的，乡镇供电所联系电力客户，要求移除，电力客户拒不移除，乡镇供电所可以联系村委下达隐患通知书，必须将隐患消除在萌芽状态。

(3) 结合停电计划，对此类断路器前加装隔离开关，出现故障，及时隔离，缩小停电范围。有条件时逐步淘汰更换此类分界断路器，采用外置 TV 式分界断路器来替代内置 TV 式分界断路器。严格新设备验收标准，加强施工过程管控，避免安装时分界断路器带缺陷投入运行。

[**实例 2-24**]

10kV 上林线故障跳闸实例

1. 故障情况

××年×月××日 15 时 16 分，110kV 平安变电站 10kV 上林Ⅰ线、上林Ⅱ线Ⅰ段保护同时动作跳闸，10kV 上林Ⅰ线 61 断路器、10kV 上林Ⅱ线 62 断路器同时跳闸重合成功。

2. 原因分析

110kV 平安变电站 10kV 上林Ⅰ线、上林Ⅱ线为同杆架设，均为裸导线，大风大雨天气将大棚电力客户的带有铁丝的废旧棚膜刮到 38 号杆-39 号杆线路上，造成 10kV 上林Ⅰ线、上林Ⅱ线同时短路跳闸。

3. 存在问题

(1) 乡镇供电所台区经理对线路附近大棚电力客户潜在隐患无预见性，责任心不强，检查不到位，没有及时发现存在的隐患并督促电力客户进行整改。

(2) 乡镇供电所安全管理不到位，巡视工作流于形式，安全宣传不到位，没有认真梳理辖区存在安全隐患，造成 10kV 上林Ⅰ线、上林Ⅱ线同时短路跳闸。

4. 整改措施

(1) 乡镇供电所台区经理应在大棚密集区、废旧棚膜代售点、厂房区域等地张贴宣传告示，提醒农户做好废旧棚膜管理，协助农户做好大棚加固，开展废旧棚膜清理回收。有效减少废旧棚膜对电网造成的影响。加强线路巡视，对同类现场进行再排查，及时联系督促电力客户进行加固处理，避免类似事故发生。

（2）乡镇供电所应制作多种简单易懂的护线宣传材料，发放护线宣传品，广泛宣传电力设施保护法律法规，使大棚或厂房区域电力客户认识到保护电力设施的重要性，不加固处理危害性、危险性，提高群众依法保护电力设施的意识。

（3）加强乡镇供电所安全管理，建立健全10kV配电线路护区安全隐患台账，加强配电线路及配电设备的巡视力度，重点检查10kV配电线路下是否有在建或已经建立的大棚或厂房区域，对这些重点场所要进行重点监测。乡镇供电所安全质量员和运检技术员同时检查台区经理的巡视线路的记录，同时查看重点线路、隐患易发区域的照片，综合判断巡视中发现的隐患和缺陷及消缺计划完成情况，通过巡视、消缺、检查的闭环管理提升配网设备健康水平。

（4）乡镇供电所运检技术员要对10kV配电线路护区内的大棚、厂房区域等存在安全隐患进行统计，对大棚、厂房区域等靠近10kV配电线路的裸导线提出绝缘化改造计划，上报县供电公司。

[实例2-25]

10kV东韩线故障跳闸实例

1. 故障情况

××年×月××日13时51分，110kV寒山泉变电站10kV东韩线Ⅰ段保护动作跳闸，10kV东韩线61断路器跳闸重合成功。

2. 原因分析

110kV寒山泉变电站10kV东韩线29号杆横担上有鸟筑巢，由于大风大雨天气鸟巢中有铁丝，造成10kV东韩线29号杆U相、W相相间短路线路跳闸，10kV东韩线线路重合成功。10kV东韩线线路跳闸后，乡镇供电所立即安排台区经理现场对故障线路进行巡视，巡视现场发现10kV东韩线29号杆有鸟筑巢，乡镇供电所安全质量员办理好工作票，配电营业班班长填写派工单，安排好工作负责人和工作人员，乡镇供电所运检技术员立即组织台区经理对10kV东韩线29号杆横担上的鸟巢进行现场清理。

3. 存在问题

乡镇供电所安全管理不到位，台区经理对10kV配电线路和设备巡视管理存在漏洞，巡视工作流于形式，没有认真梳理辖区存在安全隐患，台区经理没有及时发现鸟巢，造成10kV东韩线61断路器跳闸。

4. 整改措施

（1）利用10kV东韩线停电时，台区经理在10kV东韩线29号杆横担处安装驱鸟装置。乡镇供电所台区经理要严格按照检修工艺标准进行安装，乡镇供电所运检技术员要做好现场验收，严把质量关，不允许驱鸟装置带缺陷投入运行。

（2）加强10kV配电线路及配电设备的巡视力度，春季对鸟巢频频出现的线路地段应增加巡视次数，至少每周检查巡视一次，确保及时发现鸟巢，立即清理。建立健全10kV配电线路护区安全隐患台账，重点检查10kV配电线路上是否存在鸟巢，对10kV配电线路上经常筑巢的地点要进行重点监测。乡镇供电所台区经理对于巡视发现的新筑鸟巢要做好记录，同时对新筑鸟巢进行拍照并留存好照片，乡镇供电所运检技术员要根据台区经理发现的新筑鸟巢，查看记录和照片，综合进行分析和判断，制定隐患和缺陷消缺计划，组织乡镇供电所台区经理完成现场鸟巢清理工作。

（3）乡镇供电所运检技术员要根据台区经理发现的新筑鸟巢，绘制10kV配电线路"故障云图"，每周进行分析，对鸟害区域进行细致划分，制定改进措施技术改造计划，上报县供电公司，待县供电公司批复后组织乡镇供电所台区经理实施。对电力客户防鸟害工作的实施也要加强，乡镇供电所管辖的10kV配电线路和电力客户设备同抓同管，落实专变电力客户隐患排查治理。

（4）针对鸟害问题，乡镇供电所可采用对 10kV 配电线路局部进行绝缘化改造，对 10kV 配电线路中的跳线、跌落式熔断器、隔离开关等裸露部分加装绝缘护套。对鸟巢频频出现地段安装防鸟装置或者占位器，在双横担处加装新型驱鸟装置，从技术上防止鸟害发生。

[实例 2-26]

10kV 九台线故障跳闸实例

1. 故障情况

××年×月××日 15 时 11 分，110kV 营口变电站 10kV 九台线过流Ⅰ段保护动作跳闸，10kV 九台线 83 断路器跳闸重合成功。

2. 原因分析

故障发生后，乡镇供电所立即组织台区经理进行现场巡线，没有发现问题，但因当时雷雨天气，并听线路附近居民讲 10kV 九台线 42 号杆有爆炸声，经巡视检查，发现 10kV 九台线 42 号杆避雷器爆炸。初步判断为 10kV 九台线 42 号杆避雷器落雷造成线路跳闸。

3. 存在问题

（1）10kV 九台线故障点为每年多雷地区，雷雨天气容易造成线路落雷故障。

（2）10kV 九台线 42 号杆安装的避雷器接地下引线与接地极连接点被雷击烧断，42 号杆安装的避雷器遭雷击发生爆炸，造成 10kV 九台线过流保护动作跳闸。

4. 整改措施

（1）对 10kV 九台线安装的避雷器进行一次全面检查，10kV 九台线安装的避雷器接地下引线应更换使用不小于 25mm² 铜芯绝缘线或不小于 35mm² 铝芯绝缘线。下引线与接地极连接时采用不小于 40mm×40mm 镀锌扁钢。配电线路安装的避雷器接地装置在投入运行前必须按照要求进行验收，验收资料必须有合格的接地电阻测量报告。

（2）乡镇供电所应加强线路巡视检查力度，结合雷雨天气跟踪巡视分析，观测落雷地段，及时采取防雷措施。为了保证防雷设施具有良好的保护性能，每年在雷季到来之前，乡镇供电所应列出防雷工作计划对防雷设施进行检查、测试。及时掌握防雷设施是否处于正常状况，装置运行是否良好，对检查、测试中发现的不合格项应及时处理，杜绝隐患。10kV 配电线路巡视中应检查接地极是否接触良好，是否有松动锈蚀断股现象，如果有必须按照缺陷进行记录消除。每年春季组织乡镇供电所台区经理对 10kV 配电设备进行接地电阻测量。

（3）对雷电频繁区域的 10kV 配电线路安装避雷器。由于山区土壤的电阻率普遍较高，为满足线路耐雷水平的要求，乡镇供电所对新建线路杆塔，必须严格执行施工、验收标准，对运行的线路杆塔，在雷季来临之前，必须进行接地电阻测量，可采用增设接地扁铁，加大接地面积，接地槽换土，敷设降阻剂等措施，有效改善接地电阻值，起到防雷的目的。

[实例 2-27]

10kV 西园线故障跳闸实例

1. 故障情况

××年×月××日 15 时 11 分，110kV 同州变电站 10kV 西园线过流保护动作跳闸，10kV 西园线 85 断路器跳闸重合成功。

2. 原因分析

故障发生后，乡镇供电所立即组织台区经理进行现场巡线，没有发现线路有异常，所带电力客户配电室变压器、电缆、断路器检查试验无问题，经检测发现 10kV 西园线顺运支线 26 号杆分界断路器负荷侧 U 相、V 相绝缘降低造成。顺运支线所带齐祥公司现有变压器 4 台，容量 7850kVA，长期过负荷运行，系统采集高压电流 330A，属于长期重载运行，造成分界断路器绝缘降低引起 10kV 西园线配电线路跳闸。10kV 西园线顺运支线 26 号杆分界断路器动作跳闸，配电自动化动作正确。

3. 存在问题

(1) 电力客户电工对 10kV 西园线顺运支线 26 号杆分界断路器长期重载运行潜在隐患无预见性，巡视流于形式、不到位，由于 10kV 西园线顺运支线 26 号杆分界断路器长期重载运行，致使绝缘降低，造成 10kV 西园线 85 断路器跳闸。

(2) 没有利用测温仪对配电设备进行测温、测负荷，对于配电设备长期过负荷没有从思想上重视，缺乏有效的管控措施。

4. 整改措施

(1) 指导电力客户利用测温仪对配电设备进行测温、测负荷，利用超声波仪器对配电设备进行局放检测及时发现设备本体故障并尽快处理。

(2) 督促电力客户加强配电线路及设备的巡视，排查过负荷配电设备，对于过负荷配电设备已经存在故障隐患的及时联系督促电力客户进行处理，避免类似事故发生。

(3) 乡镇供电所要汇报上级部门及时调整配电网负荷，合理分配，避免 10kV 配电线路及配电设备发生重载运行，持续提高配电设备安全运行。

[实例 2-28]

10kV 庙子线故障跳闸实例

1. 故障情况

××年×月××日 9 时 31 分，110kV 洪家变电站 10kV 庙子线过流 I 段保护动作跳闸，10kV 庙子线 66 断路器跳闸重合成功。

2. 原因分析

故障发生后，乡镇供电所立即组织台区经理进行现场巡视检查，用望远镜观察发现 10kV 庙子线 48 号杆 V 相与 W 相弓子线上有放电断股痕迹，地面有反光膜。故障时由于恶劣大风天气，风刮起反光膜引起 V 相与 W 相短路，造成 110kV 洪家变电站 10kV 庙子线 66 断路器跳闸重合成功。

3. 存在问题

(1) 乡镇供电所对配电设备运行管理不到位，乡镇供电所台区经理责任心不强，对配电运行设备巡视检查不及时，对配电线路护区内含有锡反光膜没有引起重视，没有及时完成对配电线路护区内含有锡反光膜的清理工作。

(2) 在苹果种植中，广泛使用含有锡的反光膜，每年发生多起导线悬挂反光膜隐患，遇有大风阴雨潮湿气造成反光膜刮到 10kV 庙子线 48 号杆线路上出现短路，致使 110kV 洪家变电站 10kV 庙子线过流保护动作跳闸。

4. 整改措施

(1) 乡镇供电所要加强 10kV 配电线路及设备的运行维护，乡镇供电所运检技术员要制定《乡镇供电所月度配电线路及设备巡视计划》，配电营业班班长组织台区经理按照《乡镇供电所月度配电线路及设备巡视计划》开展设备巡视，重点巡视苹果种植园区内使用含有锡的反光膜，对废旧反光膜要及时清理，发现废旧反光膜危及 10kV 配电线路及设备的要做好记录，及时处理。

(2) 乡镇供电所在特殊天气后要组织台区经理进行特巡检查。特别是大风天气时要及时组织乡镇供电所台区经理进行特巡。对 10kV 配电线路附近废旧反光膜要及时清理，叮嘱电力客户做好防止废旧反光膜刮到 10kV 配电线路上的措施。按照上级要求，集中开展春季和秋季废旧反光膜治理活动。

[实例 2-29]

10kV 化肥线故障跳闸实例

1. 故障情况

××年×月××日 13 时 55 分，110kV 北江变电站 10kV 化肥线 I 段保护动作跳闸，10kV 化肥线 86 断路器跳闸重合成功。

2. 原因分析

110kV 北江变电站 10kV 化肥线 11 号杆电力客户户通公司高压断路器进线柜进入老鼠，引起 W 相与 V 相短路造成 10kV 化肥线线路跳闸。

3. 存在问题

(1) 电力客户电工对电力客户配电室巡视不认真、检查不到位，配电室设备巡视记录有登记但没有发现问题，配电设备巡视流于形式，对潜在隐患无预见性。

(2) 电力客户配电室通往室外的电缆沟没有封堵，电力客户配电室大门没有安装防鼠挡板，电力客户配电室底层通风窗隔离网损坏，高压断路器进线柜电缆空洞没有封堵，电缆沟盖板没有复位，由于天气变冷，这些缺陷的存在都会造成老鼠从室外进入室内。

4. 整改措施

(1) 加强与电力客户沟通，不断开展对电力客户电工安全责任教育，提高电力客户电工的工作责任心，夯实电力客户自身的巡视质量，定期对设备进行预防性试验，提前发现问题，把问题消除在萌芽中。指导电力客户电工对自己所辖的配电室设备进行巡视检查，重点是对防小动物进行检查，发现异常情况及时整改。

(2) 指导电力客户对其管辖的配电室加装防鼠挡板，进出配电室的电缆孔洞应用防火材料进行严密封堵。电缆沟应覆以与地面齐平而坚固的盖板。电缆沟内检修作业结束后，需将电缆盖板回复原状，在配电室放置老鼠药和鼠夹，对已经损坏的配电室底层通风窗隔离网进行更换。

(3) 针对电力客户配电室通往室外的电缆沟没有封堵，电力客户配电室大门没有安装防鼠挡板，电力客户配电室底层通风窗隔离网损坏，高压断路器进线柜电缆空洞没有封堵，电缆沟盖板没有复位等问题，乡镇供电所要组织台区经理对自己乡镇供电所管辖的配电室进行检查，发现类似问题及时处理。

[实例 2-30]

10kV 尚闻线故障跳闸实例

1. 故障情况

××年×月××日 10 时 11 分，110kV 尚家庄变电站 10kV 尚闻线 I 段保护动作跳闸，10kV 尚闻线 67 断路器跳闸重合成功。

2. 原因分析

110kV 尚家庄变电站 10kV 尚闻线 18 号杆横担上有鸟筑巢，由于大风大雨天气鸟巢中有铁丝，造成 10kV 尚闻线 18 号杆 U 相、V 相相间短路线路跳闸，10kV 尚闻线线路重合成功。10kV 尚闻线线路跳闸后，乡镇供电所立即安排台区经理现场对故障线路进行巡视，巡视现场发现 10kV 尚闻线 18 号杆有鸟筑巢，乡镇供电所安全质量员办理好工作票，配电营业班班长填写派工单，安排好工作负责人和工作人员，乡镇供电所运检技术员立即组织台区经理采用新型"鸟巢带电安全清理装置"对 10kV 尚闻线 18 号杆横担上的鸟巢进行现场清理。

3. 存在问题

(1) 鸟巢大部分是由稻草、灌木，甚至还有铁丝等金属材料筑成。过去清理鸟巢方法有停电清理、使用带电车清理和人员登杆使用绝缘操作杆带电清理。停电清理势必会造成线路频繁停电，影响供电可靠性；使用带电车处理，带电车受现场地理环境的限制，绝大多数隐患无法实施；使用绝缘操作杆带电清理鸟巢，要从横担的下方将鸟巢顶起后才能将鸟巢清除，但是在将鸟巢顶起时，鸟巢中的铁丝或其他金属材料可能会碰触导线，导致线路单相接地或相间弧光短路，造成线路停电，严重者会对操作人员造成烧伤或电击。

（2）10kV 尚闻线 18 号杆横担上的鸟巢已经由台区经理清理过，因鸟类在繁殖期对搭建鸟巢的欲望非常强烈，台区经理对鸟巢清理后，很快又会搭建起新巢，清理后还会再次搭建。杆塔上已投运的驱鸟器，经过长时间的运行，有些驱鸟器损坏，失去驱鸟的作用。

4. 整改措施

采用一种新型"鸟巢带电安全清理装置"，此装置固定在绝缘操作杆的顶端，不破坏绝缘操作杆的性能，清理鸟巢时，顶端的机械手呈张开状态，上方的卡位棘轮和卡位棘爪与卡位扭簧配合，保持上方的机械手不下落，下方棘爪是固定的，使用时，靠近连接件的卡位棘轮和归位棘轮在下，远离连接件的卡位棘轮和归位棘轮在上，将机械手下方的固定棘爪从鸟巢的一侧贴着横担的上沿，水平插入鸟巢的底部，拉动上方的卡位拉绳，对应的卡位棘爪脱离卡位棘轮，在卡位扭簧的作用下，卡位棘轮转动，上方的机械手下落，此时，鸟巢被卡在机械手内部，通过操作杆将鸟巢从高压线杆上水平抓出横担取下，避免了鸟巢中的金属材料碰触导线引起线路跳闸故障的发生。鸟巢从高压线杆取下后，需要打开机械手将鸟巢与机械手分离。首先拉动上方的归位拉绳，对应的归位棘爪脱离归位棘轮，在归位扭簧的作用下，归位棘轮转动，上方的机械手上升，机械手又重新回到张开状态，与鸟巢分离，完成鸟巢的清理工作。

三、配电线路故障跳闸防控管理流程

（一）10kV 配电线路故障跳闸防控管理流程

见图 2-3。

（二）10kV 配电线路故障跳闸防控管理流程节点说明

节点 1：乡镇供电所运检技术员根据乡镇供电所巡视记录中的雷区、鸟害区等 10kV 配电线路及配电设备"故障云图"，收集现在施工、即将施工、和列入今年施工计划以及防外破预警系统监控到的施工危及线路安全运行隐患制定《乡镇供电所 10kV 配电线路及配电设备巡视工作计划》。计划要写明线路名称，巡视分组，巡视内容，巡视要求，巡视完成时间，巡视质量，巡视记录和资料归档要求等。

节点 2：乡镇供电所所长对运检技术员制定的《乡镇供电所 10kV 配电线路及配电设备巡视工作计划》进行审核，没有问题的发给运检技术员，有问题的返回运检技术员修改《乡镇供电所 10kV 配电线路及配电设备巡视工作计划》。

节点 3：乡镇供电所运检技术员将确定的《乡镇供电所 10kV 配电线路及配电设备巡视工作计划》下发给配电营业班班长。

节点 4：配电营业班班长根据《乡镇供电所 10kV 配电线路及配电设备巡视工作计划》做好台区经理的分工。

节点 5：台区经理根据分工准备好移动作业终端。

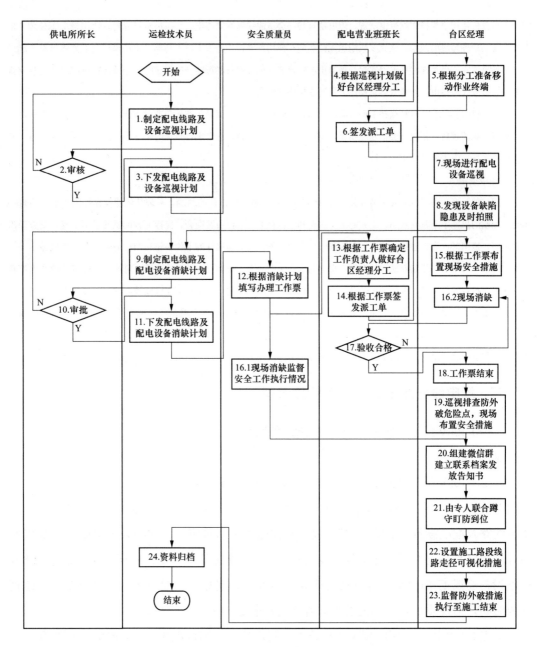

图 2-3　10kV 配电线路故障跳闸防控管理流程

节点 6：配电营业班班长根据《乡镇供电所 10kV 配电线路及配电设备巡视工作计划》和台区经理的分工签发派工单。

节点 7：台区经理根据《乡镇供电所 10kV 配电线路及配电设备巡视工作计划》和台区经理分工开展现场 10kV 配电线路及配电设备巡视工作。

节点 8：乡镇供电所台区经理对发现的 10kV 配电线路及配电设备安全隐患和缺陷进行拍照记录。

节点 9：乡镇供电所运检技术员制定《乡镇供电所 10kV 配电线路及配电设备消缺工作计划》，发给乡镇供电所所长。

节点 10：乡镇供电所所长对乡镇供电所运检技术员制定的《乡镇供电所 10kV 配电线路及配电设备消缺工作计划》进行审核，没有问题的发给运检技术员，有问题的返回运检技术员修改《乡镇供电所 10kV 配电线路及配电设备消缺工作计划》。

节点 11：乡镇供电所运检技术员将确定的《乡镇供电所 10kV 配电线路及配电设备消缺工作计划》发给安全质量员。

节点 12：乡镇供电所安全质量员根据《乡镇供电所 10kV 配电线路及配电设备消缺工作计划》填写并办理工作票，明确消缺任务、危险点、安全措施等。

节点 13：乡镇供电所安全质量员将《乡镇供电所 10kV 配电线路及配电设备消缺工作计划》和工作票交给配电营业班班长。配电营业班班长根据《乡镇供电所 10kV 配电线路及配电设备消缺工作计划》和工作票确定现场消缺工作负责人，做好台区经理工作分工。

节点 14：配电营业班班长根据工作票填写派工单、派车单并签发。

节点 15：台区经理根据工作票布置现场消缺安全措施。

节点 16.1：乡镇供电所安全质量员现场监督台区经理现场消缺工作的安全措施。

节点 16.2：现场消缺安全措施完成后，台区经理根据工作票进行现场消缺工作。

配电营业班台区经理针对核查出外破危险点线路（电缆）走向、埋深、限高等危及线路安全运行的隐患点，设置醒目的安全警示标识措施，提醒施工作业人员。

节点 17：台区经理根据工作票内容完成现场消缺工作后，配电营业班班长进行现场验收，验收合格办理工作票结束，验收不合格，要求台区经理重新进行现场消缺工作。

节点 18：现场消缺工作完成后，配电营业班班长进行现场验收，合格后由台区经理办理工作票结束。

节点 19：台区经理根据《乡镇供电所 10kV 配电线路及配电设备巡视工作计划》巡视排查防外破危险点，现场布置安全防范措施，台区经理必须使用合格的劳动防护用品，且安全工器具合格、正确使用。配电营业班台区经理现场操作设置围栏、彩旗要牢固可靠，使用喷红漆作为醒目标识时必须满足被施工土渣掩埋后能够看到，限高隔离挡板设置安全距离应符合安全要求。

节点 20：台区经理负责组建微信群，建立电力客户、施工车辆驾驶员信息档案，负责建立防外破微信群，把电力客户方、施工方责任人、操作设备机械人员全部加入，及时发布线路施工作业安全注意事项和隐患排查治理情况等信息，及时发放告知书，让电力客户明白现场施工的危险点。

节点21：配电营业班台区经理对巡视情况预警汇报、全天候与施工方、设备主人进行联合蹲守，盯防到位。

节点22：配电营业班台区经理负责设置施工路段线路走径可视化措施，对排查出的外破危险点不能设立明显围挡、路径走向标识的应进行将地下电缆走径挖出，线路限高处加装隔离绝缘挡板的措施以保证线路在施工作业情况下安全运行。

节点23：配电营业班台区经理在监督现场防外破施工中不得离开现场，不得让其他人员替代自己进行现场监督，台区经理对防外破措施执行情况进行拍照记录。台区经理监督现场防外破措施执行至施工结束，方可拆除所做措施。

节点24：当台区经理完成防外破措施工作任务后，乡镇供电所运检技术员整理填写各种记录资料并将资料归档。

第五节 设备状态管理

一、开展配电变压器过载治理

（一）配电变压器过载率计算公式

（1）百台配电变压器过载数量＝存在过载配电变压器数量/（总公变数量/100）。

（2）存在过载配电变压器数量：统计周期内连续2个小时及以上负载率超过100％的配电变压器数量。

（二）配电变压器过载类型

1. 配电变压器瞬间过载

当电力系统出现雷击、低压电力线路短路、低压电器短路时，配电变压器所带的大功率电机会出现卡死或驱动受阻等，瞬间过载造成低压电网危险性较高，且容易引起电力设备绝缘损坏和电力设备报废。

2. 配电变压器短暂过载

当大功率电机启动及配电变压器送电瞬间时，由于低压电力设备没有从电力系统中断开，此时有可能引起配电变压器瞬间电流过大，短暂过载对低压电网的危害较小。

3. 配电变压器长期过载

在配电变压器正常运行的情况下，配电变压器的负荷长时间达到配电变压器容量的80％～100％。长期过载造成低压电网危险性较高，容易造成低压电网和电力设备的损坏。

（三）预防配电变压器过载的措施

结合农网改造，缩短供电半径，按照最高负荷合理配置配电变压器容量。合理调整配电变压器低压侧三相负荷平衡，保证月度三相负荷平衡率不超过15%。将配电变压器低压侧三相无功装置正常投入，提高配电变压器负荷利用率。乡镇供电所台区经理要合理计算新上客户的容量，每天关注配电变压器容量曲线，当发现配电变压器容量不足时立即汇报相关部门进行增容。对台区负荷情况进行分类摸底，实时监测和分析负荷曲线，排报改造计划，对已过载的台区应采取措施及时进行台区分割。对于大容量的客户设备启动，应建议客户安装变频或软起动装置，防止配电变压器频繁出现配电变压器过载情况。定期通过用电信息采集系统查看配电变压器负荷情况，用电高峰期间，每天对配电变压器的负载率进行监控，定期对负荷增长情况进行分析讨论。当发现配电变压器出现负载率超80%的重载情况后，立即进行分析讨论，申请更换大容量配电变压器。如果出现长时间的过载时，乡镇供电所应立即申请更换。对于配电变压器过负荷但短期内不能处理的，乡镇供电所要组织台区经理加强对配电设备及连接点的监护、监测，时时进行测温测负荷，防止因过负荷造成事故发生。

二、开展配电变压器三相不平衡治理

（一）配电变压器低压侧三相负荷不平衡率计算公式

（1）百台配电变压器低压三相不平衡数量＝存在低压三相不平衡配电变压器数量/（总公变数量/100）。

（2）配电变压器三相电流不平衡度应小于15%。如果计算的台区配电变压器三相电流不平衡度超指标，配电营业班应做好调整配电变压器三相电流不平衡工作。

（二）开展配电变压器三相不平衡治理的必要性

由于农村低压用电户大多数为单相用电，因此在低压电网三相上所连接的负荷就存在一个三相负荷不平衡问题，在三相四线供电线路中，若把全部单相负荷集中接在一相上，导线上的功率损失是全部单相负荷平均分配到三相上的6倍，由此可以看出，三相负荷不平衡是导致低压线损升高的重要因素。三相负荷不平衡度越高，低压线损率就越大。由于乡镇供电所台区经理没有及时调整三相不平衡负荷，有的低压电网三相负荷不平衡度竟高达50%以上，致使低压线损率居高不下，如果低压电网三相负荷不进行持续的测量和平衡调整，低压台区线损率就难以降低到合理水平。为加强这方面的基础管理工作，县供电公司必须对农村低压电网进行统一规划，对新建的农村低压电网必须采用三相四线制供电，务必将单相供电的线路进行三相四线制供电改造，乡镇供电所应加强制度管理，定期调整低压电网三相负荷的工作计划，乡镇供电所客户服务员要严格按照工作计划组织配电营业班台区经理对三相负荷不平衡进行调整。调整后，乡镇供电所客户服务员要组织配电营业班台区经理利用配电变压器检测管理信息系统查看配电进线屏三相四线进线电流，查看时应在单相负荷高峰时段进行，查看配电出线屏低压各出线回路电流，再查看中性点对地电压，当三相负荷平衡时，中性点对地电压几乎为零。县供电公司要有计划地配置三相负荷不平衡自动调整装置安装在低压配电网中，不用停电就能完成对低压电网三相负荷调整，既能提高配电营业班台区经理的工作效率，又不至于对用电客户造成停电，且能保证用电客户的电能质量。因为用电性质不同，每天不同时段上的用电情况也不相同，而用电量的大小将直接影响三相负荷的平衡度，因此乡镇供电所在组织配电营业班台区经理调整农村低压电网三相负荷平衡时，应注意均衡分配用电户数，认真做好用电户的用电量和用电性质的统计，对用电户可以分成用电量较大户、用电量一般户、用电量较小户、副业户、小商业户等，计算出各户的平均负荷和配电变压器低压侧电流，根据计算结果制定均衡分配用电户数的工作方案并组织实施。在低压电网三相上调整分配用电户时，要采取强制措施，严禁调整中性线，以防将 220V 用户调整到 380V 线路上。乡镇供电所应将农村低压电网三相负荷不平衡率这一指标纳入评价乡镇供电所低压线损管理小指标进行检查考核，督促乡镇供电所持之以恒地将低压电网三相负荷平衡管理工作抓细、抓实、抓牢，低压台区线损率必将会得到有效降低，电压质量也会有明显的改善。

（三）乡镇供电所人员工作分工

乡镇供电所所长负责对台区三相负荷调整方案进行审批，对于三相负荷调整方案存在问题或不正确的应提出修改意见，通知乡镇供电所客户服务员重新编制。乡镇供电所客户服务员负责安排配电营业班落实配电变压器三相负荷不平衡调整工作计划，审批配电营业班配电变压器台区低压线路停电计划。负责对配电营业班配电变压器三相负荷不平衡调整工作的检查考核。负责汇总分析配电营业班上报的三相负荷不平衡率超指标的台区，制定台区三相负荷调整实施方案。配电营业班台区经理负责对台区配电变压器三相负荷平衡进行检测统计。负责对三相负荷不平衡度超指标的台区进行平衡调整。

（四）三相负荷测量、调整顺序

对于没有安装三相负荷不平衡自动调整装置的低压电网，三相负荷不平衡调整必须停电调整。配电变压器低压侧三相负荷不平衡调整前，配电营业班台区经理首先沿着停电台区主线路开始检查登记，再沿着停电台区分支线路检查登记，最后沿着停电台区末端线路检查登记，记录线序变化情况，确认中性线。配电营业班台区经理首先对停电台区末端接点进行平衡调整，再对停电台区末端线路进行平衡调整，再对停电台区分支线路进行平衡调整，最后对停电台区主线路进行平衡调整。三相负荷调整完毕后，配电营业班台区经理应及时将配电变压器三相负荷不平衡调整报表交乡镇供电所客户服务员，由乡镇供电所客户服务员将资料统计汇总整理归档。

（五）检查与考核

乡镇供电所客户服务员定期检查配电营业班台区经理的配电变压器三相负荷不平衡调整工作，对不平衡率超标未采取调整措施的，提出对配电营业班台区经理的考核意见。乡镇供电所所长对乡镇供电所客户服务员没有制定乡镇供电所配电变压器三相负荷不平衡调整计划的，提出考核意见。乡镇供电所客户服务员定期监督检查配电变压器三相负荷不平衡调整计划的完成情况，对没有按时保质保量完成计划的配电营业班台区经理，提出考核意见。乡镇供电所客户服务员对配电营业班台区经理的配电变压器三相负荷电流检查统计工作要进行随机抽查，现场指导检查配电营业班台区经理配电变压器三相负荷电流不平衡调整工作，及时制止调整工作中的不正确、不安全行为，对配电营业班台区经理未按时保质保量完成调整计划的，提出对配电营业班台区经理的考核意见。乡镇供电所所长应抓好低压三相负荷平衡工作，使单相用电设备均匀接在三相网络上，以降低三相负荷电流不平衡率，满足配电变压器三相电流不平衡率小于 15％的要求。对于三相负荷电流不平衡率超指标而未采取有效调整措施，对于配电变压器三相负荷平衡管理工作不到位，资料不齐全，数据不准确的，提出对配电营业班台区经理的考核意见。

（六）工作流程

1. 三相负荷平衡调整管理流程

见图 2-4。

2. 管理流程主要节点说明

节点 1：客户服务员统计分析台区三相负荷不平衡数据。客户服务员对每个台区三相负荷及中性线电流值每天进行统计，以月度为周期进行累计汇总，计算每个台区三相负荷不平衡率，对三相负荷平衡率大于 15％的台区进行汇总分析。

节点 2：配电营业班台区经理统计台区三相负荷分配情况。为了使配电变压器三相电流不平衡调整工作方案可行好用，配电营业班台区经理要对配电变压器三相电流不平衡度超指标台区进行负荷分配情况调查。配电营业班台区经理要对每个台区出线路数、表箱所带相位进行摸底。同时建立农户家用电器大数据，对用户用电量大小、用电习惯、负荷高峰段等详细统计。配电营业班台区经理手持《配电变压器台区线路单相负荷分配情况表》，从配电变压器室开始顺着低压线路，对单相负荷的接线情况进行记录并填表。配电营业班台区经理根据《配电变压器台区线路单相负荷分配情况表》的数据，再参照近半年来低压台区电量台账信息数据和低压台区线损表，将用电客户按照用电类别进行分类，做出调整计划，确定后，填写《配电变压器台区线路单相负荷调整统计表》。配电营业班根据调整计划提报《配电变压器台区低压线路停电计划》，经乡镇供电所批准后，进行停电调整。

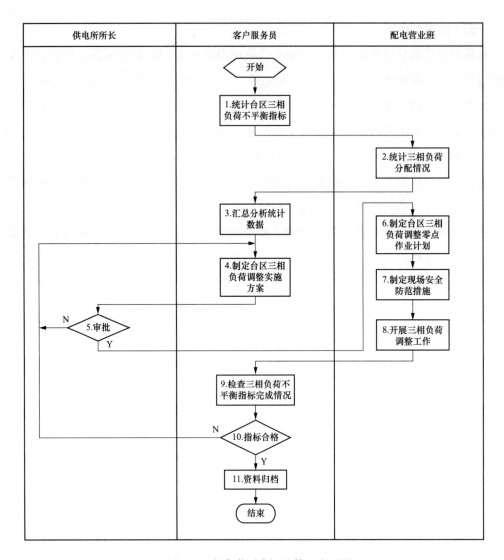

图 2-4　三相负荷平衡调整管理流程图

节点 3：客户服务员汇总分析统计数据。

节点 4：客户服务员制定台区三相负荷调整实施方案。采用三相负荷平衡自动调整装置，可以带负荷快速调整三相负荷使其平衡，大大缩短了停电时间。根据统计台区低压出线每相所带表箱数量及客户用电量情况，在较大分支线处安装了三相负荷调整装置。以××村配电台区为例，该台区共带41个表箱，户数192户，其中U相带19个表箱，V相13个表箱，W相9个表箱。通过系统分析，该台区平均负荷电流为U相47安培、V相23安培、W相18安培，平均负荷不平衡度达到61.7%。经现场勘察，我们确定了通过三相负荷平衡调整装置，将U相所带的5个表箱分别调整至W相4个，V相1个供电的负荷调整方案。

200

节点 5：所长对台区三相负荷调整方案进行审批。

节点 6：配电营业班制定台区三相负荷调整零点作业计划。

节点 7：配电营业班制定三相负荷调整现场安全防范措施。三相负荷调整工作至少由 3 人完成。零点作业现场有足够的照明，工作人员戴线手套和护目镜。如现场使用绝缘梯，一人扶梯、一人登梯操作，高度超过 2m，登梯人员应扎安全带。为避免工作人员在调整负荷时因操作顺序不当造成拉弧短路等事故，应对三相负荷调整装置增加了闭锁，将三相断路器和插入式熔断器分成两个箱门，在打开三相断路器箱门将断路器开关断开后，插入式熔断器无电流通过时，箱门才能打开，完成调相工作，并且在插入式熔断器调相完成后，箱门关闭，三相断路器才能合闸，确保了人身设备安全。

节点 8：配电营业班开展三相负荷调整工作。三相负荷调整工作由 3 人进行，1 人操作、1 人监护。三相负荷平衡调整原则是以接点平衡为主，以就近平衡为辅。线路停电后，配电营业班至少有三人进行调整工作，一人调整，一人监护，一人在线路杆下对照《配电变压器台区线路单相负荷调整统计表》，核对调整结果。三相负荷平衡调整时应注意只调整下户线中的相线，严禁调整下户线中的中性线，以免将 220V 接于 380V。在三相负荷不平衡调整中，对于没有安装使用三相负荷不平衡自动调整装置的由配电营业班台区经理提报停电计划，待低压电力线路停电后进行调整。如果台区内已经安装使用三相负荷不平衡自动调整装置的，配电营业班台区经理可以进行零点三相负荷不平衡调整。三相负荷调整完毕后，配电营业班台区经理应认真复核调整情况，对于查出的线路接错或连接不良现象应及时纠正。确认无问题后将线路送电。

节点 9：客户服务员检查三相负荷平衡指标完成情况。对实施三相负荷调整后的台区以月度为周期进行统计分析，计算台区三相负荷不平衡率是否达到 15％ 以下。

节点 10：客户服务员对三相负荷平衡指标达到 15％ 及以下的台区视为合格，对超出指标值的台区重新制定负荷调整方案。

节点 11：客户服务员对台区负荷调整相关资料进行归档。

三、开展配电变压器低电压治理

（一）名词解释

"低电压"指用户计量装置处电压值低于国家标准所规定的电压下限值，即 10kV 及以下三相供电用户的计量装置处电压值低于标称电压的 7％，220V 单相供电用户的计量装置处电压值低于标称电压的 10％，其中持续时间超过 1 小时的"低电压"用户应纳入重点治理范围。

（二）配电变压器低电压计算公式

（1）百台配电变压器出口低电压数量＝存在出口低电压配电变压器数量/（总公变数量/100）。

（2）"低电压"主要包括长期和季节性"低电压"。长期"低电压"指用户全天候"低电压"持续三个月或日负荷高峰"低电压"持续六个月以上的"低电压"现象；季节性"低电压"是指度夏度冬、春灌秋收、逢年过节、烤茶制烟等时段出现具有周期规律的"低电压"现象。

（三）配电变压器低电压产生主要原因

（1）农业春耕及灌溉季节三相动力负荷激增造成低电压出现，是季节性低电压主要原因。

（2）农村用电客户冬季集中采用电采暖，使配电变压器出口电压降低，是季节性低电压主要原因。

（3）农村用电客户大功率用电设备日渐增多造成负荷需求增大。

（4）电能表表后线超过 40m 且线路老化、破损严重的电力客户。

（5）配电变压器低压侧没有采取无功补偿装置的或采取无功补偿但不能正常投运。

（6）配电变压器出口侧三相负荷不平衡。

（7）配电变压器容量小且严重过载，配电变压器分接头运行挡位不合理。

（8）配电变压器不在负荷中心，低压电力线路供电半径超过 500m 且低压电力线路迂回供电。

（9）低压电力主干线、接户线截面小，且所带负荷大。

（10）低压电力线路老化严重（线路绝缘爆皮、断股）且线路接头多正常低压电力线路末端电力客户出现低电压。

（四）低电压治理措施

1. 变电站中压母线电压治理

（1）对未实现区域无功电压优化控制的区域，应加装 AVC 系统，并逐步接入具备"四遥"功能的变电站。对近期无法实现 AVC 控制的变电站，宜加装 VQC 装置。对不满足调压要求的无载调压主变更换为有载调压主变。

（2）对于容性无功补偿装置单组容量过大、运行调整困难引起中压母线"低电压"的变电站，如 110kV 变电站容性无功补偿装置单组容量大于 6Mvar、35kV 变电站容性无功补偿装置单组容量大于 3Mvar 等，应加装电压调节型无功补偿装置。

（3）因变电站电容器无法正常投运导致中压母线出现低电压的，应采取措施：对于无功波动大，电容器投切频繁的，可加装电容器智能投切装置实现电容器过零投切。变电站 10kV 母线电压谐波总畸变率大于 4％，可加装（改装）静止无功发生器（SVG）。

（4）对于已经装设 AVC、线路调压器（并联无功补偿装置）、有载调压配电变压器的区域，可加装配网无功电压三级协调控制系统优化治理"低电压"。

2. 中压配网线路末端"低电压"治理

（1）针对区域性线路末端"低电压"，应结合电网发展规划和用电负荷增长需求，优先考虑加快电源点建设和新增变电站出线，山区、农村偏远地区等负荷分散区域，可采用 35kV 配电化建设；针对局部或单条线路末端低电压，应依次采用增大导线截面（10kV 城市配网架空主干线截面不宜小于 150mm²，农村配网架空主干线截面不宜小于 95mm²），加装 10kV 并联无功补偿装置、10kV 线路调压器、10kV 串联补偿装置等方式治理。

（2）在线路功率因数低于 0.9 的超供电半径线路（10kV 线路供电半径城市超过 3km，农村超过 15km）宜加装 10kV 并联无功补偿装置，其容量一般按线路上配电变压器总容量的 7％～10％配置（或经计算确定）。

（3）10kV 单辐射超供电半径配电线路（不含分布式电源），线路首末端电压降小于 20％，可装设单向调压器，容量根据装置安装点后用电负荷确定。

（4）含分布式电源、负荷波动大、带联络的 10kV 超供电半径配电线路，线路首末端电压降小于 20％，可装设双向调压器，容量根据安装点前后用电负荷与电源容量确定。对于 400kV 低压线路老化或线径过细引起的低电压问题，采用对低压线路进行增容改造进行治理，低压接户线一般不低于 25m²。

（5）对于负荷比较分散且波动大、超供电半径配电线路，线路首末端电压降小于 20％，尤其是存在重负载启停电压波动问题的配电线路，宜加装 10kV 串联补偿装置。

3. 配电变压器台区"低电压"治理

（1）优先采取无功补偿方式治理，对于补偿治理效果不明显的台区通过新增配电变压器布点、改造低压线路、缩短低压供电半径解决，同时结合地区负荷特性可采用有载调容、有载调压配电变压器和低压静止无功发生器（SVG）等新技术有针对性地开展治理。

（2）对于容量大于 50kVA 的配电变压器，宜加装配电变压器低压无功补偿装置，无功补偿装置容量按照配电变压器容量的 10％～30％进行配置。综合考虑技术经济性，按照"小容量、密布点、短半径"原则，新增配电变压器布点，缩短低压供电半径。

（3）针对负荷密度大（煤改电、电采暖等）、三相配电变压器难以进入负荷中心以及用电客户居住分散等情况可采用单相配电变压器供电。

（4）针对配电变压器平均负载率低于 25%、电压波动过大的季节性"低电压"问题，使用有载调容、有载调压配电变压器（按照国家电网公司重点推广新技术目录，应用比例不低于新增配电变压器 15%）。对于农村地区存在的季节性配电变压器短时严重过载的问题，可适当使用高过载配电变压器。

（5）配电变压器容量及低压线路导线截面选择应综合考虑饱和负荷及供电距离，一次性选择到位，避免重复建设。低压线路除接户线以外宜采取"三相四线"供电方式。

（6）按照 380/220V 配电线路设计满足自配电变压器低压出口至线路末端（不包括接户线）的电压降不超过额定电压 4% 的要求，对低压线路供电距离进行测算（计算方法见 ［实例 2-31］），在此基础上确定台区合理供电半径。

（7）对于出口电流不平衡率超过 15%、负载率大于 60% 且通过管理措施难以调整的配电变压器台区，可加装三相不平衡自动调节装置。

（8）对于低压谐波、电压闪变、无功补偿容量不足等多种因素导致的"低电压"问题，可配置低压静止无功发生器（SVG）。

（9）大功率冲击性负荷接入低压配网时，宜在其前端加装启动限流装置，消除因电机等设备启动电流过大引起的电压暂降。

［**实例 2-31**］

低压线路供电距离计算方法

根据 DL/T 5220—2005《10kV 及以下架空配电线路设计技术规程》规定：1kV 及以下配电线路，自配电变压器二次侧出口至线路末端（不包括接户线）的允许电压降为额定电压的 4%。配电线路需要根据导线截面、负荷等参数，校验供电距离是否满足供电电压要求。

供电距离计算公式如下：

$$单相 \quad L = \frac{4\% \times 220}{2I(r_0\cos\varphi + x_0\cos\varphi)}$$

$$三相 \quad L = \frac{4\% \times 380}{\sqrt{3}I(r_0\cos\varphi + x_0\cos\varphi)}$$

式中　L——线路长度，km；

　　　I——供电线路中通过的负荷电流，单相供电指相电流，三相供电则是线电流，A；

　　　r_0——导线单位长度电阻，与导线的截面和电阻率有关，Ω/km；

　　　x_0——导线单位长度电抗，与导线直径和导线间的几何平均距离有关，Ω/km；

　　　$\cos\varphi$——负荷功率因素。

算例如下：

低压架空导线分支线一般选用 JKLYJ-1/70，根据国标 12527-2008，其电阻为 0.443Ω/km，允许载流量为 274A；其电抗值经查约为 0.335Ω/km，功率因数则根据实际情况取 0.7～0.9 之间的数值，假设负荷位于最末端，计算结果如下：

（1）如采用三相四线供电的方式，理论上的供电距离计算如下。

导线满载情况下的供电距离		导线 50% 负载情况下的供电距离	
cosφ	L(m)	cosφ	L(m)
0.7	33.7	0.7	67.3
0.8	33.3	0.8	66.6
0.9	33.9	0.9	67.9

（2）如采用单相两线供电的方式，理论上的供电距离计算如下。

导线满载情况下的供电距离		导线 50% 负载情况下的供电距离	
cosφ	L(m)	cosφ	L(m)
0.7	29.2	0.7	58.5
0.8	28.9	0.8	57.8
0.9	29.5	0.9	58.9

（3）模拟线路末端的供电距离计算。

假设供电线路末端采用 JKLYJ-1/70 来进行供电，同时假定末端带用户 10～30 户（负荷分别为 20kW、30kW、40kW、50kW），功率因数分别为 0.7、0.8、0.9。

如果采用三相供电模式，则其最远供电距离如下。

三相供电模式下最远供电距离

功率因数负荷	20kW	30kW	40kW	50kW
0.7	368.0m	245.3m	184.0m	147.2m
0.8	416.0m	277.3m	208.0m	166.4m
0.9	477.2m	318.1m	238.6m	190.9m

如果采用单相供电模式，则其最远供电距离如下。

单相供电模式下最远供电距离

功率因数负荷	20kW	30kW	40kW	50kW
0.7	61.7m	41.1m	30.8m	24.7m
0.8	69.7m	46.5m	34.9m	27.9m
0.9	79.9m	53.3m	39.9m	31.9m

说明：计算进行了适当简化，未考虑配电网实际运行及网络结构等多种因素。

（五）配电变压器低电压治理工作流程

1. 配电变压器低电压治理工作流程（见图 2-5）

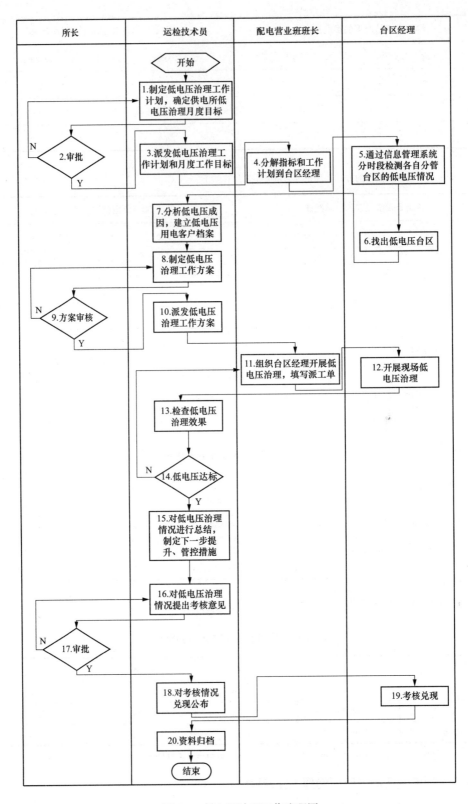

图 2-5　低电压治理工作流程图

2. 工作流程主要节点说明

节点1：乡镇供电所运检技术员根据县供电公司关于"低电压"治理方案要求，制定乡镇供电所"低电压"治理工作计划，确定乡镇供电所低电压治理月度目标。

节点2：乡镇供电所所长对运检技术员制定的乡镇供电所"低电压"治理工作计划和乡镇供电所低电压治理月度目标进行审核，有修改意见返回运检技术员对乡镇供电所"低电压"治理工作计划和乡镇供电所低电压治理月度目标进行修改。没有修改意见审批。

节点3：乡镇供电所运检技术员派发乡镇供电所"低电压"治理工作计划和乡镇供电所低电压治理月度目标给配电营业班班长。

节点4：配电营业班班长根据运检技术员制定的乡镇供电所"低电压"治理工作计划和乡镇供电所低电压治理月度目标进行分解指标，将工作计划和指标分派到台区经理。

节点5：台区经理根据分工登陆用电信息采集系统分时段查找各自分管台区及用电客户的低电压情况。台区经理也可以利用配网电压监测多种手段（用电信息采集系统、智能监控系统、智能电表、现场实测），准确把握配电变压器负荷及用电客户"低电压"情况，开展"低电压"台区诊断分析，强化台区用户的容量增加的预见性、前瞻性，有效指导"低电压"治理。

节点6：台区经理找出各自分管台区及用电客户低电压，并做好记录。台区经理将低电压记录发给乡镇供电所运检技术员。根据系统排查结果及乡镇供电所现场及系统排查结果，对"低电压"用户形成的原因进行分析，并收集"低电压"治理典型案例。

节点7：乡镇供电所运检技术员根据台区经理发来的低电压记录进行综合分析，找出低电压成因，建立健全配电变压器"低电压"用户档案，做到"五清楚"。对存在"低电压"区域，做到清楚地段、清楚时段、清楚数据、清楚手段、清楚内容。以配电台区为单位，逐条低压线路、逐个用电客户进行详细摸排，建立配电变压器重过载台区及"低电压"用户档案，有针对性地制定整治措施，对于简单换几档线、调相或更换计量表等措施解决的，明确任务完成责任人。

节点8：乡镇供电所运检技术员对发现存在电压低问题的配变台区按照"一个台区一套方案"的原则进行处理，线、变、户逐项排查梳理，解决因运行管理不到位导致的"低电压"问题，将低电压隐患排除在萌芽状态。在此基础上制定"低电压"治理工作方案。

节点9：乡镇供电所所长对运检技术员制定的乡镇供电所"低电压"治理方案进行审核，有修改意见返回运检技术员对乡镇供电所"低电压"治理方案进行修改。没有修改意见审批。

节点10：乡镇供电所运检技术员派发乡镇供电所"低电压"治理方案给配电营业班班长。

节点11：配电营业班班长组织台区经理开展低电压治理，填写派工单。

节点12：台区经理开展现场低电压治理。台区经理可以适时、合理调整配电变压器挡位，对于配电变压器挡位调整频繁的应上报项目进行改造，可安装有载调压配电变压器。台区经理根据各村低压电网结构、实际用电负荷大小，合理设定配电变压器初始挡位，并根据季节性负荷变化审慎调节分接头并做好相关试验。台区经理要加强配电台区三相负载不平衡调整。利用智能配电网运行平台在线监测功能，加强配电变压器三相负载实时监测，对于出口电流不平衡率超过 15%、负载率大于 60% 且通过管理措施难以调整的配电变压器台区，加装三相不平衡自动调节装置。台区经理要及时投切配电变压器低压侧电容器。将辖区内的配电无功补偿设备切换至自动状态，非自动的无功补偿设备，根据负荷情况定期投切电容。台区经理要以两年为一个周期测量配电变压器中性点接地电阻，100kVA 及以上的配电变压器接地电阻不应大于 4Ω，100kVA 以下配电变压器接地电阻不应大于 10Ω，不满足要求的接地装置应及时消缺及接地补强，消除因接地不可靠引起的中性点电压偏移。台区经理要针对负荷较大的表箱，增加集表箱，合理分配负荷，以此提高线路末端电压。对台区供电半径短，但存在"低电压"现象的低压线路采取增大低压线路导线截面，迁移集表箱尽量靠近用户，缩短进户线长度的方式进行改造，以提升客户端电压质量；对新建台区合理选择变压器位置，尽量位于负荷中心，变压器位置对电压质量影响非常明显，低压线路以十字放射状为宜，避免迂回曲折。实施少表位表箱。通过少表位表箱的实施，减少低压用户下户线过长带来的低电压问题。

节点 13：乡镇供电所运检技术员每天检查低电压治理效果。

节点 14：乡镇供电所运检技术员对"低电压"治理情况进行统计、分析，检查台区经理治理的低电压是否达标，对于治理后仍存在低电压的要督促台区经理尽快消除。

节点 15：乡镇供电所运检技术员对低电压治理情况进行总结，制定下一步提升、管控措施。

节点 16：每月初乡镇供电所运检技术员根据考核细则，对台区经理治理低电压完成情况提出考核意见，明确考核条款、考核得分，报乡镇供电所所长。

节点 17：乡镇供电所所长对台区经理治理低电压完成情况的考核意见进行审批。

节点 18：乡镇供电所运检技术员对"低电压"考核情况进行兑现公布。

节点 19：落实台区经理治理低电压完成情况的考核兑现。

节点 20：资料归档。

四、开展供电可靠性管理

（一）供电可靠性评价

1. 名词解释

（1）供电系统用户供电可靠性：是指供电系统对用户持续供电的能力。

（2）低压用户供电系统及其设施：是指由公用配电变压器二次侧出线套管外引线开始至低压用户的计量收费点为止范围内所构成的供电网络，其设施为连接至接户线为止的中间设施。

（3）中压用户供电系统及其设施：是指由各变电站10kV出线母线侧刀闸开始至公用配电变压器二次侧出线套管为止，及10kV用户的电气设备与供电企业的管界点为止范围内所构成的供电网络及其连接的中间设施。

（4）低压用户：是指以380/220V电压受电的用户。

（5）中压用户：是指以10kV电压受电的用户。

（6）低压用户统计单位：是指一个接受供电公司计量收费的用电单位，作为一个低压用户统计单位。

（7）中压用户统计单位：是指一个用电单位接在同一条或分别接在两条（多条）电力线路上的几台用户配电变压器及中压用电设备，应以一个电能计量点作为一个中压用户统计单位。（在低压用户供电可靠性统计工作普及之前，以10kV供电系统中的公用配电变压器作为用户统计单位，即一台公用配电变压器作为一个中压用户统计单位。）

（8）用户容量：是指一个用户统计单位的装见容量，作为用户容量。

（9）用户设施：是指固定资产属于用户，并由用户自行运行、维护、管理的受电设施。

（10）供电系统的状态：由供电状态和停电状态组成。

（11）供电状态：是指用户随时可从供电系统获得所需电能的状态。

（12）停电状态：是指用户不能从供电系统获得所需电能的状态，包括与供电系统失去电的联系和未失去电的联系。对用户的不拉闸限电，视为等效停电状态。自动重合闸重合成功，或备用电源自动投入成功，不应视为对用户停电。

2. 停电

（1）停电性质分类（见图2-6）。

（2）故障停电：是指供电系统无论何种原因未能按规定程序向调度提出申请，并在6小时（或按供电合同要求的时间）前得到批准且通知主要用户的停电。故障停电又分为内部故障停电和外部故障停电两类。

a）内部故障停电：是指凡属本企业（指县供电公司，下同）管辖范

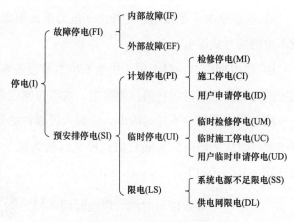

图 2-6　停电性质分类

围以内的电网或设施等故障引起的故障停电。

b）外部故障停电：是指凡属本企业管辖范围以外的电网或设施等故障引起的故障停电。

（3）预安排停电：是指凡预先已作出安排，或在 6 小时前得到调度批准（或按供用电合同要求的时间）并通知主要用户的停电。

（4）计划停电：是指有正式计划安排的停电。计划停电由检修停电、施工停电、用户申请停电。

a）检修停电：是指按检修计划要求安排的检修停电。

b）施工停电：是指系统扩建、改造及迁移等施工引起的有计划安排的停电。

检修停电及施工停电，按管辖范围的界限，分别有内部和外部两种情况。

c）用户申请停电：是指由于用户本身的要求得到批准，且影响其他用户的停电。

（5）临时停电：是指事先无正式计划安排，但在 6 小时（或按供电合同要求的时间）以前按规定程序经过批准并通知主要用户的停电。

a）临时检修停电：是指系统在运行中发现危及安全运行、必须处理的缺陷而临时安排的停电。

b）临时施工停电：是指事先未安排计划而又必须尽早安排的施工停电。

临时检修停电及施工停电，按管辖范围的界限，分别有内部和外部两种情况。

c）用户临时申请停电：是指由于用户本身的特殊要求而得到批准，且影响其他用户的停电。

（6）限电：是指在电力系统计划的运行方式下，根据电力的供求关系，对于求大于供的部分进行限量供应，称为限电。

a）系统电源不足限电：是指由于电力系统电源容量不足，由调度命令对用户以拉闸或不拉闸的方式限电。

b）供电网限电：是指由于供电系统本身设备容量不足，或供电系统异常，不能完成预定的计划供电而对用户的拉闸限电，或不拉闸限电。

注：供电系统的不拉闸限电，应列入可靠性的统计范围，每限电一次应计停电一次，停电用户数应为限电的实际户数；停电容量为减少的供电容量；停电时间按等效停电时间计算。其公式如下：

$$等效停电时间＝限电时间\times\left(1-\frac{限电后允许的供电容量}{限电前实际的供电容量}\right)$$

限电时间：是指自开始对用户限电之时起至恢复正常供电时为止的时间段。

（7）停电持续时间：是指供电系统由停止对用户供电到恢复供电的时间段，以小时表示。

（8）停电容量：是指供电系统停电时，停止供电的各用户的装见容量之和。单位为kVA。

（9）停电缺供电量：是指供电系统停电期间，对用户少供的电量，单位为 kWh。

停电缺供电量的计算方法，统一按下列公式计算，即

$$W = K \times S_1 \times T$$

式中　W——停电缺供电量（kWh）；

S_1——停电容量，即停止供电的各用户的装见容量之和，kVA；

T——停电持续时间，或等效停电时间，h；

K——载容比系数，$K = P/S$，该值应根据上一年度的具体情况于每年年初修正一次；

P——供电系统（或某条线路）上年度的年平均负荷（kW），$P=$上年度售电量/8760；

S——供电系统（或某条线路）上年度的用户装见容量总和，kVA；

P 及 S 是指同一电压等级的供电系统年平均负荷及其用户装见总容量。

3. 供电系统设施的状态及停运时间

（1）运行：是指供电设施与电网相连接，并处于带电的状态。

（2）停运：是指供电设施由于故障、缺陷或检修、维修、试验等原因，与电网断开，而不带电的状态，停运状态又可分为：

a）强迫停运（故障停运）：是指由于设施丧失了预定的功能而要求立即或必须在 6h 以内退出运行的停运，以及由于人为的误操作和其他原因未能按规定程序提前向调度提出申请并在 6h 前得到批准的停运。

b）预安排停运：是指事先有计划安排，使设施退出运行的计划停运（如计划检修、施工、试验等），或按规定程序提前向调度提出申请并在 6h 前得到批准的临时性检修、施工、试验等的临时停运。

（3）停运持续时间：是指从供电设施停运开始到重新投入电网运行的时间段，为停运持续时间。停运持续时间分强迫停运时间和预安排停运时间。对计划检修的设备，超过预安排停电时间的部分，计作强迫停运时间。

注：对于设施停运而未造成供电系统对用户停止供电的情况，不予统计。

4. 评价指标与计算公式

（1）供电系统用户供电可靠性统计评价指标，按不同电压等级分别计算，并分为主要指标和参考指标两大类。

统计期间时间指处于统计时段内的日历小时数。

（2）可靠性主要指标及计算公式。

a）用户平均停电时间：是指供电用户在统计期间内的平均停电小时数，记作 AIHC-1。

$$用户平均停电时间 = \frac{\sum（每户每次停电时间）}{总用户数}$$

$$= \frac{\sum（每次停电持续时间×每次停电用户数）}{总用户数} \quad h/户$$

若不计外部影响时，则记为 AIHC-2。

用户平均停电时间（不计外部影响）＝用户平均停电时间－用户平均受外部影响停电时间　h/户

$$用户平均受外部影响停电时间 = \frac{\sum\left(\begin{array}{c}每次外部影响停电持续时间×\\每次受其影响的停电户数\end{array}\right)}{总用户数} \quad h/户$$

若不计系统电源不足限电时，则记作 AIHC-3。

用户平均停电时间（不计系统电源不足限电）＝用户平均停电时间-用户平均限电停电时间　h/户

$$用户平均限电停电时间 = \frac{\sum（每次限电停电持续时间×每次限电停电户数）}{总用户数} \quad h/户$$

b）供电可靠率：是指在统计期间内，对用户有效供电时间总小时数与统计期间小时数的比值，记作 RS-1。

$$供电可靠率 = \left(1 - \frac{用户平均停电时间}{统计期间时间}\right)×100\%$$

若不计外部影响时，则记作 RS-2。

$$供电可靠率（不计外部影响）= \left(1 - \frac{用户平均停电时间－用户平均受外部影响停电时间}{统计期间时间}\right)×100\%$$

若不计系统电源不足限电时，则记作 RS-3。

$$供电可靠率（不计系统电源不足限电）= \left(1 - \frac{用户平均停电时间－用户平均限电停电时间}{统计期间时间}\right)$$
$$×100\%$$

c）用户平均停电次数：是指供电用户在统计期间内的平均停电次数，记作 AITC-1。

$$用户平均停电次数 = \frac{\sum（每次停电用户数）}{总用户数} \quad 次/户$$

若不计外部影响时，则记作 AITC-2。

$$用户平均停电次数（不计外部影响）$$
$$= \frac{\sum（每次停电用户数）－\sum（每次受外部影响的停电用户数）}{总用户数} \quad 次/户$$

若不计系统电源不足限电时，则记作 AITC-3：

$$用户平均停电次数（不计系统电源不足限电）$$

$$=\frac{\sum（每次停电用户数）-\sum（每次限电停电用户数）}{总用户数}　次/户$$

d）用户平均故障停电次数：是指供电用户在统计期间内的平均故障停电次数，记作 AFTC。

$$用户平均故障停电次数=\frac{\sum（每次故障停电用户数）}{总用户数}　次/户$$

e）用户平均预安排停电次数：是指供电用户在统计期间内的平均预安排停电次数，记作 ASTC。

$$用户平均预安排停电次数=\frac{\sum（每次预安排停电用户数）}{总用户数}　次/户$$

若不计系统电源不足限电时，则记作 ASTC-3：

$$用户平均预安排停电次数（不计系统电源不足限电）$$

$$=\frac{\sum（每次预安排停电用户数）-\sum（每次限电停电用户数）}{总用户数}　次/户$$

f）系统停电等效小时数：是指在统计期间内，因系统对用户停电的影响折（等效）成全系统（全部用户）停电的等效小时数，记作 SIEH。

$$系统停电等效小时数=\frac{\sum（每次停电容量×每次停电时间）}{系统供电总容量}　h$$

（3）可靠性参考指标及计算公式。

a）用户平均预安排停电时间：是指在统计期间内，每一用户的平均预安排停电小时数。

$$用户平均预安排停电时间=\frac{\sum（每次预安排停电时间×每次预安排停电户数）}{总用户数}　h/户$$

b）用户平均故障停电时间：是指在统计期间内，每一用户的平均故障停电小时数。

$$用户平均故障停电时间=\frac{\sum（每次故障停电时间×每次故障停电用户）}{总用户数}　h/户$$

c）预安排停电平均持续时间：是指在统计期间内，预安排停电的每次平均停电小时数。

$$预安排停电平均持续时间=\frac{\sum（预安排停电时间）}{预安排停电次数}　h/次$$

d）故障停电平均持续时间：是指在统计期间内，故障停电的每次平均停电小时数。

$$故障停电平均持续时间=\frac{\sum（故障停电时间）}{故障停电次数}　h/次$$

（4）平均停电用户数：是指在统计期间内，平均每次停电的用户数。

$$平均停电用户数 = \frac{\sum（每次停电用户数）}{停电次数} \quad 户/次$$

（5）预安排停电平均用户数：是指在统计期间内，平均每次预安排停电的用户数。

$$预安排停电平均用户数 = \frac{\sum（每次预安排停电户数）}{预安排停电次数} \quad 户/次$$

（6）故障停电平均用户数：是指在统计期间内，平均每次故障停电的用户数。

$$故障停电平均用户数 = \frac{\sum（每次故障停电户数）}{故障停电次数} \quad 户/次$$

（7）用户平均停电缺供电量：是指在统计期间内，平均每一用户因停电缺供的电量。

$$用户平均停电缺供电量 = \frac{\sum（每次停电缺供电量）}{总用户数} \quad kWh/户$$

（8）预安排停电平均缺供电量：是指在统计期间内，平均每次预安排停电缺供的电量。

$$预安排停电平均缺供电量 = \frac{\sum（每次预安排停电缺供电量）}{预安排停电次数} \quad kWh/次$$

（9）故障停电平均缺供电量：是指在统计期间内，平均每次故障停电缺供的电量。

$$故障停电平均缺供电量 = \frac{\sum（每次故障停电缺供电量）}{故障停电次数} \quad kWh/次$$

（10）设施停运停电率：是指在统计期间内，某类设施平均每百台（或百公里）因停运而引起的停电次数。

$$设施停运停电率 = \frac{设施停运引起对用户停电的总次数}{设施百台年数（或线路百公里年数）} \quad 次/百台（或百公里）年$$

注：设施停运包括强迫停运（故障停运）和预安排停运。

（11）设施停电平均持续时间：是指在统计期间内，某类设施平均每次因停运而引起对用户停电的持续时间。

$$设施停电平均持续时间 = \frac{\sum（某类设施每次因停运而引起的停电时间）}{某类设施停运引起停电的总次数} \quad h/次$$

（12）系统故障停电率：是指在统计期间内，供电系统每百公里线路（包括架空线路及电缆线路）故障停电次数（高压系统不计算此项指标）。

$$系统故障停电率 = \frac{系统总故障停电次数}{系统线路百公里年数} \quad 次/百公里年$$

（13）架空线路故障停电率：是指在统计期间内，每100公里架空线路故障停电次数。

$$架空线路故障停电率=\frac{架空线路故障停电次数}{架空线路百公里年数}\quad 次/百公里年$$

（14）电缆线路故障停电率：是指在统计期间内，每 100km 电缆线线路故障停电次数。

$$电缆线路故障停电率=\frac{电缆总故障停电次数}{电缆线路百公里年数}\quad 次/百公里年$$

（15）变压器故障停电率：是指在统计期间内，每 100 台变压器故障停电次数。

$$变压器故障停电率=\frac{变压器故障停电次数}{变压器百台年数}\quad 次/百台年$$

（16）断路器（受继电保护控制者）故障停电率：是指在统计期间内，每 100 台断路器故障停电次数。

$$断路器故障停电率=\frac{断路器故障停电次数}{断路器百台年数}\quad 次/百台年$$

注：统计百台（公里）年数＝统计期间设施的百台（公里）数$\times\frac{统计期间小时数}{8760}$

（17）外部影响停电率：是指在统计期间内，每一用户因供电企业管辖范围以外的原因造成的平均停电时间与用户平均停电时间之比。

$$外部影响停电率=\frac{用户平均受外部影响的停电时间}{用户平均停电时间}\times100\%$$

$$外部影响停电率（不计系统电源不足限电）=\frac{用户平均受外部影响的停电时间-用户平均限电停电时间}{用户平均停电时间}\times100\%$$

（18）在需要做扩大统计范围的指标计算时（如季度综合成年度以至多年度指标，一个地区扩大成多个地区指标等），应遵从"全概率公式"的原则，即：设事件 A 的概率以事件 $B_1B_2\cdots B_n$ 为条件，其中所有 B_i（$i=1$、2、…、n）均为互斥，且 $\sum_{i=-1}^{n}P(B_i)=1$

则事件 A 的概率 $P(A)$ 为 $P(A)=\sum_{i=-1}^{n}P(A/B_i)P(B_i)$

如 a）计算不同时间段、不同地区的综合供电可靠率时以时户数加权平均；

b）计算相同时间段不同地区的综合用户平均停电小时和用户平均停电次数时以户数加权平均。

5．其他规定

（1）凡在拉闸限电时间内，进行预安排检修或施工时，应按预安排检修或施工分类统计。当预安排检修或施工的时间小于拉闸限电时间，则检修或施工以外的时间作为拉闸限电统计。

（2）用户申请（包括计划和临时申请）停电检修等原因而影响其他用户停电，不属外部原因，在统计停电用户数时，除申请停电的用户不计外，对受其影响的其他用户必须按检修分类进行统计。

（3）由用户自行运行、维护、管理的供电设施故障引起其他用户停电时，属内部故障停电。在统计停电户数时，不计该故障用户。

（4）对单回路停电，分阶段处理逐步恢复送电时，作为一次事件，但停电持续时间按等效停电持续时间计算，其公式如下：

$$等效停电持续时间 = \frac{\sum（各阶段停电持续时间 \times 停电用户数）}{受停电影响的总用户数}$$

$$= \frac{\sum（各阶段停电时户数）}{受停电影响的总用户数}h$$

式中："受停电影响的总用户数"中的每一用户只能统计一次。

（5）跌落式熔断器一相跌落时，引起的停电应统计为一次停电事件。具体规定如下：

a）当一相熔断，全线为动力负荷时，视全线路停电。

b）当一相熔断，该线路动力负荷与非动力负荷大体相当时，可粗略的认为该线路有一半负荷停电。

c）当一相熔断，该线路以照明等非动力负荷为主时，可粗略的认为该线路有三分之一的负荷停电。

（6）由一种原因引起扩大性故障停电时，应按故障设施分别统计停电次数及停电时户数。例如：因线路故障，开关（包括相应保护）拒动，引起越级跳闸，则应计线路故障一次，停电时户数为由该线路供电的时户数，另计开关或保护拒动故障一次，其停电时户数为除故障线路外的其他跳闸线路供电的时户数。余可类推。

（二）供电可靠性分析

乡镇供电所要建立供电可靠性分析机制，每月分析一次供电可靠率指标，从影响停电时间的因素和影响停电次数的因素两个方面进行综合分析，对故障停电、预安排停电等进行分析，找出存在的问题，提出整改措施，减少各类停电。

1. 分析内容

（1）与发生频度有关的因素。

设备性能（制造、设计、安装、质量）、配电线路的长度、负荷的大小及分布、地区状况（自然现象及环境）、导线耐雷水平及绝缘化程度、维护管理（巡视、维护检查、安全教育）、检修质量、设备老化及更新程度、运行操作能力及管理水平、带电作业处理故障的能力、外部系统影响（上下级系统结构、性能、容量、管理）。

（2）与停电规模有关的因素。

配电方式（双回路、双电源、网状、环形等）、系统联络情况（联络线路、开关功能）、线路传输容量及设备的裕度、负荷增长情况、分段开关数目及自动化程度。

（3）与故障点探查排除、修复有关的因素。

探查故障点的措施、排除故障方式、检修能力和速度、通信联络方式、恢复供电方式。

（4）与预安排停电有关的因素。

预安排停电的合理性、检修试验水平、扩建改造施工项目的多少。

2. 乡镇供电所供电可靠性分析报告举例

（1）月度主要指标完成情况举例（见表2-4）。

表 2-4　　　　　　　　　　　月度主要指标完成情况

区域性质	总停电时户数	计划停电时户数	月度时户数目标偏差	故障停电时户数	月度时户数目标偏差	供电可靠率
农村	1542.63	1276.3	−285.7	266.33	−164.67	99.9136

（2）故障停电分析举例。

a）本月故障停电情况。

6月6日桦山线故障：6月6日17：11～17：31，10kV桦山线25-新城线56L开关爆炸故障，造成12户用户、2户公配停电，影响时户数4.67。

6月7日盛马线故障：6月7日10：09～12：47，10kV盛马线15号杆T接用户延禧高压电缆被挖断，造成28户用户停电，影响时户数73.55。

6月8日汤水线故障：6月8日7：47～10：18，10kV汤水线81号杆分界开关遭雷击故障，造成8户用户停电，影响时户数20.10。

6月8日惠民线故障：6月8日15：24～16：23，10kV利线16号杆T接用户市政电缆被挖断，造成9户用户、6户公配停电，影响时户数14.17。

6月13日新城线故障：6月13日05：04～11：56，10kV新城线HW101A环网箱T接客户凯大电缆中间头故障，造成13户用户停电，影响时户数88.40。

6月22日冰昌线故障：6月22日16：03～17：52，10kV冰昌线29杆风刮异物故障，造成13户用户停电，影响时户数23.55。

6月24日盛马线故障：6月24日07：53～21：39，10kV盛马线HW103环网箱T接用户区建设管理办公室高压电缆被挖断，造成4户用户停电，影响时户数42.73。

6月24日周泰线故障：6月24日8：00～17：49，10kV周泰线26号杆T接用户建材厂低压开关故障，造成4户用户停电，影响时户数17.07。

6月24日鱼田线故障：6月24日08：53～09：49，10kV鱼田线东焦支线7号杆T

接农配东焦李村四到户配电室高压开关故障，造成1户农配停电，影响时户数0.93。

b）故障停电的主要原因。

一是用户影响，时户数占比82.73%；

二是外力因素，时户数占比8.26%；

三是自然因素，时户数占比7.05%；

四是设备原因，时户数占比1.96%。

c）存在问题。

一是用户原因，盛马线、新城线、惠民线，周泰线均为用户原因引起的故障停电，全部为用户电缆外破，共4次。

整改措施：开展客户配电室治理达标行动，发现隐患督促客户消除，巩固整治成果。为45家高危客户安装分界开关，确保有效隔离客户故障。

二是外力原因，冰昌线29杆风刮异物造成的故障停电。

整改措施：继续坚持全方位、全过程、全天候"三全"工作法，做到与施工人员同进同出，24h盯防，不间断巡视，坚决杜绝外破事故发生。

三是自然原因，汤水线81号杆分界开关遭雷击故障。

整改措施：乡镇供电所台区经理要提高巡视质量，迎峰度夏前对所有线路开展一次全面的红外测温，对存在的缺陷隐患立即安排处理，存在问题的开关及时进行更换。

四是设备原因，新城线HW101A环网箱T接客户凯大电缆中间头故障。鱼田线东焦支线7号杆T接农配东焦李村四到户配电室高压开关故障。

（3）预安排停电分析举例。

a）本月计划停电情况。

6月3日07：01～14：24，10kV大桥线配合政府芦山大道立交工程，停电范围工业园101环网箱02开关至芦山大道103环网箱01开关间线路转检修，停电12户用户，共计88.6农网时户数。

6月3日07：04～18：14，10kV金丰线21号杆安装分段开关1台，负荷调整，停电范围10kV金丰线14D开关至末端线路转检修，停电14户用户，共计90.47农网时户数。

6月4日07：00～17：57，10kV北城线配合政府东南铁路改造，停电范围10kV北城线全线停电，停电46户用户，共计452.87农网时户数。

6月4日07：00～17：00，10kV高原线配合政府东南铁路改造，停电范围10kV高原线全线停电，停电1户用户，共计10农网时户数。

6月13日07：00～17：00，10kV调度线配合政府南广场改造工程，停电范围10kV

调度线 101 环网箱 02 开关至 102 环网箱 01 开关间线路转检修，停电 3 户用户，共计 23.65 农网时户数。

6月13日06：00～15：58，10kV 汽配线配合政府南部排洪沟拆迁改造工程，停电范围 10kV 汽配线张博路 108 环网箱 03 开关至汽贸支 H02 环网柜 02 开关间线路转检修，停电 7 户用户，共计 29.23 农网时户数。

6月18日05：59～15：22，10kV 齐坤线配合政府工程排洪沟改造，停电范围 10kV 齐坤线 H02 环网柜 1FK 开关至末端线路转检修，停电 11 户用户，共计 103.05 农网时户数。

6月18日07：01～14：32，10kV 周泰线配合政府重点项目招商引资工程，停电范围 10kV 周泰线 03D 分段开关至纸厂支线 11-201 环网箱 01 开关间线路转检修，停电 7 户用户，共计 52.62 农网时户数。

6月20日06：00～14：22，10kV 远方线配合政府南部排洪沟拆迁改造工程，停电范围 10kV 远方线五环路 106 环网箱 02 开关至末端线路转检修，停电 17 户用户，共计 142.23 农网时户数。

6月20日06：06～15：45，10kV 临化线配合政府大张立交桥改造工程，停电范围 10kV 临化线 22D 开关至末端线路转检修，停电 27 户用户，共计 280.68 农网时户数。

b）计划停电的主要原因。

市政工程建设施工停电，时户数占比 93.22%；10kV 配电网设施计划施工，时户数占比 6.78%。

（4）临时停电分析举例。

a）本月临时停电情况：6月9日高原乡镇供电所 10kV 鱼田线农配高原办事处临时停电消缺，影响农网时户数 2.33 时户数；6月20日富嘉乡镇供电所 10kV 兴田线 6 号分界开关临时停电检修消缺，影响农网时户数 24.22 时户数；6月22日富嘉乡镇供电所 10kV 上岭线临时停电检修消缺，影响农网时户数 12.37 时户数。

b）临时停电的主要原因：设备缺陷及异常需要立即消除。

第六节　项目过程管理

一、项目需求

乡镇供电所针对频繁停电、配电变压器过载、用户低电压等设备类问题，及时向县供电公司相关部门提报项目需求。通过更换过载的配电变压器，对经常遭受雷击的裸导线进行绝缘化改造安装防雷设施，对用户低电压问题进行分析，采用小容量、密布点、短半径对农村低压配电网进行全面改造，加大农村配电网的技术改造力度，提高农村配电网的供电能力和供电可靠性，降低农村配电网的事故率。

二、配电网工程验收要求

为了规范 10kV 及以下配电网工程验收管理，提高竣工验收质量，乡镇供电所应组织台区经理认真学习《国家电网公司生产准备及验收管理规定》和《配电网运维规程》相关规定，并依据有关规定积极参与配合管辖区域内的配电网建设和改造项目过程监督及验收管理，确保配电网建设和改造项目竣工后不带缺陷投入电网运行。以下是配电网工程验收要求及注意事项。

（一）配电室

1. 构筑物及运行环境

（1）配电室门、窗、钢网完好，门锁齐全，挡鼠板完好并牢固紧密，门口畅通，无威胁安全的堆积物。

（2）配电室周围无杂物堆放，无威胁设备安全运行的杂草、藤蔓类植物生长，基础无下沉，开裂。

（3）配电室室内清洁，干燥，墙体无裂缝，屋顶、窗口无渗水漏雨痕迹，消防设施齐全，摆放整齐。

（4）配电室电缆盖板无破损、无缺失，进出管沟封堵良好，设备安全护栏高度不低于 1.7m，与变压器外廓净距离不小于 0.6m，灯具安装位置不在设备正上方，照度良好，事故应急照明设施完好。

（5）地下配电室检修通道应有足够的宽度、高度并保持畅通。配电室地面高于外地面，室内不得安装燃气、自来水、热力、通信等管道，排风设施运转正常。

2. 室内设备

（1）变压器各部件接点接触良好，无过热变色、烧熔现象，套管清洁，无裂纹、击穿、烧损和严重污秽，油色、油面正常。

（2）变压器引线松弛，绝缘良好，相间或对构件的距离符合要求，对工作人员无触电危险。

（3）变压器的高压侧采用跌落式熔断器或断路器保护，容量在 100kVA 及以下者，高压侧熔丝按变压器额定电流的 2～3 倍选择。容量在 100kVA 以上者，高压侧熔丝按变压器额定电流的 1.5～2 倍选择。低压侧装设空气断路器或刀熔断路器保护，上下引线无带电裸露部分。

（4）配电变压器的高压侧应装设避雷器，避雷器应尽量靠近配电变压器安装，其接地线应与配电变压器低压侧中性点及金属外壳连接后共同接地。接地装置良好，无严重锈蚀、损坏。

（5）断路器柜各种仪表、保护装置、信号装置正常，控制把手与指示灯位置对应。

3．设备标识及安全标识

（1）围栏及设备上装设的安全警示标识齐全、醒目。

（2）标识命名及安装符合《国家电网公司安全工作规程（配电部分）（试行）》《配电网设备命名与编号规范及配电网设施标识安装规范》的要求。

（3）配电室内应有台区一次接线图。电气设备定置图、巡视路线。

（二）台架变压器

1．安装位置

（1）安装位置无安全隐患。

（2）配电箱下沿距地面垂直距离不小于1.9m（若低于本要求，应装设围栏）。

（3）柱上式变压器底部距地面高度不应小于2.5m。

2．配电变压器

（1）容量不大于400kVA。

（2）油位、油色正常，无渗漏，无锈蚀，声音正常，高低压套管清洁、无异物。

3．综合配电箱

（1）出线分路合理，断路器容量、电缆截面积配置符合要求，箱门锁具齐全、良好。

（2）外壳应接地。

4．跌落式熔断器

跌落式熔断器安装牢固、排列整齐，跌落式熔断器水平相间距离不小于500mm。容量在100kVA及以下者，高压侧熔丝按变压器额定电流的2～3倍选择。容量在100kVA以上者，高压侧熔丝按变压器额定电流的1.5～2倍选择。

5．防雷接地

（1）配电变压器的高压侧应装设避雷器，避雷器应尽量靠近变压器安装，其接地线应与变压器低压侧中性点及金属外壳连接后共同接地。

（2）避雷器间距不应小于350mm。

（3）避雷器的引上线使用不小于$16mm^2$的铜绝缘线或不小于$25mm^2$的铝绝缘线。引下线使用不小于$25mm^2$铜绝缘线或$35mm^2$的铝绝缘线。

（4）避雷器接地引下线应与变压器二次侧中性点、变压器的金属外壳及配电箱金属外壳相连接到接地引下线，当使用高压电缆时避雷器接地线应与电缆金属外皮连接后共同接地，屏蔽线单独接地。

6. 全绝缘化

配电变压器高、低压引线采用全绝缘模式，均采用绝缘导线或电缆，变压器高、低压套管接头、跌落式熔断器及避雷器接头裸露部分应加绝缘罩。

7. 设备标识及安全标识

（1）围栏及设备上装设的安全警示标识齐全、醒目。

（2）标识命名及安装符合《国家电网公司安全工作规程（配电部分）（试行）》《配电网设备命名与编号规范及配电网设施标识安装规范》的要求。

（3）台式变压器应根据配电设施规范化要求设置安全围栏。

（三）箱式变压器

1. 基础及运行环境

（1）无杂物堆放，无可能威胁配网安全运行的杂草、藤蔓类植物生长等。

（2）基础高度离地面不低于 400mm。留有对流通风口（不小于 300mm×150mm），并做好防小动物措施（如百叶窗、铁丝网封闭）。

（3）基础与围栏之间的地面硬化（可铺设水泥砖）。

2. 壳体及外观

（1）外观完好，无锈蚀、变形。本体紧固螺栓齐全，无松动。门锁完好。

（2）电缆孔洞封堵严密。

（3）内部整洁、无杂物、无凝露现象。

3. 变压器

（1）油位、油色正常，无渗漏。

（2）高低压套管清洁，无异物。

（3）运行声音无异常。

4. 配电盘（柜）

（1）盘、柜应可靠固定，清洁整齐、漆层应完好。

（2）出线分路合理，断路器容量、电缆截面积配置符合要求。

5. 熔断器

（1）配电变压器的高压侧采用断路器或负荷断路器＋熔断器保护。

（2）容量在 100kVA 及以下者，高压侧熔丝按变压器额定电流的 2～3 倍选择。容量在 100kVA 以上者，高压侧熔丝按变压器额定电流的 1.5～2 倍选择。

（3）低压侧装设空气断路器保护，上下引线应无带电裸露部分。

6. 防雷接地

接地装置良好，无严重锈蚀、损坏。

7. 设备标识及安全标识

（1）围栏、箱体及电气设备上装设的安全警示标识齐全、醒目。

（2）标识命名及安装符合《国家电网公司安全工作规程（配电部分）（试行）》《配电网设备命名与编号规范及配电网设施标识安装规范》的要求。

（3）箱式变压器柜内应有台区一次接线图板。

（4）箱式变压器应根据配电设施规范化要求设置安全围栏。

（四）低压设备

1. 低压线路

（1）杆塔无倾斜、位移，砼杆无严重裂纹、铁锈水，保护层不脱落、疏松、钢筋外露现象，杆塔无蔓藤类植物附着生长。

（2）导线无断股、损伤、烧伤的痕迹，绑扎线无脱落、开裂，连接线夹螺栓应紧固、无跑线现象，三相弛度平衡，无过紧、过松现象，导线与树、竹的距离符合规定，无蔓藤类植物附生威胁安全。

（3）横担、金具、绝缘子等无严重锈蚀、变形、歪斜现象。

（4）拉线无断股、松弛、严重锈蚀和张力分配不匀的现象，拉线的受力角度适当（30°～60°）。

（5）低压杆标识牌齐全、清晰。标识命名及安装符合《国家电网公司安全工作规程（配电部分）（试行）》《配电网设备命名与编号规范及配电网设施标识安装规范》的要求。

2. 低压分接箱

（1）低压分接箱外观无机械损伤、变形、起皮现象，箱体表面整洁，柜门、锁具完好无损。

（2）低压分接箱与基础固定可靠，基础无破损，基础应高于室外地坪，周围排水通畅。

（3）低压电缆从基础下进入电缆分支箱时应有足够的弯曲半径，能够垂直进入。

（4）低压分接箱底部电缆进出口应进行防火、防小动物封堵。

（5）低压分接箱内断路器、电缆标识牌齐全、清晰，标识命名及安装符合《国家电网公司安全工作规程（配电部分）（试行）》《配电网设备命名与编号规范及配电网设施标识安装规范》的要求。

（五）架空线路

1. 杆塔

（1）杆塔周围无藤蔓类攀沿植物和其他附着物，无危及安全的鸟巢、风筝及杂物等。处于河道、泄洪坡道的杆塔应有防冲刷、防洪加固设施，无损坏、坍塌。处于交通复杂路口易撞的杆塔制作护墩，并涂刷警示反光漆。路边杆塔涂刷警示反光漆。

（2）杆塔无倾斜、位移，转角杆不应向内角倾斜，终端杆不向导线侧倾斜，搭挂的非电力线路应及时拆除，暂未拆除的，应保持整洁、美观、无安全隐患。

（3）混凝土基础无裂纹、疏松、露筋。

（4）基础无损坏、下沉、上拔，周围土壤无挖掘或沉陷，杆塔埋深符合要求，12m杆1.9m，15m杆2.3m。

（5）砼杆无严重裂纹、铁锈水，保护层不脱落、疏松、钢筋外露，砼杆无纵向裂纹，横向裂纹不超过1/3周长。焊接杆焊接处应无裂纹，无严重锈蚀。铁塔（钢杆）不应严重锈蚀。

2. 导线

（1）导线无断股、损伤、烧伤、腐蚀的痕迹，绑扎线无脱落、开裂，连接线夹螺栓应紧固、无跑线现象，三相弛度平衡，无过紧、过松现象，一般档距内弛度相差不超过50mm。

（2）导线连接部位良好，无过热变色和严重腐蚀，连接线夹完整无缺失。跳（档）线、引线无损伤、断股、弯扭。

（3）导线的线间距离，过引线、引下线与邻相的过引线、引下线、导线之间的净空距离以及导线与拉线、电杆或构件的距离符合规定。

（4）导线上无抛扔物。架空绝缘导线无过热、变形、起泡现象。

（5）线路在最大弧垂时，对居民区地面最小垂直距离6.5m，对非居民区最小垂直距离5.5m。跨越高速和一级公路时，采用双固定支持方式，跨越档内不应有接头。跨越一般公路时，采用单固定支持方式，最小垂直距离为7m。与电力线路交叉跨越，10kV及以下大于2m。

（6）架空绝缘线路应在耐张杆、转角杆、柱上断路器两侧、电缆登杆等位置加装验电接地环。为方便运行操作，接地挂环安装在负荷侧第一基杆塔处的合适位置。

3. 柱上断路器设备

（1）柱上断路器、隔离开关各个电气连接点连接可靠，铜铝过渡可靠，无锈蚀、过热和烧损现象。设备本体无锈蚀现象。断路器位置指示准确、清楚。

（2）套管无破损、裂纹和严重污染或放电闪络的痕迹。

（3）固定牢固，支架无歪斜、松动，引线接点和接地良好，线间和对地距离满足要求。

（4）正常运行情况下，集中型断路器处于储能位置，电压型断路器本体投入"自动"。

（5）断路器电源侧、负荷侧安装顺序应与线路一致。断路器引线压接处应制作防水弯，柱上 TV 二次引线处应封堵，做好防雨措施。

（6）FTU 安装牢固，距离地面 2.5m 以上。航空插头固定牢固，无脱落。手柄在自动位置。

4. 铁件、金具

（1）铁横担与金具无严重锈蚀、变形、磨损、起皮或出现严重麻点，锈蚀表面积不应超过 1/2。

（2）横担上下倾斜、左右偏斜不应大于横担长度的 2%。螺栓紧固，无缺螺帽、销子，开口销及弹簧销无锈蚀、断裂、脱落等现象。

（3）线夹、连接器上无锈蚀或过热现象，连接线夹弹簧垫齐全，螺栓紧固。

5. 绝缘子

（1）瓷质绝缘子无损伤、裂纹和闪络痕迹，合成绝缘子的绝缘介质无龟裂、破损、脱落。

（2）绝缘子钢脚无弯曲，铁件无严重锈蚀，针式绝缘子无歪斜。在同一绝缘等级内，绝缘子装设保持一致。

（3）支持绝缘子绑扎线无松弛和开断现象。与绝缘导线直接接触的金具绝缘罩齐全、无开裂、无发热变色变形现象。

6. 拉线

（1）拉线不应设在妨碍交通（行人、车辆）或易被车撞的地方，无法避免时应设有明显警示标志或采取其他保护措施。穿越带电导线的拉线应加设拉线绝缘子，绝缘子垂地距离不低于 2.5m（断线时）。

（2）拉线无断股、松弛、严重锈蚀和张力分配不匀的现象，拉线的受力角度适当（30°～60°），当一基电杆上装设多条拉线时，各条拉线的受力一致。

（3）跨越道路的水平拉线，对路边缘的垂直距离不应小于 6m，跨越电车行车线的水平拉线，对路面的垂直距离不应小于 9m。

（4）拉线棒无严重锈蚀、变形、损伤及上拔现象，拉线基础牢固，周围土壤无突起、沉陷、缺土等现象。

（5）拉线的抱箍、拉线棒、UT 形线夹、楔形线夹等金具铁件无变形、锈蚀、松动或丢失现象。顶（撑）杆、拉线桩、保护桩（墩）等无损坏、开裂等现象。

7. 防雷与接地装置

（1）接地体与接地引下线、铁塔、钢管塔接地孔之间应有明显可断开点，便于测量接地电阻。

（2）无间隙氧化锌避雷器、过电压保护器等防雷装置，参数选择应与本系统中性点接地方式相匹配。外表面无影响安全运行的异物，无污秽、破损、裂纹和电蚀痕迹。高压引线、接地线连接正常。

8. 通道

（1）线路两边线向外侧各水平延伸 5m 并垂直于地面所形成的两平行面保护区内无易燃、易爆物品和腐蚀性液（气）体。无存在可能被风刮起危及线路安全的物体（如金属薄膜、广告牌、风筝等）。无取土、打桩、钻探、开挖、吊车施工等建筑、建设行为。无采石放炮（500m 以内）等爆破行为，遇以上行为应下达隐患通知书，签订线路保护区安全协议。

（2）导线与树、竹的距离符合规定，无蔓藤类植物附生威胁安全。裸（绝缘）导线与树木最小垂直距离为 1.5（0.8）m，最小水平距离为 2.0（1.0）m。

（3）裸（绝缘）导线与建筑物的最小垂直距离为 3（2.5）m，最小水平距离为 1.5（0.75）m。

9. 全绝缘化

（1）架空绝缘线路所有带电裸露部分应进行绝缘化处理（验电接地环的验电接地部分除外）。

（2）非绝缘线路的柱上设备及其附属设备裸露点，以及引线应绝缘化处理，T 接杆、耐张杆、转角杆宜进行绝缘化处理。

10. 设备标识及安全标识

标识命名及安装符合《国家电网公司安全工作规程（配电部分）（试行）》《配电网设备命名与编号规范及配电网设施标识安装规范》的要求。

（六）电缆线路

1. 通道及防护

（1）电缆线路地面标桩两侧各 0.75m 所形成的两平行线保护区内无违章建筑物，杂物、种植树竹等。两侧各 2m 内无取土、打桩、钻探、开挖、挖土机等建筑、建设行为。50m 内无酸、碱、盐及其他有害化学品，遇以上行为应下达隐患通知书，签订线路保护区安全协议。

（2）电缆路径上方地表每隔 10～50m 应埋设明显的、牢固的标志物。为了便于日常管理，电缆拐弯、中间接头处宜设置相应的标识。

（3）电缆在室外直埋敷设的深度不应小于 0.7m。当直埋在绿化带时，不应小于 1.0m。

（4）电缆工作井盖无丢失、无破损、无被掩埋。电缆沟盖板齐全完整并排列紧密。

（5）隧道进出口设施完好，巡视和检修通道畅通，沿线通风口完好。

（6）电缆引出地面 2m 至地下 200mm 处的一段、容易接触以及电缆容易受到机械损伤的地方，外露电缆应有电缆保护管等可靠的防护措施，并在电缆上附有永久性的、清晰的标志牌，写明线路线名、起止点、长度。

（7）电力电缆之间及电力电缆与控制电缆、通信电缆、地下管沟、道路、建筑物、构筑物、树木等之间的安全距离，应满足《电力工程电缆设计规范》有关规定。

（8）电缆线路在配电室出口、中间接头、排管口处等，应按照有关技术要求进行防火、防水处理。电缆沟、隧道内电缆防火，可根据不同敷设方式和形式，采用阻燃电缆、涂防火涂料、设防火墙等措施。

2. 电缆终端头

（1）连接部位良好，无过热现象，相间和对地距离符合要求。

（2）电缆终端头和支持绝缘子的瓷件或硅橡胶伞裙套无脏污、损伤、裂纹和闪络痕迹。

（3）电缆终端头和避雷器固定牢固。

（4）电缆上杆部分保护管及其封口完整。

（5）电缆终端无放电现象。

（6）电缆终端是否完整，有无渗漏油，有无开裂、积灰、电蚀或放电痕迹。

（7）相色清晰齐全，接地良好。

（8）10kV 电缆附件宜选用冷缩预制式，电缆插接件应选用全密封、外屏蔽性。附件及插接件必须明确与电缆芯绝缘外径的适配范围，保证界面紧固力，安装时必须保证应力控制部分不变形。

3. 电缆中间接头

（1）中间接头密封良好，所在工井无积水现象。

（2）中间接头标志清晰齐全。

（3）连接部位良好，无过热变色、变形等现象。

4. 电缆本体

（1）电缆线路标识、编号齐全、清晰。

（2）电缆线路排列整齐规范，按电压等级的高低从下向上分层排列。

（3）通信光缆与电力电缆同沟时应采取有效的隔离措施。

（4）电缆线路防火措施完备。

5. 防雷与接地

（1）架空导线与电缆的结合部应装设避雷器。当电缆线路超过 50m 时，电缆线路两端均应装设避雷器。电缆长度小于 50m 时，可只在一端装设。避雷器接地线应与电缆金属外皮连接后共同接地。

（2）电缆、避雷器接地电阻不大于 10Ω。

（3）电缆铠装接地线与屏蔽接地线必须分开，铠装接地线截面积不小于 10mm^2，屏蔽接地线截面积不小于 25mm^2。

6. 设备标识及安全标识

标识命名及安装符合《国家电网公司安全工作规程（配电部分）（试行）》《配电网设备命名与编号规范及配电网设施标识安装规范》的要求。

（七）环网柜、电缆分支箱

1. 构筑物及环境

（1）基础无损坏、下沉，周围土壤无挖掘或沉陷，电缆无外露，壳体无锈蚀损坏，箱内无进水，无小动物、杂物、灰尘。井内无积水、杂物等垃圾。

（2）基础距离地面高度不低于 500mm，留有对流通风口，以铁丝网封闭；箱体内部密封良好，无明显凝露。

（3）四周应设置塑钢安全围栏，高度不低于 1.5m，围栏与环网柜外廓距离不小于 0.8m，正面悬挂"止步，高压危险"警示牌，围栏内地面硬化。

2. 设备本体

（1）电缆搭头接触良好，无发热、氧化、变色现象，电缆搭头相间和对壳体、地面距离符合要求。

（2）无异常声音。

（3）断路器操动机构无严重锈蚀，动作准确、可靠。分、合闸指示正确。

（4）断路器真空泡面无裂纹、SF$_6$ 气体压力符合要求。

（5）设备的各部件连接点接触良好，无放电声或气味，无过热变色、烧熔现象，示温片无熔化脱落。

（6）母线排有无变色变形现象，绝缘件有无裂纹、损伤、放电痕迹。

3. 防雷与接地

（1）环网供电线路的分断设备两侧应装设避雷器。

（2）环网柜柜体与接地体有明显断开点，以方便接地电阻测量。

（3）环网柜、电缆接地电阻小于10Ω。

4. 设备标识及安全标识

（1）环网柜柜门后侧张贴一次接线图及环网柜操作指导卡。

（2）环网柜柜门安装设备标识。

（3）柜体对应间隔张贴间隔标识。

（4）柜体断路器、隔离开关、接地刀闸张贴设备标识。

（5）联络断路器处张贴警示标识。

（6）箱体内电缆进出线牌号与对侧端标牌对应，电缆命名牌齐全，肘头相色齐全。

（7）标识命名及安装符合《国家电网公司安全工作规程（配电部分）（试行）》《配电网设备命名与编号规范及配电网设施标识安装规范》的要求。

第七节 计 量 管 理

一、资产管理

（一）计量资产全寿命周期管理

乡镇供电所应严格按照计量资产全寿命周期管理要求做好各种类型电能表、计量互感器、用电信息采集终端、低压计量箱及箱锁、封印、计量标准（试验）设备等资产管理工作。计量资产全寿命周期管理包括计量资产管理、全寿命周期质量管理、实验室管理、库房管理、计量档案管理等内容。

（二）库房管理

1. 计量器具库房基本要求

在电能计量资产库房中要对不同类型、不同规格、不同状态的计量资产分类存放、定置管理，并有明显标识。按级别可分为省公司计量中心库房和地市、县级供电企业库房。省、市两级电能计量中心要分别建立一级电能计量资产管理库房，简称一级库房。新资产库房要设立待验收库、库存待修库、库存待装库、报废库等，不同的电能计量器具按照各类库的划分定值存放。各基层单位要建立二级电能计量资产管理库房，简称二级库房。计量资产库房要配备专人负责管理，每月组织一次对计量资产库房各种电能计量资产状态进行检查，确保电能计量资产保持良好的使用状态。电能计量资产库房库区应规划合理，储物空间分区编号，标示醒目，通道顺畅，便于盘点和领取。库房应具备货架、周转箱、电能计量资产的定置编码管理，相关信息应纳入信息系统管理。库房内照明应有足够的照度，备有电话、宽带网插口和工作电源插座。库房的承载能力设计不

应低于 $1000\mathrm{kg/m^2}$。库房应干燥、整洁、明亮、环保，符合防盗、通风、消防等要求，应具备完善的防尘、防潮、防淹、防震、防腐措施。且能达到保证人身、物资和电能计量资产库房的安全和对库房环境进行监测的要求。库房内需配备必要的运输设施、装卸电能计量资产、识别电能计量资产、视频监控及辅助工具等电能计量资产。库房电能计量资产的出入库，应使用扫描条形码或电子标签方式录入信息系统。库房应实行定置管理，有序存放，妥善保存；计量资产应按不同状态（新品、待检定、合格、待报废等）、分类（类别、等级、型号、规格等）、分区（合格品区、返厂区、待检区、待处理区、故障区、待报废区等）放置，并具有明确的分区线和标志，或存放在不同颜色的周转箱里；计量资产应放置在专用的储藏架或周转车上，不具备上架条件的，可装箱后以周转箱为单位落地放置，垒放整齐。

2. 计量器具库房盘点

乡镇供电所计量器具库房专责人每月对乡镇供电所内计量器具库房进行一次盘点，计量器具库房盘点期间停止各类库房管理作业，库房盘点至少安排两人同时参与，乡镇供电所所长指定综合班计量器具库房管理人员为盘点人，营销服务员为监盘人，盘点人在盘点前应检查当月的各类库存作业数据是否全部入账。对特殊原因无法登记完毕时，应将尚未入账的有关单据统一整理，编制结存调整表，将账面数调整为正确的账面结存数。被盘点库房管理人员应准备"盘点单"，做好库房的整理工作。经检定合格的电能表，在库房中保存时间超过 6 个月的重新进行检定。因此盘点人员在进行盘点时，重点对库存电能表的表龄进行检查，发现有超过 6 个月的电能表应送回县供电公司营销部进行重新进行检定。盘点人员按照盘点单的内容，对库房计量器具实物进行盘点。计量器具库房盘点工作结束后，营销服务员编制盘点报告，并将盘点结果录入相关信息系统，同时上报县供电公司营销部。

（三）计量器具出入库管理

乡镇供电所电能计量器具的接受或发放必须严格履行出入库手续，对正常使用的电能计量器具，台区经理凭领用单到指定库房领取，库房专责人凭领用单发放电能计量器具，发放后及时在计算机系统内进行信息录入，与领用台区经理办理交接手续。对换装、拆除、超期、抽检、故障等拆回的暂存电能表做好底码示数核对，保存含有资产编号和电量底码的数码档案，并及时异地备份，及时进行入库操作数据维护。拆回的电能表，按照一定规则有序存放，方便今后查找，至少存放两个抄表周期以上。

（四）计量器具配送管理

电能计量资产实行集中配送管理。使用带有编号的专用周转箱放置电能计量器具，采用专用的配送车实施电能计量器具集中配送。资产管理人员依据《电能计量器具领用单》与领用工作人员进行电能计量器具的数量核对和对相关参数、资产号、外观等进行随机抽查核对，无误后双方签字确认。配送计量器具应使用专用周转箱、专用车辆，专用周转箱、专用车辆应采取良好的防震、防潮、防尘等措施。

（五）计量器具报废

对于在现有技术条件下，调整困难或不能修复到原有准确度水平的，或者修复后不能保证基本轮换周期的器具，绝缘水平不能满足现行国家标准的计量器具和上级明文规定不准使用的产品，性能上不能满足当前管理要求的产品，应予以报废或淘汰。待报废的电能计量器具及终端应在资产档案注明待报废日期和原因。对待报废的电能计量器具及终端要按照各单位的规定履行审批手续，及时报废处理。经报废的电能计量器具应进行销毁，及时履行报废手续。

二、计量装置运行管理

（一）计量装置巡视检查项目

（1）互感器箱封锁完好，安全可靠。

（2）电能表、信息采集终端、接线盒铅封完好。电能表、信息采集终端进出线完好。接线盒联片无变色。

（3）电能表、信息采集终端表屏轮显正常，无故障代码提示。日期、时间、当前时段显示正确、无液晶黑屏、无液晶显示乱码、无电能表死机、无电能表潜动。

（4）电能表电压、电流无告警显示，电压、电流值正常。电能表有功、无功脉冲闪烁正常。电能表无时钟电池欠压、时钟失准、存储器故障、用电负荷过载、功率因数超限等告警显示。

（5）信息采集终端信号灯指示正常，信息采集终端在线灯指示正常。信息采集终端下行通信灯指示正常。

（6）信息采集终端天线安放位置合适，线路整齐，信号强度符号显示正常。

（7）电能计量表箱必须要有明显的表箱号。电能计量表箱密封严密，无破损无裂纹。电能计量表箱进出线电缆空洞封堵严密。

（8）电能表、信息采集终端"三封"齐全，电能计量表箱锁具齐全。电能计量表箱内的电能表必须要有编号或名称，电能表的编号或名称必须与表后开关编号或名称相对应，必须与用电客户的实际位置相对应。

（二）数据采集故障分析及处理

1. 数据采集失败

（1）当测量点的参数都正确无误，发生数据采集出现失败的情况时，应首先对主站下发的任务进行核对检查，如果发现主站下发的任务为高压用户类任务，而该集中器采集的用户均为低压居民用户，必须将该集中器的任务重新配置，把高压用户类任务改为低压居民类任务，并保存下发，数据采集失败问题得以解决。

（2）当电能表的参数、任务配置正确，发生数据采集异常可以按照两种情况进行分析，其一当终端正常在线，召测发现终端时间错误，无法对终端进行校时，判断为终端硬件发生故障，必须更换终端方可消除故障。其二当终端时钟错误，成功校时后中断终端电源，时钟仍然出现偏差，判断为时钟电池失效，也必须更换终端方可消除故障。

（3）当主站侧参数、任务、时钟均全部正确，发生日冻结数据采集失败，远抄电能表实时数据失败时，乡镇供电所应组织台区经理到现场进行检查，可能出现的问题有：

a）电能表、采集终端 RS-485 线接反，电能表、采集终端 RS-485 端口接错，电能表、采集终端 RS-485 接线不牢固，存在破裂、断裂现象。

b）采集终端 RS-485 端口损坏通过掌机与电能表 RS-485 端口连接可正常获取电能表数据，判断采集终端 RS-485 端口损坏。

c）电能表遭受雷击，电能表 RS-485 端口损坏。对于采集终端 RS-485 口损坏的情况，处理方法必须是现场更换采集终端。对于电能表 RS-485 口损坏的情况，处理方法必须是现场更换电能表。对于电能表、采集终端 RS-485 线接反，电能表、采集终端 RS-485 端口接错情况，应该由乡镇供电所台区经理到现场进行正确接线。对于电能表、采集终端 RS-485 接线不牢固，存在破裂、断裂现象，应该由乡镇供电所台区经理到现场进行重新连接或重新布线。

（4）当主站侧参数、任务、时钟均全部正确，发生日冻结数据采集失败，远抄电能表实时数据失败，乡镇供电所应组织台区经理到现场进行检查，可能出现采用载波通信的采集终端交流采样回路相线虚接故障，造成数据采集失败。如果台区经理到现场检查发现采集终端交流采样回路相线虚接，应及时将相线压接牢固，直至故障消除为止。

（5）当主站侧参数、任务、时钟均全部正确，采集终端交流采样回路电压正常。日冻结数据采集失败，远抄电能表实时数据失败，乡镇供电所应组织台区经理到现场进行检查，可能出现载波通信模块损伤或安装不到位，由专业人员重新安装或更换通信模块，确保安装到位，通信正常。

（6）当主站侧参数、任务、时钟均全部正确。现场检查 RS-485 端口、接线均正常，载波通信模块也运行正常。但日冻结数据采集失败，远抄电能表实时数据失败。乡镇供电所通知专业人员到现场检查电能表与采集终端通信规约是否一致，如果现场运行的集中器使用的通信协议与电能表使用的通信协议不兼容，是造成日冻结数据采集失败，远抄电能表实时数据失败的主要原因。处置方法是将集中器的通信协议升级到与电能表的通信协议一致。如果集中器软件无法升级，现场更换为支持电能表通信协议的集中器。

（7）如果主站侧参数、任务、时钟均全部正确。现场 RS-485 端口、接线均正常，采集终端载波通信模块正常。但日冻结数据采集失败，远抄电能表实时数据失败，故障原因可能是电能表损坏，乡镇供电所安排台区经理现场检查发现电能表表面有灼烧痕迹，将其拆回后打开发现内部电路烧毁，处置方法更换同类型电能表。

2. 数据采集错误

（1）当出现日冻结数据采集错误时，检查召测采集终端测量点参数，发现测量点 1 和 3 电能表地址相同，造成采集终端内部电能表档案和主站用户档案不一致，引起数据采集错误。处置方法为更新主站档案，重新下发到采集终端。

（2）当出现数据采集错误时，首先检查召测采集终端参数，如果采集终端参数均正确，再召测电能表时钟，发现电能表时钟与主站时钟有误差，此误差导致采集终端抄读电能表日冻结数据错误。处置方法为将电能表时钟校时，校时成功后，抄表数据恢复正常。

（3）当出现抄表数据错误时，首先检查召测采集终端参数是否正确，如果召测采集终端参数正确，再检查采集终端、电能表时钟是否正常，如果正常，再检查远抄电能表实时数据，并与日冻结数据逐项对比，如果发现终端保存数据错位，应由专业人员将采集终端软件进行升级。

（4）当出现抄表数据错误，首先检查召测采集终端参数是否正确，如果召测采集终端参数均正确且采集终端、电能表时钟指示正常，再检查远抄电能表实时数据与日冻结数据是否相符，如果远抄电能表实时数据与日冻结数据符合并一致，再检查远抄电能表，如果检查远抄电能表发现有电流数据，但用户无每日用电量。乡镇供电所应安排台区经理进行现场核查，经现场检查发现电能表停走但脉冲灯闪烁，应及时更换电能表。

3. 终端离线

（1）当检查发现在采集系统主站有大量采集终端离线时，应首先检查主站各服务器程序及网络运行是否正常，如果确认主站各服务器程序及网络运行正常，所有离线的采集终端所在区域无停电事件上报，且离线终端通信网络为同一运营商网络。再查看通信卡状态是否正常，如果检查确认通信卡无欠费和参数错误的情况。由专业人员联系通信运营商分析是否存在网络故障，如果为网络运营商信号问题，由专业人员通知运营商修复通信网络。

（2）当出现采集终端离线时，首先检查主站确认各服务器程序及网络运行正常，离线的采集终端无停电事件上报，通信卡无欠费情况且参数设置正确。乡镇供电所安排台区经理进行现场检查，经现场检查如果发现采集终端有变色、灼烧以及燃烧裂开的痕迹，且采集终端各端子之间有放电痕迹，可以现场确认终端烧毁的原因为内部串入了高压电，采集终端发生人为或不可抗力的故障，如遭遇雷击等。处置方法为必须现场更换采集终端。

（3）当出现采集终端不工作（无法开机、死机等）情况时，首先检查主站确认各服务器程序及网络运行是否正常，如果运行正常，再检查离线的采集终端有无停电事件上报，如果无停电事件上报，再检查通信卡有无欠费情况，如果通信卡无欠费情况，再检查参数设置是否正确。如果参数设置正确。乡镇供电所应安排台区经理进行现场检查，经现场检查如果发现终端无黑屏、烧毁及掉电的现象，采集终端不工作、屏幕无显示、指示灯异常、重新上电无反应，检测电能表电压示值正常，但终端无电压，可判断终端故障。处置方法是更换采集终端。

（4）当出现采集终端死机，重启无效时，首先检查主站确认各服务器程序及网络运行是否正常，如果各服务器程序及网络运行正常，再检查离线的采集终端有无停电事件上报，如果无停电事件上报，再检查通信卡有无欠费情况，如果通信卡无欠费情况，再检查参数设置是否正确，如果参数设置正确。乡镇供电所应安排台区经理进行现场检查，现场发现终端无黑屏、烧毁及掉电的现象，采集终端死机，经重启无效。升级采集终端程序后，故障排除。

（5）在采集系统主站发现部分采集终端离线时，首先检查主站确认各服务器程序及网络运行是否正常，如果各服务器程序及网络运行正常，再检查离线的采集终端有无停电事件上报，如果无停电事件上报，再检查通信卡有无欠费情况，如果通信卡无欠费情况，再检查参数设置是否正确，如果参数设置正确。乡镇供电所应安排台区经理进行现场检查，现场发现终端无黑屏、烧毁及掉电的现象，重启终端仍然离线。台区经理应立即通知专业人员核实终端参数设置正确，同时确认现场区域信号强度正常，检查终端通信模块时发现通信卡丢失。由专业人员重新安装通信卡并进行相关调试正常后，采集系统主站部分采集终端离线情况消失。

（6）在采集系统主站发现采集终端离线时，伴有采集终端远程通信模块通信指示灯、电源指示灯不亮的情况发生，首先应检查主站确认各服务器程序及网络运行是否正常，如果各服务器程序及网络运行正常，再检查离线的采集终端有无停电事件上报，如果无停电事件上报，再检查通信卡有无欠费情况，如果通信卡无欠费情况，再检查参数设置是否正确，如果参数设置正确。乡镇供电所应安排台区经理进行现场检查，现场发现终端无黑屏、烧毁及掉电的现象，核实终端参数设置正确，现场区域信号强度正常。由专业人员重启采集终端，指示灯仍不亮，更换远程模块，终端正常登录，判断为采集终端远程通信模块损坏。

（7）在采集系统主站发现采集终端无法上线时，首先应检查主站确认各服务器程序及网络运行是否正常，如果各服务器程序及网络运行正常，再检查离线的采集终端有无停电事件上报，如果无停电事件上报，再检查通信卡有无欠费情况，如果通信卡无欠费情况，再检查参数设置是否正确，如果参数设置正确。乡镇供电所应安排台区经理进行现场检查，现场发现存在施工不规范的问题及处理如下：

a）采集终端安装位置错误（比如 101 户的安装到 301 户）。处置方法为根据工程设计方案，更换终端安装位置。

b）通信卡安装错误。处置方法为安装正确通信卡。

c）通信卡未安装。处置方法为安装新的通信卡。

d）通信模块接触不良。处置方法为插拔通信模块，观察指示灯闪烁情况，确保安装牢固。

e）未安装天线。处置方法为正确安装天线。

f）终端未调试。处置方法为调试终端，确保正常运行。

三、电能计量器具资产档案管理

电能计量器具应按照电能表档案、用电管理服务终端档案等进行分类建档，以便于查询方便。每次购置的电能计量器具使用说明书应进行分类编号永久保存，电能计量器具使用说明书的借用应严格履行借用手续，不得丢失和损坏。档案目录内容如下：

1. 电能表

电能表档案应按照分类字段或目录便于查询统计方便的原则进行建档。电能表档案目录内容应包括电能表名称、电能表编号、电能表类别、电能表产权、电压量程、电流量程、准确等级、计度器示数类型、常数（脉冲常数）、出厂编号、制造厂名、购置日期、使用日期、购置单价、状态、状态日期、报废日期、报废原因等。

2. 用电信息采集终端

用电信息采集终端档案应按照分类字段或目录便于查询统计方便的原则进行建档。用电信息采集终端档案目录内容应包括用电信息采集终端资产名称、器具类别、产权、资产编号、电压量程、电流量程、通信方式、制造厂名、出厂编号、购置日期、购置单价、使用日期、状态、状态日期、报废日期、报废原因等，应能按照以上的任一路经或组合进行查询统计。

四、电能计量器具封印管理

（一）电能计量器具封印分类及型式

（1）封印用途分类：封印按照使用用途、使用场合和权限，分为出厂封、检定封、安装维护封、现场检验封、用电检查封五种。

（2）封印型式：电能计量器具封印分为卡扣式封印、穿线式封印和电子式封印，工作人员应结合封印结构型式，根据使用对象、应用场合，严格按规定进行安装使用。封印型式在全性能试验基础上必须进行型式审查和技术认定，审查内容包括封印材质、型式结构、防窃电性能等方面。

（3）电能计量器具封印作用是用来防止未授权的人员非法开启电能计量器具，确保电能计量器具不被无意开启。

（二）电能计量器具封印安装

（1）卡扣式封印的安装：其安装位置应包括电能表的现场封印，用电信息采集终端的出厂封印，信息采集终端的检定封印，信息采集终端的现场封印，计量箱门的现场封印，计量柜门的现场封印。

（2）穿线式封印的安装：其安装位置应包括电能表端子盖封印，用电信息采集终端的端子盖封印，互感器二次端子盒封印，联合试验接线盒封印，计量箱门的现场封印，计量柜门的现场封印。

（3）电子式封印的安装：其安装位置应包括 I 类电能计量器具封印，II 类电能计量器具封印，III 类电能计量器具封印，重点关注客户的封印，IV 类电能计量器具和 V 类电能计量器具由供电企业根据自身购置能力和需要自行确定。

（三）电能计量器具封印发放

工作需要使用电能计量器具封印、封钳时，封印、封钳使用人员与发放人办理领用手续，由封印、封钳发放人员填写《电能计量器具封印、封钳发放登记表》，封印、封钳领用人员确认正确后签字，履行封印、封钳发放手续。电能计量中心应安排专人负责封印、封钳的发放和领用，应建立封印、封钳台账，做到账、卡、物相符。电能计量器具封印、封钳领用人应妥善保管自己持有的封印、封钳，当领用人调离岗位时应及时将电能计量器具封印、封钳上交本单位封印发放人。当领用人领回的封印、封钳损坏、丢失时，应立即向本单位领导报告，填写《电能计量器具封钳损坏、丢失审批表》，对电能计量器具损坏、丢失原因要进行分析，制定电能计量器具损坏、丢失拟采取的补救措施，由本单位领导组织做好补救措施的落实。

（四）电能计量器具封印使用

1. 封印使用权限

（1）室内计量检定人员有权使用检定封印，无权使用现场校验封印，无权使用安装维护封印，无权使用用电检查封印，无权使用出厂封印。

（2）现场计量检定人员有权使用现场校验封印，无权使用检定封印，无权使用安装维护封印，无权使用用电检查封印，无权使用出厂封印。

（3）装表接电人员有权使用安装维护封印，无权使用检定封印，无权使用现场校验封印，无权使用用电检查封印，无权使用出厂封印。

（4）采集运维人员有权使用安装维护封印，无权使用检定封印，无权使用现场校验封印，无权使用用电检查封印，无权使用出厂封印。

（5）用电检查人员有权使用用电检查封印，无权使用检定封印，无权使用现场校验封印，无权使用安装维护封印，无权使用出厂封印。

（6）用电信息采集终端供应商有权使用出厂封印，无权使用检定封印，无权使用现场校验封印，无权使用安装维护封印，无权使用用电检查封印。

（7）电能表供应商有权使用出厂封印，无权使用检定封印，无权使用现场校验封印，无权使用安装维护封印，无权使用用电检查封印。

2. 封印使用要求

封印使用人员在安装使用封印时应按照"谁使用、谁负责"的原则，严格按照封印使用权限使用封印，使用人只限于从事室内计量检定人员、现场计量检定人员、装表接电人员、采集运维人员、用电检查人员、用电信息采集终端供应商和电能表供应商，不允超越职责范围使用。封印使用人员应根据工作权限和职责要求，对电能计量器具中的电能表、联合接线盒、互感器二次端子盖、电能计量箱、刀闸、电能量信息采集终端等施加封印。现场工作人员在现场工作结束后，应根据管理职责、权限对电能计量器具和用电信息采集设备实施封印，检查封印状态是否完好，并在现场工作单上记录检查信息，记录的信息内容包括实施封印编号、拆除封印编号、启用封印编号、实施封印日期、拆除封印日期、启用封印日期、执行人等。电能计量器具实施封印、拆除封印、启用封印的全过程，电力客户应始终在现场确认，工作结束后电力客户在工作单上签字。计量中心工作人员在对电能计量器具检定（检测）合格后，对安装式电能表（含编程盖板）、用电信息采集终端、失压计时仪施加检定封印。运维检修人员完成辖区内电能计量器具应急抢修工作任务后，由营销计量人员到现场对电能计量器具实施封印。拆下的封印应妥善保管，统一上交后集中销毁。

3. 封印检查

（1）现场工作人员在新装电能计量器具工作开始前，应检查原封印是否完好，若发现异常，应立即通知乡镇供电所营销服务员现场处理。

（2）现场工作人员在更换电能计量器具工作开始前，应检查原封印是否完好，若发现异常，应立即通知乡镇供电所营销服务员现场处理。

（3）现场工作人员在拆除电能计量器具工作开始前，应检查原封印是否完好，若发现异常，应立即通知乡镇供电所营销服务员现场处理。

（4）现场工作人员在新装用电信息采集终端工作开始前，应检查原封印是否完好，若发现异常，应立即通知乡镇供电所营销服务员现场处理。

（5）现场工作人员在更换用电信息采集终端工作开始前，应检查原封印是否完好，若发现异常，应立即通知乡镇供电所营销服务员现场处理。

（6）现场工作人员在拆除用电信息采集终端工作开始前，应检查原封印是否完好，若发现异常，应立即通知乡镇供电所营销服务员现场处理。

（7）现场工作人员在电能计量器具故障处理工作开始前，应检查原封印是否完好，若发现异常，应立即通知乡镇供电所营销服务员现场处理。

（8）现场工作人员在用电信息采集终端故障处理工作开始前，应检查原封印是否完好，若发现异常，应立即通知乡镇供电所营销服务员现场处理。

（9）现场工作人员在电能计量器具更换模块工作开始前，应检查原封印是否完好，若发现异常，应立即通知乡镇供电所营销服务员现场处理。

（10）现场工作人员在用电信息采集终端更换模块工作开始前，应检查原封印是否完好，若发现异常，应立即通知乡镇供电所营销服务员现场处理。

（五）电能计量器具封印保管

乡镇供电所应建立封印台账，指定专人负责封印发放和领用，封印发放信息应录入计量和营销业务应用系统。封印发放人员填写"电能计量封印发放登记表"，封印领用人员签字确认后，方可履行封印发放手续。封印（钳）领用人应妥善保管持有的封印（钳），当调离岗位时及时上交乡镇供电所封印发放人员；当领用的封印（钳）损坏、丢失时，应立即向上级主管单位报告，填写"电能计量封钳损坏、丢失审批表"，说明理由，并由本上级主管单位做好补救措施。

第八节 线 损 管 理

一、名词解释

（一）线损

电力网在输送和分配电能的过程中，所产生的全部电能损耗，简称线损。线损包括技术线损和管理线损。

（二）技术线损

技术线损是指经由输、变、配、售设施所产生的损耗，技术线损可通过理论计算来获得。

（三）管理线损

管理线损是指在输、变、配、售过程中由于计量、抄表、窃电及其他管理不善造成的电能损失。

（四）线损管理

线损管理是指为确定和达到电力网降损节能目标，所开展的各项管理活动的总称。它是从电力网各个环节出发，通过制定和实施一系列规划计划、统计分析、考核奖惩等措施，达到"技术线损最优，管理线损最小"。

（五）理论线损计算

电网经营企业根据设备参数和电网运行实测数据，对其所管辖输配电网络进行理论损耗的计算。

（六）线损"四分"管理

"四分"管理是指对所辖电网线损采取包括分区、分压、分元件和分台区等综合管理方式。

（七）分区管理

指对所管辖电网按供电范围划分为若干区域进行统计、分析及考核的管理方式。区域一是指按照行政区划分为省、地市、县级等电网，二是指变电站围墙内各种电气设备组成的区域。

（八）分压管理

指对所管辖电网按不同电压等级进行统计、分析及考核的管理方式。

（九）分元件管理

指对所管辖电网中各电压等级线路、变压器、补偿元件等电能损耗进行分别统计、分析及考核的管理方式。

（十）分台区管理

指对所管辖电网中各个公用配电变压器的供电区域损耗进行统计、分析及考核的管理方式。

（十一）线损率计算方法

1. 线损率

线损率＝线损电量/供电量×100%＝[（供电量－售电量）/供电量]×100%

其中，供电量＝电厂上网电量＋电网输入电量-电网输出电量

售电量＝销售给终端用户的电量，包括销售给本省用户（含趸售用户）和不经过邻省电网而直接销售给邻省终端用户的电量。

2. 有损线损率

有损线损率＝线损电量/（供电量－无损电量）×100％＝［（供电量－售电量）/（供电量－无损电量）］×100％

其中，供、售电量定义与线损率计算方法相同。

无损电量是一个相对概念，是指在某一电压等级下或某一供电区域内没有产生线损的供（售）电量。

3. 各级线损率的计算

（1）分压线损率＝（该电压等级输入电量－该电压等级输出电量）/该电压等级输入电量×100％

其中：该电压等级输入电量＝接入本电压等级的发电厂上网电量＋本电压等级外网输入电量＋上级电网主变本电压等级侧的输入电量＋下级电网向本电压等级主变输入电量（主变中、低压侧输入电量合计）

该电压等级输出电量＝本电压等级售电量＋本电压等级向外网输出电量＋本电压等级主变向下级电网输出电量（主变中、低压侧输出电量合计）＋上级电网主变本电压等级侧的输出电量

（2）分元件线损率＝元件（输入电量－输出电量）/元件输入电量×100％

变压器输入电量是变压器高中低压侧流入变压器的电量之和，变压器输出电量是变压器高中低压侧流出变压器的电量之和。

（3）分台区线损率＝（台区总表电量－用户售电量）/台区总表电量×100％

两台及以上变压器低压侧并联，或低压联络开关并联运行的，可将所有并联运行变压器视为一个台区单元统计线损率。

4. 辅助指标

（1）母线电能不平衡率。

变电站母线输入与输出电量之差称为不平衡电量，不平衡电量与输入电量比率为母线电能不平衡率。该指标反映了电能平衡情况。

$$母线电能不平衡率＝（输入电量－输出电量）/输入电量×100％$$

（2）三相负荷不平衡率＝$(I_{max}－I_{av})/I_{av}×100％$。

式中　I_{max}——最大相负荷电流；

　　　I_{av}——均衡负荷电流。

5. 办公用电

办公用电是指供电企业在生产经营过程中，为完成配电、售电等生产经营行为而必须发生的电能消耗，电能所有权并未发生转移，包括县供电公司办公楼乡镇供电所办公

楼、供电（营业）所等办公用电，不包括供电企业基建技改工程施工用电。

6. 分线、分台区管理比例

是指以线路或台区为单元开展线损管理的情况。分线管理比例按照电压等级进行分别统计。

某一电压等级分线管理比例＝该电压等级进行线损管理的线路条数/该电压等级线路总条数×100％

分台区管理比例＝按台区进行线损率统计分析管理的个数/台区总数×100％

二、技术降损

（一）制定年度节能降损的技术措施计划

乡镇供电所每年要提出中低压电网节能降损技术措施报县供电公司，县供电公司每年要汇总各乡镇供电所节能降损方面的意见，制定年度节能降损技术措施计划，在年度生产技改、大修项目中标注清楚，纳入年度综合计划，待计划下达后组织实施。县供电公司应优先安排实施投资少、工期短、降损节电效果显著的工程项目。

（二）中低压电网规划建设

中低压电网规划建设时，要将节能降损作为技术经济分析的重要内容纳入其中，应尽量减少主干线中的电流密度，缩短各分支线 T 接点距电源的距离，做到提前分流，避免近电远送和迂回供电，使农村低压线路供电半径≤0.5km。更换低压旧线路时应优先考虑更换线路主干线靠近电源的部分。对供电半径超长的配变台区，应考虑增加布点来缩小供电半径，将原来一台配变上的用户合理分成两部分，分别由两台小容量配变供电，既可提高用户电压质量，又能降低线路损耗。

（三）合理选择导线截面

要按经济电流密度和电压损失、机械强度等综合因素合理选择导线截面，由于导线截面越大，功率损耗和电能损耗越小，但单线路投资和耗用有色金属却增多，因此要综合考虑各方面因素，要合理选择导线截面。中低压电网改造时要优先考虑更换电压损耗和功率损耗大且严重超载的旧线路，主要更换线路主干线靠近电源的部分。

（四）提高配变负荷率，减少配变空载损耗

农村配电台区的设置，应选在负荷中心，坚持多布点、小容量、短半径的原则，应及时停运空载变压器。要及时停运空载配电变压器，特别是排灌变压器要实行跟踪管理，一经进入非排灌季节没有负荷时，要立即退出运行。避免空载运行造成空载损耗。对于农村公用负荷配电变压器，由于一年中除一定时间的高峰负荷，长时间处于低负荷运行，

因此可采用调容配电变压器，当负荷较大时变压器调在大容量运行，负荷低于40％时可调至小容量运行，可有效解决"大马拉小车"问题，降低配变损耗。淘汰高耗能配电变压器，合理选择配电变压器容量，提高配电变压器负载率。农村配电变压器要尽量使用节能型，由于卷铁芯配电变压器具有空载电流小、空载损耗低且运行维护简单等优点，节能效果很好。在路灯用电量较大的地区供电上可采用非晶合金配电变压器，节能效果更加明显。为了保证负荷利用率，选择配变容量时不宜太大，配电变压器容载比一般为1.5～2。

（五）调整农村低压电网三相负荷平衡

乡镇供电所要每天监测用电信息采集系统，根据系统中配电变压器台区三相负荷电流分配情况，查找不平衡率超过或接近15％的配电变压器台区，乡镇供电所运检技术员制定调平方案和措施，台区经理根据调平方案和措施现场调整三相负荷。调整农村低压电网三相负荷平衡时，不仅要注意均衡分配用户数，更要注意用电户的用电量和用电性质，因为用电性质不同，每天不同时段上的用电情况也不相同，而用电量的大小将直接影响三相负荷的平衡率，通常要对用电户分成用电量较大户、用电量一般户、用电量较小户、副业户、小商业户等，再根据用电户的用电量和用电性质均衡地分配到三相配电线路上。三相负荷电流不平衡率计算公式如下：

$$\beta = (I_{max} - I_{av})/I_{av} \times 100\%$$

式中　I_{max}——最大相负荷电流；

　　　I_{av}——均衡负荷电流。

（六）采用低压无功补偿，提高配网功率因数

1. 低压电网无功补偿原则

坚持随器补偿、随机补偿、用户集中补偿和线路集中补偿相结合的原则，实现无功分层、分区就地平衡。开展无功电压优化控制，加强无功补偿设备的运行管理，改善电压质量，降低电能损耗。对于5kW及以上电动机、经常在轻载工况下运行的电动机、供电线路较长且末端电动机启动困难的应进行随机补偿，随机补偿电容器与电动机同步投切，电容器的补偿容量约为电机额定容量的20％～30％。对于农村居民家庭工业用电负荷增长较快的村庄，均采用家用分户无功补偿的办法，即可以提高电动机端电压，还能增加电动机的出力。对于农村排灌用电，由于其季节性用电的特点，应广泛开展在排灌用电机井旁安装电容器，补偿电容器与抽水电机同步投切，既保证了电动机端电压在合格范围内，又提高了抽水电泵的出力，补偿效果非常明显。考虑到农村配电变压器的负荷率和平均负载率较低，因此对于新上或改造的配电台区，在规划设计时必须考虑进行随器无功补偿，但补偿容量不宜过大，因补偿容量过大会造成当配电变压器轻载或空

载时出现过补偿，向系统倒送无功，既减少了电源侧的有功出力，又浪费了电容器的设备投资。

2. 低压电网无功补偿装置安装技术要求

电容器（组）的连接电线应根据允许的载流量选取，电线的载流量可按下述确定：单台电容器为其额定电流的1.5倍；集中补偿为总电容电流的1.3倍；室内安装的电容器（组），应有良好的通风条件，使电容器由于热损耗产生的热量，能以对流和辐射散发出来。室外安装的电容器（组），其安装位置，应尽量减少电容器受阳光照射的面积。当采用中性点绝缘的星形连接组时，相间电容器的电容差不应超过三相平均电容值的5%。集中补偿的电容器组，宜安装在电容器柜内分层布置，下层电容器的底部对地面距离不应小于300mm，上层电容器连线对柜顶不应小于200mm，电容器外壳之间的净距不宜小于100mm（成套电容器装置除外）。电容器的额定电压与低压电力网的额定电压相同时，应将电容器的外壳和支架接地。当电容器的额定电压低于电力网的额定电压时，应将每相电容器的支架绝缘，且绝缘等级应和电力网的额定电压相匹配。

3. 低压电网无功补偿装置运行维护

乡镇供电所运检技术员要建立乡镇供电所管辖区域内的电容器台账，每月编制《乡镇供电所电容器运行巡视工作计划》，组织台区经理完成《电容器运行巡视工作计划》。台区经理根据《电容器运行巡视工作计划》对乡镇供电所管辖区域内的电容器运行情况进行定期巡视检查，检查电容器是否有过热现象，瓷套管是否有松动和发热，有无放电痕迹，电容器有无异常声音，电容器放电回路是否异常，接地线是否牢固可靠，电容器保护运行是否正常，运行中连接线的各部接点是否牢固可靠。台区经理应加强电容器的运行管理，发现设备缺陷和异常应及时统计上报给乡镇供电所运检技术员，由乡镇供电所运检技术员安排消除缺陷工作计划，组织台区经理对电容器缺陷进行停电消除。对于台区经理不能消除的电容器缺陷，乡镇供电所应汇报县供电公司，有县供电公司通知检修单位或电容器厂家对电容器进行消缺，对于已经损坏的电容器由县供电公司提出更换计划，县供电公司分管领导审核批准后进行更换。台区经理应经常保持电容器表面无油垢和灰尘，对运行中的电容器发现温度过高、着火冒烟、箱壳膨胀及渗漏油严重等异常情况时应尽快将其退出运行。对于异步电动机群的集中补偿应采取防止功率因数角超前和产生自励过电压的措施。台区经理对新上或增容低压电力客户电容器配置进行审查把关，要求客户按照负荷变动及时调整无功出力，防止无功电力向系统倒送。台区经理应定期检查电力客户功率因数，根据客户功率因数完成情况及时进行分析，并指导客户制定整改措施。

（七）加强计量管理，降低计量表计损失

1. 电能计量装置运行与维护

县供电公司营销部应每年制定计划将技术性能差的电能表更换为智能电能表，实现智能电能表全覆盖100％。县供电公司营销部根据低压电能计量装置运行档案、规程规定的轮换周期、抽样方案和地理、工作量等情况，制定《月度低压电能计量表轮换与抽检计划》和《年度低压电能计量表周期轮换计划》，组织乡镇供电所实施并监督执行。县供电公司营销部应加强低压电能计量装置轮换计划的管理，不断提高低压电能表现场校验质量，确保运行低压电能计量装置的周期轮换率达到100％。为保证低压电能计量装置运行正常，配电营业班班长要根据《低压电能计量装置运行巡视维护工作计划》和《乡镇供电所低压客户电能表计轮换工作计划》，填写派工单，安排台区经理对低压电能计量装置进行巡视维护和低压客户电能表计轮换装、拆工作。乡镇供电所要加强台区经理对电能表计的巡视与维护，发现电能表外部破损、密封不严要及时修复，对电能表计量不正确要进行轮换，对超过校验周期的电能表要及时检修校验。及时拆除已终止用电户的电量表计，避免电能表空载损耗。检查运行的低压电能计量装置封印完好，不被人为损坏，低压电能表箱完好无损，低压电能表箱锁具没有损坏。台区经理在巡视过程中发现电能计量装置缺陷及异常故障时，应做好记录汇报乡镇供电所，对于计量装置缺陷及异常台区经理可以处理的，由乡镇供电所安排台区经理填写计量装置缺陷及异常故障处理工作单并到现场进行处理。如果不能处理时乡镇供电所应及时通知县供电公司营销部进行处理。对造成的电量差错，乡镇供电所应认真调查、认定，分清责任，提出防范措施，并根据有关规定进行差错电量的追、退。周期轮换低压电能计量装置时台区经理应持有乡镇供电所开具的工作单，认真核对拆除和轮换的低压电能计量装置的资产号，旧电能计量装置拆除时应将拆除表码和TA倍率抄录至工作单相应位置，并将新表表码和TA倍率抄录至工作单相应位置，核对无误，客户签字后，进行现场加封。凡经常落雷地区安装的电能计量装置，乡镇供电所应组织台区经理在其进线处装设避雷装置。

2. 新投运电能计量装置

乡镇供电所在进行低压业扩工程计量方式的确定时，要采用智能电能表，在确定电能计量表计的安装地点时，要尽量考虑周围的运行环境，电能计量装置必须具备可靠的防窃电技术措施。县供电公司营销部应积极推广使用性能优良的电能计量装置，指导乡镇供电所推广使用感应式长寿命技术电能表、智能电能表。

3. 临时用电计量

加强临时用电的抄、核、收管理，对临时用电要及时落户，用电结束后，要及时进行抄表，严格按用电性质和用电类别进行结算和收费。杜绝临时用电中出现"关系电、人情

电"，确保临时用电电量的正确统计。

4. 加强电能计量装置"三封一锁"管理

乡镇供电所要检查电能表表箱的防雨和干燥通风良好。在多雷区和雷电活动强烈区，安装防雷设施，保护电能表免遭雷击。开展计量表箱治理达标工作，组织乡镇供电所台区经理逐村、逐台区检查计量表箱运行状况。对运行环境较差，表箱壳体及箱门损坏、施工工艺差的表箱进行更换。对损坏的表箱锁进行及时更换，乡镇供电所要由专人负责封印的发放和领用，台区经理要定期检查电能表封印完好无损，确保电能计量装置"三封一锁"使用率、完好率100％，有效减少窃电发生。

三、管理降损

（1）县供电公司负责组织各乡镇供电所营销服务员开展低压线损专业的学习和技术培训，使乡镇供电所营销服务员掌握同期线损系统应用，掌握基本的农村低压电网降损节电规划和降损节电措施。掌握低压线损统计分析技巧，了解低压线损理论计算方法，负责制定低压线损奖惩办法和线损率计划指标，并按月检查考核。乡镇供电所营销服务员负责对台区经理低压线损管理工作进行检查指导培训，督促台区经理完成乡镇供电所低压线损计划指标。乡镇供电所营销服务员根据每个低压台区理论线损值，再考虑影响低压线损技术、管理等方面的因素，制定低压线损计划指标，将乡镇供电所低压线损指标分解到台区经理，在对乡镇供电所线损完成情况进行考核时，由过去单一线损率的统计考核变为线损率、线损小指标完成情况，降损措施落实情况，线损流程执行完成情况的综合检查考核，使检查考核内容进一步量化、细化、深化。

（2）乡镇供电所应坚持"依法治电、反防结合"的方针，不断深化低压线损管理，及时更新维护基础资料信息库，落实线损管理职责分工，充分运用营销自动采集信息化手段实现对用户用电在线监测，加大反窃电工作力度。积极开展防窃电措施的研究和推广，利用高科技手段进行防窃电管理。乡镇供电所必须加强用电管理工作，加强营业管理岗位责任制，减少内部责任差错。为防止窃电和违章用电，要坚持开展经常性的用电检查，加强打击窃电力度，及时发现由于管理来善所产生的电量损失，以降低管理线损。严格同步抄表管理，实行高压、低压计量表同步抄表，尽量消除因抄表时间差出现的线损波动。

（3）所有客户的抄表例日应予固定，不得随意变更，对于例日调整预计影响低压线损率同比波动，须会报上级部门批准后方可执行。积极利用用电信息采集系统按照规定的抄表例日进行抄表，对未采集的电能表当天处理后制定抄表例日进行抄表，严禁手工录入表码，确保电能表实抄率 100％、到位率 100％，抄表正确率 100％。乡镇供电所营销服务员利用用电信息采集系统对台区线损进行分析，发现异常客户应及时安排台区经理进行现场检查。保证线损指标的完成。

四、线损分析

（一）线损分析主要内容

在乡镇供电所定期开展低压线损分析工作是为了能够反映低压电网的网络结构、设备技术状况、用电构成及节能降损管理水平等方面的特点，乡镇供电所必须每月开展低压线损统计和分析工作。乡镇供电所低压线损统计分析应分台区进行，分别与其相应的低压线路计算值进行比较，掌握低压线损电量组成，找出低压电网电能损耗的薄弱环节，为制定正确的降损措施提供依据。每月初由乡镇供电所营销服务员对台区经理线损率指标完成情况和上月降损措施计划的完成情况进行通报。分析实际线损与计划、同期及理论线损相比波动情况。必须对查处窃电或纠正计量、营业差错追补电量对线损造成的影响进行分析。要及时分析因季节和气候变化带来负荷变化，造成对线损的影响。要对计量装置故障或计量差错引起的线损变化进行分析。要对乡镇供电所所用电量增加或减少引起的线损变化进行分析。要对低压电网改造后线损发生的变化进行分析。要对线损率高、线路电量大和线损率突变量大的环节进行重点分析。要对低压台区线损管理小指标完成情况进行分析，要对低压线损分析报告进行评议，总结低压线损管理工作经验，提出对台区经理考核意见，制定台区经理下月降损措施计划。由乡镇供电所营销服务员负责线损分析会议记录的整理和降损措施计划的监督落实，会议记录应包括会议时间、参会人员、分析人、分析内容、上月降损措施计划的完成情况、下月降损措施计划以及台区经理对于线损管理工作中的建议和意见。

（二）线损分析模板

1. 低压线损率指标

乡镇供电所××月份低压线损率××，同比降低××个百分点。供电量××万 kWh，售电量××万 kWh，线损电量××kWh。

2. 台区低压线损率超指标计划值情况

乡镇供电所××月份共管辖××个台区，××村低压线损率××，××村低压线损率××，××村低压线损率××等×个台区低压线损率指标均超过指标计划值。其余××个台区低压线损率都在指标计划值范围之内。

3. 超指标计划值情况分析

（1）××台区由于用户电量采集不稳定，造成台区线损偏大。

（2）××台区因台区表计对应关系错误，造成××个台区线损超 10％，××个台区线损出现负线损。

（3）××台区地处山区，用户居住四散，供电半径大、线径小，故线路损耗偏大。

（4）××台区线损偏高，在线路末端有一个企业用户，容量××千瓦，功率因数较低只有××，造成无功电流增大，末端电压较低，线路损耗偏大。

（5）××台区线损偏高，发现××用户违约用电，造成台区线损偏高。

（6）××台区线损偏高，发现××用户表计烧坏停走（表计接线错误、表计已新装运行而未走营销系统流程等原因）。

（7）××台区出现负线损，发现公变终端接线错误或公变终端故障。

（8）××台区线损过大或过小，主要原因为该区域用户抄表时间发现调整，或公变终端抄表时间与用户抄表时间不同步。

（9）其他原因分析。

（三）节能降损工作措施

（1）用电信息采集系统运维人员对公变终端和低压采集数据完整率进行跟踪监控，发现故障应及时修复，防止数据采集失败。

（2）对××台区表计未对应的，××责任人应重新核对台区表计对应关系，对跨台区的用户要及时调整。

（3）对××台区低压线路进行改造，导线由原××型号调换为××型号，供电半径由原××m 缩短为××m，降低线路自然损耗。

（4）对××台区下企业用户进行无功检测，对功率因数低企业要求用户安装无功补偿装置，同时实现分散补偿和集中补偿相结合，根据台区功率因数情况，在线路合适位置加装自动无功补偿装置，提高台区功率因数。

（5）对××台区用户开展一次用电检查，应用用电信息采集系统重点检查窃电、漏表、表计故障用户。

（6）对新装用户要及时安装采集器，以避免电量未采集引起线损增大。

（四）线损分析实例［实例 2-32］

［实例 2-32］

源河头乡镇供电所台区低压线损分析会议记录

时间	2019 年 8 月 9 日	地点	3 楼培训室
主持人	金×	记录人	英××

参加人员（签名）	金××、英××、姬××、李××、张××、孙×、谭××、朱××、薛××、贾××、陈××、段××、柴××、宋××、赵××、秦×、闫××、岳××、吴××、钱×、郑××、郭××、霍××、高×、卜××、姬×、董××共27人。
分析主题	7月份台区低压线损分析

一、低压线损率指标

乡镇供电所7月份低压线损率3.42%，同比降低0.02个百分点。供电量468.2万kWh，售电量453.35万kWh，线损电量14.9万kWh。

二、台区低压线损率超指标计划值情况

乡镇供电所7月份共管辖60个台区，西罗村低压线损率6.19%，古楼村低压线损率6.72%，2个台区低压线损率指标均超过指标计划值。其余58个台区低压线损率都在指标计划值范围之内。

三、超指标计划值情况分析

1. 古楼村低压线损率高的原因是古楼村附近建设高铁，古楼村部分居民客户拆迁，古楼村用电台区部分电力设施属于拆迁范围，拆迁过程中造成数据线被砸断，数据采集不到出现电量漏计情况，使得日线损不稳定、不正确，古楼村低压线损率波动较大，造成古楼村低压线损率超过指标计划值。

2. 西罗村低压线损率高的原因是西罗村7号计量电能表箱门没有关严，大风雷雨天气将计量电能表箱门刮开，雨水进入7号计量电能表箱，致使采集终端异常造成表码数据采集不到，低压线损统计电量错误。西罗村16号计量电能表箱破损，大风雷雨天气使雨水进入16号计量电能表箱，致使采集终端异常造成表码数据采集有误，低压线损统计电量错误。由于两个计量电能表箱存在缺陷造成西罗村低压线损率超过指标计划值。

四、节能降损工作措施

1. 针对古楼村低压线损率高的问题，乡镇供电所组织台区经理对高铁建设周边台区居民客户拆迁情况开展一次全面摸底检查，检查中发现数据线被砸断的应立即组织台区经理现场处理。对于居民客户还没有拆迁但即将拆迁的要做好与施工单位的对接，乡镇供电所提前掌握拆迁户与用电户的现状，提前做好拆迁户与用电户的通信隔离，杜绝再次出现拆迁过程中砸断数据线情况，防止数据采集不到出现电量漏计情况发生。

加大责任人考核力度，对连续三天内采集不到的客户，按绩效考核细则进行考核。

2. 8月份进入雨天，计量电能表箱进出线孔封堵不严密会造成雨水进入表箱，可能引起采集终端异常，根据台区经理网格化服务管理分工，乡镇供电所营销服务员组织台区经理对乡镇供电所管辖的台区进行全面细致检查，对计量电能表箱进出线孔封堵不严密的做好记录，由乡镇供电所统一安排台区经理进行现场封堵，由乡镇供电所营销服务员验收对计量电能表箱进出线孔封堵，确保计量电能表箱进出线孔封堵严密。

3. 计量电能表箱门关闭不严或损坏也会造成雨水进入表箱，可能引起采集终端异常，根据台区经理网格化服务管理分工，乡镇供电所营销服务员组织台区经理对乡镇供电所管辖的台区进行全面细致检查，对计量电能表箱门关闭不严或损坏的做好记录，结合表箱改造计划，由乡镇供电所统一安排台区经理进行现场更换，对于计量电能表箱缺锁的由乡镇供电所台区经理从乡镇供电所领用新锁具及时进行现场更换。由乡镇供电所营销服务员对计量电能表箱更换质量进行现场验收，确保计量电能表箱更换质量合格，满足现场计量电能表箱"三封一锁"要求，确保完整率100%。

五、同期线损

（一）台区线损数据真实性检查

（1）通过用电信息采集系统对台区线损数据真实性进行检查，重点对台区客户挂接关系、台区关口计量装置、换表电量、用户档案（倍率等）、停用台区关口或用户仍有电量、人为调整台区线损模型配置、合并台区（垃圾台区）等方面进行核查，以杜绝发生档案缺失及人为调整线损数据，造成台区线损合格率指标失真的情况。

（2）用电信息采集系统抽取月度线损率在1%～9%合格区间内，月末10天内日线损不合格的台区明细，分析是否存在人为调整线损数据以达到月线损合格的情况。

（3）查询营销系统和用采系统，对换表台区电能表换表数据（含换表止码）与换表当日日冻结表码进行比对，检查是否存在录错换表起止码的情况。

（4）导出明细台区近日电能表电压、电流数据分析比对，分析是否存在电压为 0，电压低于 198V，电流小于等于 0 的表计，分析是否存在错接线、故障表计等情况。

（5）查询营销系统、用电信息采集系统台区关口计量点电流、电压互感器变比与综合倍率等信息，比对是否存在不一致，检查台区关口表计是否运行正常。

（6）将营销系统、用电信息采集系统导出明细台区客户档案，进行比对，重点查看近 3 个月反复调整客户电源档案的台区数据。分析被检查单位是否存在人为调整客户档案，以达到月度线损合格的情况。

（二）台区异常数据治理检查

1. 客户档案挂接异常核查

通过客户档案挂接关系的核查，梳理客户挂接档案、理清营配贯通户变，完成台区供出电量参与线损计算值归真，实现台区线损准确计算。当用电信息采集系统客户档案出现错误（户变关系不一致），可采用以下方法进行检查：

（1）用电信息采集系统抽取同一终端下电能表分属不同台区的表计明细；

（2）营销系统抽取同一计量箱内电能表分属不同台区的表计明细；

（3）营销系统本年度电能表台区电源档案调整超过 2 次的电能表；

（4）用电信息采集系统抽取运行台区的客户档案数量与营销系统台区客户档案数量一致性核对；

（5）台区停电核对台区档案，查询台区考核总表与台区低压客户低压表停复电时间是否一致。

2. 低压客户中性线电流与相线电流出现异常核查

通过对低压客户零火线电量数据分析，核查是否存在低压中性线、相线接错，造成表计计量不准确，导致台区线损计算供入供出电量与实际用电值不一致，可采用以下方法进行检查：

（1）用电信息采集系统抽取最近 10 天反向表码持续走字明细；

（2）用电信息采集系统抽取台区三相电能表电压 24 点曲线数据，三相四线表计筛选出零相电压大于 50V，三相电压大于 235V 明细；

（3）用电信息采集系统抽取低压客户中性线、相线电流差值超过 0.5A 的电能表明细，组织人员现场核实电流存在差值原因，并制定整改计划，消除低压中性线、相线串线的异常。重点检查同一表计中性线、相线是否接反，不同表计中性线、相线是否接错，是否存在电能表公用零线。

3. 电能表采集示数异常核查

通过电能表采集示数异常核查，分析电能表是否存在采集故障、电能表终端是否存在上传数据异常，造成台区线损计算电量发生偏差。可采用以下方法进行检查：

（1）用电信息采集系统抽取最近 10 天的电能表计正、反向电量示值，比对电能表采集正、反向电能示值上传数据是否存在紊乱；

（2）用电信息采集系统电能表总示值与尖峰平谷差值大于 0.5 的电能表明细；

（3）用电信息采集系统抽取总示值与尖峰平谷一致，但尖峰平谷某一项不为零，其他为零。

4. 台区计量装置电压电流异常核查

通过台区计量装置电压电流异常数据核查，判定电能表是否存在错接线、失压断相等异常，导致现场实际用电量与采集用电量出现差值，以及用电信息采集系统线损计算不准确和电量丢失。检查重点：电能表失压断流和电能表错接线异常。可采用以下方法进行检查：

从用电信息采集系统抽取台区电能表电压、电流的 24 点曲线数据，选取负荷较大的时间点进行筛查，分电压异常、电流异常进行筛选，其中电压异常分析筛选出电压为 0V、电压小于 198V 或电压大于 235V 的明细，电流异常分析筛选出电流为负值的总表明细。

六、查窃电

为了有效遏制个别地区低压线路上"挂灯笼"窃电，可以在这些地区采用平行集束导线。定期不定期地开展营业普查，乡镇供电所组织台区经理开展夜间检查、突击检查、重点检查和嫌疑检查，以堵塞营业漏洞。对于农村公用场所的用电设施全部装表计费，针对广播站放大器、光扩机等用电设备，乡镇供电所对广播站的用电设备安装计量表计。为了有效遏制窃电行为，把低压台区线损率降到合理范围，乡镇供电所首先要做好防窃电宣传，通过当地有线电视、广播、板报、宣传栏、标语等多种媒体，广泛宣传有关的法律知识和案例，提高村民的法律意识和依法用电的自觉性。其次要强化防窃电的措施，使意欲窃电者无可乘之机，台区经理按照线损管理职责分工到位，压力到位。在窃电较为严重的低压台区中，采用在低压线路大分支处加装电能表，缩小计量、统计和普查范围。对防窃电功能差的用电户，要重点对计量设备进行有效封堵。按照乡镇供电所查窃电工作计划，乡镇供电所每年、每季、每月组织台区经理进行现场检查，通过查现场、查台账、查表计、查表箱等项目，杜绝低压台区的窃电现象。县供电公司应不断提高乡镇供电所台区经理的业务素质和专业技术水平，通过多种手段掌握用户的用电情况，准确及时发现窃电现象并能快速处理。对乡镇供电所应加强营业普查和用电稽查力度，乡镇供电所要与地方警力积极做好沟通、配合，有条件的可与地方公安联合成立电力公安派出所，由公安人员与电力检查人员联合对窃电行为实行打击和处理，在惩处窃电者本人的同时，对潜在的窃电者可起到一定的震慑作用，也教育了周边群众，使窃电者"不敢"以身试法。

第九节 用电检查管理

一、用电检查

用电检查分为定期检查、专项检查和特殊性检查，其中定期检查可以与专项检查相结合。

（一）定期检查

根据规定的检查时间与电力客户安全用电实际情况，确定电力客户的检查时间，编制用电检查计划，并按照用电检查计划开展检查工作。

1. 电力客户定期检查时间

（1）高供高计高压的电力客户，每年至少检查一次。

（2）100kW（kVA）及以上电力客户（不含高供高计电力客户）每两年至少检查一次。

（3）重要及高危电力客户，每3个月至少检查一次。

2. 定期检查内容

（1）基本情况。重点核对电力客户名称、地址、主管单位、联系人、用电负责人、电话、邮政编码、受电电源、电气设备的主接线、设备编号、主要设备参数（如：变压器容量、电力电容器容量、互感器变比等）。非网自备电源的连接、容量等情况。生产班次、主要生产工艺流程、负荷构成和负荷变化情况。

（2）设备情况。检查电力客户电气设备的各种联锁装置的可靠性和防止反送电的安全措施。检查电力客户操作电源系统的完好性。督促电力客户对国家明令淘汰的设备和小于电网短路容量要求的设备进行更新改造。核实上次检查时发现电力客户设备缺陷的处理情况和其他需要采取改进措施的落实情况。检查电能计量装置及采集终端运行情况，检查计量配置是否完好、合理。

（3）安全运行管理情况。检查电力客户用电设备安全运行情况。检查防雷设备和接地系统是否符合要求。检查受电端电能质量，电力客户是否针对冲击性、非线性、非对称性负荷，采取了相应的检测、治理措施。检查电力客户变电站防小动物、防雨雪、防火、防触电等安全防护措施是否到位。安全工器具、消防器材、备品备件是否齐全合格、存放是否整齐、使用是否正确。检查电力客户对反事故措施的落实情况。

（4）规范用电情况。检查法律法规执行情况。检查供用电合同及有关协议履行和变更情况。检查电力客户是否违约用电。检查电力客户有无窃电行为。收集电力客户的建议和意见。

3. 定期检查结果处理

经现场检查确认电力客户的设备状况、电工作业行为、运行管理等方面有不符合安全规定的，用电检查人员应开具用电检查结果通知书或违约用电、窃电通知书一式两份，一份送达电力客户由电力客户代表签收，一份存档备查。现场检查确认有危害供用电安全或扰乱供用电秩序行为的，用电检查人员按照有关规定进行处理。如果现场检查确认有窃电行为的，用电检查人员应当场中止对其供电。如果用电检查人员现场检查发现存在电价执行错误的，应详细记录现场情况，开具用电检查结果通知书，按照改类管理要求进行处理。如果用电检查人员现场检查发现存在计量异常，应按照计量装置故障管理要求处理。如果电力客户拒绝接受用电检查人员按规定处理的，用电检查人员可按规定程序停止供电，并请求电力管理部门依法处理，或向司法机关起诉，依法追究其法律责任。用电检查人员应及时收集、整理定期检查书面资料，包括用电检查结果通知书、违约用电通知书、窃电通知书、电力客户用电事故调查报告、电力客户用电事故整改意见单等资料及时归档。

（二）专项检查

指每年春、秋季安全检查及根据工作需要安排的专业性检查。检查的重点是电力客户受电装置的防雷等"四防"检查、电气设备绝缘情况检查、过负荷检查、事故检查、继电保护及自动装置检查以及针对电力客户用电异常情况，每年必须开展春、秋季安全检查。专项检查内容由保电检查和季节性检查两类：

1. 保电检查

各级政府组织的大型政治活动、大型集会、庆祝娱乐活动及其他大型专项工作安排的活动，需确保供电的，应对相应范围内的电力客户进行专门用电检查。

2. 季节性检查

按每年季节性的变化，对电力客户设备进行安全检查，检查内容包括：

（1）防污检查：检查重污秽区电力客户反污措施的落实，推广防污新技术，督促电力客户改善电气设备绝缘质量，防止污闪事故发生。

（2）防雷检查：在雷雨季节到来之前，检查电力客户设备的接地系统、避雷针、避雷器等设施的安全完好性。

（3）防汛检查：汛期到来之前，检查所辖区域电力客户防洪电气设备的检修、预试工作是否落实，电源是否可靠，防汛的组织措施及技术措施是否完善。

（4）防冻检查：冬季到来之前，检查电力客户电气设备、消防设备防冻等情况。

（5）事故性检查：电力客户发生电气事故后，除进行事故调查和分析并汇报有关部门外，还要对电力客户设备进行一次全面、系统的检查。

（6）经营性检查：当电费均价、线损、功率因数、分类用电比率及电费等出现大的波动或异常时，配合其他有关部门进行现场检查。

（7）营业普查：组织有关部门集中一段时间在较大范围内核对用电营业基础资料。对电力客户履行供用电合同的情况及无违章用电、窃电行为进行检查。

（三）特殊性检查

特殊性检查是指因重要保电任务或其他需要而开展的用电安全检查。

二、营销稽查计划管理

营销稽查工作是供电企业规范业务管理、防范服务风险、维护合法权益、提高企业效益效率的重要手段。乡镇供电所应充分认识营销稽查工作的重要性和紧迫性，每年乡镇供电所应根据上级营销稽查重点工作任务，由乡镇供电所所长与营销服务员、综合班班长、配电营业班班长共同讨论，结合乡镇供电所日常工作，针对影响营销服务管理提升、制约营销服务创新发展的诸多问题，制定乡镇供电所营销稽查工作计划，全面提升乡镇供电所"内稽外查"效率和效果。以下列举 2019 年鼓楼乡镇供电所营销稽查工作计划（见［实例 2-33］）：

［实例 2-33］

2019 年鼓楼乡镇供电所营销稽查工作计划

序号	营销稽查项目	营销稽查内容	责任人	完成时间	备注
1	线上办电	开展线上预受理资料审查、流程及时发起等核查工作	营销服务员、综合柜员	每月	
2	客户信息	核查用电客户资料内容是否齐全、是否有空白项，核查用电客户档案资料是否与营销系统中的信息一致	营销服务员、综合柜员	12 月 20 日	
		开展客户实名认证、联系方式、证照信息、行业分类等准确性核查工作，提高客户基础档案准确性	营销服务员、综合柜员	每月	
3	业扩报装	通过营销系统中在途和归档工单进度查询，并结合现场，查看业扩现场进度与系统是否同步，是否存在体外流转情况	营销服务员、综合柜员、台区经理	每月	
		对新上用电客户的供用电合同开展稽查工作	营销服务员、综合柜员	每月	

序号	营销稽查项目	营销稽查内容	责任人	完成时间	备注
4	电费电价	开展垫付电费、电费虚假实收、预收串户结算、一户一策执行稽查工作	营销服务员、综合柜员	每月	
		开展居民分时电价、新能源电价稽查工作	营销服务员、综合柜员、台区经理	每月	
		开展远程自动抄表应用、手工录入表码、连续两个抄表周期未抄表、电能表电量积压稽查工作	营销服务员、综合柜员	每月	
5	营配贯通	现场随机抽查 20 个台区，抽检箱-表关系、户-变关系是否一致	营销服务员、台区经理	11 月 30 日	
6	线损管理	检查用电信息采集系统内有供无售、无供有售、无供无售有损耗等台区线损情况，并完成现场检查	营销服务员、综合柜员、台区经理	每月	
		导出低压中性线、相线电流不一致电能表明细进行分析，并完成现场检查	营销服务员、综合柜员、台区经理	每月	
7	系统账号	开展账号实名制、一人多号、多人一号、临时账号等稽查工作	营销服务员、综合柜员、台区经理	每月	
8	计量装置	抽取当月所有更换表计的营销录入示数与旧表采集系统最后一次采集示数，比对用户日用电量	营销服务员、综合柜员	每月	
9	反窃电及违约用电	开展反窃电及违约用电查处宣传活动	营销服务员、台区经理	3 月 31 日	
		定期巡视检查运行电能计量表计及表箱，对损坏的表箱及表箱挂锁应重点进行检查，判明是否有窃电行为	台区经理	每月	
		通过用电信息采集系统数据进行检查分析，凡低压台区线损率在 10% 以上的高损异常台区组织台区经理进行突击性查窃电	营销服务员、台区经理	每月	
		通过用电信息采集系统数据进行检查分析，凡低压台区线损率在 0 以下的负损异常台区组织台区经理进行突击性查窃电	营销服务员、台区经理	每月	
		通过用电信息采集系统数据进行检查分析，对长期零电量用户客户进行逐户排查	营销服务员、台区经理	每月	
		检查电能计量表计是否存在伪造封印、破坏封印的现象	台区经理	11 月 30 日	
		对乡镇供电所管辖台区的有线电视、网络通信、交通信号灯等用电客户进行全面核查，检查是否存在未装表用电的情况	台区经理	5 月 31 日	
		对临时用电客户的电能表进行现场检查，检查电能表是否存在长时间不走字	台区经理	每月	
		对 10kV 暂停期间用户进行检查，是否存在私自拆封违约用电现象	台区经理	每月	

三、反窃电及违约用电的常态化管理

　　每年乡镇供电所要定期组织开展反窃电及违约用电查处专项行动，使此项行动常态化、制度化。乡镇供电所营销服务员要根据不同地区、不同季节、不同行业的用电需求和用电特征，有针对性地开展反窃电及违约用电专项查处行动，巩固完善警企联动工作机制，针对窃电案件，配合做好公安部门的侦查工作。对窃电频发小区和台区乡镇供电所应安排台区经理进行重点监控，严防出现区域性窃电蔓延趋势。加强供电企业员工及关联人员的用电检查，严肃查处员工窃电和内外勾结窃电等案件。乡镇供电所要根据上级工作安排每年开展反窃电及违约用电查处宣传活动，通过广播等各种传统媒体和微信、网站等新兴自媒体，广泛宣传电能保护相关法律法规，切实增强社会公众"电能是商品""窃电即犯罪"等意识。在窃电案件频发的电力线路、小区和台区，乡镇供电所台区经理要以宣传单、折页等方式，宣传窃电及违约用电惩处案例，提高社会公众知法、守法意识。乡镇供电所要落实县供电公司关于窃电及违约用电举报奖励办法，切实发挥奖励机制作用，鼓励群众提供窃电及违约用电线索，提升公检法部门反窃电的效率和力度。对于在反窃电及违约用电检查中取得成效的乡镇供电所员工应给予奖励，真正激发乡镇供电所员工在反窃电及查处违约用电工作中的积极性和主动性。乡镇供电所应深化反窃电预警分析应用，进一步完善窃电及违约用电大数据分析、派工、核实、反馈、评价的闭环处理机制，实现疑似窃电及违约用电工单的线上流转。根据现场核查结果、计量在线监测、台区线损分析，以及电量追补、用电异常等系统数据，持续优化完善预警分析模型，不断提升数据分析准确率。持续开展窃电新技术、新方法、新案例、新经验的提炼整理，促进反窃电工作与时俱进。乡镇供电所员工要定期参加省计量中心反窃电实验室、反窃电仿真培训、反窃电技能实操、反窃电典型场景展示和反窃电技术培训，乡镇供电所要结合乡镇供电所实训基地的培训设施开展反窃电及违约用电检查现场培训，开展营销稽查和反窃电专业大讲堂，选拔典型案例在乡镇供电所进行推广。乡镇供电所应培育一支营销稽查和反窃电专家团队，为乡镇供电所高效开展营销稽查和反窃电工作开展提供支持。

四、违约用电查处

（一）名词解释

　　违约用电：是指凡是危害供用电安全、扰乱正常供用电秩序的行为，均属于违约用电行为。供电企业对查获的违约用电行为应及时予以制止。

（二）违约用电查处工作流程

　　（1）供电企业用电检查人员实施现场检查时，用电检查人员的人数不得少于两人。

（2）执行用电检查任务前，用电检查人员应按规定填写《用电检查派工单》（见表 2-5），经审核批准后，方能赴电力客户执行查电任务。查电工作终结后，用电检查人员应将《用电检查派工单》交回存档。《用电检查派工单》内容应包括：电力客户单位名称、用电检查人员姓名、检查项目及内容、检查日期、检查结果，以及电力客户代表签字等栏目。

（3）用电检查人员在执行查电任务时，应向被检查的电力客户出示《用电检查证》，电力客户不得拒绝检查，并应派员随同配合检查。

（4）经现场检查确认电力客户的设备状况、电工作业行为、运行管理等方面有不符合安全规定的，或者在电力使用上有明显违反国家有关规定的，用电检查人员应开具《违章用电、窃电通知书》（见表 2-6）一式两份，一份送达电力客户并由电力客户代表签收，一份存档备查。

（5）现场检查确认有危害供用电安全或扰乱供用电秩序行为的，用电检查人员应按下列规定，在现场予以制止。拒绝接受供电企业按规定处理的，可按国家规定的程序停止供电，并请求电力管理部门依法处理，或向司法机关起诉，依法追究其法律责任。

（6）现场检查确认有窃电行为的，用电检查人员应当场予以中止供电，制止其侵害，并按规定追补电费和加收电费。拒绝接受处理的，应报请电力管理部门依法给予行政处罚。情节严重，违反治安管理处罚规定的，由公安机关依法予以治安处罚。构成犯罪的，由司法机关依法追究刑事责任。

表 2-5　　　　　　　　　　　　　　用电检查派工单

单位：　　　　　　　　　　　　　编号：

班组		工作负责人		
用电检查人员			共　　人	
计划工作时间	自　　年　月　日　时　分 至　　年　月　日　时　分止	工作地点		
工作任务				
任务派发人		工作性质		

现场设备运行情况及安全注意事项：

工作完成情况简要说明或其他事项交代：

表 2-6   **违约用电、窃电通知书**

编号：

户名：   户号：

您单位（或个人）经用电检查人员检查，存在以下违约用电（或窃电）行为。

根据国家有关规定，请贵单位于　　年　　月　　日前到　　　　　　　　补缴电费并缴纳违约使用电费，逾期不办，将追缴滞纳金，并依法处理。

电力客户（签字或盖章）：   检查人：

联系电话：   联系电话：

                                              年　月　日

注：通知书一式两份，客户签字后留存。

（三）违约用电证据获取的方法

当用电检查人员发现违约用电行为时，稽查人员应保护现场，并提取和收集有关证据，对窃电事件处理时应报警，需求公安机关协助取证。主要方法有：

（1）拍照。

（2）摄像。

（3）录音。

（4）损坏的用电计量装置的查封提取。

（5）伪造或者开启加封的用电计量装置封印查封收集。

（6）使用计量装置不准的查封收缴。

（7）在用电计量装置上遗留的窃电痕迹的提取及保护。

（8）经当事人签名的现场勘验笔录、调查笔录等。

《违约用电、窃电通知书》要详细写明电力客户所违反规定的具体条款和对电力客户的现场处理情况，并写明到××××部门的具体处理时间，经双方签字后一式两份，电力客户和检查单位各持一份。

（四）违约用电承担责任

乡镇供电所对查获的违约用电行为应及时予以制止。有下列违约用电行为者，应承担其相应的违约责任：

（1）在电价低的供电线路上，擅自接用电价高的用电设备或私自改变用电类别的，应按实际使用日期补交其差额电费，并承担二倍差额电费的违约使用电费。使用起讫日期难以确定的，实际使用时间按三个月计算。

（2）私自超过合同约定的容量用电的，除应拆除私增容设备外，属于两部制电价的电力客户，应补交私增设备容量使用月数的基本电费，并承担三倍私增容量基本电费的违约使用电费。其他电力客户应承担私增容量每千瓦（千伏安）50元的违约使用电费。如电力客户要求继续使用者，按新装增容办理手续。

（3）擅自超过计划分配的用电指标的，应承担高峰超用电力每次每千瓦1元和超用电量与现行电价电费5倍的违约使用电费。

（4）擅自使用已在供电企业办理暂停手续的电力设备或启用供电企业封存的电力设备的，应停用违约使用的设备。属于两部制电价的电力客户，应补交擅自使用或启用封存设备容量和使用月数的基本电费，并承担二倍补交基本电费的违约使用电费。其他电力客户应承担擅自使用或启用封存设备容量每次每千瓦（千伏安）30元的违约使用电费。启用属于私增容被封存的设备的，违约使用者还应承担本条第（2）项规定的违约责任。

（5）私自迁移、更动和擅自操作供电企业的用电计量装置、电力负荷管理装置、供电设施以及约定由供电企业调度的电力客户受电设备者，属于居民电力客户的，应承担每次500元的违约使用电费。属于其他电力客户的，应承担每次5000元的违约使用电费。

（6）未经供电企业同意，擅自引入（供出）电源或将备用电源和其他电源私自并网的，除当即拆除接线外，应承担其引入（供出）或并网电源容量每千瓦（千伏安）500元的违约使用电费。

（五）违约用电处理

1. 确定检查电力客户名单

根据稽查、检查、抄表、电能量采集、计量现场处理、线损管理、举报处理等工作中发现的涉及违约用电的嫌疑信息，用电检查人员确定需要检查的电力客户，部署工作任务进行现场调查取证。

2. 调查取证

用电检查人员依据已掌握的违约用电异常信息，组织人员赴现场检查调查取证。如果有必要，应提前通知地方公安等部门协助调查，并做好记录。违约用电现场调查取证内容：

（1）封存和提取违约使用的电气设备、现场核实违约用电负荷及其用电性质。

（2）采取现场拍照、摄像、录音等手段。

（3）收集违约用电的相关信息。

3. 违约用电通知书

如果确定为违约用电行为，用电检查人员根据调查取证的结果，按照《电力法》和

《供电营业规则》的有关规定，开具违约用电通知书一式两份，经用电客户当事人或法人授权代理人签字后，一份交用电客户，一份由用电检查员存档备查。如果电力客户拒不签字，一个工作日内将取证记录报送电力管理部门。

4. 确定处理方式

用电检查人员根据调查取证的情况，形成初步的违约用电处理意见。用电检查人员根据调查取证的结果，按照违约用电处理的有关规定，针对客户的违约用电行为确定处理方式，填写违约用电处理工作单（见表2-7）。

5. 电费追缴

用电检查人员核定电力客户的追补电费及违约使用电费，经上级审核、审批核定的窃电金额追补电费及违约使用电费后，发行追补电费、违约使用电费，产生应收电费，并通知客户违约处理情况。营业人员收取发行的追补电费、违约使用电费，并出具凭证。

表 2-7　　　　　　　　　违约用电、窃电处理工作单

编号：违窃字　第　　号　　年　月　日　　　　　　　档号：违窃字第　　号

户名		联系人		户号	
用电地址		联系电话		邮政编码	
检查情况		调查情况	1. 性质： 2. 违约或窃电方式： 3. 违约或窃电容量： 4. 违约或窃电时间： 5. 是否停电： 6. 带回窃电工具：		
		见证人：	责任当事人：		检查人：
处理情况	1. 追补电量： 　计算公式： 2. 追补电费： 　计算公式： 3. 追补违约使用电费： 　计算公式： 4. 共计：　　　元 　经办人：　　　审查人：		计量专责人意见： 签字：　　　年　月　日		
			电价专责人意见： 签字：　　　年　月　日		
			单位领导意见： 签约：　　　年　月　日		
主管部门意见： 签字：　　　年　月　日					
领导审批意见 签字：　　　年　月　日					

五、窃电查处

（一）窃电行为

有下列行为者均属于窃电行为：

（1）在供电企业的供电设施上，擅自接线用电。

（2）绕越供电企业用电计量装置用电。

（3）伪造或者开启供电企业加封的用电计量装置封印用电。

（4）故意损坏供电企业用电计量装置。

（5）故意使供电企业用电计量装置不准或者失效。

（6）采用其他方法窃电。

（二）窃电类型

常见窃电的五种类型：

（1）欠压法窃电。

（2）欠流法窃电。

（3）移相法窃电。

（4）扩差法窃电。

（5）无表法窃电。

（三）检查窃电的方法

（1）直观检查法。

（2）电量检查法。

（3）仪表检查法。

（4）经济分析法。

（四）窃电承担责任

（1）在供电企业的供电设施上，擅自接线用电的，所窃电量按私接设备额定容量（千伏安视同千瓦）乘以实际使用时间计算确定。

（2）以其他行为窃电的，所窃电量按计费电能表标定电流值（对装有限流器的，按限流器整定电流值）所指的容量（千伏安视同千瓦）乘以实际窃用的时间计算确定。窃电时间无法查明时，窃电日数至少以一百八十天计算。每日窃电时间：电力客户按 12 小时计算。照明电力客户按 6 小时计算。

（五）窃电处理

1. 确定检查电力客户名单

根据稽查、检查、用电信息采集、计量现场处理、线损管理、举报处理等工作中发现的涉及窃电的嫌疑信息，用电检查人员确定需要检查的电力客户，部署工作任务进行现场调查取证。

2. 调查取证

用电检查人员依据已掌握的窃电异常信息，组织人员赴现场检查调查取证。如果有必要，应提前通知地方公安等部门协助调查，并做好记录。窃电现场调查取证内容：

（1）现场封存或提取损坏的电能计量装置，保全窃电痕迹，收集伪造或开启的加封计量装置的封印。收缴窃电工具。

（2）采取现场拍照、摄像、录音等手段。

（3）收集用电客户产品、产量、产值统计和产品单耗数据。

（4）收集专业试验、专项技术检定结论材料。

（5）收集窃电设备容量、窃电时间等相关信息。

3. 窃电通知书

如果确定为窃电行为，用电检查人员根据调查取证的结果，按照《电力法》和《供电营业规则》的有关规定，开具窃电通知书一式两份，经用电客户当事人或法人授权代理人签字后，一份交用电客户，一份由用电检查员存档备查。如果电力客户拒不签字，一个工作日内将取证记录报送电力管理部门。对拒绝承担窃电责任的，应报请电力管理部门依法处理。窃电者拒绝接受处理或窃电数额巨大的，转交司法机关窃电立案，依法追究其行政、刑事责任。

4. 确定处理方式

用电检查人员根据调查取证的情况，形成初步的窃电处理意见。用电检查人员根据调查取证的结果，按照窃电处理的有关规定，针对客户的窃电行为确定处理方式，填写窃电处理工作单。

5. 电费追缴

用电检查人员核定电力客户的追补电费及违约使用电费，经上级审核、审批核定的窃电金额追补电费及违约使用电费后，发行追补电费、违约使用电费，产生应收电费，并通知客户违约处理情况。营业人员收取发行的追补电费、违约使用电费，并出具凭证。

6. 窃电立案、结案处理

用电检查人员应将情节严重的窃电行为上报单位领导审核，经批准后通过县供电公司向司法机关报案。县供电公司向司法机关提供窃电者窃取的电量和应缴纳的电费数额。县供电公司协助司法机关提供电力客户窃电证据，现场调查取证相关信息，向司法机关完成立案所需信息。司法机关结案后，县供电公司及时获取司法机关结案的相关信息，信息包括：审判结果，结案时间，窃电客户应交的补收电费及违约使用电费金额。

六、停电及恢复供电

（一）停电

用电检查人员确认违约用电、窃电事实，需要对客户中止供电的，用电检查人员提出违约用电、窃电停电申请。县供电公司营销部主任审核批准停电申请，重要电力客户的停电申请必须上报公司领导批准。县供电公司在窃电、违约用电处理环节实施停电流程。用电检查人员根据规定的程序和要求，向电力客户通知停电送达停电通知书。供电公司组织相关人员实施停电工作，完成资料归档。

（二）恢复供电

县供电公司营业人员收取电力客户补收电费、电力客户违约使用电费后，分别建立电力客户的实收信息。对停电原因消除结清相关费用的电力客户，用电检查人员提出复电申请，经县供电公司营销部主任审核批准复电申请后，用电检查人员根据复电流程，实施恢复送电工作，用电检查人员收集、整理违约用电、窃电书面资料，包括违约用电通知书、窃电通知书、缴费通知单，归档保管。

第十节　电费电价管理

一、抄表管理

（一）抄表周期

乡镇供电所台区经理要严格按照上级规定的抄表周期和抄表例日对电力客户进行抄表。抄表数据原则上必须是抄表例日当日 0 时用电计量装置冻结数据。应严格通过远程自动化抄录用电计量装置记录的数据，严禁违章抄表作业，不得估抄、漏抄、错抄。电力客户的抄表周期为每月一次。对高耗能高污染及产业过剩、存在关停导致风险的企业、经营状况差、存在欠费记录或列入社会征信体系黑名单实施联合惩戒的企业，以及临时用电的电力客户，按国家有关规定或合同约定实行购电制、分次结算、电费担保、电费抵押等方式防范回收风险。抄表周期变更时，应履行审批手续，并事前告知相关电力客户。因抄表周期变更对居民阶梯电费计算等带来影响的，应按相关要求处理。

（二）抄表段设置

抄表段设置应遵循抄表效率最高的原则，综合考虑电力客户类型、抄表周期、抄表例日、地理分布、便于线损管理等因素。抄表段一经设置，应相对固定。调整抄表段应不影响相关电力客户正常的电费计算。新建、调整、注销抄表段，须履行审批手续。存在共用变压器的电力客户、存在转供电关系的电力客户以及发用电关联的电力客户应设在同一抄表段。新装电力客户应在归档当月编入抄表段，注销电力客户应在下一抄表计划发起前撤出抄表段。

（三）抄表计划

制定抄表计划应综合考虑抄表周期、抄表例日、抄表现场作业人员、抄表工作量及抄表区域的计划停电等情况。抄表计划全部制定完成后，应检查抄表段或电力客户是否有遗漏。采集未覆盖区域，现场抄表作业人员应定期轮换抄表区域，同一抄表作业人员对同一抄表段的抄表时间最长不得超过三年。抄表计划不得擅自变更。因特殊情况不能按计划抄表的，应履行审批手续。对高压电力客户不能按计划抄表的，应事先告知电力客户。抄表计划制定、抄表数据准备、远程抄表等环节由系统自动实现。台区经理在抄表例日当日核查是否存在特殊原因而未制定计划的抄表段，并及时进行手工制定抄表计划。

（四）表计异常处理

乡镇供电所台区经理现场作业时，如果发现表计损坏、停走、倒走、飞走、采集示数与现场不符等异常情况，应使用现场作业终端录入异常现象并发起换表流程，并进行相应处理。乡镇供电所台区经理现场作业时，如果发现窃电、表位移动、高价低接、用电性质变化等违约用电现象时，在现场第一时间做好相应的记录。乡镇供电所台区经理在现场作业时不得自行处理和惊动电力客户，应及时与用电检查人员联系，待公司有关人员到达现场配合检查取证后方可离开，如仍有抄表工作未完成应先完成抄表工作。

（五）现场补抄注意事项

乡镇供电所台区经理现场补抄应严格遵循采集运维现场作业规范和安全工作规程要求，补抄时，应认真核对电力客户电能表箱位、表位、表号、倍率等信息，检查电能计量装置运行是否正常，封印是否完好。对新装及用电变更电力客户，应核对并确认用电容量、最大需量、电能表参数、互感器参数等信息，做好核对记录。采用现场作业终端（或抄表机）抄表的，应在现场完成数据核对工作。当抄见数据与现场电能表显示的示数不符时，应暂以现场电能表显示的示数完成抄表，并及时报办相关部门。乡镇供电所台区经理现场补抄工作要注意与带电设备保持规定的安全距离，不得操作电力客户用电设备。如需登高时，必须采取安全防护措施。抄表过程中应加强自我防护意识，防止意外伤害，并严格遵守交通安全法规。人工读取电能表示数时尽量通过红外唤醒电表屏显，避免开启计量箱（柜）门。需要入户抄表的，认真执行现场服务规范，应出示工作证件，遵守电力客户的出入制度。补抄应通过现场作业终端（或抄表机）进行。当抄表例日无法正确抄录数据时，可使用抄表例日前一日采集冻结数据或当前数据用于电费结算。不允许手工录入，特殊情况下需要手工录入的，应上传详实佐证材料，佐证材料包括现场表计示数照片等。抄表示数上传后 24 小时内，应按抄表数据审核规则，完成全部审核工作，对自动抄表数据失败、数据异常的应立即发起补抄和异常处理，特殊原因当天来不及到现场补抄的，应在第二天完成补抄，抄表数据核对无误后，在规定时限内将流程传递至下一环节。

（六）抄表质量检查

乡镇供电所台区经理要定期开展抄表质量检查，对于新接电电力客户应在两个抄表周期内进行现场核对抄表。发现数据异常，立即处理。针对连续三个抄表周期的零度电能表，乡镇供电所台区经理应重点通过远程进行召测分析，对于分析发现异常的应及时消缺处理，无法确认的异常应到现场核实后处理。对于连续出现三个抄表周期采集失败（手工抄表）的电力客户，乡镇供电所应安排网格化服务区域内的台区经理对抄表示数进行复核。对实行远程自动采集抄表方式的电力客户，乡镇供电所应定期安排网格化服务区域内的台区经理进行现场核抄。对于存在总分表的电力客户，乡镇供电所应安排网格化服务区域内的台区经理对总表、分表示数进行核查，如出现分表电量大于总表电量的情况，应立即安排现场核查。乡镇供电所应安排网格化服务区域内的台区经理通过采集系统相关功能模块定期对采集示数进行核对检查，发现异常立即安排现场核查。抄表例日三天前由采集运维人员进行采集质量检查，对发现采集失败的应在两天内完成现场消缺。对所有用电行为均应纳入抄表管理。对于临时用电，对于单点容量小、安装分布广、持续用电的有线电视、网络通信、交通信号灯、移动基站等用户，具备装表条件的必须装表计量，确实不具备装表条件的，纳入协议定量户专项管理，签订供用电协议，明确设备数量、设备容量、定量电量等内容，按期算量算费。

二、电费收交管理

（1）乡镇供电所要严格做到准确、全额、按期收交电费，按照财务制度规定开具电费发票及相应收费凭证。任何单位和个人不得随意减免应收电费。电费发行后，电量电费信息应及时以电子账单方式或其他与电力客户约定的方式告知电力客户。账单内容包括本期电量电费信息、交费方式、交费时间、服务电话及网站等。

（2）采用智能交费业务方式的，乡镇供电所应根据平等自愿原则，与电力客户协商签订协议，条款中应包括电费测算规则、测算频度，预警阈值、停电阈值，预警、取消预警及通知方式，停电、复电及通知方式，通知方式变更，有关责任及免责条款等内容。

（3）采用（预）购电交费方式的，乡镇供电所应与电力客户签订（预）购电协议，明确双方权利和义务。协议内容应包括购电方式、预警方式、跳闸方式、联系方式、违约责任等。实行分次划拨电费的，每月电费划拨次数一般不少于三次，具体电费划拨次数、划拨金额经双方协商后在合同（协议）中确定，于抄表例日统一结算。实行分次结算电费的，每月应按协议约定的次数和抄表时间，按时抄表后进行电费结算。

（4）采用柜台收费方式时，乡镇供电所营业厅综合柜员应核对户号、户名、地址等信息，告知电力客户电费金额及收费明细，避免错收，收费后应主动向电力客户提供收费票据。电力客户同时采取现金、支票与汇票支付一笔电费的，应分别进行账务处理。乡镇供电所营业厅综合柜员严格按照电力客户实际交费方式在营销系统中进行收费操作，确保系统中收费方式、实收金额与实际一致。

（5）采用自助终端收费方式时，乡镇供电所营业厅综合柜员应每日对自助交费终端收取的现金进行日终解款。每日对充值卡和银行卡在自助终端交费的数据进行对账并及时处理单边账。电力客户在自助终端交费成功后乡镇供电所营业厅综合柜员应向其提供交费凭证。

（6）应逐步取消走收。确因地区偏远等原因造成电力客户交费困难的，乡镇供电所可安排台区经理使用手持终端上门收费。现场收费时，收费人员应执行现场服务规范，出示工作证件，注意做好人身及资金安全工作，必要时两人前往。收取电力客户电费时，应注意核对电力客户信息，避免错交电费，收费后立即通过手持终端销账并打印票据给电力客户。乡镇供电所要实施多元化交费，在统筹考虑本地区特点和电力客户群体差异的基础上，做好原有网点坐收、银行代扣代收等行之有效的交费方式外，应利用网络信息技术、先进支付手段，拓展95598网站、电费网银、电e宝、第三方支付等新型交费渠道，加大电子化及社会化交费推广力度。

（7）电费收取应做到日清日结，乡镇供电所收费人员每日将现金交款单、银行进账单、当日实收电费汇总表传递至电费账务人员。每日必须进行现金盘点，做到日清日结，按日编制现金盘点表。乡镇供电所营业厅综合柜员每日收取的现金及支票应当日解交银行，由专人负责每日解款工作并落实保安措施，确保解款安全。当日解款后收取的现金及支票应做好台账记录，统一封包存入专用保险柜，于下一工作日解缴银行。如遇双休日、节假日，则顺延至下一个工作日。收取现金时，应当面点清并验明真伪。收取支票时，应仔细检查票面金额、日期及印鉴等是否清晰正确。电力客户实交电费金额大于电力客户应交电费金额时，应征得电力客户同意后可作预收电费处理。严格区分电费资金和个人钱款，严禁截留、挪用、侵吞、非法划转、混用电费资金，严禁乡镇供电所工作人员利用信用卡还款周期滞留电费资金或套取现金。收费网点应安装监控和报警系统，将收费作业全过程纳入监控范围。

三、电费核算管理

电量电费核算应认真细致。乡镇供电所应对新装电力客户、变更电力客户、电能计量装置参数变化的电力客户，其业务流程处理完毕后的首次电量电费计算（或试算），高压应逐户审核、低压应抽查典型电力客户。对电量明显异常及各类特殊供电方式（如多电源、转供电等）的电力客户应每月重点审核。在电价政策调整、数据编码变更、营销业务应用系统程序修改及故障检修等事件发生后，应进行大规模或单户模拟电费试算，并对各电价类别、各电压等级的电力客户进行重点抽查审核，审核电力客户计费参数等档案资料是否正确，发现影响电费正确计算的应及时反馈相关部门处理，杜绝正式环境、正常结算时电费差错产生。抄表数据复核结束后，一般应在一个工作日内完成电量电费审核工作。

四、电费催交管理

加强欠费停电管理，严格按照国家规定的程序对欠费电力客户实施欠费停电措施。对未签订智能交费协议的电力客户，停电通知书须按规定履行审批程序，在停电前三至七天内送达电力客户，可采取电力客户签收或公证等多种有效方式送达，并在电力客户用电现场显著位置张贴，拍照留存上传至营销业务应用系统。对重要电力客户的停电，应将停电通知书报送同级电力管理部门，在停电前通过录音电话等方式再通知电力客户，方可在通知规定时间实施停电。对欠费电力客户应有明细档案，按规定的程序催交电费。电费催交通知书、停电通知书应由专人审核、专档管理。电费催交通知书内容应包括催交电费年月、欠费金额及违约金、交费时限、交费方式及地点等。停电通知书内容应包括催交电费日期、欠费金额及违约金、停电原因、停电时间等。鼓励采用电话、短信、微信等电子化催交方式。现场发放停电通知书应通过现场作业终端等设备拍照上传，做好取证留存工作。智能交费电力客户根据协议约定，当可用余额低于预警值时，应通知电力客户及时交费。停电操作前，应再次核对电力客户当前是否欠费以及停电通知送达情况，确认无误后执行停电操作。欠费停电操作不得擅自扩大范围或更改时间。电力客户结清电费及违约金后，应在 24 个小时内恢复供电，如特殊原因不能恢复供电的，应向电力客户说明原因。

五、电费回收率

（1）计算公式：当月电费回收率＝实际收款金额/应收金额×100％。

（2）由于市场对电力需求形式的不断变化及企业用电客户自身生存环境的恶化，使得部分高能耗、农排用电、小企业用户甚至部分大型企业用户都可能存在一定交费风险，电费回收工作遇到了新的压力和困难。为了加强电费回收工作，乡镇供电所要认真落实电费回收责任制，明确责任，分级管理、责任到人，形成了从所长到"三员"再到电费回收具体责任人三级电费回收预警控制目标体系。加大对电费回收方式的宣传，加强电费风险防范，采取多种方式催收电费，制定和审核电费工作计划，与新装用户签订供用电合同，开展电费回收风险预警工作，抄表，信息采集，电费核算，收费，催费，停、复电处理。乡镇供电所要加大对电费回收率的考核，每月对电费回收工作进行分析评价，统计电费回收率指标，将电费回收率指标与台区经理和综合柜员绩效挂钩，每月进行考核兑现，每月召开乡镇供电所营销服务分析会，及时分析电费回收中出现的问题，总结经验教训，制定整改措施加以落实。

第十一节　"两票"管理

一、工作票管理

（一）低压第一种工作票的填写

填写低压第一种工作票要使用统一标准格式填写，应一式两联，两联低压第一种工作票编号相同。手工填写的低压第一种工作票要用蓝色或黑色的钢笔或圆珠笔填写。填写低压第一种工作票应对照低压、线路设备接线图，填写内容要与现场设备的名称和编号相符，并使用设备双重名称。计算机打印低压第一种工作票要使用统一标准格式，低压第一种工作票正文采用宋体、四号、黑色字。计算机打印的低压第一种工作票也应一式两联，两联工作票编号相同。工作票有破损不能继续使用时，应补填新的工作票。

1. 工作票签发人填写低压第一种工作票的要求

（1）工作单位及班组。

填写完成低压第一种工作票上所列工作的班组及主管单位的名称，几个工作班组合用一张工作票时，要写明全部工作班组名称，例如：××乡镇供电所配电营业一班、配电营业二班。

（2）工作负责人。

填写带领全体工作人员安全完成低压第一种工作票上所列工作任务的总负责人，低压第一种工作票中除注明外均由工作负责人填写，但工作负责人不得签发工作票。一个工作负责人只能发给一张低压第一种工作票。工作负责人应由乡镇供电所所长、"三员"、台区经理担任。填写的工作负责人必须是县供电公司批准且以文件形式公布的工作负责人。

（3）工作班成员。

应填写参与该工作的全体工作班成员的姓名（不包含民工或临时工），共几人不包括工作负责人在内的所有工作人员总数。单一班组工作时，填写全部工作人员的姓名。两个及以上工作班组合用一张工作票时，只写明各工作班组名称和对应班组工作负责人姓名，不必将工作班成员姓名一一填入，共几人包括工作负责人在内的所有工作人员总数，例如：××班组×××、××班组×××等共××人。

（4）停电线路、设备名称（双回线路应注明双重称号）。

单回线路应写明停电线路名称及所属的配电台区或配电室名称，例如：××村××号配电室××线。若系同杆架设多回线路，应填写停电线路的双重称号，即线路名称、左线或右线（面向杆号增加的方向，在左边的线路称为左线，在右边的线路称为右线）、上线或下线的称号（在上层布置的线路称为上线，在下层布置的线路称为下线），低压设备的名称、编号也应注明。

（5）工作地段（注明分、支线路名称，线路起止杆号）。

应填写施工范围内的地段，即线路上两端装设接地线以内的地段，既要写明停电低压设备所属配电台区或配电室名称又要写明线路杆号或设备编号。工作地段为干线全部工作时，只填写该线路名称即可，对已停电干线的分、支线名称可不必填写，例如"××村××配电室××线全线停电工作"。工作地段为干线的部分地段时，应填写干线停电工作部分两端装设接地线的起止杆号，本地段内所连接的分、支线名称可不填写，例如"××村××配电室××线××号杆至××号杆线路停电工作"。干线不停电，工作地段是一条分、支线路时，应填干线名称及分、支线的名称和停电部分的起、止杆号。干线不停电，工作地段为一条分、支线上的部分地段时，应填写干线名称及分、支线的名称和停电部分的起、止杆号和工作设备的名称，例如"××村××号配电室××线××号杆引接的××号电能表箱"。对于配电室内的工作，应填写配电设备的名称和编号，例如"××村××号配电室××线××配电盘"。

（6）工作任务。

应明确填写所进行的工作任务，并写明停电低压设备所属配电台区的配电室名称。对一些有明确规定的项目，只填写该项目的名称即可，不必详细填写具体内容。例如低压线路或低压电气设备的清扫、检修、试验、安装、拆除、更换等项目。例如：××村××号配电室××线×号杆东侧边相绝缘子更换。对于低压电气第一种工作票，以一个电气连接部分为限，如果同一地点同时停送电则允许在几个电气连接部分共用一张工作票。

（7）应采取的安全措施（应断开的开关、刀开关、熔断器和应挂的接地线，应设置的围栏、标示牌等）。

1）填写需要配电室中低压电气设备采取的安全措施，包括拉开可能来电的所有开关（或交流接触器）、刀开关、熔断器等，例如：断开××村××号配电室××线××开关，断开××村××号配电室××线××刀开关，并检查××村××号配电室××线××刀开关三相确已明显断开，取下××村××号配电室××线××熔断器等。

2）填写在低压线路或低压电气设备上装设的接地线，例如：在××村××号配电室××线××刀开关负荷侧验电确无电压后，在××村××号配电室××线××刀开关负荷侧装设×号接地线。在××村××号配电室××线×号杆电源侧验电确无电压后，在××村××号配电室××线×号杆电源侧装设×号接地线。

3）填写配电室门锁住，门锁钥匙由工作许可人保管等。

4）填写安全标示牌的情况有①一经合闸即可送电到工作地点的开关、刀开关。已停用的设备，一经合闸即可启动并造成人身触电危险、设备损坏，或引起总剩余电流动作保护器动作的开关、刀开关。一经合闸会使两个电源系统并列，或引起反送电的开关、刀开关操作把手上悬挂"禁止合闸，有人工作！"安全标示牌。②运行设备周围的固定遮栏上，检修、施工地段附近带电设备的遮栏上，电气施工禁止通过的过道遮栏上，低压设备做耐压试验的周围遮栏上，配电室外工作地点的围栏上，配电室外架构上，工作地点临近带电设备的横梁上悬挂"止步，有电危险！"安全标示牌。③工作人员或其他人员可能误登的电杆或配电变压器的台架，距离线路或变压器较近，有可能误攀登建筑物的场所悬挂"禁止攀登，有电危险！"。严禁在低压熔断器上悬挂标示牌。例如：①应在××村××号配电室××线××刀开关把手上悬挂"禁止合闸，有人工作！"标示牌。②应在××村××号配电室××线配电盘遮栏网门上悬挂"止步，有电危险！"标示牌。③应在××线××杆上悬挂"禁止攀登，有电危险！"标示牌。

（8）保留的带电线路和带电设备。

填写在配电室外工作地段平行带电线路、交叉带电线路或其他带电设备的电压等级和名称，填写工作线路与带电线路相邻处的起止杆号，例如：停电的××村××号配电室××线5号杆至6号杆线路与带电的××村××号配电室××线7号杆至8号杆线路交叉跨越。填写工作地段与停电设备相邻的带电设备名称、编号。例如：××村××号配电室××配电变压器，××刀开关、××配电盘母线、××电容器、××熔断器、××线路及所属设备均带电。当断开的设备一侧带电，一侧无电时，该电气设备应视为带电设备并在此栏中注明。例如：××线××刀开关虽已拉开，由于其电源侧带电，所以××线××刀开关应视为带电设备。对于断开的开关，由于开关触头在开关内，无明显断开点，则开关下侧所装熔断器或刀开关同样视为带电设备并在此栏中注明。没有保留的带电线路或带电设备，在此栏中填"无"。

（9）应挂的接地线。

填写由工作班组在检修设备的工作地点（地段）两端导体上悬挂的接地线。凡有可能送电到停电检修设备上的各个方面的线路（包括零线）都要装设接地线。为防止工作地段失去接地线保护，断开引线时，应在断开的引线两侧挂接地线。当运行线路对停电检修的线路或设备产生感应电压而又无法停电时，应在检修的线路或设备上加挂接地线。应挂的接地线此栏填入装设接地线的确切位置（即线路设备和杆塔的名称编号），例如：××线××刀开关负荷侧；××线×号杆电源侧。应挂的接地线此栏填入装设接地线的编号，例如：×号接地线。

（10）补充安全措施。

1）工作负责人填：工作负责人在填写工作票时，在安全措施栏内没有此项内容但要求工作班成员必须注意的安全事项，以及完成此项工作应采取的重大技术措施，应注意的问题等，例如：用吊车立杆，吊臂下严禁站人；新立杆根未夯实前不得登杆；拆除导线前，为防止倒杆，应设临时拉线；为防止跑线伤人，应用紧线钳固定导线等应由工作负责人填写在此栏中。

2）工作票签发人填：填写认为工作票中遗漏的或需要补充的个别项目。如果主要措施填写错误或工作票遗漏较多时，此工作票可直接退回重填。如果工作票签发人认为工作负责人填写的工作票比较完善，此栏可不写。

3）工作许可人填：填写认为工作票中需要补充的个别项目措施和注意事项。

（11）计划工作时间。

对外公布的计划停电时间扣除低压电气设备的操作时间，即是计划工作时间，也就是计划停电时间减去预计操作时间。计划工作时间的填写统一按照公历的年、月、日和24h制填写，例如：自2016年06月15日09时00分至2016年06月15日15时30分。

2. 签发工作票

工作票签发人接到工作负责人填好的低压第一种工作票，认真审查无问题后在一式两联工作票上签名并填入签发时间，签发时间按照公历的年、月、日和24h制填写。对复杂工作或对安全措施有疑问时，应及时到现场进行核查，并在开工前一天把工作票交给工作负责人。工作票签发后，工作票签发人在工作票登记簿上登记。由于工作票应提前一天送交工作许可人，工作票签发必须在工作的前一天签发完。

3. 开工和收工许可

当工作许可人将布置的安全措施和注意事项交代给工作负责人，并由工作负责人核对无误后，工作负责人方可与工作许可人分别在一式两联工作票上签名，工作许可人在一式两联工作票上填写工作开工时间后，工作许可人即可发出许可工作的命令。收工后，工作许可人和工作负责人应分别在一式两联工作票上签名，工作许可人在一式两联工作票上写明工作收工时间。每天开工与收工，均应履行工作票中"开工和收工许可"手续，每天工作结束后工作负责人应将工作票交给工作许可人。次日开工时，工作许可人与工作负责人履行完开工手续后，工作许可人再将工作票交还工作负责人。

4. 工作班成员签名

工作负责人接到工作许可命令后，应向全体工作人员交代工作票中所列工作地段、工作任务、现场安全措施完成情况、带电部位和其他注意事项，并询问是否有疑问，如果工作人员有疑问或没有听清楚，工作负责人有义务向其重申，直到清楚为止。工作班全体成员确认无疑问后，工作班成员应逐一在签名栏填入自己的姓名，工作班成员必须是本人亲自签名，在签名时字迹要工整且一律写全名，任何情况不允许代签。

5. 工作终结

工作许可人接到工作结束的报告后，应会同工作负责人到现场检查验收工作任务完成情况，确认现场已清理完毕，工作人员已全部离开现场，工作现场已无缺陷和遗留物件后，由工作许可人在工作票上填写工作终结时间，工作负责人与工作许可人分别在工作票上签字后，工作票即告终结。工作终结的时间填写统一按照公历的年、月、日和24h制填写。

6. 需记录备案内容（工作负责人填）

填写工作中需要记录备案的情况，如更换工作负责人、工作改期等在得到工作许可人和工作票签发人同意后，应将更换理由、批准人（原工作票签发人）、更换时间、许可人签名、新替换的工作负责人签名等填入此栏。工作中使用的民工人数及带领民工的人员；工作时指定的专责监护人、看守人姓名及任务等也要填入此栏。例如：为防止误登带电杆，在××线×号杆设×××为专责监护人。一个工作班组使用一份工作票在不同地点分组工作时，各小组为了保证安全，工作负责人可以指定各个工作小组的监护人，指定各个工作小组监护人的情况应填入此栏。宣读工作票时"需记录备案内容"栏一并宣读。

7. 附线路走径示意图

为便于填写工作票、审核工作票与考核工作票方便，此栏内应绘出工作线路所属配电台区的配电室、停电线路、工作地段的名称、杆号、实际线路以及工作地段交跨、平行的线路、道路、河流的名称、位置。同时应画出所作安全措施的位置等。如果是在配电设备上工作，应画出配电设备的位置及与该设备连接的上联设备、下联设备的位置和名称。所画示意图应表明方位，线路走径示意图必须与现场实际对应。

8. 低压第一种工作票盖章

（1）"已执行"章和"作废"章应盖在低压第一种工作票的编号上方，一式两联工作票应分别盖章。工作结束后工作负责人从现场带回工作票，向工作票签发人汇报工作情况，并交回工作票，工作票签发人认为无问题后，在一式两联工作票的编号上方分别盖上"已执行"章，然后将工作票收存。

（2）印章规格见表 2-8。

表 2-8 低压第一种工作票印章规格

序号	名称	盖章位置	外围尺寸（mm）	字体	颜色
1	已执行	工作票编号上方	30×15	黑体	红色
2	作废	工作票编号上方	30×15	黑体	红色

（3）印章样式。

1）"已执行"章如图 2-7 所示。

2）"作废"章如图 2-8 所示。

已执行 作废

图 2-7 "已执行"章样式   图 2-8 "作废"章样式

9. 低压第一种工作票的填写注意事项

（1）低压电气第一种工作票的编号由县供电公司统一编号，并在印刷时一并排印，不得手写编号，工作票应一式两联，两联中的一联必须始终保留在工作负责人手中，此联为绿字印制。两联中的另一联必须由工作许可人或低压第一种工作票签发人保存，此联为黑字印制，两联工作票编号相同，使用单位应按编号顺序依次使用，不得出现空号、跳号、重号、错号。低压第一种工作票可以用计算机打印，具体要求可参照低压第二种工作票填写要求。

（2）低压第一种工作票填写的设备术语必须与现场实际相符，填写要字迹工整、清楚，不得任意涂改。如有个别错、漏字需要修改时，应做到被改的字和改后的字清楚可辨。

（3）低压第一种工作票的改动要求。

1）计划工作时间不能涂改。

2）工作票上非关键词的涂改不得超过 3 处，1 处为 3 个字，否则应重新填写工作票。

3）工作票上出现下列关键词错、漏情况时，该工作票予以作废：

（a）开关（交流接触器、低压自动断路器）、刀开关、低压熔断器、电容器、线路杆塔等低压电气设备的名称和编号，接地线安装位置；

（b）断开、装设、取下等操作动词；

（c）安全标示牌名称，如"禁止合闸，有人工作！"等。

（二）低压第二种工作票的填写

填写低压第二种工作票要使用统一标准格式填写，应一式两联，两联低压第二种工作票编号相同。手工填写的低压第二种工作票要用蓝色或黑色的钢笔或圆珠笔填写。填写低压第二种工作票应对照低压、线路设备接线图，填写内容要与现场设备的名称和编号相符，并使用设备双重名称。计算机打印低压第二种工作票要使用统一标准格式，低压第二种工作票正文采用宋体、四号、黑色字。计算机打印的低压第二种工作票也应一式两联，两联工作票编号相同。工作票有破损不能继续使用时，应补填新的工作票。

1. 工作负责人填写低压第二种工作票的要求

（1）工作单位。

填写完成工作票上所列工作的班组及主管单位的名称，几个工作班组合用一张工作票时，要写明全部工作班组名称，例如：××乡镇供电所配电营业一班，××乡镇供电所配电营业二班。

（2）工作负责人。

填写带领全体工作人员安全完成工作票上所列工作任务的总负责人，工作票中除注明外均由工作负责人填写。但工作负责人不得签发工作票。一个工作负责人只能发给一张低压第二种工作票。工作负责人应由乡镇供电所所长"三员"台区经理担任。在低压第二种工作票上填写的工作负责人必须是县供电公司批准且以文件形式公布的工作负责人。

（3）工作班成员。

应填写参与该工作的全体工作班成员的姓名，共几人不包括工作负责人在内的所有工作人员总数。单一班组工作时，填写全部工作人员的姓名。两个及以上工作班组合用一张工作票时，只写明各工作班组名称和对应班组工作负责人姓名，不必将工作班成员姓名一一填入，共几人包括工作负责人在内的所有工作人员总数，例如：××班组×××、××班组×××等共××人。如果工作总负责人兼任一个工作班负责人，除在工作负责人处填写外，还应在工作班成员处填写。

（4）工作任务。

应明确填写所进行工作任务，还应写明带电工作设备所属配电室和配电台区的名称例如：①测量××村××号配电室××线路三相电流数值。②测试××村××号配电室

××线路剩余电流动作保护器等。

（5）工作地点与杆号。

应填写工作现场实际工作位置及设备名称、编号以及工作现场线路名称和杆号，例如：××村××号配电室××线路××开关。

（6）计划工作时间。

填写计划工作时间，时间的填写统一按照公历的年、月、日和24h制填写，例如：自2006年06月15日09时30分至2006年06月15日16时00分。

（7）注意事项（安全措施）。

1）低压间接带电作业需注意的事项和安全措施如下：

进行间接带电作业时，作业范围内电气回路的剩余电流动作保护器必须投入运行。低压间接带电工作时应设专人监护，工作中对监护人的具体要求也要在此栏中写明。工作人员在工作中必须穿着长袖衣服和绝缘鞋、戴绝缘手套，使用有绝缘手柄的工具。在带电的低压配电装置上工作时，应采取防止相间短路和单相接地短路的隔离措施。在紧急情况下，允许用有绝缘柄的钢丝钳断开带电的绝缘照明线。断线时，应分相进行。断开点应在导线固定点的负荷侧。被断开的线头，应用绝缘胶布包扎、固定。带电断开配电盘或接线箱中的电压表和电能表的电压回路时，必须采取防止短路或接地的措施，严禁在电流互感器二次回路中带电工作。

2）带电测量需注意的事项和安全措施如下：

测量电压、电流时，应戴线手套或绝缘手套，手与带电设备的安全距离应保持在100mm以上，人体与带电设备应保持足够的安全距离。电压测量工作，应在较小容量的开关上、熔丝的负荷侧进行，不允许直接在母线上测量。测量配电变压器低压侧线路负荷时，可使用钳形电流表，使用时，应提出防止短路或接地的具体措施。

3）使用钳形电流表需注意的事项和安全措施如下：

使用钳形电流表时，应注意钳形电流表的电压等级和电流值挡位。测量时，应戴绝缘手套，穿绝缘鞋。观测数值时，要特别注意人体与带电设备保持足够的安全距离。测量回路电流时，应选择在有绝缘层的导线上进行测量，同时要与其他带电部分保持安全距离，防止相间短路事故发生。测量中禁止更换电流挡位。测量低压熔断器或水平排列的低压母线电流时，应将熔断器或低压母线用绝缘材料加以相间隔离，以免引起短路。同时应注意不得触及其他带电部分。

4）使用万用表需注意的事项和安全措施如下：

测量时，应确认转换开关、量程、表笔的位置正确。在测量电流或电压时，如果对被测电压、电流值不清楚，应将量程置于最高挡次。不得带电转换量程。测量电阻时，必须将被测回路的电源切断。

2. 工作票签发

（1）工作票签发人（签名）。

工作票签发人接到工作负责人已填好的工作票，应认真审查无问题后，在"工作票签发人"栏中签名并填写签发时间，时间的填写统一按照公历的年、月、日和 24h 制填写。

（2）工作负责人（签名）。

在工作票签发人签名并填写签发工作时间后，工作负责人在一式两联工作票上签名并填写时间，时间的填写统一按照公历年、月、日和工作机制填写。

3. 工作开始完工时间

（1）工作开始时间。工作负责人现场检查工作班成员精神状态良好，确认工作班成员对工作任务无疑问并在工作票上全部签名后，发出工作开始命令，填写工作开始时间并签名。

（2）工作完工时间。工作负责人检查现场工作任务确已完成，工作班成员确已撤离现场，工作现场已无缺陷和遗留物，现场确已清理完毕，填写工作结束时间并签名。

4. 备注

由于低压电气第二种工作票无工作负责人变更，当遇到此种情况时在得到工作票签发人同意后，由工作负责人将情况填入此栏。对于更换工作负责人、在得到工作票签发人同意后，应将更换理由、批准人（原工作票签发人）、更换时间、许可人签名、新替换的工作负责人签名等填入此栏。

5. 工作班成员签名

工作负责人带领工作班人员到达工作现场后，应向全体工作人员交代工作票中所列工作地点、工作任务、安全措施、带电部位和注意事项，并询问是否有疑问，如果工作人员有疑问或没有听清楚，工作负责人有义务向其重申，直到清楚为止。工作班全体成员确认无疑问后，工作班成员应逐一在签名栏填入自己的姓名，工作班成员必须是本人亲自签名，在签名时字迹要工整且一律写全名，任何情况不允许代签。

6. 低压第二种工作票盖章

（1）"已执行"章和"作废"章应盖在低压第二种工作票的编号上方，一式两联工作票应分别盖章。工作结束后工作负责人从现场带回工作票，向工作票签发人汇报工作情况，并交回工作票，工作票签发人认为无问题后，在一式两联工作票的编号上方分别盖上"已执行"章，然后将工作票收存。

（2）印章规格（见表 2-9）。

表 2-9 低压第二种工作票印章规格

序号	名称	盖章位置	外围尺寸（mm）	字体	颜色
1	已执行	工作票编号上方	30×15	黑体	红色
2	作废	工作票编号上方	30×15	黑体	红色

（3）印章样式。

1）"已执行"章如图 2-9 所示。

2）"作废"章如图 2-10 所示。

图 2-9 "已执行"章样式　　　　图 2-10 "作废"章样式

7. 低压第二种工作票的填写注意事项

（1）低压第二种工作票的编号由县供电公司统一编号，并在印刷时一并排印，不得手写编号，工作票应一式两联，两联中的一联必须始终保留在工作负责人手中，此联为绿字印制。两联中的另一联必须由低压第二种工作票签发人保存，此联为黑字印制，两联工作票编号相同，使用单位应按编号顺序依次使用，不得出现空号、跳号、重号、错号。低压第二种工作票的幅面统一用 A4 纸。

（2）低压第二种工作票填写的设备术语必须与现场实际相符，填写要字迹工整、清楚，不得任意涂改。如有个别错、漏字需要修改时，应做到被改的字和改后的字清楚可辨。

（3）低压第二种工作票的改动要求。

1）计划工作时间不能涂改；

2）工作票上所填内容的涂改不得超过 3 处，1 处为 3 个字，否则应重新填写工作票。

（三）低压第一种工作票办理流程

1. 填写低压第一种工作票

可由工作负责人填写低压第一种工作票，对于大型或较复杂的工作，工作负责人填写工作票前应到工作现场进行实地勘查，根据工作现场实际情况制订安全、技术及组织措施。组织措施主要是人员分工情况、组织机构、工作任务及工作进度要求。技术措施主要是制定详细可行的技术实施方案，例如：用吊车还是使用抱杆立杆，使用人工还是使用机械绞磨放紧线等。安全措施的填写除了工作票上所列安全措施外还应注意填写安全注意事项，例如：派人看守交通道口，临近带电设备采取的绝缘隔离措施等。

2. 工作票签发人签发低压第一种工作票

工作负责人填写工作票并审查无误后交工作票签发人审核，工作票签发人审核无误后在一式两联工作票上签名，工作票签发人和工作负责人各持一联工作票，由工作票签发人按照所填内容逐项向工作负责人进行详细交代，工作负责人在认真核对确无问题后，工作票签发人方可将工作票发给工作负责人，此时工作票签发人应对工作票填写内容的正确性负责。发到工作负责人手中的工作票不得超过一份（一式两联工作票）。当工作票签发人对复杂工作或对安全措施有疑问时，应及时到现场进行核查。只有当填写的低压工作票和现场实际相符后，工作票签发人方可签发低压工作票。

3. 送交和接收低压第一种工作票

工作票签发人应将已签发的工作票在开工前一天交给工作负责人，工作负责人在工作的前一天做好检修工作准备，如工器具、材料、设备、技术资料等。工作负责人应将已签发的一式两联工作票在工作前一天送交工作许可人，工作许可人在接收工作票后要做认真审核，认为无问题后再根据工作票所填内容做好第二天的停电准备工作，以便于提前通知用户、填写低压操作票、准备好停电所需的安全工器具。

4. 完成保证安全工作的技术措施

（1）停电。

工作地点需要停电的设备有：施工、检修与试验的设备。工作人员在工作中，正常活动范围边沿与设备带电部位的安全距离小于 0.7m。在停电检修线路的工作中，如与另一带电线路交叉或接近，其安全距离小于 1.0m（10kV 及以下）时，则另一带电回路应停电。工作人员周围临近带电导体且无可靠安全措施的设备。两台配电变压器低压侧共用一个接地体时，其中一台配电变压器低压出线停电检修，另一台配电变压器也必须停电。工作地点需要停电的设备，必须把所有相关电源断开，每处必须有一个明显断开点。断开开关的操作电源，刀开关操作把手必须制动。用户有自备电源或光伏发电设备，必须采取防反送电措施（如加装联锁、闭锁装置等），以防用户自备电源或光伏发电设备在电网停电时间电网反送电。

（2）验电。

在停电设备的各个电源端或停电设备的进出线处，必须用合格的相应电压等级的专用验电笔进行验电。验电前应先在带电设备上进行试验，以验证验电笔是否完好，然后在线路、设备的 U、V、W 三相和中性线导体上，逐相验明确无电压。不得以设备分合位置标示牌的指示、母线电压表指示零位、电源指示灯泡熄灭、电动机不转动、电磁线圈无电磁响声及变压器无响声等，作为判断设备已停电的依据。检修开关、刀开关或熔断器时，应在断口两侧验电。杆上电力线路验电时，应先验下层，后验上层；先验距人体较近的导线，后验距人体较远的导线。

（3）挂接地线。

经验明停电设备两端确无电压后，应立即在检修设备的工作点（段）两端导体上挂接地线。为防止工作地段失去接地线保护，断开引线时，应在断开的引线两侧挂接地线。凡有可能送电到停电检修设备上的各个方面的线路（包括零线）都要挂接地线。在电容器组上工作时，应将电容器逐个多次对地放电后，方可进行。同杆架设的多层电力线路挂接地线时，应先挂下层导线，后挂上层导线；先挂离人体较近的导线（设备），后挂离人体较远的导线（设备）。当运行线路对停电检修的线路或设备产生感应电压而又无法停电时，应在检修的线路或设备上加挂接地线。挂接地线时，必须先将地线的接地端接好，然后再在导线上挂接。拆除接地线的程序与此相反。接地线与接地极的连接要牢固可靠，不准用缠绕方式进行连接，禁止使用短路线或其他导线代替接地线。若设备处无接地网引出线时，可采用临时接地棒接地，接地棒在地下面的深度不得小于0.6m。为了确保操作人员的安全，装、拆接地线时，应使用绝缘棒或戴绝缘手套，人体不得接触接地线或未接地的导体。严禁工作人员或其他人员移动已挂接好的接地线。如需移动时，必须经过工作许可人同意并在工作票上注明。接地线由一根接地段与四根短路段组成。接地线必须采用有透明护套的软铜线，每根戴面不得小于$16mm^2$。严禁使用其他导线作接地线。由单电源供电的照明用户，在户内低压电气设备停电检修时，如果进户线刀开关或熔断器已断开，并将配电箱门锁住，可不挂接地线。

（4）装设遮栏和悬挂标示牌。

1）在下列开关、刀开关的操作手柄上应悬挂"禁止合闸，有人工作！"的标示牌：

a）一经合闸即可送电到工作地点的开关、刀开关；

b）已停用的设备，一经合闸即可启动并造成人身触电危险、设备损坏，或引起总剩余电流动作保护器动作的开关、刀开关；

c）一经合闸会使两个电源系统并列，或引起反送电的开关、刀开关。

2）在以下地点应挂"止步，有电危险！"的标示牌：

a）运行设备周围的固定遮栏上；

b）施工地段附近带电设备的遮栏上；

c) 因电气施工禁止通过的过道遮栏上；

d) 低压设备做耐压试验的周围遮栏上。

3）在以下邻近带电线路设备的场所，应挂"禁止攀登，有电危险！"的标示牌：

a) 工作人员或其他人员可能误登的电杆或配电变压器的台架；

b) 距离线路或变压器较近，有可能误攀登的建筑物。

4）装设的临时遮栏，距低压带电部分的距离应不小于0.2m，户外安装的遮栏高度应不低于1.5m，户内应不低于1.2m。临时装设的遮栏应牢固、可靠。

（5）办理工作许可手续。

工作负责人未接到工作许可人许可工作的命令前，严禁进行任何工作。工作许可人完成工作票所列安全措施后，应立即向工作负责人逐项交代已完成的安全措施。工作许可人还应以手指背触试停电设备，以证明要检修的设备确无电压。对临近工作地点的带电设备部位，应特别交代清楚。当所有安全措施和注意事项交代、核对完毕后，工作许可人和工作负责人应分别在一式两联的工作票上签字，由工作许可人写明工作开工时间，此时，工作许可人即可发出许可工作的命令。若工作票上的停电时间为跨日工作的，每天开工与收工，均应履行工作票中"开工和收工许可"手续，即每日完工，由工作负责人和工作许可人共同在工作票的开工和收工许可栏内签名，由工作许可人在开工和收工许可栏内填写收工时间，然后，工作许可人将工作负责人持有的工作票收回。工作负责人和工作班人员应撤离工作现场，不得进行任何工作。次日开工前，工作许可人与工作负责人到工作现场对照工作票中所列安全措施重新检查，确认安全措施完整无误后，由工作许可人向工作负责人交代安全措施保留的带电部位及其他安全注意事项，当所有安全措施和注意事项交代、核对完毕后，工作许可人和工作负责人应分别在一式两联工作票的开工和收工许可栏上签字，由工作许可人填写工作开工时间后，将一式两联工作票中的一联工作票交给工作负责人，工作负责人方可开始工作。严禁不履行工作许可手续，工作人员就按预先约定的计划停电时间进行工作。因此要严禁约时停电。

（6）工作开工。

工作负责人接到工作许可命令后，应向全体工作人员交代现场安全措施、带电部位和其他注意事项，并询问是否有疑问，工作班全体成员确认无疑问后，工作班每个成员必须在工作票签名栏签名。在工作负责人没有下达开工命令前，工作班成员任何人不得擅自攀登设备进行工作。一个工作负责人只能发给一张工作票。工作票上所列的工作地点，以一个电气连接部分为限，如同一地点同时停送电，则允许在几个电气连接部分共用一张工作票。

（7）工作监护和现场看守。

工作监护人由工作负责人担任，当施工现场用一张工作票分组到不同的地点工作时，各小组监护人可由工作负责人指定。当几个班组合用一份工作票时，各班组的工作负责人为本班组的工作负责人，即工作监护人，工作票中所列的工作负责人是总工作负责人，即总监护人，各班组工作负责人要对总工作负责人负责。工作期间，由于工作人员的活动范围、工作地点有可能发生变化，因此要求工作监护人必须始终在工作现场，对工作人员的工作要认真监护，及时纠正违反安全的行为。工作负责人在工作期间不宜更换，工作负责人如需临时离开现场，则应指定临时工作负责人，并通知工作许可人和全体成员。工作负责人如需长期离开现场，则应办理工作负责人更换手续，更换工作负责人必须经工作票签发人批准，并设法通知全体工作人员和工作许可人，履行工作票交接手续，同时在低压第一种工作票"需记录备案内容"栏或低压第二种工作票"备注"栏内注明。为确保施工安全，工作负责人可指派一人或数人为专责监护人、看守人，在指定地点负责监护、看守任务。监护、看守人员要坚守工作岗位，不得擅离职守，只有得到工作负责人下达"已完成监护、看守任务"命令时，方可离开岗位。专责监护人应由工作班成员担任，看守人可以指派工作班成员担任。

（8）工作延期。

办理工作票延期手续，应在工作票的有效期内，由工作负责人向工作许可人提出申请，得到同意后给予办理。不需要办理许可手续的低压第二种工作票，由工作负责人向工作票签发人提出申请，得到同意后给予办理。

（9）工作终结、验收和恢复送电。

全部工作完毕后，工作人员应清扫、整理现场。在对所进行的工作实施竣工检查和内部验收后，工作负责人方可命令所有工作人员撤离工作地点，防止工作人员将物件遗漏在设备上以至于设备送电时发生事故，由工作负责人向工作许可人报告全部工作结束。工作许可人接到工作结束的报告后，会同工作负责人到现场检查验收工作任务完成情况，检查有无遗漏项目，是否产生新的缺陷，工作质量是否合格，对于验收不合格者，工作票不能终结。经工作许可人与工作负责人验收确无缺陷和遗留的物件且工作质量合格，由工作许可人在工作票上填明工作终结时间，工作许可人与工作负责人双方在工作票上签名，工作票即告终结。工作票终结后，工作许可人即可拆除所有安全措施，然后恢复送电。严禁不履行工作终结制度，由工作许可人按预先约定的时间合闸送电，即严禁约时送电。

（四）低压第二种工作票办理流程

（1）低压第二种工作票的签发、工作许可的办理、工作开工、工作监护、工作终结可参照低压第一种工作票的执行规定。

（2）低压第二种工作票的其他注意事项。

1）进行间接带电作业时，作业范围内电气回路的剩余电流动作保护器必须投入运行，是为了防止作业人员一旦发生触电，剩余电流动作保护器就会动作而切断电源，从而起到保护作业人员的作用，在低压第二种工作票中必须填写间接带电作业前检查剩余电流动作保护器运行正常。

2）在低压间接带电作业中为了防止工作人员的身体直接接触带电部位或通过非绝缘物接触带电部位而造成的人身触电，因此要求工作人员在进行间接带电作业时必须穿着长袖衣服和绝缘鞋、戴绝缘手套，使用有绝缘手柄的工具，即使是在炎热的夏天也不能不穿长袖衣服和绝缘鞋、不戴绝缘手套，为了防止工作人员头部被设备碰撞或触及低压带电设备，作业时应戴安全帽。由于作业人员在低压间接带电工作中视线有限，往往会顾此失彼，因此规定低压间接带电工作时应设专人监护，低压间接带电作业监护人，应由熟悉低压设备，掌握低压工器具的使用技巧，并有低压间接带电作业实际经验的人员担任。专责监护人不得从事其他任何工作，若发现作业人员有危险动作或违章行为，应立即制止，必要时可暂停作业。在带电设备周围严禁使用钢卷尺、皮卷尺和线尺（夹有金属丝者）进行测量。

3）间接带电作业，应在天气良好的条件下进行。主要是考虑到天气干燥良好时低压设备和绝缘工器具的绝缘良好，不容易造成作业人员工作时发生触电。但在阴雨潮湿天气，低压设备和绝缘工器具的表面受潮，绝缘降低很可能威胁人身安全，因此要求在天气干燥良好的情况下进行间接带电作业并在低压第二种工作票中注明。

4）在带电的低压配电装置上工作时，应采取防止相间短路和单相接地短路的隔离措施。在紧急情况下，例如：低压线路上的导线冒烟或发生人身触电，而事故点又远离电源开关，此时允许用带有绝缘柄的钢丝钳断开带电的绝缘照明线，由于照明线负荷电流不大，切断时不会构成对人身的威胁。为了防止事故扩大或造成人身触电，对于带有动力负荷的绝缘线以及非绝缘照明线，则不允许用带有绝缘柄的钢丝钳断开线路。为了防止造成短路，在断线时，应分相进行，尽量做到先断火线，再断中性线。断开点应在导线固定点的负荷侧，为了防止被断开的线头相互接触造成短路，应用绝缘胶布将断开的线头包扎好并固定牢固。

5）带电断开配电盘或接线箱中的电压表和电能表的电压回路时，必须采取防止短路或接地的措施，即必须使用绝缘工具，对使用的螺丝刀和验电笔应在其金属部分套上绝缘套，刀口部分只需留出 3mm 的金属部分。

6）更换户外式熔断器的熔丝或拆搭接头时，应在线路停电后进行。如需作业时必须在监护人的监护下进行间接带电作业，但严禁带负荷作业，严禁带负荷更换户外时熔断器的熔丝，严禁带负荷拆、搭接导线接头。在三相四线制的低压线路中，拆接头时应先拆断火线，后拆断中性线；搭接导线接头时应先搭接中性线，后搭接火线。

7) 由于在电流互感器二次回路中工作时，很可能会造成电流互感器二次回路断线或接线端子松动，容易引起电流互感器二次回路开路状态，将造成电流互感器二次回路的绝缘损坏，从而危及人身安全，导致设备损坏。因此要严禁在电流互感器二次回路中带电作业。

8) 电气测量工作，应在无雷雨和干燥天气下进行。测量时，一般由两人进行，即一人操作，一人监护。夜间进行测量时，应有足够的照明。测量人员必须了解测量仪表的性能、使用方法和正确接线，熟悉测量工作的安全措施及注意事项。

（五）典型工作票

1. 李庄2号配电室1号配电屏照明1线5号杆引下线安装三相电能表及表箱（见［实例2-34］）

［实例2-34］

低压第一种工作票

编号：1100000001

1. 工作单位及班组：　　××乡镇供电所

2. 工作负责人：　　李××

3. 工作班成员：　　吴××、许××

共　　2　　人

4. 停电线路、设备名称（双回线路应注明双重称号）：　李庄2号配电室1号配电屏照明1线

5. 工作地段（注明分、支线路名称，线路起止杆号）：　李庄2号配电室1号配电屏照明1线5号杆

6. 工作任务：　　李庄2号配电室1号配电屏照明1线5号杆引下线安装三相电能表及表箱

7. 应采取的安全措施（应断开的开关、刀开关、熔断器和应挂的接地线，应设置的围栏、标示牌等）：**断开1号配电屏照明1线101开关，取下1号配电屏照明1线101U相熔断器，取下1号配电屏照明1线101V相熔断器，取下1号配电屏照明1线101W相熔断器，在1号配电屏照明1线4号杆装设1组接地线，在1号配电屏照明1线6号杆装设1组接地线，在1号配电屏照明1线101开关上悬挂"禁止合闸、线路有人工作"标示牌。在工作现场装设围栏悬挂"止步，有电危险！"标示牌。**

保留的带电线路和带电设备：李庄2号配电室1号配电屏照明2线带电。李庄2号配电室1号配电屏照明3线带电。李庄2号配电室2号配电屏农灌1线带电。李庄2号配电室2号配电屏农灌2线带电。李庄2号配电室2号配电屏农灌3线带电。3号电容器屏设备带电。

应挂的接地线：

线路设备及杆号	照明1线4号杆	照明1线6号杆		
接地线编号	1号	2号		
线路设备及杆号				
接地线编号				

8. 补充安全措施：

工作负责人填：　工作人员进入现场要戴安全帽。工作人员登杆时要与工作票核对停电线路双重名称，正确后方可登杆。工作人员杆上工作要正确使用安全带。杆上工作时工作人员使用的材料和工具要用绝缘绳索传递，禁止上下抛掷。工作人员上杆前必须检查杆根牢固、检查登杆工具完整牢靠。

工作票签发人填：　无

工作许可人填：　无

9. 计划工作时间：自 2016 年 12 月 28 日 8 时 30 分

至 2016 年 12 月 28 日 12 时 00 分

工作票签发人：　赵×× 签发时间：2016 年 12 月 27 日 9 时 15 分

10. 开工和收工许可：

开工时间 （日　时　分）	工作负责人 （签名）	工作许可人 （签名）	收工时间 （日　时　分）	工作负责人 （签名）	工作许可人 （签名）
28 日 8 时 50 分	李××	田××	28 日 11 时 10 分	李××	田××

11. 工作班成员签名：　吴××、许××

12. 工作终结：

现场已清理完毕，工作人员已全部离开现场。

全部工作于 2016 年 12 月 28 日 11 时 20 分结束。

工作负责人签名：　李×× 工作许可人签名：　田××

13. 需记录备案内容（工作负责人填）：

14. 附线路走径示意图：

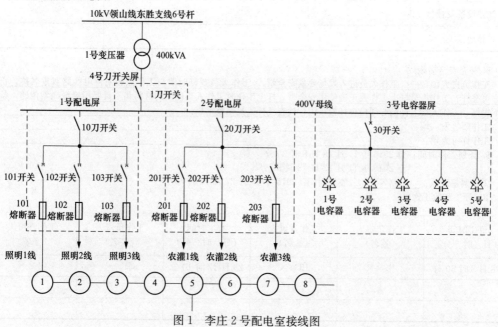

图1　李庄2号配电室接线图

2. 李庄 2 号配电室 1 号配电屏照明 1 线 3 号杆更换线路绝缘子（见［实例 2-35］）

［实例 2-35］

低压第一种工作票

编号：1100000002

1. 工作单位及班组：　××乡镇供电所

2. 工作负责人：　李××

3. 工作班成员：　吴××、许××、刘××

共　　3　　人

4. 停电线路、设备名称（双回线路应注明双重称号）：　李庄 2 号配电室 1 号配电屏照明 1 线

5. 工作地段（注明分、支线路名称，线路起止杆号）：　李庄 2 号配电室 1 号配电屏照明 1 线 3 号杆

6. 工作任务：　李庄 2 号配电室 1 号配电屏照明 1 线 3 号杆更换线路绝缘子

7. 应采取的安全措施（应断开的开关、刀开关、熔断器和应挂的接地线，应设置的围栏、标示牌等）：断开 1 号配电屏照明 1 线 101 开关，取下 1 号配电屏照明 1 线 101U 相熔断器，取下 1 号配电屏照明 1 线 101V 相熔断器，取下 1 号配电屏照明 1 线 101W 相熔断器，在 1 号配电屏照明 1 线 2 号杆装设 1 组接地线，在 1 号配电屏照明 1 线 4 号杆装设 1 组接地线，在 1 号配电屏照明 1 线 101 开关上悬挂"禁止合闸、线路有人工作"标示牌。在工作现场装设围栏悬挂"止步，有电危险！"标示牌。

保留的带电线路和带电设备：　李庄 2 号配电室 1 号配电屏照明 2 线带电。李庄 2 号配电室 1 号配电屏照明 3 线带电。李庄 2 号配电室 2 号配电屏农灌 1 线带电。李庄 2 号配电室 2 号配电屏农灌 2 线带电。李庄 2 号配电室 2 号配电屏农灌 3 线带电。3 号电容器屏设备带电。

应挂的接地线：

线路设备及杆号	照明 1 线 2 号杆	照明 1 线 4 号杆	
接地线编号	1 号	2 号	
线路设备及杆号			
接地线编号			

8. 补充安全措施：

工作负责人填：　工作人员进入现场要戴安全帽。工作人员登杆时要与工作票核对停电线路双重名称，正确后方可登杆。工作人员杆上工作要正确使用安全带。杆上工作时工作人员使用的材料和工具要用绝缘绳索传递，禁止上下抛掷。工作人员上杆前必须检查杆根牢固、检查登杆工具完整牢靠。

工作票签发人填：　无

工作许可人填：　无

9. 计划工作时间：自 2016 年 11 月 28 日 8 时 30 分
　　　　　　　　至 2016 年 11 月 28 日 13 时 30 分

工作票签发人：　赵××　签发时间：2016 年 11 月 27 日 10 时 15 分

10. 开工和收工许可：

开工时间 （日　时　分）	工作负责人 （签名）	工作许可人 （签名）	收工时间 （日　时　分）	工作负责人 （签名）	工作许可人 （签名）
28 日 8 时 50 分	李××	田××	28 日 12 时 10 分	李××	田××

续表

开工时间 （日　时　分）	工作负责人 （签名）	工作许可人 （签名）	收工时间 （日　时　分）	工作负责人 （签名）	工作许可人 （签名）

11. 工作班成员签名：　吴××、许××、刘××

12. 工作终结：

现场已清理完毕，工作人员已全部离开现场。

全部工作于　2016 年 11 月 28 日 12 时 20 分结束。

工作负责人签名：　　　李××　　　　　　工作许可人签名：　　　田××

13. 需记录备案内容（工作负责人填）：

14. 附线路走径示意图：

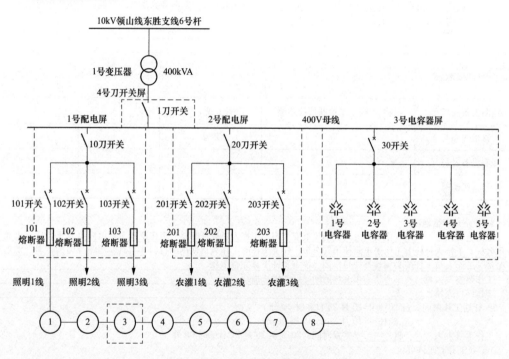

图 1　李庄 2 号配电室接线图

3. 李庄 2 号配电室 1 号配电屏照明 1 线 1 号杆—6 号杆更换导线（见［实例 2-36］）

［实例 2-36］

低压第一种工作票

编号：1100000003

1. 工作单位及班组：　　××乡镇供电所

2. 工作负责人：　李××

3. 工作班成员： <u>吴××、许××、刘××、韩××、董××、马××</u>

共 <u>6</u> 人

4. 停电线路、设备名称（双回线路应注明双重称号）： <u>李庄 2 号配电室 1 号配电屏照明 1 线</u>

5. 工作地段（注明分、支线路名称，线路起止杆号）： <u>李庄 2 号配电室 1 号配电屏照明 1 线 1 号杆—6 号杆</u>

6. 工作任务： <u>李庄 2 号配电室 1 号配电屏照明 1 线 1 号杆—6 号杆更换导线</u>

7. 应采取的安全措施（应断开的开关、刀开关、熔断器和应挂的接地线，应设置的围栏、标示牌等）：<u>断开 1 号配电屏照明 1 线 101 开关，取下 1 号配电屏照明 1 线 101U 相熔断器，取下 1 号配电屏照明 1 线 101V 相熔断器，取下 1 号配电屏照明 1 线 101W 相熔断器，在 1 号配电屏照明 1 线 101 熔断器线路侧装设 1 组接地线，在 1 号配电屏照明 1 线 7 号杆装设 1 组接地线，在 1 号配电屏照明 1 线 101 开关上悬挂"禁止合闸、线路有人工作"标示牌。在工作现场装设围栏悬挂"止步，有电危险！"标示牌。</u>

保留的带电线路和带电设备： <u>李庄 2 号配电室 1 号配电屏照明 2 线带电。李庄 2 号配电室 1 号配电屏照明 3 线带电。李庄 2 号配电室 2 号配电屏农灌 1 线带电。李庄 2 号配电室 2 号配电屏农灌 2 线带电。李庄 2 号配电室 2 号配电屏农灌 3 线带电。3 号电容器屏设备带电。</u>

应挂的接地线：

线路设备及杆号	照明 1 线 101 熔断器线路侧	照明 1 线 7 号杆	
接地线编号	1 号	2 号	
线路设备及杆号			
接地线编号			

8. 补充安全措施：

工作负责人填： <u>工作人员进入现场要戴安全帽。工作人员登杆时要与工作票核对停电线路双重名称，正确后方可登杆。工作人员杆上工作要正确使用安全带。杆上工作时工作人员使用的材料和工具要用绝缘绳索传递，禁止上下抛掷。工作人员上杆前必须检查杆根牢固、检查登杆工具完整牢靠。</u>

工作票签发人填： <u>严禁采用突然剪断导线的做法撤线</u>

工作许可人填： <u>无</u>

9. 计划工作时间：自 2016 年 10 月 28 日 8 时 30 分

至 2016 年 10 月 28 日 17 时 00 分

工作票签发人： <u>赵××</u> 签发时间：2016 年 10 月 27 日 9 时 00 分

10. 开工和收工许可：

开工时间 （日 时 分）	工作负责人 （签名）	工作许可人 （签名）	收工时间 （日 时 分）	工作负责人 （签名）	工作许可人 （签名）
28 日 9 时 00 分	李××	田××	28 日 16 时 10 分	李××	田××

续表

开工时间 （日 时 分）	工作负责人 （签名）	工作许可人 （签名）	收工时间 （日 时 分）	工作负责人 （签名）	工作许可人 （签名）

11. 工作班成员签名： 吴××、许××、刘××、韩××、董××、马××

12. 工作终结：

现场已清理完毕，工作人员已全部离开现场。

全部工作于 2016 年 10 月 28 日 16 时 20 分结束。

工作负责人签名： 李×× 工作许可人签名： 田××

13. 需记录备案内容（工作负责人填）：

14. 附线路走径示意图：

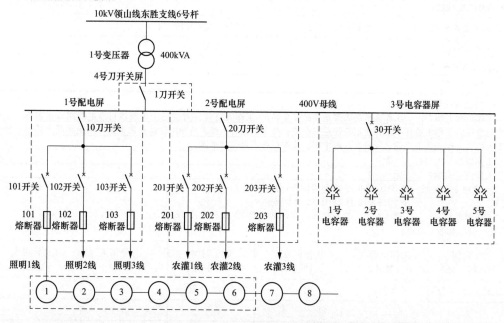

图 1 李庄 2 号配电室接线图

4. 李庄 2 号配电室 1 号配电屏照明 1 线 6 号杆 T 接导线（见［实例 2-37]）

［实例 2-37]

低压第一种工作票

编号：1100000004

1. 工作单位及班组： ××乡镇供电所

2. 工作负责人： 李××

3. 工作班成员： 吴××、许××

共 2 人

4. 停电线路、设备名称（双回线路应注明双重称号）： 李庄 2 号配电室 1 号配电屏照明 1 线

5. 工作地段（注明分、支线路名称，线路起止杆号）： 李庄 2 号配电室 1 号配电屏照明 1 线 6 号杆

6. 工作任务：　　　李庄 2 号配电室 1 号配电屏照明 1 线 6 号杆 T 接导线

7. 应采取的安全措施（应断开的开关、刀开关、熔断器和应挂的接地线，应设置的围栏、标示牌等）：断开 1 号配电屏照明 1 线 101 开关，取下 1 号配电屏照明 1 线 101U 相熔断器，取下 1 号配电屏照明 1 线 101V 相熔断器，取下 1 号配电屏照明 1 线 101W 相熔断器，在 1 号配电屏照明 1 线 5 号杆装设 1 组接地线，在 1 号配电屏照明 1 线 7 号杆装设 1 组接地线，在 1 号配电屏照明 1 线 101 开关上悬挂"禁止合闸、线路有人工作"标示牌。在工作现场装设围栏悬挂"止步，有电危险！"标示牌。

　　保留的带电线路和带电设备：　　　李庄 2 号配电室 1 号配电屏照明 2 线带电。李庄 2 号配电室 1 号配电屏照明 3 线带电。李庄 2 号配电室 2 号配电屏农灌 1 线带电。李庄 2 号配电室 2 号配电屏农灌 2 线带电。李庄 2 号配电室 2 号配电屏农灌 3 线带电。3 号电容器屏设备带电。

　　应挂的接地线：

线路设备及杆号	照明 1 线 5 号杆	照明 1 线 7 号杆		
接地线编号	1 号	2 号		
线路设备及杆号				
接地线编号				

8. 补充安全措施：

　　工作负责人填：　　　工作人员进入现场要戴安全帽。工作人员登杆时要与工作票核对停电线路双重名称，正确后方可登杆。工作人员杆上工作要正确使用安全带。杆上工作时工作人员使用的材料和工具要用绝缘绳索传递，禁止上下抛掷。工作人员上杆前必须检查杆根牢固、检查登杆工具完整牢靠。

　　工作票签发人填：　　无

　　工作许可人填：　　无

9. 计划工作时间：自 2016 年 9 月 28 日 8 时 30 分

　　　　　　　　　至 2016 年 9 月 28 日 12 时 00 分

　　工作票签发人：　　赵××　　签发时间：2016 年 9 月 27 日 9 时 15 分

10. 开工和收工许可：

开工时间 （日 时 分）	工作负责人 （签名）	工作许可人 （签名）	收工时间 （日 时 分）	工作负责人 （签名）	工作许可人 （签名）
28 日 8 时 50 分	李××	田××	28 日 11 时 20 分	李××	田××

11. 工作班成员签名：　　　吴××、许××

12. 工作终结：

　　现场已清理完毕，工作人员已全部离开现场。

　　全部工作于　2016 年 9 月 28 日 11 时 30 分结束。

　　工作负责人签名：　　李××　　　　工作许可人签名：　　　田××

13. 需记录备案内容（工作负责人填）：

14. 附线路走径示意图：

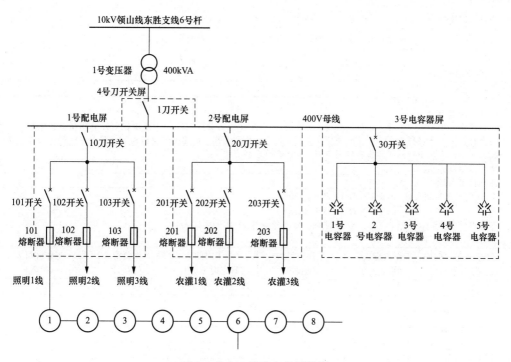

图1　李庄2号配电室接线图

5.李庄2号配电室1号配电屏照明1线7号杆分支线02号杆T接导线（见［实例2-38］）

［实例2-38］

低压第一种工作票

编号：1100000005

1.工作单位及班组：　××乡镇供电所

2.工作负责人：　李××

3.工作班成员：　吴××、许××

共　　2　　人

4.停电线路、设备名称（双回线路应注明双重称号）：　李庄2号配电室1号配电屏照明1线

5.工作地段（注明分、支线路名称，线路起止杆号）：　李庄2号配电室1号配电屏照明1线7号杆分支线02号杆

6.工作任务：　李庄2号配电室1号配电屏照明1线7号杆分支线02号杆T接导线

7.应采取的安全措施（应断开的开关、刀开关、熔断器和应挂的接地线，应设置的围栏、标示牌等）：　　　断开1号配电屏照明1线101开关，取下1号配电屏照明1线101U相熔断器，取下1号配电屏照明1线101V相熔断器，取下1号配电屏照明1线101W相熔断器，在1号配电屏照明1线7号杆分支线01号杆装设1组接地线，在1号配电屏照明1线7号杆分支线03号杆装设1组接地线，在1号配电屏照明1线101开关上悬挂"禁止合闸、线路有人工作"标示牌。在工作现场装设围栏悬挂"止步，有电危险！"标示牌。

保留的带电线路和带电设备：　李庄2号配电室1号配电屏照明2线带电。李庄2号配电室1号配电屏照明3线带电。李庄2号配电室2号配电屏农灌1线带电。李庄2号配电室2号配电屏农灌2线带电。李庄2号配电室2号配电屏农灌3线带电。3号电容器屏设备带电。

应挂的接地线：

线路设备及杆号	照明 1 线 7 号杆分支线 01 号杆	照明 1 线 7 号杆分支线 03 号杆	
接地线编号	1 号	2 号	
线路设备及杆号			
接地线编号			

8. 补充安全措施：

工作负责人填： 工作人员进入现场要戴安全帽。 工作人员登杆时要与工作票核对停电线路双重名称，正确后方可登杆。工作人员杆上工作要正确使用安全带。杆上工作时工作人员使用的材料和工具要用绝缘绳索传递，禁止上下抛掷。工作人员上杆前必须检查杆根牢固、检查登杆工具完整牢靠。

工作票签发人填： 无

工作许可人填： 无

9. 计划工作时间：自 2016 年 9 月 12 日 8 时 30 分

至 2016 年 9 月 12 日 11 时 30 分

工作票签发人： 赵×× 签发时间：2016 年 9 月 11 日 9 时 15 分

10. 开工和收工许可：

开工时间 （日 时 分）	工作负责人 （签名）	工作许可人 （签名）	收工时间 （日 时 分）	工作负责人 （签名）	工作许可人 （签名）
12 日 8 时 50 分	李××	田××	12 日 10 时 50 分	李××	田××

11. 工作班成员签名： 吴××、许××

12. 工作终结：

现场已清理完毕，工作人员已全部离开现场。

全部工作于 2016 年 9 月 12 日 11 时 00 分结束。

工作负责人签名： 李×× 工作许可人签名： 田××

13. 需记录备案内容（工作负责人填）：

14. 附线路走径示意图：

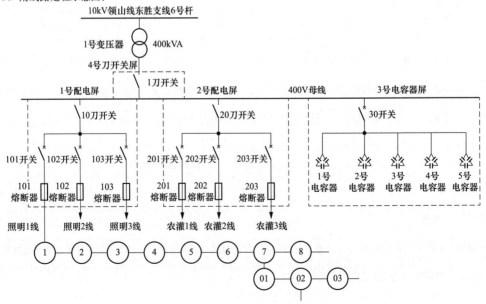

图 1 李庄 2 号配电室接线图

6. 李庄 2 号配电室 1 号配电屏照明 1 线 2 号杆更换横担（见［实例 2-39］）

［实例 2-39］

低压第一种工作票

编号：1100000006

1. 工作单位及班组： ××乡镇供电所

2. 工作负责人： 李××

3. 工作班成员： 吴××、许××、刘××

共　　　3　　　人

4. 停电线路、设备名称（双回线路应注明双重称号）： 李庄 2 号配电室 1 号配电屏照明 1 线

5. 工作地段（注明分、支线路名称，线路起止杆号）： 李庄 2 号配电室 1 号配电屏照明 1 线 2 号杆

6. 工作任务： 李庄 2 号配电室 1 号配电屏照明 1 线 2 号杆更换横担

7. 应采取的安全措施（应断开的开关、刀开关、熔断器和应挂的接地线，应设置的围栏、标示牌等）：
断开 1 号配电屏照明 1 线 101 开关，取下 1 号配电屏照明 1 线 101U 相熔断器，取下 1 号配电屏照明 1 线 101V 相熔断器，取下 1 号配电屏照明 1 线 101W 相熔断器，在 1 号配电屏照明 1 线 1 号杆装设 1 组接地线，在 1 号配电屏照明 1 线 3 号杆装设 1 组接地线，在 1 号配电屏照明 1 线 101 开关上悬挂"禁止合闸、线路有人工作"标示牌。在工作现场装设围栏悬挂"止步，有电危险！"标示牌。

保留的带电线路和带电设备： 李庄 2 号配电室 1 号配电屏照明 2 线带电。李庄 2 号配电室 1 号配电屏照明 3 线带电。李庄 2 号配电室 2 号配电屏农灌 1 线带电。李庄 2 号配电室 2 号配电屏农灌 2 线带电。李庄 2 号配电室 2 号配电屏农灌 3 线带电。3 号电容器屏设备带电。

应挂的接地线：

线路设备及杆号	照明 1 线 1 号杆	照明 1 线 3 号杆	
接地线编号	1 号	2 号	
线路设备及杆号			
接地线编号			

8. 补充安全措施：
工作负责人填： 工作人员进入现场要戴安全帽。 工作人员登杆时要与工作票核对停电线路双重名称，正确后方可登杆。工作人员杆上工作要正确使用安全带。杆上工作时工作人员使用的材料和工具要用绝缘绳索传递，禁止上下抛掷。工作人员上杆前必须检查杆根牢固、检查登杆工具完整牢靠。

工作票签发人填： 无

工作许可人填： 无

9. 计划工作时间：自 2016 年 11 月 19 日 8 时 30 分
至 2016 年 11 月 19 日 13 时 30 分

工作票签发人： 赵×× 签发时间：2016 年 11 月 18 日 10 时 15 分

10. 开工和收工许可：

开工时间 （日　时　分）	工作负责人 （签名）	工作许可人 （签名）	收工时间 （日　时　分）	工作负责人 （签名）	工作许可人 （签名）
19 日 8 时 50 分	李××	田××	19 日 12 时 45 分	李××	田××

11. 工作班成员签名：　吴××、许××、刘××

12. 工作终结：
现场已清理完毕，工作人员已全部离开现场。
全部工作于　2016 年 11 月 19 日 12 时 55 分结束。
工作负责人签名：　李××　　　　　工作许可人签名：　　田××
13. 需记录备案内容（工作负责人填）：
14. 附线路走径示意图：

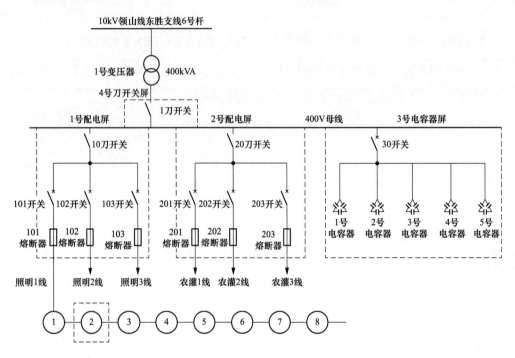

图 1　李庄 2 号配电室接线图

7. 李庄 2 号配电室 1 号配电屏照明 1 线 101 熔断器底座更换（见［实例 2-40］）

［实例 2-40］

低压第一种工作票

编号：1100000010

1. 工作单位及班组：　××乡镇供电所
2. 工作负责人：　李××
3. 工作班成员：　吴××

共　　1　　人

4. 停电线路、设备名称（双回线路应注明双重称号）：　李庄 2 号配电室 1 号配电屏照明 1 线

5. 工作地段（注明分、支线路名称，线路起止杆号）：　李庄 2 号配电室 1 号配电屏照明 1 线 101 熔断器

6. 工作任务：　李庄 2 号配电室 1 号配电屏照明 1 线 101 熔断器底座更换

7. 应采取的安全措施（应断开的开关、刀开关、熔断器和应挂的接地线，应设置的围栏、标示牌等）：断开 1 号配电屏照明 1 线 10 刀开关。断开 1 号配电屏照明 1 线 101 开关，取下 1 号配电屏照明 1 线 101U 相熔断器，取下 1 号

配电屏照明1线101V相熔断器，取下1号配电屏照明1线101W相熔断器。断开1号配电屏照明2线102开关，取下1号配电屏照明1线102U相熔断器，取下1号配电屏照明1线102V相熔断器，取下1号配电屏照明1线102W相熔断器。断开1号配电屏照明3线103开关，取下1号配电屏照明1线103U相熔断器，取下1号配电屏照明1线103V相熔断器，取下1号配电屏照明1线103W相熔断器。在1号配电屏照明1线101熔断器两侧各装设1组接地线，在1号配电屏照明1线10刀开关上悬挂"禁止合闸、线路有人工作"标示牌。在1号配电屏周围装设围栏悬挂"止步，有电危险！"标示牌。

保留的带电线路和带电设备：__李庄2号配电室4号刀开关屏设备带电。李庄2号配电室1号配电屏10刀开关带电。李庄2号配电室2号配电屏农灌1线带电。李庄2号配电室2号配电屏农灌2线带电。李庄2号配电室2号配电屏农灌3线带电。3号电容器屏设备带电。李庄2号配电室1号变压器带电。__

应挂的接地线：

线路设备及杆号	照明1线101开关与101熔断器间	照明1线101熔断器负荷侧		
接地线编号	1号	2号		
线路设备及杆号				
接地线编号				

8. 补充安全措施：
工作负责人填：__工作人员进入现场要戴安全帽。__
工作票签发人填：__无__
工作许可人填：__无__
9. 计划工作时间：自2016年11月14日10时30分
至2016年11月14日12时30分
工作票签发人：__赵××__ 签发时间：2016年11月13日10时15分
10. 开工和收工许可：

开工时间（日 时 分）	工作负责人（签名）	工作许可人（签名）	收工时间（日 时 分）	工作负责人（签名）	工作许可人（签名）
14日10时50分	李××	田××	14日11时50分	李××	田××

11. 工作班成员签名：__吴××__

12. 工作终结：
现场已清理完毕，工作人员已全部离开现场。
全部工作于 2016年11月14日11时55分结束。
工作负责人签名：__李××__ 工作许可人签名：__田××__
13. 需记录备案内容（工作负责人填）：
14. 附线路走径示意图：

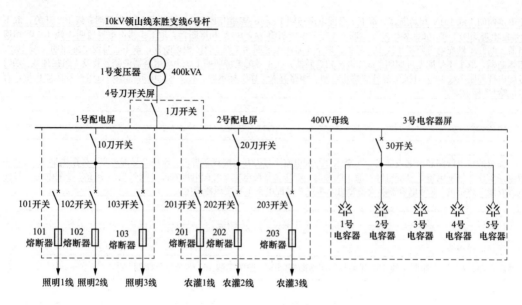

图1　李庄2号配电室接线图

二、操作票管理

（一）操作票的使用范围

1. 停、送总电源的操作

以下停、送总电源的操作应使用操作票：

（1）低压线路及设备的停、送电源的操作。

（2）400V母线的停、送电源的操作。

（3）低压电容器的停、送电源的操作。

（4）低压断路器（或隔离开关、计量）屏（或柜）的停、送电源的操作。

2. 装设、拆除接地线的操作

停电、验电、装设接地线操作应使用操作票，拆除接地线检查送电范围内确无接地短路也应使用操作票。

3. 双电源的解列、并列操作

双电源的解列、并列操作应使用操作票，并注意：

（1）双电源的解列操作，应先拉开主供电源断路器及隔离开关，后合上用户双向隔离开关。

（2）双电源的并列操作，应先拉开用户双向隔离开关，后合上主供电源开关。

4.悬挂标示牌的操作

悬挂标示牌的操作应使用操作票，并注意：在一经合闸即可送电到工作地点的设备上（断路器、隔离开关）悬挂"禁止合闸、有人工作"标示牌。

5.事故处理

低压电气设备的事故处理应根据供电所值班负责人（供电所中有权发布低压操作命令的人员）的命令进行操作，可不填写低压电气操作票（简称"低压操作票"），但事后必须及时做好记录。如发生危及人身安全情况时，可不待命令即时拉开电源开关，但事后应立即报告上级主管领导。

（二）低压操作票的填写

低压操作票分为手工填写和计算机打印两种形式。手工填写的低压操作票要用蓝色或黑色的钢笔或圆珠笔填写，填写字迹要工整、清楚；计算机打印的低压操作票正文采用宋体、四号、黑色字，且低压操作票的操作开始时间、操作结束时间、操作人、监护人均要手工填写，不能用计算机打印。

填写低压操作票应使用正确的操作术语，设备名称编号应严格按照低压电气设备现场标示牌双重名称填写。使用计算机打印的低压操作票必须与现场实际设备相符，不得直接使用低压电气典型操作票作为现场实际操作票。

1.低压操作任务的填写要求

（1）低压操作票中对操作任务的要求。

操作任务应根据供电所值班负责人的操作命令的内容和专用术语进行填写，填写要简单明了，做到能从操作任务中看出操作对象、操作范围及操作要求。操作任务应填写设备双重名称，即电气设备的名称和编号，每张操作票只能填写一个操作任务。"一个操作任平务"是指根据同一操作命令为了相同的操作目的而进行的一系列相关联并依次进行的不间断低压操作过程。一个操作任务用多张操作票时，在首张及以后操作票的"接下页××号"中填写下页操作票号码，在第二张及以后操作票的"承上页××号"中填写上页操作票号码。

（2）低压电气操作任务中设备的状态。

1）运行状态。

是指低压电气设备或低压配电线路带有电压，其功能有效。断路器、隔离开关、400V母线、低压熔断器、低压电容器等低压电气设备的运行状态，是指从该低压电气设备电源至受电端的电路接通并有相应电压（无论是否带有负荷），且低压电气设备的保护及信号正常投入运行。

2）热备用状态。

是指低压电气设备已具备运行条件，经一次合闸操作即可转为运行状态。断路器、隔离开关、400V母线、低压熔断器、低压电容器等低压电气设备的热备用是指连接该低压电气设备的各侧均无安全措施，各侧的断路器全部在拉开位置，且至少一组断路器各侧隔离开关处于合上位置，低压电气设备保护及信号投入运行。断路器的热备用是指断路器本身在拉开位置，各侧隔离开关处于合上位置，低压设备保护满足带电要求。

3）冷备用状态。

是指连接该低压设备的各侧均无安全措施，且连接该低压设备的各侧均有明显断开点或可判断的断开点。

4）检修状态。

是指连接该低压电气设备的各侧均有明显断开点或可判断的断开点，需要检修的低压电气设备已接地的状态；或该低压电气设备与系统彻底隔离，与断开点低压电气设备没有物理连接的状态。

（3）低压电气操作任务的填写。

1）低压线路操作任务的填写。

低压线路操作任务的填写包括：

①××号配电室××号配电屏××线由运行转为检修；

②××号配电室××号配电屏××线由检修转为运行；

③××号配电室××号配电屏××线由运行转为热备用；

④××号配电室××号配电屏××线由热备用转为运行；

⑤××号配电室××号配电屏××线由运行转为冷备用；

⑥××号配电室××号配电屏××线由冷备用转为运行。

2）配电变压器室低压配电设备操作任务的填写。

配电变压器室低压配电设备操作任务的填写包括：

①××号配电室400V母线由运行转为检修；

②××号配电室400V母线由检修转为运行；

③××号配电室××号配电屏××线××断路器由运行转为检修；

④××号配电室××号配电屏××线××断路器由检修转为运行；

⑤××号配电室××号配电屏××线××隔离开关由运行转为检修；

⑥××号配电室××号配电屏××线××隔离开关由检修转为运行；

⑦××号配电室××号配电屏××线××隔离开关由运行转为热备用；

⑧××号配电室××号配电屏××线××隔离开关由热备用转为运行；

⑨××号配电室××号配电屏××线××隔离开关由运行转为冷备用；

⑩××号配电室××号配电屏××线××隔离开关由冷备用转为运行；

⑪××号配电室××号配电屏××线××断路器由运行转为热备用；

⑫××号配电室××号配电屏××线××断路器由热备用转为运行；

⑬××号配电室××号配电屏××线××断路器由运行转为冷备用；

⑭××号配电室××号配电屏××线××断路器由冷备用转为运行。

3）配电变压器室电容器操作任务的填写。

配电变压器室电容器操作任务的填写包括：

①××号配电室××号电容器由运行转为检修；

②××号配电室××号电容器由检修转为运行；

③××号配电室××号电容器由运行转为热备用；

④××号配电室××号电容器由热备用转为运行；

⑤××号配电室××号电容器屏由运行转为热备用；

⑥××号配电室××号电容器屏由热备用转为运行。

2. 低压电气操作项目的填写要求

（1）低压电气操作项目的内容。

下列项目应填入低压电气操作票的操作项目栏中：

1）应断开、合上的隔离开关、断路器设备（交流接触器、低压自动断路器）等。

2）检查隔离开关、断路器设备（交流接触器、低压自动断路器）等的位置。

3）检修后的低压设备在送电前，检查接地线确已拆除，检查送电范围内确无接地短路。

4）装设、拆除接地线均应注明接地线的确切地点和编号。

5）拆除接地线后，检查接地线确已拆除。

6）装设接地线前，应在停电设备上进行验电。

7）装上、取下低压熔断器时，应分项操作并分项填入操作票，严禁并项填入操作票中。

8）低压电气操作前，应核对现场设备的名称、编号，即确认被操作低压电气设备的位置是否正确。

9）悬挂或拆除安全标示牌的操作也要填入操作票中。

（2）低压电气操作项目的填写类别。

1）断路器。

① 确认××号配电屏××线××断路器；

② 合上××号配电屏××线××断路器;

③ 断开××号配电屏××线××断路器;

④ 检查××号配电屏××线××断路器三相确已断开;

⑤ 检查××号配电屏××线××断路器三相确已合好。

2）隔离开关。

① 确认××号配电屏××线××隔离开关;

② 合上××号配电屏××线××隔离开关;

③ 断开××号配电屏××线××隔离开关;

④ 检查××号配电屏××线××隔离开关三相确已断开;

⑤ 检查××号配电屏××线××隔离开关三相确已合好。

3）低压电容器。

① 确认××号配电屏××线××断路器;

② 合上××号电容器屏××断路器;

③ 断开××号电容器屏××断路器;

④ 检查××号电容器屏××断路器三相确已断开;

⑤ 检查××号电容器屏××断路器三相确已合好。

4）熔断器。

① 确认××号配电屏××线××熔断器;

② 装上××号配电屏××线××U 相熔断器;

③ 装上××号配电屏××线××V 相熔断器;

④ 装上××号配电屏××线××W 相熔断器;

⑤ 检查××号配电屏××线××U 相熔断器确已装好;

⑥ 检查××号配电屏××线××V 相熔断器确已装好;

⑦ 检查××号配电屏××线××W 相熔断器确已装好;

⑧ 取下××号配电屏××线××U 相熔断器;

⑨ 取下××号配电屏××线××V 相熔断器;

⑩ 取下××号配电屏××线××W 相熔断器;

⑪ 检查××号配电屏××线××U 相熔断器确已取下;

⑫ 检查××号配电屏××线××V 相熔断器确已取下;

⑬ 检查××号配电屏××线××W 相熔断器确已取下。

5）断路器车。

① 确认××号配电屏××线××断路器;

② 断开××号配电屏××线××断路器；

③ 检查××号配电屏××线××断路器三相确已断开；

④ 将××号断路器屏××断路器车拉至分闸位置；

⑤ 合上××号配电屏××线××断路器；

⑥ 检查××号配电屏××线××断路器三相确已合好；

⑦ 将××号断路器屏××断路器车推至合闸位置。

6）标示牌。

① 在××号配电屏××隔离开关上悬挂"禁止合闸、有人工作"标示牌；

② 拆除××号配电屏××隔离开关"禁止合闸、有人工作"标示牌。

7）接地线。

① 在××配电室××线××隔离开关与××断路器间验电确无电压；

② 在××配电室××线××隔离开关与××断路器间装设××号接地线；

③ 在××配电室××线××号杆电源侧验电确无电压；

④ 在××配电室××线××号杆电源侧装设××号接地线；

⑤ 在××号配电屏××隔离开关母线侧验电确无电压；

⑥ 在××号配电屏××隔离开关母线侧装设××号接地线；

⑦ 拆除××配电室××线××隔离开关与××断路器间××号接地线；

⑧ 检查××配电室××线××隔离开关与××断路器间××号接地线确已拆除；

⑨ 检查××配电室××线××隔离开关与××断路器间确无接地短路；

⑩ 拆除××配电室××线××号杆电源侧××号接地线；

⑪ 检查××配电室××线××号杆电源侧××号接地线确已拆除；

⑫ 检查××配电室××线××号杆电源侧确无接地短路；

⑬ 拆除××号配电屏××隔离开关母线侧××号接地线；

⑭ 检查××号配电屏××隔离开关母线侧××号接地线确已拆除；

⑮ 检查××号配电屏××隔离开关母线侧确无接地短路。

（3）低压电气操作项目的操作术语。

① 操作断路器、隔离开关用"断开""合上"；

② 检查断路器、隔离开关原始状态位置，用断路器、隔离开关"确已断开""确已合好"；

③ 验电用"确无电压"；

④ 装、拆接地线用"装设""拆除"；

⑤ 检查负荷分配用"指示正确"；

⑥ 装上、取下低压熔断器用"装上""取下"；

⑦ 切换二次回路电压开关用"切至"；

⑧ 设备术语：配电变压器、电容器、避雷器、熔断器、母线、接地线、断路器、隔离开关、配电室、配电屏、配电柜、剩余电流保护、××线××杆、电流表、电压表、电能表、绝缘子、主干线、分支线等。

3. 低压电气操作票备注栏的填写

下列项目应填入操作票备注栏中：

（1）严禁以投入熔件的方法对线路（干线或分支线）进行送电操作；

（2）严禁以切除熔件的方法对线路（干线或分支线）进行停电操作；

（3）在低压电气操作中应根据现场实际情况提出需要注意的安全措施并在备注栏中注明；

（4）由于低压电气操作发令人临时取消操作任务，合格的操作票全部未执行，此时操作人应在操作任务栏中盖"未执行"章，必须在备注栏中注明原因；

（5）低压电气操作中出现的问题或因故中断操作应在备注栏中注明。

4. 低压操作票其他栏目的填写

（1）低压操作票的编号。

由供电公司统一编号，并在印刷时一并排印，使用单位应按编号顺序依次使用，对于低压操作票的编号不能随意改动，不得出现空号、跳号、重号、错号。低压操作票的幅面统一用 A4 纸。计算机打印低压操作票必须具备打印过号功能。

（2）操作票的单位。

低压操作票的××单位应填入操作人、监护人所在的单位，单位名称要写全称，不能写简称或代号。例如，××供电所。

（3）操作时间。

1）操作时间的填写统一按照公历的年、月、日和 24h 制填写。例如，2017 年 10 月 22 日 09 时 20 分。

2）一个操作任务用多张操作票时，操作开始时间填在首页操作票上，操作结束时间填在最后一页操作票上。

3）操作开始时间：执行低压电气操作项目第一项的时间。

4）操作结束时间：完成低压电气操作项目最后一项的时间。

（4）低压操作票签名。

操作人和监护人经模拟操作确认操作票无误后，由操作人、监护人分别在低压操作票上签名，操作人、监护人应对本次低压电气操作的正确性负全部责任。

（5）低压操作票填写"√"。

1）监护人在操作人完成此项操作并确认无误后，在该项操作项目前打"√"。

2）对于检查项目，监护人唱票后，操作人应认真检查，确认无误后再高声复诵，监护人同时也应进行检查，确认无误并听到操作人复诵后，在该项目前打"√"。

3）严禁操作项目与检查项目一并打"√"。

4）严禁操作时不打"√"，待操作结束后，在操作票上补打"√"。

5）监护人应使用红色笔在操作项目前打"√"。

（6）低压操作票填写"𠃊"。

1）低压操作票按照低压电气操作顺序依次填写完毕后，在最后一项操作内容的下一空格中间位置记上终止号"𠃊"。

2）如果最后一项操作内容下面没有空格，终止号"𠃊"可记在最后一项操作内容的末尾处。

（7）低压操作票盖章。

1）低压操作票项目全部结束，操作票执行完毕后，操作人应在已执行低压操作票的"𠃊"号上盖"已执行"章。

2）合格的低压操作票全部未执行，操作人在操作任务栏中盖"未执行"章，并在备注栏中注明原因。

3）若监护人、操作人操作中途发现问题，应及时汇报低压操作命令发令人并停止操作。该操作票不得继续使用，并在已操作完项目的最后一项盖"已执行"章，在备注栏注明"本操作票有错误，自××项起不执行"。对多张操作票，应从第二张操作票起每张操作票的操作任务栏中盖上"作废"章，然后重新填写操作票再继续操作。

4）错误低压操作票，在操作任务栏中盖"作废"章。

① 印章规格见表 2-10。

表 2-10　　　　　　　　　　　　　　低压操作票印章规格

序号	名称	盖章位置	外围尺寸（mm×mm）	字体	颜色
1	已执行	终止号"𠃊"上	20×15	黑体	红色
2	未执行	操作任务栏中间位置	20×15	黑体	红色
3	作废	操作任务栏中间位置	20×15	黑体	红色

② 印章样式：

a."已执行"章样式如图 2-11 所示。

b."未执行"章样式如图 2-12 所示。

c."作废"章样式如图 2-13 所示。

| 已执行 | 未执行 | 作废 |

图 2-11 "已执行"章样式　　　图 2-12 "未执行"章样式　　　图 2-13 "作废"章样式

5. 低压操作票填写注意事项

（1）低压操作票由操作人填写，由监护人审核。

（2）填写前操作人应根据操作命令明确操作任务，了解现场工作内容和要求，并充分考虑此项操作对其设备运行方式的影响是否满足相关要求。

（3）低压操作票填写的设备术语必须与现场实际相符。

（4）低压操作票填写要字迹工整、清楚，不得任意涂改。

（5）低压操作项目不得并项填写，一个操作项目栏内只允许有一个动作，如"拉开××隔离开关"和"检查××隔离开关三相确已拉开"不得合在一起填写。不得添项、倒项、漏项。

（6）如有个别错字、漏字需要修改时，应做到被改的字和改后的字清楚可辨。每张操作票的改字不得超过三个，否则另填新票。

（7）低压操作票中下列三项内容不得涂改：

1）设备名称、编号；

2）有关参数和终止号"ㄴ"；

3）操作"动词"，如"断开""合上""装上""取下"等。

6. 低压操作票的格式（见表 2-11）

表 2-11　　　　　　　　　　　　低压操作票

单位：				编号：
发令人	×××	受令人	×××	发令时间： ××××年××月××日××时××分
操作开始时间： ××××年××月××日××时××分			操作结束时间： ××××年××月××日××时××分	
操作任务：				
顺序	操作项目			√

顺序	操 作 项 目	√
备注		

操作人：	监护人：

（三）低压配电设备操作要求

1. 低压进出线路操作要求

（1）低压电气设备分路停电操作顺序：先拉开低压出线断路器，检查出线断路器确已拉开，再拉开低压出线隔离开关，最后取下低压熔断器。低压电气设备分路送电操作顺序：检查断路器确已拉开，先装上低压熔断器，再合上低压出线隔离开关，最后合上低压出线断路器。

（2）低压电气设备总路停电操作顺序：先拉开各分路断路器，再拉开各分路隔离开关或取下熔断器，最后拉开总断路器。低压电气设备总路送电操作顺序：先合上总断路器，再合上各分路隔离开关或装上熔断器，最后合上分路断路器。

（3）检查低压线路保护运行，主要检查低压熔断器确已装好；检查剩余电流保护器电源指示灯亮，只有剩余电流保护器带电运行，才能进行合断路器（或交流接触器）的操作。低压进线与出线应装设有明显断开点的隔离开关（低压熔断器）和自动断路器（交流接触器）。

2. 低压自动断路器操作要求

（1）低压自动断路器是指用于当电路中发生过载、短路和欠电压等不正常情况时，能自动分断电路的电器。因此低压自动断路器允许合上、拉开额定电流以内的负荷电流，允许切断额定遮断容量以内的故障电流。低压自动断路器合闸后，应检查三相接触良好；拉闸后，应检查三相动、静触头是否断开，动触头与静触头之间的空气距离是否合格。

（2）拉开低压自动断路器时，必须将手柄拉向"分"字处；合上低压自动断路器时，必须将手柄推向"合"字处。若要合上已经自动脱扣的限流断路器，应先将手柄拉向"分"字处，使断路器手柄处于分闸位置，然后将手柄再推向"合"字处。为避免弧光烧伤操作人员面部，操作时，操作人员的面部应避开低压自动断路器正面。

（3）低压自动断路器的机构出现故障或异常，可能造成断路器拒动（误动），未经处理不能投入运行状态，也不能投入备用状态进行操作。正常情况下应定期对低压自动断路器的机械传动部分进行维护，若机构不灵活或润滑油已干时，应加润滑油。低压自动断路器在保护短路故障后，应立即检查触头接触情况是否良好、绝缘部分是否清洁，若有不清洁之处或留有金属残渣时，应予清除干净。应定期检查低压自动断路器动作的分励脱扣器、欠电压脱扣器是否动作正常。

3. 交流接触器操作要求

（1）交流接触器能短时接通和分断超过数倍额定电流的过负载，是在电力系统中应用最普遍的一种电器。因此交流接触器允许合上、拉开电路中的负荷电流。目前交流接触器已被智能断路器逐步取代。

（2）在操作交流接触器时，如果交流接触器吸合后噪声太大，应检查电源电压是否过低、短路环是否断裂、极面间是否有异物或接触不良等。如果线圈通电后，接触器不动作或动作不正常应检查线圈是否损坏、电源是否断路、电源电压是否过低、接触器运动部分是否卡住或弹簧反力是否过大等。如果线圈断电后，接触器不断开，应检查运动部分是否卡死、铁芯极面是否有油垢黏住、主触头是否熔焊、反作用弹簧是否失效或丢失、是否剩磁严重等，待查明原因并消除异常后，方可进行以后的操作。

4. 隔离开关操作要求

（1）禁止用隔离开关拉开、合上故障电流，禁止用隔离开关拉开、合上带负荷的电气设备或带负荷的电气线路。合上隔离开关时，当隔离开关动触头接近静触头时，应快速将隔离开关合入，但当隔离开关触头接近合闸终点时，不得冲击。拉开隔离开关时，当动触头快要离开静触头时，应快速断开，然后操作至终点。隔离开关合闸后，应检查三相接触是否良好，连动操作手柄是否制动良好。拉闸后，应检查三相动、静触头是否断开，动触头与静触头之间的空气距离是否合格，连动操作手柄是否制动良好。

（2）隔离开关应垂直安装在断路器板或条架上，使夹座位于上方，以避免在分断位置由于刀架松动或闸刀脱落而造成误合闸。合闸时要保证三相同步，各相接触良好，如果有一相接触不良，就可能造成电动机缺相运行而损坏。没有灭弧罩的隔离开关严禁分断带电流的负载，而只作隔离开关用。隔离开关不能切断故障电流，在电路中只能起到隔离电源的作用。

5. 剩余电流动作保护器操作要求

（1）剩余电流动作保护器对保护范围内设备的相—相，相—中性间引起的触电危险不起保护作用，剩余电流总保护器和中级保护器可切除低压电网主干线路和分支线路上断线接地等产生较大剩余电流的故障。剩余电流末级保护器安装在用户受电端，保护的是用户内部低压设备绝缘破坏、发生人身间接接触触电等剩余电流所造成的事故；对直接接触触电，仅作为基本保护措施的附加保护。

（2）剩余电流动作保护器安装后要进行投运试验，用剩余电流动作保护器的试验按钮试跳三次，应正确动作。各相用试验电阻（一般为 $1\sim2k\Omega$）接地试验三次，保护器应能正确动作。带负荷分合三次，保护器不能有误动作现象。剩余电流总保护器每月至少检查接地试跳一次。剩余电流末级保护器每月至少试跳一次。剩余电流动作保护器动作后，应立即查找动作原因，如无异常情况，可以试送电一次，试送电后再次跳闸必须找出故障点并处理后才能送电。

6. 低压熔断器操作要求

（1）低压熔断器接入电路时，其熔体串联在电路中，负载电流流过熔体，由于电流热效应而使温度上升，当电路发生过载或短路时，电流大于熔体允许的正常发热电流，使熔体温度急剧上升，超过其熔点而熔断，从而起到保护电路和设备的作用。因此低压熔断器只能作为电路和低压电气设备的过载、短路保护。

（2）由于熔件（主要是指低压熔断器，如瓷插、螺旋熔丝等）的两个静触头距离较近，而低压干线或分支线的负荷又较大，手动操作停电、送电时，动作较慢极易产生弧光，造成人身触电。因此熔件操作必须在不带电的情况下投、切，因此严禁以投、切低压熔断器的方法对线路（包括干线或分支线）进行送电、停电操作。

（3）低压熔断器及熔体必须安装可靠，否则相当于一相断路，使电动机缺相运行而烧毁。安装熔体时必须保证接触良好。如果接触不良使接触部位过热，当传至熔体后使熔体温度升高会造成误动作。拆换低压熔断器时要检查新熔体的规格和形状是否与更换的熔体一致。安装熔体时，应确认熔体无有机械损伤，否则将会因熔体截面变小使保护特性变坏。

7. 低压随器补偿电容器操作要求

（1）低压随器补偿电容器停电接地前，必须待补偿电容器放电完毕后再进行验电接地。正常情况下，如果补偿电容器停电后需要再次投入运行，必须待补偿电容器放电完毕后，方可投入运行。

（2）当随器补偿电容器与低压线路全部停电操作时，必须先停电容器组，再停电低压线路。当随器补偿电容器与低压线路都送电操作时，必须先送电低压线路，待低压线路带上负荷后再送电电容器组。

8. 低压配电箱操作要求

配电箱内各电器之间以及这些电器对配电箱外壳的距离，应能满足电气间隙、爬电距离以及操作所需的间隔。配电箱的进出引线应采用具有绝缘护套的绝缘电线或电缆，穿越箱壳时加护套管保护。室外配电箱应牢固安装在支架或基础上，箱底距地面高度不低于 1m，并采取防止攀登的措施。

9. 低压配电屏操作要求

配电屏的各电器、仪表、端子排等均应标明编号、名称、路别或用途及操作位置。配电屏内安装的低压设备应排列整齐。排列应垂直安装，上端接电源，下端接负荷。断路器的操作手柄中心距地面一般为 1.2～1.5m。控制两个独立电源开关的低压配电屏应装有可靠的机械和电气闭锁装置。配电屏母线应按规定涂相色漆，U 相为黄色，V 相为绿色，W 相为红色，中性线为淡蓝色，保护中性线为黄和绿双色。为防止操作人员在操作过程中，误触裸露带电部位而触电，配电屏前、后应放置绝缘垫。

10. 对配电室的要求

配电室内应留有通道，固定式配电屏为单列布置时，屏前通道为 1.5m；固定式配电屏为双列布置时，屏前通道为 2m。配电屏后和配电屏侧为 1m，有困难时可减为 0.8m。

（四）低压电气操作票的统计汇总

供电所已执行、作废和未执行的操作票，应分别存放、不得遗失。已执行、作废和未使用的操作票保存时间不得少于一年，以便检查与考核。供电所班组应在每月 3 日前将上月操作票按时间顺序分类整理、审核，对照每份操作票填写供电所《操作票月度统计考核表》（见表 2-17），将操作票按照操作日期顺序将操作票操作日期和编号分别填入表 2-17 的"日期"和"操作票编号"栏；将操作票的操作任务填写到表 2-17 的"工作项目"栏；在表 2-17 的"执行情况"栏填写数字"1"，禁止在此栏打"√"，对于已执行的操作票在"已执行"栏填写数字"1"，对于作废的操作票在"作废"栏填写数字"1"，对于未执行的操作票在"未执行"栏填写数字"1"；对应操作票上填写的操作人和监护人将其姓名填写在表 2-17 相应的"操作人""监护人"中。

操作票应由班组班长审核签名后报送供电所安全质量员。供电所安全质量员应在每月 6 日前将班组报送的上月操作票进行汇总、审核，审查出不合格操作票的内容，做好供电所操作票合格率的计算，在表 2-17 中填写月度操作票使用张数、操作票合格张数、操作票不合格张数、操作票合格率，最后由供电所安全质量员在供电所《操作票月度统计考核表》中填写评价分析意见。供电所安全质量员根据已执行、作废和未执行操作票情况和操作票不合格情况提出考核意见，并填写在表 2-12 的"考核"栏中。《操作票月度统计考核表》填写完毕后由供电所安全质量员在"填报人"栏签名并填写填报日期，报供电所所长。供电所所长经过全面审核无误后在"负责人"栏签名。每月 9 日前由供电所安全质量员将供电所《操作票月度统计考核表》报送县供电公司安质部门，同时将操作票原始资料归档保存，以备检查。

表 2-12 　　　　　　　　　　　　操作票月度统计考核表

单位：××供电所　　　　　　　　　　　　　　　　　　　　　　年　　月

序号	日期	操作票编号	工作项目	执行情况			操作人	监护人	考核
				已执行	未执行	作废			

合计：　　张　　　合格：　　　张　　　不合格：　　　张　　　合格率：　　　％

评价分析：

负责人：　　　　　填报人：　　　　　填报日期：　　　年　　月　　日

注：此表一式两份，一份上报安质部，一份所内存档。

（五）低压电气操作票的检查考核

1. 低压电气操作票的检查

供电所每月要对当月操作票执行情况进行全面检查、汇总、统计和评价分析，指出存在问题和改进措施，对于在操作票检查中发现的不合格项由供电所提出对班组的考核意见。市、县两级供电公司安质管理人员要经常深入工作现场检查指导安全生产工作，按分工每月抽查供电所已执行的低压电气操作票，抽查后均应在供电所《操作票月度统计考核表》上签名，并指出问题，对于操作票检查中发现的不合格项由市、县两级供电公司分别提出考核意见。

2. 低压电气操作票的考核

在填写和执行操作票过程中出现下情况之一者为不合格项，要进行考核：

（1）操作票无编号，编号混乱或漏号。

（2）无票操作或事后补票。

（3）未写供电所名称或填错名称。

（4）操作票未盖章、盖错位置或盖错章。

（5）一份操作票填写两个及以上操作任务。

（6）操作任务与操作项目不符。

（7）操作任务填写不明确或设备名称、编号不正确。

（8）操作任务填写未使用设备双重名称及运用方式转换。

（9）不用蓝色或黑色钢笔（圆珠笔）填写，而且字迹潦草，票面模糊不清。

（10）操作时未逐项打"√"或不打"√"进行操作，全部操作完毕后补打"√"。

（11）未填写操作开始及结束时间或操作开始及结束时间填错。

（12）操作票未打终止号"⌐"或终止号"⌐"打错位置。

（13）多页操作票未填续号或填错续号。

（14）低压电气操作票没有签名或漏签名、代签名。

（15）操作票中有错字、别字、漏字或未使用操作术语。

（16）操作票中对操作方式，设备名称、编号、参数、终止号、操作"动词"有涂改。

（17）操作项目中出现漏项、并项、添项、顺序号任意涂改。

（18）操作顺序颠倒。

（19）操作票未按规定保存一年就丢失。

（20）已装设、拆除的接地线没写编号。

（21）悬挂标志牌错误。

（22）操作中不戴安全帽或使用不合格安全用具。

（23）操作不当，造成设备损坏。

（24）操作票在执行过程中因故停止操作未在备注栏注明原因。

（25）操作票填写后，未按操作人→监护人的顺序审查并签名。

（26）操作票填写后，未经监护人审核就操作。

（27）监护人手中持有两份及以上操作票同时进行操作。

（28）在执行低压电气设备操作时，如已操作一项或多项，因故停止操作，未按规定盖"已执行"章、未按已执行的操作票处理、未注明原因。

（29）低压电气设备操作中途随意换人。

（30）操作人、监护人在低压电气设备操作过程中做与操作无关的事情。

（31）失去监护操作。

（32）未按低压电气设备操作程序操作。

（33）现场操作未执行监护、复诵制。

（34）未进行模拟操作就开始实际操作。

（35）操作票虽然填写正确，但操作过程中执行错误。

（36）在操作中发生任何人身或设备责任事故或障碍。

（37）配电室模拟图板与现场实际设备不符。

（38）典型操作票与现场实际设备不符，低压电气设备运行方式改变后，典型操作票未及时修改。

（39）安全用具发生损坏、丢失，影响操作。

（40）安全用具不能满足操作要求或因安全用具超过使用寿命而影响操作。

（41）安全用具未贴有醒目标签，包括用具名称、本次试验日期、下次试验日期、使用电压等级、编号及手握限位标志。

（42）安全用具未按定置管理要求存放，延误低压电气设备操作。

（43）送电操作前，未检查送电范围内接地线是否拆除。

（44）装设、拆除接地线时身体触及接地线。

（45）装设接地线未按先接接地端，后接导体端的顺序进行。

（46）装设接地线用缠绕方式接地。

（47）未用合格相应电压等级的专用验电器验电。

（48）装设接地线时，工作人员未使用绝缘棒或戴绝缘手套。

（49）杆塔无接地引下线时，未采用临时接地棒。

（50）验电前未将验电器在有电设备上进行检验，就直接验电。

（51）所操作的设备名称编号与操作票上的设备名称编号不一致。

（52）对于分项操作的内容在操作票上合项操作。

（六）低压电气操作票合格率计算

1. 低压电气操作票合格率计算公式

低压电气操作票合格率按如下公式计算：

$$低压电气操作票合格率 = \frac{已执行正确的操作票份数}{应统计的操作票份数} \times 100\%$$

2. 低压电气操作票合格率计算要求

应统计的操作票份数是指包括已执行的和不符合《国家电网公司电力安全工作规程》和《农村电网低压电气安全工作规程》等相关安全规程、规定所填写和执行的操作票份数。合格的操作票份数，应当是从应统计的操作票份数中，减去不符合《国家电网公司电力安全工作规程》和《农村电网低压电气安全工作规程》等相关安全规程、规定所填写和执行的操作票份数。如果操作票填写不符合规定，即便执行正确也应统计为不合格；反之，如果操作票填写符合规定，执行中不符合规程或安全规定要求，造成事故，也应统计为不合格的操作票。

（七）典型低压电气操作票填写范例

[实例2-41]

李庄2号配电室典型操作票

李庄2号配电室接线图如图所示。

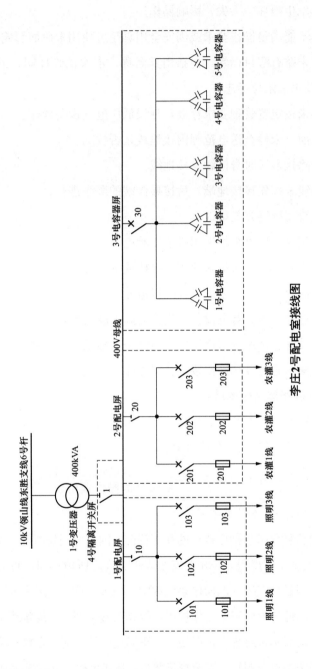

李庄2号配电室接线图

（1）李庄 2 号配电室 1 号配电屏照明 1 线由运行转检修。

低 压 操 作 票

单位 ×× 供电所　　　编号 000000001

发令人	×××	受令人	×××	发令时间： ××××年××月××日××时××分	
操作开始时间： ××××年××月××日××时××分				操作结束时间： ××××年××月××日××时××分	

操作任务：李庄 2 号配电室 1 号配电屏照明 1 线由运行转检修

顺序	操 作 项 目	√
1	确认 1 号配电屏照明 1 线 101 断路器	√
2	断开 1 号配电屏照明 1 线 101 断路器	√
3	检查 1 号配电屏照明 1 线 101 断路器三相确已断开	√
4	取下 1 号配电屏照明 1 线 101U 相熔断器	√
5	检查 1 号配电屏照明 1 线 101U 相熔断器确已取下	√
6	取下 1 号配电屏照明 1 线 101V 相熔断器	√
7	检查 1 号配电屏照明 1 线 101V 相熔断器确已取下	√
8	取下 1 号配电屏照明 1 线 101W 相熔断器	√
9	检查 1 号配电屏照明 1 线 101W 相熔断器确已取下	√
10	在 1 号配电屏照明 1 线 101 断路器上悬挂"禁止合闸、有人工作"标示牌	√
11	在 1 号配电屏照明 1 线 1 号杆电源侧验电确无电压	√
12	在 1 号配电屏照明 1 线 1 号杆电源侧装设 3 号接地线	√
	꜒	
备注	李庄 2 号配电室 1 号配电屏照明 1 线线路有工作	
操作人：李××		监护人：赵××

（2）李庄 2 号配电室 1 号配电屏照明 1 线由检修转运行。

低 压 操 作 票

单位 ×× 供电所　　　编号 000000002

发令人	×××	受令人	×××	发令时间： ××××年××月××日××时××分	
操作开始时间： ××××年××月××日××时××分				操作结束时间： ××××年××月××日××时××分	

操作任务：李庄 2 号配电室 1 号配电屏照明 1 线由检修转运行

顺序	操 作 项 目	√
1	确认 1 号配电屏照明 1 线 1 号杆电源侧	√
2	拆除 1 号配电屏照明 1 线 1 号杆电源侧 3 号接地线	√
3	检查 1 号配电屏照明 1 线 1 号杆电源侧 3 号接地线确已拆除	√
4	检查 1 号配电屏照明 1 线 1 号杆电源侧确无接地短路	√
5	取下 1 号配电屏照明 1 线 101 断路器"禁止合闸、有人工作"标示牌	√
6	检查 1 号配电屏照明 1 线 101 断路器三相确已断开	√
7	装上 1 号配电屏照明 1 线 101U 相熔断器	√

续表

顺序	操作项目	√
8	检查1号配电屏照明1线101U相熔断器确已装好	√
9	装上1号配电屏照明1线101V相熔断器	√
10	检查1号配电屏照明1线101V相熔断器确已装好	√
11	装上1号配电屏照明1线101W相熔断器	√
12	检查1号配电屏照明1线101W相熔断器确已装好	√
13	合上1号配电屏照明1线101断路器	√
14	检查1号配电屏照明1线101断路器三相确已合好	√
	↳	
备注	李庄2号配电室1号配电屏照明1线线路有工作	
操作人：李××		监护人：赵××

(3) 李庄2号配电室1号配电屏照明1线101断路器由运行转检修。

低 压 操 作 票

单位 ××供电所　　编号 000000003

发令人	×××	受令人	×××	发令时间： ××××年××月××日××时××分
操作开始时间： ××××年××月××日××时××分			操作结束时间： ××××年××月××日××时××分	

操作任务：李庄2号配电室1号配电屏照明1线101断路器由运行转检修

顺序	操作项目	√
1	确认1号配电屏照明1线101断路器	√
2	断开1号配电屏照明1线101断路器	√
3	检查1号配电屏照明1线101断路器三相确已断开	√
4	取下1号配电屏照明1线101U相熔断器	√
5	检查1号配电屏照明1线101U相熔断器确已取下	√
6	取下1号配电屏照明1线101V相熔断器	√
7	检查1号配电屏照明1线101V相熔断器确已取下	√
8	取下1号配电屏照明1线101W相熔断器	√
9	检查1号配电屏照明1线101W相熔断器确已取下	√
10	断开1号配电屏照明2线102断路器	√
11	检查1号配电屏照明2线102断路器三相确已断开	√
12	取下1号配电屏照明2线102U相熔断器	√
13	检查1号配电屏照明2线102U相熔断器确已取下	√
14	取下1号配电屏照明2线102V相熔断器	√
15	检查1号配电屏照明2线102V相熔断器确已取下	√
16	取下1号配电屏照明2线102W相熔断器	√
备注	李庄2号配电室1号配电屏照明1线101断路器更换。 本票接下页000000004号	
操作人：李××		监护人：赵××

低 压 操 作 票

单位 ××供电所 　　编号 000000004

发令人	×××	受令人	×××	发令时间： ××××年××月××日××时××分
操作开始时间： ××××年××月××日××时××分			操作结束时间： ××××年××月××日××时××分	

操作任务：李庄 2 号配电室 1 号配电屏照明 1 线 101 断路器由运行转检修

顺序	操 作 项 目	
17	检查 1 号配电屏照明 2 线 102W 相熔断器确已取下	√
18	断开 1 号配电屏照明 3 线 103 断路器	√
19	检查 1 号配电屏照明 3 线 103 断路器三相确已断开	√
20	取下 1 号配电屏照明 3 线 103U 相熔断器	√
21	检查 1 号配电屏照明 3 线 103U 相熔断器确已取下	√
22	取下 1 号配电屏照明 3 线 103V 相熔断器	√
23	检查 1 号配电屏照明 3 线 103V 相熔断器确已取下	√
24	取下 1 号配电屏照明 3 线 103W 相熔断器	√
25	检查 1 号配电屏照明 3 线 103W 相熔断器确已取下	√
26	断开 1 号配电屏 10 隔离开关	√
27	检查 1 号配电屏 10 隔离开关三相确已断开	√
28	在 1 号配电屏照明 1 线 101 断路器与 10 隔离开关间验电确无电压	√
29	在 1 号配电屏照明 1 线 101 断路器与 10 隔离开关间装设 2 号接地线	√
30	在 1 号配电屏照明 1 线 101 断路器与 101 熔断器间验电确无电压	√
31	在 1 号配电屏照明 1 线 101 断路器与 101 熔断器间装设 3 号接地线	√
32	在 1 号配电屏 10 隔离开关上悬挂"禁止合闸、有人工作"标示牌	√
	凵	
备注	李庄 2 号配电室 1 号配电屏照明 1 线 101 断路器更换。 本票承上页 000000003 号	
操作人：李××		监护人：赵××

（4）李庄 2 号配电室 1 号配电屏照明 1 线 101 断路器由检修转运行。

低 压 操 作 票

单位 ××供电所 　　编号 000000005

发令人	×××	受令人	×××	发令时间： ××××年××月××日××时××分
操作开始时间： ××××年××月××日××时××分			操作结束时间： ××××年××月××日××时××分	

操作任务：李庄 2 号配电室 1 号配电屏照明 1 线 101 断路器由检修转运行

顺序	操 作 项 目	√
1	确认 1 号配电屏 10 隔离开关	√
2	拆除 1 号配电屏 10 隔离开关"禁止合闸、有人工作"标示牌	√
3	拆除 1 号配电屏照明 1 线 101 断路器与 10 隔离开关间 2 号接地线	√
4	检查 1 号配电屏照明 1 线 101 断路器与 10 隔离开关间确无接地短路	√

续表

顺序	操 作 项 目	√
5	拆除1号配电屏照明1线101断路器与101熔断器间3号接地线	√
6	检查1号配电屏照明1线101断路器与101熔断器间确无接地短路	√
7	检查1号配电屏照明3线103断路器三相确已断开	√
8	装上1号配电屏照明3线103U相熔断器	√
9	检查1号配电屏照明3线103U相熔断器确已装好	√
10	装上1号配电屏照明3线103V相熔断器	√
11	检查1号配电屏照明3线103V相熔断器确已装好	√
12	装上1号配电屏照明3线103W相熔断器	√
13	检查1号配电屏照明3线103W相熔断器确已装好	√
14	检查1号配电屏照明2线102断路器三相确已断开	√
15	装上1号配电屏照明2线102U相熔断器	√
16	检查1号配电屏照明2线102U相熔断器确已装好	√
备注	李庄2号配电室1号配电屏照明1线101断路器更换。 本票接下页000000006号	
操作人：李××		监护人：赵××

低 压 操 作 票

单位___××供电所___   编号___000000006___

发令人	×××	受令人	×××	发令时间： ××××年××月××日××时××分
操作开始时间： ××××年××月××日××时××分				操作结束时间： ××××年××月××日××时××分

操作任务：李庄2号配电室1号电屏照明1线101断路器由运行转检修

顺序	操 作 项 目	√
17	装上1号配电屏照明2线102V相熔断器	√
18	检查1号配电屏照明2线102V相熔断器确已装好	√
19	装上1号配电屏照明2线102W相熔断器	√
20	检查1号配电屏照明2线102W相熔断器确已装好	√
21	检查1号配电屏照明1线101断路器三相确已断开	√
22	装上1号配电屏照明1线101U相熔断器	√
23	检查1号配电屏照明1线101U相熔断器确已装好	√
24	装上1号配电屏照明1线101V相熔断器	√
25	检查1号配电屏照明1线101V相熔断器确已装好	√
26	装上1号配电屏照明1线101W相熔断器	√
27	检查1号配电屏照明1线101W相熔断器确已装好	√
28	合上1号配电屏10隔离开关	√
29	检查1号配电屏10隔离开关三相确已合好	√
30	合上1号配电屏照明1线101断路器	√
31	检查1号配电屏照明1线101断路器三相确已合好	√
32	合上1号配电屏照明2线102断路器	√

续表

顺序	操 作 项 目	√
备注	李庄2号配电室1号配电屏照明1线101断路器更换。 本票承上页000000005号，本票接下页000000007号	
操作人：李××		监护人：赵××

低 压 操 作 票

单位　××供电所　　　编号　000000007

发令人	×××	受令人	×××	发令时间： ××××年××月××日××时××分
操作开始时间： ××××年××月××日××时××分				操作结束时间： ××××年××月××日××时××分

操作任务：李庄2号配电室1号配电屏照明1线101断路器由运行转检修

顺序	操 作 项 目	√
33	检查1号配电屏照明2线102断路器三相确已合好	√
34	合上1号配电屏照明3线103断路器	√
35	检查1号配电屏照明3线103断路器三相确已合好	√
备注	李庄2号配电室1号配电屏照明1线101断路器更换。 本票承上页000000006号	
操作人：李××		监护人：赵××

（5）李庄2号配电室1号配电屏照明3线103熔断器由运行转检修。

低 压 操 作 票

单位　××供电所　　　编号　000000008

发令人	×××	受令人	×××	发令时间： ××××年××月××日××时××分
操作开始时间： ××××年××月××日××时××分				操作结束时间： ××××年××月××日××时××分

操作任务：李庄2号配电室1号配电屏照明3线103熔断器由运行转检修

顺序	操 作 项 目	√
1	确认1号配电屏照明3线103断路器	√

续表

顺序	操 作 项 目	√
2	断开1号配电屏照明3线103断路器	√
3	检查1号配电屏照明3线103断路器三相确已断开	√
4	取下1号配电屏照明3线103U相熔断器	√
5	检查1号配电屏照明3线103U相熔断器确已取下	√
6	取下1号配电屏照明3线103V相熔断器	√
7	检查1号配电屏照明3线103V相熔断器确已取下	√
8	取下1号配电屏照明3线103W相熔断器	√
9	检查1号配电屏照明3线103W相熔断器确已取下	√
10	断开1号配电屏照明2线102断路器	√
11	检查1号配电屏照明2线102断路器三相确已断开	√
12	取下1号配电屏照明2线102U相熔断器	√
13	检查1号配电屏照明2线102U相熔断器确已取下	√
14	取下1号配电屏照明2线102V相熔断器	√
15	检查1号配电屏照明2线102V相熔断器确已取下	√
16	取下1号配电屏照明2线102W相熔断器	√
备注	李庄2号配电室1号配电屏照明3线103熔断器更换。 本票接下页000000009号	
操作人：李××		监护人：赵××

低 压 操 作 票

单位 ××供电所　　　　编号 000000009

发令人	×××	受令人	×××	发令时间： ××××年××月××日××时××分
操作开始时间： ××××年××月××日××时××分				操作结束时间： ××××年××月××日××时××分

操作任务：李庄2号配电室1号配电屏照明3线103熔断器由运行转检修

顺序	操 作 项 目	√
17	检查1号配电屏照明2线102W相熔断器确已取下	√
18	断开1号配电屏照明1线101断路器	√
19	检查1号配电屏照明1线101断路器三相确已断开	√
20	取下1号配电屏照明1线101U相熔断器	√
21	检查1号配电屏照明1线101U相熔断器确已取下	√
22	取下1号配电屏照明1线101V相熔断器	√
23	检查1号配电屏照明1线101V相熔断器确已取下	√
24	取下1号配电屏照明1线101W相熔断器	√
25	检查1号配电屏照明1线101W相熔断器确已取下	√
26	断开1号配电屏10隔离开关	√
27	检查1号配电屏10隔离开关三相确已断开	√
28	在1号配电屏照明3线103熔断器负荷侧验电确无电压	√
29	在1号配电屏照明3线103熔断器负荷侧装设2号接地线	√

顺序	操　作　项　目	√
30	在1号配电屏照明3线103断路器与103熔断器间验电确无电压	√
31	在1号配电屏照明3线103断路器与103熔断器间装设3号接地线	√
32	在1号配电屏10隔离开关上悬挂"禁止合闸、有人工作"标示牌	√
	↳	
备注	李庄2号配电室1号配电屏照明3线103熔断器更换。 本票承上页000000008号	
操作人：李××		监护人：赵××

（6）李庄2号配电室1号配电屏照明3线103熔断器由检修转运行。

低 压 操 作 票

单位　×× 供电所　　　编号　000000010

发令人	×××	受令人	×××	发令时间： ××××年××月××日××时××分
操作开始时间： ××××年××月××日××时××分			操作结束时间： ××××年××月××日××时××分	

操作任务：李庄2号配电室1号配电屏照明3线103熔断器由检修转运行

顺序	操　作　项　目	√
1	确认1号配电屏10隔离开关	√
2	拆除1号配电屏10隔离开关"禁止合闸、有人工作"标示牌	√
3	拆除1号配电屏照明3线103熔断器负荷侧2号接地线	√
4	检查1号配电屏照明3线103熔断器负荷侧确无接地短路	√
5	拆除1号配电屏照明3线103断路器与103熔断器间3号接地线	√
6	检查1号配电屏照明3线103断路器与103熔断器间确无接地短路	√
7	检查1号配电屏照明3线103断路器三相确已断开	√
8	装上1号配电屏照明3线103U相熔断器	√
9	检查1号配电屏照明3线103U相熔断器确已装好	√
10	装上1号配电屏照明3线103V相熔断器	√
11	检查1号配电屏照明3线103V相熔断器确已装好	√
12	装上1号配电屏照明3线103W相熔断器	√
13	检查1号配电屏照明3线103W相熔断器确已装好	√
14	检查1号配电屏照明2线102断路器三相确已断开	√
15	装上1号配电屏照明2线102U相熔断器	√
16	检查1号配电屏照明2线102U相熔断器确已装好	√
备注	李庄2号配电室1号配电屏照明3线103熔断器更换。 本票接下页000000011号	
操作人：李××		监护人：赵××

低 压 操 作 票

单位　××供电所　　　　编号　000000011

发令人	×××	受令人	×××	发令时间： ××××年××月××日××时××分
操作开始时间： ××××年××月××日××时××分			操作结束时间： ××××年××月××日××时××分	

操作任务：李庄2号配电室1号配电屏照明3线103熔断器由检修转运行

顺序	操 作 项 目	√
17	装上1号配电屏照明2线102V相熔断器	√
18	检查1号配电屏照明2线102V相熔断器确已装好	√
19	装上1号配电屏照明2线102W相熔断器	√
20	检查1号配电屏照明2线102W相熔断器确已装好	√
21	检查1号配电屏照明1线101断路器三相确已断开	√
22	装上1号配电屏照明1线101U相熔断器	√
23	检查1号配电屏照明1线101U相熔断器确已装好	√
24	装上1号配电屏照明1线101V相熔断器	√
25	检查1号配电屏照明1线101V相熔断器确已装好	√
26	装上1号配电屏照明1线101W相熔断器	√
27	检查1号配电屏照明1线101W相熔断器确已装好	√
28	合上1号配电屏10隔离开关	√
29	检查1号配电屏10隔离开关三相已合好	√
30	合上1号配电屏照明1线101断路器	√
31	检查1号配电屏照明1线101断路器三相确已合好	√
32	合上1号配电屏照明2线102断路器	√
备注	李庄2号配电室1号配电屏照明3线103熔断器更换。 本票承上页000000010号，本票接下页000000012号	

操作人：李××　　　　　　　　　　　　监护人：赵××

低 压 操 作 票

单位　××供电所　　　　编号　000000012

发令人	×××	受令人	×××	发令时间： ××××年××月××日××时××分
操作开始时间： ××××年××月××日××时××分			操作结束时间： ××××年××月××日××时××分	

操作任务：李庄2号配电室1号配电屏照明3线103熔断器由检修转运行

顺序	操 作 项 目	√
33	检查1号配电屏照明2线102断路器三相确已合好	√
34	合上1号配电屏照明3线103断路器	√
35	检查1号配电屏照明3线103断路器三相确已合好	√
	↳	

续表

顺序	操 作 项 目	√
备注	李庄2号配电室1号配电屏照明3线103熔断器更换。 本票承上页000000011号	
操作人：李××		监护人：赵××

（7）李庄2号配电室3号电容器屏1号电容器由运行转检修。

低 压 操 作 票

单位　××供电所　　编号　000000013

发令人	×××	受令人	×××	发令时间： ××××年××月××日××时××分
操作开始时间： ××××年××月××日××时××分				操作结束时间： ××××年××月××日××时××分

操作任务：李庄2号配电室3号电容器屏1号电容器由运行转检修

顺序	操 作 项 目	√
1	确认3号电容器屏30断路器	√
2	断开3号电容器屏30断路器	√
3	检查3号电容器屏30断路器三相确已断开	√
4	在3号电容器屏30断路器电容器侧验电确无电压	√
5	在3号电容器屏30断路器电容器侧装设2号接地线	√
6	在3号电容器屏30断路器上悬挂"禁止合闸、有人工作"标示牌	√
	以下空白	
备注	李庄2号配电室3号电容器屏1号电容器消缺	
操作人：李××		监护人：赵××

(8) 李庄 2 号配电室 3 号电容器屏 1 号电容器由检修转运行。

低 压 操 作 票

单位 ××供电所 编号 000000014

发令人	×××	受令人	×××	发令时间：××××年××月××日××时××分
操作开始时间：××××年××月××日××时××分			操作结束时间：××××年××月××日××时××分	

操作任务：李庄 2 号配电室 3 号电容器屏 1 号电容器由检修转运行

顺序	操 作 项 目	√
1	确认 3 号电容器屏 30 断路器	√
2	拆除 3 号电容器屏 30 断路器"禁止合闸、有人工作"标示牌	√
3	拆除 3 号电容器屏 30 断路器电容器侧 2 号接地线	√
4	检查 3 号电容器屏 30 断路器电容器侧 2 号接地线确已拆除	√
5	检查 3 号电容器屏 30 断路器电容器侧确无接地短路	√
6	合上 3 号电容器屏 30 断路器	√
7	检查 3 号电容器屏 30 断路器三相确已合好	√
	↳	
备注	李庄 2 号配电室 3 号电容器屏 1 号电容器消缺	
操作人：李××		监护人：赵××

(9) 李庄 2 号配电室 2 号配电屏 20 隔离开关由运行转检修。

低 压 操 作 票

单位 ××供电所 编号 000000015

发令人	×××	受令人	×××	发令时间：××××年××月××日××时××分
操作开始时间：××××年××月××日××时××分			操作结束时间：××××年××月××日××时××分	

操作任务：李庄 2 号配电室 2 号配电屏 20 隔离开关由运行转检修

顺序	操 作 项 目	√
1	确认 1 号配电屏照明 1 线 101 断路器	√
2	断开 1 号配电屏照明 1 线 101 断路器	√
3	检查 1 号配电屏照明 1 线 101 断路器三相确已断开	√
4	取下 1 号配电屏照明 1 线 101U 相熔断器	√

顺序	操 作 项 目	√
5	检查1号配电屏照明1线101U相熔断器确已取下	√
6	取下1号配电屏照明1线101V相熔断器	√
7	检查1号配电屏照明1线101V相熔断器确已取下	√
8	取下1号配电屏照明1线101W相熔断器	√
9	检查1号配电屏照明1线101W相熔断器确已取下	√
10	断开1号配电屏照明2线102断路器	√
11	检查1号配电屏照明2线102断路器三相确已断开	√
12	取下1号配电屏照明2线102U相熔断器	√
13	检查1号配电屏照明2线102U相熔断器确已取下	√
14	取下1号配电屏照明2线102V相熔断器	√
15	检查1号配电屏照明2线102V相熔断器确已取下	√
16	取下1号配电屏照明2线102W相熔断器	√
备注	李庄2号配电室2号配电屏20隔离开关更换。 本票接下页000000016号	
操作人：李××		监护人：赵××

低 压 操 作 票

单位 ××供电所 　　　 编号 000000016

发令人	×××	受令人	×××	发令时间： ××××年××月××日××时××分
操作开始时间： ××××年××月××日××时××分				操作结束时间： ××××年××月××日××时××分

操作任务：李庄2号配电室2号配电屏20隔离开关由运行转检修

顺序	操 作 项 目	√
17	检查1号配电屏照明2线102W相熔断器已取下	√
18	断开1号配电屏照明3线103断路器	√
19	检查1号配电屏照明3线103断路器三相确已断开	√
20	取下1号配电屏照明3线103U相熔断器	√
21	检查1号配电屏照明3线103U相熔断器确已取下	√
22	取下1号配电屏照明3线103V相熔断器	√
23	检查1号配电屏照明3线103V相熔断器确已取下	√
24	取下1号配电屏照明3线103W相熔断器	√
25	检查1号配电屏照明3线103W相熔断器确已取下	√
26	断开2号配电屏农灌1线201断路器	√
27	检查2号配电屏农灌1线201断路器三相确已断开	√
28	取下2号配电屏农灌1线201U相熔断器	√
29	检查2号配电屏农灌1线201U相熔断器确已取下	√
30	取下2号配电屏农灌1线201V相熔断器	√
31	检查2号配电屏农灌1线201V相熔断器确已取下	√
32	取下2号配电屏农灌1线201W相熔断器	√
备注	李庄2号配电室2号配电屏20隔离开关更换。 本票承上页000000015号，本票接下页000000017号	
操作人：李××		监护人：赵××

低压操作票

单位 ××供电所　　　　编号 000000017

发令人	×××	受令人	×××	发令时间： ××××年××月××日××时××分
操作开始时间： ××××年××月××日××时××分			操作结束时间： ××××年××月××日××时××分	

操作任务：李庄2号配电室2号配电屏20隔离开关由运行转检修

顺序	操 作 项 目	√
33	检查2号配电屏农灌1线201W相熔断器确已取下	√
34	断开2号配电屏农灌2线202断路器	√
35	检查2号配电屏农灌2线202断路器三相确已断开	√
36	取下2号配电屏农灌2线202U相熔断器	√
37	检查2号配电屏农灌2线202U相熔断器确已取下	√
38	取下2号配电屏农灌2线202V相熔断器	√
39	检查2号配电屏农灌2线202V相熔断器确已取下	√
40	取下2号配电屏农灌2线202W相熔断器	√
41	检查2号配电屏农灌2线202W相熔断器确已取下	√
42	断开2号配电屏农灌3线203断路器	√
43	检查2号配电屏农灌3线203断路器三相确已断开	√
44	取下2号配电屏农灌3线203U相熔断器	√
45	检查2号配电屏农灌3线203U相熔断器确已取下	√
46	取下2号配电屏农灌3线203V相熔断器	√
47	检查2号配电屏农灌3线203V相熔断器确已取下	√
48	取下2号配电屏农灌3线203W相熔断器	√
备注	李庄2号配电室2号配电屏20隔离开关更换。 本票承上页000000016号，本票接下页000000018号	
操作人：李××		监护人：赵××

低压操作票

单位 ××供电所　　　　编号 000000018

发令人	×××	受令人	×××	发令时间： ××××年××月××日××时××分
操作开始时间： ××××年××月××日××时××分			操作结束时间： ××××年××月××日××时××分	

操作任务：李庄2号配电室2号配电屏20隔离开关由运行转检修

顺序	操 作 项 目	√
49	检查2号配电屏照明3线203W相熔断器确已取下	√
50	断开3号电容器屏30断路器	√
51	检查3号电容器屏30断路器三相已断开	√
52	断开1号配电屏10隔离开关	√
53	检查1号配电屏10隔离开关三相确已断开	√
54	断开2号配电屏20隔离开关	√

续表

顺序	操 作 项 目	✓
55	检查 2 号配电屏 20 隔离开关三相确已断开	√
56	断开 4 号隔离开关屏 1 隔离开关	√
57	检查 4 号隔离开关屏 1 隔离开关三相确已断开	√
58	在 4 号隔离开关屏 1 隔离开关与 2 号配电屏 20 隔离开关间验电确无电压	√
59	在 4 号隔离开关屏 1 隔离开关与 2 号配电屏 20 隔离开关间装设 2 号接地线	√
60	在 2 号配电屏 20 隔离开关与 2 号配电屏农灌 2 线 202 断路器间验电确无电压	√
61	在 2 号配电屏 20 隔离开关与 2 号配电屏农灌 2 线 202 断路器间装设 3 号接地线	√
62	在 4 号隔离开关屏 1 隔离开关上悬挂"禁止合闸、有人工作"标示牌	√
	↳	
备注	李庄 2 号配电室 2 号配电屏 20 隔离开关更换。 本票承上页 000000017 号	
操作人：李××		监护人：赵××

（10）李庄 2 号配电室 2 号配电屏 20 隔离开关由检修转运行。

低 压 操 作 票

单位 ××供电所　　　编号 000000019

发令人	×××	受令人	×××	发令时间： ××××年××月××日××时××分
操作开始时间： ××××年××月××日××时××分				操作结束时间： ××××年××月××日××时××分

操作任务：李庄 2 号配电室 2 号配电屏 20 隔离开关由检修转运行

顺序	操 作 项 目	✓
1	确认 4 号隔离开关屏 1 隔离开关	√
2	拆除 4 号隔离开关屏 1 隔离开关"禁止合闸、有人工作"标示牌	√
3	拆除 2 号配电屏 20 隔离开关与 2 号配电屏农灌 2 线 202 断路器间 3 号接地线	√
4	检查 2 号配电屏 20 隔离开关与 2 号配电屏农灌 2 线 202 断路器间 3 号接地线确已拆除	√
5	检查 2 号配电屏 20 隔离开关与 2 号配电屏农灌 2 线 202 断路器间确无接地短路	√
6	拆除 4 号隔离开关屏 1 隔离开关与 2 号配电屏 20 隔离开关间 2 号接地线	√
7	检查 4 号隔离开关屏 1 隔离开关与 2 号配电屏 20 隔离开关间 2 号接地线确已拆除	√
8	检查 4 号隔离开关屏 1 隔离开关与 2 号配电屏 20 隔离开关间确无接地短路	√
9	检查 1 号配电屏 10 隔离开关三相确已断开	√
10	检查 2 号配电屏 20 隔离开关三相确已断开	√
11	检查 3 号电容器屏 30 断路器三相确已断开	√
12	合上 4 号隔离开关屏 1 隔离开关	√
13	检查 4 号隔离开关屏 1 隔离开关三相确已合好	√
14	检查 1 号配电屏照明 1 线 101 断路器三相确已断开	√
15	装上 1 号配电屏照明 1 线 101U 相熔断器	√
16	检查 1 号配电屏照明 1 线 101U 相熔断器确已装好	√
备注	李庄 2 号配电室 2 号配电屏 20 隔离开关更换。 本票接下页 000000020 号	
操作人：李××		监护人：赵××

低 压 操 作 票

单位　××供电所　　　　编号　000000020

发令人	×××	受令人	×××	发令时间： ××××年××月××日××时××分
操作开始时间： ××××年××月××日××时××分			操作结束时间： ××××年××月××日××时××分	

操作任务：李庄2号配电室2号配电屏20隔离开关由检修转运行

顺序	操 作 项 目	√
17	装上1号配电屏照明1线101V相熔断器	√
18	检查1号配电屏照明1线101V相熔断器确已装好	√
19	装上1号配电屏照明1线101W相熔断器	√
20	检查1号配电屏照明1线101W相熔断器确已装好	√
21	检查1号配电屏照明2线102断路器三相确已断开	√
22	装上1号配电屏照明2线102U相熔断器	√
23	检查1号配电屏照明2线102U相熔断器确已装好	√
24	装上1号配电屏照明2线102V相熔断器	√
25	检查1号配电屏照明2线102V相熔断器确已装好	√
26	装上1号配电屏照明2线102W相熔断器	√
27	装上1号配电屏照明2线102W相熔断器确已装好	√
28	检查1号配电屏照明3线103断路器三相确已断开	√
29	装上1号配电屏照明3线103U相熔断器	√
30	检查1号配电屏照明3线103U相熔断器确已装好	√
31	装上1号配电屏照明3线103V相熔断器	√
32	检查1号配电屏照明3线103V相熔断器确已装好	√
备注	李庄2号配电室2号配电屏20隔离开关更换。 本票承上页000000019号，本票接下页000000021号	

操作人：李××　　　　　　　　　　　　监护人：赵××

低 压 操 作 票

单位　××供电所　　　　编号　000000021

发令人	×××	受令人	×××	发令时间： ××××年××月××日××时××分
操作开始时间： ××××年××月××日××时××分			操作结束时间： ××××年××月××日××时××分	

操作任务：李庄2号配电室2号配电屏20隔离开关由检修转运行

顺序	操 作 项 目	√
33	装上1号配电屏照明3线103W相熔断器	√
34	检查1号配电屏照明3线103W相熔断器确已装好	√
35	合上1号配电屏10隔离开关	√
36	检查1号配电屏10隔离开关三相确已合好	√
37	合上1号配电屏照明1线101断路器	√
38	检查1号配电屏照明1线101断路器三相确已合好	√

顺序	操 作 项 目	√
39	合上1号配电屏照明2线102断路器	√
40	检查1号配电屏照明2线102断路器三相确已合好	√
41	合上1号配电屏照明3线103断路器	√
42	检查1号配电屏照明3线103断路器三相确已合好	√
43	检查2号配电屏农灌1线201断路器三相确已断开	√
44	装上2号配电屏农灌1线201U相熔断器	√
45	检查2号配电屏农灌1线201U相熔断器确已装好	√
46	装上2号配电屏农灌1线201V相熔断器	√
47	检查2号配电屏农灌1线201V相熔断器确已装好	√
48	装上2号配电屏农灌1线201W相熔断器	√
备注	李庄2号配电室2号配电屏20隔离开关更换。 本票承上页000000020号，本票接下页000000022号	
操作人：李××		监护人：赵××

低 压 操 作 票

单位　××供电所　　　编号　000000022

发令人	×××	受令人	×××	发令时间： ××××年××月××日××时××分
操作开始时间： ××××年××月××日××时××分			操作结束时间： ××××年××月××日××时××分	

操作任务：李庄2号配电室2号配电屏20隔离开关由检修转运行

顺序	操 作 项 目	√
49	检查2号配电屏农灌1线201W相熔断器确已装好	√
50	检查2号配电屏农灌2线202断路器三相确已断开	√
51	装上2号配电屏农灌2线202U相熔断器	√
52	检查2号配电屏农灌2线202U相熔断器确已装好	√
53	装上2号配电屏农灌2线202V相熔断器	√
54	检查2号配电屏农灌2线202V相熔断器确已装好	√
55	装上2号配电屏农灌2线202W相熔断器	√
56	检查2号配电屏农灌2线202W相熔断器确已装好	√
57	检查2号配电屏农灌3线203断路器三相确已断开	√
58	装上2号配电屏农灌3线203U相熔断器	√
59	检查2号配电屏农灌3线203U相熔断器确已装好	√
60	装上2号配电屏农灌3线203V相熔断器	√
61	检查2号配电屏农灌3线203V相熔断器确已装好	√
62	装上2号配电屏农灌3线203W相熔断器	√
63	检查2号配电屏农灌3线203W相熔断器确已装好	√
64	合上2号配电屏20隔离开关	√
备注	李庄2号配电室2号配电屏20隔离开关更换。 本票承上页000000021号，本票接下页000000023号	
操作人：李××		监护人：赵××

低 压 操 作 票

单位　×× 供电所　　　　　编号　000000023

发令人	×××	受令人	×××	发令时间： ××××年××月××日××时××分
操作开始时间： ××××年××月××日××时××分			操作结束时间： ××××年××月××日××时××分	

操作任务：李庄 2 号配电室 2 号配电屏 20 隔离开关由检修转运行

顺序	操 作 项 目	√
65	检查 2 号配电屏 20 隔离开关三相确已合好	√
66	合上 1 号配电屏照明 1 线 101 断路器	√
67	检查 1 号配电屏照明 1 线 101 断路器三相确已合好	√
68	合上 1 号配电屏照明 2 线 102 断路器	√
69	检查 1 号配电屏照明 2 线 102 断路器三相确已合好	√
70	合上 1 号配电屏照明 3 线 103 断路器	√
71	检查 1 号配电屏照明 3 线 103 断路器三相确已合好	√
72	合上 2 号配电屏农灌 1 线 201 断路器	√
73	检查 2 号配电屏农灌 1 线 201 断路器三相确已合好	√
74	合上 2 号配电屏农灌 2 线 202 断路器	√
75	检查 2 号配电屏农灌 2 线 202 断路器三相确已合好	√
76	合上 2 号配电屏农灌 3 线 203 断路器	√
77	检查 2 号配电屏农灌 3 线 203 断路器三相确已合好	√
78	合上 3 号电容器屏 30 断路器	√
79	检查 3 号电容器屏 30 断路器三相确已合好	√
	↳	
备注	李庄 2 号配电室 2 号配电屏 20 隔离开关更换。 本票承上页 000000022 号	
操作人：李××		监护人：赵××

（11）李庄 2 号配电室 3 号电容器屏由运行转热备用。

低 压 操 作 票

单位　×× 供电所　　　　　编号　000000113

发令人	×××	受令人	×××	发令时间： ××××年××月××日××时××分
操作开始时间： ××××年××月××日××时××分			操作结束时间： ××××年××月××日××时××分	

操作任务：李庄 2 号配电室 3 号电容器屏由运行转热备用

顺序	操 作 项 目	√
1	确认 3 号电容器屏 30 断路器	√
2	断开 3 号电容器屏 30 断路器	√
3	检查 3 号电容器屏 30 断路器三相确已断开	√
4	在 3 号电容器屏 30 断路器上悬挂"禁止合闸、有人工作"标示牌	√
	↳	

顺序	操 作 项 目	√
备注	李庄2号配电室3号电容器屏热备用	
操作人：李××		监护人：赵××

（12）李庄2号配电室3号电容器屏由热备用转运行。

低 压 操 作 票

单位　××供电所　　　编号　000000114

发令人	×××	受令人	×××	发令时间： ××××年××月××日××时××分
操作开始时间： ××××年××月××日××时××分				操作结束时间： ××××年××月××日××时××分

操作任务：李庄2号配电室3号电容器屏由热备用转运行

顺序	操 作 项 目	√
1	确认3号电容器屏30断路器	√
2	拆除3号电容器屏30断路器"禁止合闸、有人工作"标示牌	√
3	合上3号电容器屏30断路器	√
4	检查3号电容器屏30断路器三相确已合好	√
	↳	
备注	李庄2号配电室3号电容器屏热备用转运行	
操作人：李××		监护人：赵××

(13) 李庄 2 号配电室 2 号配电屏由运行转检修。

低 压 操 作 票

单位 ××供电所 　　　编号 000000115

发令人	×××	受令人	×××	发令时间： ××××年××月××日××时××分
操作开始时间： ××××年××月××日××时××分			操作结束时间： ××××年××月××日××时××分	

操作任务：李庄 2 号配电室 2 号配电屏由运行转检修

顺序	操 作 项 目	√
1	确认 3 号电容器屏 30 断路器	√
2	断开 3 号电容器屏 30 断路器	√
3	检查 3 号电容器屏 30 断路器三相确已断开	√
4	断开 1 号配电屏照明 1 线 101 断路器	√
5	检查 1 号配电屏照明 1 线 101 断路器三相确已断开	√
6	取下 1 号配电屏照明 1 线 101U 相熔断器	√
7	检查 1 号配电屏照明 1 线 101U 相熔断器确已取下	√
8	取下 1 号配电屏照明 1 线 101V 相熔断器	√
9	检查 1 号配电屏照明 1 线 101V 相熔断器确已取下	√
10	取下 1 号配电屏照明 1 线 101W 相熔断器	√
11	检查 1 号配电屏照明 1 线 101W 相熔断器确已取下	√
12	断开 1 号配电屏照明 2 线 102 断路器	√
13	检查 1 号配电屏照明 2 线 102 断路器三相确已断开	√
14	取下 1 号配电屏照明 2 线 102U 相熔断器	√
15	检查 1 号配电屏照明 2 线 102U 相熔断器确已取下	√
16	取下 1 号配电屏照明 2 线 102V 相熔断器	√
备注	李庄 2 号配电室 2 号配电屏更换。 本票接下页 000000116 号	
操作人：李××		监护人：赵××

低 压 操 作 票

单位 ××供电所 　　　编号 000000116

发令人	×××	受令人	×××	发令时间： ××××年××月××日××时××分
操作开始时间： ××××年××月××日××时××分			操作结束时间： ××××年××月××日××时××分	

操作任务：李庄 2 号配电室 2 号配电屏由运行转检修

顺序	操 作 项 目	√
17	检查 1 号配电屏照明 2 线 102V 相熔断器确已取下	√
18	取下 1 号配电屏照明 2 线 102W 相熔断器	√
19	检查 1 号配电屏照明 2 线 102W 相熔断器确已取下	√
20	断开 1 号配电屏照明 3 线 103 断路器	√
21	检查 1 号配电屏照明 3 线 103 断路器三相确已断开	√
22	取下 1 号配电屏照明 3 线 103U 相熔断器	√

顺序	操作项目	√
23	检查1号配电屏照明3线103U相熔断器确已取下	√
24	取下1号配电屏照明3线103V相熔断器	√
25	检查1号配电屏照明3线103V相熔断器确已取下	√
26	取下1号配电屏照明3线103W相熔断器	√
27	检查1号配电屏照明3线103W相熔断器确已取下	√
28	断开2号配电屏农灌1线201断路器	√
29	检查2号配电屏农灌1线201断路器三相确已断开	√
30	取下2号配电屏农灌1线201U相熔断器	√
31	检查2号配电屏农灌1线201U相熔断器确已取下	√
32	取下2号配电屏农灌1线201V相熔断器	√
备注	李庄2号配电室2号配电屏更换。 本票承上页000000115号，本票接下页000000117号	
操作人：李××		监护人：赵××

低 压 操 作 票

单位 ××供电所 编号 000000117

发令人	×××	受令人	×××	发令时间： ××××年××月××日××时××分
操作开始时间： ××××年××月××日××时××分				操作结束时间： ××××年××月××日××时××分

操作任务：李庄2号配电室2号配电屏由运行转检修

顺序	操作项目	√
33	检查2号配电屏农灌1线201V相熔断器已取下	√
34	取下2号配电屏农灌1线201W相熔断器	√
35	检查2号配电屏农灌1线201W相熔断器确已取下	√
36	断开2号配电屏农灌2线202断路器	√
37	检查2号配电屏农灌2线202断路器三相确已断开	√
38	取下2号配电屏农灌2线202U相熔断器	√
39	检查2号配电屏农灌2线202U相熔断器确已取下	√
40	取下2号配电屏农灌2线202V相熔断器	√
41	检查2号配电屏农灌2线202V相熔断器确已取下	√
42	取下2号配电屏农灌2线202W相熔断器	√
43	检查2号配电屏农灌2线202W相熔断器确已取下	√
44	断开2号配电屏农灌3线203断路器	√
45	检查2号配电屏农灌3线203断路器三相确已断开	√
46	取下2号配电屏农灌3线203U相熔断器	√
47	检查2号配电屏农灌3线203U相熔断器确已取下	√
48	取下2号配电屏农灌3线203V相熔断器	√
备注	李庄2号配电室2号配电屏更换。 本票承上页000000116号，本票接下页000000118号	
操作人：李××		监护人：赵××

低 压 操 作 票

单位 ＿＿×× 供电所＿＿＿　　编号 ＿＿000000118＿＿

发令人	×××	受令人	×××	发令时间： ××××年××月××日××时××分
操作开始时间： ××××年××月××日××时××分				操作结束时间： ××××年××月××日××时××分

操作任务：李庄2号配电室2号配电屏由运行转检修

顺序	操作项目	√
49	检查2号配电屏农灌3线203V相熔断器确已取下	√
50	取下2号配电屏农灌3线203W相熔断器	√
51	检查2号配电屏照明3线203W相熔断器确已取下	√
52	断开1号配电屏10隔离开关	√
53	检查1号配电屏10隔离开关三相确已断开	√
54	断开2号配电屏20隔离开关	√
55	检查2号配电屏20隔离开关三相确已断开	√
56	断开4号隔离开关屏1隔离开关	√
57	检查4号隔离开关屏1隔离开关三相确已断开	√
58	在4号隔离开关屏1隔离开关与2号配电屏20隔离开关间验电确无电压	√
59	在4号隔离开关屏1隔离开关与2号配电屏20隔离开关间装设2号接地线	√
60	在2号配电屏农灌1线201熔断器负荷侧验电确无电压	√
61	在2号配电屏农灌1线201熔断器负荷侧装设3号接地线	√
62	在2号配电屏农灌2线202熔断器负荷侧验电确无电压	√
63	在2号配电屏农灌2线202熔断器负荷侧装设4号接地线	√
64	在2号配电屏农灌3线203熔断器负荷侧验电确无电压	√
备注	李庄2号配电室2号配电屏更换。 本票承上页000000117号，本票接下页000000119号	
操作人：李××		监护人：赵××

低 压 操 作 票

单位 ＿＿×× 供电所＿＿＿　　编号 ＿＿000000119＿＿

发令人	×××	受令人	×××	发令时间： ××××年××月××日××时××分
操作开始时间： ××××年××月××日××时××分				操作结束时间： ××××年××月××日××时××分

操作任务：李庄2号配电室2号配电屏由运行转检修

顺序	操作项目	√
65	在2号配电屏农灌3线203熔断器负荷侧装设5号接地线	√
66	在4号隔离开关屏1隔离开关上悬挂"禁止合闸、有人工作"标示牌	√
	↳	

续表

顺序	操 作 项 目	√
备注	李庄2号配电室2号配电屏更换。 本票承上页000000118号	
操作人：李××		监护人：赵××

（14）李庄2号配电室2号配电屏由检修转运行。

低 压 操 作 票

单位　××供电所　　　编号　000000120

发令人	×××	受令人	×××	发令时间： ××××年××月××日××时××分
操作开始时间： ××××年××月××日××时××分				操作结束时间： ××××年××月××日××时××分

操作任务：李庄2号配电室2号配电屏由检修转运行

顺序	操 作 项 目	√
1	确认4号隔离开关屏1隔离开关	√
2	拆除4号隔离开关屏1隔离开关"禁止合闸、有人工作"标示牌	√
3	拆除2号配电屏农灌1线201熔断器负荷侧3号接地线	√
4	检查2号配电屏农灌1线201熔断器负荷侧3号接地线确已拆除	√
5	检查2号配电屏农灌1线201熔断器负荷侧确无接地短路	√
6	拆除2号配电屏农灌2线202熔断器负荷侧4号接地线	√
7	检查2号配电屏农灌2线202熔断器负荷侧4号接地线确已拆除	√
8	检查2号配电屏农灌2线202熔断器负荷侧确无接地短路	√
9	拆除2号配电屏农灌3线203熔断器负荷侧5号接地线	√
10	检查2号配电屏农灌3线203熔断器负荷侧5号接地线确已拆除	√
11	检查2号配电屏农灌3线203熔断器负荷侧确无接地短路	√
12	拆除4号隔离开关屏1隔离开关与2号配电屏20隔离开关间2号接地线	√
13	检查4号隔离开关屏1隔离开关与2号配电屏20隔离开关间2号接地线确已拆除	√
14	检查4号隔离开关屏1隔离开关与2号配电屏20隔离开关间确无接地短路	√
15	检查1号配电屏10隔离开关三相确已断开	√
16	检查2号配电屏20隔离开关三相确已断开	√
备注	李庄2号配电室2号配电屏更换。 本票接下页000000121号	
操作人：李××		监护人：赵××

低 压 操 作 票

单位　××供电所　　　编号　000000121

发令人	×××	受令人	×××	发令时间： ××××年××月××日××时××分
操作开始时间： ××××年××月××日××时××分				操作结束时间： ××××年××月××日××时××分

操作任务：李庄 2 号配电室 2 号配电屏由检修转运行

顺序	操 作 项 目	√
17	检查 3 号电容器屏 30 断路器三相确已断开	√
18	合上 4 号隔离开关屏 1 隔离开关	√
19	检查 4 号隔离开关屏 1 隔离开关三相确已合好	√
20	检查 1 号配电屏照明 1 线 101 断路器三相确已断开	√
21	装上 1 号配电屏照明 1 线 101U 相熔断器	√
22	检查 1 号配电屏照明 1 线 101U 相熔断器确已装好	√
23	装上 1 号配电屏照明 1 线 101V 相熔断器	√
24	检查 1 号配电屏照明 1 线 101V 相熔断器确已装好	√
25	装上 1 号配电屏照明 1 线 101W 相熔断器	√
26	检查 1 号配电屏照明 1 线 101W 相熔断器确已装好	√
27	检查 1 号配电屏照明 2 线 102 断路器三相确已断开	√
28	装上 1 号配电屏照明 2 线 102U 相熔断器	√
29	检查 1 号配电屏照明 2 线 102U 相熔断器确已装好	√
30	装上 1 号配电屏照明 2 线 102V 相熔断器	√
31	检查 1 号配电屏照明 2 线 102V 相熔断器确已装好	√
32	装上 1 号配电屏照明 2 线 102W 相熔断器	√
备注	李庄 2 号配电室 2 号配电屏更换。 本票承上页 000000120 号，本票接下页 000000122 号	

操作人：李××　　　　　　　　监护人：赵××

低 压 操 作 票

单位　××供电所　　　编号　000000122

发令人	×××	受令人	×××	发令时间： ××××年××月××日××时××分
操作开始时间： ××××年××月××日××时××分				操作结束时间： ××××年××月××日××时××分

操作任务：李庄 2 号配电室 2 号配电屏由检修转运行

顺序	操 作 项 目	√
33	装上 1 号配电屏照明 2 线 102W 相熔断器确已装好	√
34	检查 1 号配电屏照明 3 线 103 断路器三相确已断开	√
35	装上 1 号配电屏照明 3 线 103U 相熔断器	√
36	检查 1 号配电屏照明 3 线 103U 相熔断器确已装好	√
37	装上 1 号配电屏照明 3 线 103V 相熔断器	√
38	检查 1 号配电屏照明 3 线 103V 相熔断器确已装好	√

续表

顺序	操 作 项 目	√
39	装上 1 号配电屏照明 3 线 103W 相熔断器	√
40	检查 1 号配电屏照明 3 线 103W 相熔断器确已装好	√
41	检查 2 号配电屏农灌 1 线 201 断路器三相确已断开	√
42	装上 2 号配电屏农灌 1 线 201U 相熔断器	√
43	检查 2 号配电屏农灌 1 线 201U 相熔断器确已装好	√
44	装上 2 号配电屏农灌 1 线 201V 相熔断器	√
45	检查 2 号配电屏农灌 1 线 201V 相熔断器确已装好	√
46	装上 2 号配电屏农灌 1 线 201W 相熔断器	√
47	检查 2 号配电屏农灌 1 线 201W 相熔断器确已装好	√
48	检查 2 号配电屏农灌 2 线 202 断路器三相确已断开	√
备注	李庄 2 号配电室 2 号配电屏更换。 本票承上页 000000121 号，本票接下页 000000123 号	
操作人：李××		监护人：赵××

低 压 操 作 票

单位　××供电所　　　编号　000000123

发令人	×××	受令人	×××	发令时间： ××××年××月××日××时××分
操作开始时间： ××××年××月××日××时××分				操作结束时间： ××××年××月××日××时××分

操作任务：李庄 2 号配电室 2 号配电屏由检修转运行

顺序	操 作 项 目	√
49	装上 2 号配电屏农灌 2 线 202U 相熔断器	√
50	检查 2 号配电屏农灌 2 线 202U 相熔断器确已装好	√
51	装上 2 号配电屏农灌 2 线 202V 相熔断器	√
52	检查 2 号配电屏农灌 2 线 202V 相熔断器确已装好	√
53	装上 2 号配电屏农灌 2 线 202W 相熔断器	√
54	检查 2 号配电屏农灌 2 线 202W 相熔断器确已装好	√
55	检查 2 号配电屏农灌 3 线 203 断路器三相确已断开	√
56	装上 2 号配电屏农灌 3 线 203U 相熔断器	√
57	检查 2 号配电屏农灌 3 线 203U 相熔断器确已装好	√
58	装上 2 号配电屏农灌 3 线 203V 相熔断器	√
59	检查 2 号配电屏农灌 3 线 203V 相熔断器确已装好	√
60	装上 2 号配电屏农灌 3 线 203W 相熔断器	√
61	合上 2 号配电屏 20 隔离开关	√
62	检查 2 号配电屏 20 隔离开关三相确已合好	√
63	合上 1 号配电屏 10 隔离开关	√
64	检查 1 号配电屏 10 隔离开关三相确已合好	√
备注	李庄 2 号配电室 2 号配电屏更换。 本票承上页 000000122 号，本票接下页 000000124 号	
操作人：李××		监护人：赵××

低 压 操 作 票

单位　××供电所　　　编号　000000124

发令人	×××	受令人	×××	发令时间： ××××年××月××日××时××分
操作开始时间： ××××年××月××日××时××分				操作结束时间： ××××年××月××日××时××分

操作任务：李庄2号配电室2号配电屏由检修转运行

顺序	操　作　项　目	√
65	合上1号配电屏照明1线101断路器	√
66	检查1号配电屏照明1线101断路器三相确已合好	√
67	合上1号配电屏照明2线102断路器	√
68	检查1号配电屏照明2线102断路器三相确已合好	√
69	合上1号配电屏照明3线103断路器	√
70	检查1号配电屏照明3线103断路器三相确已合好	√
71	合上2号配电屏农灌1线201断路器	√
72	检查2号配电屏农灌1线201断路器三相确已合好	√
73	合上2号配电屏农灌2线202断路器	√
74	检查2号配电屏农灌2线202断路器三相确已合好	√
75	合上2号配电屏农灌3线203断路器	√
76	检查2号配电屏农灌3线203断路器三相确已合好	√
77	合上3号电容器屏30断路器	√
78	检查3号电容器屏30断路器三相确已合好	√
	ㄴ	

备注	李庄2号配电室2号配电屏更换。 本票承上页000000123号		
操作人：李××			监护人：赵××

（15）李庄2号配电室400V母线由运行转检修。

低 压 操 作 票

单位　××供电所　　　编号　000000130

发令人	×××	受令人	×××	发令时间： ××××年××月××日××时××分
操作开始时间： ××××年××月××日××时××分				操作结束时间： ××××年××月××日××时××分

操作任务：李庄2号配电室400V母线由运行转检修

顺序	操　作　项　目	√
1	确认3号电容器屏30断路器	√
2	断开3号电容器屏30断路器	√
3	检查3号电容器屏30断路器三相确已断开	√
4	断开1号配电屏照明1线101断路器	√
5	检查1号配电屏照明1线101断路器三相确已断开	√

顺序	操 作 项 目	√
6	取下1号配电屏照明1线101U相熔断器	√
7	检查1号配电屏照明1线101U相熔断器确已取下	√
8	取下1号配电屏照明1线101V相熔断器	√
9	检查1号配电屏照明1线101V相熔断器确已取下	√
10	取下1号配电屏照明1线101W相熔断器	√
11	检查1号配电屏照明1线101W相熔断器确已取下	√
12	断开1号配电屏照明2线102断路器	√
13	检查1号配电屏照明2线102断路器三相确已断开	√
14	取下1号配电屏照明2线102U相熔断器	√
15	检查1号配电屏照明2线102U相熔断器确已取下	√
16	取下1号配电屏照明2线102V相熔断器	√
备注	李庄2号配电室400V母线检修。 本票接下页000000131号	
操作人：李××		监护人：赵××

低 压 操 作 票

单位___××供电所___   编号___000000131___

发令人	×××	受令人	×××	发令时间： ××××年××月××日××时××分
操作开始时间： ××××年××月××日××时××分				操作结束时间： ××××年××月××日××时××分

操作任务：李庄2号配电室400V母线由运行转检修

顺序	操 作 项 目	√
17	检查1号配电屏照明2线102V相熔断器确已取下	√
18	取下1号配电屏照明2线102W相熔断器	√
19	检查1号配电屏照明2线102W相熔断器确已取下	√
20	断开1号配电屏照明3线103断路器	√
21	检查1号配电屏照明3线103断路器三相确已断开	√
22	取下1号配电屏照明3线103U相熔断器	√
23	检查1号配电屏照明3线103U相熔断器确已取下	√
24	取下1号配电屏照明3线103V相熔断器	√
25	检查1号配电屏照明3线103V相熔断器确已取下	√
26	取下1号配电屏照明3线103W相熔断器	√
27	检查1号配电屏照明3线103W相熔断器确已取下	√
28	断开2号配电屏农灌1线201断路器	√
29	检查2号配电屏农灌1线201断路器三相确已断开	√
30	取下2号配电屏农灌1线201U相熔断器	√
31	检查2号配电屏农灌1线201U相熔断器确已取下	√
32	取下2号配电屏农灌1线201V相熔断器	√
备注	李庄2号配电室400V母线检修。 本票承上页000000130号，本票接下页000000132号	
操作人：李××		监护人：赵××

低 压 操 作 票

单位 ××供电所　　　　编号 000000132

发令人	×××	受令人	×××	发令时间： ××××年××月××日××时××分

操作开始时间： ××××年××月××日××时××分	操作结束时间： ××××年××月××日××时××分

操作任务：李庄2号配电室400V母线由运行转检修

顺序	操 作 项 目	√
33	检查2号配电屏农灌1线201V相熔断器确已取下	√
34	取下2号配电屏农灌1线201W相熔断器	√
35	检查2号配电屏农灌1线201W相熔断器确已取下	√
36	断开2号配电屏农灌2线202断路器	√
37	检查2号配电屏农灌2线202断路器三相确已断开	√
38	取下2号配电屏农灌2线202U相熔断器	√
39	检查2号配电屏农灌2线202U相熔断器确已取下	√
40	取下2号配电屏农灌2线202V相熔断器	√
41	检查2号配电屏农灌2线202V相熔断器确已取下	√
42	取下2号配电屏农灌2线202W相熔断器	√
43	检查2号配电屏农灌2线202W相熔断器确已取下	√
44	断开2号配电屏农灌3线203断路器	√
45	检查2号配电屏农灌3线203断路器三相确已断开	√
46	取下2号配电屏农灌3线203U相熔断器	√
47	检查2号配电屏农灌3线203U相熔断器确已取下	√
48	取下2号配电屏农灌3线203V相熔断器	√
备注	李庄2号配电室400V母线检修。 本票承上页 000000131 号，本票接下页 000000133 号	

操作人：李××	监护人：赵××

低 压 操 作 票

单位 ××供电所　　　　编号 000000133

发令人	×××	受令人	×××	发令时间： ××××年××月××日××时××分

操作开始时间： ××××年××月××日××时××分	操作结束时间： ××××年××月××日××时××分

操作任务：李庄2号配电室400V母线由运行转检修

顺序	操 作 项 目	√
49	检查2号配电屏农灌3线203V相熔断器确已取下	√
50	取下2号配电屏农灌3线203W相熔断器	√
51	检查2号配电屏照明3线203W相熔断器确已取下	√
52	断开1号配电屏10隔离开关	√
53	检查1号配电屏10隔离开关三相确已断开	√
54	断开2号配电屏20隔离开关	√

顺序	操 作 项 目	✓
55	检查 2 号配电屏 20 隔离开关三相确已断开	✓
56	断开 4 号隔离开关屏 1 隔离开关	✓
57	检查 4 号隔离开关屏 1 隔离开关三相确已断开	✓
58	在 4 号隔离开关屏 1 隔离开关与 2 号配电屏 20 隔离开关间验电确无电压	✓
59	在 4 号隔离开关屏 1 隔离开关与 2 号配电屏 20 隔离开关间装设 2 号接地线	✓
60	在 2 号配电屏农灌 1 线 201 熔断器负荷侧验电确无电压	✓
61	在 2 号配电屏农灌 1 线 201 熔断器负荷侧装设 3 号接地线	✓
62	在 2 号配电屏农灌 2 线 202 熔断器负荷侧验电确无电压	✓
63	在 2 号配电屏农灌 2 线 202 熔断器负荷侧装设 4 号接地线	✓
64	在 2 号配电屏农灌 3 线 203 熔断器负荷侧验电确无电压	✓
备注	李庄 2 号配电室 400V 母线检修。 本票承上页 000000132 号，本票接下页 000000134 号	
操作人：李××		监护人：赵××

低压操作票

单位　××供电所　　　　编号　000000134

发令人	×××	受令人	×××	发令时间： ××××年××月××日××时××分
操作开始时间： ××××年××月××日××时××分				操作结束时间： ××××年××月××日××时××分

操作任务：李庄 2 号配电室 400V 母线由运行转检修

顺序	操 作 项 目	✓
65	在 2 号配电屏农灌 3 线 203 熔断器负荷侧装设 5 号接地线	✓
66	在 1 号配电屏照明 1 线 101 熔断器负荷侧验电确无电压	✓
67	在 1 号配电屏照明 1 线 101 熔断器负荷侧装设 6 号接地线	✓
68	在 1 号配电屏照明 2 线 102 熔断器负荷侧验电确无电压	✓
69	在 1 号配电屏照明 2 线 102 熔断器负荷侧装设 7 号接地线	✓
70	在 1 号配电屏照明 3 线 103 熔断器负荷侧验电确无电压	✓
71	在 1 号配电屏照明 3 线 103 熔断器负荷侧装设 8 号接地线	✓
72	在 3 号电容器屏 30 断路器电容器侧验电确无电压	✓
73	在 3 号电容器屏 30 断路器电容器侧装设 9 号接地线	✓
74	在 4 号隔离开关屏 1 隔离开关上悬挂"禁止合闸、有人工作"标示牌	✓
	凵	
备注	李庄 2 号配电室 400V 母线检修。 本票承上页 000000133 号	
操作人：李××		监护人：赵××

(16) 李庄 2 号配电室 400V 母线由检修转运行。

低 压 操 作 票

单位 ××供电所　　　编号 000000160

发令人	×××	受令人	×××	发令时间： ××××年××月××日××时××分
操作开始时间： ××××年××月××日××时××分			操作结束时间： ××××年××月××日××时××分	

操作任务：李庄 2 号配电室 400V 母线由检修转运行

顺序	操 作 项 目	✓
1	确认 4 号隔离开关屏 1 隔离开关	✓
2	拆除 4 号隔离开关屏 1 隔离开关 "禁止合闸、有人工作" 标示牌	✓
3	拆除 2 号配电屏农灌 1 线 201 熔断器负荷侧 3 号接地线	✓
4	检查 2 号配电屏农灌 1 线 201 熔断器负荷侧 3 号接地线确已拆除	✓
5	检查 2 号配电屏农灌 1 线 201 熔断器负荷侧确无接地短路	✓
6	拆除 2 号配电屏农灌 2 线 202 熔断器负荷侧 4 号接地线	✓
7	检查 2 号配电屏农灌 2 线 202 熔断器负荷侧 4 号接地线确已拆除	✓
8	检查 2 号配电屏农灌 2 线 202 熔断器负荷侧确无接地短路	✓
9	拆除 2 号配电屏农灌 3 线 203 熔断器负荷侧 5 号接地线	✓
10	检查 2 号配电屏农灌 3 线 203 熔断器负荷侧 5 号接地线确已拆除	✓
11	检查 2 号配电屏农灌 3 线 203 熔断器负荷侧确无接地短路	✓
12	拆除 1 号配电屏照明 1 线 101 熔断器负荷侧 6 号接地线	✓
13	检查 1 号配电屏照明 1 线 101 熔断器负荷侧 6 号接地线确已拆除	✓
14	检查 1 号配电屏照明 1 线 101 熔断器负荷侧确无接地短路	✓
15	拆除 1 号配电屏照明 2 线 102 熔断器负荷侧 7 号接地线	✓
16	检查 1 号配电屏照明 2 线 102 熔断器负荷侧 7 号接地线确已拆除	✓
备注	李庄 2 号配电室 400V 母线检修。 本票接下页 000000161 号	
操作人：李××		监护人：赵××

低 压 操 作 票

单位 ××供电所　　　编号 000000161

发令人	×××	受令人	×××	发令时间： ××××年××月××日××时××分
操作开始时间： ××××年××月××日××时××分			操作结束时间： ××××年××月××日××时××分	

操作任务：李庄 2 号配电室 400V 母线由检修转运行

顺序	操 作 项 目	✓
17	检查 1 号配电屏照明 2 线 102 熔断器负荷侧确无接地短路	✓
18	拆除 1 号配电屏照明 3 线 103 熔断器负荷侧 8 号接地线	✓
19	检查 1 号配电屏照明 3 线 103 熔断器负荷侧 8 号接地线确已拆除	✓
20	检查 1 号配电屏照明 3 线 103 熔断器负荷侧确无接地短路	✓
21	拆除 1 号电容器屏 30 断路器电容器侧 9 号接地线	✓

续表

顺序	操 作 项 目	√
22	检查 1 号电容器屏 30 断路器电容器侧 9 号接地线确已拆除	√
23	检查 1 号电容器屏 30 断路器电容器侧确无接地短路	√
24	拆除 4 号隔离开关屏 1 隔离开关与 2 号配电屏 20 隔离开关间 2 号接地线	√
25	检查 4 号隔离开关屏 1 隔离开关与 2 号配电屏 20 隔离开关间 2 号接地线确已拆除	√
26	检查 4 号隔离开关屏 1 隔离开关与 2 号配电屏 20 隔离开关间确无接地短路	√
27	检查 1 号配电屏 10 隔离开关三相确已断开	√
28	检查 2 号配电屏 20 隔离开关三相确已断开	√
29	检查 3 号电容器屏 30 断路器三相确已断开	√
30	合上 4 号隔离开关屏 1 隔离开关	√
31	检查 4 号隔离开关屏 1 隔离开关三相确已合好	√
32	检查 1 号配电屏照明 1 线 101 断路器三相确已断开	√
备注	李庄 2 号配电室 400V 母线检修。 本票承上页 000000160 号，本票接下页 000000162 号	
操作人：李××		监护人：赵××

低 压 操 作 票

单位　××供电所　　　编号　000000161

发令人	×××	受令人	×××	发令时间： ××××年××月××日××时××分
操作开始时间： ××××年××月××日××时××分				操作结束时间： ××××年××月××日××时××分

操作任务：李庄 2 号配电室 400V 母线由检修转运行

顺序	操 作 项 目	√
33	装上 1 号配电屏照明 1 线 101U 相熔断器	√
34	检查 1 号配电屏照明 1 线 101U 相熔断器确已装好	√
35	装上 1 号配电屏照明 1 线 101V 相熔断器	√
36	检查 1 号配电屏照明 1 线 101V 相熔断器确已装好	√
37	装上 1 号配电屏照明 1 线 101W 相熔断器	√
38	检查 1 号配电屏照明 1 线 101W 相熔断器确已装好	√
39	检查 1 号配电屏照明 2 线 102 断路器三相确已断开	√
40	装上 1 号配电屏照明 2 线 102U 相熔断器	√
41	检查 1 号配电屏照明 2 线 102U 相熔断器确已装好	√
42	装上 1 号配电屏照明 2 线 101V 相熔断器	√
43	检查 1 号配电屏照明 2 线 102V 相熔断器确已装好	√
44	装上 1 号配电屏照明 2 线 102W 相熔断器	√
45	装上 1 号配电屏照明 2 线 102W 相熔断器确已装好	√
46	检查 1 号配电屏照明 3 线 103 断路器三相确已断开	√
47	装上 1 号配电屏照明 3 线 103U 相熔断器	√
48	检查 1 号配电屏照明 3 线 103U 相熔断器确已装好	√
备注	李庄 2 号配电室 400V 母线检修。 本票承上页 000000160 号，本票接下页 000000162 号	
操作人：李××		监护人：赵××

低 压 操 作 票

单位　×× 供电所　　　　编号　000000162

发令人	×××	受令人	×××	发令时间： ××××年××月××日××时××分
操作开始时间： ××××年××月××日××时××分			操作结束时间： ××××年××月××日××时××分	

操作任务：李庄 2 号配电室 400V 母线由检修转运行

顺序	操 作 项 目	√
49	装上 1 号配电屏照明 3 线 103V 相熔断器	√
50	检查 1 号配电屏照明 3 线 103V 相熔断器确已装好	√
51	装上 1 号配电屏照明 3 线 103W 相熔断器	√
52	检查 1 号配电屏照明 3 线 103W 相熔断器确已装好	√
53	检查 2 号配电屏农灌 1 线 201 断路器三相确已断开	√
54	装上 2 号配电屏农灌 1 线 201U 相熔断器	√
55	检查 2 号配电屏农灌 1 线 201U 相熔断器确已装好	√
56	装上 2 号配电屏农灌 1 线 201V 相熔断器	√
57	检查 2 号配电屏农灌 1 线 201V 相熔断器确已装好	√
58	装上 2 号配电屏农灌 1 线 201W 相熔断器	√
59	检查 2 号配电屏农灌 1 线 201W 相熔断器确已装好	√
60	检查 2 号配电屏农灌 2 线 202 断路器三相确已断开	√
61	装上 2 号配电屏农灌 2 线 202U 相熔断器	√
62	检查 2 号配电屏农灌 2 线 202U 相熔断器确已装好	√
63	装上 2 号配电屏农灌 2 线 202V 相熔断器	√
64	检查 2 号配电屏农灌 2 线 202V 相熔断器确已装好	√
备注	李庄 2 号配电室 400V 母线检修。 本票承上页 000000161 号，本票接下页 000000163 号	
操作人：李××		监护人：赵××

低 压 操 作 票

单位　×× 供电所　　　　编号　000000163

发令人	×××	受令人	×××	发令时间： ××××年××月××日××时××分
操作开始时间： ××××年××月××日××时××分			操作结束时间： ××××年××月××日××时××分	

操作任务：李庄 2 号配电室 400V 母线由检修转运行

顺序	操 作 项 目	√
65	装上 2 号配电屏农灌 2 线 202W 相熔断器	√
66	检查 2 号配电屏农灌 2 线 202W 相熔断器确已装好	√
67	检查 2 号配电屏农灌 3 线 203 断路器三相确已断开	√
68	装上 2 号配电屏农灌 3 线 203U 相熔断器	√
69	检查 2 号配电屏农灌 3 线 203U 相熔断器确已装好	√
70	装上 2 号配电屏农灌 3 线 203V 相熔断器	√

续表

顺序	操作项目	√
71	检查 2 号配电屏农灌 3 线 203V 相熔断器确已装好	√
72	装上 2 号配电屏农灌 3 线 203W 相熔断器	√
73	合上 2 号配电屏 20 隔离开关	√
74	检查 2 号配电屏 20 隔离开关三相确已合好	√
75	合上 1 号配电屏 10 隔离开关	√
76	检查 1 号配电屏 10 隔离开关三相确已合好	√
77	合上 1 号配电屏照明 1 线 101 断路器	√
78	检查 1 号配电屏照明 1 线 101 断路器三相确已合好	√
79	合上 1 号配电屏照明 2 线 102 断路器	√
80	检查 1 号配电屏照明 2 线 102 断路器三相确已合好	√
备注	李庄 2 号配电室 400V 母线检修。 本票承上页 000000162 号，本票接下页 000000164 号	
操作人：李××	监护人：赵××	

低 压 操 作 票

单位　××供电所　　编号　000000164

发令人	×××	受令人	×××	发令时间： ××××年××月××日××时××分
操作开始时间： ××××年××月××日××时××分				操作结束时间： ××××年××月××日××时××分

操作任务：李庄 2 号配电室 400V 母线由检修转运行

顺序	操作项目	√
81	合上 1 号配电屏照明 3 线 103 断路器	√
82	检查 1 号配电屏照明 3 线 103 断路器三相确已合好	√
83	合上 2 号配电屏农灌 1 线 201 断路器	√
84	检查 2 号配电屏农灌 1 线 201 断路器三相确已合好	√
85	合上 2 号配电屏农灌 2 线 202 断路器	√
86	检查 2 号配电屏农灌 2 线 202 断路器三相确已合好	√
87	合上 2 号配电屏农灌 3 线 203 断路器	√
88	检查 2 号配电屏农灌 3 线 203 断路器三相确已合好	√
89	合上 3 号电容器屏 30 断路器	√
90	检查 3 号电容器屏 30 断路器三相确已合好	√
备注	李庄 2 号配电室 400V 母线检修。 本票承上页 000000163 号	
操作人：李××	监护人：赵××	

第三章
信息融合贯通

第一节 业 务 融 合

一、乡镇供电所业务末端融合

乡镇供电所目前已经实行集农村低压配电运维、设备管理、台区营销管理和客户服务于一体的"台区经理制"。为了将乡镇供电所管理末端转变为服务前端，乡镇供电所已经构建起网格化服务模式，由若干个工作地点相邻的台区经理组成供电服务小组，以小组为单元划分农村供电服务网格，由配电营业班统筹安排工作任务，实施供电服务网格化管理，供电服务网格内的台区经理就近相互支持和协作，协同开展工作，实现工作有支撑、有监护，质量有监督。将台区线损率、采集成功率、设备消缺率、电费回收率、客户满意率等关键指标明确到台区经理，变被动服务为主动服务，变单一服务为综合服务。

二、移动作业终端使用要求

移动作业终端的使用应按照"谁使用谁负责"的原则，在乡镇供电所台区经理中明确移动作业终端的责任人，按照乡镇供电所每2名台区经理应配备1台移动作业终端的配置要求，乡镇供电所应要求台区经理在使用过程中仔细使用，妥善保管，避免损坏。由于移动作业终端接入公司内网，应将移动作业终端视为内网设备进行管理和使用。为防止发生违规外联事件，禁止私自将终端接入互联网。未经本单位运行维护人员同意并授权，禁止私自卸载统一安装的安全接入、管控等应用程序，不得安装、运行、使用与工作无关的软件。移动作业终端责任人须对移动作业终端设置数字密码或手势密码，严防泄密事件发生。禁止通过移动作业终端接口插入除获得公司安全认证外的设备。禁止移动作业终端通过蓝牙功能连接除获得公司安全认证外的设备。禁止将移动作业终端用于与工作无关的其他用途。禁止随意将移动作业终端通道卡、身份认证卡从移动作业终端中取出，或用于其他通信设备。禁止对通道卡、身份认证卡信息进行非法复制。配电营业班台区经理现场工作应使用移动作业终端进行派工。通过移动作业终端实现营销、配电、安全等业务融合，配电营业班台区经理现场工作应携带一个移动作业终端完成营销、配电、安全等业务。

三、使用移动作业终端开展工作流程

（一）使用移动作业终端办理低压居民新装工作

1. 使用移动作业终端办理低压居民新装工作流程（见图 3-1）

2. 流程说明

节点 1：乡镇供电所按照《国家电网公司关于进一步提升业扩报装服务水平的意见》，电力持续推广线上业扩报装等，加大掌上电力线上办理业务推广力度，让客户"获得电力"的方式由"窗口办"升级为"线上办"。客户服务员根据上级要求制定《乡镇供电所电子化服务渠道线上办理业务宣传计划》。

节点 2：乡镇供电所客户服务员将《乡镇供电所电子化服务渠道线上办理业务宣传计划》报乡镇供电所所长审批。

节点 3：审批后，乡镇供电所客户服务员将《乡镇供电所电子化服务渠道线上办理业务宣传计划》发给配电营业班班长。

节点 4：配电营业班班长根据《乡镇供电所电子化服务渠道线上办理业务宣传计划》进行派工。

节点 5：台区经理根据《乡镇供电所电子化服务渠道线上办理业务宣传计划》到所辖台区宣传掌上电力申请办电业务，积极引导客户使用线上申请办电业务。讲清楚"网上办电"是一项重要的便民服务举措，主要目的是让企业和群众少跑腿、好办事、不添堵，属于扩大在线办理政务服务事项的范围。台区经理也要积极使用移动作业终端办理客户用电业务。

节点 6：供电企业积极构建"线上全天候受理、线下一站式办电"营销服务模式，居民用电客户可通过在线电子化服务渠道自助完成用电业务申请，真正实现"足不出户"开展用电业务申办。居民用电客户通过电子化服务渠道在线办理低压居民新装业务。

节点 7：营业厅综合柜员对居民用电客户线上申请进行处理，接到申请后，营业厅综合柜员要主动联系客户，科学调配服务资源，并全程跟踪服务质量，完成内部服务资源与客户业务需求的最佳适配、需求响应与工作质量的最优管控。营业厅综合柜员在营销信息管理系统中开展流程流转工作。对于具备供电条件的居民用电客户，则通过新装流程开展新装业务流转。

节点 8：配电营业班班长通过移动作业终端将营业厅综合柜员转来的业扩新装流程派工至对应台区的台区经理。

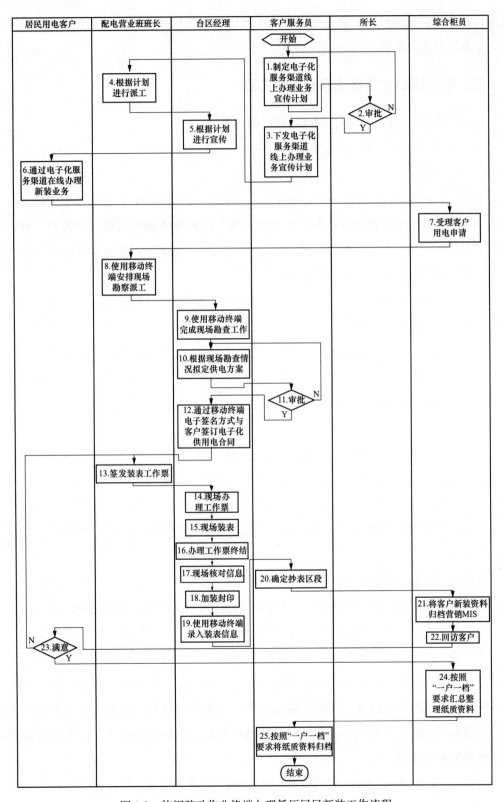

图 3-1　使用移动作业终端办理低压居民新装工作流程

节点 9：台区经理使用移动作业终端到居民用电客户所在供电台区进行现场实地勘查。并初步判断客户是否符合安装条件。若符合安装条件，通知客户服务员整理客户申请资料，并继续流转流程，若不符合安装条件，则向客户反馈无法受理客户申请的原因。对于具备直接装表条件的，作业人员即可实现勘察、装表、接电"一站式"办结，大大提高服务效率、缩短流程时限。

节点 10：台区经理根据现场实地勘查情况拟定供电方案。

节点 11：台区经理将拟定的供电方案报客户服务员审批。如果审查供电方案不正确转给台区经理重新制定供电方案。

节点 12：供电方案经客户服务员审批后，由台区经理通过移动终端电子签名方式与客户签订电子化供用电合同。

节点 13：配电营业班班长签发工作票。

节点 14：现场工作必须由两人进行，台区经理现场办理工作票，根据工作票内容做好现场安全措施。

节点 15：台区经理现场装表。

节点 16：台区经理办理工作票终结。

节点 17：台区经理现场核对信息。

节点 18：台区经理现场加装封印。

节点 19：台区经理使用移动作业终端录入装表信息，并将流程传递至客户服务员。

节点 20：供电所营业厅综合柜员确定抄表区段，综合柜员严格按照价格主管部门批准的项目、标准收取业务费用。

节点 21：综合柜员将客户信息资料归档营销 MIS。

节点 22：客户服务员回访客户。

节点 23：客户对新装业务全过程办理满意，进入资料归档流程；如果客户对新装业务全过程办理不满意，进入配电营业班班长签发工作票流程。乡镇供电所要及时对评价不满意的情况进行汇总整理，落实专人进行服务问题解决及问题溯源分析，并整理形成典型问题库进行警示借鉴，倒逼业务办理进程的加速和服务质量的提升，始终将"客户"放在首位。

节点 24：综合柜员按照"一户一档"要求汇总整理纸质资料。

节点 25：客户服务员按照"一户一档"要求将纸质资料归档。

（二）使用移动作业终端处理抢修工作

1. 使用移动作业终端处理抢修工作流程（见图 3-2）

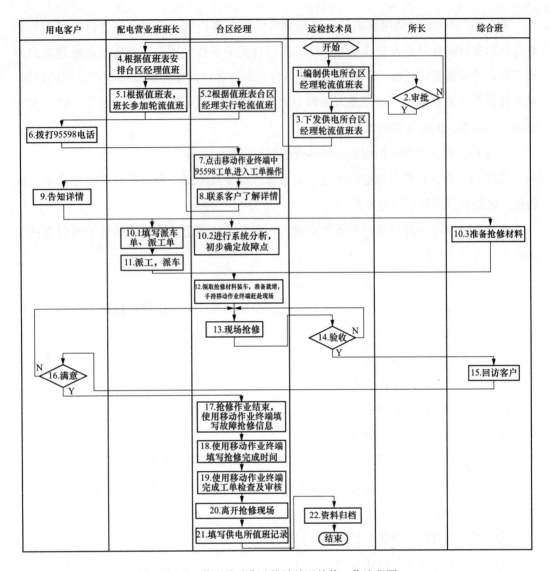

图 3-2　使用移动作业终端处理抢修工作流程图

2. 流程说明

节点 1：乡镇供电所运检技术员编制《乡镇供电所台区经理轮流值班表》。

节点 2：乡镇供电所运检技术员将《乡镇供电所台区经理轮流值班表》报乡镇供电所所长审批。

节点 3：乡镇供电所所长审批《乡镇供电所台区经理轮流值班表》后，乡镇供电所运检技术员下发《乡镇供电所台区经理轮流值班表》。

节点 4：配电营业班班长根据《乡镇供电所台区经理轮流值班表》安排乡镇供电所台区经理值班。

节点 5：配电营业班班长与乡镇供电所台区经理根据《乡镇供电所台区经理轮流值班

表》实行轮流值班。乡镇供电所值班人员应保持值班室 24 小时有人值班，确保移动作业终端电量充足随时能用。

节点 6：用电客户拨打 95598 故障抢修方面的电话，95598 抢修工单形成。

节点 7：台区经理点击移动作业终端中 95598 工单，进入工单操作。台区经理点击红色工单接单后显示工单详细情况。

节点 8：台区经理在第一时间内按工单详情的联系电话及地址联系客户予以抢修处理，接单时间应控制在 5 分钟以内。联系客户后快速前往故障点进行抢修。

节点 9：用电客户告知详情。

节点 10.1：配电营业班班长根据移动作业终端中 95598 抢修工单填写派工单、派车单。

节点 10.2：台区经理根据电网实时运行状况等信息，针对了解的情况进行系统分析，对抢修现场的故障点准确定位，并准确判定故障点周边的环境。

节点 10.3：综合班根据故障工单内容进行抢修材料准备。将抢修材料成品或半成品化。把常用的下户线、进户线终端茶台绑扎，拉线上、下把，设备线夹、电缆头、耐张杆绝缘子与金具组装等材料提前组装制作，到达抢修现场可快速更换安装，节约现场制作工序时间。提前对常见故障现象进行分类，按照杆架变压器、配电室、电缆抢修、配电线路、联户表箱、单户停电等典型类型提前将抢修所需的零星物资进行模块化打包集装，集装箱内设立工具区、材料区，将提前出库的抢修材料及工器具，分别装入抢修集装箱内的材料区、工具区。节省接工单后材料、工器具的出库时间。

节点 11：配电营业班班长检查车辆良好，完成派车、派工任务。

节点 12：台区经理领取抢修材料装车，抢修工作准备就绪，规范抢修出发前的准备工作，抢修车辆统一标识，自检车况良好，卫生整洁，抢修通信工具电量充足，抢修人员 24 小时开机待命，检查安全与抢修器具不超试验周期，佩戴安全帽，杜绝一人抢修，工作期间佩戴工作牌，照明设备保持足够电量，抢修材料充足完整，抢修人员充足，值班期间时刻处于整装待发状态，对有明确抢修任务的在 5 分钟内出车。台区经理手持移动作业终端赶赴现场。

节点 13：台区经理现场抢修工作完成。

节点 14：运检技术员进行现场验收。验收合格转入下一个流程，验收不合格，台区经理重新进行维修。

节点 15：验收合格后由综合班综合柜员对客户进行回访，客户满意转入下一个流程，客户不满意，台区经理重新进行维修。

节点 16：客户对台区经理抢修情况满意转入下一个流程。不满意，进一步完善抢修质量。

节点 17：台区经理抢修作业结束，台区经理使用移动作业终端填写故障信息，根据实际情况选择。客户意见、停电范围、承办意见、车牌号码需要手动输入移动作业终端。

节点 18：台区经理使用移动作业终端填写抢修完成时间。

节点 19：所有操作完成后点击移动作业终端工单保存。确认所有操作及输入无错误后点击移动作业终端发送/审核。此工单结束，客户抢修工单检查及审核工作完成。台区经理离开抢险现场。

节点 20：台区经理抢修作业结束，使用移动作业终端完成客户抢修工单检查及审核工作后，台区经理离开抢修现场。

节点 21：台区经理返回乡镇供电所后，根据抢修情况填写乡镇供电所值班记录。

节点 22：乡镇供电所运检技术员将派工单、派车单等资料归档。

第二节 数据质量管控

乡镇供电所要加强营配调基础信息管理，营、配现场数据一致，确保配电基础数据台账与实物一致、图数一致、营配对应、配网数据更新纳入配网建设改造验收环节，设备变更等营配调数据协同联动，提高配电网基础数据质量。

一、营配调贯通指标

（一）公用变压器一致率

（1）计算公式：公用变压器一致率＝∑（运检系统一致数＋营销系统一致数）/∑（营销系统在运公用变压器数量＋运检在运公用变压器数量）×100％。

（2）要求：营销系统公用变压器的业务标识、名称、电压等级、运行状态、容量、所属线路与运检一致。

（二）专用变压器一致率

（1）计算公式：高压专用变压器一致率＝∑（运检系统一致数＋营销系统一致数）/∑（运检高压专用变压器总数＋营销系统高压专用变压器总数）×100％。

（2）要求：运检与营销系统间高压专用变压器的名称、电压等级、运行状态、容量、所属线路保持一致。

（三）配变到户对应率

（1）计算公式：变—户对应率＝∑已建立"配变—低压用电客户接入点—表箱—表计"关系的低压表计数/∑营销业务应用系统中在运低压表计数量×100％。

（2）要求：运检变压器标识、用电客户接入点标识、计量箱标识存在且不为空，营销系统中的计量箱标识与运检标识一致，且存在箱表关系的表计。分母为低压用电客户的低压计量表计，对于高压用电客户计量点下的低压表计不在统计范围。

（四）公线一致率

（1）计算公式：公线一致率＝∑（运检系统一致数＋营销系统一致数）/∑（营销系统在运公线数量＋运检公线数）×100％。

（2）要求：营销系统公线的业务标识、名称、电压等级、所属变电站与运检一致。

（五）专线一致率

（1）计算公式：高压专线一致率＝∑（运检系统一致数＋营销系统一致数）/∑（运检高压专线总数＋营销系统高压专线总数）×100％。

（2）要求：运检与营销系统间高压专线的名称、电压等级、所属变电站保持一致。

二、数据维护及采录

数据采录和治理包括台区低压设备、高压用电客户、营销资源的现场核查和数据采录，电网 GIS 平台高压站—线—变（公用变压器、专用变压器）拓扑关系以及营销高压用电客户、公用变压器考核计量点、低压表箱（含低压用电客户计量柜）与电网设备关联关系建立。

（一）低压数据采录

（1）电气关系采录：公用配电室（箱式变压器、柱上变压器）—站内电气一次接线图—低压杆塔（电缆）—分支箱（配电箱）—表箱的设备及其参数、经纬度、电气连接关系现场采集、核准。完善接户线、杆投运时间、规格型号、更换维护等信息。

（2）箱表关系采录：表箱（含低压用电客户计量柜）与电能表资产编号（集中器/采集器）关系现场采集、核准。完善集表箱规格型号、电能表规格型号、表册、用检、客户信息（户名、户号、用电地址、用电类别、缴费方式、联系电话）、更换维护等信息。创建或选中低压杆、接户线、连接线、工业集表箱、居民集表箱、杆上集表箱。其中工业集表箱和居民集表箱和低压杆之间用接户线连接，杆上集表箱和低压杆之间用连接线连接。

（3）现场消缺：低压分支箱、低压电网的杆号、标示牌错误信息搜集、刷新及现场挂牌；低压表箱（含低压用电客户计量柜）号补缺张贴。

（4）数据录入：通过电气关系和箱表关系现场采集，实现公用配电房（箱式变压器、柱上变）—站内电气一次接线图—低压杆塔（电缆）—分支箱（配电箱）等电气设备在电网 GIS 平台的沿布和绘制；表箱（含低压用电客户计量柜）与电能表关系在营销系统的录入；在营销系统界面实现电网 GIS 平台的接入点与表箱（含低压用电客户计量柜）对应。

（二）高压数据采录

（1）电气关系核查：电网 GIS 平台中压线路拓扑关系、公用配电房（箱式变压器、柱上变压器）及站内一次接线图、高压专用变压器用电客户以及与电网设备连接关系的现场采录及核对；核对变电站（开关站、环网柜）中压线路进出线开关、线路联络开关（跌落式熔断器）实际运行方式。

（2）现场消缺：配电网的杆号、标示牌错误信息搜集、刷新及现场挂牌。

（3）数据录入：中压线路拓扑、公用配电房（箱式变压器、柱上变压器）及站内一次接线图、高压专用变压器用电客户在电网 GIS 平台进行治理和补录。电网 GIS 平台上高压专用变压器用电客户、公用配电房（箱式变压器、柱上变压器）的营配对应关系在营销系统界面实现与营销用电客户、公用变压器的对应。

（三）服务网点等营销资源采集

营销相关的服务资源，包括公司自有的各级人工营业厅、智能营业厅、自助交费终端以及与社会合作的各类代收交费点、服务网点（营业网点、自助缴费点、电费代收点—银行、电费代收点—超市、邮储等）、计量库房、充换电站、充电桩、分布式电源，实现现场经纬度坐标和照片采集，计量采集器、集中器经纬度坐标采集。相关信息录入营销业务应用系统及营销 GIS 平台。

（四）数据更新维护

1. 10kV 配电线路走向层创建或更新维护

以辖区地理图为基础，更新维护建立供电所 10kV 地理接线图，明确 10kV 线路及台区 T 节点、台区名称信息。首先创建或选中需更新维护的接线点、线路。双击线路图形可以打开高压线路属性设置窗口，在窗口中输入线路属性，单击"确定"按钮保存并返回图形编辑界面，此时线路名称将显示在线路走向图上。单击"检查图形"菜单，系统自动检查所创建或更新维护的图形是否满足要求，不满足要求的图形不能保存。图形创建或更新维护完成后保存。

2. 10kV 配电线路连接台区层创建或更新维护

完善所属线路台区信息：完善用电户台区含客户名称、户号、联系人、地址、行业性质、缴费方式、投运时间、台区形式、变压器型号及容量、用检等信息；四到户台区含专责人名称、台区形式、投运时间、规格型号（变压器型号及容量、高低压装置型号）、更换维护等信息。完善公用台区所属低压出线、杆塔、线路投运时间、规格型号、更换维护等信息。乡镇供电所要完成创建或更新维护乡镇供电所管辖的公用台区设备接线图，包括创建或更新维护公用台区中的高、低压开关、创建或更新维护公用台区中的变压器、创建或更新维护公用台区中的无功补偿设备、创建或更新维护公用台区低压出线。首先完成各类设备的创建或更新维护，然后完成属性设置，图形创建或更新维护完成后保存。低压线路层创建或更新维护：完善接户线、杆投运时间、规格型号、更换维护等信息。

3. 10kV 配电线路 T 接杆创建或更新维护

创建或选中需更新维护的 T 接杆，双击创建的 T 接杆图标，打开"T 接杆属性设置"窗口。输入 T 接杆属性后单击"确定"按钮保存并返回图形编辑界面。在两个 T 接杆之间可创建或更新维护电缆和架空线，双击电缆或架空线图形可打开"线路段属性设置"窗口。输入电缆或架空线属性后单击"确定"按钮保存并返回图形编辑界面。图形创建或更新维护完成后保存。

4. 接户线层创建或更新维护

完善集表箱规格型号、表计规格型号、表册、用检、客户信息（户名、户号、用电地址、用电类别、缴费方式、联系电话）、更换维护等信息。创建或选中低压杆、接户线、连接线、工业集表箱、居民集表箱、杆上集表箱。其中工业集表箱和居民集表箱和低压杆之间用接户线连接，杆上集表箱和低压杆之间用连接线连接。图形创建或更新维护完成后保存。

5. 设备属性维护

使用树形列表展示在配网设备图形系统中创建的设备层次关系，维护设备属性，添加低压客户并维护其属性；左侧按设备层次展示，点击设备前面的＋号展开该设备的下层设备；点击设备名称在右侧显示该设备的属性，每一个设备都可以添加其维护信息；点击右侧页面中的"设备维护信息"标签，以添加、删除、保存设备的维护信息。

三、营配调贯通数据核查与治理

营配调贯通数据质量核查、治理的内容主要包括营配调系统间数据的一致性以及系统与现场数据的一致性。乡镇供电所要常态化开展针对"站、线、变、箱、户、表、号、址"等八类服务信息核查，乡镇供电所强化数据质量分析，在采录过程中，利用营配调贯通一致性核查工具，常态化开展数据的系统校核，定期组织现场抽查，对发现的问题集中进行整改治理，确保营配调数据质量。

（一）低压用电客户一致性治理

乡镇供电所综合班班长根据营配调贯通专业部门下发的"低压计量箱挂接一致性问题数据"进行问题数据分析，如果需要到设备现场进行数据核实，综合班班长应发给配电营业班班长安排台区经理完成现场核实任务。配电营业班班长安排台区经理根据"低压计量箱挂接一致性问题数据"现场完成核实任务，台区经理对问题计量箱内表计对应用电客户，以及用电客户所属台区进行现场核实，将核实结果反馈综合班班长。综合班班长根据台区经理核实结果，通过营销 SG186 系统批量调整用电客户区功能，调整用电客户"变—户"关系，通过电网 GIS 系统进行计量箱挂接治理、属性更新。用电客户计量箱在 GIS 系统地理位置和挂接关系与现场一致，所属营销 SG186 系统与电网 GIS 系统所属变压器一致，以变压器 PMSID 为准。

（二）高压用电客户一致性治理

乡镇供电所综合班班长根据营配调贯通专业部门下发的"高压用电客户一致性问题数据"进行问题数据分析，如果需要到设备现场进行数据核实，综合班班长应发给配电营业班班长安排台区经理完成现场核实任务。配电营业班班长安排台区经理根据"高压用电客户一致性问题数据"现场完成核实任务，台区经理对问题专用变压器及所属设备的数据进行现场核实，采集反馈用电客户变压器、用电客户用电点地理位置信息以及产权分界点杆号、设备照片等信息。综合班班长根据台区经理反馈核实的数据，与 SG186 和电网 GIS 系统进行所属线路、杆塔、变压器容量等数据进行对比，调整营销 SG186 高压用电客户所属线路和电网 GIS 系统变压器与线路的挂接关系，达到客户专用变压器在 GIS 系统地理位置和挂接关系与现场一致，所属营销 SG186 系统与电网 GIS 系统所属线路一致，以线路 PMSID 为准。

（三）营销 SG186 系统"变—户"关系调整

根据营配调贯通专业部门下发的"带 PMSID 但无用电客户台区"明细，在营销 SG186 系统中找到与其对应的旧台区，通过批量调整用电客户台区流程，将低压用电客户和考核表调整至新台区下，在线损管理模块下，拆除旧台区及变压器。

（四）高低压电网设备及用电客户专用变压器、计量箱设备地理信息采录

乡镇供电所综合班班长根据营配调贯通专业部门问题数据清单进行分析，根据配电网工程改造进度和业扩报装情况，综合班班长应发给配电营业班班长安排台区经理完成现场信息采录任务。配电营业班班长安排台区经理根据问题数据清单现场进行信息采录，台区经理赶赴设备变更现场，粘贴杆塔、表箱等设备标签，台区经理使用移动作业终端采集现场设备杆塔、计量箱、用电客户变压器、用电客户用电点地理位置信息及箱表关系、产权分界点杆号、设备照片等信息，反馈综合班班长。综合班班长根据台区经理反馈的现场设备地理信息照片等，按照营配调贯通数据异动同源管理办法要求，在生产管理系统 PMS 中进行电网设备信息新增、异动，在营销 SG186 系统高、低压营配调贯通数据录入模块和计量箱管理模块以及电网 GIS 系统营销客户端，进行营销及客户设备信息录入变更，在业扩报装流程中对用电客户新增、异动信息进行维护。

（五）标准地址维护

（1）标准地址：一级地址为市、县。二级地址为乡镇（街道办事处）行政村（社区）、道路。三级地址为小区（自然村）、门牌号、地标。二级地址中的"道路"对于城市用电客户为必填，农村用电客户选填；三级地址中小区（自然村）和门牌号，最少填写一项。

（2）地址维护要求：根据营配调贯通专业部门下达的标准地址维护客户明细或业扩报装新增用电客户地址，台区经理收集整理地址信息，包括市、县乡镇（街道办事处）、行政村（社区）、道路、小区（自然村）反馈给综合班班长填写标准地址库模板，报县供电公司营销部统一添加进标准地址库。标准地址库添加完成后，业扩流程负责人员通过业扩流程维护新装用电客户标准地址和城农网属性，综合班班长通过营销SG186系统新装增容及变更用电模块下批量维护地址功能维护用电客户标准地址和城农网属性。

（六）业扩交互流程

根据业扩人员下发的客户新装、异动现场勘查通知，台区经理进行现场勘察，并反馈用电客户装表所需计量箱的相关信息，这些信息可在供电方案中加以明确。低压业扩受理人员根据台区经理反馈的供电方案中计量箱信息，在低压业扩新装、异动流程中现场勘查环节制定计量箱方案。装表人员现场装表时，如果是新增计量箱，需要在现场装表同时粘贴表箱标签，标签及表箱行列数信息应及时反馈综合班班长，用于表箱建档更新。综合班班长根据台区经理反馈的现场新装计量箱信息，在SG186系统中进行表箱建档，空间拓扑图形表箱绘制。营销SG186系统中计量箱表位数、标签要与现场一致，用电客户电能表所在行列数要与现场一致。

（七）营销系统变电站、线路、台区、变压器档案维护

根据营配调贯通专业部门下达的变电站、线路、台区、变压器档案维护要求，综合班班长在营销SG186系统中的线损管理模块下，开展营销系统站、线、台区变压器档案的修改、删除。

第四章

队伍支撑有力

第一节　党建与廉洁从业管理

一、党的建设

（一）组织建设

（1）坚持党的组织与行政机构同步设置，正式党员3人以上的单位、部门或其他内设机构应成立党支部；正式党员不足3人的，应当按照地域相邻、业务相近、规模适当、便于管理的原则，成立联合党支部。联合党支部覆盖单位（部门）一般不超过5个。党员50人以上、不足100人的建立党的总支部委员会，下设若干支部委员会开展工作。

（2）为期6个月以上的工程、工作项目等，符合条件的，应当成立基层党支部。外出执行临时性任务、参加短期学习或被抽调参加临时性机构工作时间超过1个月，或新建立的机构暂时不具备选举条件，且正式党员3人以上、党员组织关系不转接的，经上级党组织批准，应成立临时党支部。临时党支部书记、副书记和委员由批准其成立的党组织指定。临时组建的机构撤销后，临时党支部自然撤销。

（3）坚持党的工作与行政工作同步开展，党支部工作年度有目标、有计划、有总结，严格落实上级党组织部署的各项任务。对于基层党支部的成立，批复时间一般不超过1个月。

（4）按照"应设必设"要求，党员人数超过7人的，设党支部委员会。党支部委员会一般由3～5人组成，最多不超过7人。党总支（党支部）委员人数为单数。

（5）党支部委员会一般应设书记、组织委员、宣传委员、纪检委员、群（青）工委员等，必要时可设1名副书记，做到分工明确、责任落实、团结协作、优势互补，整体功能得到充分发挥。党员人数不足7人的，不设党支部委员会，只设党支部书记1人，必要时增设副书记1人。

（6）党支部委员会由党员大会按照《中国共产党基层组织选举工作条例》的规定选举产生。党支部委员会和不设党支部委员会的党支部书记、副书记，每届任期3年，任期届满应按期进行换届选举。如需延期或提前进行换届选举，须报上级党的委员会批准，延长或提前期限一般不超过1年。建立健全党支部按期换届提醒督促机制，根据党组织隶属关系和干部管理权限，上级党组织对任期届满的党支部，一般提前6个月以发函或者电话通知等形式，提醒做好换届准备。党支部书记、副书记、委员出现空缺，应按照程序及时进行补选，时间一般不得超过3个月。确有必要时，上级党组织可以调整或指派党支部书记或者副书记。新任职基层党支部书记一般应具有1年以上党龄。

（二）组织生活制度

在党支部书记的带领下，乡镇供电所党支部应定期开展组织生活活动。组织生活制度包括"三会一课"制度、主题党日制度、报告工作制度、民主生活制度、党员汇报制度和民主评议党员制度等。

1. "三会一课"制度

"三会一课"是指定期召开党支部党员大会、党支部委员会会议、党小组会，按时上好党课。

2. 党支部党员大会

（1）召开时间：一般每季度召开1次，根据工作需要可随时召开。

（2）主要内容：传达学习党的路线方针政策和上级党组织的决议、决定、指示；听取和审议党支部委员会的工作报告；讨论吸收新党员和预备党员转正；讨论决定对党员的表彰和处分；选举党支部委员会委员和推荐出席上级党员代表大会代表；讨论决定其他需要由党支部党员大会讨论决定的事项。

（3）基本程序：

① 会前，由党支部委员会确定党支部党员大会的议题和时间，正、副书记或委员准备资料，提前通知全体党员。会议一般由党支部书记主持。党支部书记因故缺席，由党支部副书记或党支部其他委员主持。

② 会议开始，主持人报告党支部党员的应到数、实到数、缺席数；如有缺席，说明党员缺席的原因，宣布会议是否有效。宣布开会，提出议题，围绕会议的中心议题按规定程序主持讨论。

③ 会议讨论决定问题，必须执行少数服从多数的原则。需要作出决议的，有表决权的到会人数必须超过应到会人数的半数；进行选举时，有选举权的到会人数不少于应到会人数的五分之四，会议有效；被选举人获得的赞成票超过应到会有选举权人数半数的，始得当选。大会形成决议赞成人数须超过应到会有表决权的党员的半数。正式党员有表决权，预备党员和正在留党察看期间的党员没有表决权。

④ 表决主要形式有口头表决、举手表决、记名表决和无记名表决。表决时每个表决

者不论是赞成还是反对，都只有一票的权利，实行一人一票表决制。主持人一般最后表决（口头表决情况下）并发表结论性意见。表决事项需一事一议逐一表决，不能统一只做一次表决。

⑤ 对重要问题发生争论，双方人数接近时，除了紧急情况下必须按多数意见执行外，应当暂缓做出决定，进一步调查研究，交换意见，下次再表决；特殊情况下，也可以把争论情况向上级党组织报告，请求裁决。

⑥ 会议一般由组织委员记录，组织委员因故缺席，由主持人指定一名党员记录。会议记录本一般由支部书记负责保管。党支部书记变动时，必须同时移交会议记录本。

3. 党支部委员会会议

（1）召开时间：一般每月召开1次，根据工作需要也可以随时召开。

（2）主要内容：研究贯彻执行上级党组织决议、决定、指示和完成本单位任务的保障措施；研究党支部建设、党员教育管理、培养和发展新党员工作；研究党支部工作年度计划、总结安排党支部近期活动；研究需要党支部委员会讨论决定的其他事项。

（3）基本程序：

① 必须有超过半数的委员到会方可举行。

② 会前，正、副书记或与相关委员提前通气，确定会议议题和时间，正、副书记或委员准备资料，提前通知党支部委员。必要时，书记、副书记与委员之间提前个别酝酿准备意见。

③ 会议由党支部书记主持。

④ 会议开始，主持人报告委员的应到数、实到数、缺席数；如有缺席，说明委员缺席的原因，宣布会议是否有效。宣布开会，提出议题，围绕会议的中心议题按规定程序主持讨论。

⑤ 会议讨论决定问题，必须执行少数服从多数的原则。决定重要问题时超过应到会党支部委员的半数同意，决议才能生效。遇到重大问题急需研究解决，但因特殊原因能到会党支部委员会不足半数时，可以召开党支部党员大会研究讨论决定重要事项。

⑥ 表决主要形式有口头表决、举手表决、记名表决和无记名表决。表决时每个表决者不论是赞成还是反对，都只有一票的权利，实行一人一票表决制。主持人一般最后表决（口头表决情况下）并在最后发表结论性意见。需表决事项需一事一议逐一表决，不能统一只做一次表决。对重要问题发生争论，双方人数接近时，除了紧急情况下必须按多数意见执行外，应当暂缓做出决定，进一步调查研究，交换意见，下次再表决；特殊情况下，也可以把争论情况向上级党组织报告，请求裁决。

⑦ 会议一般由组织委员记录，组织委员因故缺席，由主持人指定一名党员记录。会

议记录本一般由党支部书记负责保管。党支部书记变动时，必须同时移交会议记录本。

⑧ 党支部委员按照分工认真实施会议决议，并对决议执行情况进行检查督促。

4. 党小组会

（1）召开时间：一般每月召开1次，根据工作需要也可以随时召开。

（2）主要内容：研究贯彻执行党支部委员会、党员大会决议和工作安排的落实措施；组织党员参加政治学习、谈心谈话、开展批评与自我批评。听取党员汇报思想、学习和工作情况。检查监督党员执行党的决议、履行党员义务情况。

（3）基本程序：

① 会前，由党小组长与党支部书记或有关支委研究具体内容，准备资料，并将议题和时间事先通知本小组的全体党员。

② 会议一般由党小组长主持。党小组长因故缺席，指定一名党员主持。

③ 会议开始，主持人报告党员的应到数、实到数、缺席数；如有缺席，说明党员缺席的原因，宣布会议是否有效。宣布开会，提出议题，围绕会议的中心议题按规定程序主持讨论。

④ 党小组会上，党小组长应当围绕中心议题，引导党员充分讨论，形成共识。每一名党员都应当积极参与，充分发表意见，深入研究问题。同时注意防止漫无边际，离题太远。

⑤ 会议结束前，党小组长应进行归纳，作出小结，确定需要落实的具体事项，制定切实可行的落实措施，明确责任分工，及时督促检查议定事项落实情况。党小组长应当及时将会议情况向党支部汇报。

⑥ 会议一般由党小组长指定的一名党员记录。会议记录本一般由党小组长负责保管。党小组长变动时，必须同时移交会议记录本。

5. 党课制度

（1）召开时间：一般每季度开展1次。

（2）主要内容：党的基本理论教育、党性党风党纪教育和形势任务教育。

（3）基本程序：

① 会前，由党支部委员会确定党课主题、党课教员和时间，邀请党课教员，提前通知全体党员。

② 党课教员接到邀请后，要认真备课，熟悉教育内容，明确教育重点、难点和基本思路。一般要进行思想摸底，充分调查了解党员的思想反映。认真编写教案，主要包括党课的目的与内容、观点与事例、归纳提示的重点结论、讨论思考题等。可依据教案进行小范围的试讲，征求意见，进行补充完善。

③ 党课一般由党支部书记主持。党支部书记因故缺席，由党支部副书记或党支部其他委员主持。

④ 党课教员在进行课堂讲授时，依据教案以口语表达和一定的辅助手段相结合，具体进行讲解。

⑤ 授课完毕后，主持人除要围绕党课需要掌握的重点思想观点进行归纳小结外，一般还要组织授课对象开展讨论。

⑥ 党课一般由组织委员记录。组织委员因故缺席，由党支部书记指定一名党员记录。党支部会议记录本一般由党支部书记负责保管。党支部书记变动时，必须同时移交党支部会议记录本。

6. 主题党日制度

（1）召开时间：每月相对固定1天，可与"三会一课"相结合。

（2）主要内容：包括集中学习、红色教育、为党员过政治生日等政治仪式、志愿服务、义务劳动等。

（3）基本程序：

会前，由党支部委员会确定党日活动的主题、内容及形式、时间、地点、参加人员等，正、副书记或党支部委员准备，提前通知需要参加的党员。活动一般由党支部书记主持。党支部书记因故缺席，由党支部副书记或党支部其他委员主持。活动结束后，主持人除对活动进行总结外，一般还要组织活动对象开展讨论。活动一般由组织委员记录。组织委员因故缺席，由党支部书记指定一名党员记录。

7. 民主生活制度

（1）召开时间：每年至少召开1次，一般安排在第四季度，因特殊情况需提前或延期召开的，须报上级党组织同意。

（2）主要内容：一般以交流思想、总结经验教训、开展批评和自我批评为中心内容，重点围绕是否坚定理想信念、是否严守纪律规矩、是否践行党的宗旨、是否继承和发扬党的优良作风、是否积极干事创业等内容。

（3）基本程序：

① 会议召开前应确定会议主题。组织生活会的主题要贯彻中央要求，鲜明集中，聚焦问题，符合基层党支部建设实际。会议主题一般由上级党组织统一确定。

② 制定会议方案。按照上级党组织要求，制定组织生活会方案，包括会议主题、时间、议程、参加和列席人员、具体工作安排等内容。

③ 组织学习研讨。基层党支部以"三会一课"为主要形式，辅以个人自学，组织全体党员认真学习党章党规、中央精神和国网公司规定的学习材料，提高思想认识，增强党员

意识，准确把握召开组织生活会和民主评议党员的目的、方法及要求。集中学习时间不少于半天。

④ 开展谈心谈话。党支部委员会成员之间要互相谈心谈话，交流思想，交换意见，并与党支部每名党员谈心。党员和党员之间也要互相谈心。谈心谈话要一对一、面对面，互相掏心窝子、说心里话，既主动说自己身上的缺点，又直接点出对方的不足，特别是对职工群众反映的问题和意见，要坦诚接受并相互提醒。对存在问题又缺乏认识的党员要反复谈，帮助提高认识、正视问题。平时有分歧、有疙瘩的同志要通过谈心，消除隔阂、增进了解。上级党委对存在突出问题的党支部委员会成员，要有针对性地谈话提醒。

⑤ 查摆突出问题。基层党支部应通过个别谈话、集体座谈、发放征求意见表等形式，广泛征求党员、群众的意见建议。要认真汇总梳理征求到的意见建议，召开党支部委员会集体把脉会诊，逐项讨论分析，找准找实存在的突出问题。同时，基层党支部和每名党员都要结合工作职责、岗位特点和履职情况，查摆突出问题，管理机关党支部和党员还要围绕服务基层，窗口单位党支部和党员还要围绕服务用电客户等，开展对照检查。

⑥ 撰写对照检查材料。设党支部委员会的基层党支部，应撰写党支部班子对照检查材料。党支部班子的对照检查材料，要联系具体事例查摆问题、剖析原因，有针对性地提出具体整改措施；党支部委员会成员要撰写对照检查发言提纲，条目式列出问题清单和整改措施；普通党员要对照党员标准，实事求是地作出书面自我评价，多做自我批评。党支部全体党员要结合谈心谈话内容，提前准备组织生活会上拟对其他同志的批评意见。

⑦ 材料审核。基层党支部副书记和委员的对照检查材料、普通党员的书面自我评价要经基层党支部书记审核。对查摆问题不全面不深入、改进措施没有回应问题、操作性不强的，要督促修改完善。

⑧ 筹备情况送审。组织生活会准备工作全部完成后，基层党支部应当提前7日将准备工作情况报告、会议方案、支部班子和党支部书记对照检查材料一并报上级党组织审核，经审核同意后方可开会。上一次组织生活会整改措施落实情况报告，报上级党组织备案。

⑨ 会议召开时应通报上一次组织生活会整改措施落实情况和本次组织生活会征求意见情况。设党支部委员会的基层党支部，由基层党支部书记代表党支部班子做对照检查。基层党支部书记、副书记、委员依次做对照检查发言，并听取其他同志批评意见。普通党员做自我评价，其他同志对其提出批评意见。党员人数30人及以上的党支部，可分党小组进行，基层党支部派党支部委员参加和指导。进行党员民主测评，重点对照党章规定以及"四讲四有"合格党员标准进行评价，具体按照国网公司相关制度执行。基层党支部书记总结会议情况，提出整改工作要求。

⑩ 整改落实阶段应先制定整改方案。根据组织生活会检查和反映出来的问题，基层党支部要制定整改方案，落实具体责任，明确整改目标和完成时限，党支部委员会成员和普通党员也要制定整改措施。组织生活会结束后 7 日内，应当向上级党组织报送会议情况报告、会议记录、整改方案，以及民主评议党员情况。整改方案应当在一定范围公示。对群众普遍关心问题的整改情况，应当采取适当方式进行公布，主动接受监督。建立健全组织生活会档案资料，会议相关请示报告、学习记录、会议记录、对照检查材料、整改落实方案等，由基层党支部负责及时归档。

二、廉洁从业

乡镇供电所要根据上级监察部门纪检学习计划要求组织开展廉洁从业教育和案例警示教育，严格落实中央八项规定，认真做好廉洁从业教育工作。以下是廉洁风险案例及防控措施：

（一）临时用电工程项目系统外流转

（1）风险因素：违反"三不指定"原则，代收用电材料费，变相指定施工单位。违反规定未及时建立用电客户电费账户，造成电费漏缴。

（2）防控措施：

① 严格遵守"三不指定"原则，保障用电客户对设计、施工、设备供应单位的知情权、自主选择权，不以任何形式指定设计、施工和设备材料供应单位。

② 健全业扩报装服务责任追究机制，对涉嫌"三不指定"、侵害用电客户利益的事件，按照公司相关规定严格追究责任。

③ 电能计量装置安装应与用电客户接电工程施工同步进行，施工结束后按流程申报验收送电，并办理立户手续。乡镇供电所应加强临时用电稽查工作。

（二）现场勘查环节提供虚假资料、收受贿赂

1. 风险因素

① 三相电能表立户现场勘测一人完成。

② 三相电能表立户材料不全，工作人员审核不严，私自提供虚假资料。

③ 非装表岗位人员参与装表等业扩报装业务代办。

2. 防控措施

① 勘查工作中，对申请新装、增容用电的用电客户，应现场审核用电需求，确认用电设备容量、用电性质及负荷特性。

② 按照《低压现场勘查单》内容现场勘查，不准利用岗位与工作之便谋取不正当利益。

③ 现场勘查应至少两人，加强相互监督制约，立户勘测现场拍照留底。

④ 乡镇供电所要定期抽查台区经理现场勘查工作质量，开展新装表业务回访。

⑤ 严格办理申请业务，禁止非装表岗位人员代办装表业务。

（三）电价政策执行不准确

1. 风险因素

① 工作人员搭车收费。

② 工作人员私自变相调整电价，从中牟利。

2. 防控措施

① 严格执行国家电价政策，不得擅自或变相调整电价，不得执行违规出台的电价政策。

② 在电价执行环节，乡镇供电所应通过营业稽查、营业普查、电价分析等方法，加大对电价执行的监督。

③ 严肃追究对未经批准、擅自或变相调整电价的人员责任。

（四）民事及青苗赔偿不透明

1. 风险因素

① 截留农网工程青赔费。

② 虚报青赔面积并私分青赔款。

2. 防控措施

① 严格执行政府青苗赔偿标准和国家电网公司有关规章制度，依据赔偿协议、原始票证、赔偿明细清单等依据性资料按实结算费用，严禁无依据、无原则赔偿现象发生。

② 规范资金支付，所有款项均应通过银行转账支付。对直接支付给个人的赔偿项应签订协议，并取得收款人有效身份证复印件及本人签章的收据。

③ 加强监督检查，严肃查处虚列、多列赔偿行为。

④ 严格按照预算水平控制费用支出，审核费用支出合理性、手续完备性、票据真实性。

（五）违规从外委施工单位处私揽工程

1. 风险因素

① 外委施工单位管理存在违规转分包。

② 乡镇供电所利用属地管理便利插手外委工程。

③ 项目计划管理滞后造成管理漏洞。

2. 防控措施

① 营销部门要牵头组织开展营销项目实施、验收等工作，开展项目施工抽查，避免

出现项目违规转分包。

② 乡镇供电所实施电网建设协调属地化管理，明确界定管理职责，不得违规私揽、插手外委工程，不准利用岗位与工作之便谋取不正当利益。

③ 建立并执行营销项目里程碑计划，开展全面检查，避免年底集中施工，保证项目计划合法合规按时限完成。

（六）用电检查不到位造成电量电费损失

1. 风险因素

① 电能表更换工作管理不规范，旧电能表及底码指示数丢失，抄表、收费、装换表及管理监督制约缺失。

② 用电检查稽核力度不够，对用电客户违约用电、窃电等行为失察、未及时处理。

③ 存在调整关口表电量，编制虚假线损报表。

2. 防控措施

① 通过监测系统加大对异常用电客户的核查力度，加强对电量异常情况监测。

② 加强营销稽查力度，定期开展抄表业务稽查和电费专业相关统计分析，及时发现异常。

③ 严格实行抄、核、收工作的分离。

④ 加快智能电能表实施推广，提高远程抄表成功率。

⑤ 对换装、拆除、超期、抽检、故障等拆回的暂存电能表做好底码示数核对，保存含有资产编号和电量底码的数码档案，并及时异地备份，做好入库操作数据维护。拆回的电能表，按照一定规则有序存放，方便今后查找，至少存放两个抄表周期。

第二节　绩效考核管理

一、绩效管理定义

绩效是指为了实现企业的总体目标，构成企业的各团队或个人所必需达成的业务和工作成果。乡镇供电所员工的绩效一般表现为完成的工作数量、质量及为组织做出其他贡献等。

二、绩效管理体系

绩效管理体系分为"考核对象和模式、绩效管理流程、考核结果应用"三个维度。乡镇供电所在整个绩效管理体系中，既是一个被考核的对象又是开展考核的实施单位。

上级单位对乡镇供电所的考核主要是关键业绩的考核，通过对乡镇供电所下达工作目标，再根据目标进程及完成情况进行组织绩效考核。乡镇供电所根据内部制定的考核办法，将考核结果落实到每位员工。

（一）考核对象

主要分为组织绩效和乡镇供电所员工绩效。当乡镇供电所作为一级单位时，上级单位可以采用关键业绩制进行目标考核。对于乡镇供电所员工，乡镇供电所可以采用工作积分制的方法进行考核。考核对象和模式组织绩效关键业绩编制和乡镇供电所员工绩效工作积分制组成。

（二）绩效管理流程

主要分为绩效计划、绩效实施、考核评价和反馈改进四个阶段，是个循环改进提升的闭环过程。

（三）考核结果应用

主要是通过绩效管理进行薪酬分配、岗位调整、评优评先、人才评价、培训开发等方面的应用。

三、绩效管理方法

乡镇供电所的绩效管理方法主要有目标任务制、关键业绩制及工作积分制。其中关键业绩制主要用于乡镇供电所上级单位对乡镇供电所组织绩效进行管理；目标任务制及工作积分制是将乡镇供电所的关键业绩制指标合理分解落实责任，从而保证对绩效的有效管理，并按照 PDCA 循环不断优化完善乡镇供电所的绩效管理制度。

（一）关键业绩制

从对象的关键成果领域中提取出主要工作目标，即代表工作的重点和花费时间最多的工作内容。主要工作目标是衡量乡镇供电所绩效的重要指标，具有数量少、对工作重点有指导作用等特点。

（二）目标责任制

通过工作目标设计，将县供电公司的整体目标逐级分解，转换为乡镇供电所目标最终落实到乡镇供电所员工的分目标。在目标分解过程中，应当权、责、利明确，而且相互对等。这些目标方向一致、环环相扣、相互配合，形成协调统一的目标体系。每个乡镇供电所员工目标的完成，是乡镇供电所完成整体目标的前提。乡镇供电所将对目标完成情况进行考核，并对考核结果进行有效运用。

（1）目标责任指标：包括关键业绩指标、重点工作任务、专业管理职能、业务流程等。

（2）减项指标：包括安全生产、依法治企、优质服务、队伍稳定等。

（3）综合评价：包括管理技术、创新、配合协作、服务效能、乡镇供电所员工的工作纪律、工作态度、能力素质、团队协作。

（三）工作积分制

把积分制度用于对乡镇供电所员工的管理，以积分来衡量乡镇供电所员工的自我价值，反映和考核人的综合表现，然后再把各种物质待遇、福利与积分挂钩，并向高分人群倾斜，从而达到激励乡镇供电所员工的主观能动性，充分调动乡镇供电所员工的积极性。

1. 工作积分制

（1）工作任务积分主要以工分为度量单位进行累计积分。

（2）结合乡镇供电所工作特点，合理运用实录工时（计时）、标准定额、协商评估等方法，统计工作积分，做到日清日结。

（3）对于违反劳动纪律、工作纪律、安全规程、优质服务等规定及工作质量不合格的，以扣减积分的方式进行考核。

2. 乡镇供电所工作积分举例（见［实例 4-1］～［实例 4-3］）

［**实例 4-1**］

单人制工作积分

序号	工作项目	计量单位	工时定额标准
1	解答客户咨询	每户	0.3
2	工作单（据）传递	每次	0.5
3	客户缴费渠道、缴费方式推广	每户	0.3
4	客户月度抄表、数据核对	每册	1.5
5	抄表数据异常分析	每户	0.8
6	远程费控客户停电、复电处理	每户	0.5
7	远程费控客户取消预警流程处理	每户	0.3
8	客户欠费风险预控、信用风险等级评估	每户	0.5
9	缴费渠道及缴费网点推广、应用及维护管理	每次	2
10	供电用电合同签订	每户	0.5
11	供电用电合同答复	每户	0.5
12	供电用电合同续签	每户	0.5
13	低压户后付费走收	每户	0.3
14	低压户预付费收取	每户	0.17
15	低压户电费欠费催收	每户	1.5
16	营销类系统录入维护工作	每条	0.3
17	营销类系统审核维护工作	每条	0.3
18	营销类系统归档维护工作	每条	0.3
19	其他类系统录入维护工作	每条	0.4
20	其他类系统审核维护工作	每条	0.4
21	其他类系统归档维护工作	每条	0.4

序号	工作项目	计量单位	工时定额标准
22	电能表运行状况检查	每户	0.5
23	采集终端运行状况检查	每户	0.5
24	协调客户计量装置校验	每户	1
25	采集器拆除	每只	0.5
26	集中器拆除	每只	0.5
27	采集器安装	每只	3
28	集中器安装	每只	3
29	低压客户申校电能表退补电量确认	每次	1
30	计量设备的领用	每只	0.5
31	计量设备的退回	每只	0.5
32	营销系统录入现场检验数据	每单	0.2
33	抄表异常数据分析及处理	每条	1.2
34	用电信息采集本地通信信道及手机卡维护	每次	1
35	用电信息采集本地通信信道及手机卡故障处理	每次	1
36	计量封印领用	每批次	0.6
37	锁具领用	每批次	0.6
38	客户资料收集	每户	0.5
39	客户资料归档	每户	0.5
40	客户资料保管	每户	0.5
41	协助高压客户电气设备预防性试验	每次	2
42	协助高压客户停、送电工作实施	每次	2
43	营销 GIS 系统专用变压器核对	每台	0.6
44	电网 GIS 系统专用变压器定位	每台	0.6
45	计划停电通知及张贴	每条	0.5
46	供用电合同履行情况检查	每户	0.5
47	违约用电、窃电嫌疑情况报办	每户	0.3
48	协助 10kV 业扩报装新装、增容业务现场勘查	每户	1.5
49	协助 10kV 业扩报装新装、增容业务竣工验收	每次	1.5
50	协助 10kV 业扩报装新装、增容业务送（停）电管理	每户	2
51	协助一户一表改造	每表箱	0.5
52	低压客户家电理赔业务处理	每次	3
53	咨询 95598 工单现场处理	每户	0.5
54	意见 95598 工单现场处理	每户	0.5
55	建议 95598 工单现场处理	每户	0.5
56	表扬 95598 工单现场处理	每户	0.5
57	95598 投诉举报类工单现场处理	每个	5
58	95598 业务受理类工单现场处理	每个	0.3
59	95598 故障报修类工单现场处理	每个	0.3
60	其他渠道受理工单处理	每个	1
61	配电设备安装各种标识	每块	0.25

续表

序号	工作项目	计量单位	工时定额标准
62	三级剩余电流动作保护器测试试跳	每台	0.1
63	大修项目计划提报	每条	0.25
64	农网项目计划提报	每条	0.25
65	技改项目计划提报	每条	0.25
66	城网项目计划提报	每条	0.25
67	客户供电质量异常处理	每户	1
68	停电现场施工看板制作	每次	2.5
69	配电 PMS 图绘制	每条（次）	2
70	配电 PMS 图审核	每条（次）	2
71	低压台区线损模型维护	每台区	0.2
72	操作票、工作票填写	每票	1
73	派工单、派车单填写	每票	1
74	工作现场三大措施编写	每票	1.5
75	现场工作安全风险控制卡办理/执行	每票	1
76	各类票、卡归档工作	每次	0.2
77	安全工器具现场检查	每次	2
78	班组成员统计报送日工作量	每人·次	0.5
79	查禁违章档案汇总归档	每次	0.5

［实例 4-2］

双人制工作积分

序号	工作项目	计量单位	工时定额标准
1	抄表数据异常现场核实、协调计量处理	每户	3
2	电能表抄表数据周期性现场复核	每册	5
3	欠费客户书面通知书送达	每户	2
4	欠费客户现场停限电	每户	2
5	结清电费客户复电	每户	2
6	一户一表现场核查	每户	0.6
7	新装客户计量装置现场核实	每户	1
8	单相电能表安装	每只	1
9	单相电能表更换	每只	1
10	单相电能表拆除	每只	1
11	三相电能表更换	每只	4
12	三相电能表拆除	每只	2
13	低压互感器安装	每组	3
14	低压互感器更换	每只	2
15	低压互感器拆除	每组	2
16	表箱新装	每只	4
17	表箱更换	每只	5
18	表箱维护	每只	1
19	表箱拆除	每只	2

续表

序号	工作项目	计量单位	工时定额标准
20	采集器/集中器安装调试	每只	3
21	低压业扩报装工程施工	每户	6
22	低压业扩报装工程验收送电	每户	2
23	计量装置及终端故障研判	每次	2
24	计量装置及终端故障处理	每次	2
25	采集终端消缺维护	每次	2
26	计量装置消缺维护	每次	2
27	协助电能表/终端现场升级	每只	0.6
28	计量箱现场普查	每个	1
29	单相电能表现场检验（首检）	每只	1
30	单相电能表现场检验（周检）	每只	1
31	单相电能表现场检验（临时）	每只	1
32	单相电能表现场检验（申校检定）	每只	1
33	三相电能表现场检验（首检）	每只	1.4
34	三相电能表现场检验（周检）	每只	1.4
35	三相电能表现场检验（临时）	每只	1.4
36	三相电能表现场检验（申校检定）	每只	1.4
37	高危及重要客户安全用电检查	每户	6
38	高压新装、增容客户协助现场验收	每户	4
39	高压客户故障巡视检查	每户	4
40	有序用电方案实施	每户	2
41	对违约用电、窃电行为的客户已处理并改正的，按照有关规定办理复电手续	每户	6
42	协助小区移交协议签订		
43	特殊用户、重要用户走访	每户	1
44	0.4kV低压开关跳闸处理	每次	2
45	0.4kV低压接户线故障处理	每次	3
46	0.4kV低压设备故障处理	每次	3
47	0.4kV开关停送电倒闸操作	每次	1
48	0.4kV线路一次核相	每次	1
49	电容器安装	每组	1
50	电容器更换	每只	1
51	电容器停送电操作	每次	1
52	配电金具安装	每次	2
53	配电金具更换	每次	2.5
54	低压配电设备数据采集设备安装	每套	2
55	低压配电设备数据采集设备更换	每套	3
56	低压配电设备数据采集设备拆除	每套	1
57	公用配电台区测温	每台区	1
58	公用配电台区测负荷	每台区	0.6

续表

序号	工作项目	计量单位	工时定额标准
59	配电设备接地电阻测量	每次	1
60	配电设备零值测量	每次	1
61	配电设备绝缘测量	每次	1
62	配套小区户表改造勘察	每次	4
63	配电农网电缆化及迁改勘察	每次	4
64	线路清障（树障）	每棵	0.6
65	台区设备巡视	每次	2
66	台区设备故障处理	每次	4
67	二级剩余电流动作保护器安装调试	每次	1
68	一级剩余电流动作保护器安装调试	每次	9
69	公用配变双电源倒电源	每次	2
70	处理线路民事属地化协调	每次	16
71	线路交叉跨越测量	每处	3
72	填写并派工单工作	每份	0.1
73	工作票办理	每票	0.5
74	工作票执行	每票	0.5
75	10kV 线路及设备巡视检查	每次	3
76	一级剩余电流动作保护器测试并记录	每台区	0.3
77	二级剩余电流动作保护器测试并记录	每台区	2

[实例 4-3]

多人制工作积分

序号	工作项目	计量单位	工时定额标准
1	线损数据分析及降损措施制定	每台区	12
2	线损数据统计	每台区	12
3	三相电能表新装	每只	6
4	高危及重要客户应急预案演练	每户	20
5	客户违约用电处理（核定）	每户	12
6	客户违约用电处理（取证）	每户	12
7	客户窃电处理（核定）	每户	12
8	客户窃电处理（取证）	每户	12
9	已查处的违约用电、窃电行为的客户拒绝处理的，按照有关规定办理停电手续	每户	6
10	组织开展供电设施防外破工作	每次	8
11	组织开展供电设施节能宣传工作	每次	8
12	0.4kV 联络开关安装	每台	6
13	0.4kV 联络开关更换	每台	8
14	0.4kV 联络开关拆除	每台	4
15	0.4kV 分支箱安装	每台	8
16	0.4kV 分支箱更换	每台	12
17	0.4kV 分支箱拆除	每台	6

续表

序号	工作项目	计量单位	工时定额标准
18	0.4kV 低压柜安装	每台	12
19	0.4kV 低压柜更换	每台	20
20	0.4kV 低压柜拆除	每台	8
21	0.4kV 低压电缆故障处理	每次	9
22	0.4kV 低压架空线路故障处理	每次	8
23	0.4kV 电缆敷设	每百米	16
24	0.4kV 电缆拆除	每百米	8
25	0.4kV 电缆试验	每相	3
26	0.4kV 架空线路导线敷设	每百米	6
27	0.4kV 架空线路导线拆除	每百米	4
28	台区户表改造竣工验收送电	每次	12
29	配电农网迁改验收	每次	8
30	一级剩余电流动作保护器安装调试	每次	9
31	大修项目可行性研讨	每次	8
32	农网项目可行性研讨	每次	8
33	配电台区变压器挡位调整（无载调压）	每次	10
34	配电台区三相负荷调整	每次	12
35	重大事项保电	每次	16
36	工作现场三大措施执行	每票	3
37	值班工作	每次	1
38	应急演练，并用于实战中	每次	20
39	填写并派工单工作	每份	0.1

四、绩效管理职责

（一）乡镇供电所所长职责

（1）明确乡镇供电所绩效目标，与乡镇供电所员工签订绩效合约。

（2）实施对乡镇供电所员工的绩效管理，组织完成对乡镇供电所员工绩效工资的二次分配。

（3）每月与乡镇供电所员工进行绩效沟通，查找问题，分析原因，提出改进意见。

（4）依据乡镇供电所绩效考核办法，完成对乡镇供电所员工考核。

（二）乡镇供电所配电营业班、综合班班长职责

（1）明确乡镇供电所乡镇供电所员工绩效目标。

（2）实施对乡镇供电所员工全过程绩效管理。

（3）负责完成对乡镇供电所员工绩效工资的二次分配。

（4）提出对乡镇供电所员工岗位调整、评优评先、人才评价、培训开发等方面建议。

五、绩效指标

（一）乡镇供电所关键业绩指标

每年乡镇供电所可以根据自身实际工作和上级重点工作部署确定乡镇供电所关键业绩指标，这里列举乡镇供电所部分关键业绩指标，乡镇供电所可以根据自身实际工作和存在的现实问题制定自己的关键业绩指标如下：

1. 业扩服务时限达标率（低压）

计算公式：业扩服务时限达标率（低压）＝营销系统内未超时限的低压业扩新装、增容工单数/营销系统内低压业扩新装、增容工单总数×100％－班组所属查实的业扩不规范行为件数、体外流转工单数×0.1％

2. 当月电费回收率：

计算公式：当月电费回收率＝实际收款金额/应收金额×100％

3. 台区同期线损管理规范率

计算公式：台区同期线损管理规范率＝台区同期线损可监测率×0.2＋台区同期线损合格率×0.4＋高（负）损台区治理率×0.2＋台区责任制落实率×0.1＋一体化同期线损评价指数×0.1

4. 千户投诉率

计算公式：千户投诉率＝属乡镇供电所责任的投诉件数/营业户数×1000×100％

5. 计量采集规范率

计算公式：计量采集规范率＝用电信息采集成功率×0.4＋现场采集运维规范率×0.3＋业务执行规范率×0.3

6. 移动作业应用达标率

计算公式：移动作业应用达标率＝（移动作业终端处理工单环节数/营销业务系统归档工单环节数×100％）/季度目标值×100％

7. 客户资源一致率

计算公式：客户资源一致率＝专用变压器一致率×0.1＋专线一致率×0.1＋公变一致率×0.2＋"变—箱"一致率×0.3＋"箱—表"一致率×0.3

8. 10kV线路故障停运率

计算公式：10kV配电线路故障停运率＝统计周期内故障停运次数/配电线路长度百公里·年

9. 非计停发生率

计算公式:非计停发生率＝非计划停电次数/配电线路长度百公里·年

10. 低压客户电压越限率

计算公式:低压客户电压越限率＝低电压客户比例×0.8＋过电压客户比例×0.2

11. 公用配变过载率

计算公式:过载率＝年度统计周期内出现过载配电变压器数量/配电变压器总台数×100%

12. 万户报修率

计算公式:万户报修率＝抢修工单数量/客户万户·年

(二)减项指标

1. 安全生产目标

(1) 乡镇供电所员工不发生轻伤及以上人身事故。

(2) 乡镇供电所员工不发生电气误操作事故。

(3) 乡镇供电所员工不发生八级及以上电网、设备和信息系统事件。

(4) 乡镇供电所办公、生产场所不发生被盗及治安案件。

(5) 不发生由本乡镇供电所责任造成的火灾事故。

(6) 乡镇供电所员工不发生对县供电公司造成较大影响的安全事件。

(7) 乡镇供电所员工不发生突发事件、安全事故迟报、漏报、瞒报事件。

(8) 乡镇供电所员工不发生一般及以上突发事件,因处置不当对县供电公司造成较大影响的事件。

(9) 乡镇供电所员工不发生重大差错导致的资金安全事故。

(10) 乡镇供电所员工不发生与本乡镇供电所有责任的交通事故。

(11) 乡镇供电所员工不发生因盗窃、破坏电力设施造成的电网、设备故障。

(12) 一级、二级剩余电流动作保护器正确动作率100%。

2. 反腐倡廉目标

(1) 乡镇供电所员工要认真学习国家法律法规,学习上级纪委廉洁从业各项规定,遵守职业道德,忠实履行岗位职责,不以工作便利发生损害企业利益的行为。

(2) 乡镇供电所员工要严格执行《国家电网公司党风廉政建设责任制实施办法》,认真履行"一岗双责",自觉参加反腐倡廉各类学习教育活动。严格遵守党纪国法,不发生乡镇供电所员工给企业造成重大损失的腐败违法案件。

(3) 乡镇供电所员工不以私人名义存储公款,不非法占有公共财物,不从事营利性经营活动和有偿中介活动，不从事有悖社会公德的活动。

（4）乡镇供电所员工不发生有重大影响的行风事件。

（5）不发生乡镇供电所员工弄虚作假，用不正当手段获取荣誉、职称、学历、学位等。

3．队伍稳定目标

（1）不发生乡镇供电所员工黄、赌、毒等违法犯罪案件和严重违纪事件。

（2）不发生乡镇供电所员工越级上访、重复上访、集体上访及其他影响企业稳定的事件。

（3）不发生乡镇供电所员工违反计划生育事件。

4．保密工作目标

（1）不发生乡镇供电所员工失泄密及违反保密规定事件。

（2）不发生乡镇供电所员工不严格执行重大事项报告制度。

（3）不发生乡镇供电所员工违规外联事件。

（4）乡镇供电所员工不发生六级及以上信息系统事件。

5．优质服务

（1）不发生乡镇供电所员工服务事件。

（2）不发生乡镇供电所员工违反乡镇供电所员工"十个不准"、供电服务"十项承诺"事件。

（3）不发生乡镇供电所员工的责任投诉事件。

六、绩效沟通

乡镇供电所所长要定期与乡镇供电所员工进行绩效沟通，及时总结经验，肯定成绩，查找问题，分析原因，确定改进措施。乡镇供电所所长要与乡镇供电所员工建立并维持彼此信赖的关系，对乡镇供电所员工清楚地说明面谈目的，乡镇供电所所长与乡镇供电所员工应在平等立场上进行商讨，乡镇供电所所长要倾听并鼓励乡镇供电所员工讲话，乡镇供电所所长要帮助乡镇供电所员工对于绩效考核内容不要与他人做比较，乡镇供电所所长在与乡镇供电所员工进行绩效沟通时要注意坚持优点与缺点并重的原则，不要将考核与工资混为一谈，要以积极的方式结束面谈，避免对考核标准模糊不清，造成考核不准确使绩效沟通引发争执。在与乡镇供电所员工进行绩效沟通时，乡镇供电所所长要避免老好人倾向，不要怕得罪人。克服以个人好恶作为评判标准，面谈时笼统的就事论事，没有提出针对性的改进意见。在与乡镇供电所员工进行绩效沟通时，乡镇供电所所长杜绝扮演审判官的角色，只是批评乡镇供电所员工的不足。在与乡镇供电所员工进行绩效沟通时，对于被考核的乡镇供电所员工，乡镇供电所所长要按照纠正错误的步骤，以善意的态度向乡镇供电所员工指出问题所在，提出具体的客观根据，在与员共同讨论发生问题的原因时，要引导乡镇供电所员工提出解决问题的方法，最后达成双方同意解决的方法。乡镇供电所年度绩效考评完成后，乡镇供电所所长要将考评结果反馈至每位乡镇供电所员工并进行充分沟通。

七、绩效考核结果及应用

在绩效计划实施和绩效考核结果分析中，绩效管理人员应对乡镇供电所员工的业绩表现进行持续跟踪和诊断分析，找出影响乡镇供电所员工绩效的问题，采取对应措施进行改善和解决，并在绩效沟通中进行针对性的反馈和辅导。乡镇供电所员工有异议的可逐级申诉。经沟通仍不能达成共识的，由乡镇供电所绩效管理小组裁定。

第三节　培　训　管　理

一、乡镇供电所实训室管理

1. 实训场地建设

为及时总结和推广乡镇供电所管理工作中出现的先进经验和做法，更好地发挥实训室"实用实效、实训实战的"作用，乡镇供电所应坚持专业主导，实训与讲课并重，功能设置符合专业工作需求的原则，因地制宜建立乡镇供电所培训场地，完善培训所需的设施设备，持之以恒地加强乡镇供电所实训室建设工作，不断激发乡镇供电所员工学习热情，持续提升乡镇供电所员工的技术水平和业务素质。乡镇供电所实训室应充分利用乡镇供电所存量场地和现有房屋，结合现有设施进行改造与建设。具备条件的乡镇供电所实训室建设应包括培训室、室内实训室和室外实训场地三部分。室外实训场地可以在县供电公司建设一个规模化较大的供所有乡镇供电所使用。

（1）室内培训室建设。

以提高乡镇供电所员工理论水平为主，可利用乡镇供电所原有会议室等场所进行改造，配置电脑、投影仪、白板等设备，具备专业理论学习、技术问题讨论等功能，满足乡镇供电所全员培训的要求。

（2）室内实训室建设。

以提高台区经理操作技能和对低压电气设备安装检修维护水平为主，配置操作台、低压配电盘、剩余电流动作保护器、低压计量装置、个人工器具、测量器具及其他实训项目所必需的设备，具备专业知识实践操作、技术交流等功能，主要适用于乡镇供电所台区经理和安全质量员、营销服务员、运检技术员的培训。

（3）室外实训场地建设。

以提高杆上作业、大型设备安装操作技能为原则，配置配电变压器、低压配电盘、电杆、绝缘子、接地装置、拉线、电力线路、接户线、计量表箱及其他实训项目所必需的设备，适用于乡镇供电所台区经理和安全质量员、营销服务员、运检技术员的培训。

2. 实训项目要求

乡镇供电所实训室的实训项目一般包括乡镇供电所安全专业技能培训、营销专业技能培训、运检专业技能培训、新型业务技能培训、乡镇供电所信息化知识应用培训等内容。

（1）安全专业培训。

"两票"合格率；"两措"完成率；八级及以上电网事件等安全专业指标优化管理知识培训；工作票、操作票的填写与使用培训；现场操作技能培训；现场布置安全措施技能培训；《国家电网公司安全工作规程（配电部分）（试行）》学习、讲解、考试；安全事故案例分析；违章人员培训；安全知识教育培训；风险管控技能培训；应急管理技能培训；消防安全技能培训等。

（2）营销专业技能培训。

线损率、电费回收率等营销专业指标优化管理知识培训；装表接电技能培训；电能表、信息采集终端安装及运维调试技能培训；业扩报装知识培训；电子化缴费知识培训；台区线损异常问题诊断分析及整改技能培训；低压计量装置错误接线检查技能培训；低压电能表和低压互感器安装与调试技能培训；电能表串并户排查与更正技能培训；窃电现场模拟和反窃电实用技巧等。

（3）运检专业技能培训。

供电可靠性、电压合格率等运检专业指标优化管理知识培训；低压设备故障抢修技能培训；低压设备巡视检查消缺技能培训；剩余电流动作保护器测试技能培训；剩余电流动作保护器、开关、刀闸、熔断器安装技能培训；低压设备验收技能培训；低压设备维护、维修技能培训；登杆训练技能培训；瓷瓶绑扎技能培训；瓷瓶更换技能培训；拉线制作技能培训；导线架设技能培训等。

（4）新型业务技能培训。

分布式光伏发电运维技能培训；电动汽车充换电设施运维技能培训；电子渠道推广

知识培训；智能缴费知识培训；清洁能源业务咨询及受理知识培训；电能替代推广知识培训；移动作业终端使用化知识培训等。

（5）信息化知识应用培训。

乡镇供电所常用的管理信息系统应用培训项目应包括乡镇供电所综合业务监控平台、同期线损管理信息系统、营销系统、PMS 系统、GIS 系统、用电信息采集系统、安全管控平台等。

3. 管理及使用

乡镇供电所室内培训室、室内实训室、室外实训场地应由乡镇供电所安全质量员（兼职培训）负责日常管理工作。乡镇供电所安全质量员具体负责管理设备的运行、维护，并定期检查；负责设备使用、实训故障设置等工作。乡镇供电所每年应制定年度培训计划，每年的培训计划内容不应该重复罗列，根据不同岗位特点有针对性地开展培训工作，做好培训和考核情况记录（包括签到记录、实训现场照片等）。乡镇供电所应做好实训项目开展情况监督考核，定期检查实训计划的执行情况，对开展不到位、记录不完整的项目，应列入乡镇供电所绩效考核。乡镇供电所应将实训现场等同于作业现场，实训人员进入实训场地前必须学习有关安全规程知识。进入实训场地，必须按安规及实训要求穿戴劳动保护用品。各乡镇供电所实训人员如需使用室外实训场地，必须提前一周与室外实训场地管理员联系预约，避免多个乡镇供电所在同一时间进入一个室外实训场地培训，影响培训效果。实训人员进入实训室后，应保持实训场地干净、整洁，未经允许不得擅自操作设备，实训人员应按照操作规程使用实训设备，使用仪器、仪表及工器具前，必须掌握设备、仪表及工器具的性能，做到正确使用。实训设备通电前应检查接线是否正确，安全措施是否完备，操作过程应履行工作监护制度，防止发生人身触电事件。实训室使用完毕后，管理员应切断所有电源，做好实训后的效果评价、资料整理、场地清理等工作。

二、乡镇供电所年度培训计划（见［实例 4-4］）

［实例 4-4］

白云山乡镇供电所 2019 年培训计划

序号	培训类别	培训题目	培训对象	学时	培训时间	培训方式	办班地点
1	春节保供电安全技能培训	春节不停电隐患排查要点	所长、三员、台区经理	1	2019.1	技术讲座	3 楼培训室
2	"两票"培训	10kV 操作票、工作票执行和填写要求	所长、三员、台区经理	2	2019.2	技术讲座	3 楼培训室
3	配电设备技术培训	剩余电流动作保护器测试方法	所长、三员、台区经理	2	2019.3	现场模拟操作	1 楼实训室

序号	培训类别	培训题目	培训对象	学时	培训时间	培训方式	办班地点
4	应急技能培训	发生火灾应急疏散逃生要点	全体人员	1	2019.4	大讲堂	3楼培训室
5	消防器材技能培训	灭火器的使用方法及检查维护	全体人员	1	2019.5	现场讲解	乡镇供电所院内
6	电网工程技术培训	配电线路施工工艺及要求	所长、三员、台区经理	2	2019.6	现场讲解	室外实训场地
7	计量专业培训	装表接电常见知识问答	所长、三员、台区经理	2	2019.7	技术问答	3楼培训室
8	交通知识培训	发生交通事故现场如何处理	全体人员	1	2019.8	大讲堂	3楼培训室
9	新型业务培训	低压分布式光伏竣工验收标准	所长、三员、台区经理	1	2019.9	技术讲座	1楼实训室
10	施工机具应用培训	施工工器具的使用和检查	所长、三员、台区经理	2	2019.10	现场讲解	乡镇供电所院内
11	安全技术措施技能培训	配电设备停电接地具体要求	所长、三员、台区经理	2	2019.11	现场操作	施工现场
12	新型业务培训	充换电设施技术问答	所长、三员、台区经理	2	2019.12	技术问答	3楼培训室

三、培训记录

乡镇供电所培训记录要与乡镇供电所年度培训计划相对应，单位填写乡镇供电所所在的县供电公司。日期填写实际培训日期。培训地点填写人员培训的实际场所。培训学时按照小时填写。培训形式可填写大讲堂、讲座、技术问答、现场模拟操作、现场操作、学习等。讲解人根据专业由安全质量员、运检技术员、营销服务员讲解，也可以由乡镇供电所所长讲解。培训题目要与乡镇供电所年度培训计划相对应，凡参加培训的人员必须由本人在"培训人员"栏签名。培训内容由讲解人提前准备好讲解材料经乡镇供电所所长审核通过后进行讲解。培训结束后，由讲解人将培训内容填写在培训记录中。以下是白云山乡镇供电所2019年12个月的培训记录（见［实例4-5］～［实例4-16］）。

［实例4-5］

春节保供电安全技能培训

单位	××县供电公司	乡镇供电所	白云山乡镇供电所
日期	2019年1月31日	培训地点	3楼培训室
培训学时	1	培训形式	技术讲座
培训题目	春节不停电隐患排查要点		
讲解人：周××			

培训人员（签名）：金××、英××、姬××、李××、张××、孙×、谭××、朱××、薛××、贾××、陈××、段××、柴××、宋××、赵××、秦×、闫××、岳××、吴××、钱×、郑××、郭××、霍××共23人。

培训内容：

1. 检查配电设备过负荷情况

乡镇供电所组织台区经理两人一组现场检查配电变压器油位是否正常，检查配电变压器有无渗、漏油现象。检查配电变压器油温是否正常（配电变压器上层油温不应超过85℃）。检查配电变压器低压出口侧三相电流是否平衡（不平衡率不超过15%）。检查配电变压器中性线电流应不超标准。配电变压器至配电盘电缆是否与变压器容量相匹配。检查配电变压器在夏季负荷高峰时节是否存在过负荷。检查跌落熔断器熔丝规格是否与配电变压器容量相匹配。检查10kV隔离开关容量是否满足10kV电力线路容量需求，检查10kV隔离开关动静触头接触是否良好，是否有过热现象。检查0.4kV刀闸动静触头接触是否良好，是否有过热现象。检查低压开关（低压断路器）容量是否满足0.4kV电力线路负荷需求，设备外壳是否存在发热，配电盘盘间连线是否满足负荷要求。台区经理要对10kV及0.4kV配电设备接头进行测温，对于配电设备的过热现象，现场记录过热点，及时进行处理。

2. 检查配电设备绝缘情况

乡镇供电所组织台区经理两人一组现场检查避雷器合成绝缘介质层有无破损、开裂，有无闪络痕迹，表面是否脏污。检查配电变压器、断路器套管有无裂纹、表面是否积尘，有无闪络痕迹。检查瓷质绝缘子有无损伤、裂纹和闪络痕迹。检查合成绝缘子绝缘介质是否龟裂、破损、脱落。检查硅橡胶伞裙套有无脏污、损伤、裂纹和闪络痕迹。检查电缆头有无损伤、裂纹和闪络痕迹。

3. 检查配电设备参数配置情况

(1) 线路总开关：检查开关定值设置是否合理，是否满足所带负荷需求。

(2) 跌落式熔断器熔丝：检查熔丝规格是否与配备容量相匹配。100kVA变压器、160kVA变压器、200kVA变压器、315kVA变压器、400kVA变压器选变压器额定电流的1.5～2倍熔丝。

(3) 低压出线开关：额定容量应满足变压器额定容量需求。

(4) RTO熔断器：开关的额定电流值之和一般按照变压器额定电流的1.2倍选择。

4. 线路节点

(1) 线路：导线有无断股、损伤，线路T接部位、耐张段连接部位是否存在虚接，有无过热现象，如：接头变色，融化痕迹。

(2) 电缆：电缆连接头有无过热现象，电缆终端有无放电痕迹，是否存在鼓肚、破损情况。

(3) 刀闸：电气连接点是否可靠，动静触头接触是否良好，是否采用铜铝过渡措施，接点有无锈蚀、过热和烧损现象。

(4) 开关连接点：铜铝过渡措施是否完备，接头有无过热、烧损情况。

(5) 对导线连接点及设备接头进行测温，检查是否有过热现象。

5. 其他

(1) 检查配电室防小动物措施是否完备，孔洞是否封堵。室内是否清洁，门窗密封是否严密。是否配置防鼠挡板，捕鼠器是否完好。

(2) 检查配电盘、电缆沟、电缆保护管等是否注沙，电缆沟盖板是否完好，沟内有无杂物、积水等。

(3) 检查电杆防外力破坏措施是否完备，在道路两旁、路口的混凝土杆要涂刷防撞警示，必要时垒砌防护墩。

评价：良好

| 记录人 | 周×× | 审核人 | 金× |

[实例4-6]

"两票"培训

单位	××县供电公司	班组	白云山乡镇供电所
日期	2019.2.28	培训地点	3楼培训室
培训学时	2	培训形式	技术讲座
培训题目	10kV操作票、工作票执行和填写要求		

讲解人（单位）：周××

培训人员（签名）：金×、英××、姬××、李××、张××、孙×、谭××、朱××、薛××、贾××、陈××、段××、柴××、宋××、赵××、秦×、闫××、岳××、吴××、钱×、郑××、郭××、霍××共23人。

培训内容：

一、倒闸操作票填写

1. 倒闸操作票填写基本要求

(1) 操作票应用黑色或蓝色的钢（水）笔或圆珠笔逐项填写。

(2) 用计算机开出的操作票应与手写票面统一。操作票票面应清楚整洁，不得任意涂改。设备名称、编号、时间、动词、设备状态不得涂改。

(3) 操作人和监护人应根据模拟图或接线图核对所填写的操作项目。倒闸操作票填写的设备术语及设备双重名称必须与现场实际相符。

(4) 操作票应手写签名，发令人可由受令人代签。签字的每个人都应对操作票的正确性负责。

2. 单位、编号

单位：填写操作人所在班组名称。

编号：同一单位的操作票应事先连续编号，计算机生成的操作票应在正式出票前连续编号，操作票按编号顺序使用。

编号组成：制票人所在单位代码＋专业室代码＋班组代码＋年份（后两位）＋月份（两位）＋流水号（三位）。

3. 发令时间、操作开始时间和结束时间

发令时间：指值班调控人员或运维负责人下达操作指令的时间，时间填写在首页票面。

操作开始时间：指操作人员模拟操作结束后开始实施操作的时间，时间填写在首页票面。

操作结束时间：指全部操作完毕并复查结束后的时间，多页执行的操作票应填写在末页票面。

4. 发令人、受令人、操作人和监护人

发令人：指下达操作指令的值班调控人员或运维负责人，人名填写在首页票面。

受令人：指接受操作指令的人员，人名填写在首页票面。

操作人：指按照倒闸操作票操作项目实施设备操作的人员，多页执行的操作票人名应填写在末页票面。

监护人：指对执行倒闸操作监护的人员，多页执行的操作票人名应填写在末页票面。

5. 操作任务

每张操作票只能填写一个操作任务。一个操作任务是指根据同一操作指令而依次进行的一系列相互关联的倒闸操作全过程。操作任务处应填写设备双重名称（即设备名称和编号）。操作任务可使用"运行、热备用、冷备用、检修"等状态的互为转换，或者通过执行操作项目达到某种状态。

6. 操作项目

(1) 拉合设备［断路器（开关）、隔离开关（刀闸）、跌落式熔断器、接地刀闸等］，验电，装拆接地线，安装、取下熔断器。

(2) 拉合设备［断路器（开关）、隔离开关（刀闸）、接地刀闸等］后检查设备的位置。

(3) 停、送电操作，在拉合隔离开关（刀闸）或拉出、推入手车开关前，检查断路器（开关）确在分闸位置。

(4) 在倒负荷或解、并列操作前后，检查相关电源运行及负荷分配情况。

(5) 设备检修后合闸送电前，检查确认送电范围内接地刀闸已拉开、接地线已拆除。

(6) 根据设备指示情况确定的间接验电和间接方法判断设备位置的检查项。

(7) 配网调负荷通过开关来实施，在满足安全、稳定条件下，应尽量采用合环调负荷。停电调负荷的开关两侧必须相序正确，合环操作的开关两侧必须相位、相序都正确且满足合环的条件。在进行调负荷操作前后，应检查相关电源运行及负荷分配情况。

7. 备注栏

栏内不得填写操作项目、操作指令。可加盖"合格""不合格"评议章。可填写未执行项目的原因、操作票中止操作的原因、操作票执行后评议不合格的原因、管理人员审核意见等。

二、工作票填写

1. 编号

(1) 单一工作票编号组成：制票人所在单位代码＋年份（后两位）＋月份（两位）＋流水号（三位）。

(2) 有工作任务单的工作票编号组成：总＋制票人所在部门代码＋年份（后两位）＋月份（两位）＋流水号（三位）＋（工作任务单数量）。

2. 工作负责人、班组

(1) 填写要求。

1) 填写本次工作的工作负责人姓名。

2) 填写工作负责人所在班组规范名称。

3) 需要其他班组（单位）进行工作配合，且配合班组（单位）无其他工作内容时，可认为是一个班组的工作，只填写一个班组的规范名称。

(2) 工作要求。

1）一张工作票中工作票签发人、工作许可人和工作负责人三者不得为同一人。

2）一个工作负责人不能同时执行多份工作票。

3. 工作班人员（不包括工作负责人）

（1）单一工作票填写除工作负责人外，参与现场作业的全部人员（含司机、外协劳务、设备生产厂家等人员）姓名及共计人数。

（2）有工作任务单的工作票填写小组负责人姓名及共计人数。

4. 工作任务

（1）工作地点或设备［注明变（配）电站、线路名称、设备双重名称及起止杆号］。

1）填写含有电压等级的线路名称或设备双重名称。在配电线路干线上的工作，应填写该线路的名称和工作地段的起止杆号。如果只有支线停电，应填写干线和支线的全称。

2）若系同杆架设多回线路，应填写停电线路的双重称号（即线路的双重名称和位置称号，位置称号是指上线、中线或下线，杆号增加方向的左线或右线），同时应注明线路色标的颜色。

3）不同工作地点的工作应分栏填写。

（2）工作内容。

1）应明确具体工作任务。

2）对应"工作地点或设备"栏逐项填写工作内容。

3）在工作票的计划工作时间及安全措施范围内增加工作任务时，应由工作负责人征得工作票签发人和工作许可人同意，并在工作票上增添工作项目，同时在备注栏注明（由工作负责人填写增加的工作任务，并征得工作票签发人和许可人同意，严禁未征得工作签发人、工作许可人同意私自增加工作任务，工作负责人签名并注明时间）。若需变更或增设安全措施者应填用新的工作票，并重新履行签发许可手续。

5. 计划工作时间

填写批复的计划检修（工作）时间。

6. 安全措施［应改为检修状态的线路、设备名称，应断开的断路器（开关）、隔离开关（刀闸）、跌落式熔断器，应合上的接地刀闸，应装设的接地线、绝缘隔板、遮栏（围栏）和标示牌等，装设的接地线应注明编号并明确具体位置］

（1）"调控或运维人员［变（配）电站］应采取的安全措施"填写要求。

1）断开的变（配）电站（包括电力客户设备）线路断路器（开关）和隔离开关（刀闸）。合上各侧接地刀闸或装设接地线、悬挂的标示牌。

2）断开的线路上需要操作的各端（含分支）断路器（开关）、隔离开关（刀闸）和跌落式熔断器，合上的接地刀闸（装设接地线）、悬挂的标示牌。

3）断开的危及线路停电作业，且不能采取相应安全措施的交叉跨越、平行和同杆架设线路（包括电力客户线路）的断路器（开关）、隔离开关（刀闸）和跌落式熔断器，合上的接地刀闸（装设接地线）、悬挂的标示牌。

4）断开的有可能反送电的断路器（开关）、隔离开关（刀闸）和跌落式熔断器，合上的接地刀闸（装设接地线）、悬挂的标示牌。如：双电源、自备电源、分布式电源等。

5）应明确断开断路器（开关）、隔离开关（刀闸）的安装位置和接地线的装设位置。

（2）"工作班完成的安全措施"填写要求。

断开线路上需要工作班完成的危及线路停电作业以及可能反送电的各端（含分支）断路器（开关）、隔离开关（刀闸）和跌落式熔断器，合上的接地刀闸（装设接地线）、装设的围栏、悬挂的标示牌。

（3）"工作班装设或拆除的接地线"填写要求。

1）填写工作地段各端应装设的接地线。

2）填写工作地段内需装设的接地线（防感应电、交跨不停电）。

3）对可能送电到停电线路的分支线（包括电力客户）应装设接地线。

4）填写应装设接地线的线路名称或设备双重名称和装设位置、接地线编号、装设时间、拆除时间。

5）当工作人员在工作地点看不见两端装设的接地线情况下，在可能来电侧加装接地线后方能工作。

（4）"配合停电线路应采取的安全措施"填写要求。

1）填写配合停电线路应拉开的开关、刀闸、熔断器，应装设的标示牌等。本栏目工作由调控或运维人员负责落实的安全措施，可填在"调控或运维人员［变（配）电站］应采取的安全措施"栏内。

2）没有则填"无"。

（5）"保留或邻近的带电线路、设备"填写要求。

1）填写工作地段邻近、平行、交叉或同杆架设的未停电的线路（邻近、平行指停电线路上、下、左、右方向相邻的输配电线路，对降压运行的线路应填写该线路当前运行电压和降压前电压）名称。

2）同杆架设运行线路的绝缘架空导线视为带电体填写。

3）线路上的柱上断路器（开关）、隔离开关（刀闸）或跌落式熔断器，在拉开后一侧有电、一侧无电的设备，应视为带电设备填写，如：联络开关等。

（6）"其他安全措施和注意事项"填写要求。

1）根据现场实际和勘察结果，填写应设置的围栏、标示牌（警示牌、红布幔）等，施工过程中应采取的有关安全措施和注意事项等。

2）作业人员工作过程中使用的个人保安线的编号和数量。

（7）"其他安全措施和注意事项补充"填写要求。

由工作负责人或工作许可人填写根据现场实际情况需要补充的安全措施。没有则填"无"。

（8）"工作票签发人、工作负责人签名"填写要求：

1）工作票签发人审核工作票所填项目无误后签名并填写签发日期。

2）"双签发"的工作票由双方工作票签发人分别签名。承、发包工程工作票由设备运维管理单位或设备检修维护单位和承包单位共同签发，双方各自承担本部分工作票签发人相应的安全责任。

3）工作负责人签名，并记录收到工作票的时间。

7. 工作许可

（1）各工作许可人应在完成工作票所列由其负责的停电和装设接地线等安全措施后，方可发出许可工作的命令。当面许可时，由工作许可人现场填写许可方式和许可工作的时间，交工作负责人确认后，工作负责人和工作许可人分别签名。电话许可时，由工作许可人电话向工作负责人发出许可工作的命令并经复诵无误后，工作负责人和工作许可人分别在各自持留的工作票上填写许可方式和许可工作的时间，签名并代签名。

（2）电力客户侧设备检修，需电网侧设备配合停电时，应得到电力客户停送电联系人的书面申请，经批准后方可停电。在电网侧设备停电措施实施后，由电网侧设备的运维管理单位或调度控制中心负责向电力客户停送电联系人许可。恢复送电，应接到电力客户停送电联系人的工作结束报告，做好录音并记录后方可进行。

（3）安全措施随工作地点转移的工作，每一项转移工作开工前，根据现场实际履行工作许可手续。

（4）许可方式可采用当面许可或电话许可两种。

8. 工作任务单登记

（1）工作任务单编号、工作任务、小组负责人：由本票填写人根据具体工作任务单的相应内容填写。

（2）工作许可时间：由工作负责人填写对应工作任务单工作许可时间。

（3）工作结束报告时间：由工作负责人填写对应工作任务单工作结束报告时间。

9. 现场交底，工作班成员确认工作负责人布置的工作任务、人员分工、安全措施和注意事项并签名

（1）工作许可手续完成后，工作负责人召开开工会，工作班成员明确工作负责人交代的工作内容、人员分工、带电部位、安全措施、技术措施和工作危险点后，在工作负责人所持工作票上签名。

（2）使用工作任务单的工作，小组负责人在工作票上确认签名。小组人员在确认工作任务单工作内容、带电部位和安全措施、技术措施以及注意事项后在工作任务单上签名。

（3）多日工作，应每日进行安全技术交底，当日现场作业人员均应签名确认（可附页，附页内容包括工作交底日期、人员签名）。

10. 人员变更

（1）工作负责人变动情况。

1）由工作票签发人和工作许可人当面办理，工作票签发人填写离开和变更的工作负责人姓名，在工作票签发人签名处签名，填写变更时间。若工作票签发人和工作许可人无法当面办理，应通过电话联系，并在工作票上注明。

2）原工作负责人和新工作负责人做好交接事项、签名，填写变更时间。

（2）工作人员变动情况。

1）由工作负责人同意，在所持工作票上填写新增和离开工作人员姓名、变更时间。

2）新增人员在明确了工作负责人交代的工作内容、人员分工、带电部位、现场安全措施、技术措施和工作危险点后，在工作负责人所持工作票或者小组负责人所持工作任务单上签名确认后，方可参加工作。离开工作人员应注明姓名和时间。

评价：良好

记录人	周××	审核人	金×

［实例4-7］

配电设备技术培训

单位	××县供电公司	乡镇供电所	白云山乡镇供电所
日期	2019年3月29日	培训地点	1楼实训室
培训学时	2	培训形式	现场模拟操作
培训题目	剩余电流动作保护器测试方法		
讲解人：周××			

培训人员（签名）：金×、英××、姬××、李××、张××、孙×、谭××、朱××、薛××、贾××、陈××、段××、柴××、宋××、赵××、秦×、闫××、岳××、吴××、钱×、郑××、郭××、霍××共23人。

培训内容：

剩余电流动作保护器（俗称漏电开关）作为一种保护电器，是为了防止人身电击、电气火灾及电气设备损坏的有效设施。当保护器中的互感器流过电流的向量和不等于零，与流经中性线的返回电流之间有差值，这个差值就是剩余电流值。如果该差值高于额定的剩余电流动作保护器的动作电流，剩余电流动作保护器将跳闸，从而切断电源。剩余电流动作保护器作为国家强制性实施安全认证的电工产品，其质量的优劣将直接关系到使用者的生命和财产的安全。在低压配电系统中，安装合格的剩余电流动作保护器是防止人身电击和漏电引起电气火灾及电气设备损坏事故的有效技术措施。尤其在农村低压电网中，剩余电流动作保护器对减少人身电击伤亡，防止电气设备损坏已取得了明显的效果。为保证剩余电流动作保护器能够正常工作，在发生漏电的情况下，迅速可靠地切断电源，必须尽早地发现不能正常工作的剩余电流动作保护器，并及时地给予更换，因此台区经理必须定期对剩余电流动作保护器进行测试。对于二级剩余电流动作保护器，通常采用按保护器上的试验按钮，使保护器人为跳闸的方式进行试验，但是这种方式，只能检测该保护器的机械操作机构能否正常动作，不能检测其电气装置是否正常工作。也有的采取通过一个合适的电阻将相线对地连接的方式来进行测量。这种方法，只能从一定程度上验证剩余电流保护器能否动作，但不能测量出其动作时间和动作电流。这种方法不可取也不安全。应采用专用的测试仪表对保护器定期做特性试验，严禁采用动物或直接接地的方法做试验。

1　测试原理

进行剩余电流动作保护器检测，需专用的仪表模拟发生相线对地短路的情况，使剩余电流动作保护器动作，从而测得剩余电流动作保护器的各项参数值。目前检测剩余电流动作保护器的接线方式主要有三种：

第一种方式，可变电阻都接在负荷侧的带电导体和外露可导电部分之间。电流随可变电阻 R_P 的减小而增大。这种方式对于低压电力网接地方式 TN-C、TT 和 IT 系统均可采用。在 IT 系统中，试验时为使剩余电流动作保护器动作，需要将系统的一点直接接地。

第二种方式，可变电阻都接在电源侧的一根带电导体和负荷侧的另一带电导线之间。电流随可变电阻 R_P 的减小而增大。在试验时应断开负荷。这种方式对于 TN-C、TT、IT 系统均可采用。

第三种方式，采用辅助电极的方法来测量，电流随着可变电阻 R_P 的减小而增大。这种方式可适用于 TN-C、TT 和 IT 系统。为使剩余电流动作保护器在试验时动作，需将系统的一点直接接地。

2　测试内容

为了确保所使用的剩余电流动作保护器成功进行人身和设备的保护，一般应测量接触电压、分断时间、脱扣电流及接地电阻。

2.1　接触电压 U_C

接触电压是在故障状态下，在可导电元件上产生的触及人体的电压。故障电流经过电气设备流到大地，通过接地电阻 R_E（TT 系统）产生电压降，即为故障电压。有一部分故障电压是为人体所承受的，这部分电压就是接触电压 U_C，Z_B：人体阻抗，R_S：地板/脚下电阻，R_E：外露可导电部分的接地电阻，I_F：故障电流，U_C：接触电压，U_S：地板/脚下电阻的电压降，U_F：故障电压

接触电压的允许最大值叫作极限接触电压，用 U_L 表示，通常为 50V。在某些要求高的场合（如医院等）只允许 24V。

2.2　分断时间 t_Δ

又称动作时间、脱扣时间、跳闸时间等，是指剩余电流动作保护器在额定动作电流 $I_{\Delta n}$ 下跳闸所需要的时间。要求保护器应该在规定的动作时间内跳闸。

测量分断时间电路图与接触电压测量相同，但测试电流一般是 $0.5I_{\Delta n}$、$I_{\Delta n}$、$2I_{\Delta n}$，也可以是 $5I_{\Delta n}$。为了安全，测试仪表应在测量跳闸时间之前测量接触电压。如果测得的分断时间超出允许极限，应更换不合格的剩余电流动作保护器，因为跳闸时间主要取决于剩余电流动作保护器的性能。

2.3　脱扣电流 I_Δ

又称动作电流、分断电流、跳闸电流等，是指断开剩余电流动作保护器时的剩余动作电流值 I_Δ。要求实际的剩余动作电流值应小于额定剩余动作电流值 $I_{\Delta n}$，大于额定剩余不动作电流值，通常为 $0.5I_{\Delta n}$。

2.4 接地电阻 R_E

对用于预防人身电击的剩余电流动作保护器，接地电阻大小是极其重要的。如果接地电阻太大，在故障状态下，导致电气设备上产生较高的接触电压。因此安装剩余电流动作保护器后的接地电阻必须满足：$R_E I_{\Delta n} \leqslant 50V$。

3 测试中应注意的问题

3.1 测量时应断开负载

由于负载中存在各种电器设备，这些电器在正常工作时就会有一定的泄漏电流，如果在测试时不断开负载，测得的动作电流值将是实际剩余电流动作保护器动作电流值与所有负载泄漏电流值之差。另外，由于在剩余电流动作保护器特性测试时，会引起剩余电流动作保护器动作跳闸，因此，也需要测量时提前断开负载。

3.2 相线、中性线和保护线应正确对应

相线（L，俗称火线）、中性线（N，俗称零线）和保护线（PE，俗称地线）应正确对应。

测量时必须明确三根线的性质（即哪个是中性线、相线、保护线），如果采用三孔插座的接线，应该遵循"左零右火，接地在上"的原则。

3.3 三相三线剩余电流保护器的测量

对于三相三线保护器的测量，有的仪器采用由被测系统提供电源，其电源要求为 220V±10%。如果将仪器供电电源的相线接在某根相线，中性线接在 PE 线上，由于仪器本身工作时需要电流，就成了泄漏电流的一部分，如果该值超过剩余电流动作保护器的动作电流值，则会引起剩余电流动作保护器动作而无法进行正常的测试。因此，建议采用由电池供电的测试仪器，它采用电池供电，在各种场合均可适用。

3.4 间接测量泄漏电流

设备的防电击保护不仅依靠基本绝缘，还包括附加的安全措施，即将能触及的可导电部分与设施固定布线中的保护（接地）线相连接，对于 I 类设备在正常工作时，都会有一定的泄漏电流，因为这些设备的泄漏电流相加，小于剩余电流动作保护器的额定不动作电流值，即为 $0.5I_{\Delta n}$，因此不会引起剩余电流动作保护器动作。

当带负载测量剩余电流动作保护器的动作电流时，其测得值应为实际剩余电流动作保护器动作电流值与所有负载泄漏电流值之差，据此原理，可以在断开负载时重新测量，这时就可以得出正常工作时的泄漏电流值。

3.5 接触电压不超限值

在进行剩余电流动作保护器测试时，仪器应先测量接触电压值，如果该值超过允许值（50V 或 24V），应该对系统进行改造才能继续进行测试。这是因为，当接地电阻值过大时，由故障电流在接地电阻上引起的电压降过大，即当电器的外露可导电部分带电时，接地电阻大，引起剩余电流动作保护器动作。当人体接触电气设备的外露可导电部分时，就会发生人身电击。如果安装动作电流小于 30mA 的剩余电流动作保护器，且性能可靠，即剩余电流动作保护器可立即断电，保护了人身安全，剩余电流动作保护器起到应有的保护作用。

3.6 选择测试仪器

测试剩余电流动作保护器的动作特性，是国家标准强制性规定必须进行的，因此在选择仪器时应该选择由正规生产厂家生产，并经过相关部门检测合格的产品。最好选用一台能够同时完成接触电压、脱扣时间、脱扣电流、接地电阻四项测试的仪器。如 MI2121 型测试仪能测单相、三相三线、三相四线剩余电流保护器的动作特性。

评价：良好

记录人	周××	审核人	金×

[实例 4-8]

应急技能培训

单位	××县供电公司	乡镇供电所	白云山乡镇供电所
日期	2019 年 4 月 26 日	培训地点	3 楼培训室
培训学时	1	培训形式	大讲堂
培训题目	火灾逃生自救常识要点		
讲解人：周××			

培训人员（签名）：金×、英××、姬××、李××、张××、孙×、谭××、朱××、薛××、贾××、陈××、段××、柴××、宋××、赵××、秦×、闫××、岳××、吴××、钱×、郑××、郭××、霍××、高×、卜××、姬×、董××共 27 人。

培训内容：

(1) 熟悉环境，暗记出口。

当你处在陌生的环境时，为了自身安全，务必留心疏散通道、安全出口及楼梯方位等，以便关键时候能尽快逃离现场。请记住：在安全无事时，一定要居安思危，给自己预留一条通路。

(2) 通道出口，畅通无阻。

楼梯、通道、安全出口等是火灾发生时最重要的逃生之路，应保证畅通无阻，切不可堆放杂物或关门上锁，以便紧急时能安全迅速地通过。

(3) 扑灭小火，惠及他人。

当发生火灾时，如果发现火势并不大，且尚未对人造成很大威胁时，当周围有足够的消防器材，如灭火器、消防栓等，应奋力将小火控制、扑灭；千万不要惊慌失措地乱叫乱窜，置小火于不顾而酿成大灾。请记住：争分夺秒，扑灭"初期火灾"。

(4) 明辨方向，迅速撤离。

突遇火灾，面对浓烟和烈火，首先要强令自己保持镇静，迅速判断危险地点和安全地点，决定逃生的办法，尽快撤离险地。千万不要盲目地跟从人流和相互拥挤、乱冲乱窜。撤离时要注意，朝明亮处或外面空旷地方跑，要尽量往楼层下面跑，若通道已被烟火封阻，则应背向烟火方向离开，通过阳台、气窗、天台等往室外逃生。请记住：人只有沉着镇静，才能想出好办法。

(5) 不入险地，不贪财物。

身处险境，应尽快撤离，不要因害羞或顾及贵重物品，而把逃生时间浪费在寻找、搬离贵重物品上。已经逃离险境的人员，切莫重返险地。请记住：留得青山在，不怕没柴烧。

(6) 积极防护，蒙鼻匍匐。

逃生时经过充满烟雾的路线，要防止烟雾中毒、预防窒息。为了防止火场浓烟呛入，可采用毛巾、口罩蒙鼻，匍匐撤离的办法。烟气较空气轻而飘于上部，贴近地面撤离是避免烟气吸入、滤去毒气的最佳方法。穿过烟火封锁区，应佩戴防毒面具、头盔、阻燃隔热服等护具，如果没有这些护具，可向头部、身上浇冷水或用湿毛巾、湿棉被、湿毯子等将头、身裹好，再冲出去。请记住：多件防护工具在手，总比赤手空拳好。

(7) 善用通道，莫入电梯。

按规范标准设计建造的建筑物，都会有两条以上逃生楼梯、通道或安全出口。发生火灾时，要根据情况选择进入相对较为安全的楼梯通道。除可以利用楼梯外，还可以利用建筑物的阳台、窗台、天面屋顶等攀到周围的安全地点沿着落水管、避雷线等建筑结构中凸出物滑下楼也可脱险。在高层建筑中，电梯的供电系统在火灾时随时会断电或因热的作用电梯变形而使人被困在电梯内同时由于电梯井犹如贯通的烟囱般直通各楼层，有毒的烟雾直接威胁被困人员的生命。请记住：逃生的时候，乘电梯最危险。

(8) 缓降逃生，滑绳自救。

高层、多层公共建筑内一般都设有高空缓降器或救生绳，人员可以通过这些设施安全地离开危险的楼层。如果没有这些专门设施，而安全通道又已堵塞，救援人员不能及时赶到的情况下，你可以迅速利用身边的绳索或床单、窗帘、衣服等自制简易救生绳，并用水打湿从窗台或阳台沿绳缓滑到下面楼层或地面，安全逃生。请记住：使用救命绳逃离危险点。

(9) 避难场所，固守待援。

假如用手摸房门已感到烫手，此时一旦开门，火焰与浓烟势必迎面扑来。逃生通道被切断且短时间内无人救援。这时候，可采取创造避难场所、固守待援的办法。首先应关紧迎火的门窗，打开背火的门窗，用湿毛巾、湿布塞堵门缝或用水浸湿棉被蒙上门窗然后不停用水淋透房间，防止烟火渗入，固守在房内，直到救援人员到达。

(10) 沉着应对，寻求援助。

被烟火围困暂时无法逃离的人员，应尽量待在阳台、窗口等易于被人发现和能避免烟火近身的地方。在白天，可以向窗外晃动鲜艳衣物，或外抛轻型晃眼的东西；在晚上可以用手电筒不停地在窗口闪动或者敲击东西，及时发出有效的求救信号，引起救援者的注意。请记住：充分暴露自己，努力寻找救援。

(11) 火已及身，切勿惊跑。

火场上的人如果发现身上着了火，千万不可惊跑或用手拍打。当身上衣服着火时，应赶紧设法脱掉衣服或就地打滚，压灭火苗；能及时跳进水中或让人向身上浇水、喷灭火剂就更有效了。请记住：就地打滚虽狼狈，烈火焚身可免除。

(12) 跳楼有术，虽损求生。

跳楼逃生，也是一个逃生办法，但应该注意的是：只有消防队员准备好救生气垫并指挥跳楼时或楼层不高（一般4层以下），非跳楼即烧死的情况下，才采取跳楼的方法。跳楼也要讲技巧，跳楼时应尽量往救生气垫中部跳或选择有水池、软雨篷、草地等方向跳；如有可能，要尽量抱些棉被、沙发垫等松软物品或打开大雨伞跳下，以减缓冲击力。如果徒手跳楼一定要扒窗台或阳台使身体自然下垂跳下，以尽量降低垂直距离，落地前要双手抱紧头部身体弯曲卷成一团，以减少伤害。

评价：良好

记录人	周××		审核人	金×

［实例 4-9］

消防器材技能培训

单位	××县供电公司	乡镇供电所	白云山乡镇供电所
日期	2019 年 5 月 31 日	培训地点	乡镇供电所院内
培训学时	1	培训形式	现场讲解
培训题目	灭火器的使用方法及检查维护		

讲解人：周××

培训人员（签名）：金×、英××、姬××、李××、张××、孙×、谭××、朱××、薛××、贾××、陈×
×、段××、柴××、宋××、赵××、秦×、闫××、岳××、吴××、钱×、郑××、郭××、霍××、高
×、卜××、姬×、董××共 27 人。

培训内容：
一、乡镇供电所办公楼
(1) 负荷超过 1kW 的办公室，应定期检查插座外观及温度，下班后应关闭所有电器并断开电源。
(2) 办公场所禁止吸烟及动火作业，必须动火作业，应有消防专责人到场，认证监护，动火结束后，检查作业范
围内无遗留火种，方可宣布工作结束。
(3) 办公室及仓储间、仓库等场所不得放置易燃易爆物品，防止自燃。
二、食堂
(1) 定期检查开关箱、开关、插座情况，发现隐患立即更换消缺。
(2) 检查管气管道是否漏气、气瓶在用完后是否关闭总阀门、灶台是否关闭阀门，使用时闻到有气味，应立即关
闭阀门，检查漏气部位并立即排除，燃气管不管好坏，每年都要更换一次，并固定牢固。
(3) 进入食堂制作间时，发现有燃气异味，立即通风，严重的并设置安全范围、标示围栏，立即上报领导、消防
部门处理，避免事态扩大。
三、干粉灭火器的使用方法
(1) 适用范围：适用于扑救各种易燃、可燃液体和易燃可燃体火灾以及电器设备火灾。使用时①应提着灭火器手
柄到现场，大型的应放置在专用的工具车内，以便于搬运；②到达现场后除掉铅封，拔掉保险销，左手握着喷管，
右手提着压把，在距离火焰两米远的地方，右手用力压下压把，左手拿着喷管左右摆动，喷射干粉覆盖整个燃
烧区。
(2) 注意事项：①使用时应检查灭火器压力在合格范围内；②左手应用力握着喷管，防止喷管反弹伤人；③使用
灭火器应放在身体一侧或与脚保持一定的距离，防止灭火器掉落砸伤人员脚。

评价：良好

记录人	周××	审核人	金×

［实例 4-10］

电网工程技术培训

单位	××县供电公司	乡镇供电所	白云山乡镇供电所
日期	2019 年 6 月 28 日	培训地点	室外实训场地
培训学时	2	培训形式	现场讲解
培训题目	配电线路施工工艺及要求		

讲解人：姬××

培训人员（签名）：金×、英××、周××、李××、张××、孙×、谭××、朱××、薛××、贾××、陈××、
段××、柴××、宋××、赵××、秦×、闫××、岳××、吴××、钱×、郑××、郭××、霍××共 23 人。

培训内容：
1. 新建、改造的 10kV 线路
新建、改造的 10kV 线路，城镇内水平档距以 50m 为宜，不宜超过 60m，野外以 60～70m 为宜，不宜超过 75m。
电杆宜选用 Φ190×12000 以上杆型。乡镇路边不宜采用预应力钢筋混凝土杆，防止车撞脆断。新建 10kV 线路转
角、终端、耐张、分支、大跨越等受力杆，宜采用钢管杆或非预应力钢筋混凝土杆（普杆）。

2. 新建、改造的 0.4kV/0.22kV 线路

新建、改造的 0.4kV/0.22kV 线路水平档距以 40m 为宜，不宜超过 50m。电杆以 $\Phi 190 \times 12000$ 杆型为主。95mm^2 及以下型导线直线杆选用预应力混凝土杆，95mm^2 及以下型导线转角杆、耐张杆以及 120～185mm^2 型导线直线杆、转角杆、耐张杆均选用非预应力混凝土杆（普杆）。

3. 基坑施工

（1）直线杆顺线路方向位移，10kV 及以下架空电力线路不应超过设计档距的 3‰。直线杆横线路方向位移不应超过 50mm。转角杆、分支杆的横线路、顺线路方向的位移均不应超过 50mm。电杆基础坑深度应符合设计规定。电杆基础坑深度的允许偏差应为 +100mm、-50mm。基础坑放置电杆底部或底盘的位置应平整，允许偏差范围为 ±20mm。

（2）双杆基坑应符合下列规定：

根开的中心偏差不应超过 ±30mm。两杆坑深度宜一致，允许偏差范围为 ±20mm。

（3）电杆基坑底采用底盘时，底盘的圆槽面应与电杆中心线垂直，找正后应填土夯实至底盘表面。底盘安装允许偏差，应使电杆组立后满足电杆允许偏差规定。

（4）电杆基础采用卡盘时，应符合下列规定：

安装前应将其下部土壤分层回填夯实。安装位置、方向、深度应符合设计要求。深度允许偏差为 ±50mm。当设计无要求时，上平面距地面不应小于 500mm。与电杆连接应紧密。

（5）基坑回填土应符合下列规定：

土块应打碎，回填时应加灰，按不少于 0.125m^3/基计算。10kV 及以下架空电力线路基坑每回填 500mm 应夯实一次。松软土质的基坑，回填土时应增加夯实次数或采取加固措施。回填土后的电杆基坑宜设置防沉土层。土层上部面积略大于坑口面积；培土高度应超出地面 300mm。当采用抱杆立杆留有滑坡时，滑坡回填土应夯实，并留有防沉土层。

4. 电杆埋设

电杆埋设深度如下表：

杆长（m）	12	15	18
埋深（m）	1.9	2.3	2.5

5. 电杆组立与绝缘子安装

电杆顶端应封堵良好，下端可不封堵。钢圈连接的钢筋混凝土电杆宜采用电弧焊接，焊接前，钢圈焊口上的油脂、铁锈、泥垢等物应清除干净。钢圈应对齐找正，中间留 2～5mm 的焊口缝隙。当钢圈有偏心时，其错口不应大于 2mm。焊口宜先点焊 3～4 处，然后对称交叉施焊。点焊所用焊条牌号应与正式焊接用的焊条牌号相同。当钢圈厚度大于 6mm 时，应采用 V 形坡口多层焊接。多层焊缝的接头应错开，收口时应将熔池填满。焊缝中严禁填塞焊条或其他金属。焊缝表面应呈平滑的细鳞形与基本金属平缓连接，无褶皱、间断、漏焊及未焊满的陷槽，并不应有裂缝。基本金属咬边深度不应大于 0.5mm，且不应超过圆周长的 10%。雨、雪、大风天气施焊应采取妥善措施。施焊中电杆内不应有穿堂风。当气温低于 -20℃ 时，应采取预热措施，预热温度为 100～120℃。焊后应使温度缓慢下降。严禁用水降温。焊完后的整杆弯曲度不应超过电杆全长的 2/1000，超过时应割断重新焊接。当采用气焊时，钢圈的宽度不应小于 140mm；加热时间宜短，并采取必要的降温措施，焊接后，当钢圈与水泥黏接处附近水泥产生宽度大于 0.05mm 纵向裂缝时，应予补修；电石产生的乙炔气体，首先应过滤。电杆的钢圈焊接后应将表面铁锈和焊缝的焊渣及氧化层清净，粉刷防锈漆，电杆组立完成后进行防腐处理。

6. 立电杆

（1）单电杆立好后应正直，其位置偏差：直线杆的横向位移不应大于 50mm。直线杆的倾斜，10kV 及以下架空电力线路杆梢的位移不应大于杆梢直径的 1/2。转角杆的横向位移不应大于 50mm。转角杆应向外角预偏、紧线后不准向内角倾斜，应向外角的倾斜，其杆梢位移不应大于杆梢直径。终端杆立好后，应向拉线侧预偏，其预偏值不应大于杆梢直径。紧线后不准向受力侧倾斜。

（2）双杆立好后应正直，其位置偏差：直线杆结构中心与中心桩之间的横向位移，不应大于 50mm；转角杆结构中心与中心桩之间的横、顺位移，不应大于 50mm。迈步不应大于 30mm。根开不应超过 ±30mm。

7. 配电线路横担安装

（1）配电线路单横担的安装，直线杆应装于受电侧；分支杆、90°转角杆（上、下）及终端杆应装于拉线侧。横担安装应平正，安装偏差应符合：横担端部上下歪斜不应大于 20mm。横担端部左右扭斜不应大于 20mm。双杆的横担，横担与电杆连接处的高差不应大于连接距离的 5/1000；左右扭斜不应大于横担总长度的 1/100。

（2）瓷横担绝缘子安装应符合：当直立安装时，顶端顺线路歪斜不应大于 10mm。当水平安装时，顶端宜向上翘起 5°～15°；顶端顺线路歪斜不应大于 20mm。当安装于转角杆时，顶端竖直安装的瓷横担支架安装在转角的内角侧（瓷横担应装在支架的外角）。全瓷式瓷横担绝缘子的固定处应加软垫。

（3）绝缘子安装应符合：安装应牢固，连接可靠，防止积水。安装时应清除表面灰垢、附着物不应有的涂料。悬式绝缘子安装时，要与电杆、导线金具连接处，无卡压现象。耐张串上的弹簧销子、螺栓及穿钉应由上向下穿。当有特殊困难时可由内向外或由左向右穿入。悬垂串上的弹簧销子、螺栓及穿钉应向受电侧穿入。两边线应由内向外，中线应由左向右穿入。绝缘子裙边与带电部位的间隙不应小于 50mm。采用的闭口销或开口销不应有折断、裂纹等现象。当采用开口销时应对称开口，开口角度应为 30°～60°。严禁用线材或其他材料代替闭口销、开口销。

评价：良好			
记录人	姬××	审核人	金×

[实例 4-11]

计量专业培训

单位	××县供电公司	乡镇供电所	白云山乡镇供电所
日期	2019 年 7 月 26 日	培训地点	3 楼培训室
培训学时	2	培训形式	技术问答
培训题目	装表接电常见知识问答		
讲解人：英××			

培训人员（签名）：金×、姬××、周××、李××、张××、孙×、谭××、朱××、薛××、贾××、陈××、段××、柴××、宋××、赵××、秦×、闫××、岳××、吴××、钱×、郑××、郭××、霍××共 23 人。

培训内容：

1. 问：电子式电能表常见故障现象有哪些？

答：不工作，不走字，主要是测量芯片坏，电源坏等；乱走字，原因是测量芯片、电压电流传感器故障、电源故障；时段乱，原因是编程错误；显示故障，原因有显示器连接部分接触不良、显示器、电源坏；时钟超差，原因有时钟芯片坏、电压欠压；通信接口故障，原因有接口元件损坏。

2. 问：为什么接入三相四线有功电能表的中线不能与 U、V、W 中任何一根相线颠倒？如何预防？

答：因为三相四线有功电能表接线正常时，三个电压线圈上依次加的都是相电压，即 U_{un}、U_{vn}、U_{wn}。若中线与 U、V、W 中任何一根相线（如 U 相线）颠倒，则第一元件上加的电压是 U_{nu}、第（二）第三元件上加的电压分别是 U_{vu}、U_{wu}。这样，一则错计电量，二则原来接在 V、W 相的电压线圈和负载承受的电压由 220V 上升到 380V，结果会使这些设备烧坏。为了防止中线和相线颠倒故障发生，在送电前必须用电压表准确找出中线。即三根线与第四根线的电压分别都为 220V，则第四根线就为中线。

3. 问：使用兆欧表测量绝缘电阻时应注意哪些事项？

答：测量设备的绝缘电阻时，必须先切断电源。对具有电容性质的设备（如电缆线路），必须先进行放电。兆欧表必须放在水平位置。在未接线之前，先转动兆欧表看指针是否在"∞"处。再将 L 和 E 两接线柱短路，慢慢地转动兆欧表，看指针是否指在"零"位。兆欧表引线应用多股软线，而且要有良好绝缘。两根线不要绞在一起，以免引起测量误差。测量电容器、电缆、大容量变压器和电机时，要有一定的充电时间。电容量愈大，充电时间愈长。一般以兆欧表转动 1min 后读数为准。在摇测绝缘时，应使兆欧表保持一定的转速，一般为 120r/min。被测物表面应擦拭清洁，不得有污物，以免漏电，影响测量的准确度。

4. 问：现场勘查安全是如何要求的？

答：查勘时必须核实设备运行状态，严禁工作人员未履行工作许可手续擅自开启电气设备柜门或操作电气设备。在带电设备上勘查时，不得开启电气设备柜门或操作电气设备，勘查过程中应始终与设备保持足够的安全距离。因勘查工作需要开启电气设备柜门或操作电气设备时，应执行工作票制度，将需要勘查设备范围停电、验电、装设地线、设置安全围栏并悬挂标示牌后，经履行工作许可手续，方可进行开启电气设备柜门或操作电气设备等工作。进入带电现场工作，至少由两人进行，应严格执行工作监护制度。工作人员应正确使用合格的个人劳动防护用品。严禁在未采取任何监护措施和保护措施情况下现场作业。当打开计量箱（柜）门进行检查或操作时，应采取有效措施对箱（柜）门进行固定，防范由于刮风或触碰造成柜门异常关闭而导致事故。

5. 问：低压带电装表应注意哪些问题？

答：使用有绝缘柄的工具，其外裸的导电部位应采取绝缘措施，防止操作时相间或相对地短路。工作时应穿绝缘鞋和全棉长袖工作服，并戴手套、安全帽和护目镜，站在干燥的绝缘物上进行。严禁使用锉刀、金属尺和带有金属物的毛刷、毛掸等工具。

6. 问：智能电能表的主要功能有哪些？

答：计量功能、需量测量功能、时钟功能、费率和时段功能、数据存储功能、电量冻结、事件记事功能、通信功能、信号输出功能、显示功能、测量功能、安全保护功能、费控功能、负荷记录功能、停电抄表功能、报警功能、安全认证功能。

7. 问：通常所说的中性点、零点、中性线、零线是什么意思？

答：三相电器设备按 Y 形连接时的公共点，称为中性点；中性点接地时，称为零点；由中性点引出的线称为中性线；由零点引出的线称为零线。

8. 问：简述电能表的装、拆、换作业中，安装电能表时的接线顺序？

答：按照"先出后进、先零后相、从右到左"的原则进行接线。接线顺序为先接负荷侧零线，后接负荷侧相线，再接电源侧零线，最后接电源侧相线。

9. 问：现场作业安全风险定义是什么？

答：现场作业安全风险指在装表接电、用电检查、计量装置现场检验或故障处理等现场作业过程中，因管理措施不到位、违反现场安全操作规定、错接线等原因，引起的人身伤害、设备损坏、电网故障等风险错误引起的人身伤害、设备损坏、计量差错等风险。

10. 问：在什么情况下应加装进户杆进户？

答：低矮房屋建筑进户点离地面低于 2.7m 时，需要加装进户杆（落地杆或短杆），以塑料护套线穿瓷管，绝缘线穿钢管或硬塑料管进户。若有条件将塑料护套线，钢管或硬塑料管支撑在相邻的房屋高墙上，也可不装进户杆。

评价：良好

记录人	英××		审核人	金×

[实例 4-12]

交通事故知识培训

单位	××县供电公司	乡镇供电所	白云山乡镇供电所
日期	2019 年 8 月 30 日	培训地点	3 楼培训室
培训学时	1	培训形式	大讲堂
培训题目	发生交通事故现场如何处理		

讲解人：周××

培训人员（签名）：金×、英××、姬××、李××、张××、孙×、谭××、朱××、薛××、贾××、陈××、段××、柴××、宋××、赵××、秦×、闫××、岳××、吴××、钱×、郑××、郭××、霍××、高×、卜××、姬×、董××共 27 人。

培训内容：

一、交通事故定义

车辆在道路上因过错或者意外造成的人身伤亡或者财产损失的事件。其中的"道路"，是指公路、城市道路和虽在单位管辖范围但允许社会机动车通行的地方，包括广场、公共停车场等用于公众通行的场所。车辆在道路以外通行时发生的事故，参照《道路交通安全法》处理。只要是在道路上和车辆有关的造成损害后果的事件都是交通事故，但利用交通工具作案或者因当事人主观故意造成的事故不属于交通事故。

二、遇到交通事故处理步骤

1. 保护现场

关于现场保护《道路交通安全法》是这样规定的："在道路上发生交通事故，驾驶人应当立即停车，保护现场。"这是对驾驶人义务的规定。现场保护是公安机关交通管理部门勘查事故现场、认定事故责任以及处理交通事故损害赔偿的条件，当事人应当从以下几个方面保护交通事故现场。

（1）不准移动现场的任何车辆、物品，并要劝阻围观群众不得进入现场。对易消失的路面痕迹、散落物，应该用塑料布等可能得到的东西加以遮盖。

（2）抢救伤者移动车辆时，应做好标记。

（3）将伤者送到医院后，应告知医务人员对伤者衣物上的各种痕迹，如轮胎花纹印痕、撕脱口等进行保护。

（4）严防再次事故的发生。发生事故后，要持续打开危险报警闪光灯，并在来车方向50米以外的地方放置警告标志，以免其他车辆再次碰撞。对油箱破裂、燃油溢出的现场，要严禁烟火，以免造成火灾，扩大事故后果。根据《安全法实施条例规定》规定：发生交通事故当事人逃逸的承担全部责任。但是有证据证明其他当事人也有过错的，可以减轻责任。当事人故意破坏、伪造现场、毁灭证据的承担全部责任。

2. 抢救伤者

尊重人的生命，保护人的生命，是《道路交通安全法》的一个重要思想。《安全法》规定道路上发生交通事故，首先抢救伤者，这是以人为本的思想在《安全法》中又一次体现。法律条文对驾驶人、公安机关交通管理部门、过往车辆和行人、医疗机构、保险公司、社会救助基金都作了义务性的规定。对车辆驾驶人是这样规定的："造成人员伤亡的，车辆驾驶人应当立即抢救受伤人员，并迅速报告交警部门。因抢救人员变动现场的，应标明位置。"对保险公司和社会救助基金是这样规定的："肇事车辆参加机动车第三者责任强制保险的，由保险公司在责任限额范围内支付抢救费用；抢救费用超过限额的，或者未参加第三者责任强制险的，或肇事逃逸的，由道路交通社会援助基金先行垫付部分或全部抢救费用，事后向交通事故责任人追偿。"这里，法律对当事人、过往车辆、行人，公安机关交管部门、保险公司、医疗机构、社会救助基金在抢救伤者的问题上，都作了义务性的规定，使用的字眼都是"应当"，也就是法律规定你必须这样做，不这样做你就违法了，就要追究你的法律责任，这是《道路交通安全法》的一个亮点。

3. 做好宣传

要求员工培养文明交通意识，养成自觉遵守交通法规的良好习惯。同时还要当好交通安全的宣传员，向别人宣传交通安全法律法规。每个人都要在心里时刻敲响交通安全的警钟，永远铭记血的教训，让生命之树常青。

评价：良好

记录人	周××	审核人	金×

［实例 4-13］

新型业务培训

单位	××县供电公司	乡镇供电所	白云山乡镇供电所
日期	2019年9月27日	培训地点	1楼实训室
培训学时	2	培训形式	技术讲座
培训题目	低压分布式光伏竣工验收标准		

讲解人：姬××

培训人员（签名）：金×、周××、英××、李××、张××、孙×、谭××、朱××、薛××、贾××、陈××、段××、柴××、宋××、赵××、秦×、闫××、岳××、吴××、钱×、郑××、郭××、霍××共23人。

培训内容：

1. 现场验收人员验收检查内容

（1）设备的安装、施工工艺和工程使用材料是否符合有关规范要求；

（2）并网开关、继电保护、防孤岛装置等是否符合规范要求；

（3）安装容量与报装容量是否相符；

（4）低压配电柜（箱）设备无损伤，型号、规格、数量符合设计要求；开关操作机构是否正常，无卡阻现象；分、合开关指示是否正确；指示仪表完好准确；电气外部接线排列整齐、清晰、美观、导线绝缘无损伤；

（5）检查设备接地系统，是否符合《电力设备接地设计技术规程》要求；

（6）检查低压专用计量柜（箱）是否安装合格。

2. 现场验收安全控制措施

（1）验收前检查设备是否带电。如设备带电，验收人员不得接触设备；

（2）进行验收时，验收人员必须保证两人，相互提醒监护；

续表

（3）验收人员到现场勘察，特别是基建现场，一定要戴安全帽，注意高空落物等。

3. 分布式电源并网验收意见单

（1）现场验收人员应将验收结果以"分布式电源并网验收意见单"书面形式通知客户，对验收不合格的内部工程，应在"分布式电源并网验收意见单"中一次性将缺陷通知客户整改并进行复验，直至合格；

（2）"分布式电源并网验收意见单"一式两份，供用电双方分别盖章（签字）后，各执一份；

（3）组织竣工验收时间，应不影响送电时间要求。

4. 装表接电并网运行

客户工程验收合格后，现场验收人员开展电能计量装置安装、调试，客户电工在碰触客户电气设备时必须验电。客户电工在进行低压操作中，应穿绝缘鞋、戴手套。客户电工在现场验收人员监督下，将分布式光伏转入并网运行。

5. 并网调试

分布式光伏并网后，在现场验收人员监督下，客户或设备厂家对电气设备进行并网调试，调试合格后转入正式并网运行。

6. 分布式电源验收资料归档

现场验收人员在营销系统中"竣工验收"环节中，准确录入相关信息，并及时传递。在验收结束后 5 个工作日内，现场验收人员将"分布式电源并网验收意见单"送交乡镇供电所档案室。

评价：良好

记录人	英××	审核人	金×

[实例 4-14]

施工机具应用培训

单位	××县供电公司	乡镇供电所	白云山乡镇供电所
日期	2019 年 10 月 25 日	培训地点	乡镇供电所院内
培训学时	2	培训形式	现场讲解
培训题目	施工机具使用和检查		

讲解人：姬××

培训人员（签名）：金×、周××、英××、李××、张××、孙×、谭××、朱××、薛××、贾××、陈××、段××、柴××、宋××、赵××、秦×、闫××、岳××、吴××、钱×、郑××、郭××、霍××共 23 人。

培训内容：

1. 绞磨使用和检查

绞磨应放置平稳，锚固应可靠，受力前方不得有人，锚固绳应有防滑动措施，并可靠接地。作业前应检查和试车，确认安置稳固、运行正常、制动可靠后方可使用。作业时禁止向滑轮上套钢丝绳，禁止在卷筒、滑轮附近用手触碰运行中的钢丝绳，禁止跨越行走中的钢丝绳，禁止在导向滑轮的内侧逗留或通过。

2. 抱杆使用和检查

选用抱杆应进行负荷校核。独立抱杆至少应有四根缆风绳，人字抱杆至少应有两根缆风绳并有控制腿部开度的控制绳。所有缆风绳均应固定在牢固的地锚上，必要时经校验合格。抱杆基础应平整坚实、不积水。在土质疏松的地方，抱杆脚应用垫木垫牢。缆风绳与抱杆顶部及地锚的连接应牢固可靠；缆风绳与地面的夹角一般应小于 45°。

3. 卡线器使用和检查

卡线器的规格、材质应与线材的规格、材质相匹配。不得使用有裂纹、弯曲、转轴不灵活或钳口斜纹磨平等缺陷的卡线器。

4. 放线架使用和检查

放线架应支撑在坚实的地面上，松软地面应采取加固措施。放线轴与导线伸展方向应垂直。

5. 地锚使用和检查

地锚的分布和埋设深度，应根据现场所用地锚用途和周围土质设置。禁止使用弯曲和变形严重的钢质地锚。禁止使用出现横向裂纹以及有严重纵向裂纹或严重损坏的木质锚桩。

6. 链条（手扳）葫芦使用和检查

使用前应检查吊钩、链条、转动装置及制动装置，吊钩、链轮或倒卡变形以及链条磨损达直径的10%时，禁止使用。制动装置禁止沾染油脂。起重链不得打扭，亦不得拆成单股使用。两台及两台以上链条葫芦起吊同一重物时，重物的重量应小于每台链条葫芦的允许起重量。使用中发生卡链情况，应将重物垫好后方可检修。钢丝绳。

7. 合成纤维吊装带使用和检查

合成纤维吊装带使用应避免与尖锐棱角接触，若无法避免应装设护套。吊装带用于不同承重方式时，应严格按照标签给予的定值使用。禁止使用外部护套破损显露出内芯的合成吊装带。

8. 纤维绳（麻绳）使用和检查

禁止使用出现松股、散股、断股、严重磨损的纤维绳。纤维绳（麻绳）。有霉烂、腐蚀、损伤者不得用于起重作业。机械驱动时禁止使用纤维绳。切断绳索时，应先将预定切断的两边用软钢丝扎结，以免切断后绳索松散，断头应编结处理。

9. 滑车及滑车组使用和检查

滑车及滑车组使用前应检查，禁止使用有裂纹、轮沿破损等情况的滑轮。使用的滑车应有防止脱钩的保险装置或封口措施。使用开门滑车时，应将开门勾环扣紧，防止绳索自动跑出。滑车不得拴挂在不牢固的结构物上。拴挂固定滑车的桩或锚应埋设牢固可靠。若使用的滑车可能着地，则应在滑车底下垫以木板，防止垃圾窜入滑车。

10. 棘轮紧线器使用和检查

使用前应检查吊钩、钢丝绳、转动装置及换向爪，吊钩、棘轮或换向爪磨损达10%者禁止使用。各连接部位出现松动或钢丝绳有断丝、锈蚀、退火等情况时禁止使用。操作时，操作人员不得站在棘轮紧线器正下方。

评价：良好

记录人	姬××		审核人	金×

[实例 4-15]

安全技术措施技能培训

单位	××县供电公司	乡镇供电所	白云山乡镇供电所
日期	2019 年 11 月 29 日	培训地点	施工现场
培训学时	2	培训形式	现场操作
培训题目	配电设备停电接地具体要求		

讲解人：周××

培训人员（签名）：金×、英××、姬××、李××、张××、孙×、谭××、朱××、薛××、贾××、陈××、段××、柴××、宋××、赵××、秦×、闫××、岳××、吴××、钱×、郑××、郭××、霍××共23人。

培训内容：

（1）当验明确已无电压后，应立即将检修的高压配电线路和设备接地并三相短路，工作地段各端和工作地段内有可能反送电的各分支线都应接地。

（2）当验明检修的低压配电线路、设备确已无电压后，至少应采取以下措施之一防止反送电：

1）所有相线和零线接地并短路。

2）绝缘遮蔽。

3）在断开点加锁、悬挂"禁止合闸，有人工作！"或"禁止合闸，线路有人工作！"的标示牌。

（3）配合停电的交叉跨越或邻近线路，在线路的交叉跨越或邻近处附近应装设一组接地线。配合停电的同杆（塔）架设线路装设接地线要求与检修线路相同。

（4）装设、拆除接地线应有人监护。

（5）在配电线路和设备上，接地线的装设部位应与检修线路和设备电气直接相连去除油漆或绝缘层的导电部分。绝缘导线的接地线应装设在验电接地环上。

（6）禁止作业人员擅自变更工作票中指定的接地线位置，若需变更应由工作负责人征得工作票签发人或工作许可人同意，并在工作票上注明变更情况。

（7）作业人员应在接地线的保护范围内作业。禁止在无接地线或接地线装设不齐全的情况下进行高压检修作业。

（8）装设、拆除接地线均应使用绝缘棒并戴绝缘手套，人体不得碰触接地线或未接地的导线。

（9）装设的接地线应接触良好、连接可靠。装设接地线应先接接地端、后接导体端，拆除接地线的顺序与此相反。

（10）装设同杆（塔）架设的多层电力线路接地线，应先装设低压、后装设高压，先装设下层、后装设上层，先装设近侧、后装设远侧。拆除接地线的顺序与此相反。

（11）电缆及电容器接地前应逐相充分放电，星形接线电容器的中性点应接地，串联电容器及与整组电容器脱离的电容器应逐个充分放电。电缆作业现场应确认检修电缆至少有一处已可靠接地。

（12）对于因交叉跨越、平行或邻近带电线路、设备导致检修线路或设备可能产生感应电压时，应加装接地线或使用个人保安线，加装（拆除）的接地线应记录在工作票上，个人保安线由作业人员自行装拆。

（13）成套接地线应用有透明护套的多股软铜线和专用线夹组成，接地线截面积应满足装设地点短路电流的要求，且高压接地线的截面积不得小于 $25mm^2$，低压接地线和个人保安线的截面积不得小于 $16mm^2$。接地线应使用专用的线夹固定在导体上，禁止用缠绕的方法接地或短路。禁止使用其他导线接地或短路。

（14）杆塔无接地引下线时，可采用截面积大于 $190mm^2$（如 $\phi16$ 圆钢）、地下深度大于 $0.6m$ 的临时接地体。土壤电阻率较高地区如岩石、瓦砾、沙土等，应采取增加接地体根数、长度、截面积或埋地深度等措施改善接地电阻。

（15）接地线、接地刀闸与检修设备之间不得连有断路器（开关）或熔断器。若由于设备原因，接地刀闸与检修设备之间连有断路器（开关），在接地刀闸和断路器（开关）合上后，应有保证断路器（开关）不会分闸的措施。

（16）低压配电设备、低压电缆、集束导线停电检修，无法装设接地线时，应采取绝缘遮蔽或其他可靠隔离措施。

评价：良好

记录人	英××		审核人	金×

［实例 4-16］

新型业务培训

单位	××县供电公司	乡镇供电所	白云山乡镇供电所
日期	2019 年 12 月 27 日	培训地点	3 楼培训室
培训学时	2	培训形式	技术问答
培训题目	充换电设施技术问答		

讲解人：英××

培训人员（签名）：金×、英××、姬××、李××、张××、孙×、谭××、朱××、薛××、贾××、陈××、段××、柴××、宋××、赵××、秦××、闫××、岳××、吴××、钱×、郑××、郭××、霍××、高××、卜××、姬×、董××共 27 人。

培训内容：

1. 问：充换电设施的定义是什么？

答：充换电设施，是指与电动汽车发生电能交换的相关设施的总称，一般包括充电站、换电站、充电塔、分散充电桩等。

2. 问：充换电设施用电报装业务的分类有哪些？

答：分为两类。第一类：居民客户在自有产权或拥有使用权的停车位（库）建设的充电设施。第二类：其他非居民客户（包括高压客户）在政府机关、公用机构、大型商业区、居民社区等公共区域建设的充换电设施。

3. 问：充电桩的操作维护有哪些注意事项？

答：（1）充电机通电前确认充电插头完好无损，急停按钮处在弹出状态。

（2）连接充电插头时确保插头可靠连接，无松动。

（3）充电过程中与充电插头保持安全距离，不得强行拔出充电接头。强行拔出充电接头，可能引起接头处打火，造成安全事故。

（4）充电过程中若发生安全事故，如异常声响、电线短路等，请按下面板上紧急停止按钮，断开所有电源，并立刻与现场管理人员联系。

（5）费用结算完毕后，将充电插头拔下收好，确认无误后方可离开。

（6）操作过程中如遇到"充电机故障"提示，请参考"充电桩简易故障处理"条例或联系乡镇供电所处理。

（7）本设备在正常工作环境下运行，在寿命期内一般不需要进行特殊的维护，但由于是户外运行设备，一般运行1～2个月需对过滤风扇过滤网灰尘清理，以防由于灰尘积累，造成设备散热、通风不畅。

4. 问：充电桩常见故障有哪几种？该如何处理？

答：（1）屏幕无显示。处理办法：重启充电桩，如无法恢复，有可能 TCU 或者屏幕损坏需反馈厂家进行维修。

（2）TCU 通信中断（即：充电桩离线故障）处理办法：重启充电桩，如无法恢复，将充电桩停电，拔出 SIM 卡，待3～5分钟后，插上 SIM 卡，充电桩上电，观察通信状态是否恢复（如无法恢复，也可通过更换 SIM 卡来进行测试）。

（3）屏幕死机（此故障有随机性）。处理办法：重启充电桩一般都可恢复，造成原因有可能是在查询充电价格时所造成。

（4）故障代码2或者刷卡无反应（读卡器故障）。处理办法：检查读卡器线路，接线端子是否牢靠；或者重启充电桩，观察刷卡功能是否恢复；如还是无法恢复，则可能是读卡器损坏，需要更换读卡器。

（5）故障代码10（BMS 通信故障）。处理办法：此故障一般是由于不匹配车型充电导致的，可通过重启充电桩来恢复。

（6）故障代码16（急停按钮动作故障）。处理办法：急停按钮顺时针旋转，则可复位。

（7）故障代码20（充电枪未归位）。处理办法：充电枪放置未到位而导致，需重新放置充电枪来消除故障。如无法消除故障，则可能是充电枪内部电磁锁损坏，需返修充电枪。

（8）故障代码25（充电模块故障）。处理办法：如是个别模块出现故障，可通过单个模块断电来排除故障（此故障先可消除掉，但不会影响充电使用）。

（9）充电枪机械解锁。处理办法：借用长度20cm 的平口螺丝刀，从充电枪头拨动复位开关来进行解锁。

（10）TCU 与充电控制器通信故障（故障代码：1）。处理办法：检查 TCU 与充电控制器之间接线，查看是否牢靠。

（11）电能表通信故障（故障代码：3）。处理办法：检查电能表通信线接线是否牢靠。

评价：良好

记录人	英××		审核人	金×

四、安全教育

（一）安全教育分类

（1）一类是对新员工的安全教育，主要包括乡镇供电所的概况、供电特点、作业环境、危险区域、设备状况、消防设施等。

（2）另一类是日常的安全教育，主要包括安全思想教育、纪律教育、法制教育、各专业安全教育、复工安全教育、"调岗"安全教育、经常性安全教育、对外协人员的安全教育等。

（二）安全教育内容

1. 安全思想教育

安全思想教育是安全教育的核心，在生产力的四要素中，人是起着决定作用的因素。人是有思想的，思想决定人的行为，思想又受到客观条件的影响，客观条件的变化，人的思想也会随着变化，这就造成了人的思想在一定条件下的波动，这种思想波动就会影响到人的行为的安全度，即会影响到规章制度的严格执行。很多事故发生的原因，说明了电力安全生产与工作人员安全思想的波动是密切关联的，在一定条件下安全思想甚至起着决定性的作用。

安全思想教育的核心是要强调"责任心"，要让每个员工时刻意识到自己的一个不负责、不安全的行为可能给国家、社会带来恶果，对企业、对乡镇供电所集体带来恶果，对自己、对家庭会带来恶果。同时乡镇供电所长要关心了解乡镇供电所员工的思想情况，发现员工思想不稳定时，要注意事故防范，危险的、重要的工作不能交他完成，以防止发生事故。

安全思想教育的特点是要"抓反复、反复抓、天天抓、时时抓"，要掌握员工如下的思想动态和相机处置行为。

第一，在下列几种情况下，员工安全思想波动较大：

（1）组织机构变动时。

（2）调整工资、定岗定级或评定奖金时。

（3）乡镇供电所人员大幅度变动时。

（4）生活福利工作没做好，群众意见较大时。

（5）出现家庭纠纷。

（6）家庭成员生病、伤亡、子女上学求职有困难时。

（7）部分员工家庭财产受到极大损失时。

（8）生活发生困难。

（9）染上不良恶习，甚至嗜赌时。

（10）本单位发生重大事故时。

第二，处于以下心理状态者，容易发生事故：

（1）感情冲动，容易兴奋，喜欢冒险。

（2）心境不佳，恼怒、焦躁、恐惧、悲哀。

（3）对工作或事物厌倦，心情随外界条件变化无常。

（4）注意力不集中，心不在焉。

（5）没有耐心，不能理智地控制行动。

（6）疲倦、身体不适，反应迟钝，不爱活动。

第三，在以下情绪支配下，易做出不遵守规章制度、不服从指挥的行为：

（1）认为自己有技术，无需按章办事、无需别人指导。

（2）对按章执行感到麻烦，图省事，擅自减少工艺或操作。

（3）与人争吵后情绪尚未恢复常态。

（4）表面赞成同意，但没有真正理解，人前一套，人后一套。

（5）任务紧，时间不足，匆忙地行动。

（6）事先准备不够，联络协调不充分。

（7）超负荷工作，力不从心。

（8）玩乐过度，精力分散。

2. 安全纪律教育

在当今社会，企业都有严格的纪律，以规范每个员工的工作行为，这是保证安全生产的最基本条件。电力企业为保证电网和供电设备安全运行、保障员工生命安全，制订了相应的规章制度，这是电力行业事故教训的结晶，关键是执行要"严"和"认真"，要依靠每一个人认真执行安全纪律、劳动纪律来保证。因此安全纪律教育主要是使广大员工懂得严格执行纪律对实现安全生产的重要性。它是贯彻安全生产方针、保证安全生产的必要措施。无数事实证明，纪律松弛是安全生产的大敌，遵章守纪是搞好安全生产、减少事故的前提。电力企业的纪律，一般有劳动纪律、生产纪律、工作纪律、组织纪律、安全纪律、治安纪律、生活纪律等等，这些纪律的共同点是企业全体员工共同遵守的行为规则。乡镇供电所应结合实际有针对性地进行安全纪律教育，对违纪行为，该批评的就批评，该提请上级部门惩处的就惩处，不能姑息迁就。

3. 安全法制教育

法是一种行为规范，规定人和法人什么可做，什么不可做，违法将怎么办，法是一系列行为的限制。安全生产和劳动保护方面的法是针对法人（企业）和员工之间相互关系作为立法的事实依据，它对劳动关系双方的权利、义务有所规定，它的依据是我国宪法。通过立法，法人和员工明确了行为准则，是企业建立安全生产秩序的根本保证。企业（法人）则通过建立健全安全生产规章制度、教育和奖惩制度、事故调查报告制度等贯彻国家安全生产和劳动保护的相关法律、法规、指令。我国社会主义法制原则是："有法可依、有法必依、执法必严、违法必究"。即通过立法、守法、执法对社会秩序，也包括安全生产秩序发挥作用。

"法治"是国家社会主义建设的根本保证，如果社会上存在的种种影响安定团结的因素，存在有法不依，执法不严的现象，就会直接影响到电力企业的电网建设和改造。国家颁发了《劳动法》《电力法》等，国务院制订《电力设施保护条例》《电网调度管理条例》《电力供应与使用条例》。这些法律法规使电力职工开展安全生产有了保障，但任何法都有双重性，首先要求受保护者自己也执法，依法办事。因而，电力职工首先要树立法制概念，做到依法办事。例如《劳动法》"劳动安全卫生"中明确规定了用人单位为保障劳动者人身安全和健康的四条条文，并给予劳动者"对用人单位管理人员违章指挥、强令冒险作业，有权拒绝执行。对危害生命安全和身体健康的行为，有权提出批评、检举和控告"。《劳动法》也要求"劳动者在劳动过程中必须严格遵守安全操作规程"。这是法律对劳动者行为规范的要求。

4. 新员工入职安全教育

对新员工的安全教育，主要内容是：介绍本乡镇供电所的基本情况、作业环境、危险区域、电网及设备状况、安全（消防）设施等。讲解本工种安全工作规程和岗位职责、安全生产责任制，指出危险作业地点的安全注意事项。讲解正确使用防护用品和文明生产的要求。学习掌握必要的安全技术和安全防护设施的性能与作用。组织重视安全、技术熟练、富有经验的台区经理进行安全作业示范，并讲解安全操作要领，说明怎样操作是危险的，怎样操作是安全的，强调不遵守操作规程将会带来的危险性，强调不违章冒险，不擅自单独操作，并辅以实例说明。

5. 复工安全教育

复工安全教育，主要是针对离开工作岗位较长时间的乡镇供电所员工进行的安全教育，一般是指工伤休工超过规定时间，病假、事假、产假等各种假期离开岗位满 3 个月者，在复工上岗前要进行安全教育。复工安全教育要针对长期休工的原因有的放矢地进行，就是针对不同的心理特点，结合复工者的家庭、健康、年龄、性格、心境等情况及时消除思想波动上的余波，使其轻装上阵，即进行复工"收心"教育，组织他们学习《电力安全工作规程》，并进行《电力安全工作规程》考核，考试合格后方可上岗。

6. "调岗"安全教育

"调岗"指在乡镇供电所人员岗位变动（比如：台区经理调岗为安全质量员、台区经理调岗为营销服务员、台区经理调岗为运检技术员。安全质量员、运检技术员、营销服务员"三员"相互调岗。"三员"调岗为所长等）后要进行安全教育，要进行《电力安全工作规程》考核，考试合格后方可上岗。

7. 经常性安全教育

经常性安全教育是指乡镇供电所通过开展安全日活动，学习上级下发的文件、通知、事故通报，针对事故对照《电力安全工作规程》逐条分析，让学习人员清楚具体违反了《电力安全工作规程》的哪些条款。通过开展安全日活动对本乡镇供电所周工作进行安全总结，对下周工作开展安全工作进行风险分析，研究制定风险管控措施。结合工作实际和季节特点，总结本乡镇供电所周隐患排查工作，制定下周隐患排查工作重点。对本乡镇供电所"两票"执行情况进行检查、分析。

8. 对业务委托人员的安全教育

乡镇供电所为提高业务委托人员搞好安全生产工作的责任感和自觉性，防止人身和设备事故的发生，乡镇供电所需针对性地进行安全教育，明确所做工作的质量要求、具体内容、范围、特点、作业环境、危险区域和安全注意事项。主要是通过班前会，告知现场工作人员安全注意事项，作业危险点，工作内容，班后会总结讲评安全及一日安全程序化活动。

第四节　台区经理制管理

一、台区经理网格化管理

在乡镇供电所推广供电服务网格化管理，将若干个工作地点相邻的台区经理组成供电服务小组，以小组为单元划分农村供电服务网格，由配电营业班统筹安排工作任务，实施供电服务网格化管理。以"互联网＋营销服务""互联网＋配电运检"为支撑，推广应用台区经理移动业务终端，实现客户服务、低压配网运维日常业务的智能化管理、可视化监控和信息化调度。供电服务网格内的台区经理相互支援配合，协同开展工作，实现人员互为支撑，工作有人监督。供电服务网格内的台区经理应填入表 4-1。

表 4-1　　　　　　　　　　供电服务网格化管理分组表

	网格小组	台区经理	电话
供电服务网格化管理			

二、台区经理岗位职责

台区经理（配电营业）：主要负责配电设施巡视、运维检修、故障抢修及装表接电、用电检查、计量和用电信息采集设备运维、核（补）抄和催费、客户用电现场咨询、停电通知；安全用电管理和电力设施保护；设施设备以及客户信息管理和维护；属地协调等现场工作。在具备条件的乡镇供电所，逐步开展电能替代、电动汽车充换电设施建设与服务、光伏发电等分布式电源及微电网的运维及代维等新型业务。配电营业班人员实行集农村低压配电运维、设备管理、台区营销管理和客户服务于一体的"台区经理制"。

三、台区经理网格化管理责任书

为认真贯彻《国家电网公司关于进一步加强乡镇供电所管理工作的若干意见》，着力打造业务协同运行、人员一专多能、服务一次到位的"全能型"乡镇供电所，全面推进乡镇供电所营配业务融合，推行集农村低压配电运维、设备管理、台区营销管理和客户服务于一体的"台区经理制"，要求乡镇供电所台区经理与所长签署《台区经理供电服务网格化管理责任书》并填写台区经理网格化管理责任分工表（见表4-2）。

表4-2　　　　　　　　台区经理网格化管理责任分工表

序号	台区所属10kV线路名称	台区（户数）	单人制AB		双人制1+1		多人制1+N		班组
			A角	B角	作业	监护	工作负责人	工作班成员	
1									
2									
3									
4									
5									
6									
7									
8									
9									

四、台区经理"三制"管理

（一）台区经理单人制AB角

（1）乡镇供电所明确各台区经理的A角和B角，A、B角均能独立完成该岗位工作。

（2）A角作为该岗位的专责人，对本岗位工作主要负责；B角作为A角的补充，在A

角有事外出或休假时，B角能够把A角的工作承担起来，保证日常管理工作的连续性，并切实负起责任。

(3) "A、B"角两个责任人原则上不得同时外出。A角离开工作岗位一天以上的，应与B角交接近期待办、亟办工作，以便保持工作连续性。A角临时外出，应在外出前及时通知B角，由B角临时承担A角日常工作。

(二)台区经理双人制1+1

(1) 双人制工作设作业人和监护人，作业人和监护人按照作业要求，达到一人工作一人监护的安全规定，作业人和监护人严格按照工作票和操作票执行。

(2) 双人制工作，两人都应熟知工作项目内容，严格按照工作流程执行，作业人、监护人不得混淆工作职责，严禁超范围工作。

(3) 双人工作时，相互配合、互相监督，按照量、质、期要求开展工作，完成后及时向班长汇报。

(三)台区经理多人制1+N

(1) 多人制工作根据工作量，由班长安排人员数量，指定工作负责人，明确工作班工作内容。

(2) 多人制工作严格执行现场勘察制度，制定安全组织措施和技术措施，使用工作票、操作票，严格开工会及收工会制度。

(3) 工作负责人合理安排工作任务、对现场安全、工作质量进行全过程管控。

(4) 工作任务特别繁重时，可设多个工作小组，每个小组各设一名工作负责人。

(5) 工作负责人必须是县供电公司文件命名的工作负责人。

(6) 不需要办理工作票的多人工作由班长指定小组负责人组织完成。

(7) 工作班成员严格服从工作负责人工作安排，工作班成员工作中严格执行"四不伤害"。

(四)台区经理 "三制" 管理具体工作项目

见表4-3～表4-5。

表 4-3 单人制工作项目

序号	工作项目
1	解答客户咨询
2	工作单(据)传递
3	客户新型业务缴费方式推广
4	客户抄表异常数据核对
5	抄表数据异常分析

续表

序号	工作项目
6	使用远程费控客户系统停电、复电处理
7	客户信用风险分析、欠费风险预控
8	供电用电合同签订
9	供电用电合同续签
10	低压户电费欠费催收
11	系统录入维护工作
12	系统审核维护工作
13	系统归档维护工作
14	电能表运行状况检查
15	采集终端运行状况检查
16	协调客户计量装置校验
17	低压客户申校电能表退补电量确认
18	计量设备的领用
19	计量设备的退回
20	计量封印领用
21	锁具领用
22	客户资料收集
23	客户资料归档
24	客户资料保管
25	营配贯通图数核实
26	营配贯通设备现场定位
27	计划停电通知及张贴、临时停电通知及张贴、突发事件停电通知张贴
28	协助一户一表改造
29	大修项目计划提报
30	城农网项目计划提报
31	技改项目计划提报
32	停电现场施工看板制作
33	工作票填写、审核
34	操作票填写、审核
35	各类票、卡归档工作
36	组织开展供电设施节能宣传工作
37	安全工器具、施工工器具现场检查
38	安全用电、用电政策宣传
39	网格服务宣传
40	线路防外破巡视、盯防
41	协助客户设备检查
42	督促客户设备消缺
43	乡镇供电所各项指标的监控、分析
44	光伏客户的资料审核、整理
45	充电桩设备巡视

表 4-4 双人制工作项目

序号	工作项目
1	一级剩余电流动作保护器测试试跳记录
2	二级剩余电流动作保护器测试试跳记录
3	客户供电质量异常处理
4	配电设备安装各种标识
5	12345 工单现场处理
6	故障报修现场处理
7	95598 工单现场处理
8	低压客户家电理赔业务处理
9	集中器异常处理
10	集中器拆除
11	集中器安装
12	配电台区变压器挡位调整
13	使用远程费控客户现场停电、复电处理
14	抄表数据异常现场核实、协调计量处理
15	电能表抄表数据周期性现场复核
16	欠费客户书面通知书送达
17	欠费客户现场催费
18	结清电费客户现场复电
19	一户一表现场核查
20	新装客户计量装置现场核实
21	单相电能表安装
22	单相电能表更换
23	单相电能表拆除
24	三相电能表更换
25	三相电能表拆除
26	低压互感器安装
27	低压互感器更换
28	低压互感器拆除
29	集中器安装调试
30	计量装置异常查找
31	计量装置故障处理
32	集中器异常查找
33	集中器故障处理
34	协助电能表现场升级
35	协助集中器现场升级
36	计量装置现场普查
37	计量表箱及所属设备现场巡视
38	配电箱及所属设备现场巡视
39	低压配电台区及所属设备现场巡视
40	低压线路现场巡视

续表

序号	工作项目
41	违约用电、窃电业务处理
42	协助小区移交协议签订
43	特殊用户、重要用户走访
44	0.4kV 低压开关跳闸处理
45	0.4kV 低压接户线故障处理
46	0.4kV 低压设备故障处理
47	0.4kV 开关停送电倒闸操作
48	电容器停送电操作
49	计量柜采集终端安装
50	计量柜采集终端更换
51	计量柜采集终端拆除
52	公用配电台区测温
53	公用配电台区测负荷
54	配电台区三相负荷调整
55	配电设备接地电阻测量
56	居民小区户表改造勘察
57	城农网改造现场勘察
58	二级剩余电流动作保护器安装调试
59	一级剩余电流动作保护器安装调试
60	公用台区双电源倒电源操作
61	处理线路民事属地化协调
62	线路交叉跨越测量
63	派工单填写、整理、归档
64	填写派车单
65	组织开展供电设施防外破工作
66	操作票执行

表 4-5 多人制工作项目

序号	工作项目
1	工作票执行
2	线路清障（树障）
3	台区配电设备故障处理
4	电容器安装
5	电容器更换
6	低压业扩报装工程施工
7	低压业扩报装工程验收送电
8	表箱新装
9	表箱更换
10	表箱维护
11	表箱拆除

序号	工作项目
12	低压线损降损措施落实
13	三相电能表新装
14	0.4kV 联络开关安装
15	0.4kV 联络开关更换
16	0.4kV 联络开关拆除
17	0.4kV 分支箱安装
18	0.4kV 分支箱更换
19	0.4kV 分支箱拆除
20	0.4kV 低压柜安装
21	0.4kV 低压柜更换
22	0.4kV 低压柜拆除
23	0.4kV 低压电缆故障处理
24	0.4kV 低压架空线路故障处理
25	0.4kV 电缆敷设
26	0.4kV 电缆拆除
27	0.4kV 架空线路导线敷设
28	0.4kV 架空线路导线拆除
29	城农网改造工程验收送电
30	重大事项保电
31	值班工作
32	应急演练

五、实例

[实例 4-17]

乡镇供电所台区经理供电服务网格化管理责任书

为认真贯彻《国家电网公司关于进一步加强乡镇供电所管理工作的若干意见》，着力打造业务协同运行、人员一专多能、服务一次到位的"全能型"乡镇供电所，全面推进乡镇供电所营配业务融合，推行集农村低压配电运维、设备管理、台区营销管理和客户服务于一体的"台区经理制"，要求乡镇供电所台区经理与所长签署台区经理责任书。

一、岗位职责

台区经理、配电营业：主要负责配电设施巡视、运维检修、故障抢修及装表接电、用电检查、计量和用电信息采集设备运维、核（补）抄和催费、客户用电现场咨询、停电通知；安全用电管理和电力设施保护；设施设备以及客户信息管理和维护；属地协调等现场工作。在具备条件的乡镇供电所，逐步开展电能替代、电动汽车充换电设施建设与服务、光伏发电等分布式电源及微电网的运维及代维等新型业务。配电营业班人员实行集农村低压配电运维、设备管理、台区营销管理和客户服务于一体的"台区经理制"。

二、网格化供电服务标准

在乡镇供电所推广供电服务网格化管理，将若干个工作地点相邻的台区经理组成供电服务小组，以小组为单元划分农村供电服务网格，由配电营业班统筹安排工作任务，实施供电服务网格化管理。以"互联网＋营销服务""互联网＋配电运检"为支撑，推广应用台区经理移动业务终端，实现客户服务、低压配网运维日常业务的智能化管理、可视化监控和信息化调度。供电服务网格内的台区经理相互支援配合，协同开展工作，实现人员互为支撑，工作有人监督。供电服务网格内的台区经理信息如下表。

	网格小组	台区经理	电话
供电服务网格化管理	一组	主××	139××××××××
		曹××	131××××××××
		安×	132××××××××
		赵××	133××××××××
		徐×	138××××××××
	二组	靳××	155××××××××
		邢××	156××××××××
		朱××	158××××××××
		齐××	139××××××××
		都××	138××××××××
	三组	宗××	139××××××××
		董××	135××××××××
		邱××	185××××××××
		唐××	159××××××××
		甘××	138××××××××
		马××	176××××××××
		林××	156××××××××

三、新型业务开展标准

将乡镇供电所开展的新型业务在下表中打√。

序号	新型业务内容	已开展（√）
1	开展电动汽车充换电设施运维服务	√
2	光伏发电业务的开展、运维、服务	√
3	分布式电源及微电网的运维代维服务	
4	支撑国网电商业务发展	√
5	推广电E宝企业电费代收业务	√
6	推行居民电费代扣业务	√
7	推广电费扫码支付、电子账单、电子发票功能应用	√
8	拓展"水、气、热"代抄代收新型业务	
9	推广"交费盈""活期宝"等服务和产品应用	√
10	开展"电E宝"上网电费及补贴的资金结算	√

序号	新型业务内容	已开展（√）
11	开展"车联网"用户推广业务	√
12	开展"电 E 贷"新型业务	
13	开展电能替代业务	√

四、分工标准

台区经理台区设备责任分工表

序号	台区所属 10kV 线路名称	台区	单人制 AB		双人制 1+1		多人制 1+N		班组
			A角	B角	作业	监护	工作负责人	工作班成员	
1	10kV 范家线	范家村 1 号配电台区（217 户）	安×	徐×	安×	徐×	主××	曹××、安×、赵××、徐×	配电营业班
2	10kV 钟家线	彭家村 1 配电台区（118 户）	安×	徐×	安×	徐×	主××	曹××、安×、赵××、徐×	配电营业班
3	10kV 钟家线	彭家村 2 配电台区（87 户）	安×	徐×	安×	徐×	主××	曹××、安×、赵××、徐×	配电营业班
4	10kV 钟家线	彭家村 3 配电台区（56 户）	安×	徐×	安×	徐×	主××	曹××、安×、赵××、徐×	配电营业班
5	10kV 邹家线	邹村 1 配电台区（218 户）	安×	徐×	安×	徐×	主××	曹××、安×、赵××、徐×	配电营业班
6	10kV 邹家线	邹村 2 配电台区（101 户）	安×	徐×	安×	徐×	主××	曹××、安×、赵××、徐×	配电营业班
7	10kV 邹家线	邹村 3 配电台区（97 户）	安×	徐×	安×	徐×	主××	曹××、安×、赵××、徐×	配电营业班
8	10kV 范家线	范家村 2 号配电台区（371 户）	安×	徐×	安×	徐×	主××	曹××、安×、赵××、徐×	配电营业班
9	10kV 范家线	范家村 13 号配电台区（68 户）	安×	徐×	安×	徐×	主××	曹××、安×、赵××、徐×	配电营业班
10	10kV 范家线	范家村 4 号配电台区（218 户）	安×	徐×	安×	徐×	主××	曹××、安×、赵××、徐×	配电营业班
11	10kV 邹家线	世嘉村 1 配电台区（171 户）	安×	徐×	安×	徐×	主××	曹××、安×、赵××、徐×	配电营业班
12	10kV 邹家线	世嘉村 2 配电台区（78 户）	安×	徐×	安×	徐×	主××	曹××、安×、赵××、徐×	配电营业班

五、"三制"管理标准

（一）台区经理单人制 AB 角

（1）乡镇供电所明确各台区经理的 A 角和 B 角，A、B 角均能独立完成该岗位工作。

（2）A 角作为该岗位的专责人，对本岗位工作主要负责；B 角作为 A 角的补充，在 A 角有事外出或休假时，B 角能够把 A 角的工作承担起来，保证日常管理工作的连续性，并切实负起责任。

（3）"A、B"角两个责任人原则上不得同时外出。A角离开工作岗位一天以上的，应与B角交接近期待办、亟办工作，以便保持工作连续性。A角临时外出，应在外出前及时通知B角，由B角临时承担A角日常工作。

（二）台区经理双人制1+1

（1）双人制工作设作业人和监护人，作业人和监护人按照作业要求，达到一人工作一人监护的安全规定，作业人和监护人严格按照工作票和操作票执行。

（2）双人制工作，两人都应熟知工作项目内容，严格按照工作流程执行，作业人、监护人不得混淆工作职责，严禁超范围工作。

（3）双人工作时，相互配合、互相监督，按照量、质、期要求开展工作，完成后及时向班长汇报。

（三）台区经理多人制1+N

（1）多人制工作根据工作量，由班长安排人员数量，指定工作负责人，明确工作班工作内容。

（2）多人制工作严格执行现场勘察制度，制定安全组织措施和技术措施，使用工作票、操作票，严格开工会及收工会制度。

（3）工作负责人合理安排工作任务、对现场安全、工作质量进行全过程管控。

（4）工作任务特别繁重时，可设多个工作小组，每个小组各设一名工作负责人。

（5）工作负责人必须是县供电公司文件命名的工作负责人。

（6）不需要办理工作票的多人工作由班长指定小组负责人组织完成。

（7）工作班成员严格服从工作负责人工作安排，工作班成员工作中严格执行"四不伤害"。

六、其他

未尽事宜可根据乡镇供电所实际工作情况增加单人制工作项目、双人制工作项目、多人制工作项目的内容。

所长（签字）：窦×× 台区经理（签字）：安×

2019 年 12 月 30 日 2019 年 12 月 30 日

六、 派工单

（一）派工单填写要求

派工单应由乡镇供电所所长、安全质量员、运检技术员、客户服务员和配电营业班班长填写并在派工单"派工人"栏填写自己的姓名。使用工作票、操作票、事故紧急抢修单、工作任务单、现场勘查记录的现场工作可不使用派工单。派工人应根据派工任务首先填写派工日期××××年××月××日，例如：2019 年 03 月 06 日，再填写派工单编号，例如：2019 年 03 月 06 日第一次派工，派工单编号为 20190306-1，第二次派工，派工单编号为 20190306-2，第三次派工，派工单编号为 20190306-3，以此类推。"班组"栏填写配电营业班。"工作负责人"和"工作班成员"确定后将台区经理姓名填写在派工单中。派工人在派工单上填写派工时间，派工人在派工单上填写派工任务时要具体明确，设备的电压等级、设备的名称编号要清清楚楚。派工人根据派工任务填写安全措施，安全措施要符合《电力安全工作规程》要求，要写明安全风险和危险点，并写明注意事项。

派工单应一式两联，第一联由派工人持有。第二联由工作负责人持有，工作完成后由工作负责人填写派工单中"工作完成时间"和"工作完成情况"并在"工作负责人签字"栏签名。派工人对工作完成情况评价后交配电营业班班长保存。

（二）派工单实例 （见 ［实例4-18］）

［实例4-18］

乡镇供电所派工单

派工日期：2019 年 08 月 06 日　　　　　　　　　　　编号：20190806-1

班组	配电营业班	派工人	刘强	派工时间	9：05
工作负责人	许杰		工作班成员	张冬	
工作任务	10kV 工业线、化工线、水厂线、建工线线路巡视				
安全措施：两人一组完成巡视工作任务，一人检查，一人监护。工作人员应正确佩戴安全帽、戴手套，穿全棉长袖工作服、绝缘鞋。注意与带电设备保持 0.7m 安全距离					
工作完成情况：完成 10kV 工业线、化工线、水厂线、建工线 4 条线路巡视工作任务，没有发现缺陷					
工作负责人签字：	许杰		工作完成时间	16：51	

乡镇供电所派工单

派工日期：2019 年 07 月 11 日　　　　　　　　　　　编号：20190711-1

班组	配电营业班	派工人	刘强	派工时间	9：15
工作负责人	许杰		工作班成员	田涛	
工作任务	对刘家村、昭口村、王村、李庄、小房村、孙家庄配电台区设备巡视				
安全措施：两人一组完成巡视工作任务，一人检查，一人监护。工作人员应正确佩戴安全帽、戴手套，穿全棉长袖工作服、绝缘鞋。注意与带电设备保持安全距离					
工作完成情况：完成刘家村、昭口村、王村、李庄、小房村、孙家庄 6 个配电台区设备巡视工作任务，没有发现缺陷					
工作负责人签字：	许杰		工作完成时间	16：12	

乡镇供电所派工单

派工日期：2019 年 07 月 11 日　　　　　　　　　　　编号：20190711-2

班组	配电营业班	派工人	刘强	派工时间	14：15
工作负责人	赵立		工作班成员	李军	
工作任务	10kV 北配线线路防外力破坏巡视				
安全措施：工作人员应正确佩戴安全帽、戴手套，穿全棉长袖工作服、绝缘鞋。注意与带电设备保持 0.7m 安全距离					
工作完成情况：制止一处违章挖土施工，保护线路杆塔没有遭到破坏，对施工单位进行安全教育，告知安全危险点，完成 10kV 北配线线路巡视任务					
工作负责人签字：	赵立		工作完成时间	17：09	

乡镇供电所派工单

派工日期：2019 年 05 月 16 日　　　　　　　　　　　编号：20190516-1

班组	配电营业班	派工人	刘强	派工时间	8：45
工作负责人	许杰		工作班成员	李军	
工作任务	35kV 申汇线 1 号杆～26 号杆线路巡视				
安全措施：工作人员应正确佩戴安全帽、戴手套，穿全棉长袖工作服、绝缘鞋。注意与带电设备保持 1m 安全距离，注意沿线路外侧进行巡视					
工作完成情况：35kV 申汇线线路全部巡视完毕，没有发现缺陷					
工作负责人签字：	许杰		工作完成时间	11：26	

乡镇供电所派工单

派工日期：2019 年 05 月 16 日　　　　　　　　　　编号：20190516-2

班组	配电营业班	派工人	刘强	派工时间	13：05
工作负责人		许杰	工作班成员		李军
工作任务	35kV 东大线 11 号杆～32 号杆线路巡视				

安全措施：工作人员应正确佩戴安全帽、戴手套，穿全棉长袖工作服、绝缘鞋。注意与带电设备保持 1m 安全距离。注意沿线路外侧进行巡视

工作完成情况：	35kV 东大线 11 号杆～32 号杆全部巡视完毕，没有发现缺陷			
工作负责人签字：	许杰	工作完成时间		17：11

乡镇供电所派工单

派工日期：2019 年 01 月 15 日　　　　　　　　　　编号：20190115-1

班组	配电营业班	派工人	刘强	派工时间	9：20
工作负责人		许杰	工作班成员		田涛
工作任务	10kV 历成线线路测温				

安全措施：工作人员应正确佩戴安全帽、戴手套，穿全棉长袖工作服、绝缘鞋。注意与带电设备保持 0.7m 安全距离，注意与带电设备保持 0.7m 安全距离

工作完成情况：	完成 10kV 历成线线路测温任务，没有发现设备过热现象			
工作负责人签字：	许杰	工作完成时间		11：16

乡镇供电所派工单

派工日期：2019 年 01 月 17 日　　　　　　　　　　编号：20190117-1

班组	配电营业班	派工人	刘强	派工时间	9：15
工作负责人		许杰	工作班成员		李超
工作任务	徐家村台区 16 号表箱采集异常处理				

安全措施：进入工作现场工作人员应正确佩戴安全帽、戴手套，穿全棉长袖工作服、绝缘鞋。两人一组，一人工作，一人扶梯并监护，工作人员与带电设备始终保持足够安全距离。人在梯子上时，禁止移动梯子。使用单梯工作时，梯与地面的斜角度约为 60°

工作完成情况：	完成徐家村台区 16 号表箱采集器异常处理			
工作负责人签字：	许杰	工作完成时间		10：30

乡镇供电所派工单

派工日期：2019 年 02 月 15 日　　　　　　　　　　编号：20190215-1

班组	配电营业班	派工人	刘强	派工时间	14：50
工作负责人		许杰	工作班成员		田涛
工作任务	10kV 金地线线路特巡				

安全措施：工作人员应正确佩戴安全帽、戴手套，穿全棉长袖工作服、绝缘鞋。注意与带电设备保持 0.7m 安全距离

工作完成情况：	完成 10kV 金地线线路特巡工作，没有发现缺陷。			
工作负责人签字：	许杰	工作完成时间		16：10

乡镇供电所派工单

派工日期：2019 年 03 月 19 日　　　　　　　　　　　编号：20190319-1

班组	配电营业班	派工人	刘强	派工时间	9：20
工作负责人	许杰		工作班成员	田涛	
工作任务	对柳家村、薛庄、昭店村、唐林村、晋川村、宫台、南湖村 7 个台区电价进行现场电价核实工作				
安全措施：正确使用劳保用品，做好个人防护，与带电部位保持安全距离，两人一组，相互监督					
工作完成情况：完成柳家村、薛庄、昭店村、唐林村、晋川村、宫台、南湖村 7 个台区 310 户的电价核实工作					
工作负责人签字：	许杰		工作完成时间	17：20	

乡镇供电所派工单

派工日期：2019 年 04 月 15 日　　　　　　　　　　　编号：20190415-1

班组	配电营业班	派工人	刘强	派工时间	9：20
工作负责人	许杰		工作班成员	田涛	
工作任务	荆家村配电台区采集异常处理				
安全措施：进入工作现场工作人员应正确佩戴安全帽、戴手套，穿全棉长袖工作服、绝缘鞋。两人一组，一人工作，一人扶梯并监护，工作人员检查人员严禁触及带电设备。人在梯子上时，禁止移动梯子。使用单梯工作时，梯与地面的斜角度约为 60°					
工作完成情况：完成荆家村配电台区 2 个采集器异常处理工作					
工作负责人签字：	许杰		工作完成时间	10：47	

乡镇供电所派工单

派工日期：2019 年 04 月 16 日　　　　　　　　　　　编号：20190416-1

班组	配电营业班	派工人	刘强	派工时间	20：05
工作负责人	许杰		工作班成员	李磊	
工作任务	95598 故障报修，地址：安居家园 15 号楼 2 单元 302 室。				
安全措施：工作人员应正确佩戴安全帽、戴手套，穿全棉长袖工作服、绝缘鞋，携带照明装置。两人一组，一人工作，一人监护，工作人员检查人员严禁触及带电设备。报修工作全程使用工作记录仪，规范服务行为，使用文明用语					
工作完成情况：完成故障报修任务，安居家园 15 号楼 2 单元 302 室送电正常					
工作负责人签字：	许杰		工作完成时间	20：58	

乡镇供电所派工单

派工日期：2019 年 04 月 18 日　　　　　　　　　　　编号：20190418-1

班组	配电营业班	派工人	刘强	派工时间	11：17
工作负责人	许杰		工作班成员	李乾	
工作任务	95598 故障报修，地址：金城花园 9 号楼 5 单元 1102 室				
安全措施：工作人员应正确佩戴安全帽、戴手套，穿全棉长袖工作服、绝缘鞋。两人一组，一人工作，一人监护，工作人员严禁触及带电设备。报修工作全程使用工作记录仪，规范服务行为，使用文明用语					
工作完成情况：金城花园 9 号楼 5 单元 1102 室客户表后开关跳闸，检查无缺陷后将开关合闸后，送电正常					
工作负责人签字：	许杰		工作完成时间	11：51	

乡镇供电所派工单

派工日期：2019 年 04 月 22 日　　　　　　　　　　编号：20190422-1

班组	配电营业班	派工人	刘强	派工时间	9：30
工作负责人	许杰		工作班成员	曹元	
工作任务	10kV 大成电机电器有限公司配电台区计量装置用电检查				
安全措施：两人一组，一人检查，一人监护，工作人员与 10kV 带电设备始终保持在 0.7m 距离					
工作完成情况：完成 10kV 大成电机电器有限公司配电台区计量装置用电检查任务					
工作负责人签字：	许杰		工作完成时间	12：03	

乡镇供电所派工单

派工日期：2019 年 04 月 24 日　　　　　　　　　　编号：20190424-1

班组	配电营业班	派工人	刘强	派工时间	9：11
工作负责人	许杰		工作班成员	吴庚	
工作任务	处理徐家屯配电台区 8 号表箱门关不严缺陷				
安全措施：进入工作现场工作人员应正确佩戴安全帽、戴手套，穿全棉长袖工作服、绝缘鞋。两人一组，一人工作，一人扶梯并监护，工作人员严禁触及带电设备。人在梯子上时，禁止移动梯子。使用单梯工作时，梯与地面的斜角度约为 60°					
工作完成情况：已经消除徐家屯配电台区 8 号表箱门关不严缺陷					
工作负责人签字：	许杰		工作完成时间	10：23	

乡镇供电所派工单

派工日期：2019 年 04 月 25 日　　　　　　　　　　编号：20190425-1

班组	配电营业班	派工人	刘强	派工时间	13：11
工作负责人	许杰		工作班成员	吴庚	
工作任务	廖西村表箱空表位导线绝缘包封				
安全措施：进入工作现场工作人员应正确佩戴安全帽、戴手套，穿全棉长袖工作服、绝缘鞋。两人一组，一人工作，一人扶梯并监护，检查人员严禁触及带电设备。人在梯子上时，禁止移动梯子。使用单梯工作时，梯与地面的斜角度约为 60°					
工作完成情况：完成廖西村 31 个表箱空表位的导线绝缘包封					
工作负责人签字：	许杰		工作完成时间	17：23	

乡镇供电所派工单

派工日期：2019 年 05 月 06 日　　　　　　　　　　编号：20190506-1

班组	配电营业班	派工人	刘强	派工时间	8：31
工作负责人	许杰		工作班成员	吴庚	
工作任务	赵家寨、徐家峪、商家村、上谷村、石村 5 个台区零度电量户用电检查核实				
安全措施：进入工作现场工作人员应正确佩戴安全帽、戴手套，穿全棉长袖工作服、绝缘鞋。两人一组，一人检查，一人扶梯并监护，检查人员严禁触及带电设备。人在梯子上时，禁止移动梯子。使用单梯工作时，梯与地面的斜角度约为 60°					
工作完成情况：完成赵家寨、徐家峪、商家村、上谷村、石村 5 个台区 38 户的零度电量户用电检查核实工作					
工作负责人签字：	许杰		工作完成时间	12：23	

乡镇供电所派工单

派工日期：2019 年 05 月 07 日   编号：20190507-1

班组	配电营业班	派工人	刘强	派工时间	13：11
工作负责人	许杰		工作班成员	李小可	
工作任务	对赵家寨、徐家峪、商家村、上谷村、石村、吴家村、华山村、赵庄、东河村、奎升村、小庄村 11 个配电台区电力客户进行电力设施保护宣传				
安全措施：规范服务行为，使用文明用语，工作全程使用工作记录仪。车辆往返注意交通安全					
工作完成情况：	完成赵家寨、徐家峪、商家村、上谷村、石村、吴家村、华山村、赵庄、东河村、奎升村、小庄村 11 个配电台区电力设施保护宣传工作。分发宣传单 113 分				
工作负责人签字：	许杰		工作完成时间	17：23	

乡镇供电所派工单

派工日期：2019 年 05 月 14 日   编号：20190514-1

班组	配电营业班	派工人	刘强	派工时间	9：05
工作负责人	许杰		工作班成员	吴庚、李小可、吴真	
工作任务	对 10kV 岭山线 11 号杆～17 号杆线下超高树木进行砍剪				
安全措施：工作负责人应在工作开始前，拟定绳索绑扎点、倒树方向、拉绳方向，确定拉绳、绑扎、砍剪等人员分工，交代砍剪树木过程中的注意事项，明确要求人员、树木、绳索及各类工具与带电导线应保持 1 米安全距离。当树枝接近高压带电导线时，应采用绝缘工具使树枝远离带电导线至安全距离后，方可进行处理					
工作完成情况：	完成 10kV 岭山线 11 号杆～17 号线下超高树木的砍剪工作，共砍剪树木 21 棵				
工作负责人签字：	许杰		工作完成时间	11：31	

乡镇供电所派工单

派工日期：2019 年 05 月 15 日   编号：20190515-1

班组	配电营业班	派工人	刘强	派工时间	8：31
工作负责人	许杰		工作班成员	赵小可	
工作任务	对赵家寨、徐家峪、商家村、上谷村、石村配电台区一级剩余电流保护器和集表箱二级剩余电流保护器进行正常测试				
安全措施：进入工作现场工作人员应正确佩戴安全帽、戴手套，穿全棉长袖工作服、绝缘鞋。两人一组，一人测试，一人扶梯并监护，测试人员严禁触及带电设备。人在梯子上时，禁止移动梯子。使用单梯工作时，梯子与地面的斜角度约为 60°					
工作完成情况：	完成赵家寨、徐家峪、商家村、上谷村、石村配电台区一级剩余电流保护器和集表箱二级剩余电流保护器测试工作，并做好一级剩余电流保护器和二级剩余电流保护器测试记录				
工作负责人签字：	许杰		工作完成时间	15：56	

乡镇供电所派工单

派工日期：2019 年 09 月 16 日   编号：20190916-1

班组	配电营业班	派工人	刘强	派工时间	9：11
工作负责人	许杰		工作班成员	吴庚	
工作任务	对赵家寨、徐家峪、商家村、上谷村、石村、吴家村、华山村、赵庄、东河村、奎升村、小庄村、金城村、绿萝村、大桥 14 个配电台区一级剩余电流保护器进行测试				
安全措施：进入工作现场工作人员应正确佩戴安全帽、戴手套，穿全棉长袖工作服、绝缘鞋。工作前核对线路名称和杆号正确。两人一组，一人测试，一人监护，测试人员严禁触及带电设备					

工作完成情况	完成赵家寨、徐家峪、商家村、上谷村、石村、吴家村、华山村、赵庄、东河村、奎升村、小庄村、金城村、绿萝村、大桥 14 个配电台区一级剩余电流保护器测试工作，并完成一级剩余电流保护器电流与动作时限的记录		
工作负责人签字：	许杰	工作完成时间	12：23

乡镇供电所派工单

派工日期：2019 年 05 月 17 日　　　　　　　　　　编号：20190517-1

班组	配电营业班	派工人	刘强	派工时间	9：11
工作负责人	许杰		工作班成员	吕乙	
工作任务	测量 10kV 金山线 1 号杆～37 号杆接地电阻				

安全措施：现场工作由两人进行，一人工作，一人监护，工作人员工作时始终保持与带电设备 0.7m 的安全距离。工作前核对线路名称和杆号正确。测量杆塔接地电阻，应注意 10kV 金山线线路和设备带电，解开或恢复杆塔接地引线时，工作人员必须戴绝缘手套。禁止直接接触与地断开的接地线。系统有接地故障时，立即停止测量接地电阻工作

工作完成情况：	完成 10kV 金山线 1 号杆～37 号杆接地电阻测量工作		
工作负责人签字：	许杰	工作完成时间	11：58

乡镇供电所派工单

派工日期：2019 年 05 月 21 日　　　　　　　　　　编号：20190521-1

班组	配电营业班	派工人	刘强	派工时间	8：30
工作负责人	许杰		工作班成员	李丁	
工作任务	测量 10kV 刘庄配电台区 2 号配电变压器接地电阻				

安全措施：现场工作由两人进行，一人工作，一人监护，工作人员工作时始终保持与带电设备 0.7m 的安全距离。工作前核对线路名称和杆号正确。测量 10kV 刘庄配电台区 2 号配电变压器的接地电阻时，应注意 10kV 刘庄配电台区 2 号配电变压器带电，解开或恢复 2 号配电变压器的接地引线时，工作人员应戴绝缘手套。禁止直接接触与地断开的接地线。系统有接地故障时，立即停止测量接地电阻工作

工作完成情况：	完成 10kV 刘庄配电台区 2 号配电变压器接地电阻测量工作		
工作负责人签字：	许杰	工作完成时间	9：11

乡镇供电所派工单

派工日期：2019 年 05 月 23 日　　　　　　　　　　编号：20190523-1

班组	配电营业班	派工人	刘强	派工时间	8：51
工作负责人	许杰		工作班成员	赵甲	
工作任务	测量 10kV 徐家村 2 号台架变压器 10kV 进线侧避雷器接地电阻				

安全措施：现场工作由两人进行，一人工作，一人监护，工作人员工作时始终保持与带电设备 0.7m 的安全距离。工作前核对线路名称和杆号正确。测量 10kV 徐家村 2 号台架变压器 10kV 进线侧避雷器接地电阻时，应注意 10kV 徐家村 2 号台架变压器 10kV 进线侧避雷器带电，解开或恢复 10kV 徐家村 2 号台架变压器 10kV 进线侧避雷器接地引线时，工作人员应戴绝缘手套。禁止直接接触与地断开的接地线。系统有接地故障时，立即停止测量接地电阻工作

工作完成情况：	完成 10kV 徐家村 2 号台架变压器 10kV 进线侧避雷器接地电阻测量工作		
工作负责人签字：	许杰	工作完成时间	10：01

乡镇供电所派工单

派工日期：2019 年 05 月 24 日　　　　　　　　　编号：20190524-2

班组	配电营业班	派工人	刘强	派工时间	9：31
工作负责人	许杰		工作班成员	柳宁	
工作任务	10kV 边岸线 1 号杆～28 号杆杆塔底部检查				

安全措施：现场工作由两人进行，一人工作，一人监护，工作人员工作时始终保持与带电设备 0.7 米的安全距离。工作前核对线路名称和杆号正确。检查 10kV 边岸线 1 号杆～28 号杆杆根、基础应牢固。检查 10kV 边岸线 1 号杆～28 号杆无倾斜

工作完成情况：	完成 10kV 边岸线 1 号杆～28 号杆杆塔底部检查工作		
工作负责人签字：	钱超	工作完成时间	11：23

乡镇供电所派工单

派工日期：2019 年 05 月 23 日　　　　　　　　　编号：20190523-2

班组	配电营业班	派工人	刘强	派工时间	9：51
工作负责人	钱超		工作班成员	徐挺	
工作任务	10kV 周合线 1 号杆～31 号杆杆塔底部及拉线检查				

安全措施：现场工作由两人进行，一人工作，一人监护，工作人员工作时始终保持与带电设备 0.7 米的安全距离。工作前核对线路名称和杆号正确。检查 10kV 周合线 1 号杆～31 号杆杆根、基础和拉线应牢固。检查 10kV 周合线 1 号杆～31 号杆无倾斜

工作完成情况：	完成 10kV 周合线 1 号杆～31 号杆杆塔底部检查工作		
工作负责人签字：	许杰	工作完成时间	11：23

乡镇供电所派工单

派工日期：2019 年 05 月 24 日　　　　　　　　　编号：20190524-1

班组	配电营业班	派工人	刘强	派工时间	9：11
工作负责人	钱超		工作班成员	吴庚	
工作任务	10kV 林业线 12 号杆～17 号杆杆塔基础培土加固				

安全措施：现场工作由两人进行，一人工作，一人监护，工作人员工作时始终保持与带电设备 0.7m 的安全距离。工作前核对线路名称和杆号正确。检查 10kV 林业线 12 号杆～17 号杆杆根、基础和拉线应牢固。检查 10kV 林业线 12 号杆～17 号杆无倾斜

工作完成情况：	完成 10kV 林业线 12 号杆～17 号杆杆塔基础培土加固工作		
工作负责人签字：	钱超	工作完成时间	11：43

乡镇供电所派工单

派工日期：2019 年 06 月 10 日　　　　　　　　　编号：20190610-1

班组	配电营业班	派工人	刘强	派工时间	9：55
工作负责人	许杰		工作班成员	吴庚	
工作任务	10kV 矿山线 12 号杆杆塔拉线消缺				

安全措施：现场工作由两人进行，一人工作，一人监护，工作人员工作时始终保持与带电设备 0.7m 的安全距离。工作前核对线路名称和杆号正确。检查 10kV 矿山线 12 号杆杆根、基础应牢固。检查 10kV 矿山线 12 号杆无倾斜

工作完成情况：	完成 10kV 矿山线 12 号杆杆塔拉线消缺工作		
工作负责人签字：	许杰	工作完成时间	11：23

乡镇供电所派工单

派工日期：2019 年 06 月 11 日　　　　　　　　编号：20190611-1

班组	配电营业班	派工人	刘强	派工时间	13：01
工作负责人	许杰		工作班成员	杨哲	
工作任务	220kV 华齐线 12 号杆～35 号杆线路巡视				

安全措施：两人一组完成巡视工作任务，一人检查，一人监护。工作人员应正确佩戴安全帽、戴手套，穿全棉长袖工作服、绝缘鞋。注意与带电设备保持 3m 安全距离。注意沿线路外侧进行巡视

工作完成情况：	完成 220kV 华齐线 12 号杆～35 号杆线路巡视工作任务，没有发现缺陷		
工作负责人签字：	许杰	工作完成时间	16：55

乡镇供电所派工单

派工日期：2019 年 06 月 12 日　　　　　　　　编号：201900612-1

班组	配电营业班	派工人	刘强	派工时间	9：11
工作负责人	许杰		工作班成员	杨哲	
工作任务	110kV 龙神线 22 号杆-37 号杆线路巡视。				

安全措施：两人一组完成巡视工作任务，一人检查，一人监护。工作人员应正确佩戴安全帽、戴手套，穿全棉长袖工作服、绝缘鞋。注意与带电设备保持 1.5m 安全距离。注意沿线路外侧进行巡视

工作完成情况：	完成 110kV 龙神线 22 号杆～37 号杆线路巡视工作任务，没有发现缺陷		
工作负责人签字：	许杰	工作完成时间	11：53

乡镇供电所派工单

派工日期：2019 年 06 月 13 日　　　　　　　　编号：20190613-1

班组	配电营业班	派工人	刘强	派工时间	9：11
工作负责人	许杰		工作班成员	吴庚	
工作任务	330kV 同荆线 33 号杆～49 号杆线路巡视				

安全措施：两人一组完成巡视工作任务，一人检查，一人监护。工作人员应正确佩戴安全帽、戴手套，穿全棉长袖工作服、绝缘鞋。注意与带电设备保持 4m 安全距离。注意沿线路外侧进行巡视

工作完成情况：	330kV 同荆线 33 号杆～49 号杆线路巡视工作任务，没有发现缺陷		
工作负责人签字：	许杰	工作完成时间	12：23

乡镇供电所派工单

派工日期：2019 年 06 月 14 日　　　　　　　　编号：20190614-1

班组	配电营业班	派工人	刘强	派工时间	8：31
工作负责人	许杰		工作班成员	李丁	
工作任务	10kV 红山线 1 号杆～21 号杆安装杆号牌				

安全措施：两人一组完成工作任务，一人工作，一人监护。工作人员应正确佩戴安全帽、戴手套，穿全棉长袖工作服、绝缘鞋。核对线路名称。检查杆根、基础和拉线是否牢固。检查杆塔上是否有影响攀登的附属物。检查脚扣、安全带是否完整牢靠。10kV 红山线不带电

工作完成情况：	完成 10kV 红山线 1 号杆～21 号杆安装杆号牌工作任务		
工作负责人签字：	许杰	工作完成时间	12：03

乡镇供电所派工单

派工日期：2019 年 06 月 17 日 　　　　　　　　　　编号：20190617-1

班组	配电营业班	派工人	刘强	派工时间	8：33
工作负责人	许杰		工作班成员	李丁	
工作任务	0.4kV 高丽屯配电台区庄里线 1 号杆～15 号杆安装杆号牌				

安全措施：两人一组完成工作任务，一人工作，一人监护。工作人员应正确佩戴安全帽、戴手套，穿全棉长袖工作服、绝缘鞋。核对线路名称和杆号。检查杆根、基础和拉线是否牢固。检查杆塔上是否有影响攀登的附属物。检查脚扣、安全带是否完整牢靠，0.4kV 高丽屯配电台区庄里线不带电

工作完成情况：	完成 0.4kV 高丽屯配电台区庄里线 1 号杆～15 号杆安装杆号牌工作任务		
工作负责人签字：	许杰	工作完成时间	11：13

乡镇供电所派工单

派工日期：2019 年 06 月 18 日 　　　　　　　　　　编号：20190618-1

班组	配电营业班	派工人	刘强	派工时间	10：31
工作负责人	许杰		工作班成员	肖乙	
工作任务	10kV 大成线朱家店村 3 号箱变接地扁钢涂刷黄绿斑马漆				

安全措施：两人一组完成工作任务，一人工作，一人监护。工作人员应正确佩戴安全帽、戴手套，穿全棉长袖工作服、绝缘鞋。核对箱变名称和编号。朱家店村 3 号箱变门禁止打开

工作完成情况：	完成 10kV 大成线朱家店村 3 号箱变接地扁钢刷漆工作任务		
工作负责人签字：	许杰	工作完成时间	11：13

乡镇供电所派工单

派工日期：2019 年 06 月 19 日 　　　　　　　　　　编号：20190619-1

班组	配电营业班	派工人	刘强	派工时间	9：31
工作负责人	许杰		工作班成员	肖乙	
工作任务	10kV 兴华线杨庚村 1 号配电台区所有表箱换新锁				

安全措施：两人一组完成工作任务，一人工作，一人监护。工作人员应正确佩戴安全帽、戴手套，穿全棉长袖工作服、绝缘鞋。工作中不要误碰带电设备

工作完成情况：	完成杨庚村 1 号配电台区 31 个表箱换新锁工作任务		
工作负责人签字：	许杰	工作完成时间	10：23

乡镇供电所派工单

派工日期：2019 年 06 月 20 日 　　　　　　　　　　编号：20190620-1

班组	配电营业班	派工人	刘强	派工时间	10：47
工作负责人	许杰		工作班成员	肖乙	
工作任务	10kV 西塔线孙楼村 1 号箱变四周围栏装设"止步，高压危险！"警示牌				

安全措施：两人一组完成工作任务，一人工作，一人监护。工作人员应正确佩戴安全帽、戴手套，穿全棉长袖工作服、绝缘鞋。核对箱式变压器名称和编号。孙楼村 1 号箱式变压器门禁止打开

工作完成情况：	完成 10kV 西塔线孙楼村 1 号箱式变压器四周围栏装设"止步，高压危险！"警示牌工作任务		
工作负责人签字：	许杰	工作完成时间	11：25

乡镇供电所派工单

派工日期：2019 年 06 月 21 日　　　　　　　　　　　编号：20190621-1

班组	配电营业班	派工人	刘强	派工时间	8：57
工作负责人	许杰		工作班成员	肖乙	
工作任务	10kV 金辉线福村 1 号台式变压器四周围栏装设"止步，高压危险！"警示牌				
安全措施：两人一组完成工作任务，一人工作，一人监护。工作人员应正确佩戴安全帽、戴手套，穿全棉长袖工作服、绝缘鞋。核对福村 1 号台式变压器名称和编号。禁止进入福村 1 号台式变压器四周围栏内					
工作完成情况：完成 10kV 金辉线福村 1 号台式变压器四周围栏装设"止步，高压危险！"警示牌工作任务					
工作负责人签字：	许杰		工作完成时间	9：45	

乡镇供电所派工单

派工日期：2019 年 06 月 24 日　　　　　　　　　　　编号：20190624-1

班组	配电营业班	派工人	刘强	派工时间	8：47
工作负责人	许杰		工作班成员	吕锋	
工作任务	10kV 广业线 17 号杆～26 号杆安装防撞警示标识				
安全措施：现场工作由两人进行，一人工作，一人监护，工作人员工作时始终保持与带电设备 0.7m 的安全距离。工作前核对线路名称和杆号正确。检查 10kV 广业线 17 号杆～26 号杆杆根、基础应牢固。检查 10kV 广业线 17 号杆～26 号杆无倾斜					
工作完成情况：完成 10kV 广业线 17 号杆～26 号杆防撞警示标识安装工作任务					
工作负责人签字：	许杰		工作完成时间	11：25	

乡镇供电所派工单

派工日期：2019 年 06 月 25 日　　　　　　　　　　　编号：20190625-1

班组	配电营业班	派工人	刘强	派工时间	8：33
工作负责人	许杰		工作班成员	吕锋	
工作任务	10kV 韩石线 25 号杆～36 号杆安装埋深标识				
安全措施：现场工作由两人进行，一人工作，一人监护，工作人员工作时始终保持与带电设备 0.7m 的安全距离。工作前核对线路名称和杆号正确。检查 10kV 韩石线 25 号杆～36 号杆杆根、基础应牢固。检查 10kV 韩石线 25 号杆～36 号杆无倾斜					
工作完成情况：完成 10kV 韩石线 25 号杆～36 号杆埋深标识安装工作任务					
工作负责人签字：	许杰		工作完成时间	11：58	

乡镇供电所派工单

派工日期：2019 年 06 月 26 日　　　　　　　　　　　编号：20190626-1

班组	配电营业班	派工人	刘强	派工时间	10：47
工作负责人	许杰		工作班成员	杜杰	
工作任务	蒲家庄、龙一村、寨子村充电桩设备巡视				
安全措施：进入工作现场工作人员应正确佩戴安全帽、戴手套，穿全棉长袖工作服、绝缘鞋。两人一组，一人检查巡视，一人监护，检查巡视人员严禁触及带电设备					
工作完成情况：完成蒲家庄、龙一村、寨子村充电桩设备巡视工作，没有发现缺陷					
工作负责人签字：	许杰		工作完成时间	11：56	

乡镇供电所派工单

派工日期：2019 年 06 月 27 日 　　　　　　　　　　　　编号：20190627-1

班组	配电营业班	派工人	刘强	派工时间	8：42
工作负责人	许杰		工作班成员	李晓	
工作任务	10kV 马三线棉纺支线 103HW-101K 分支箱围栏损坏维修				

安全措施：进入工作现场工作人员应正确佩戴安全帽、戴手套，穿全棉长袖工作服、绝缘鞋。两人一组，一人检查维修，一人监护，维修人员严禁触及带电设备。分支箱门严禁打开

工作完成情况：	完成 10kV 马三线棉纺支线 103HW-101K 分支箱围栏维修工作任务		
工作负责人签字：	许杰	工作完成时间	10：06

乡镇供电所派工单

派工日期：2019 年 06 月 28 日 　　　　　　　　　　　　编号：20190628-1

班组	配电营业班	派工人	刘强	派工时间	9：00
工作负责人	许杰		工作班成员	李晓	
工作任务	10kV 东大线 101 环网箱电缆井损坏维修				

安全措施：进入工作现场工作人员应正确佩戴安全帽、戴手套，穿全棉长袖工作服、绝缘鞋。两人一组，一人检查维修，一人监护，维修人员严禁触及带电设备。维修人员工作时始终保持与带电设备 0.7m 的安全距离。10kV 东大线 101 环网箱门严禁打开

工作完成情况：	完成 10kV 东大线 101 环网箱电缆井损坏维修任务		
工作负责人签字：	许杰	工作完成时间	10：26

乡镇供电所派工单

派工日期：2019 年 04 月 12 日 　　　　　　　　　　　　编号：20190412-1

班组	配电营业班	派工人	刘强	派工时间	9：22
工作负责人	许杰		工作班成员	李晓	
工作任务	10kV 东大线、化工线、矿山线防护区飘浮物专项治理				

安全措施：进入工作现场工作人员应正确佩戴安全帽、戴手套，穿全棉长袖工作服、绝缘鞋。两人一组，一人检查巡视处理，一人监护，现场巡视处理人员工作时始终保持与带电设备 0.7m 的安全距离

工作完成情况：	完成 10kV 东大线、化工线、矿山线防护区飘浮物专项治理工作，共收集销毁防尘网、塑料布等各类飘浮物 7kg。对户主进行安全宣传教育 16 人次。现场督促户主完成整改的 3 处		
工作负责人签字：	许杰	工作完成时间	11：53

第五节　综合柜员制管理

在建设业务协同运行、人员一专多能、服务一次到位的"全能型"乡镇供电所过程中，乡镇供电所应开展以营配调贯通和现代信息技术应用为依托，实施营配业务末端融合，建立网格化供电服务模式，优化班组设置，培养复合型员工，支撑新型业务推广，构建快速响应的服务前端，强化综合服务能力建设，推行营业厅综合柜员制等工作，建立健全以客户需求为导向的内部协调沟通机制，融合业务咨询、受理、缴费等职能，建

设成为"全能型"服务窗口。要求综合柜员贯彻执行国家和上级颁发的有关法律法规、政策、标准及相关规定。执行供电营业厅相关管理规定，落实用电营业、电费管理和客户服务等专业管理办法。负责营业业务受理，落实"免填单""一次性告知""三不指定"等业务规定，审核客户提交的资料，及时录入营销系统、电子档案管理系统。发起相关业务流程，告知客户受电工程各环节注意事项和要求。根据物价部门规定的收费类别和标准，通知客户交费并收取各类电费。负责打印供电方案答复单，及时通知客户签收，提醒客户办理相关送审、报验手续。受理客户受电工程图纸送审、中间检查报验、系统接入和竣工报验等环节资料并审核资料完整准确。按照规定时限及时完成营销系统中的相关流程处理。开展电费（业务费）收取、增值税发票开具、电费充值卡销售、预付费电能表预购电客户的售电及预购电明细单打印等电费业务。收集、整理受理环节的客户档案资料，及时归档。统计、汇总业务受理环节报表数据，及时上报班长。认真解答客户咨询。按上级要求做好新型业务宣传、安全用电知识宣传和客户满意度调查等工作。收集、反馈营销服务中出现的新情况、新问题并提出相应的改善建议。

第五章

基础设施完备

第一节 备品备件管理

一、备品备件概念

（1）备品备件：是指为保障电网安全、可靠、稳定运行，及时处理各种突发事件，提高供电可靠性而必须储备的一定数量的电力设备、部件、材料和配件。备品备件包括设备性备品、配件性备品、材料性备品。

（2）设备性备品：是指除主变以外的其他主要设备，这些设备一旦损坏，将影响供电的正常运行，而且损坏后不易修复或难于购买者。

（3）配件性备品：是指主要设备的零部件，这些零部件在正常运行情况下不易磨损，正常检修不需要更换，但损坏后将造成供电设备不能正常运行，或直接影响主要设备的安全运行。而且损坏后不易修复，制造周期长或加工需要特殊材料。

（4）材料性备品：是为解决主要设备抢修所用材料以及加工配件所需要的特殊材料。

二、备品备件管理原则

备品备件的数量和品种应能满足及时消除设备缺陷，快速抢修事故，缩短停电时间的需要。物资供应单位根据各单位的检修计划，加强备品备件管理，并应保证备品备件随时可以使用，使用后及时补充。备品备件的存储尽量做到既保证安全生产的需要，又防止资金的积压。备品备件管理要充分发挥和利用修复能力，大力开展修旧利废，节约物资资金。

三、备品备件的使用范围

（1）事故抢修；

（2）紧急缺陷；

（3）由于需用物资设备制造周期长或厂商产品缺少等原因必须使用备品备件的重大缺陷。

（4）属于下列情况之一者，不包括在备品备件范围：

在设备正常运行情况下容易磨损，正常检修中需要更换的零部件。为缩短检修时间用的检修轮换部件。在检修中使用的一般材料、设备、工具和仪器。设备损坏后，在短时间内可以修复、购买的所需部件和器材。

四、备品备件定额计划的制定

县供电公司运维检修部门组织各乡镇供电所根据其管辖设备的具体情况，本着既保证事故抢修恢复供电的需要，又要节约资金的原则进行编制、修订和补充备品备件的补充。乡镇供电所负责备品备件补充的计划编制，负责备品备件技术资料的汇总整理上报故障。对于设备正常运行情况下容易磨损，正常检修中需要更换的零部件，为缩短检修时间用的检修轮换部件。检修中使用的一般材料、工具设备和仪器。设备损坏后在短时间内可以修复、购买、制造的零部件和器材，乡镇供电所应重点列入备品备件补充计划。备品备件补充计划一般每年修订一次，当新型设备投入电网运行后乡镇供电所要及时补充备品备件。为了做好备品备件管理工作，各乡镇供电所要积累设备及零部件的技术规范，掌握其损坏规律和更改变动情况，不断提高定额管理水平，使定额日趋完善。乡镇供电所编报的备品备件补充计划由运维检修部门汇总修改、主任审核，报县供电公司分管副经理审批后组织实施。

五、备品备件室管理

备品备件室应达到环境清洁、干燥、通风良好的要求，备品备件室要设置在便于进出的地方。备品备件室的房顶和地面应做好防水、防潮处理。备品备件室应具备防盗要求。备品备件室门应封闭良好，具备防火、保温功能。门口处设置不低于40cm的可拆卸挡鼠板。备品备件室不宜设置窗户，如已有窗户，应封闭良好，且满足遮光、防火、保温功能要求。备品备件室门外侧装设"××备品备件室"字样名称牌。备品备件室内应配备足够的消防器材，安置在备品备件室门口附近。备品备件室内应配备足够数量的照明灯具，照明灯具采用嵌入式格栅灯，照明光源采用能耗低、适用性强、稳定性高的光源。备品备件室内应设置应急照明设施。备品备件室信息管理系统应对备品备件入库、存放、领用、归还等信息进行管理。应将备品备件室环境状态、测控及信息系统运行状况，纳入日常值班工作的监控范围。需要采用特殊方法保存的备品备件，由乡镇供电所提出保管措施、技术要求，以便妥善保管。金属制品必须做好定期防锈、防腐工作。乡镇供电所应设专用备品备件室单独存放备品备件，备品备件室不得存放安全工器具、施工工器具、电能计量装置和其他物品，备品备件由乡镇供电所固定人员管理，应做到备品备件不锈蚀、不变质、不损坏、不丢失等。需要特殊方法保管的，由乡镇供电所提出特殊保管方法存放。备品备件在室内要整齐摆放，留有通道，严禁接触酸、碱、油脂、氧化剂和有机溶剂等物质。每批（件）物品都应配有明显标签，标明品名、编号、数量、厂家和生产日期，做到实物、标签、台账相符。乡镇供电所运检技术员在每年汛前都要对备品备件进行一次全面检查。

六、备品备件在库管理

（1）备品备件存放、堆码应采用"四号定位"（即库房号、五五成方货架号、货层号、货位号）、"五五堆放"（即五五成行、五五成堆、五五成串、五五成包）的原则，摆放合理、有序，方便物资"先进先出"，保证消防通道畅通。

（2）综合事务员（备品备件管理人员）应对库存物资定期进行检查、维护和保养，做好防雨、防腐、防潮等防范工作。综合事务员应每月对备品备件进行一次全面检查，保证备品备件质量完好，随时可用。对检查中发现无法使用的物资，综合事务员（备品备件管理人员）应分析原因，报乡镇供电所负责人同意后调整物料卡片，保证账、卡、物相符。

（3）备品备件应每月盘点一次。综合事务员（备品备件管理人员）根据盘点情况如实填写盘点表，由乡镇供电所负责人签字确认。对存在盘点差异的物资，综合事务员（备品备件管理人员）应分析差异形成原因，报乡镇供电所负责人同意后调整物料卡片，保证账、卡、物相符。盘点检查的主要内容为：

1）清点备品备件实存量与账、卡的数量是否相符，不相符的查明原因；

2）检查库存备品备件的质量状况，有无锈蚀、霉变、潮解、虫蛀等情况，必要时重新进行抽样检验；

3）检查有无长期未使用的积压备品备件，并查明积压原因；

4）检查库存备品备件数量是否高于储备定额或低于安全储备定额。

5）盘点时应注意备品备件的摆放，盘点后应对备品备件进行整理，保持原来的或合理的摆放顺序。

6）备品备件实行定额储备，储备定额应根据历史使用数量、实际需求、季节性变化等因素进行动态调整。备品备件应根据储备定额以及实际需求进行补库，超过储备定额的物资需退回上一级仓库。

七、备品备件出入库管理

备品备件入库执行《县供电公司物资出入库管理标准》。备品备件入库时运维检修部、物资公司应验收，验收除核对数量、规范、尺寸及外表是否完好外，对电气设备和绝缘零部件还应做试验。验收合格后，由验收人填写合格证并签字。乡镇供电所运检技术员可以参加备品备件入库质量验收工作，参加有关备品备件定期试验检查和处理，对报废淘汰参加备品备件技术鉴定提出意见，提出有关备品备件保管保养的技术措施，参加库存和更换下来的备品备件修复利废工作。乡镇供电所根据备品备件补充计划领取各自的备品备件。乡镇供电所应建立《乡镇供电所备品备件台账》及管理资料，《乡镇供电所备品备件台账》实例见表 5-1。备品备件应实行定置管理，按备品补充中的排列顺序编号专库存放，并设置标签，注明备品备件的名称、编号和入库日期、验收人、须做定期试验的还应附定期试验记录，备品备件的厂家检验合格证及一切有关资料，应和备品备件一起妥善保存。需定期做试验的备品备件，由县供电公司运维检修部专工安排进行试验。试验项目和试验周期按照《电力设备交接和预防性试验》执行。事故紧急情况下，乡镇供电所可到仓库直接领用，领用后三天内补办领用手续。备品备件验收入库时，乡镇供电所备品备件管理人员应填写《乡镇供电所备品备件入库登记表》，《乡镇供电所备品备件入库登记表》见表 5-2。领出的备品备件因故没有使用，必须立即退回备品备件室，并在《乡镇供电所备品备件入库登记表》中登记清楚。经办人根据入库的备品备件在记录中填写备品备件入库日期，并在记录中填写"备品备件名称""备品备件型号""备品备件参数""备品备件厂家""备品备件入库数量"，经办人将入库的备品备件进行有序摆放，定置管理，并在记录中填写"结存数量"后在"经办人"栏签名，备品备件入库工作流程完成。备品备件出库时，领用人应填写《乡镇供电所备品备件出库记录》（见表 5-3）经办人根据派工单要求在记录中填写备品备件出库日期，由使用备品备件的台区经理在"领用人"栏签名并在记录中填写"使用位置"一般填写××村××台区。台区经理要在记录中填写"备品备件名称""备品备件型号""备品备件数量""备品备件厂家"，经办人根据记录找出台区经理所需的备品备件交台区经理，台区经理核对无误后将备品备件领出备品备件室。经办人在记录中填写"结存数量"并在"经办人"栏签名，备品备件出库工作流程完成。备品备件使用后应在 30 个工作日内完成对已经消耗的备品备件进行补充，保持原储备量不变。每年年底，县供电公司运维检修部组织物资公司、财务部和乡镇供电所人员共同检查一次备品备件的储备、管理情况，并提出改进意见。备品备件由于设备淘汰、备品备件更新换代、保管保养不善、变质损坏等原因需要报废的，由乡镇供电所提出申请报废的报告，并依据《废旧物资管理标准》进行处理。

表 5-1　　　　　　　　　　　乡镇供电所备品备件台账

序号	物料编码	名称	规格型号	单位	数量	存放位置	入库时间
1	BYSHD-01	镀锌角铁横担	5×50×800	条	5	1 号架 1 层 1 号位	2017/8/31
2	BYSHD-02	镀锌角铁横担	6×60×1000	条	5	1 号架 1 层 2 号位	2017/8/31
3	BYSHD-03	镀锌角铁横担	7-70-1800	条	4	2 号架 1 层 1 号位	2017/8/31

序号	物料编码	名称	规格型号	单位	数量	存放位置	入库时间
4	BYSBGXJ-01	并勾线夹	B-3	个	14	1号架2层1号位	2017/8/31
5	BYSBGXJ-02	并勾线夹	B-2	个	14	1号架2层2号位	2017/8/31
6	BYSBGXJ-03	铜并勾线夹	JBT-33	个	4	1号架2层3号位	2017/8/31
7	BYSBGXJ-04	铜并勾线夹	JBT-22	个	5	1号架2层4号位	2017/8/31
8	BYSBGXJ-05	铜铝并勾	BTL-2	个	4	1号架2层5号位	2017/8/31
9	BYSBGXJ-06	铜并勾线夹	BT-1	个	6	1号架2层6号位	2017/8/31
10	BYSLS-01	镀锌螺栓	16×40	个	40	2号架2层1号位	2017/8/31
11	BYSLS-02	镀锌螺栓	18×100	个	21	2号架2层2号位	2017/8/31
12	BYSLS-03	镀锌螺栓	16×130	个	21	2号架2层3号位	2017/8/31
13	BYSLS-04	镀锌螺栓	10×40	个	40	2号架2层4号位	2017/8/31
14	BYSSBXJ-01	铜铝设备线夹	SLG-5A	个	9	1号架3层1号位	2017/8/31
15	BYSSBXJ-02	铜铝设备线夹	SLG-2A	个	9	1号架3层2号位	2017/8/31
16	BYSXBZ-01	铜铝线鼻子	185mm^2	个	10	1号架3层3号位	2017/8/31
17	BYSXBZ-02	铝线鼻子	70mm^2	个	12	1号架3层4号位	2017/8/31
18	BYSXBZ-03	铝线鼻子	50mm^2	个	12	1号架3层5号位	2017/8/31
19	BYSXBZ-04	铝线鼻子	35mm^2	个	6	1号架3层6号位	2017/8/31
20	BYSJG-01	铝压接管	70mm^2	条	6	1号架3层7号位	2017/8/31
21	BYSLS-01	镀锌螺栓	18×300	个	28	2号架3层1号位	2017/8/31
22	BYSLS-02	镀锌螺栓	18×320	个	28	2号架3层2号位	2017/8/31
23	BYSLS-03	镀锌螺栓	18×200	个	30	2号架3层3号位	2017/8/31
24	BYSLS-04	镀锌螺栓	16×150	个	36	2号架3层4号位	2017/8/31
25	BYSBG-01	镀锌扁铁抱箍	7×70×230	付	6	1号架4层1号位	2017/8/31
26	BYSBG-02	镀锌扁铁抱箍	7×70×210	付	5	1号架4层2号位	2017/8/31
27	BYSBG-03	镀锌扁铁抱箍	7×70×190	付	5	1号架4层3号位	2017/8/31
28	BYSBG-04	杆顶抱箍	8×60×200 双耳	块	2	1号架4层4号位	2017/8/31
29	BYSBG-05	镀锌扁铁抱箍	7×75×190	付	4	1号架4层5号位	2017/8/31
30	BYSBG-06	镀锌圆铁抱箍	16×90×160	付	8	1号架4层6号位	2017/8/31
31	BYSBG-07	镀锌圆铁抱箍	16×250×300	付	10	2号架4层1号位	2017/8/31
32	BYSLXB-01	拉线棒	18×2000	条	8	2号架4层2号位	2017/8/31
33	BYSJYZ-01	合成绝缘子	FXB-10/70	只	3	3号架2层2号位	2017/8/31
34	BYSBLQ-01	避雷器	YH5WS-17/50	只	6	3号架2层1号位	2017/8/31
35	BYSZJGB-01	直角挂板	Z-7	个	10	4号架2层5号位	2017/8/31
36	BYSQGH-01	球头挂环	Q-7	个	9	4号架2层4号位	2017/8/31
37	BYSUGH-01	U形挂环	U-10	个	8	4号架2层3号位	2017/8/31
38	BYSYCH-01	延长环	PH-7B	个	10	1号架2层2号位	2017/8/31
39	BYSWTGB	碗头挂板	W-7B	个	10	4号架2层1号位	2017/8/31
40	BYSGLKG-01	隔离开关	NH40-125/4	台	2	5号架2层4号位	2017/8/31
41	BYSDLQ-01	漏电断路器	DZ15VE-100/2901	台	3	5号架2层3号位	2017/8/31
42	BYSRDQ-01	熔断器	RTO-400	套	3	5号架2层2号位	2017/8/31
43	BYSDLQ-02	塑料外壳式断路器		台	10	5号架2层1号位	2017/8/31

续表

序号	物料编码	名称	规格型号	单位	数量	存放位置	入库时间
44	BYSDLQ-03	断路器	DZ47-63	台	12	5号架3层1号位	2017/8/31
45	BYSGLKG-02	隔离开关	HGW9-10/630	组	2	3号架3层2号位	2017/8/31
46	BYSGFHJYZ-01	负荷绝缘子	FXBW-10/100	个	6	3号架3层1号位	2017/8/31
47	BYSNZXJ-01	耐张线夹	NLD-3	个	6	4号架3层5号位	2017/8/31
48	BYSNZXJ-02	耐张线夹	NLD-2	个	6	4号架3层4号位	2017/8/31
49	BYSQXXJ-01	楔形线夹	NX-2	个	6	4号架3层3号位	2017/8/31
50	BYSLKLB-01	令克联板	8×60×350	块	6	4号架3层2号位	2017/8/31
51	BYSDZLB-01	刀闸联板	5×50×500	块	6	4号架3层1号位	2017/8/31
52	BYSJCQ-01	熔断器	NM1LE-250H/4340B	台	2	5号架3层4号位	2017/8/31
53	BYSJCQ-02	熔断器	DZ20L-250/4300	台	2	5号架3层3号位	2017/8/31
54	BYSDLQ-03	智能漏电断路器	GRZL-630	台	1	5号架3层2号位	2017/8/31
55	BYSXJ-05	UT线夹	UT-2	块	6	3号架4层4号位	2017/8/31
56	BYSXJ-06	UT线夹	UT-3	块	6	3号架4层3号位	2017/8/31
57	BYSGH-05	U形挂环	U-20	个	5	3号架4层2号位	2017/8/31
58	BYSBG-08	镀锌圆铁抱箍	16×210×280	个	10	3号架4层1号位	2017/8/31
59	BYSJYZ-02	绝缘子	XP-42	个	5	4号架4层5号位	2017/8/31
60	BYSCP-01	针式绝缘子	P-6T	个	6	4号架4层4号位	2017/8/31
61	BYSZSCP-02	低压针式绝缘子	500V2#	个	12	4号架4层3号位	2017/8/31
62	BYSCT-01	叉台	EO-2	个	20	4号架4层2号位	2017/8/31
63	BYSCTLB-01	叉台联板	4×40×250	付	20	4号架4层1号位	2017/8/31
64	BYSZDFJ-01	电缆终端附件	冷缩70mm^2	套	1	5号架4层4号位	2017/8/31
65	BYSLXSLX-01	铜芯塑料线		盘	1	5号架4层3号位	2017/8/31
66	BYSLBD-01	铝包带	1×10	盘	1	5号架4层2号位	2017/8/31
67	BYSTXSHTX-01	铜芯护套线		盘	2	5号架4层1号位	2017/8/31
68	BYSBXS-01	表箱锁		把	50	6号架4层1号位	2019/11/21
69	BYSGYRS-01	高压熔丝	60A	条	10	6号架4层2号位	2018/10/19
70	BYSGYRS-02	高压熔丝	40A	条	10	6号架4层3号位	2018/10/19
71	BYSGYRS-03	高压熔丝	30A	条	10	6号架4层4号位	2018/10/19
72	BYSGYRS-04	高压熔丝	20A	条	10	6号架4层5号位	2018/10/19
73	BYSGYRS-05	高压熔丝	15A	条	10	6号架4层6号位	2018/10/19
74	BYSCDLS-01	穿钉螺栓	16×310	个	15	6号架3层1号位	2017/01/22
75	BYSCDLS-02	穿钉螺栓	16×280	个	20	6号架3层2号位	2017/01/22
76	BYSCDLS-03	穿钉螺栓	16×100	个	20	6号架3层3号位	2017/01/22
77	BYSCDLS-04	穿钉螺栓	16×150	个	15	6号架3层4号位	2017/01/22
78	BYSCDLS-05	穿钉螺栓	16×50	个	30	6号架3层5号位	2017/01/22
79	BYSFWDKG-01	防误刀开关	HD11F-200/38	个	2	6号架3层6号位	2017/01/22
80	BYSFWDKG-02	防误刀开关	HD11F-400/38	个	2	6号架3层7号位	2017/01/22
81	BYSRDQDZ-01	RTO熔断器底座	RTO-600	个	5	6号架2层1号位	2017/05/12
82	BYSRDQT-01	RTO熔断器体	RTO-600	个	4	6号架2层1号位	2017/05/12
83	BYSRDQDZ-02	RTO熔断器底座	RTO-400	个	5	6号架2层2号位	2017/05/12

续表

序号	物料编码	名称	规格型号	单位	数量	存放位置	入库时间
84	BYSRDQT-02	RTO 熔断器体	RTO-400	个	6	6 号架 2 层 3 号位	2017/05/12
85	BYSRDQDZ-03	RTO 熔断器底座	RTO-200	个	5	6 号架 2 层 4 号位	2017/05/12
86	BYSRDQT-03	RTO 熔断器体	RTO-200	个	6	6 号架 2 层 5 号位	2017/05/12
87	BYSTXDZ-01	铜线端子	DT-185	个	10	6 号架 2 层 6 号位	2019/11/16
88	BYSTXDZ-02	铜线端子	DT-150	个	10	6 号架 2 层 7 号位	2019/11/16
89	BYSTXDZ-03	铜线端子	DT-95	个	10	6 号架 2 层 8 号位	2019/11/16
90	BYSTXDZ-04	铜线端子	DT-50	个	5	6 号架 2 层 9 号位	2019/11/16
91	BYSTXDZ-05	铜线端子	DT-35	个	10	6 号架 1 层 1 号位	2019/11/16
92	BYSTXDZ-06	铜线端子	DT-25	个	10	6 号架 1 层 2 号位	2019/11/16
93	BYSTLDZ-01	铜铝端子	DLT-240	个	10	6 号架 1 层 3 号位	2019/11/16
94	BYSTLDZ-02	铜铝端子	DLT-185	个	10	6 号架 1 层 4 号位	2019/11/16
95	BYSTLDZ-03	铜铝端子	DLT-150	个	10	6 号架 1 层 5 号位	2019/11/16
96	BYSTLDZ-04	铜铝端子	DLT-120	个	10	6 号架 1 层 6 号位	2019/11/16
97	BYSTLDZ-05	铜铝端子	DLT-95	个	10	6 号架 1 层 7 号位	2019/11/16
98	BYSTLDZ-06	铜铝端子	DLT-70	个	10	6 号架 1 层 8 号位	2019/11/16
99	BYSTLDZ-07	铜铝端子	DLT-50	个	10	6 号架 1 层 9 号位	2019/11/16
100	BYSLXDZ-01	铝线端子	LT-240	个	10	7 号架 1 层 1 号位	2019/11/16
101	BYSLXDZ-02	铝线端子	LT-150	个	10	7 号架 1 层 2 号位	2019/11/16
102	BYSLXDZ-03	铝线端子	LT-120	个	10	7 号架 1 层 3 号位	2019/11/16
103	BYSLXDZ-04	铝线端子	LT-95	个	10	7 号架 1 层 4 号位	2019/11/16
104	BYSLXDZ-05	铝线端子	LT-70	个	5	7 号架 1 层 5 号位	2019/11/16
105	BYSLXDZ-06	铝线端子	LT-50	个	10	7 号架 1 层 6 号位	2019/11/16

表 5-2　　　　　　　　　　　乡镇供电所备品备件入库登记表

序号	日期	名称	型号	厂家	主要参数	入库数量	结存数量	经办人	备注
1									
2									
3									
4									
5									

表 5-3　　　　　　　　　　　乡镇供电所备品备件出库记录

序号	日期	领用人	使用位置	名称	型号	厂家	领用数量	结存数量	经办人	备注
1										
2										
3										
4										
5										

八、备品备件使用实例

工作负责人根据工作任务填写低压第一种工作票（见［实例 5-1］），工作负责人按照低压第一种工作票上"更换李村 15 号配电室照明线 1503 熔断器"进行现场勘查，记录李村 15 号配电室照明线 1503 熔断器型号，对照熔断器型号填写《乡镇供电所备品备件出库记录》（见表 5-4），在"使用位置"处填写"李村 15 号配电室照明线 1503 熔断器"，在"备品备件名称"处填写"RTO 熔断器底座"和"RTO 熔断器"，在"备品备件领用数量"处填写 3 只，在"厂家"处填写"大成电瓷股份有限公司"。经办人根据工作票内容并对照工作负责人填写的《乡镇供电所备品备件出库记录》找出型号对应的 3 只 RTO 熔断器底座、3 只 RTO 熔断器交工作的责人李迪，工作负责人对照无误后将备品备件取走。经办人在《乡镇供电所备品备件出库记录》中"结存数量"处填写"37 只"，在"经办人"栏签上"孟同"后，备品备件出库工作流程结束。

［实例 5-1］

李村 15 号配电室照明线 1503 熔断器更换
低压第一种工作票

编号：000356

1. 工作单位及班组：　白云山乡镇供电所配电营业班
2. 工作负责人：　李迪
3. 工作班成员：　于新强、刘玉乐　　　　　　　　　　　共　　3　　人
4. 停电线路、设备名称（双回线路应注明双重称号）：　李村 15 号配电室照明线
5. 工作地段（注明分、支线路名称，线路起止杆号）：　李村 15 号配电室照明线配电盘
6. 工作任务：　李村 15 号配电室照明线 1503u、v、w 三相熔断器及底座更换

7. 应采取的安全措施（应断开的开关、刀开关、熔断器和应挂的接地线，应设置的围栏、标示牌等）：
　（1）应断开李村 15 号配电室照明线 1503 开关，用合格的验电笔在照明线 1503 开关负荷侧逐项验电确无电压后，再拉开李村 15 号配电室照明线 1503-1 刀开关，检查照明线 1503-1 刀开关三相确已明显断开。取下李村 15 号配电室照明线 1503 熔断器，检查李村 15 号配电室照明线 1503u、v、w 三相熔断器确已取下。（2）在李村 15 号配电室照明线 1503-1 刀开关负荷侧验电确无电压后，在照明线 1503-1 刀开关负荷侧装设 3 号接地线。在李村 15 号配电室照明线 1 号杆电源侧验电确无电压后，在照明线 1 号杆电源侧装设 6 号接地线。（3）应在李村 15 号配电室照明线 1503-1 刀开关把手上悬挂"禁止合闸，有人工作！"标示牌。在工副业线配电盘、农业排灌线配电盘、电容器配电盘遮栏网门上悬挂"止步，有电危险！"标示牌。
　保留的带电线路和带电设备：　李村 15 号配电室 15 号配电变压器、15-1 刀开关、配电盘母线、照明线 1503-1 刀开关、工副业线及所属设备、农业排灌线及所属设备、电容器及所属设备均带电。
　应挂的接地线：

线路设备及杆号	1503-1 刀开关负荷侧	照明线 1 号杆电源侧	
接地线编号	3 号	6 号	

8. 补充安全措施：
　工作负责人填：　工作前对全体工作人员交代工作任务、安全措施、带电部位及其他注意事项。工作中对工作人员实施全面监护，注意工作时工作人员要保持与相邻带电设备的安全距离。严禁工作人员和其他人员随意移动遮栏或取下标示牌。工作人员不得做与工作无关的事情。
　工作票签发人填：　工作票一式两份，一份始终保留在工作负责人手中，另一份由工作许可人保存。工作中不允许增加工作票内没有填写的工作内容。
　工作许可人填：　正确完成本工作票所列安全措施后，在工作前向工作负责人交代所做安全措施，正确发出许可开始工作的命令。

9. 计划工作时间：自××××年××月××日××时××分
   至××××年××月××日××时××分
   工作票签发人：___张黄岩___ 签发时间：××××年××月××日××时××分

10. 开工和收工许可：

开工时间 （日 时 分）	工作负责人 （签名）	工作许可人 （签名）	收工时间 （日 时 分）	工作负责人 （签名）	工作许可人 （签名）
××日××时××分	李迪	韩拓州	××日××时××分	李迪	韩拓州

11. 工作班成员签名：于新强、刘玉乐

12. 工作终结：
现场已清理完毕，工作人员已全部离开现场。
全部工作于××××年××月××日××时××分结束。
工作负责人签名：___李迪___ 工作许可人签名：___韩拓州___

表 5-4　　　　　　　　白云山乡镇供电所备品备件出库记录

序号	日期	领用人	使用位置	名称	型号	厂家	领用数量	结存数量	经办人	备注
1	2019 年 6 月 3 日	李迪	李村 15 号配电室照明线 1503 熔断器	RTO 熔断器底座	RTO-600	大成电瓷股份有限公司	3 只	37 只	孟同	
2										
3										
4										
5										

第二节　配套设备设施管理

一、生产营业用房

乡镇供电所生产营业用房区域齐全，配套设施设备齐全，满足生产服务工作需要。落实国家电网公司"五小"乡镇供电所建设要求。乡镇供电所办公家具等要严格执行定置管理，乡镇供电所办公家具等定置管理图应齐全并与实际物件对应相符。

（一）运维检修用房

1. 安全工器具室（见图 5-1）

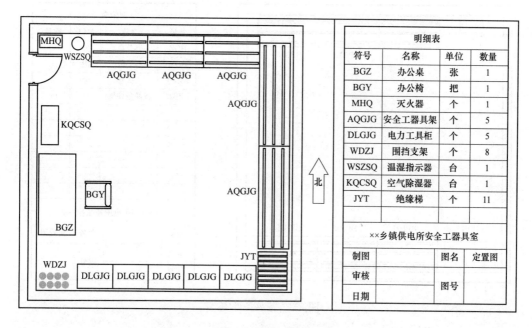

明细表			
符号	名称	单位	数量
BGZ	办公桌	张	1
BGY	办公椅	把	1
MHQ	灭火器	个	1
AQGJG	安全工器具架	个	5
DLGJG	电力工具柜	个	5
WDZJ	围挡支架	个	8
WSZSQ	温湿指示器	台	1
KQCSQ	空气除湿器	台	1
JYT	绝缘梯	个	11

××乡镇供电所安全工器具室

制图		图名	定置图
审核		图号	
日期			

图 5-1　安全工器具室

2. 施工工器具室（见图 5-2）

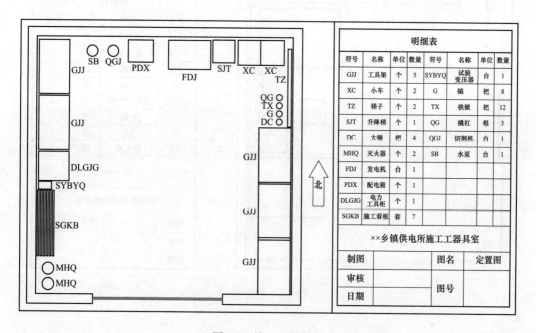

明细表							
符号	名称	单位	数量	符号	名称	单位	数量
GJJ	工具架	个	5	SYBYQ	试验变压器	台	1
XC	小车	个	2	G	镐	把	8
TZ	梯子	个	2	TX	铁锨	把	12
SJT	升降梯	个	1	QG	撬杠	根	3
DC	大锤	把	4	QGJ	切割机	台	1
MHQ	灭火器	个	2	SB	水泵	台	1
FDJ	发电机	台	1				
PDX	配电箱	个	1				
DLGJG	电力工具柜	个	1				
SGKB	施工看板	套	7				

××乡镇供电所施工工器具室

制图		图名	定置图
审核		图号	
日期			

图 5-2　施工工器具室

3. 备品备件室（见图 5-3）

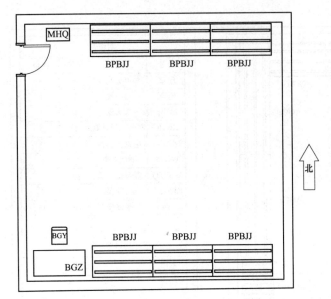

明细表			
符号	名称	单位	数量
BGZ	办公桌	张	1
BGY	办公椅	把	1
MHQ	灭火器	个	2
BPBJJ	备品备件架	个	6
××乡镇供电所备品备件室			

制图		图名	定置图
审核		图号	
日期			

图 5-3 备品备件室

4. 值班室（见图 5-4）

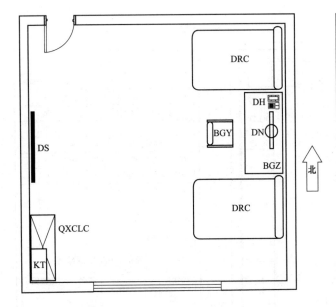

明细表			
符号	名称	单位	数量
BGZ	办公桌	张	1
BGY	办公椅	把	1
DS	电视	台	1
KT	空调	台	1
QXCLC	抢修材料橱	个	1
DN	电脑	台	1
DH	电话	部	1
DRC	单人床	张	2
××乡镇供电所值班室			

制图		图名	定置图
审核		图号	
日期			

图 5-4 值班室

5. 宿舍（小公寓）（见图 5-5）

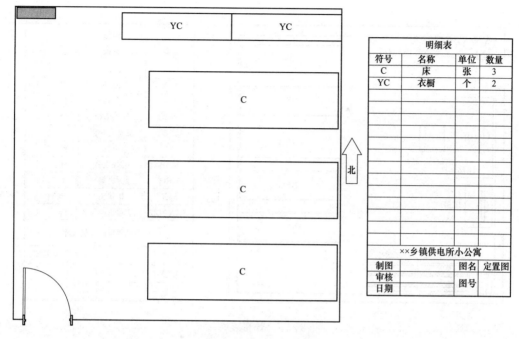

明细表			
符号	名称	单位	数量
C	床	张	3
YC	衣橱	个	2
××乡镇供电所小公寓			
制图		图名	定置图
审核		图号	
日期			

图 5-5　宿舍（小公寓）

（二）营销服务用房

1. 营业厅（见图 5-6）

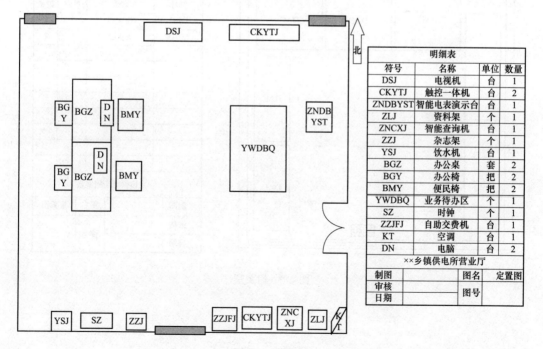

明细表			
符号	名称	单位	数量
DSJ	电视机	台	1
CKYTJ	触控一体机	台	2
ZNDBYST	智能电表演示台	台	1
ZLJ	资料架	个	1
ZNCXJ	智能查询机	台	1
ZZJ	杂志架	个	1
YSJ	饮水机	台	1
BGZ	办公桌	套	2
BGY	办公椅	把	2
BMY	便民椅	把	2
YWDBQ	业务待办区	个	1
SZ	时钟	个	1
ZZJFJ	自助交费机	台	1
KT	空调	台	1
DN	电脑	台	2
××乡镇供电所营业厅			
制图		图名	定置图
审核		图号	
日期			

图 5-6　营业厅

2. 计量表库（见图 5-7）

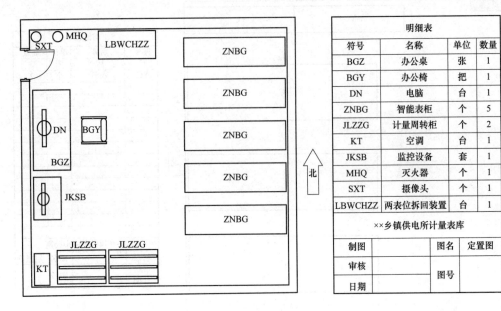

明细表			
符号	名称	单位	数量
BGZ	办公桌	张	1
BGY	办公椅	把	1
DN	电脑	台	1
ZNBG	智能表柜	个	5
JLZZG	计量周转柜	个	2
KT	空调	台	1
JKSB	监控设备	套	1
MHQ	灭火器	个	1
SXT	摄像头	个	1
LBWCHZZ	两表位拆回装置	台	1

××乡镇供电所计量表库

制图		图名	定置图
审核		图号	
日期			

图 5-7 计量表库

3. 档案室（见图 5-8）

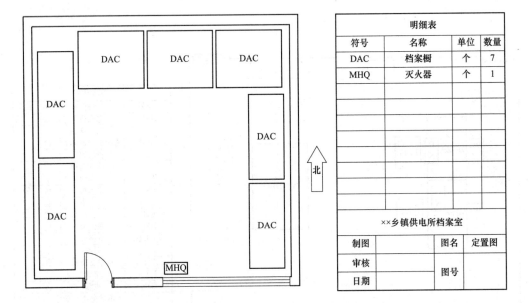

明细表			
符号	名称	单位	数量
DAC	档案橱	个	7
MHQ	灭火器	个	1

××乡镇供电所档案室

制图		图名	定置图
审核		图号	
日期			

图 5-8 档案室

（三）综合管理用房

1. 所长及党支部书记办公室（见图5-9）

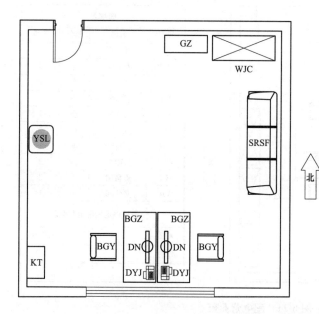

明细表			
符号	名称	单位	数量
BGZ	办公桌	套	2
BGY	办公椅	把	2
SRSF	三人沙发	个	1
GZ	柜子	个	1
DYJ	打印机	台	2
KT	空调	台	1
DN	电脑	台	2
WJC	文件橱	个	1
YSJ	饮水机	台	1
××乡镇供电所所长书记办公室			
制图		图名	定置图
审核		图号	
日期			

图 5-9　所长及党支部书记办公室

2. "三员"办公室（见图5-10）

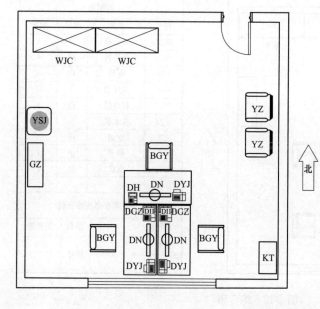

明细表			
符号	名称	单位	数量
BGZ	办公桌	张	3
BGY	办公椅	把	3
DN	电脑	台	3
WJC	文件橱	个	2
DYJ	打印机	台	3
YSJ	饮水机	台	1
KT	空调	台	1
YZ	椅子	个	2
GZ	柜子	个	1
DH	电话	部	3
××乡镇供电所"三员"办公室			
制图		图名	定置图
审核		图号	
日期			

图 5-10　"三员"办公室

3. 配电营业班（见图 5-11）

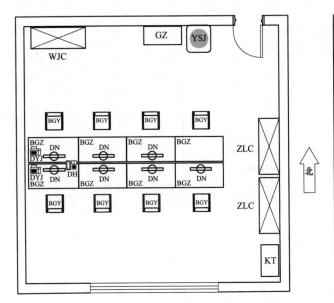

明细表			
符号	名称	单位	数量
BGZ	办公桌	张	8
BGY	办公椅	把	8
GZ	柜子	个	1
KT	空调	台	1
YSJ	饮水机	台	1
DN	电脑	台	7
DH	电话	部	1
DYJ	打印机	台	2
ZLC	资料橱	个	2
WJC	文件橱	个	1
××乡镇供电所配电营业班			
制图		图名	定置图
审核		图号	
日期			

图 5-11　配电营业班

4. 综合班（见图 5-12）

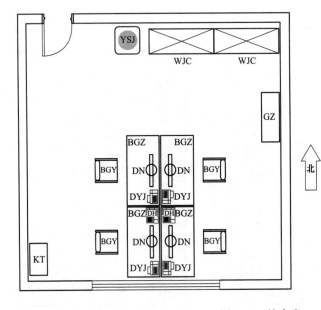

明细表			
符号	名称	单位	数量
BGZ	办公桌	套	4
BGY	办公椅	把	4
DN	电脑	台	4
WJC	文件橱	个	2
DYJ	打印机	台	4
YSJ	饮水机	台	1
KT	空调	台	1
GZ	柜子	个	1
DH	电话	部	2
××乡镇供电所综合班			
制图		图名	定置图
审核		图号	
日期			

图 5-12　综合班

5. 实训室（见图 5-13）

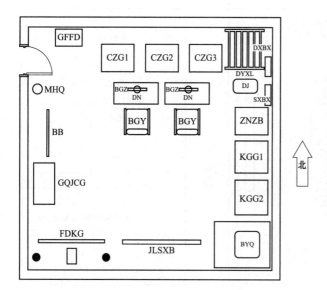

明细表							
符号	名称	单位	数量	符号	名称	单位	数量
JLSXB	计量实训板	个	1	BGZ	办公桌	张	2
GQJOG	工器具橱柜	个	1	BGY	办公椅	把	2
CZG1	操作柜一	台	1	DN	电脑	台	2
CZG2	操作柜二	台	1	BB	白板	个	1
CZG3	操作柜三	台	1	MHQ	灭火器	个	2
DYXL	低压线路	条	1	DJ	电机	台	1
KGG1	开关柜一	台	1	DXBX	单相表箱	个	1
KGG2	开关柜二	台	1	SXBX	三相表箱	个	1
BYQ	变压器	台	1	GFFD	光伏发电演示系统	台	1
FDKG	分断开关	个	1	ZNZB	智能装表接电实训装置	台	1
××乡镇供电所实训室							

制图		图名		定置图
审核		图号		
日期				

图 5-13　实训室

6. 培训室（见图 5-14）

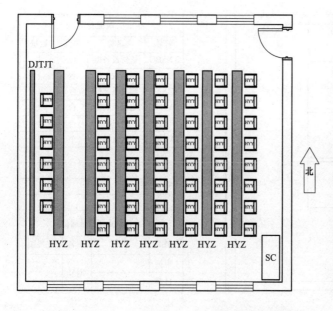

明细表			
符号	名称	单位	数量
DJTJT	大讲堂讲台	个	1
HYZ	会议桌	排	7
HYY	会议椅	把	54
SC	书橱	个	1
××乡镇供电所培训室			

制图		图名		定置图
审核		图号		
日期				

图 5-14　培训室

7. 视频会议室（见图5-15）

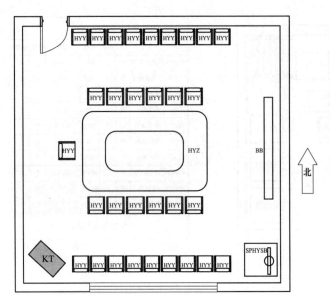

明细表			
符号	名称	单位	数量
BB	白板	个	1
HYZ	会议桌	个	1
HYY	会议椅	把	31
SPHYSB	视频会议设备	套	1
KT	空调	台	1
××乡镇供电所视频会议室			
制图		图名	定置图
审核		图号	
日期			

图 5-15　视频会议室

8. 信息通信室（见图5-16）

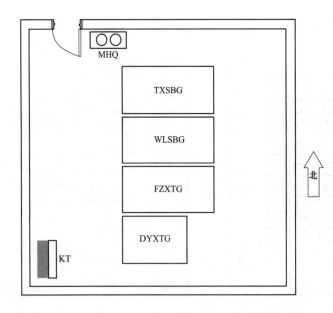

明细表			
符号	名称	单位	数量
TXSBG	通信设备柜	台	1
WLSBG	网络设备柜	台	1
FZXTG	辅助系统柜	台	1
DYXTG	电源系统柜	台	1
KT	空调	台	1
MHQ	灭火器	个	2
××乡镇供电所信息通信室			
制图		图名	定置图
审核		图号	
日期			

图 5-16　信息通信室

（四）配套设施用房

1. 小食堂（见图 5-17）

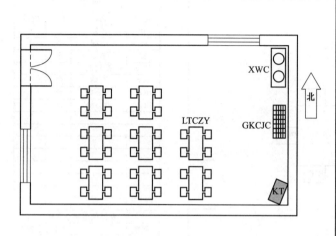

明细表			
符号	名称	单位	数量
KT	空调	台	1
LTCZY	连体餐桌椅	套	8
XWC	洗碗池	个	1
GRCJC	个人餐具橱	个	1
××乡镇供电所小食堂			
制图		图名	定置图
审核		图号	
日期			

图 5-17　小食堂

2. 小浴室（见图 5-18）

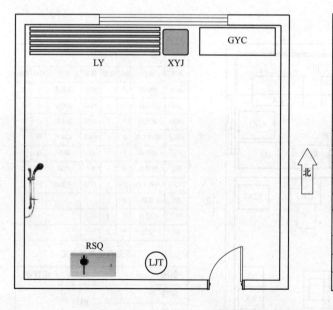

明细表			
符号	名称	单位	数量
GYC	更衣橱	个	1
RSQ	热水器	台	1
LY	连椅	个	1
WSJJ	卫生洁具	套	1
XYJ	洗衣机	台	1
LJT	垃圾桶	个	1
××乡镇供电所小浴室			
制图		图名	定置图
审核		图号	
日期			

图 5-18　小浴室

3. 小书屋（见图 5-19）

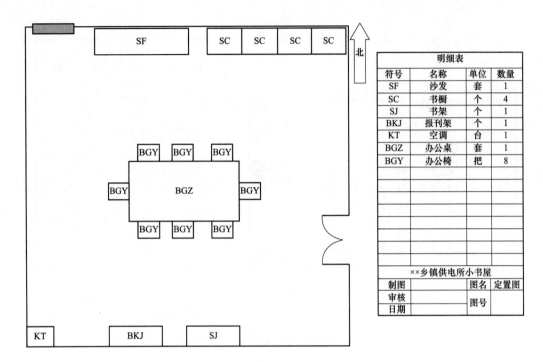

明细表			
符号	名称	单位	数量
SF	沙发	套	1
SC	书橱	个	4
SJ	书架	个	1
BKJ	报刊架	个	1
KT	空调	台	1
BGZ	办公桌	套	1
BGY	办公椅	把	8
××乡镇供电所小书屋			
制图		图名	定置图
审核		图号	
日期			

图 5-19　小书屋

4. 制作间（见图 5-20）

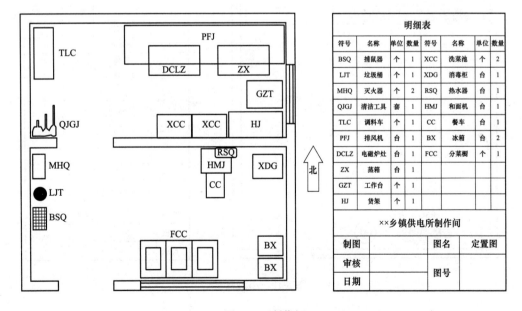

明细表						
符号	名称	单位	数量	符号	名称	单位	数量
BSQ	捕鼠器	个	1	XCC	洗菜池	个	2
LJT	垃圾桶	个	1	XDG	消毒柜	台	1
MHQ	灭火器	个	2	RSQ	热水器	台	1
QJGJ	清洁工具	套	1	HMJ	和面机	台	1
TLC	调料车	个	1	CC	餐车	台	1
PFJ	排风机	台	1	BX	冰箱	台	2
DCLZ	电磁炉灶	台	1	FCC	分菜橱	个	1
ZX	蒸箱	台	1				
GZT	工作台	个	1				
HJ	货架	个	1				
××乡镇供电所制作间							
制图				图名		定置图	
审核				图号			
日期							

图 5-20　制作间

二、定置管理

乡镇供电所实行定置管理，所容所貌做到五净（门窗、桌椅、资料柜、地面、墙壁干净）、五齐（桌椅放置、资料柜放置、桌面办公用品摆放、上墙图表悬挂、柜内资料物品摆放整齐）。

（一）乡镇供电所房间定置管理

乡镇供电所员工着装整齐，工作态度良好，工作期间无打闹说笑、无玩游戏、无吃零食现象。乡镇供电所员工接听电话时无大吵大闹，接待宾客有礼貌。乡镇供电所工作室地面卫生清洁，墙角无蜘蛛网，垃圾桶每天清理。工作室绿色植物摆放整齐，植物没有枯死或干黄。桌面、柜子无灰尘，桌面物品摆放不零乱，桌子上文件架摆放整齐，桌抽屉内物品摆放整齐、不杂乱。下班后桌面物品摆放整齐，室内设备电源全部关闭，室内门窗全部关闭。

（二）乡镇供电所办公桌定置管理

办公桌要有定置图，办公桌内外物品应根据员工工作特点及日常工作进行分类，定置摆放。办公桌面放置的资料应是当日工作使用的，桌面物品保证正常办公需要。乡镇供电所员工在下班前将办公用品归位，将资料分类装夹，文件夹上应标明反应夹内资料内容的标识，且标识清楚，易于查找。

（三）乡镇供电所资料柜定置管理

资料柜要有清晰标识，为了便于工作，可将黑体字的标签粘贴在隔框上进行分类区别，标签可以标注物品名称，如表格、报表、单据、书籍、文件、图纸、杂志、报纸等，便于识别查找。一般超过一周要用的资料、文件要装盒竖立于资料柜内，文件盒、文件夹要分类标识，要按照顺序排列。资料柜柜顶不得放置任何物品，柜后、柜底无杂物，无卫生死角。

三、通信与计算机

（一）乡镇供电所视频会议

乡镇供电所会议室应具备视频会议功能，在乡镇供电所视频会议室能收听收看上级视频会议。乡镇供电所要设专人管理，以保证视频会议正常有序召开，保持良好的会议室内工作环境，禁止与乡镇供电所无关人员进入视频会议室。乡镇供电所要认真执行上级下发的各项视频会议室管理规定和要求，定期按规定对乡镇供电所视频会议室设备进行检查和维护，及时发现、报告专业部门硬件系统出现的故障，保障系统正常运行。乡镇供电所视频会议室终端、服务器、网络设备、调音台、辅助设备等重要设备由专人按规定操作，严禁随意开关，任何人不得擅自更改系统设置。乡镇供电所专责人要预防计算机病毒，堵塞病毒传染渠道，禁止使用非本单位U盘，电脑禁止安装无关软件。乡镇供电所视频会议室应保持清洁，定期整理，保证乡镇供电所视频会议室安全卫生，严禁在控制室内吸烟乱、扔杂物。乡镇供电所视频会议室禁止放置易燃、易爆、腐蚀、强磁性物品，做到防静电、防潮、防尘、防热，保证控制室安全。乡镇供电所专责人要定期对乡镇供电所视频会议室进行安全检查，及时消除隐患，并做好防火、防盗等安全工作。

（二）营业厅视频监控

乡镇供电所营业厅要安装视频监控装置，满足视频监控功能。通过监控装置对营业窗口服务规范进行核查。重点核查营业窗口工作人员上岗是否准时、有无提前下班情况、营业时间营业厅无人值班等营业时间不规范问题。核查营业窗口环境卫生、服务设施定置不规范问题。核查营业窗口工作人员是否存在睡觉、聊天、抽烟、离岗不摆放"暂停服务"标识牌等行为不规范的问题。核查营业窗口工作人员是否穿着统一工装、发型发式是否符合规范要求等。通过视频监控装置发现下列情形者要进行通报：

（1）未根据公布的营业时间做好营业服务工作，出现未按时开门、提前关门情况。工作人员与客户发生严重肢体争执。营业时间出现空岗情况十分钟以上。

（2）在客户排队等候时，工作人员随意走动、串岗聊天妨碍他人工作或做与工作无关的事。离岗或有特殊情况必须暂时停办业务未摆放"暂停服务"标识牌或未将柜台上方LED显示屏切换为"暂停服务"字样工作人员使用手机（电脑）接打电话、看新闻、看电影、听音乐、玩游戏等。工作人员在营业厅内吃零食、吸烟、睡觉、化妆等从事与工作无关的事情。工作人员存在坐姿随意、趴在工作台上、跷二郎腿等行为举止不规范问题。工作人员未穿着统一配发的工装，或着装不规范，未规范佩戴工号牌，穿拖鞋，女性随意披散头发，佩戴夸张饰物等。营业厅内环境卫生脏乱。视频监控存在状态异常、盲区、全部为远景、画面质量低、与营业工作无关等情况。

（三）办公计算机信息安全要求

办公计算机、外设及软件安装情况要登记备案并定期进行核查，信息内外网办公计算机要明显标识。严禁办公计算机"一机两用"（同一台计算机既上信息内网，又上信息外网或互联网）。办公计算机不得安装、运行、使用与工作无关的软件，不得安装盗版软件。办公计算机要妥善保管，严禁将办公计算机带到与工作无关的场所。禁止开展移动协同办公业务。信息内网办公计算机不能配置、使用无线上网卡等无线设备，严禁通过电话拨号、无线等各种方式与信息外网和互联网络互联。乡镇供电所办公区域内信息外网办公计算机应通过上级单位统一互联网出口接入互联网。严禁将乡镇供电所办公区域内信息外网办公计算机作为无线共享网络节点，为其他网络设备提供接入互联网服务，如通过随身wifi

等为手机等移动设备提供接入互联网服务。接入信息内外网的办公计算机 IP 地址由运行维护部门统一分配，并与办公计算机的 MAC 地址进行绑定。定期对办公计算机企业防病毒软件、木马防范软件的升级和使用情况进行检查，不得随意卸载统一安装的防病毒（木马）软件。定期对办公计算机补丁更新情况进行检查，确保补丁更新及时。定期检查办公计算机是否安装盗版办公软件。定期对办公计算机及应用系统口令设置情况进行检查，避免空口令、弱口令。采取措施对信息外网办公计算机的互联网访问情况进行记录，记录要可追溯，并保存六个月以上。采取数据保护与监管措施对存储于信息内网办公计算机的企业秘密信息、敏感信息进行加解密保护、文件权限控制和外发控制，同时对文件的生成、存储、操作、传输、外发等各环节进行监管。乡镇供电所要使用国家电网公司统一推广的计算机桌面终端管理系统，加强对办公计算机的安全准入、补丁管理、运行异常、违规接入安全防护等的管理。

四、抢修车辆管理

（一）车辆使用管理

乡镇供电所要将抢修车辆按照集中管理、统一调配的要求，建立健全生产服务用车管理机制，禁止车辆配置到岗、配备到人。乡镇供电所生产服务用车实行派车单制度，派车单见［实例 5-2］，严格按照批准的工作时间、地点、用途使用，禁止公车私用和擅自超范围用车，禁止生产服务用车挪作公务用车使用。生产服务用车必须加装车载监控终端并纳入省电力公司车辆统一管理平台管理，实现车辆购置、使用、报废全过程管（监）控。按照"全电化"要求，乡镇供电所生产服务用车尽量使用电动汽车和电动三轮车。生产服务用车日常应按照指定地点停放，节假日期间除工作需要外必须封存停驶。生产服务用车应按期进行车辆保养和年检工作，禁止使用检验不合格车辆和存在安全隐患车辆。生产特种车辆应按照国家、行业有关规定，由具备资质的机构按期进行检验，禁止无资质人员驾驶、操作生产特种车辆。生产服务用车应根据国家电网公司企业品牌标识管理有关要求设置车辆标识。车辆标识的设置要符合地方政府的相关规定。乡镇供电所不得擅自对外出租、出借生产服务用车。乡镇供电所应加强生产服务用车驾驶人员安全教育，严格遵守国家交通安全法规，杜绝重大交通责任事故。

（二）车辆更新管理

生产服务用车达到以下条件之一可以申请更新：

（1）使用年限超过 8 年或行驶里程超过 25 万公里。

（2）因各种原因车辆严重损坏或技术状况低劣，经鉴定不具备修复价值。

（3）尾气排放或安全性能检测无法满足地方政府规定要求。

（4）车型淘汰且无配件来源。

乡镇供电所应强化生产服务用车信息化管理，实现车辆购置、使用、报废全过程管控。乡镇供电所应对生产服务用车更新进行严格审核，车辆达到规定年限或里程、经车况鉴定仍能继续使用的应继续使用。车辆更新后，应严格按照固定资产管理和废旧物资管理的有关规定处置相应废旧车辆，其中车辆报废应符合国家有关部委规定的汽车报废标准要求，禁止继续使用已批准报废的车辆。

（三）车辆检查考核

生产服务用车按照"谁使用，谁主管，谁负责"的原则，分级管理，逐级考核，责任到人。生产服务用车管理应纳入乡镇供电所绩效管理考核体系严格管理，并根据相关规定进行考核和通报。乡镇供电所应定期组织生产服务用车购置项目执行情况和使用管理检查，并对各级车辆运行管理部门进行考核。县供电公司纪检监察部门应加强对生产服务用车使用情况的监督，对存在违反规定行为的责任人依据党纪、政纪及县供电公司有关规定严肃处理。

（四）兼职驾驶员管理

1. 汽车驾驶员

乡镇供电所兼职驾驶员必须持有经公安机关交通管理部门审验合格的机动车驾驶证，乡镇供电所审查合格后报上级单位批准，行文确认为兼职驾驶员后方可兼职。乡镇供电所生产服务用车要明确管理专责人，负责对驾驶的车辆定期做好维护保养，使车辆状况长期保持良好。所有驾驶员必须按照操作规程驾驶车辆。出车前要检查机油是否缺油。检查防冻液是否缺少。检查轮胎的气压、磨损程度，如轮胎不合格要及时更换。检查刹车系统是否正常。检查车辆是否有异动响声。乡镇供电所兼职驾驶员行车中做到不得饮酒后驾车，必须系好安全带。不得疲劳驾车。不得超速行车，高速路不超过时速 100km，一般公路不超过时速 80km。驾车中不得接听电话看短信，不得与乘客聊天，手机一律静音或震动。不得开赌气车。行驶中必须注意高速路口有危险。大车前后有危险。高速路上车距近有危险。公交车站有危险。遇有无德行驶，无躲避意识更危险。返回乡镇供电所后检查车辆状况，发现问题及时汇报、处理。有危及行车安全因素时不得出车。当驾驶室内有充足的座席时，乘客不得坐在副驾驶席位。如确需乘坐副驾驶席位时，应系好安全带，不与驾驶人聊天，不得睡觉不得做影响驾驶人的事情。同时要监督驾驶人按规程驾驶操作。车辆驾驶人要监督乘客文明乘车，对不听劝阻的乘客驾驶人可拒绝开车。

2. 电动三轮车驾驶员

电动三轮车实行专人驾驶，按照每天工作量确定驾驶人。驾驶员出车前必须对车辆的灯光、制动、轮胎进行检查，行驶速度最高不得超过每小时 30km。驾驶人员必须带安全头盔。

（五）派车单实例

见[实例 5-2]。

[实例 5-2]

××乡镇供电所派车单

派车日期 2019 年 5 月 26 日   编号 HS20190526-01

班组	配电营业班	派车人	杨××	派车时间	9：22
驾驶员	蒲××	乘车人	章××、陈××、吴××、成××		
车辆牌照	×××××	工作任务	110kV 张桓线路巡视		
出车车况检查：机油是否正常□，防冻液是否正常□，轮胎的气压、磨损程度是否正常□，刹车系统是否正常□，发动机是否正常□，车辆外观是否正常□，行驶证是否正常□。					
返回车况检查：机油是否正常□，防冻液是否正常□，轮胎的气压、磨损程度是否正常□，刹车系统是否正常□，发动机是否正常□，车辆外观是否正常□，行驶证是否正常□。					
驾驶员签字	蒲××	车辆交回时间	12：45		

第六章

服务便捷高效

第一节　优化营商环境

一、优化营商环境工作意义

随着电力体制改革的深入推进，社会资本积极参与售电侧市场竞争，供电企业经营环境发生了重大变化。深入优化用电营商环境，持续提升"获得电力"服务水平，是供电企业维护国家良好形象、推动经济社会持续发展的重要举措，也是满足人民美好生活用电需求的重要体现。供电企业以用电客户为导向进一步压减办电时间、简化办电流程、降低办电成本、提高供电可靠性，进一步转变经营观念，优化运营模式，主动参与市场竞争，是供电企业适应当前竞争形势、巩固竞争优势的重要手段。随着社会、经济的快速发展，用电客户对个性服务、精准服务和综合服务的需求日益提高。供电企业应不断丰富服务内容、创新服务方式、提高服务品质，主动顺应用电客户关注、社会关切，更好满足人民日益增长美好生活需要的重要体现。

二、营业业务名词解释

（1）业扩报装：业扩报装也叫业务扩充，简称业扩，是从受理用电客户用电申请到向用电客户正式供电为止的全过程。其主要含义是受理用电客户用电申请，根据电网实际情况，办理供电与用电不断扩充的有关业务工作，以满足用电客户的用电需要。

（2）合同：是指平等主体的自然人、法人、其他组织之间设立、变更、终止民事权利义务关系的协议。

（3）供用电合同：供电人向用电人供电，用电人向供电人支付电费的合同。

（4）供用电合同新签：受理用电客户新装用电业务过程中，启动新签供用电合同。

（5）供用电合同变更：在供用电合同有效期内，如遇国家有关政策、法规发生变化，或者用电客户与供电企业发生变更用电业务，涉及供用电合同条款需变更时，供用电双方应对供用电合同相应条款进行变更的行为。

（6）供用电合同续签：在供用电合同到期时，供电企业与用电客户为了继续保持原有的供用电关系，双方在原合同条款内容的基础上，继续签订新合同期内的供用电合同，以延长供用电合同有效期，保持其有效性和合法性的行为。

（7）供用电合同补签：为维护正常的供用电秩序，依法保护供电企业和用电客户的合法权益，对已经正式供电立户的用电客户，供电企业在供电之前未与用电客户签订供用电合同的，与用电客户补签供用电合同的行为。

（8）供用电合同终止：在供用电合同有效期内，用电客户与供电企业解除供用电关系，终止供用电合同的行为。

（9）供用电合同签订率：指已签合同数占应签合同数的百分比。

（10）供用电合同有效率：指在有效期内的供用电合同数占供用电合同总数的百分比。

（11）电能计量装置：包括各种类型电能表、计量用电压、电流互感器及其二次回路、电能计量柜（箱）等。

（12）用电地址：用电方受电设施的地理位置。

（13）计量点：用于结算的电能计量装置装设地点。

（14）供电点：指受电装置接入供电网的位置。对于专线用电客户，其供电点为接引专线的变电站或发电厂。对于高压用电客户，其供电点为供电的高压线。对于低压用电客户，其供电点为接引低压线路的配电变压器。

（15）受电点：指接受供电网供给的电力，并能对电力进行有效变换、分配和控制的电气设备，如高压电力用电客户的一次变电站或变压器台、开关站、配电室、配电屏等都可以称为用电人的受电装置。

（16）用电信息采集终端：指安装在用电信息采集点的设备，用于电能表数据的采集、数据管理、数据双向传输以及转发或执行控制命令。

（17）电能质量：指供应到用电客户受电端的电能品质的优劣程度。通常以电压允许偏差、电压允许波动和闪变、电压正弦波形畸变率、三相电压不平衡度、频率允许偏差等指标来衡量。

（18）临时用电：基建施工、市政建设、抗旱打井、防汛排涝、抢险救灾、集会演出等非永久性用电，可实施临时供电。

（19）减容：指用电客户在正式用电后，由于生产经营情况发生变化，考虑到原用电容量过大，不能全部利用，为了减少基本电费的支出或节能的需要，提出减少供用电合同约定的用电容量的一种变更用电业务。减容分为临时性减容和永久性减容。

（20）减容恢复：指用电客户减容到期后需要恢复原容量用电的变更用电业务。

（21）暂停：指用电客户在正式用电后，由于生产经营情况发生变化，需要临时变更或设备检修或季节性用电等原因，为了节省和减少电费支出，需要短时间内停止使用一部分或全部用电设备容量的一种变更用电业务。

（22）暂停恢复：指用电客户暂停期间或到期后需要恢复原容量用电的变更用电业务。

（23）暂换：因用电客户受电变压器故障而无相同容量变压器替代，需要临时更换大容量变压器。

（24）暂换恢复：指暂换变压器到期，恢复原有容量变压器。

（25）迁址：用电客户供电点、容量、用电类别均不变的前提下迁移受电装置用电地址。

（26）移表：用电客户因修缮房屋或其他原因需要移动用电计量装置安装位置。

（27）暂拆：用电客户因修缮房屋等原因需要暂时停止用电并拆表。

（28）过户：由于用电客户产权关系的变更，为用电客户办理过户申请，现场勘查核实用电客户的用电地址、用电容量、用电类别未发生变更后，依法与新用电客户签订供用电合同，注销原用电客户供用电合同，同时完成新用电客户档案的建立及原用电客户档案的注销。

（29）更名：在用电地址、用电容量、用电类别不变条件下，仅由于用电客户名称的改变，而不牵涉产权关系变更的，完成用电客户档案中用电客户名称的变更工作，并变更供用电合同。

（30）分户：由一个用电客户变为两个或两个以上的用电客户的一种变更用电业务。

（31）并户：同一供电点、同一用电地址的相邻两个及以上用电客户并户的变更用电业务。

（32）销户：因用电客户拆迁、停产、破产等原因申请停止全部用电容量的使用，终止供用电关系。

（33）改类：用电客户在同一受电装置内，电力用途发生变化而引起用电电价类别的增加、改变或减少。

（34）改压：因用电客户原因需要在原址原容量不变的情况下改变供电电压等级的变更用电业务。

（35）电力用电客户档案：是指供用电双方在业扩报装、分布式电源并网、用电变更、电费管理、计量管理、用电检查等供用电业务活动中形成的，记录业务办理情况，对企业具有保存价值的以纸质、磁质、光盘和其他介质存在的历史记录。

（36）"一口对外"原则：是指建立有效的业扩报装管理体系由供电所营业厅统一受理客户用电申请，承办业扩报装具体业务，并对外答复客户。供电所所长、"三员"、配电营业班和综合班按照职责分工和流程要求，完成业扩报装相应工作内容。

（37）"便捷高效"原则：是指简化客户报装手续和资料种类，优化业扩报装流程，推行"首问负责制"和"客户经理制"。严格按照《供电监管办法》和国家电网公司"十项承诺"时限要求，办理业扩报装各环节业务。

（38）"三不指定"原则：是指严格执行国家有关规范用户受电工程市场的规定，按照统一标准开展业扩报装服务工作，尊重用电客户对业扩报装相关政策、信息的知情权和对设计、施工、设备供应单位的选择权，对服务质量、工程质量的评价权，不以任何形式指定设计、施工和设备材料供应单位。

（39）"办事公开"原则：是指通过营业场所、95598网站、手机客户端等渠道，公开业扩报装服务流程、收费标准等信息，配备自助服务终端，方便客户查询业务办理进程，公布具备资质的受电工程设计、施工单位信息以及有关政策，方便客户查询业务办理进程，主动接受客户及社会监督。

三、营业业务工作流程

供电企业要站在客户视角，压减流程环节。全面取消普通客户设计审查和中间检查，合并现场勘查与供电方案答复环节、外部工程施工与竣工检验环节、合同签订与装表接电环节。高压客户压减为"申请受理、供电方案答复、外部工程实施、装表接电"4个环节；低压客户压减为"申请受理、外部工程实施、装表接电"3个环节。

（一）业务申请受理

向用电客户提供营业厅柜台和自助、95598电话、网站、手机用电客户端等业务办理渠道，实行"首问负责制"和"一次性告知"。通过95598电话、网站、手机用电客户端、异地营业厅等渠道受理的用电客户用电申请，应在1个工作日内将受理工单信息传递至属地营业厅。现场收集的用电客户报装资料应在1个工作日内传递到营业厅。受理用电客户用电申请，应主动向用电客户提供用电咨询服务，告知用电客户需提交的资料清单、业务办理流程，收费项目及标准，监督电话等信息。推行临时用电客户"免填单"服务，接收并查验用电客户用电申请资料，与用电客户预约现场勘查时间。

（二）现场勘查

现场勘查前，台区经理应预先了解待勘查地点的现场供电条件。现场勘查，应重点核实用电客户负荷性质、用电容量、用电类别等信息，结合现场供电条件，初步确定供电电源、计量、计费方案。勘查主要内容包括：对申请新装、增容用电的临时用电客户，应核定用电容量，确认供电电压、计量装置位置和接户线的路径、长度。对申请新装、增容用电的非临时用电客户，应审核用电客户的用电需求，确定新增用电容量、用电性质及负荷特性，初步确定供电电源、供电电压、供电容量、计量方案、计费方案等。对申请增容的用电客户，应核实用电客户名称、用电地址、电能表箱位、表位、表号、倍率等信息，检查电能计量装置和受电装置运行情况。对现场不具备供电条件的，应在勘查意见中说明原因，并向用电客户做好解释工作。用电客户现场如存在违约用电、窃电嫌疑等异常情况，勘查人员应做好现场记录，及时报相关职责部门，并暂缓办理该用电客户用电业务。在违约用电、窃电嫌疑排查处理完毕后重新启动业扩报装流程。

（三）供电方案答复

1. 供电方案内容

（1）用电客户基本用电信息，包括户名、用电地址、行业、用电性质、负荷分级，核定的用电容量，拟定的用电客户分级。

（2）用电客户接入系统方案应包括供电电压等级，供电电源及每路进线的供电容量，供电线路及敷设方式要求，产权分界点设置。

（3）用电客户受电系统方案应包括受电装置的容量、无功补偿标准、用电客户电气主接线型式、运行方式、主要受电装置电气参数，并明确应急电源及保安措施配置，谐波治理、继电保护、调度通信要求。

（4）计量方案应包括计量点设置，电能计量装置配置类别及接线方式、计量方式、用电信息采集终端安装方案等。

（5）计费方案应包括用电类别、电价分类及功率因数考核标准等信息。

（6）告知事项。包括用电客户有权自主选择具备相应资质要求的电力设计、施工单位，以及设备材料供应商，注意事项等。对有受电工程的用电客户，应明确受电工程建设投资界面。

2. 供电方案答复期限

供电方案答复期限为在受理申请后，低压用电客户在次工作日完成现场勘查并答复供电方案。低压供电方案有效期3个月。供电方案变更，应严格履行审批程序，如由于用电客户需求变化造成方案变更，应书面通知用电客户重新办理用电申请手续。如由于电网原因，应与用电客户沟通协商，重新确定供电方案后再答复用电客户。

（四）受电工程中间检查及竣工检验

1. 受电工程中间检查

受理用电客户受电工程中间检查报验申请后，应及时组织开展中间检查。发现缺陷的，应一次性书面通知用电客户整改。复验合格后方可继续施工。现场检查前，应提前与用电客户预约时间，告知检查项目和应配合的工作。现场检查时，应查验施工企业、试验单位是否符合相关资质要求，检查施工工艺、建设用材、设备选型等项目，并记录检查情况。对检查中发现的问题，应以书面形式一次性告知用电客户整改。用电客户整改完成后，应报请供电企业复验。复验合格后方可继续施工。中间检查合格后，以受电工程中间检查意见单书面通知用电客户。

2. 受电工程竣工检验

竣工检验时，应按照国家、电力行业标准、规程和用电客户竣工报验资料，对受电工程进行全面检验。对于发现缺陷的，应以受电工程竣工检验意见单形式一次性告知用电客户，复验合格后方可接电。竣工检验前，应提前与用电客户预约时间，告知竣工检验项目和应配合的工作，组织相关人员开展竣工检验工作。竣工检验范围应包括：计量装置，工程施工工艺、建设用材、设备选型及相关技术文件，安全措施。检验重点项目应包括：线路架设或电缆敷设，高、低压盘（柜）及二次接线检验，继电保护装置及其定值，配电室建设及接地检验，变压器及开关试验，环网柜、电缆分支箱检验，中间检查记录，电力设备入网交接试验记录，运行规章制度及入网工作人员资质检验，安全措施检验等。对检查中发现的问题，应以书面形式一次性告知用电客户整改。用电客户整改完成后，应报请供电企业复验。复验合格后方可接电。竣工检验合格后，应根据现场情况最终核定计费方案和计量方案，记录资产的产权归属信息，告知用电客户检查结果，并及时办结受电装置接入系统运行的相关手续。

（五）供用电合同签订

1. 供用电合同的签订

供电所在与用电客户签订供用电合同时，应使用国家电网公司统一合同文本，包括：高压供用电合同、低压供用电合同、临时供用电合同和委托转供电协议。对临时用电客户的供用电合同，各单位可参考本行政区域制定的合同示范文本签订，并采用背书的方式处理。供用电合同编号应符合上级合同编号规则。签订的供用电合同均应经法定代表人（负责人）或授权委托代理人签字，并加盖"供用电合同专用章"，所有供用电合同应加盖合同骑缝章。供用电合同专用章由负责经济法律工作的部门授权供用电业务相关部门使用。供用电合同在具备合同约定条件和达到合同约定时间后生效。书面供用电合同期限为：高压用电客户不超过 5 年，低压用电客户不超过 10 年，临时用电客户不超过 3 年，委托转供电用电客户不超过 4 年。

2. 供用电合同履行、变更、解除和终止

（1）供用电合同生效后应依法履行合同，不得无故中止履行。不因法定代表（负责）人或承办、签约人员的变动而变动或解除。

（2）供用电合用的变更或解除应当依照有关法律、法规的规定，当情况发生变化时，供用电双方应及时协商，修改合同有关内容。

（3）供用电双方在合同履行期间要求变更和解除合同时应以书面形式通知对方。对方应在法定或约定的期限内答复。在未达成变更或解除合同书面协议之前，原合同继续履行。

（4）符合供用电合同变更或解除条件的，双方应签订变更或解除协议，变更或解除合同的程序与合同签订程序相同。供用电合同变更或解除后，其台账、档案等资料应相应更改。

（5）供电企业与用电客户依法解除供用电合同时，必须与用电客户结清全部电费和其他债务，同时，终止对该用电客户的供电。

（6）供用电合同履行期内，用电客户发生增容，或涉及合同实质性条款调整的变更用电业务时，应重新签订合同。

（7）办理暂停、暂拆、暂换、移表等变更用电业务时，应将办理业务的工单作为原供用电合同的附件，变更的内容以工单内容为准。

（8）经双方同意的有关修改合同的文书、电报、信件等可作为供用电合同的组成部分。

（9）有如下情形供用电合同可进行终止：

a）用电人主体资格丧失或依法宣告破产。

b）供电人主体资格丧失或依法宣告破产。

c）合同依法或依协议解除。

d）合同有效期届满，双方未就合同继续履行达成有效协议。

3. 供用电合同纠纷处理

供用电合同在履行过程中发生争议的，应当在法定期限内，通过以下步骤和方式解决。

（1）双方自行协商解决。

（2）提请电力管理部门调解。

（3）供用电合同有明确的仲裁条款的，向约定的仲裁机构申请仲裁。

（4）供用电合同未约定仲裁或约定不明的，依法向人民法院提起诉讼。

（5）供用电合同争议经裁决后，对方拒不执行的，应及时申请法院强制执行。

（六）装表接电

电能计量装置和用电信息采集终端的安装应与用电客户受电工程施工同步进行，送电前完成。现场安装采集终端、电能计量装置前，应根先领取智能电能表及互感器、采集终端等相关器材，并提前与用电客户预约装表时间。采集终端、电能计量装置安装结束后，应核对装置编号、电能表起度及变比等重要信息，及时加装封印，记录现场安装信息、计量印证使用信息，请用电客户签字确认。正式接电前，完成接电条件审核，并对全部电气设备做外观检查，确认已拆除所有临时电源，并对二次回路进行联动试验，抄录电能表编号、主要铭牌参数、止度数等信息，填写电能计量装接单，并请用电客户签字确认。接电后应检查采集终端、电能计量装置运行是否正常，会同用电客户现场抄录电能表示数，记录送电时间、变压器启用时间等相关信息。

四、电力用电客户档案管理

（一）用电客户档案管理人员职责

乡镇供电所应明确专人负责用电客户档案管理工作，用电客户档案管理人员负责监督用电客户资料的收集、流转、更新。负责用电客户档案（包括纸质、电子档案）建档、分类整理、存放、保管、借阅和安全保密工作。负责对台区经理移交的用电客户资料进行审核，并办理交接手续。乡镇供电所应开展日常的用电客户档案（含电子档案）工作，包括收集、交接、整理、归档、保管、借阅、统计、销毁和检查等工作。

（二）用电客户资料收集、整理

（1）按照"谁办理、谁提供、谁负责"的原则，台区经理负责收集整理用电客户资料，包括低压、居民用电客户新装增容，变更用电，分布式电源，电费管理、计量管理、用电检查等资料。

（2）低压用电申请书、用电客户合法身份证明、产权证明、合同协议、装拆表工作单、变更用电申请书、变更用电经办人身份证明等资料应同步形成电子文档，并与纸质资料同步流转。

（3）用电客户纸质资料记录与营销业务应用系统和用电客户现场信息相一致。

（4）用电客户资料归档前，台区经理应对资料和数据的完整性、有效性进行检查。检查无误后，将纸质文档扫描上传，并移交档案管理人员归档。

（5）用电客户资料存档后，如需补充完善有关内容，应报乡镇供电所长批准，将补充完善后的资料与原档案一并保存，并将修改内容、修改时间、修改人等信息登记备查。

（三）用电客户资料归档

（1）台区经理负责收集、查验用电客户资料，于送电后7个工作日或工作单办结后4个工作日内移交档案管理人员，并做好交接记录。档案管理人员应检查用电客户资料是否完整、准确，包括资料内容真实、资料建立符合程序、签章齐全有效、资料填写时间是否准确等。

（2）档案管理人员应将纸质资料与电子文档同步整理、存档。用电客户档案涉及供用电双方合法权益，属于企业商业秘密范畴，档案管理人员和使用人员应遵守《中华人民共和国档案法》《中华人民共和国保守国家秘密法》和国家电网公司有关保密规定。

（3）用电客户档案分为高压、低压用电客户两大类。乡镇供电所负责低压用电客户的资料归档。用电客户档案分类与编号按照方便查找、科学管理的原则，统一分类与编号做好登记。

（4）用电客户资料归档应满足"一户一档"要求。低压非临时用电客户和临时用电客户资料按户号顺序统一归档存放。批量用电客户的公共资料集中存放在批量用电客户档案盒。

（5）低压用电客户档案盒（袋）应设置标准的资料目录。用电客户编号与档案存放位置建立对应查询关系，对用电客户档案进行定置查询。

（6）整理归档文件使用的书写材料、纸张、装订材料应符合档案保存要求。应统一定制高压用电客户档案盒、低压用电客户档案袋、批量用电客户档案盒。用电客户档案盒（袋）应统一材质、统一规格，使用国网统一标识。在档案盒、袋正面粘贴用电客户户名、户号等，侧面粘贴户号码。

（7）用电客户档案保存期限为永久。用电客户销户后，按照档案鉴定和销户工作制度执行。

（8）建立健全已销户用电客户的档案鉴定和销毁工作制度，规范档案销毁鉴定、审批流程。对已销户用电客户档案，须在档案袋或档案目录上注明"已销户"字样，统一另柜存放。已销户用电客户档案五年内不得销毁。对确认已无需继续保存的销户用电客户档案办理档案销毁手续，档案销毁应履行内部审批程序，营销部门主管领导和销毁人应分别签字盖章，由企业主要负责人批准后监督销毁。

（四）用电客户档案室建设

乡镇供电所档案室建设应符合《档案馆建筑设计规范》（JG25-2000），满足"十防"要求。对于地域较大，且确不具备集中存放条件的单位，可在用电客户服务分中心或乡镇供电所设立专门的用电客户档案室。乡镇供电所用电客户档案室只存放低压用电客户档案资料。乡镇供电所用电客户档案室应满足承重要求，符合防盗、防火、防尘、防潮湿、防鼠、防虫等要求，配置必要的温控、除湿设备，保持室内清洁、干燥和良好通风。档案室设置阻燃性良好的密集型资料柜，资料柜的数量应满足全部用电客户档案存放的需要，并为未来用电客户增长预留一定余量空间。乡镇供电所应组织专人定期巡视用电客户档案室，保持用电客户档案室环境卫生和档案资料的有序整齐摆放。定期进行库存档案的清理和核对，对破损或变质的档案，应及时修补和复制。乡镇供电所用电客户档案室资料柜应统一标注柜号、列号、层号，并与用电客户编号建立分类对应关系。用电客户档案室应配备打印机、复印机、碎纸机等档案管理专业设备。

五、营业业务工作流程举例

（一）低压临时用电新装业务

1. 低压临时用电新装业务流程（见图6-1）

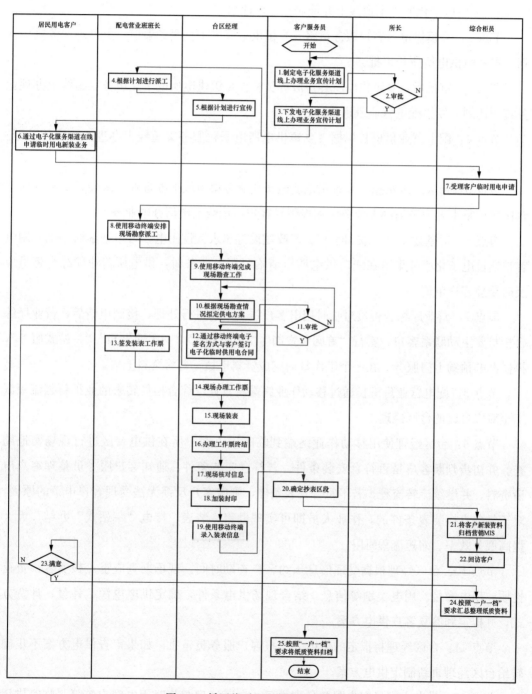

图6-1　低压临时用电新装业务流程图

2. 流程说明

节点1：乡镇供电所按照《国家电网公司关于进一步提升业扩报装服务水平的意见》，电力持续推广线上业扩报装等，加大掌上电力线上办理业务推广力度，让客户"获得电力"的方式由"窗口办"升级为"线上办"。乡镇供电所客户服务员根据上级要求制定《乡镇供电所电子化服务渠道线上办理业务宣传计划》。

节点2：乡镇供电所客户服务员将《乡镇供电所电子化服务渠道线上办理业务宣传计划》报乡镇供电所所长审批。

节点3：审批后，乡镇供电所客户服务员将《乡镇供电所电子化服务渠道线上办理业务宣传计划》发给配电营业班班长。

节点4：配电营业班班长根据《乡镇供电所电子化服务渠道线上办理业务宣传计划》进行派工。

节点5：台区经理根据《乡镇供电所电子化服务渠道线上办理业务宣传计划》到所辖台区宣传掌上电力申请办电业务，积极引导客户使用线上申请办电业务。

节点6：对基建工地，农田水利、市政建设等非永久性用电，可申请临时用电。用电客户通过电子化服务渠道在线向供电所申请临时用电业务时，供电所营业厅综合柜员应及时受理客户申请。

节点7：营业厅综合柜员对临时用电客户线上申请进行处理，接到申请后，营业厅综合柜员要主动联系客户，实行"首问负责制""一证受理""一次性告知""一站式服务"，提供办电预约上门服务。在一个工作日内完成资料审核，并将资料上传。

节点8：配电营业班班长通过移动作业终端将营业厅综合柜员转来的业扩新装流程派工至对应台区的台区经理。

节点9：台区经理使用移动作业终端到临时用电客户所在供电台区进行现场实地勘查。并初步判断客户是否符合安装条件。若符合安装条件，通知客户服务员整理客户申请资料，并继续流转流程，若不符合安装条件，则向客户反馈无法受理客户申请的原因。对于具备直接装表条件的，作业人员即可实现勘察、装表、接电"一站式"办结，大大提高服务效率、缩短流程时限。

节点10：台区经理根据受理信息预约客户查勘时间。现场勘查应重点核实客户负荷性质、用电容量、用电类别等信息，结合现场供电条件，确定供电电源、计量、计费方式，并拟定和答复客户供电方案。

节点11：台区经理将拟定的供电方案报客户服务员审批。如果审查供电方案不正确转给台区经理重新制定供电方案。

节点12：供电方案经客户服务员审批后，台区经理与临时用电客户签订《临时供用电合同》，临时用电期限不得超过合同约定，逾期不办理延期或永久性正式用电手续的，供电企业应终止供电。

节点13：配电营业班班长签发工作票。

节点14：现场工作必须由两人进行，台区经理现场办理工作票，根据工作票内容做好现场安全措施。

节点15：台区经理现场装表。

节点16：台区经理办理工作票终结。

节点17：台区经理现场核对装置编号、电能表起度及变比等重要信息。

节点18：台区经理现场加装封印。

节点19：台区经理现场记录现场安装信息、计量印证使用信息，请临时用电客户签字确认。台区经理使用移动作业终端录入装表信息，并将流程传递至客户服务员。

节点20：乡镇供电所客户服务员确定抄表区段，客户服务员严格按照价格主管部门批准的项目、标准收取业务费用。

节点21：综合柜员将临时用电客户信息资料归档营销MIS。

节点22：营业厅综合柜员回访临时用电客户。

节点23：客户对临时用电新装业务全过程办理满意，进入资料归档流程；如果临时用电客户对新装业务全过程办理不满意，进入配电营业班班长签发工作票流程。乡镇供电所要及时对评价不满意的情况进行汇总整理，落实专人进行服务问题解决及问题溯源分析，并整理形成典型问题库进行警示借鉴，倒逼业务办理进程的加速和服务质量的提升，始终将"用电客户"放在首位。

节点24：综合柜员按照"一户一档"要求汇总整理纸质资料。

节点25：客户服务员按照"一户一档"要求将纸质资料归档。

（二）低压销户业务

1. 低压销户业务流程（见图6-2）

2. 流程说明

节点1：乡镇供电所按照《国家电网公司关于进一步提升业扩报装服务水平的意见》，电力持续推广线上业扩报装等，加大掌上电力线上办理业务推广力度，让客户"获得电力"的方式由"窗口办"升级为"线上办"。客户服务员根据上级要求制定《乡镇供电所电子化服务渠道线上办理业务宣传计划》。

节点2：乡镇供电所客户服务员将《乡镇供电所电子化服务渠道线上办理业务宣传计划》报乡镇供电所所长审批。

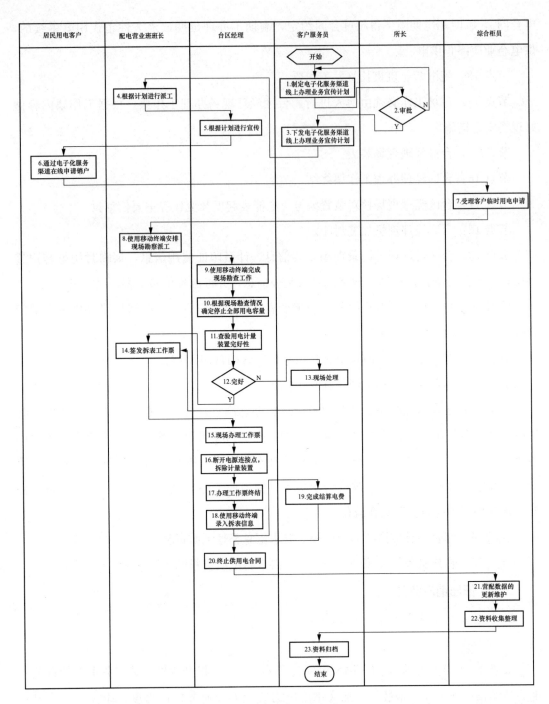

图 6-2 低压销户业务流程图

节点 3：审批后，乡镇供电所客户服务员将《乡镇供电所电子化服务渠道线上办理业务宣传计划》发给配电营业班班长。

节点 4：配电营业班班长根据《乡镇供电所电子化服务渠道线上办理业务宣传计划》

进行派工。

节点5：台区经理根据《乡镇供电所电子化服务渠道线上办理业务宣传计划》到所辖台区宣传掌上电力申请办电业务，积极引导客户使用线上申请办电业务。

节点6：因用电客户拆迁、停产、破产等原因申请停止全部用电容量的使用，终止供用电关系。当用电客户通过电子化服务渠道在线向乡镇供电所申请销户时，乡镇供电所营业厅综合柜员应及时受理客户申请。

节点7：营业厅综合柜员对临时用电客户线上申请进行处理，接到申请销户后，营业厅综合柜员要主动联系客户，实行"首问负责制""一证受理""一次性告知""一站式服务"，提供办电预约上门服务。在一个工作日内完成资料审核，并将资料上传。

节点8：配电营业班班长通过移动作业终端将营业厅综合柜员转来的销户流程派工至对应台区的台区经理。

节点9：台区经理根据受理信息预约用电客户勘查时间。现场勘查核实用电客户相关信息。

节点10：台区经理根据现场勘查，确认待销户用户已停止全部用电容量的使用。

节点11：台区经理现场查验用电计量装置完好性。

节点12：台区经理现场查验用电计量装置是否存在问题，汇报乡镇供电所客户服务员，存在问题时，由客户服务员现场处理。

节点13：乡镇供电所客户服务员现场处理用电计量装置问题。

节点14：用电计量装置没有问题后，配电营业班班长签发工作票。

节点15：台区经理办理工作票开工。

节点16：台区经理现场断开电源连接点，拆除产权分界点的联络设备和用电计量装置。

节点17：台区经理办理工作票终结。

节点18：台区经理使用移动作业终端录入拆表信息，并将流程传递至客户服务员。

节点19：客户服务员完成结算电费、预付费、业务费等的核算。

节点20：台区经理与用电客户终止供用电合同，解除供用电关系。

节点21：综合柜员完成营配数据的更新维护。

节点22：综合柜员完成资料收集整理工作。

节点23：客户服务员完成资料归档工作。

第二节 营业厅日常管理

一、供电营业厅级别划分

供电营业厅实行分级管理，按 A、B、C、D 四级设置，乡镇供电所营业厅一般为 C 级、D 级营业厅。其要求如下：

（1）A 级营业厅为地区中心营业厅，兼本地区供电营业厅综合柜员的实训基地，设置于地级及以上城市，每个地区范围内最多只能设置 1 个。

（2）B 级营业厅为区县中心营业厅，设置于县级及以上城市，每个区县范围内最多只能设置 1 个。

（3）C 级营业厅为区县的非中心营业厅，可设置于城市区域、郊区、乡镇。

（4）D 级营业厅为单一功能收费厅或者自助营业厅，可视当地服务需求设置。

二、供电营业厅功能或业务设置

供电营业厅应具备业务办理功能、收费功能、业务待办功能、展示功能、洽谈业务、引导业务、客户自助等功能。

（1）业务办理功能：受理各类用电业务，包括客户新装、增容及变更用电申请，故障报修，校表，用电指导，信息订阅，以及投诉、举报和建议，办理咨询查询、客户信息更新等。一般设置在面向大厅主要入口的位置，其受理台应为半开放式。

（2）收费功能：提供电费及各类营业费用的收取和账单服务，以及充值卡销售、表卡售换等。一般与业务办理区相邻，应采取相应的保安措施。收费区应设置护栏，合理疏导人流。

（3）业务待办功能：提供客户等候、临时休息服务。应配设与营业厅整体环境相协调且使用舒适的桌椅，配设客户书写台、宣传资料架、报刊架、饮水机、意见箱（簿）等。客户书写台上应有书写工具、老花眼镜、登记表书写示范样本等。放置免费送出的宣传资料。

（4）展示功能：通过宣传手册、广告展板、电子多媒体、实物展示等多种形式，向客户宣传科学用电知识，介绍服务功能和方式，公布岗位纪律、服务承诺、服务及投诉电话，公示、公告各类服务信息，展示节能设备、用电设施等。

（5）洽谈业务：根据客户的用电需要，提供专业接洽服务。宜为半封闭或全封闭的空间，应配设与营业厅整体环境相协调且使用舒适的桌椅，以及饮水机、宣传资料架等。

（6）引导业务：根据客户的用电业务需要，将其引导至营业厅内相应的功能区。应设置在大厅入口旁，并根据需要配设排队机。

（7）客户自助功能：为客户提供查询、交费、票据打印等自助服务。应配设相应自助终端设施，包括触摸屏、多媒体查询设备、自助交费机等。

三、乡镇供电所营业厅日常服务工作及要求

（1）乡镇供电所应在营业厅设置综合柜员，负责营业厅运营、业务、服务管理，定期对营业厅工作进行分析并考核。乡镇供电所应定期组织营业厅综合柜员开展业务培训及测试。乡镇供电所应积极拓宽营业厅受理和直接办理业务的范围，推行营业厅综合柜员制，建立健全以用电客户需求为导向的内部协调沟通机制，融合业务咨询、受理、查询、缴费等职能，建设"全能型"服务窗口，实现"一口对外"服务和"一站式"服务。

（2）营业厅综合柜员应在每日营业前、后各组织一次环境巡检，对内外环境、设施用品等进行巡检，发现问题应立即记录，并尽快处理。营业厅综合柜员在巡检中应查阅用电客户意见箱（簿），对用电客户反映的意见和建议应及时向乡镇供电所综合班班长反映，并在 5 个工作日内填写反馈意见，必要时进行电话回访。

（3）乡镇供电所所长应每周开展一次对营业厅综合柜员服务情况的工作督导，乡镇供电所综合班班长应每周开展两次对营业厅综合柜员服务情况的工作督导，督导内容包括对营业厅综合柜员劳动纪律、仪容仪表、服务行为等进行不定时巡视，发现问题应立即督促整改纠正，并做好记录。服务督导的方式包括现场检查、音视频监控、抽查抽考等。

（4）乡镇供电所营业厅要按照省公司明确的统一时间营业，营业时间调整时，应至少提前 5 个工作日在营业厅内外公示调整信息，并同步向 95598 报备。营业厅综合柜员应做好交接班工作，明确交接内容并记录，按照交接记录上的内容逐项交接说明，并签字确认。营业中遇有综合柜员交接工作时，乡镇供电所综合柜员应先礼貌致歉用电客户，在柜台指定位置放置"暂停服务"标志牌，方可进行交接班工作。

（5）乡镇供电所综合柜员严格按照物价部门规定的收费类别和标准，通知客户交费并收取各类费用。乡镇供电所综合柜员认真开展电费（业务费）收取、增值税发票开具、电费充值卡销售、预付费电能表预购电客户的售电及预购电明细单打印等电费业务。电费收费应日结日清，当天收取的电费资金必须当日解款至指定银行电费专户，不得非法挪用。对当天解款后发生的零星收费，可存入专用保险箱进行保管，并在次日一并解款。

（6）营业厅实行离席亮牌制，营业中前台人员需要离开柜台时，应礼貌致歉用电客户，在柜台指定位置放置"暂停服务"标志牌，方可离席。为用电客户操作使用的服务设施，如发生故障不能使用，应摆设"设备维修中"标志牌，并在 30 天内修复。

（7）乡镇供电所综合柜员负责打印供电方案答复单，及时通知客户签收，提醒客户办理相关送审、报验手续。受理客户受电工程图纸送审、中间检查报验、系统接入和竣工报验等环节资料并审核资料完整准确性。

（8）乡镇供电所营业厅要建立各类突发事件的应急处理预案，根据实际情况进行滚动修订，每年至少组织一次应急演练，并做好记录工作。乡镇供电所营业厅综合柜员是与用电客户接触的第一人，应执行"首问负责制"，主动为用电客户寻求解决办法，积极应对和处理突发事件，遇到突发事件后，应立即做好安抚用电客户情绪、维持大厅秩序工作，并启动应急处理程序，乡镇供电所综合班班长应组织协调好现场应急处理，根据事态状况判断是否需要向乡镇供电所所长汇报，如果需要 5 分钟内将相关信息报告乡镇供电所所长。乡镇供电所营业厅综合柜员应定期参加安全防范意识教育，应熟练掌握紧急报警装置的操作及应急事件处理程序。

（9）营业厅综合柜员在营业中不得从事与营业厅业务无关的事情。营业厅没有业务办理时，可以学习、查阅相关纸质业务资料。用电客户出现后，应第一时间接待用电客户。营业厅综合柜员须保守公司、用电客户的商业秘密，不得向任何个人、单位、机构泄露公司经营的内部数据，不得将用电客户信息泄露与第三方。按照"谁受理、谁提供、谁负责"的原则，营业厅综合柜员应负责收集、整理、查验受理的用电客户资料。

（10）营业厅实行限时办结制，办理居民用电客户收费业务的时间一般每件不超过 5 分钟，办理用电客户用电业务的时间一般每件不超过 20 分钟。当遇疑难业务无法在规定时限内完成的，可将用电客户引导至洽谈区办理。

（11）负责营业业务受理，落实"免填单""一次性告知""三不指定"等业务规定，审核客户提交的资料，及时录入营销系统、电子档案管理系统。发起相关业务流程，告知客户受电工程各环节注意事项和要求。

（12）营业厅在业扩报装申请阶段实行"一证受理"，在收到用电客户用电主体资格证明（自然人提供有效身份证明，法人提供营业执照或组织机构代码证或项目批复文件）并签署"承诺书"后，正式受理用电申请，其余资料根据"承诺书"约定时限逐步收集齐全。用电客户在往次业务办理过程已提交且有效的资料，无需再次提供。

（13）营业厅实行同城受理，对于通过同城异地营业厅受理的用电客户用电申请，由受理地营业厅负责收集、审核用电申请资料信息，并协助用电客户补充完善相关申请资料。

（14）乡镇供电所综合柜员负责解答客户咨询。按上级要求做好新型业务宣传、安全用电知识宣传和客户满意度调查等工作。收集、反馈营销服务中出现的新情况、新问题并提出相应的改善建议。

（15）乡镇供电所营业厅应开设绿色惠民专用受理柜台和业扩工程咨询专用受理柜台。绿色惠民专用受理柜台用于在受理光伏并网、充换电设施接电，以及政府关心的市政重点工程等业务。业扩工程咨询专用受理柜台用于业扩工程典型方案和典型造价的咨询服务，为用电客户自主选择设计、施工和供货单位提供参考，让用电客户充分享有知情权和选择权。

四、供电营业厅综合柜员服务情况检查

（一）综合柜员仪容仪表检查

（1）乡镇供电所综合柜员工作时间内应穿着统一配发的工装，规范佩戴工号牌。乡镇供电所综合柜员着装要整齐，成套穿着，不得混搭。穿黑色皮鞋，在岗期间不得赤脚，不得穿拖鞋或拖鞋式凉鞋。

（2）乡镇供电所女综合柜员长发应用统一发饰盘起，发型、发式要简单大方，不得烫染夸张发色，不可佩戴夸张首饰，可适度淡妆，不可染彩色指甲。乡镇供电所男综合柜员不留过长头发和胡须。

（3）乡镇供电所综合柜员在引导或为客户站立服务时，应挺直匀称、自然优美，抬头、挺胸、收腹，双手置于身体两侧自然下垂。

（4）乡镇供电所综合柜员坐在工作台位时，应大方端庄，上身自然挺直，不用手托腮或趴在工作台上，不抖动腿和跷二郎腿。

（二）综合柜员行为举止检查，

（1）乡镇供电所综合柜员落实"首问负责制"和"一次告知制"执行到位，对客户需求不推诿搪塞。乡镇供电所综合柜员落实限时办结业务不超时。营业厅综合柜员对营业厅设备巡视检查必须到位。

（2）乡镇供电所综合柜员在供电营业时间内不得睡觉、不得聊天、不得吃零食、不得抽烟、不得化妆、不得操作手机或其他个人电子设备、不得从事其他与工作无关的事情。乡镇供电所综合柜员应按时到岗，在供电营业时间内不空岗、不提前离岗。

（3）乡镇供电所综合柜员的服务态度应热情、诚恳，面带微笑，使用规范服务用语，

对客户需求积极主动响应。客户走到柜台前办理业务时，营业窗口服务人员应礼貌迎接，微笑示坐，并使用规范用语问候。

（4）乡镇供电所综合柜员在接待老弱病残等特殊客户时，应给予特别照顾和帮助。对听力不好的客户，应适当提高语音，放慢语速。对带小孩办理业务的客户，应特别提醒注意安全。

（5）需要客户填写表单时，应将表单双手递给客户，并提示客户参照书写示范样本填写。认真审核客户填写的业务登记表，如填写有误，应礼貌地请客户重新填写，并给予热情的指导和帮助。

（6）客户交纳电费或购电时，乡镇供电所综合柜员可根据交费业务量，引导客户到自助交费终端上交纳电费和购电，减少客户购电交费等待时间。严禁拒收客户现金缴费，严禁强迫客户使用自助缴费终端，严禁无故关闭自助缴费终端。

（7）如客户符合业务受理条件，乡镇供电所综合柜员应指导客户填写相关业务登记表，并确认业务登记表中客户填写的内容与所提供的相关证件、资料的信息是否一致，若不一致应指导客户重新填写。为居民客户提供免填单服务时，应将打印的用电登记表请客户核对后签字确认。

（8）当遇到客户咨询时乡镇供电所综合柜员应认真倾听，在正确理解咨询需求后，按相关规定准确答复客户。如不能当即答复，应向客户致歉，并请客户留下联系方式，经研究或请示后，尽快答复。

五、供电营业厅基础设施检查

（一）标识标牌

（1）乡镇供电所营业厅各种标识标牌应符合《国家电网公司标识应用手册》要求。乡镇供电所营业厅外统一安装的营业厅铭牌和营业时间牌不应损坏和丢失。营业时间牌显示的时间与实际对应。

（2）乡镇供电所营业厅门楣、防撞条、95598供电服务小型灯箱应按照《国家电网品牌标识推广应用手册营业场所分册》执行，标识牌应醒目清晰，有光源的标识牌应定时开启。

（3）营业厅入口处应配有"营业中"或"休息中"标志牌。营业厅正常营业时间内应悬挂"营业中"标志牌，营业厅非营业时间内应悬挂"休息中"标志牌。

（二）上墙图版

（1）高压业扩报装业务办理流程图。

（2）低压业扩报装及分布式电源并网服务流程图。

（3）高可靠性供电费和临时接电费收费标准。

（4）现行电价表。

（5）国家电网公司供电服务"十项承诺"、员工服务"十个不准"。

（6）供电营业窗口服务人员监督台。

（三）服务设施

1. 服务设施的配置如下

（1）业务类。

①时钟日历牌；②禁烟标志；③业务办理指示牌（可电子显示）；④乡镇供电所综合柜员岗位牌；⑤"暂停服务"标志牌；⑥意见箱（簿）；⑦移动护栏；⑧"设备维修中"标志牌；⑨一米线等。

（2）便民类。

①服务台（填单台）及书写工具；②客户座椅；③宣传资料架；④饮水机；⑤报刊及报刊架；⑥垃圾桶；⑦"小心地滑"标志牌；⑧便民伞及伞架；⑨便民箱（含老花镜、针线包、创可贴等）等。

2. 营业厅服务设施的检查要求

营业厅的服务设施和用品要配置齐全、数量充足，能满足日常业务需求。遇雨雪等天气，乡镇供电所综合柜员应在营业厅入口处铺防滑垫，并放置"小心地滑"等安全提示牌。对于基本服务设备的计算机、打印机、验钞机、票据打印机、POS机、复印机、传真机、录音电话等要运行正常，定期保养。当遇有设备故障时乡镇供电所综合柜员应张贴"暂停使用"通知，乡镇供电所综合班班长应及时安排送修，以满足办公和客户服务需求。

（四）服务资料

乡镇供电所要对营业窗口服务资料实行定置管理，由营业厅专人负责领用、放置、管理，每日对外营业前由专人负责整理服务资料，对放置区的宣传资料及时补足，保证服务资料齐全、摆放整齐有序，确保用电客户查阅方便。乡镇供电所综合柜员应熟悉宣传资料内容，在业务受理过程中主动发放相关宣传资料，或答复客户咨询。当遇到规章制度修订、电费电价政策调整等情况时，营业厅专人应在修订调整后及时更新相应的宣传资料。营业厅一般放置的服务资料如下：

1. 业扩报装业务资料

（1）《业务办理告知书》。

1）普通用电客户业务办理告知书：新装、增容用电业务办理告知书（高压），新装、增容用电业务办理告知书（低压非居民），新装、增容用电业务办理告知书（居民生活），变更用电业务办理告知书。

2）充换电设施用电业务办理告知书：充换电设施用电业务办理告知书（高压），充换电设施用电业务办理告知书（低压）。

3）分布式电源并网业务办理告知书：分布式电源并网业务办理告知书（居民），分布式电源并网业务办理告知书（非居民）。

（2）分布式电源并网服务工作手册。

（3）用电业务办理填写样表。

低压居民生活用电登记表，低压非居民用电登记表，高压客户用电登记表，户籍人口5人及以上用电申请单，日常营业工作单。

2. 电费电价业务资料

现行电价表、居民阶梯电价宣传手册、常用交费方式介绍。

3. 新型服务资料

电力微信平台使用说明、电力E行使用说明、电力短信服务使用说明、支付宝交费使用说明、95598网站服务使用说明、有线电视电力营业厅使用说明。

4. 用电服务宣传资料

居民安全用电常识，智能电表使用指南，远程费控宣传手册，节约用电常识，处于调整期的电价政策宣传材料。

5. 客户意见簿

供电营业窗口还应配备客户意见簿。

（五）信息化设备

（1）C级营业窗口（乡镇供电所营业厅）信息化设备配置：自助缴费终端，高清摄像头和音频采录设备，外屏同步显示器。

（2）D级营业窗口（自助缴费厅）信息化设备配置：自助缴费终端、高清摄像头和音频采录设备。

（3）信息化设备使用要求：在自助缴费终端张贴操作使用说明。在业务办理过程中开启双屏显示。营业厅监控设备的监控重点为营业柜台，严禁擅自中断监控，随意遮挡、变更角度。

（六）便民服务设施

便民服务设施应由营业厅专人管理，实行检查、记录、交接的制度，保证便民设施在营业时段内处于可用的状态。营业厅内应放置书写笔、老花眼镜、雨伞等便民用品，根据条件配备饮水机、手机充电插座、自动交费终端、报刊架等便民设施。对外营业前乡镇供电所综合柜员应检查各项便民设施完好无损，当发现设备故障或数量不足时，应及时维修、更换或补充。当用电客户使用便民设施需要帮助时，应主动提供服务并指导、协助客户使用。

六、营业厅内外部环境卫生检查

营业厅内外部所有的标识标志醒目清晰，如果有污渍、破损、脱落等，应及时清洁或更换。营业厅内外部场地应每日清扫。营业厅的玻璃门窗应每日清扫。若有盲人通道，其盲人通道上的障碍物应及时清除。无障碍通道的扶栏每日清扫。遇雨雪等恶劣天气，乡镇供电所综合柜员应在供电营业厅入口处铺防滑地垫，并立安全提示牌。营业柜台应有办理各项业务的标牌，统一制式，定置摆放。营业厅内部温度要适当控制。营业厅内部便民设施和办公设施每日应清扫。一次性水杯要及时补充。用电客户的饮水必须保持清洁，对饮用水的保质期进行检查，确保饮用水在保质期内饮用。营业厅应在醒目位置设置禁烟标志、宠物禁入、小心滑跌等警示标志。要对营业厅的桌椅、沙发、柜台每日进行清扫。洗手间、厕所、更衣室及其他卫生设施每日清扫。严禁乡镇供电所综合柜员随地吐痰。各工作场所应充分使空气流通。垃圾、污物、废弃物等的清除，必须合乎卫生的要求，放置于所规定的场所或箱子内，不得任意乱倒堆积。每月必须检查一次（点检药品的数量和有效期），如发现药品有缺少或已超过使用期限时应随时补充和更换。

七、供电服务"十项承诺"和员工服务"十个不准"

乡镇供电所要按照国家电网公司供电服务"十项承诺"和员工服务"十个不准"的要求，对乡镇供电所工作进行总结梳理，认真查找差距和不足，制定切实可行的保障措施，不折不扣地落实到实际工作和具体服务行为中，持续提升客户满意度和获得感，把人民电业为人民的企业宗旨落到实处。

（一）国家电网公司供电服务 "十项承诺"

1. 电力供应安全可靠

城市电网平均供电可靠率达到 99.9%，居民客户端平均电压合格率达到 98.5%；农村电网平均供电可靠率达到 99.8%，居民客户端平均电压合格率达到 97.5%；特殊边远地区电网平均供电可靠率和居民客户端平均电压合格率符合国家有关监管要求。

2. 停电限电及时告知

供电设施计划检修停电，提前通知用户或进行公告。临时检修停电，提前通知重要用户。故障停电，及时发布信息。当电力供应不足，不能保证连续供电时，严格按照政府批准的有序用电方案实施错避峰、停限电。

3. 快速抢修及时复电

提供 24 小时电力故障报修服务，供电抢修人员到达现场的平均时间一般为：城区范围 45 分钟，农村地区 90 分钟，特殊边远地区 2 小时。到达现场后恢复供电平均时间一般为：城区范围 3 小时，农村地区 4 小时。

4. 价费政策公开透明

严格执行价格主管部门制定的电价和收费政策，及时在供电营业场所、网上国网 App（微信公众号）、"95598" 网站等渠道公开电价、收费标准和服务程序。

5. 渠道服务丰富便捷

通过供电营业场所、"95598" 电话（网站）、网上国网 App（微信公众号）等渠道，提供咨询、办电、交费、报修、节能、电动汽车、新能源并网等服务，实现线上一网通办、线下一站式服务。

6. 获得电力快捷高效

低压客户平均接电时间：居民客户 5 个工作日，非居民客户 15 个工作日。高压客户供电方案答复期限：单电源供电 15 个工作日，双电源供电 30 个工作日。高压客户装表接电期限：受电工程检验合格并办结相关手续后 5 个工作日。

7. 电表异常快速响应

受理客户计费电能表校验申请后，5 个工作日内出具检测结果。客户提出电表数据异常后，5 个工作日内核实并答复。

8. 电费服务温馨便利

通过短信、线上渠道信息推送等方式，告知客户电费发生及余额变化情况，提醒客户及时交费；通过邮箱订阅、线上渠道下载等方式，为客户提供电子发票、电子账单，推进客户电费交纳"一次都不跑"。

9. 服务投诉快速处理

"95598" 电话（网站）、网上国网 App（微信公众号）等渠道受理客户投诉后，24 小时内联系客户，5 个工作日内答复处理意见。

10. 保底服务尽职履责

公开公平地向售电主体及其用户提供报装、计量、抄表、结算、维修等各类供电服务，并按约定履行保底供应商义务。

（二）国家电网公司员工服务　"十个不准"

（1）不准违规停电、无故拖延检修抢修和延迟送电。

（2）不准违反政府部门批准的收费项目和标准向客户收费。

（3）不准无故拒绝或拖延客户用电申请、增加办理条件和环节。

（4）不准为客户工程指定设计、施工、供货单位。

（5）不准擅自变更客户用电信息、对外泄露客户个人信息及商业秘密。

（6）不准漠视客户合理用电诉求、推诿搪塞怠慢客户。

（7）不准阻塞客户投诉举报渠道。

（8）不准营业窗口擅自离岗或做与工作无关的事。

（9）不准接受客户吃请和收受客户礼品、礼金、有价证券等。

（10）不准利用岗位与工作便利侵害客户利益、为个人及亲友谋取不正当利益。

八、线上办理业务

当用电客户到营业厅办理业务时，对于初次接触电子化服务渠道的用电客户，乡镇供电所营业厅综合柜员可协助用电客户完成电子渠道账号的注册，在注册过程中如果发现账号已经存在，营业厅综合柜员应指导用电客户登录电子渠道，并协助解决账号登录过程中遇到的问题。在用电客户成功登录电子化服务渠道后，营业厅综合柜员应引导用电客户进行户号绑定，并协助解决户号绑定过程中遇到的问题。营业厅综合柜员可以指导用电客户下载、安装、登录和使用电子化服务渠道。营业厅综合柜员应主动引导用电客户打开电子化服务渠道在线业务办理页面，在线输入用电需求，上传有效证件图片，完成用电申请在线提交。当用电客户完成在线业务办理后，综合柜员应指导用电客户在线查询业务办理进度，在线催办和服务评价等功能的使用。如果用电客户在营业厅综合柜员的指导下，使用电子化服务渠道在线办理用电业务，则由营业厅综合柜员现场对用电客户申请进行确认，完善相关用电资料。如果用电客户在非营业厅环境下，自行用电子化服务渠道在线办理用电业务，营业厅综合柜员也可以进行申请确认。如果超过 10 分钟无人处理，则由供电服务指挥中心的服务人员，电话联系用电客户后，远程进行用电客户申请确认，完善相关用电资料。营业厅综合柜员应根据用电客户姓名、联系方式、身份证号、证件照片等信息，完成用电客户实名认证。对于委托代办用电申请的用电客户，应提供用电客户有效的真实信息。确认用电客户用电申请、预约现场服务时间后，在营销业务应用系统中生成正式工单，转派给台区经理进行处理，同时短信告知用电客户业务受理情况和在线查询业务进度等信息。乡镇供电所台区经理通过移动终端收集用电客户身份证件、联系方式等信息，现场为用电客户办理更名过户手续。

第三节 投 诉 管 理

一、名词解释

(1) 投诉定义：供电服务投诉是指供电企业经营区域内的电力客户，在供电服务、营业业务、停送电、供电质量、电网建设等方面，对由于供电企业责任导致其权益受损表达不满，要求维护其权益而提出的诉求业务（以下简称"客户投诉"）。

(2) 95598业务：95598业务包括信息查询、业务咨询、故障报修、投诉、举报、建议、意见、表扬、服务申请等项目，乡镇供电所通过对95598工单业务的接收处理，实行流程闭环管理，做好供电优质服务工作。

二、投诉分类

（一）客户投诉分类

客户投诉分为服务投诉、营业投诉、停送电投诉、供电质量投诉、电网建设投诉五类。

(1) 服务投诉是指乡镇供电所员工服务行为不规范，公司服务渠道不畅通、不便捷等引发的客户投诉，主要包括员工服务态度、服务行为规范（不含抢修、施工行为）、窗口营业时间、服务项目、服务设施、公司网站管理等方面。

(2) 营业投诉是指供电企业在处理具体营业业务过程中存在工作超时限、疏忽、差错等引发的客户投诉，主要包括业扩报装、用电变更、抄表催费、电费电价、电能计量、业务收费等方面。

(3) 停送电投诉是指供电企业在停送电管理、现场抢修服务等过程中发生服务差错引发的客户投诉，主要包括停送电信息公告、停电计划执行、抢修质量（含抢修行为）、增值服务等方面。

(4) 供电质量投诉是指供电企业向客户输送的电能长期存在电压偏差、频率偏差、电压不平衡、电压波动或闪变等供电质量问题，影响客户正常生产生活秩序引发的客户投诉，主要包括电压质量、供电频率、供电可靠性等方面。

(5) 电网建设投诉是指供电企业在电网建设（含施工行为）过程中存在供电设施改造不彻底、电力施工不规范等问题引发的客户投诉，主要包括输配电供电设施安全、电力施工行为、供电能力、农网改造、施工人员服务态度及规范等方面。

（二）按客户投诉受理渠道分类

按照客户投诉受理渠道，可将客户投诉分为 95598 客户投诉和非 95598 客户投诉。

（1）通过 95598 电话、网站等渠道受理的客户投诉，按照 95598 客户投诉处理流程和投诉分级原则，属于乡镇供电所责任的由乡镇供电所负责处理。

（2）通过信函、营业厅等非 95598 渠道受理的投诉，由受理单位按照投诉分级原则，逐级向投诉归口管理部门上报，并由相关部门按投诉分级的原则处理。

三、工单处理流程

（一）工单接收派发

乡镇供电所在接收到 95598 工单后，对工单进行梳理、合并、研判，根据供电服务网格化管理分工要求派发到相应的台区经理，明确工单处理要求和处理时限。

（二）工单处理要求

1. 一般诉求业务

一般诉求业务是指国网客服中心通过电话、网站等多种渠道受理的客户业务咨询、举报、建议、意见、表扬、服务申请等诉求业务。一般诉求业务办理应遵循"答复规范、处理及时、限期办结、优质高效"的原则，实现业务工单的全过程管理。咨询工单 4 个工作日，举报、建议、意见工单 9 个工作日。

2. 供电服务投诉

供电服务投诉是指供电企业经营区域内的电力客户，在供电服务、营业服务、停送电、供电质量、电网建设等方面，对由于供电企业责任导致其权益受损表达不满，要求维护其权益而提出的诉求业务。对于已结清欠费的复电登记业务 24 小时内为客户恢复送电，送电后 1 个工作日内回复工单。电器损坏业务 24 小时内到达故障现场核查，业务处理完毕后 1 个工作日内回复工单。电能表异常业务 4 个工作日内处理并回复工单。抄表数据异常业务 6 个工作日内核实并回复工单。高速公路快充网络充电预约业务，客户预约时间小于 45 分钟的，应在客户挂机后 45 分钟内到达现场。客户预约时间大于 45 分钟的，应在客户预约时间前到达现场。客户充电完毕后 2 小时内回复工单。其他服务申请类业务 5 个工作日内处理完毕并回复工单。

3. 故障报修业务

故障报修业务是指国网客服中心或各省客服中心通过 95598 电话、网站等渠道受理的故障停电、电能质量或存在安全隐患须紧急处理的电力设施故障诉求业务。乡镇供电所抢修人员到达故障现场时限应符合：一般情况下，城区范围不超过 45 分钟，农村地区不超过 90 分钟，特殊边远地区不超过 120 分钟。

（三）工单总结反馈

95598 工单作业处理完毕后，综合事务员通过工单流传处理过程填写反馈处理意见，并上报至上级相关管理部门做好闭环处理。

四、投诉预控措施

为了提高用电客户满意率，持续提升乡镇供电所全方位、全过程、全员服务客户水平，乡镇供电所要建立以客户为导向、超前预防、过程管控、服务规范的投诉管理预控机制，全面提升营业服务、供电质量水平和故障抢修响应速度。找出容易引起投诉的风险点，制定切实可行的预控措施，从源头上降低客户投诉，从过程管理中减少投诉风险，根据以往乡镇供电所发生的投诉情况，进行分类列举，并提出相应的预控措施如下：

（一）电网建设中出现投诉的预控措施

（1）加强施工队伍管理，提升施工人员服务意识，按照"谁承诺、谁兑现，谁损坏、谁恢复，谁施工、谁清理"的原则处理电网建设施工过程中的问题，因施工给客户造成损失的，应及时赔付处理。

（2）立杆与接线施工应与客户房屋保持一定距离，并经客户认可。对于低压线路改造中，属客户资产的导线、开关等物资，拆除后要及时归还客户。

（3）电网建设施工现场要做好安全措施，施工现场要按照规定悬挂标识牌，提醒客户注意安全。

（4）施工人员对用电客户咨询停电情况、停电时长等问题时要耐心、规范告知，不得与客户发生言语和肢体冲突，不得索要客户任何物品。

（5）施工现场所有工作结束后必须经过验收合格后人员方可离开。

（二）频繁停电引起投诉的预控措施

（1）对于计划检修、临故修和业扩火工作优先采用不停电作业方式。

（2）合理安排停电检修计划，杜绝重复停电，同一检修范围一年内停电检修不得超过三次，且两次停电检修间隔不得少于三个月。统筹检修、工程施工、业扩等停电计划，防止发生因计划不周造成重复停电。当发生故障或临故修造成一次客户停电后，当月及次月不得再安排涉及该用电客户的停电计划（包括 10kV 和低压用电客户）。

（3）乡镇供电所应加强配电设备的运行维护，针对频繁停电线路和台区，开展现场诊断分析，制定有效措施落实整改。

（4）针对频繁停电问题集中的台区，乡镇供电所要组织台区经理及时开展入户走访，宣传安全用电知识并告知客户发生停电立即电话告知乡镇供电所进行现场排查处理。

（5）客户报修时，一定要查明故障点，彻底消除故障后再送电，避免二次停电。

（6）对于停电处理故障时，要尽量逐户告知停电原因和处理进度。

（7）对于用电客户设备原因或共用零线导致频繁停电的，乡镇供电所台区经理要入户告知用电客户停电原因并发放服务贴。对少数共用零线情况应制定计划将其彻底改造。

（8）乡镇供电所要定期组织台区经理对一、二级剩余电流保护器进行设备巡视、测试，确保一、二级剩余电流保护器安装率、动作率100%，督促指导用电客户安装并正确使用三级剩余电流保护器，避免因客户内部故障造成越级跳闸，尽量缩小停电范围。

（三）停送电引起投诉的预控措施

（1）停送电过程中乡镇供电所台区经理要正确佩戴行为记录仪，严格使用服务规范用语，留好相关服务行为记录。

（2）对于表后线故障出现的停电，乡镇供电所台区经理要现场告知表后线为用电客户资产，取得认可，建议自行更换。

（3）对于用电客户没能力更换的，乡镇供电所台区经理要主动帮助其更换，尽快消除故障，并告知表后线属于用电客户的安全责任问题，仍由用电客户负责。

（4）对于联合政府执法停电，要提前做好重要客户服务事项报备并履行停电审批手续。不得对非供电企业产权的设备实施停电。

（5）严格执行政府批复的有序用电方案，及时向社会公告限电序位表。严格按照公告的停电计划实施停电，如果需要变更停电计划必须履行手续，在没有履行手续的情况下不得提前或延迟停送电。

（6）计划停电、临时停电必须按规定进行公告，及时通知重要用电客户。

（四）故障抢修中出现投诉的预控措施

（1）抢修现场严格执行"五个一"标准，抢修人员要使用服务规范用语，周末、节假日应加强乡镇供电所抢修值班力量。

（2）抢修过程中要全程佩戴行为记录仪，严格规范服务，留好相关服务行为记录。

（3）对非供电公司抢修范围的，向客户做好解释工作，争得客户理解。对用电客户故障报修问题做好闭环管控，及时联系客户现场处理，并回访落实处理情况。

（4）到达现场时间严格执行"城区范围45分钟，农村地区90分钟，特殊边远地区2小时"时限要求，遇特殊情况无法按时到达现场时，提前联系用电客户说明原因。

（5）故障抢修现场所有工作结束后必须经过验收合格后人员方可离开，杜绝出现故障未彻底消除或抢修不彻底造成的二次停电。

（五）电费收取不规范引起投诉的预控措施

1. 人工收费

乡镇供电所营业厅工作人员不得拒绝受理用电客户现金或银行卡交费业务，不得强制用电客户使用新型交费方式或自助缴费终端交纳电费。乡镇供电所营业厅工作人员应尽量引导、鼓励客户使用电e宝、掌上电力等新型交费方式或自助设备交费。营业收费窗口应配置POS机、备足零钱，客户要求柜台现金或银行卡交费的，乡镇供电所营业厅工作人员不得拒收。对用电客户电费进行调尾操作时，必须征得用电客户同意，并向用电客户说明多收部分作为客户预交电费。在用电客户不知情的情况下，乡镇供电所营业厅工作人员不得擅自对用电客户交费做调尾不找零处理。

2. 电费差错、退补

乡镇供电所营业厅工作人员在收取用电客户电费时，应仔细与用电客户核对户名、户号、地址等交费信息，确定无误后进行收费。收错电费时，应立即向用电客户致歉，告知处理方式并征得用电客户的同意。当发生电费差错时，乡镇供电所营业厅工作人员应预留用电客户联系方式，及时查明差错原因，并耐心解释，在7个工作日内完成差错处理，在承诺时限内退补电费并做好全过程服务。

3. 电费发票开具

对用电客户交费后不能立即提供增值税发票的，乡镇供电所营业厅工作人员现场必须登记用电客户联系方式，并向用电客户说明领取发票需携带的证件材料。不得随意向用电客户承诺领取时间，待确认发票领取时间后电话通知用电客户，避免造成用电客户多次往返。营业窗口应提供发票开具服务，不得以不能提供发票等理由，限制用电客户电费交纳地点。在营业厅、自助查询机、社会代收点公布交费网点地理分布图，提升交费网点知晓度。对预收电费只能提供收据，乡镇供电所营业厅工作人员须向用电客户解释清楚，待抄表发行电费后，应收电费可以提供发票。

4. 自助交费终端设备使用

对于不熟悉自助交费终端设备的用电客户，乡镇供电所营业厅工作人员应主动上前进行引导、帮助，严禁拒收客户现金交费，严禁强迫客户使用自助交费终端。乡镇供电所应在24小时营业厅显著位置张贴自助交费终端设备操作指南，并定期巡视做好记录，当自助交费终端设备出现故障时，乡镇供电所营业厅工作人员应尽快与检修单位取得联系，尽量做到当天消除故障，确保自助交费终端设备正常运行。

（六）服务不规范引起投诉的预控措施

1. 服务态度

对用电客户咨询做到认真倾听，对用电客户提出的问题做好解答，乡镇供电所营业厅工作人员在岗期间不得使用手机或其他个人电子设备从事与工作无关的事情。乡镇供电所营业厅工作人员要时刻关注用电客户情绪变化，当用电客户情绪波动较大时，可以采取更换乡镇供电所营业厅工作人员、变更服务方式等措施加以化解。

2. 营业厅值班纪律

乡镇供电所要严格按照省电力公司统一规定的营业时间准时对外营业，执行"无周休、无午休"工作制度。乡镇供电所要制定营业厅值班计划，做好乡镇供电所营业厅工作人员每日值班安排。妥善安排值班人员，完成乡镇供电所营业厅工作人员岗前培训，确保所有值班人员均能办理交费、发票打印等常规业务。乡镇供电所营业厅工作人员要按照规定统一着装，保持仪容仪表规范。乡镇供电所要提前制定交费高峰期、营业设施故障等突发状况的应急措施，保持乡镇供电所良好营业秩序。乡镇供电所营业厅工作人员不得迟到早退、擅自离岗、酒后上岗，工作时间不得从事与工作无关的活动。乡镇供电所营销服务员要加强营业厅监控监督力度，做好营业厅的日常巡检和工作提醒，杜绝乡镇供电所营业厅工作人员随意空岗等问题发生。

3. 首问负责制落实

针对用电客户的咨询，无论办理的业务是否对口，乡镇供电所营业厅工作人员必须落实"首问负责制"，为用电客户提供准确的业务办理指导信息，严禁推诿搪塞用电客户业务办理。

（七）业扩报装不规范引起投诉的预控措施

1."一证受理"落实

对于用电客户新装业务用电实行"一证受理"，乡镇供电所营业厅工作人员不得以"用电客户携带证件不全"为由拒绝受理。自然人申请新装用电提供有效身份证明（包括身份证、军人证、护照、户口簿或公安机关户籍证明，具有其一即可），企事业单位申请新装用电提供用电主体证明（包括营业执照、组织机构代码证、税务登记证，具有其一即可），用电客户签署"承诺书"后，乡镇供电所营业厅工作人员需仔细说明后续手续并提供用电客户业务办理告知书，即可受理申请。现场勘查时依据承诺书收齐报装资料。用电客户无法按照"承诺书"提供齐全证件的，需与用电客户重新签署"承诺书"或终止工单。严禁乡镇供电所营业厅工作人员以无表计、电网受限等理由拒绝受理用电客户申请。

2."一次性告知"落实

对于用电客户业务办理应实行一次性告知，确保用电客户办电不往返。业务办理告知书应分门别类装订成册，做到窗口人员人手一本。受理用电客户业扩、变更用电等业务时，乡镇供电所营业厅工作人员应仔细询问用电客户用电需求，准确判断业务类型，出示相应的业务办理告知书和申请表，"一次性告知"用电客户需提供的申请材料、基本流程等内容。

3. "井井通电"

"井井通电"同"低压非居民新装业务"流程，实行勘查装表"一岗制"作业。对申请机井通电的用电客户，乡镇供电所营业厅工作人员要详细说明相关政策，对未纳入"井井通电"改造计划的，要向用电客户说明按照新装业扩办理。报装申请人应为机井产权所有人，机井归个人所有的，申请人应提供所有权证明文件（由村委会出具证明）。机井归部分村民集体所有的，村民应推选用电管理人，并出具委托书（所有权人联名签字并加盖村委会公章），由用电管理人办理用电业务。机井产权归村委会所有的，应由村委会选派用电管理人并出具授权委托书，由用电管理人持授权委托书办理用电业务。应在受理环节做好机井用电的费控推广，同步签订费控协议。

4. 线上业扩办电

乡镇供电所营业厅工作人员应适时引导、推广用电客户使用 95598 网站、掌上电力等新型业务受理方式。当用电客户要求实施柜台业务受理时，乡镇供电所营业厅工作人员不得拒绝。

5. 业扩时限

严格落实低压业扩工程"先接入、后改造"无障碍接入工作要求，对需要内部协调的业扩项目，要及时汇报，积极协调，并加强与用电客户的沟通。严禁以人员不足、无计量装置、电网受限等为由，推诿、搪塞用电客户。加强后台流程时限管控，每日进行工单预警及线上受理工单、受理台账排查，加大在途、归档工单回访力度，严控业务办理关键环节。提高乡镇供电所营业厅工作人员责任心和风险防范意识，强化计量资产管理，乡镇供电所应合理配备表计、表箱，杜绝因表计、表箱等计量设备不足引发业扩超时问题。

6. "三不指定"执行

严禁任何形式的变相"三指定"。乡镇供电所营业厅必须公示并及时更新承装（修、试）企业名单，乡镇供电所营业厅内严禁设置集体企业承揽工程人员。严禁乡镇供电所营业厅工作人员及供电企业相关业务人员以书面、口头或暗示等方式向用电客户推荐或指定设计、施工、供货单位。

7. 业扩报装"体外循环"

乡镇供电所营业厅工作人员受理用电客户用电申请后，应立即录入营销业务系统，确保准确、及时传递业务工单。所有业务环节办理过程中，乡镇供电所营业厅工作人员必须及时在信息系统中录入，确保线上、线下业务办理时间一致。对已办结的业扩业务，要逐户进行回访，确保用电客户知情和满意。

8. 用电变更业务办理

在乡镇供电所营业厅工作人员受理业务时，应向用电客户说明后续办理流程，并及时、准确录入系统，传递至下一环节。乡镇供电所营业厅工作人员不得盲目承诺办理时限。乡镇供电所营业厅工作人员应将用电客户姓名、联系方式等录入系统后，再次与用电客户核对，确保用电客户信息准确无误。用电业务处理人员应及时处理，不得影响用电客户下一周期计费。对变更联系方式的用电客户，乡镇供电所营业厅工作人员应主动询问用电客户是否继续订阅电费短信或接收预警短信，严格按照用电客户需求办理。

9. 分布式并网服务

受理用电客户申请后，乡镇供电所台区经理应及时与用电客户联系，约定现场服务时间，2 个工作日内完成现场勘查，及时编制、审定光伏接入系统方案。从受理至答复方案总体工作时限不应超过 20 个工作日。应严格按照合同约定结算周期发放电费及补贴，严禁无故拖延。

（八）电费抄核收不规范引起投诉的预控措施

1. 电费催缴

乡镇供电所台区经理应严格按照统一规范的通知单、短信、电话及面对面等方式进行催费，催费前要通过营销系统、移动作业终端等实时查清用电客户是否已通过网络、柜台或其他方式结清电费。若出现网络中断交费延迟情况应向用电客户做好解释。持续推广新型交费方式，优化交费网点布局，杜绝走收产生的不规范催费行为，规避在途资金风险。偏远地区保留走收电费方式的，应在 7 个工作日内销账并上交。

2. 收取电费

对于重复收取的电费要按用电客户的意愿进行预收结转次月电费或退还处理，乡镇供电所营业厅工作人员要与用电客户做好沟通解释工作。对于每日预控并及时处理单边账导致用电客户交费错误问题，避免用电客户已交费但系统未收情况。对于交费错误，属于电费催收人员责任的，应立即纠正，并向用电客户致歉。属于用电客户责任的，不得直接拒绝，应解释清楚并尽量协助解决。

3. 通过短信方式发送电费通知

用电客户新装、用电业务变更以及远程费控签约时，乡镇供电所营业厅工作人员要核对用电客户手机号信息，并经用电客户签字确认，同时告知用电客户在联系方式变化后应及时到营业厅更改。对存量用电客户，开展用电客户基础信息整治提升，及时更新用电客户联系方式等信息。对于经核实确实交错电费的，应立即协助用电客户进行处理。对未收到短信通知的用电客户，乡镇供电所营业厅工作人员应核实用电客户联系信息是否变更，人工发起短信提醒，并引导用电客户通过掌上电力、电 e 宝、微信等方式查询。

4. 短信错发

核查用电客户信息时需同步核查短信订阅。不准批量订阅短信，必须由用电客户自愿申请，不主动为用电客户订阅短信。用电客户信息未核实前不准批量发送催费信息。用电客户反映短信错误应立即退订并将档案信息改为工作人员号码，核实无误后再改成用电客户正确号码。定期与社区（村委）或物业核实业主联系信息，与用电客户核对无误后，及时更改营销系统信息。定期筛查用电客户档案，特别是户名为非自然人信息的居民用电客户，重点检查低压供用电合同签订是否规范，用电客户联系信息、短信订阅是否正确，提醒用电客户及时办理更名过户手续。

5. 结算方式变更

更改结算方式时，乡镇供电所营业厅工作人员应告知用电客户，并签订相关协议，乡镇供电所营业厅工作人员应及时将协议上传至营销系统，协议上传前严禁停电催费。严禁违背用电客户意愿，在未经用电客户同意，就将后付费方式转为预付费方式，变更阀值前，应经用电客户同意，并重签协议。早期签订智能缴费协议后一直未执行，不得在未告知用电客户的前提下突然执行。执行前，确保通知用电客户，且协议上传营销系统。

6. 欠费停复电

对确需停电催费的用电客户，应履行审批流程，并提前 7 天送达、张贴停电通知书或短信、电话等方式通知，高压用电客户可采取用电客户签收或公证等方式送达。对于采取张贴通知或电话通知方式的，要通过拍照或录音方式取证。远程费控用电客户须按照签订协议履行。法定节假日期间，严禁对居民用电客户实施停电催费和远程费控停电。用电客户交清电费后，应确保 24 小时复电。具备条件或用电客户有特殊需求的，应尽快复电。对因天气等特殊情况无法及时复电的，应与用电客户做好沟通解释。复电后，应核实是否复电成功。对于预付费用电客户，应每日进行复电复核，系统远程复电不成功的，转人工复电，并核实系统与现场停复电状态是否一致。

7. 电价执行

乡镇供电所营业厅工作人员、台区经理应熟悉并掌握最新的电价政策，严格按政策执行分类、分时电价。对于新装及业务变更环节要把好电价执行入口关、审核关，做好现场负荷性质甄别工作、电价方案审批和电费信息审核双重把关。乡镇供电所台区经理要加强用电检查，及时发现并按规定处理电价执行差错和用电性质变更情况。对电价执行错误的，一定要现场重新核实并进行准确退补处理，工作人员要做好与用电客户的解释沟通。乡镇供电所台区经理要定期开展分时电价、大工业电价以及电价异常波动等分析工作，确保执行电价与现场用电性质一致。

（九）电能计量问题引起投诉的预控措施

1. 电能表接线错误

乡镇供电所台区经理要对新装用电客户装表前进行户线核对，与开发商或施工单位签订户线核对承诺协议，明确责任。装表完成后，乡镇供电所台区经理要入户核对检查，并逐户发放或张贴"户表核对温馨提示"。对个别无法入户检查的新装用电客户张贴"户表核对告知书"，告知用电客户在验房时认真核对自家的电能表号、表后开关、户名、进户线是否正确、对应。在新装、换表后第一次发行电费时提供短信提醒服务。换表前进行电能表与用电客户信息核对，对拆装电能表采取"拆一装一"。换表后逐户送达或张贴"换表告知书"，提醒用电客户检查是否串户。乡镇供电所台区经理要开展营销业务应用系统档案核查，推行计量工单条码化管理和电能表双条码应用，逐步应用移动作业终端，实现现场作业与业务系统全过程无纸化的信息实时录入。规范换表底数管理，对换表后用电客户用电情况，进行 $1\sim2$ 个抄表周期的监控。对日、月电量"突变"用电客户及时现场核查，防止表后开关进户线改变导致的串户。对于核查发现的串户问题，乡镇供电所台区经理必须落实"首问负责制"，按照承诺时间为用电客户解决电费退补问题，杜绝因双方当事人自行协商电费退补而引发矛盾升级，造成用电客户投诉。

2. 计量装置更换告知

计量装置批量换装前，根据乡镇供电所网格化服务管理分工，乡镇供电所台区经理应提前三天在小区、单元等处张贴告知书，并在物管、社区（村委会）备案，拍照存档。故障更换、运行抽检应提前与用电客户预约，并对预约信息留存备份。批量换装、故障更换电能表后，要逐户送达张贴"换表告知书"，告知用电客户新、旧电能表的起止码，并请用电客户签字，或物管、社区（村委会）人员签字确认。计量装置更换前后要拍照存档。换表后乡镇供电所台区经理应及时将用电客户剩余的卡表电费转预收，避免工单遗漏。

（十）用电检查引起投诉的预控措施

用电检查人员巡视用电客户设备必须检查到位，对客户用电安全隐患要书面告知用电客户。乡镇供电所台区经理对处理窃电、违约用电，追补电费、违约电费收取一定要规范。对于高危及重要客户管理一定要按要求对高危及重要客户进行认定报备，用电安全隐患"服务、通知、督导、报告"及时到位。对于专线计划停电的，乡镇供电所台区经理必须与专线客户协商，按照协商结果执行。

第四节　"互联网＋"营销服务及新型业务

一、"互联网＋"营销服务

（1）乡镇供电所应有效利用"电e宝"电费小红包、交费盈、电力积分等营销产品，开展渠道推广引流和精准营销活动；开展"电e宝"实名认证服务，加快推动电费充值、充电支付、电商购物"一卡通"应用；推进国网公司"掌上电力"手机App、"电e宝"、95598网站、国网商城和车联网等线上渠道的账户统一，实现客户"一次注册，多渠道应用"。

（2）乡镇供电所应大力推广线上办理新装、增容和用电变更等业务，按照低压全业务（新装、增容、更名过户、销户、表计申校、计量装置故障等）线上业务办理流程执行，向用电客户宣传电费电子账单、电子发票、用能分析、停电到户通知等在线服务功能，让用电客户了解并使用"电e宝"扫码支付、代扣代充、企业用户"电e宝"线上交费功能。

（3）乡镇供电所开展的电力抢修要逐步实现从"掌上电力"手机App、95598、营销业务应用系统到PMS2.0及其配抢移动应用的全面贯通，达到抢修人员实时定位，抢修路径实时查询，抢修进度实时互动，完成可视化报修数据分析，基本实现"五个一"抢修服务。开展电子渠道统一消息管理，实现服务信息精准推送。

（4）乡镇供电所要积极推广"掌上电力"手机App、"电e宝"、95598网站等电子渠道，让用电客户习惯在线完成业务办理、量价费查询、费控余额、费控预警、电网计划停电、市场化交易等营销服务信息的点对点精准推送，降低信息公开服务成本，减少95598服务热线的咨询话务量。

（5）乡镇供电所要依托营销业务管理平台和基础数据平台，深入开展营销稽查应用。对关键指标、重要数据进行在线监控，重点针对电价执行、业扩报装、电费、计量数据、同期线损等主题开展稽查监控分析，开发指标统计、分析、监测、预警功能，推进稽查监控关口前移。

（6）在依据车联网平台，推进社会充电桩接入，在实现财务收费、客户管理、设施监控、运维检修、充电服务等全业务上线运行的基础上，为用电客户提供必要服务。

（7）要定期组织开展乡镇供电所员工"互联网＋"营销服务的业务培训，增强乡镇供电所员工以客户体验为导向的"互联网＋"服务创新意识，引导员工在业扩报装、移动作业、大数据、现场服务等工作中创新创效，提高乡镇供电所台区经理和综合柜员的技能水平及市场化意识,促进台区经理和综合柜员营销服务更优质便捷、精益高效,不断提高县供电公司在新形势下的市场竞争能力。

二、分布式电源知识问答

1. 新上分布式电源的办理流程是什么?

答:用电客户向供电企业申请分布式电源业务时,供电企业应及时受理客户申请,并在规定时限内完成现场查勘、供电方案答复、收费、竣工验收、合同签订、现场装表接电等工作。

2. 分布式电源如何进行业务受理?

答:综合柜员通过营业厅柜台、掌上电力 App、95598 网站等办电服务渠道受理客户申请。综合柜员接受并查验并网申请资料,审查合格后方可正式受理。

3. 分布式电源现场作业有何要求?

答:台区经理根据受理信息预约客户勘查时间,现场勘查应确定供电电源、计量、计费方案,并填写现场勘查单,出具分布式电源项目接入方案,并答复客户。因分布式电源接入引起的低压电网新建、改造等配套工程应与客户工程同步实施、同步投运。工程竣工后,台区经理组织并网验收,验收合格后完成发用电合同、并网调度协议的签订工作,组织并网运行。

4. 分布式电源业务办理资料归档有何要求?

答:台区经理在装表接电后,完成生产系统和营销系统内营配数据的更新维护。综合柜员完成资料收集整理和归档工作。

5. 何谓分布式电源?

答:分布式电源是指在客户所在场地或附近建设安装,运行方式以客户侧自发自用为主、多余电量上网,且在配电网系统平衡调节为特征的发电设施或有电力输出的能量综合梯级利用多联供设施。一般指以同步电机、感应电机、变流器等形式接入 35kV 及以下电压等级电网的分布式电源。

6. 分布式电源包括哪几种?

答:分布式电源包括太阳能、天然气、生物质能、风能、地热能、海洋能、资源综合利用发电(含煤矿瓦斯发电)等。

7. 常用的分布式电源并网有几种类型?分别是什么?

答:常用的分布式电源并网有两种类型。

第一种类型:10kV 及以下电压等级接入,且单个并网点总装机容量在 6MW 及以下的分布式电源。

第二种类型：35kV 电压等级接入，年自发自用电量大于 50% 的分布式电源。或 10kV 电压等级接入且单个并网点总装机容量在 6MW 以上，年自发自用电量大于 50% 的分布式电源。

8. 对分布式电源发电、用电有什么要求？

答：分布式电源发电量可以全部自用或自发自用余电上网，由客户自行选择，客户不足电量由电网提供。上网电量与电网供给电量分开结算，供电公司应按照国家规定的电价标准全额保障性收购上网电量，为享受国家补贴的分布式电源提供补贴计量和结算服务。

9. 非计划性孤岛现象发生会造成什么后果？

答：非计划性孤岛现象发生会造成：①可能危及电网线路维护人员和用户的生命安全；②干扰电网的正常合闸；③电网不能控制孤岛中的电压和频率，从而损坏配电设备和用户设备。

10. 分布式电源接入电网的原则是什么？

答：（1）并网点的确定原则为电源并入电网后能有效输送电力并且能确保电网的安全稳定运行。

（2）当公共连接点处接入一个以上的电源时，应总体考虑各个连接点的影响。分布式电源总容量原则上不宜超过上一级变压器供电区域内最大负荷的 25%。

（3）分布式电源并网点的短路电流与分布式电源额定电流之比不宜低于 10。

（4）经过技术经济比较，分布式电源采用低一电压等级接入优于高一电压等级接入时，可采用低一电压等级接入。

11. 分布式电源并网电压等级应按照装机容量的多少进行选择？

答：分布式电源并网电压等级应按照以下装机容量进行选择：

（1）8kW 及以下可接入 220V 选择；

（2）8kW～400kW 可接入 380V 选择；

（3）400kW～6000kW 可接入 10kV 选择；

（4）5000kW～30000kW 以上可接入 35kV 选择。

12. 分布式电源接入系统方案应包括哪些内容？

答：分布式电源接入系统方案的内容应包括：分布式电源项目建设本期规模、分布式电源项目建设终期规模、开工时间、投产时间、系统一次和二次方案及主设备参数、产权分界点设置、计量关口点设置、关口电能计量方案等。

13. 分布式电源接入系统一次方案应包括哪些内容？

答：一个并网点和并网电压等级，对于多个并网点项目，项目并网电压等级以其中的最高电压为准，接入容量和接入方式，电气主接线图，防雷接地要求，无功配置方案，互联接口设备参数等。

14. 分布式电源接入系统二次方案应包括哪些内容？

答：分布式电源接入系统二次方案应包括继电保护装置、自动化配置要求以及监控、通信系统要求等。

15. 分布式电源接入系统的方式有哪些？

答：分布式电源项目方式有专线和 T 接两种方式接入系统。

16. 接入系统的分布式电源应采用哪种通信方式？

答：380V 接入的分布式电源，10kV 接入的分布式光伏发电、风电、海洋能发电项目，可采用无线公网通信方式，光纤到户的可采用光纤通信方式，但应采取信息安全防护措施。

17. 分布式光伏发用电合同文本内容由几部分组成？

答：分布式光伏发用电合同文本内容由发用电基本情况，合同双方的义务，合同变更、转让和终止，违约责任，附则五部分组成。

18. 分布式光伏发用电合同文本分几类？

答：分布式光伏发用电合同文本分 A 类、B 类、C 类、D 类四类。

19. A 类分布式光伏发用电合同文本适用于何种对象？

答：A 类分布式光伏发用电合同文本适用对象为接入公用电网的分布式光伏发电项目。

20. B 类分布式光伏发用电合同文本适用于何种对象？

答：B 类分布式光伏发用电合同文本适用对象为发电项目业主与客户为同一法人，且接入高压用户内部电网的分布式光伏发电项目。

21. C 类分布式光伏发用电合同文本适用于何种对象？

答：C 类分布式光伏发用电合同文本适用对象为发电项目业主与用户为同一法人，且接入低压用户内部电网的分布式光伏发电项目。

22. D 类分布式光伏发用电合同文本适用于何种对象？

答：D 类分布式光伏发用电合同文本适用对象为发电项目业主与用户为不同法人，且接入高压用户内部电网的分布式光伏发电项目。

23. 何谓孤岛现象？

答：电网失压时，光伏电站仍保持对失压电网中的某一部分线路继续供电的状态。孤岛现象可分为非计划性孤岛现象和计划性孤岛现象。

24. 何谓非计划性孤岛现象？

答：非计划、不受控地发生孤岛现象。

25. 何谓计划性孤岛现象？

答：按预先配置的控制策略，有计划地发生孤岛现象。

26. 何谓防孤岛？

答：禁止非计划性孤岛现象的发生。

27. 光伏电站可分为几类？

答：根据光伏电站接入电网的电压等级，可分为小型、中型或大型光伏电站三类。

28. 对于接入公用电网的小型光伏电站总容量有何要求？

答：对于接入公用电网的小型光伏电站总容量，原则上不宜超过上一级变压器供电区域内的最大负荷的 25%。

29. 对于接入公用电网的中型光伏电站总容量有何要求？

答：对于接入公用电网的中型光伏电站总容量，宜控制在所接入的公用电网线路最大输送容量的 30% 内。

三、电动汽车充换电设施知识问答

1. 电动汽车充换电设施运维服务内容有哪些？

答：（1）定期对电动汽车充换电设施进行现场巡视检查。

（2）及时发现电动汽车充换电设备缺陷及故障信息后应做好记录，完成现场消除缺陷任务。

（3）对电动汽车充换电设施进行定期维护和检修。

（4）完成电动汽车充换电设施的改造任务，做好电动汽车充换电设施的投运验收工作。

（5）做好电动汽车动力电池的更换及充电工作。

（6）对电动汽车充换电设施运行状况进行实时监控，完成电动汽车运行数据的采集、统计及报送工作。

（7）做好电动汽车充换电设施卫生清洁工作。

（8）做好电动汽车充换电设施消防及安全保卫工作。

（9）完成客户关于电动汽车充换电设施报修工作。

（10）受理客户关于电动汽车充换电设施服务咨询业务。

（11）定期征询客户服务需求意见及建议

2. 电动汽车充换电设施巡视有几种类型？

答：一般分为正常巡视（含交接班巡视）和特殊巡视两种类型。

3. 电动汽车充换电设施巡视检查内容有哪些？

答：电动汽车充换电设备是否工作正常，并按要求记录相应运行数据；及时发现并报送设备缺陷故障；设备及设施清洁情况检查；站院卫生及安全保卫状况检查；防火、防小动物措施检查等。

4. 当电动汽车充换电设施遇有哪些情况时，应进行特殊巡视？

答：（1）电动汽车充换电设备发生变动。

（2）电动汽车充换电设备第一次带电投入运行。

（3）电动汽车充换电设备经过检修、改造或长期停运后重新接入电力系统运行。

（4）电动汽车充换电设备出现运行异常，主要包括设备过温、设备缺陷有发展时等异常现象。

（5）遇有恶劣天气时。

5. 对电动汽车充换电设施巡视有何要求？

答：（1）应根据巡视工作要求编制充换电设施巡视标准化作业指导书和巡视卡。

（2）运维人员根据巡视标准化作业指导书要求手持巡视卡定期进行巡视。

（3）每次巡视要将巡视时间、巡视内容、巡视人姓名、设备缺陷、通知缺陷处理单位及人员姓名填写在巡视记录中。

（4）运维人员应按规定要求认真监控、巡视和检查设备，及时发现设备异常和缺陷，及时上报车联网运营平台和单位主管。

6. 电动汽车充换电设备缺陷分为几类？

答：危急缺陷、严重缺陷、一般缺陷。

7. 何谓危急缺陷？

答：发生导致整站充换电工作终止或造成设备严重损坏、人身事故、火灾等事故，直接威胁安全运行的，需立即安排处理的设备缺陷。

8. 何谓严重缺陷？

答：电动汽车充换电设施存在设备运行安全隐患，但尚能坚持运行，如果继续发展有可能造成充换电工作终止或严重影响服务效率的设备缺陷。

9. 何谓一般缺陷？

答：除危急缺陷和严重缺陷以外，对于电动汽车充换电设施发现的缺陷性质一般，程度较轻，且对安全运行和充换电工作影响不大的设备缺陷。

10. 电动汽车充换电设备缺陷的处理时间是如何规定的？

答：（1）危急缺陷应立即安排消缺处理，一般不超过 24 小时。

（2）严重缺陷应在 2 个工作日内进行消缺处理。

（3）一般缺陷应在 7 天内进行消缺处理。

11. 电动汽车充换电设备缺陷是如何流转的？

答：电动汽车充电设施运行和故障信息自动上传到车联网平台后，故障信息自动生成缺陷记录和检修工单，根据各运维单位上传缺陷信息可自动实现系统的统计分析，同时车联网平台将统计分析结果及时下发各检修单位进行处理。

12. 对电动汽车充换电设备缺陷处理有何要求？

答：对于发现的电动汽车充电设备缺陷，要求运维人员及时填报缺陷记录，对缺陷进行正确分类，定期做好缺陷汇总整理及处理安排，及时报送车联网运营平台。开展缺陷统计汇总分析及报表填报。对缺陷处理进行全过程跟踪，检修人员消除缺陷后运维人员要进行现场验收，验收合格后运维人员按照要求及时将缺陷消除信息发送到车联网运营平台，运维人员负责建立缺陷台账并及时做好缺陷销号工作。

13. 电动汽车充换电设备缺陷包括哪些内容？

答：包括充换电设备（含动力电池系统）、运行监控及工业电视系统、消防设施、生产辅助设施（生产厂房及配套设施、生产办公及生活设施）等缺陷。

14. 电动汽车充换电设备缺陷发现有几种途径？

答：（1）巡视人员发现。

（2）95598 通知。

（3）车联网运营平台发出信息。

15. 电动汽车充换电设备缺陷处理人分几类？

答：（1）巡视人员处理。

（2）检修人员处理。

（3）厂家人员处理。

16. 电动汽车充换电设备缺陷处理情况统计表由哪些内容组成？

答：统计表由"设备名称、缺陷类型、缺陷内容、发现人、发现时间、处理部门、处理人、处理时间、处理状态、处理情况简述、验收人"等组成。

17. 电动汽车充电设备维护项目有哪些？

答：电动汽车充电设备维护项目有充电设施及设备除尘、充电设备检查、线路检查、安全检查、设备功能测试和通信设备检查。

18. 电动汽车充电设备除尘项目有哪些？

答：（1）直流充电机模块进、出风口除尘。

（2）交流充电桩、直流充电机柜换热风道清洁除尘。

（3）直流充电机设备间除尘。

（4）直流充电机充电枪头极柱孔清洁除尘。

（5）交流充电机充电插座内管簧除尘。

19. 如何对电动汽车直流充电机模块进、出风口进行除尘？

答：首先清扫干净电动汽车直流充电机模块进、出风口过滤网上的絮状物。清理模块进出风口过滤网上的絮状物并检查过滤网清洁无杂物后，用除尘设备对模块换热风道进行除尘，除尘方式可采用由进风口吹向出风口的方式或通过出风口吸尘的方式进行。

20. 电动汽车交流充电桩通风网除尘及更换周期是多少？

答：电动汽车交流充电桩通风网每三个月进行一次除尘工作。滤网材质如果为过滤棉每年还要对滤网进行一次更换，可以结合每年第二季度运行维护工作进行滤网更换。

21. 电动汽车直流充电机柜换热风道进风口过滤网除尘及更换周期是多少？

答：电动汽车直流充电机柜换热风道进风口过滤网每三个月进行一次除尘工作。滤网材质如果为过滤棉每年还要对滤网进行一次更换，可以结合每年第二季度运行维护工作进行滤网更换。

22. 如何对电动汽车直流充电机柜换热风道进风口过滤网进行除尘？

答：先清理干净出风口过滤网上絮状物，清理模块进出风口过滤网上的絮状物并检查过滤网清洁无杂物后，进风口过滤网的除尘可采用机柜内侧向外侧吹风方式进行，也可以用机柜外侧向内侧吸尘的方式进行。风口的除尘可采用机柜外侧向内侧吹风或机柜内侧向外侧吸尘的方式。

23. 电动汽车交、直流充电机机柜内除尘项目有哪些？

答：（1）对电动汽车交、直流充电机机柜底部进行除尘。

（2）对电动汽车交、直流充电机机柜侧面进行除尘。

（3）对电动汽车交、直流充电机机柜顶部进行除尘。

（4）对电动汽车交、直流充电机机柜内板件除尘及二次控制线路及端子排进行除尘。

（5）对电动汽车交、直流充电机机柜内主功率回路器件进行除尘。

（6）对电动汽车交、直流充电机机柜内线路进行除尘。

（7）对电动汽车交、直流充电机机柜内端子排表面进行除尘。

（8）对电动汽车交、直流充电机机柜内汇流排表面进行除尘。

24. 对电动汽车交、直流充电机机柜内除尘要求是什么？

答：对电动汽车交、直流充电机机柜内除尘要求是必须在机柜换热风道除尘工作完成以后，方可开始机柜及柜内其他单元的除尘工作。对机柜内所有部件（不包括机柜本体内表面）的除尘工作作业器械不得触碰柜内任何器件或线缆。进行柜内板件、二次控制线路、端子排的除尘工作时，工作人员必须两手扶植作业机械，按照规定要求控制作业机械与除尘设备的距离，严禁作业机械触碰板件及二次控制线路。

25. 对电动汽车直流充电机充电枪头极柱孔清洁除尘有什么要求？

答：对电动汽车直流充电机充电枪头极柱孔清洁除尘的要求是先对直流充电机枪头极柱孔除尘，除尘完毕后用无水酒精清洁枪头的正极柱、负极柱、地极柱。

26. 对电动汽车交流充电桩充电插座内管簧除尘有什么要求？

答：对电动汽车交流充电桩充电插座内管簧除尘的要求是先对交流充电桩充电插座管簧孔除尘，除尘完毕后用无水酒精清洁插座内管簧（L、N、地）。

27. 充换电设施用电业务办理步骤？

答：用电申请、交费并签订供用电合同、装表接电。

28. 低压居民客户办理用电业务申请材料有哪些？

答：（1）用电客户身份证明。

（2）固定车位产权证明或产权单位许可证明。

（3）物业出具同意使用充换电设施的证明材料。

（4）如果受用电人委托办理业务的，需要提供办理人员的有效身份证明。

29. 非居民客户办理用电业务申请材料有哪些？

答：（1）报装申请单（加盖公章）。

（2）客户用电主体资格证明（包括营业执照或组织机构代码证或税务登记证）。

（3）授权委托书原件及经办人身份证原件及复印件。

（4）固定车位产权证明或产权单位许可证明。

（5）停车位（库）平面图、物业出具允许施工的证明等资料。

（6）高压客户还需提供政府职能部门批复文件等证明材料。

30. 充换电设施如何进行业务受理？

答：综合柜员通过营业厅柜台、掌上电力 App、95598 网站等办电服务渠道受理客户申请，实行"首问负责制""一证受理""一次性告知""一站式服务"，提供办电预约上门服务。在一个工作日内完成资料审核，并将资料上传。

31. 充换电设施现场作业有何要求？

答：现场勘查应重点核实客户负荷性质、用电容量、用电类别等信息，结合现场供电条件，确定供电电源、计量、计费方案，并填写现场勘查单。业扩接入引起的低压电网新建、改造等配套工程应与客户工程同步实施、同步投运。台区经理按照国家、行业标准、规程和客户竣工报验资料，对受电工程涉网部分进行全面验收。验收过程应重点检查是否存在超出电动汽车充电以外的转供电行为，充换电设施的电气参数、性能要求、接口标准、谐波治理等是否符合国家或行业标准。若验收不合格，提出整改意见，待整改完成后复检。台区经理在竣工检验合格后与用电客户签订《低压供用电合同》，并完成采集终端、电能计量装置的安装。

32. 充换电设施业务办理资料归档有何要求？

答：台区经理在装表接电后，完成生产管理系统和营销系统内营配数据的更新维护。综合柜员完成资料收集整理和归档工作。

四、电能替代的应用

为深入贯彻国家推进能源消费革命、防治大气污染的要求，乡镇供电所要根据上级工作部署，大力推进电能替代战略，优化能源结构，促进节能减排。乡镇供电所要加强电能替代宣传，根据上级工作计划，大力推广"示范性强、经济效益好、推广效果佳"的电能替代项目，积极开辟新领域、创新新模式。通过现场宣传会、技术交流会等方式，宣传电能替代理念和技术，积极营造氛围，促进"电能替代，治理雾霾"理念深入人心。

（一）分散式电采暖

分散式电采暖适用于部队、学校、办公楼、车间等间歇性采暖场所，以及市政热力管网未覆盖的区域。分散式电采暖的技术特点是安装便捷，不占面积。安全环保，寿命长。温暖舒适，不干燥。控制灵活，节约费用。仅耗电能，无需维护。分散式电采暖包括碳晶采暖、电热膜采暖和发热电缆等。

（1）碳晶采暖是一种通过向碳晶颗粒中通电流产生热能，以红外线辐射和对流方式传热的新型分散式采暖方式，其电、热能的转换率高达98%以上。

（2）电热膜采暖是以纯电阻为发热体，将热量以远红外热的形式向室内供暖。

（3）发热电缆是将高电阻率电缆埋入地板下，通电时电缆发热加热地板，以辐射和对流方式向室内传热。

（二）电（蓄热）锅炉

电锅炉是以电力为能源，利用电阻发热或电磁感应发热，通过锅炉的换热部位把热媒水或有机热载体（导热油）加热，将电能转化为热能的设备。电锅炉可分为直热电锅炉和蓄热电锅炉两种。电锅炉适用于建筑物采暖、生活生产热水及工业用热。电锅炉的技术特点是充分利用低谷电，大幅减少运行费用。自动化程度较高，可全自动运行。合理分配负荷，提高配电设备使用效率。电锅炉包括直热式电锅炉和蓄热式电锅炉。

（1）直热式电锅炉。直热式电锅炉没有蓄热装置，占地面积小，无污染物排放，但运行费用较高。适用于仅考虑初期投资的场所。

（2）蓄热式电锅炉。蓄热式电锅炉是在夜间用电低谷期间将电能转化为热能，并以显热或潜热的形式储存在蓄热装置中，在用电高峰时段，停止电锅炉运行，利用蓄热装置中的热量来满足采暖需求。根据蓄热介质的不同，蓄热电锅炉主要有水蓄热、固体蓄热和相变蓄热三种。

（三）热泵

热泵是一种将低温热源的热能转移到高温热源的装置，经过电力做功，从自然界的空气、水或土壤中获取低品位热能，然后向人们提供可被利用的高品位热能。热泵一般可以"一机两用"，即冬季供暖，夏季制冷。适用于商厦、办公楼、医院、学校、酒店等公共建筑和居民小区、别墅等具有安装位置的建筑。热泵的技术特点是安全、舒适、无污染。高效节能，一机多用。按照低温热源的种类不同，热泵可以分为水源热泵，地源热泵，空气源热泵。

（1）水源热泵是以地下水资源或部分地表水作为热源，经压缩机向建筑供暖后，将地下水回灌的设备。

（2）地源热泵是一种利用地表浅层地热资源，实现土壤与建筑物内部空间热量交换的设备。

（3）空气源热泵是利用热泵机组实现空气与建筑物内部热量交换的设备。

（四）电蓄冷

电蓄冷技术是指在夜间用电低谷期，用电动制冷机制冷并将冷量以水（或其他变相材料）的形式将冷量储存起来。在电力高峰期的白天充分利用夜间储存的冷量进行供冷。电蓄冷适用于商业写字楼、商场和城市综合体等具有可利用的消防水池或者可建蓄水池的空间，并且执行峰谷电价或蓄能优惠电价的场所。技术特点是移峰填谷，转移制冷设备运行时间。利用峰谷电价差，大幅降低运行费用。可对现有消防水池及已有常规中央空调进行改造利用，减少占地面积和投资。电蓄冷主要包含冰蓄冷和水蓄冷两种形式。

（1）冰蓄冷空调系统是在常规中央空调的基础上添加一套蓄冰装置，在夜间用电低谷期，启动制冷空调主机，将建筑物所需的冷量以冰的形式储存起来，在用电高峰期释放冷量。

（2）水蓄冷空调系统是以水为介质，将水的显热和夜间电网多余的谷段电力相结合，以低温冷冻水形式实现冷量的储存，并在高峰时段使用储存的低温冷冻水进行制冷，通常利用 3~7℃ 的低温水进行蓄冷。

（五）电窑炉

电窑炉是一种以电为能源，用耐火材料砌成通过电热元件、热辐射、电磁涡流、微波等形式产生热量，煅烧物料或烧成制品的窑炉设备。电窑炉主要由炉体、电热管、控制系统（含温度、压力、温度、安全保护等控制系统）等组成。电热隧道窑适用于陶瓷产品的焙烧生产，在冶金行业中也有应用。铸造中频炉适用于替代燃煤冲天炉进行铸造。电窑炉的技术特点是节省成本，易维修，占地少。温控精确，无需预热，熔炼速度快。

提升产品品质，降低次品率。生产安全，炉内洁净，无污染。按照应用领域可分为电热隧道窑和铸造中频炉两种。

（1）电热隧道窑是以电为能源的工业窑炉，广泛用于陶瓷产品的焙烧生产，在冶金行业中也有应用。

（2）铸造中频炉是使用 $300\sim1000\,Hz$ 交流电在金属材料中产生涡流发热，用于熔化金属进行铸造的设备。

（六）皮带廊

皮带廊传输是指在电动机的驱动下，利用传送带的连续间歇性运动将货物由装载端运送至卸载端，可实现倾斜和垂直输送，亦可组成空间输送线路，输送能力大，还可在输送进程中完成分拣、烘干等工艺操作。皮带廊传输可广泛应用于具有物料运输环节的企业，如港口货物运转、钢铁企业原料运输、铁矿石开采运输、矿山砂石运输。皮带廊传输的技术特点是无污染零排放，消除交通拥堵，降低人工、车辆、燃油等成本。

（七）港口岸电

港口岸电又叫船舶岸电，是指在船舶停靠码头期间，不再采用船上辅机燃油发电，改为由码头提供的供电系统为船舶供电的替代技术。目前国内外船舶岸电主要采用高压上船和低压上船两种模式。港口岸电适用于港口码头，满足停泊船只的照明、通信、空调、水泵、夹板机械或吊车等的用电需求。港口岸电的技术特点是解决港口烟气污染和噪声污染问题。港口岸电的运行成本大大低于柴油成本，供需双方互利，且技术工艺成熟，操作性强。

（八）电动汽车

电动汽车是指以电作为全部或部分动力、符合道路行驶安全标准、用电机驱动车轮行驶的车辆。电动汽车的技术特点是噪声低，仅为普通发动机的一半，乘坐舒适。污染物排相当于普通内燃机车的 $2\%\sim8\%$，减轻城市汽车尾气污染。能效高，能量利用率可达 17.8%，相当于节省石油 40% 以上。汽车结构简单，维修保养工作量小，容易操纵。电动汽车与普通燃油汽车的主要区别在于动力源的改变，分为纯电动汽车、混合动力汽车和燃料电池电动汽车三种。

（1）纯电动汽车完全由电池提供动力的汽车。

（2）混合动力汽车在一辆汽车中同时采用了电动机和内燃机，是在纯电动汽车开发过程中有利于市场化而产生的一种新型汽车。

（3）燃料电池电动汽车是以燃料电池作为动力系统的电动汽车。

（九）家庭电气化

家庭电气化是指让电能更广泛的运用于家庭生活的每个角落，实现厨房电气化、家居电气化和洁卫电气化。家庭电气化适用于居民家庭，宾馆、饭店，部队、企业、机关、学校食堂，火车、轮船餐厅等。家庭电气化的技术特点是热效率高，无污染、清洁干净。功能丰富、控制灵活，使用方便。安全可靠。

（1）厨房电气化是在厨房中广泛适用各种电器，特别是各种小家电，用于烹饪煮食、储存失误、清洁厨具等方面，电炊具的效率可达 90％以上，远远高于传统燃气灶 55％左右的热效率。

（2）洁卫电气化是在清洁家庭卫生、洗涤衣物、洗浴时广泛使用各种电器，使家居生活更便利。

（3）家居电气化是各种先进科技电器的广泛使用，达到冬暖夏凉的居家环境和丰富多彩的娱乐生活。

（十）电排灌

电排灌是指利用电水泵替代机械或柴油机泵提水灌溉，是农业生产、抗旱、抗洪排涝的重要设施。电排灌适用于农田排灌、喷灌、园林喷灌、水塔送水、养殖给排水、抗洪排涝等领域灌溉、排涝等。电排灌的技术特点是实现灌溉机械化和操作自动化，减轻灌水劳动强度，节省劳作时间。根据土壤质地和透水性调整灌水量和强度，不破坏土壤团粒结构，不产生深层渗透。效率高，无污染排放。

（十一）电烤烟

电烤烟指利用电能进行烟叶烘烤制作，主要的电气装置有温控装置和鼓风装置，可将燃煤加热的热空气强制通风，均匀地加热烟叶并带走水分。电烤烟的技术特点是提高生产效率和产品质量，降低污染排放。

（十二）电制茶

传统的茶叶烘干机是以煤球、液化气为热源，人工翻炒相配合进行炒制的。电烘干机采用电炉丝发热方式，电动翻炒茶叶，有效提高劳动生产率，避免传统制作中的受热不均衡，提高茶叶品质。电制茶是以电气化设备取代传统的烧煤、烧柴制茶。电气设备主要有杀青机、揉捻机、速包机、烘焙机、空调等。电烘焙机由烘箱底架、旋转装置、传动装置、电炉丝发热装置、热风装置传送组成。电制茶适用于用于茶叶粗、精制，代替传统人工制茶。电制茶的技术特点是大幅提高茶叶品质，加工效率大幅提高，有效降低茶农工作强度。